NOVO MANUAL DE CIÊNCIA POLÍTICA

Autores Modernos e Contemporâneos

NOVO MANUAL DE CIÊNCIA POLÍTICA

Autores Modernos e Contemporâneos

2ª edição

AGASSIZ ALMEIDA FILHO
VINÍCIUS SOARES DE CAMPOS BARROS
Organizadores

AGASSIZ ALMEIDA FILHO • ALBERTO RIBEIRO G. DE BARROS
ALEXANDRE JOSÉ PAIVA DA SILVA MELO • ANA MONTOIA
ARMANDO ALBUQUERQUE • DELAMAR JOSÉ VOLPATO DUTRA
EDSON PEIXOTO VASCONCELOS
EDUARDO CARLOS BIANCA BITTAR
ENOQUE FEITOSA • ERNESTO PIMENTEL FILHO
FÁBIO HENRIQUE RODRIGUES SOUSA • FERNANDO MAGALHÃES
FLAMARION TAVARES LEITE
FRANCISCO BILAC MOREIRA PINTO FILHO
JOSÉ NEDEL • JORGE FERNANDO HERMIDA
LUCIANO ALBINO • LUCIANO NASCIMENTO SILVA
LUCIANO OLIVEIRA • MARIA FÁTIMA SIMÕES FRANCISCO
MARILENA CHAUÍ • OSVALDO COGGIOLA
VINÍCIUS SOARES DE CAMPOS BARROS

NOVO MANUAL DE CIÊNCIA POLÍTICA
© Agassiz Almeida Filho e
Vinícius Soares de Campos Barros
(organizadores)

1ª edição, 03.2008.

ISBN 978-85-392-0177-8

Direitos reservados desta edição por
MALHEIROS EDITORES LTDA.
Rua Paes de Araújo, 29, conjunto 171
CEP 04531-940 — São Paulo — SP
Tel.: (11) 3078-7205 Fax: (11) 3168-5495
URL: www.malheiroseditores.com.br
e-mail: malheiroseditores@terra.com.br

Composição
PC Editorial Ltda.

Capa:
Criação: Vânia L. Amato
Arte: PC Editorial Ltda.

Impresso no Brasil
Printed in Brazil
03.2013

*Ao idealismo dos que sonham com o Estado perfeito;
ao realismo dos que se contentam com o Estado possível.*

*Sem essas duas forças, a balança das relações políticas
jamais poderia se equilibrar.*

AGASSIZ ALMEIDA FILHO
VINÍCIUS SOARES DE CAMPOS BARROS

"Entre os desejos infinitos do homem, os principais são: o desejo de poder e de glória."

Bertrand Russell (*O Poder: uma Nova Análise Social*)

"A Política é um esforço tenaz e enérgico para atravessar grossas vigas de madeira. Tal esforço exige, a um tempo, paixão e senso de proporções. É perfeitamente exato dizer – e toda a experiência histórica o confirma – que não se teria jamais atingido o possível, se não se houvesse tentado o impossível. Contudo, o homem capaz de semelhante esforço deve ser um chefe e não apenas um chefe, mas um herói, no mais simples sentido da palavra. E mesmo os que não sejam uma coisa nem outra devem armar-se da força de alma que lhes permita vencer o naufrágio de todas as suas esperanças. Importa, entretanto, que se armem desde o presente momento, pois de outra forma não virão a alcançar nem mesmo o que hoje é possível. Aquele que esteja convencido de que não se abaterá nem mesmo que o mundo, julgado de seu ponto de vista, se revele demasiado estúpido ou demasiado mesquinho para merecer o que ele pretende oferecer-lhe, aquele que permaneça capaz de dizer 'a despeito de tudo!', aquele e só aquele tem a 'vocação' da Política."

Max Weber (*A Política como Vocação*)

APRESENTAÇÃO

Na América do Sul, movimentos nacionalistas e particularistas oferecem uma oposição ferrenha aos modelos globalizantes estabelecidos pela ideologia neoliberal, criando um certo clima de instabilidade política no continente. No hemisfério norte, a potência hegemônica – Estados Unidos – amplia cada vez mais seu raio de atuação política, solapando os organismos multilaterais e arquitetando um mundo ocidentalizado que impõe a democracia liberal como solução para todos os problemas. Mais uma vez a instabilidade se insinua.

Na África, o continente órfão, naufrágio de todas as esperanças humanas na consolidação da igualdade e da liberdade, milhões de pessoas morrem de fome e de AIDS. Carentes de instituições políticas sólidas, essas pessoas destroem suas vidas em guerras civis que, embora irracionais, não excedem o grau de irracionalidade e ganância que os arianos impuseram ao mundo. No Oriente Médio, e espalhados por todos os quadrantes do planeta, milhares de terroristas fanáticos sonham – vinculando perigosamente Política e religião – em morrer heroicamente em nome do seu Deus, não sem antes levar o maior número possível de caucasianos imperialistas com eles e mandá-los para o inferno.

Na verdade, o mundo raras vezes passou por um momento tão grande de insegurança. Hoje, o planeta é um grande barril de pólvora prestes a explodir. Diante de todo esse caos, da falta total de lucidez, pergunta-se: Onde está a razão? Onde está a racionalidade que os modernos idealizaram e os artífices da violência política jogam por terra a cada grito histérico que bradam em nome de verdades absolutas?

O certo é que os seres humanos necessitam do diálogo; é fundamental negociar novos pactos sociais. As pessoas precisam refletir cada vez mais acerca dos problemas reais que atormentam os Estados, dando vazão a todo esse clima de instabilidade. Os indivíduos têm a obrigação de discutir e refletir sobre as questões que dilaceram a *polis*. Fazer *Política*! Esta é a palavra de ordem.

É necessário que todos conheçam os meandros políticos, bem como alguns dos pensadores que, ao longo dos séculos, teorizaram sobre os problemas da organização da convivência. A Política é reflexo do existir em comunidade; é fenômeno que nasce a partir dos conflitos humanos, da busca de harmonia social, das pretensões individuais e coletivas de exercer o domínio. Entender a Política é entender a própria vida. É com esta preocupação fundamental que se reuniram em torno deste livro cientistas políticos, juristas, filósofos, sociólogos e historiadores, todos eles dedicados à tentativa de retomar a análise da problemática política a partir da época moderna.

Ao invés de uma exposição institucional do orbe político, o presente livro preferiu analisar os assuntos mais relevantes desta esfera de conhecimento a partir do estudo dos clássicos do pensamento político moderno e contemporâneo. A finalidade dessa abordagem – que começa com Maquiavel e com o nascimento da Ciência Política da nossa era – é tratar a Política como uma unidade formada através da constância dos problemas da *polis*. Afinal, em sua essência os problemas políticos são sempre os mesmos: a busca do poder, a luta pela liberdade, a conquista da igualdade, a tentativa de construir um espaço harmônico de convivência.

O público alvo deste livro é formado basicamente por estudantes de Direito, Ciência Política, História, Filosofia, Economia, enfim, por todos aqueles que estiverem entrando em contato com o pensamento político pela primeira vez. Apesar deste aparente caráter introdutório, o *Novo Manual de Ciência Política* também se destina ao público leitor em geral, aos interessados em singrar os revoltos mares da Política moderna e contemporânea. Mas o leitor não encontrará aqui soluções fáceis para os problemas da vida em comunidade. Afinal, a Política é uma espécie de espelho coletivo da natureza humana. Todos os esforços para compreendê-la passam pela busca do homem e do papel que lhe cabe no convívio com os outros homens.

João Pessoa, dezembro de 2007

AGASSIZ ALMEIDA FILHO
VINÍCIUS SOARES DE CAMPOS BARROS

APRESENTAÇÃO À 2ª EDIÇÃO

É com imensa satisfação que trazemos a público esta 2ª edição do *Novo Manual de Ciência Política*, que comprova o grande interesse despertado pela obra – um verdadeiro mapa intelectual do pensamento político moderno e contemporâneo – junto aos leitores especializados e também àqueles que, apenas curiosos, buscam conhecer as raízes fundantes do mundo contemporâneo, com suas virtudes e vícios, por meio dos ilustres filósofos que conformaram o caráter do nosso tempo. Aproveitamos esta oportunidade para agradecer a todos os autores – renomados especialistas em suas áreas – que deram vida à edição anterior desta obra. Nesta 2ª edição, juntam-se a nós dois novos colaboradores: Flamarion Tavares Leite, uma das maiores autoridades em Kant do Brasil, autor de um texto cativante sobre o filósofo das três críticas, especialmente confeccionado para este livro; e Luciano Nascimento Silva, que partiu da sua experiência acadêmica na Universidade de Salento para elaborar um rico texto sobre o pensamento de Luhmann.

Pode-se dizer, de algum modo, que um livro, assim como uma fotografia, captura um momento. Neste segundo caso, nossa imagem física, em uma dada época, cristalizada em um instante. Continuamos nossa inobstável metamorfose ao longo da vida, mas a imagem fica e um dia nos lembrará a fisionomia que tínhamos no passado. Todavia, com o livro, se, aparentemente, as situações são equivalentes, a essência é bem diversa. Afinal, ele captura um momento da vida do autor, o que é indiscutível, mas não do que aparece aos outros. O livro captura o que há por dentro, nossa alma, portanto. Eis um fato curioso: com o passar dos anos, podemos mudar as ideias que desenvolvemos em uma determinada obra literária ou científica, ou seja, reavaliar as nossas convicções, escrevendo novos livros. No entanto, mesmo que não o façamos, nosso pensamento, externado em um texto já antigo, muda também com o transcorrer inexorável do tempo.

Desse modo, a obra escrita em uma época, envolta pelas circunstâncias da sua elaboração, reflete, sem dúvida, aquele momento. Porém, diferente da fotografia, atualiza-se com os anos, mesmo que o autor não se empenhe nesse sentido. Tal fato ocorre porque os leitores – diante das obras clássicas, e esse processo é comum a todas elas –, confrontando-as com seus contextos, conferem-lhes o benefício da renovação.

Por isso, ao olharmos nossa imagem em uma foto, vemos sempre o passado. Porém, ao contemplarmos uma obra clássica, sempre atual e profícua, olhamos para um passado que reflete nosso presente e alicerça nosso futuro. É necessário lastrearmo-nos nas ideias perenes, aquelas que, dotadas de caráter universal, encapsuladas em obras imortais, ajudam-nos nessa tarefa hercúlea de inventar o futuro.

No caso do nosso livro, esses gigantes são os heróis, ou vilões, talvez, do pensamento político que edificaram a nossa gloriosa, mas não menos sombria, Civilização Ocidental. As ideias desses autores acerca da difícil arte da convivência nortearam a construção das nossas instituições e das nossas perspectivas políticas, legando-nos os conceitos políticos fundamentais, sem os quais nossa caminhada em direção à liberdade, força motriz de todas as conquistas humanas, seria infinitamente mais difícil e espinhosa.

Quando escrevemos a apresentação para a 1ª edição do *Novo Manual de Ciência Política*, delineamos um quadro internacional de mazelas sociais e políticas, diante do qual o diálogo entre os seres humanos era essencial, o que nos impulsionava a enfatizar: "fazer política! Esta é a palavra de ordem". Se era verdade, naquela conjuntura, que só a política seria capaz de nos redimir, agora, diante de conflitos iminentes e depois de duas crises econômicas que nos fazem recear o futuro, em um mundo ainda mais conturbado, a sua exigência, como meio de resolver nossos mais gritantes problemas, é ainda maior. Sem a política, caminharemos para o ocaso das nossas maiores esperanças. Nunca o pensamento dos que nos precederam foi tão necessário, pois, só conhecendo-o, nós e os pósteros, alimentados com sua lucidez de sempre, teremos condições de edificar, dentro do *possível*, um mundo *aceitável*, congruente com o que *somos* e com o que *esperamos ser*. "Fazer política é a palavra de ordem", eis um fato indiscutível. Entretanto, pensar essa política com o bom senso dos clássicos de ontem e de hoje significa fazê-lo com a doce esperança de que nossas virtudes excederão nossos desacertos.

Portanto, caro leitor, não perca tempo. O livro que você tem em mãos lhe abrirá novos horizontes, e um horizonte, mesmo fisicamente inalcançável, representa sempre o desejo de um mundo perfeito, que, mesmo não existindo, tem o sentido maior de uma verdadeira meta para onde pretendemos ir. Sem ele – o horizonte –, nunca daríamos o primeiro passo. Assim sendo, dê o primeiro passo, inicie essa grandiosa jornada – tal qual os grandes navegantes que utilizavam a Estrela Polar como referência para chegar a terras não conhecidas –, ilumine a escuridão do desconhecimento com as *Estrelas Polares* do pensamento político e descubra *novos mundos*.

João Pessoa, 4 de janeiro de 2013

AGASSIZ ALMEIDA FILHO
VINÍCIUS SOARES DE CAMPOS BARROS

SUMÁRIO

Apresentação 9
Apresentação à 2ª edição 11
Colaboradores 23
Capítulo I – A IMPORTÂNCIA DA FILOSOFIA POLÍTICA: A POLÍTICA DA FILOSOFIA E A FILOSOFIA DA POLÍTICA 29
EDUARDO CARLOS BIANCA BITTAR

Capítulo II – A POLÍTICA EM ARISTÓTELES: INFLUXOS NA MODERNIDADE
AGASSIZ ALMEIDA FILHO e FÁBIO HENRIQUE RODRIGUES SOUSA

1. Introdução 36
2. A Política como busca da felicidade 38
3. A *polis* no pensamento de Aristóteles 40
4. A Política como ciência e a busca do melhor modelo de Constituição 40
5. Divisão de poderes 42
6. As formas de governo 43

Capítulo III – MAQUIAVEL: SUA ÉPOCA, SUAS IDEIAS E A DITADURA DE TRANSIÇÃO
VINÍCIUS SOARES DE CAMPOS BARROS

1. Considerações introdutórias 47
2. Contexto histórico, vida e obra 49
    2.1 Contexto histórico 50
    2.2 Vida e obra 55
3. Alguns aspectos de seu pensamento
    3.1 Metodologia maquiaveliana 62
    3.2 A natureza humana 66
    3.3 *Fortuna, virtù* e teoria do poder 70

3.4 Maquiavelismo e Razão de Estado 73
4. *O Príncipe* e a ditadura de transição 78
5. Considerações finais 83

Capítulo IV – JEAN BODIN: O CONCEITO DE SOBERANIA 87
ALBERTO RIBEIRO G. DE BARROS

Capítulo V – ESPINOSA: PODER E LIBERDADE
MARILENA CHAUÍ

1. A tradição 115
2. A ontologia do necessário e a identidade entre liberdade e necessidade 118
3. O ser humano como parte da Natureza e o *conatus* como direito/poder 122
4. A experiência política 129

Capítulo VI – HOBBES CONTRA A GUERRA:
OS FUNDAMENTOS ÉTICOS DE UMA
FILOSOFIA DA PAZ E SUA ATUALIDADE 148
FERNANDO MAGALHÃES

Capítulo VII – LOCKE: DOS FINS DA SOCIEDADE CIVIL
ARMANDO ALBUQUERQUE

1. Introdução 166
2. Vida, obra e pensamento político de Locke 169
   2.1 Vida 169
   2.2 Obra 171
   2.3 Pensamento político 175
       2.3.1 Das limitações do estado de natureza 176
       2.3.2 Da finalidade da sociedade civil 178
       2.3.3 Formação e organização do poder civil 179
       2.3.4 Do direito de resistência 181
       2.3.5 Atualidade do pensamento político de Locke 184
3. A sociedade civil como instrumento de preservação e de consolidação dos direitos naturais do homem 185
   3.1 Do conceito de sociedade civil 185
   3.2 A sociedade civil como instrumento de proteção da propriedade 191
       3.2.1 O livre consentimento dos indivíduos como fundamento da sociedade civil 192
       3.2.2 Do pacto de consentimento 196
       3.2.3 Dos fins da sociedade civil 201

SUMÁRIO

4. Considerações finais 203

Capítulo VIII – MONTESQUIEU: O DIÁLOGO NECESSÁRIO
ALEXANDRE JOSÉ PAIVA DA SILVA MELO

1. Introdução 207
2. Montesquieu em seu tempo ou o homem e suas circunstâncias 208
3. O Espírito das Leis – Notas sobre o método 212
4. Formas de Governo 218
5. Divisão de Poderes 237
6. Finalização 254

**Capítulo IX – JEAN-JACQUES ROUSSEAU
– O ÁPICE DO REPUBLICANISMO** 256
MARIA FÁTIMA SIMÕES FRANCISCO

1. O ambiente cultural do Autor 258
2. Alguns elementos da biografia e do pensamento do Autor 261
3. Alguns elementos da teoria política do Autor 266

**Capítulo X – MORAL, DIREITO E POLÍTICA
NA FILOSOFIA DE KANT**
FLAMARION TAVARES LEITE

1. Vida e obras 274
2. A filosofia crítica e o problema gnosiológico 277
3. A filosofia prática 280
4. A filosofia do direito 281
5. Moral e direito 285
6. A filosofia política 289

**Capítulo XI – ALÉXIS DE TOCQUEVILLE:
UM ENFOQUE HISTÓRICO**
FRANCISCO BILAC MOREIRA PINTO FILHO

1. Explicação 296
2. Família 297
3. Ambiente europeu 300
4. A economia francesa antes de Tocqueville 303
5. Traços da situação francesa à época de Tocqueville 305
6. Liberalismo aristocrático 309
7. Viagem à América 314
8. A desigualdade virtuosa 318
9. Atomismo democrático. Materialismo 322
10. O problema da democracia e o socialismo 324
11. Igualdades diferentes. Liberdade? 329

Capítulo XII – SOCIALISMO E CIÊNCIA DA HISTÓRIA EM KARL MARX
Jorge Fernando Hermida

1. Introdução 335
2. Karl Marx, a política e a sociedade de seu tempo 341
3. Os tópicos selecionados 348
   3.1 O caráter teórico, político e histórico do *Manifesto* e a emergência do socialismo moderno 348
      3.1.1 Bases históricas do socialismo 350
      3.1.2 O surgimento do socialismo moderno 354
   3.2 Uma nova forma de conceber a História 359
      3.2.1 Reflexões finais – A teoria marxista e a Filosofia Política 362

Capítulo XIII – O DESBRAVADOR DA DUPLA: FRIEDRICH ENGELS E O MARXISMO POLÍTICO E INTERNACIONALISTA 369
Osvaldo Coggiola

Capítulo XIV – ESTADO E SOCIEDADE CIVIL EM GRAMSCI: ENTRE COERÇÃO E CONSENTIMENTO
Enoque Feitosa

1. Introdução 397
   1.1 Breve esboço biográfico 398
   1.2 A obra gramsciana 400
2. Resistência política e as certezas da história: o contexto de desenvolvimento das formulações de Gramsci enquanto intelectual partidário 403
3. Hegemonia e bloco histórico como expressão da luta política 409
4. Consensos e dissensos na articulação Estado/Sociedade civil: a tensão entre coerção e consentimento 415
5. Conclusão: a atualidade das ideias de Gramsci enquanto interpretação e elaboração da teoria marxista 418

Capítulo XV – HANNAH ARENDT: O TERROR COMO FORMA DE GOVERNO 423
Luciano Albino

1. Conceitos fundamentais 424
2. Para uma leitura de *Origens do Totalitarismo*
   2.1 Os judeus como grupo transeuropeu 426
   2.2 Imperialismo e o surgimento de regimes totalitários 427

2.3 A massa como base de legitimidade política 429
2.4 Terror como Ideologia 430
3. A atualidade do pensamento de Hannah Arendt 431

**Capítulo XVI – *RAYMOND ARON (PARIS, 14 MARÇO 1905 –
17 OUTUBRO 1983): O COMPROMISSO COM
A POLÍTICA***
ANA MONTOIA

1. Uma obra no longo século XX: o diálogo com o tempo 434
2. Força, potência e poder: a política interestados 441
3. As religiões seculares: análise dos totalitarismos 448
4. O fundamento do político: uma aposta democrática 461
5. Impasses democráticos 463
6. Os regimes constitucional-pluralistas 469
7. Uma fenomenologia da ação política 473

**Capítulo XVII – *FOUCAULT:
DA ARQUEOLOGIA À BIOPOLÍTICA***
ERNESTO PIMENTEL FILHO e EDSON PEIXOTO VASCONCELOS

1. Introdução 475
2. A escrita de Foucault como narrativa do nosso tempo 478
3. *A Microfísica do Poder* 480
4. A biopolítica 484
5. Conclusão 489

Capítulo XVIII – *CARL SCHMITT E O ANTAGONISMO POLÍTICO*
AGASSIZ ALMEIDA FILHO

1. Carl Schmitt: um autor maldito? 491
2. O mundo à sua volta 493
3. O pensamento político de Carl Schmitt: aproximação geral ... 497
   3.1 Antagonismo amigo/inimigo 499
   3.2 Unidade política e formação do Estado 501
   3.3 Democracia da identidade 503
   3.4 Estado de Direito e Política 507
4. Duas breves conclusões 508

**Capítulo XIX – *NIKLAS LUHMANN: TEORIA DOS SISTEMAS
SOCIAIS – SOCIOLOGIA POLÍTICA –
A POLÍTICA COMO SUBSISTEMA SOCIAL –
FUNCIONALISMO, PENSAMENTO
SISTÊMICO E INTERDISCIPLINARIDADE***
LUCIANO NASCIMENTO SILVA

1. Considerações iniciais 512

2. Niklas Luhmann – Biografia, construção teórica, conceitos fundamentais e principais obras 515
3. Teoria dos sistemas sociais 519
4. Sociologia política – A política como subsistema social 531
5. Funcionalismo, pensamento sistêmico e interdisciplinaridade .. 534
6. Considerações finais 539

Capítulo XX – *A TEORIA DA JUSTIÇA DE JOHN RAWLS – UM ESBOÇO*
José Nedel
1. Introdução
   1.1 Crise da modernidade 548
   1.2 Afirmação de Isaiah Berlin 548
2. Vida, obra e contexto
   2.1 Vida e obra 549
   2.2 Contexto 551
3. Teoria rawlsiana da justiça
   3.1 Doutrina contratualista 553
   3.2 Posição original 554
   3.3 Véu de ignorância 554
   3.4 Acordo original
       3.4.1 Participantes 555
       3.4.2 Estratégia *maximin* 555
       3.4.3 Acordo equitativo 556
   3.5 Princípios de justiça 556
       3.5.1 Mínimo essencial 557
       3.5.2 Primeiro princípio 557
       3.5.3 Segundo princípio 558
       3.5.4 Hierarquia irrevogável 558
   3.6 Juízos ponderados 559
   3.7 Equilíbrio reflexivo 560
   3.8 Base da organização social 561
   3.9 Liberalismo político
       3.9.1 Concepção política da justiça 561
       3.9.2 Concepção independente 561
       3.9.3 Concepção liberal 562
       3.9.4 Concepção moral 562
       3.9.5 Recepção do princípio da tolerância 562
       3.9.6 Coluna vertebral do liberalismo político 562
   3.10 Consenso sobreposto 563
   3.11 Razão pública 564
   3.12 Concepções do bem 565

3.13 O justo e o bom
    3.13.1 Prioridade do justo 565
    3.13.2 Elemento do liberalismo 566
3.14 Construtivismo político
    3.14.1 Construtivismo de Kant 566
    3.14.2 Construtivismo de Rawls 566
    3.14.3 Razoabilidade como critério 567
3.15 Racional e razoável 567
3.16 Concepção de pessoa 568
3.17 Extensão da teoria 569
3.18 Propósito limitado
    3.18.1 Doutrina razoável 570
    3.18.2 Sociedade consensual 571
3.19 Rawls e Habermas 571
3.20 Rawls e o comunitarismo 572
4. Comentários e apreciações sumárias 573
    4.1 Pilares da teoria rawlsiana da justiça 573
        4.1.1 Prioridade da liberdade 573
        4.1.2 Maximização da expectativa dos menos favorecidos 574
    4.2 Ênfase social 574
    4.3 Liberdade e igualdade 575
    4.4 Redirecionamento da reflexão moral 575
    4.5 Liberalismo procedimental substantivo 576
    4.6 Apreciações divergentes 577
    4.7 Um consenso 577
    4.8 Importância inquestionável 578
    4.9 Mestre respeitável 579
    4.10 Conclusão 579

Capítulo XXI – CLAUDE LEFORT –
O PARADOXO DA DEMOCRACIA
COMO OPOSIÇÃO À BOA SOCIEDADE
Luciano Oliveira

1. Para que serve um autor? 582
2. Uma obra em revista 586
3. "Visar à sociedade tal qual ela é" 588
    3.1 E Maquiavel com isso? 592
4. Um teórico sem "teoria" 594
5. Pensador da indeterminação 598
6. Entre o corpo do Rei e o *corpo* do Povo 600
7. A impossível inscrição do simbólico na realidade 603
8. O "abismo de morte" da miséria 606

9. De volta ao começo 609

Capítulo XXII – *HABERMAS: DO PARADIGMA DO TRABALHO AO PARADIGMA DA LINGUAGEM*
Delamar José Volpato Dutra

1. Trabalho e comunicação 615
2. Marx e o paradigma do trabalho 616
3. Hegel: a dialética do senhor e do escravo ou o que é esquecido 619
4. A Escola de Frankfurt 620
5. Habermas e o paradigma da comunicação 623
6. Excurso: a crítica de Marx aos direitos humanos e a sua reabilitação por Habermas 629

COLABORADORES

AGASSIZ ALMEIDA FILHO

Mestre em Ciências Jurídico-Políticas pela Universidade de Coimbra. Doutorando em Direito Constitucional pela *Universidad de Salamanca*. Professor da Universidade Estadual da Paraíba. Coordenador do Núcleo de Estudos Jurídicos da Fundação Casa de José Américo. Autor de livros e artigos jurídicos publicados no Brasil e no exterior.

ALBERTO RIBEIRO G. DE BARROS

Mestre e Doutor em Filosofia pela Universidade de São Paulo. Professor de Ética e Filosofia Política do Departamento de Filosofia da Faculdade de Filosofia, Letras e Ciências Humanas da Universidade de São Paulo. Autor de *A Teoria da Soberania de Jean Bodin*, ed. da Unimarco/Fapesp, 2001.

ALEXANDRE JOSÉ PAIVA DA SILVA MELO

Procurador do Estado de Pernambuco. Doutorando em Direito Constitucional pela *Universidad de Salamanca*.

ANA MONTOIA

Mestre em História pela Universidade Estadual de Campinas. Doutora em Política pela *Université de Paris VII*. Professora do Departamento de Ciências Sociais do Centro de Ciências Humanas, Letras e Artes da Universidade Federal da Paraíba.

ARMANDO ALBUQUERQUE

Professor Adjunto do Departamento de Ciências Jurídicas do Centro Universitário de João Pessoa. Mestre em Filosofia pela Universidade Federal da Paraíba. Doutorando em Ciência Política pela Universidade Federal de Pernambuco.

Delamar José Volpato Dutra

Mestre e Doutor em Filosofia pela Universidade Federal do Rio Grande do Sul (1992 e 1997, respectivamente), com estágio de Doutorado na *Université Catholique de Louvain*, Bélgica (1995-1996). Pós-Doutorado na *Columbia University* (Nova York, 2003-2004). Atualmente, Professor Associado da Universidade Federal de Santa Catarina e Pesquisador do CNPq (desde 1999).

Edson Peixoto Vasconcelos

Mestrando em Sociologia e licenciado em História pela Universidade Federal da Paraíba.

Eduardo Carlos Bianca Bittar

Livre-Docente e Doutor, Professor Associado do Departamento de Filosofia e Teoria Geral do Direito da Faculdade de Direito da Universidade de São Paulo. Professor e Pesquisador do Mestrado em Direitos Humanos do Centro Universitário FIEO. Pesquisador-Senior do Núcleo de Estudos da Violência da Universidade de São Paulo e Secretário-Executivo da Associação Nacional de Direitos Humanos.

Enoque Feitosa

Advogado. Mestre em Direito pela Universidade Federal de Pernambuco. Doutorando em Direito e em Filosofia pela Universidade Federal de Pernambuco. Professor de Graduação e Pós-Graduação em IES de Pernambuco.

Ernesto Pimentel Filho

Professor da Universidade Federal da Paraíba atuando nas áreas de História e Direito. Doutor em História pela Universidade de São Paulo com estágio *sandwich* na *Université de Paris I*.

Fábio Henrique Rodrigues Sousa

Doutorando em Filosofia pela *Universidad de Salamanca*.

Fernando Magalhães

É Professor de Filosofia da Universidade Federal de Pernambuco, com Doutorado e Pós-Doutorado pela Universidade de São Paulo. É autor de *Tempos Pós-Modernos*, Cortez, 2004; *À Sombra do Estado Universal. Os EUA, Hobbes e a nova Ordem Mundial*, ed. da Unisinos, 2006, além de ter artigos publicados em coletâneas e periódicos nacionais.

FLAMARION TAVARES LEITE

Mestre em Filosofia. Doutor em Direito pela PUC/SP. Especialista em Integração Econômica e Direito Internacional Fiscal pela Universidade Técnica de Lisboa/UnB/ESAF, com estágio na União Europeia (Bruxelas) e Ministério das Finanças de Portugal (Lisboa). Professor de Filosofia do Direito, de Lógica Jurídica e de Teoria Geral do Direito, nos cursos de Graduação e Pós-Graduação das Faculdades de Direito da Universidade Federal da Paraíba (UFPB) e do Centro Universitário de João Pessoa (UNIPÊ). Professor Convidado (Assistente) da União Europeia no Curso de Especialização em Integração Econômica e Direito Internacional Fiscal da Escola de Administração Fazendária (ESAF), Brasília/DF. Autor dos livros *Manual de Filosofia Geral e Jurídica: das Origens a Kant*, 3ª ed., Forense, 2011; *10 Lições sobre Kant*, 5ª ed., Vozes, 2011; *Os Nervos do Poder: uma Visão Cibernética do Direito*, Max Limonad, 2001; *O Conceito de Direito em Kant*, Ícone, 1996. Coordenador da *Coleção 10 Lições* (Vozes).

FRANCISCO BILAC MOREIRA PINTO FILHO

Advogado. Mestre em Direito Constitucional e Teoria do Estado pela Pontifícia Universidade Católica do Rio de Janeiro.

JOSÉ NEDEL

Mestre e Doutor em Filosofia pela Pontifícia Universidade Católica do Rio Grande do Sul. Integrante do Programa de Pós-Graduação em Filosofia da UNISINOS, São Leopoldo, RS. Autor de cerca de uma centena de artigos em jornais e revistas e obras coletivas, e dos seguintes livros: *Crítica da Razão Popular*, Santuário, 1990; *Maquiavel. Concepção Antropológica e Ética*, EDIPUCRS, 1996; *Ética, Direito e Justiça*, 2ª ed., EDIPUCRS, 2000; *A Teoria Ético-Política de John Rawls*, EDIPUCRS, 2000; *Ética Aplicada. Pontos e Contrapontos*, UNISINOS, 2004; *Ética e Discurso*, Nova Harmonia, 2006.

JORGE FERNANDO HERMIDA

Professor da Universidade Federal da Paraíba. Doutor em História, Filosofia e Educação pela Universidade Estadual de Campinas. Pós-Doutorando em Filosofia da Educação pela *Universidad de Salamanca*.

LUCIANO ALBINO

Mestre em Sociologia pela Universidade de Brasília. Doutorando em Sociologia pela Universidade Federal da Paraíba. Professor Substituto de

Ciência Política na Universidade Federal de Campina Grande. Professor de Sociologia da Universidade Estadual da Paraíba.

LUCIANO NASCIMENTO SILVA

Professor visitante no Centro de Humanidades da Universidade Estadual da Paraíba, Campus III – Guarabira (CH/UEPB). Assistente científico do Prof. Doutor Raffaele De Giorgi no *Corso di Dotoratto in Ricerca (Evoluzione dei Sistemi Giuridici e Nuove Diritti) del Centro di Studi sul Rischio dalla Facoltà di Giurisprudenza dell'Universitá del Salento*, Lecce, Itália. Investigador científico convidado no *Max Planck Institut für ausländisches und internationales Strafrecht – Departments of Criminal Law and Criminology* – Freiburg in Breisgau – Baden Wüttemberg, Deutschland (Alemanha). Investigador científico do CNPq e do PROCAD/CAPES no Centro de Ciências Jurídicas da Universidade Federal da Paraíba (CCJ/UFPB).

LUCIANO OLIVEIRA

Professor de Sociologia Jurídica da Faculdade de Direito do Recife. Doutor em Sociologia pela Escola de Altos Estudos em Ciências Sociais – Paris. Autor do livro *Do Nunca Mais ao Eterno Retorno – Uma Reflexão Sobre a Tortura*, Brasiliense, 1994.

MARIA FÁTIMA SIMÕES FRANCISCO

Professora da área de Filosofia da Educação da Universidade de São Paulo. Doutora em Filosofia pela Universidade de São Paulo, tem se dedicado a estudar, principalmente, Hannah Arendt, Aristóteles e Rousseau.

MARILENA CHAUÍ

Mestre, Doutora e Livre-Docente em Filosofia pela Universidade de São Paulo. Professora do Departamento de Filosofia da Faculdade de Filosofia, Letras e Ciências Humanas da Universidade de São Paulo.

OSVALDO COGGIOLA

Professor Titular de História Contemporânea na Universidade de São Paulo. Começou seus estudos na Argentina, tendo-se formado em História e em Economia Política pela Universidade de Paris. Doutorou-se em História na *École des Hautes Études en Sciences Sociales*. Leciona na Universidade de São Paulo há 23 anos, onde também obteve sua Livre-Docência. É autor ou compilador de 50 livros, assim como de centenas de artigos em revistas especializadas ou na imprensa. Traduzido em uma dúzia de línguas, foi professor visitante em universidades da Argentina, Bolívia, EUA, Itália e Índia.

Vinícius Soares de Campos Barros
Mestre em Ciência Política pela Universidade Federal de Pernambuco. Doutorando em Filosofia pelo Programa Integrado de Filosofia da Universidade Federal da Paraíba, Universidade Federal de Pernambuco e Universidade Federal do Rio Grande do Norte. Professor de Ciência Política do Departamento de Ciências Jurídicas do Centro Universitário de João Pessoa. Membro do Núcleo de Estudos Jurídicos da Fundação Casa de José Américo. Autor de *Introdução a Maquiavel: uma Teoria do Estado ou uma Teoria do Poder?*, Edicamp, 2004.

Capítulo I
A IMPORTÂNCIA DA FILOSOFIA POLÍTICA: A POLÍTICA DA FILOSOFIA E A FILOSOFIA DA POLÍTICA

EDUARDO CARLOS BIANCA BITTAR

A filosofia permite e consente o abalo do que simplesmente aparece aos olhos como sendo a dimensão do *dado*, a experiência da *evidência*, ou como sendo a soma das impressões extraídas a partir de um conjunto de vivências. A filosofia, portanto, corresponde a uma atitude radical perante a vida e perante o mundo. Onde há ordem, ela *pode ver* desordem; onde há desordem, ela *pode ver* ordem. É desta subversão que acaba por colher o espírito de sua tarefa desafiadora, porque comprometida com a possibilidade do *novo*, do não visto e não experimentado, do inovador, daquilo que desafia a ordem da regularidade dos fenômenos e da aceitação da tutela da vida desde fora. Ou seja, a filosofia acaba por consentir uma certa *atitude* perante o mundo, que potencializa sua capacidade transformadora, na medida em que *desaliena*, por abalar a estrutura e refundar de sentido a experiência sobre o mundo.

A filosofia, como *Weltweisheit*, como sabedoria mundana, como razão capaz de agir no mundo, significa um tipo de atitude perante o mundo fundadora de sentido. Em última análise, a filosofia nos impede de banalizar a vida, o mundo, a existência, as coisas, na medida em que o seu exercício favorece um movimento de resistência racional diante de uma tendência congênita à da sabedoria e à da busca pelo conhecimento, à simples aceitação das coisas como elas são, enquanto dados brutos que independem da reinvenção e do processo criativo do pensamento. É esta criatividade que confere ao filósofo a tarefa de ser extemporâneo, ao estilo nietzschiano, na medida em que se aventura a compreender o mundo a partir de outros paradigmas e a destacar do *dado* o *desejado*, do *possível* o *antecipável* ("Passemos revista aos instintos e virtudes do filósofo, instinto de dúvida, de negação, de expectativa, analítico, aventureiro, investigador experimentador, comparativo, compensador de imparcialidade, objetivo, *sine irae et studio*; não foi isto por muito tempo contrário a todas as exigências da moral e da consciência?").[1]

A dimensão da atuação política é exatamente aquela em que se projeta o encontro entre as formas de se conceber o espaço de decisão sobre o que é comum. O solo da política é o solo da necessidade e da inevitabilidade do convívio. É como decorrência da condição humana que provém esta análise da imprescindibilidade do *estar-em-comum*, ou, se for preferível, da necessidade de *ego* e *alter* se encontrarem através da complementaridade do agir. Aristóteles, na *Política*, já assinalava que fora da *polis* só um animal ou uma divindade[2] (*kaì ho ápolis dià phýsin kaì ou dià týken étoi phaulós estin e kreittwn hè ánthrwpos*).[3] Este *ápolis* é um ser sem tribo e sem lei, ou ainda, uma peça perdida num tabuleiro de damas.[4] A mútua afetação dos comportamentos sociais é um *dado* que só pode ser colhido na experiência de avaliação da própria condição humana, e é daí que brota a inescapabilidade da própria politicidade do convívio humano.

Quando a filosofia se projeta no campo da política, para pensar os desafios do convívio sociopolítico humano, discutir os limites do contato entre liberdade, igualdade e poder, para enfrentar e debater de perto a lógica das regras que devem presidir o jogo das relações políticas, para propor-se a avaliar o confronto de valores na esfera pública, para pôr a nu a presença do mecanismo ideológico como mascarador do poder nas relações sociais, para apresentar a utopia que guia o raciocínio em direção à ruptura com as mazelas do sistema estabelecido, para criar alternativas reflexivas e críticas para a superação da crise política, quando se debruça sobre as formas de Estado e os regimes de governo e aí detecta o esquema de formação da vontade política, quando apresenta o traçado do Estado Ideal... enfim, está a buscar, a um só tempo, na realidade dada, o combustível para o refazimento da tecitura do que *é* em direção ao que *deve ser*. A história da filosofia política ocidental revela o quanto a dimensão da reflexão acaba por se estreitar na fixação

---

1. Nietzsche, *A Genealogia da Moral*, 1991, pp. 76-77.
2. *Auctoritates super primum librum politicorum Aristotelis* (03): "Homo solitarius, vel est deus, vel bestia", referente a Pol. 1.253 a, 27/29 (Hamesse, *Les auctoritates Aristotelis*, 1974, p. 252).
3. *Política*, 1.253 a, 3/5.
4. *Política*, 1.253 a, 5/7.

de um verdadeiro *éthos* de avaliação de um cenário, a partir de premissas, com a indicação de caminhos definidores dos rumos e perspectivas da ação humana.

Aqui mesmo se percebe quão larga é a tarefa da filosofia política e, ao mesmo tempo, quão interessante e instigante é o seu objeto de estudo e reflexão. Mas é desta diversidade de temas e aspectos do *político* que se nutre a diversidade das doutrinas políticas (de Platão a Luhmann). De fato, quando se está diante da possibilidade de identificar qual o sentido da filosofia política, o que significa o termo política ou qual a tarefa do pensamento político, já se abre um abismo imenso de questões que são suficientes para dividir o pensamento ocidental em múltiplas visões, que sustentarão papéis diversos para a filosofia política. É assim que se pode vislumbrar, entre os "clássicos" da filosofia política, aqueles que nela identificam a tarefa de um saber voltado para: 1) a busca do Estado perfeito, de Platão a Campanella, de Morus a Kropotkin; 2) a discussão sobre a legitimidade do Estado e o porquê da obediência ao poder, de Hobbes a Rousseau e a Weber; 3) discutir a autonomia da política, que funcionaria a partir de leis ou regras próprias e por critérios exclusivos, na linha de Maquiavel, ou de um saber voltado para discutir a autonomia do fenômeno político por determinados critérios e traçados próprios; 4) discutir, como forma de epistemologia da própria ciência política, os critérios pelos quais são estudados os fenômenos políticos.[5]

Não importa qual seja a problemática encetada sob os bastidores da ideia de fenômeno político, ao mergulhar nesta seara, a filosofia, além de perder a pretensão de universalidade e de razão abstrata, assume o risco de conviver com as contradições, com as vontades em descarto, com as aspirações divergentes que se encontram dentro do *locus* político. A política é, portanto, e, sobretudo, a arena da realização ideológica da sociedade, porque por suas vias são drenados os esforços de construção de identidades comuns no traçado das relações intersubjetivas.

Ao contrário, portanto, da imagem tradicional da filosofia, espelhada na face de um pensamento que se faz pela abstração e pela distância das mais comezinhas questões sociais, a filosofia tem um compromisso natural com a política – quando se percebe que a filosofia política não é mero desdobramento por especialização da filosofia geral, e isto desde Sócrates (este condenado à morte pela cidade por suas ideias) e Platão (este refugiado na Academia como lugar de preparação dos futuros polí-

---

5. Cf. Bobbio, Matteucci, Pasquino, *Dicionário de Política*, 5ª ed., vol. 1, verbete "Filosofia da política", 2000, pp. 492 e ss.

ticos de Atenas) –, exatamente porque conscientiza, mobiliza, promove a ação, incentiva, pela recriação do pensamento, a recriação das próprias condições do convívio social. Se a filosofia pensa o poder, pensa os limites do poder; se pensa a justiça, discute as injustiças. É neste sentido que seu papel e sua função social vêm exatamente descritos por esta sua intromissão na dimensão das questões de relevância política, porque de relevância social, na governança dos interesses comuns.

Se esta questão parece implicitamente presente no pensamento filosófico ocidental, ela se torna explícita a partir do conclame de Marx ("Os filósofos não fizeram mais que interpretar o mundo de forma diferente; trata-se porém de modificá-lo"),[6] o que, de certa forma, torna ostensivo o compromisso da *theoría* com a *práxis*; a *práxis* deixou de ser o universo de anteposição do filósofo ao real, para se tornar o lugar de realização do pensamento. Será isto que haverá de marcar o itinerário do pensamento político contemporâneo, de Lênin a Pachukanis, de Trotski a Horkheimer, assim como de Gandhi a Gramsci. Seja como atitude perante o mundo na mudança do projeto social (Lênin), seja como forma filosófica de difundir a resistência não violenta (Gandhi), seja como mecanismo de criação do senso comum nas massas (Gramsci),[7] a filosofia política passa por uma compreensão de seu próprio papel transformador, na medida em que potencializa o caráter mobilizador da consciência sobre as questões atinentes ao espaço público. Em poucas palavras, é com Hannah Arendt que se pode dizer: "O que faz do homem um ser político é sua faculdade para a ação; ela o capacita a reunir-se a seus pares, agir em concerto e almejar objetivos e empreendimentos que jamais passariam por sua mente, deixando de lado os desejos de seu coração, se a ele não tivesse sido concedido este dom – o de aventurar-se em algo novo. Filosoficamente falando, agir é a resposta humana para a condição da natalidade. Posto que todos adentramos o mundo em virtude do nascimento, como recém-chegados e iniciadores,

---

6. Karl Marx, *Teses sobre Feurbach*, in *Obras Escolhidas*, tradução, Rio de Janeiro, Vitória, 1960, p. 208.

7. "De fato, é no projeto de difundir a filosofia entre as massas – e na ideia de que essa difusão sempre se fez em algum grau ao longo da história – que residem dois dos aspectos mais inovadores do pensamento de Gramsci, tanto em relação à tradição filosófica como dentro do próprio marxismo, Lênin incluído. A filosofia é inseparável da encarnação da filosofia na mente coletiva. Encarnação que é, aliás, uma interação, estreitamente associada à interação entre a filosofia e as outras superestruturas, pois a filosofia não é imposta pelos intelectuais às massas, mas está em contínua reelaboração a partir das suas reações" (Michel Debrun, *Gramsci: Filosofia, Política e Bom Senso*, Campinas, Unicamp, 2001, p. 36).

somos aptos a iniciar algo novo; sem o fato do nascimento jamais saberíamos o que é a novidade, e toda 'ação' seria ou mero comportamento ou preservação. Nenhuma outra faculdade, a não ser a linguagem – e não a razão ou a consciência –, distingue-nos tão radicalmente de todas as espécies animais. Agir e começar não são o mesmo, mas são intimamente conexos".[8]

Mas é exatamente a desconexão da esfera pública que permite a alienação e a desconstrução do espaço do convívio que consente o desaparecimento do poder, neste sentido arendtiano. Ora, a não ação que decorre dos imperativos da vida sobrecarregada pelas necessidades de um mercado hipostasiado, em sua atual feição, marca o *timing* de uma sociedade absolutamente traçada sobre a linha do individualismo. E o individualismo é a grande marca de uma sociedade sem alternativas.

Isto permite que se fale em crise, na medida em que a política contemporânea passa por um profundo marasmo de indefinições, decorrentes fundamentalmente do decréscimo de legitimidade das instituições e também do desaparecimento dos arquétipos institucionais que forneceram as bases para o surgimento da modernidade, assim como das tormentas provocadas especialmente pelo processo de globalização,[9] que desarma e desaparelha os Estados-nação para lidarem com os novos desafios da vida pós-moderna.

A vivência da pós-modernidade, enquanto estado histórico de insegurança, marcado pela indeterminação, traz consigo uma revisão profunda dos modelos que orientaram a modernidade. Porém, o que

8. Hannah Arendt, *Sobre a Violência*, tradução, 3ª ed., Rio de Janeiro, Relume Dumará, 2001, p. 59.
9. "Ao desabar muito do que tem sido o estado-nação, como realidade e imaginação, logo fica posto o desafio para as ciências sociais. O paradigma clássico, cujo emblema tem sido a sociedade nacional simbolizada no estado-nação, está posto em causa. Continuará a ter vigência, mas subordinada à globalização, à sociedade global, como realidade e imaginação. O mundo não é mais apenas, ou principalmente, uma coleção de estados nacionais, mais ou menos centrais e periféricos, arcaicos e modernos, agrários e industrializados, coloniais e associados, dependentes e interdependentes, ocidentais e orientais, reais e imaginários. As nações transformaram-se em espaços, territórios ou elos da sociedade global. Esta é a nova totalidade em movimento, problemática e contraditória. Na medida em que se desenvolve, a globalização confere novos significados à sociedade nacional, como um todo e em suas partes. Assim como cria inibições e produz anacronismos, também deflagra novas condições para uns e outros, indivíduos, grupos, classes, movimentos, nações, nacionalidades, culturas, civilizações. Cria outras possibilidades de ser, agir, pensar, imaginar" (Octavio Ianni, *A Era da Globalização*, Rio de Janeiro, Civilização Brasileira, 2004, p. 87).

é a modernidade do ponto de vista político? Ora, a modernidade, do ponto de vista político, significa a ruptura com a ordem estamental, o pré-moderno, e a inscrição da mobilidade social, dependente de critérios econômicos, como mecanismo de ascensão social, o que importou numa profunda reestruturação da pirâmide social a partir de esquematismos institucionais, políticos e jurídicos. A modernidade, portanto, é fundadora de uma nova herança para a cultura e as práticas institucionais ocidentais, batizando o momento que acabou por consolidar uma série de modificações que provocaram o surgimento, bem como deram ensejo ao funcionamento de grande parte dos arquétipos sobre os quais se estruturam as práticas jurídicas e políticas hodiernas.

Se a expressão "pós-modernidade" pode ser tomada como o lugar de simplificação das tensões e contradições (idas/vindas; progressos/retrocessos; ambiguidades/indefinições) da condição humana hodierna, é a partir dela que se deve vislumbrar a oportunidade de reinvenção da realidade política contemporânea, traumatizada que foi por diversos eventos que, de alguma forma, criaram fissuras na crença sobre as práticas políticas em circulação. Quais os limites do poder depois das experiências do totalitarismo? Será que a política é capaz de inspirar renúncia social e ativismo, dentro dos quadros da representatividade democrática? Será que a concepção de cidadania passiva ainda é suficiente para armar o cidadão contra os abusos ou ausências do poder instituído? Será que o mandato político, por ser público, está isento de contaminações dos interesses privados e da representação de interesses pessoais na administração do que é acervo comum? Será que o poder está migrando, na era da globalização, para a esfera internacional, onde se regula simplesmente pelas forças neoliberais do mercado internacional, será que a política está ainda presa à dimensão do Estado-nação, como afirma Castoriadis?

É neste cenário agonístico que se reabre, como que a evocar um ensaio nietzschiano, o aspecto mais trágico da própria condição humana, ou seja, a identidade da humanidade pela capacidade de ser artífice de sua própria condição, de poder criar e recriar a feição de seu convívio social. É isto que torna novamente – e renovadamente – necessárias a teoria e a ação políticas. Na afirmação de Zygmunt Bauman: "Sejam quais forem os valores ou meios da pós-modernidade que consideremos, todos apontam (pelo menos tacitamente ou por eliminação) para a política, a democracia e a plena cidadania como únicos veículos de sua realização. Com a política, esses valores e meios parecem ser a chance de uma sociedade melhor; sem a política, abandonados inteiramente aos critérios do mercado, parecem na melhor das hipóteses *slogans* enganosos e, na pior, fontes de novos e insondáveis perigos. A pós-modernidade não é o fim da política, assim como não é o fim da história. Ao contrário, o que quer que atraia na promessa pós-moderna é algo que pede mais política, mais compromisso político, mais eficácia política na ação individual e comunitária (por mais que isso seja sufocado pelo tumulto e alvoroço do consumo e por mais inaudível que se torne num mundo feito de *shoppings* e *Disneylândias*, onde tudo o que importa é uma agradável peça de teatro, de modo que nada realmente importa muito)".[10]

Quando não se pode dizer nada de diferente senão insistir na necessidade de reinvenção e reafirmação da política como caminho necessário para os desafios hodiernos, percebe-se quão acentuadamente se vive esta própria crise. É isto o que de fato mobiliza a comunidade acadêmica a pensar os atuais desafios e dilemas civilizacionais inscrevendo neste debate uma busca pela política, para fazer menção ao texto do sociólogo Zygmunt Bauman (*In search of politics*, 1999). Daí a oportunidade desta obra, que reúne ensaios e esforços coletivos em torno de Autores e temas da política, daí a necessidade das reflexões que provocam, daí a importância de um retorno crítico aos "clássicos" da política, como mecanismo de se pensar em alternativas ao que se tem, já que, se existe algum traço da natureza humana de incontestável valor, este traço é o da permanente inquietude que leva a humanidade à propulsão de novas formas de vida – o que faz com que pensar no "fim da história", nos passos de Francis Fukuyama, torne-se uma pura ilusão – e à perseguição de novos valores. Isto significa que o ideário da Escola de Frankfurt continua oportunamente em aberto, provocando as mentes do presente para a intervenção ético-política sobre o real, como mecanismo de transformação global da sociedade.

10. Zygmunt Bauman, *Modernidade e Ambivalência*, tradução, Rio de Janeiro, Jorge Zahar, 1999, p. 294.

Capítulo II
A POLÍTICA EM ARISTÓTELES: INFLUXOS NA MODERNIDADE

AGASSIZ ALMEIDA FILHO
FÁBIO HENRIQUE RODRIGUES SOUSA

1. Introdução. 2. A Política como busca da felicidade. 3. A "polis" no pensamento de Aristóteles. 4. A Política como ciência e a busca do melhor modelo de Constituição. 5. Divisão de poderes. 6. As formas de governo.

1. Introdução

Todos sabemos que a Modernidade se apropria da cultura clássica – Renascimento (da Antiguidade) – como forma de superar as instituições e o modo de pensar da Idade Média. Nesse contexto, o universo passa a desenvolver-se sobre bases antropocêntricas cujo propósito consiste em assegurar a autonomia do homem e a consequente valorização da sua capacidade criativa. Em linhas gerais, "é a necessidade de fundamentar o exame do mundo sobre uma base que não seja o divino que levou a uma nova apropriação do mundo antigo em vários campos. Em Política, uma reflexão em larga medida tributária da herança antiga foi construída por Maquiavel, Bodin e outros; a Filosofia Política das Luzes, qualquer que seja o gênio individual dos pensadores (Rousseau, Montesquieu e precursores como Locke), não poderia ter visto a luz do dia sem uma demanda por outras formas de vida comum".[1] Não há dúvida de que o despertar da era moderna se baseia no legado da Antiguidade clássica. Mas será que Aristóteles teve influência direta na obra dos autores modernos?

1. José Antonio Dabdab Trabulsi, *Ensaio sobre a Mobilização Política na Grécia Antiga*, p. 12.

A POLÍTICA EM ARISTÓTELES: INFLUXOS NA MODERNIDADE

Numa primeira fase – século XV e princípios do século XVI –, e apesar dos inúmeros comentários feitos à *Política*, podemos dizer que a Modernidade recepciona o pensamento aristotélico de forma indireta. Em geral, nesse período, as ideias políticas de Aristóteles influenciavam o pensamento por meio da interpretação que delas faziam os teólogos morais.[2] Porém, essa situação se altera sensivelmente a partir do século XVII. Nesta segunda fase, Aristóteles passa a ser visto como opção concreta para a compreensão de uma realidade política sujeita a profundas transformações estruturais. Sua obra torna-se uma alternativa analítica para explicar as novas realidades criadas pelo surgimento do Estado Moderno e do absolutismo político, pela busca do papel do indivíduo na sociedade, pela ampliação do mundo, pela crise da unidade político-religiosa europeia etc. Na verdade, "os pensadores modernos deram importância a Aristóteles porque ele oferecia uma explicação racional para os problemas do mundo moderno".[3] Era um conjunto de ideias seculares (e clássicas) para explicar o "novo mundo" egresso do teocentrismo medieval.

Mas como analisar a recepção moderna das ideias políticas de Aristóteles? Naturalmente, o caminho mais indicado para fazê-lo é estudar a teoria política da Modernidade com o fim de constatar a influência de Aristóteles em cada um dos seus autores. Entretanto, como parece de todo evidente, a natureza introdutória deste capítulo impede qualquer iniciativa nesse sentido. Por causa disso, optamos por expor algumas das ideias políticas de Aristóteles e analisar a sua influência no pensamento político moderno como um todo. Não tivemos em mente a Modernidade de pensadores individuais, como Hobbes ou Spinoza, por exemplo, mas a Modernidade concebida como dimensão monolítica da história, como período dotado de características e valores específicos, momento de profanação da cultura ocidental (Weber) e desenvolvimento das sociedades ocidentais.[4] Trata-se de identificar algumas das tendências políticas da Modernidade – breve caracterização de certos aspectos da Filosofia Política moderna – com o objetivo de relacioná-las com o pensamento de Aristóteles.

2. Salvador Rus Rufino, "Significado e Importancia de la *Política* de Aristóteles en la Europa Medieval y Moderna", *Circunstancia*, n. 4; disponível em: *www.ortegaygasset.edu/circunstancia/numero4/art7.htm*; acesso em: 26 jun. 2007.
3. Idem, ibidem.
4. Jürgen Habermas, *O Discurso Filosófico da Modernidade*, p. 4.

Para facilitar a compreensão do texto, após a exposição de cada ideia ou bloco de ideias de Aristóteles, o leitor vai encontrar breves comentários antecedidos pela expressão *influxos na Modernidade*. Sabemos que nos tempos que correm é cada vez mais difícil tentar entender o mundo que nos cerca. Mas a velocidade da nossa época não evita os problemas políticos, não elimina os desafios da convivência. A atualidade de grande parte do pensamento político de Aristóteles é uma indicação de que a essência do fenômeno humano é sempre a mesma. Por isso, através do contato com a obra aristotélica, convidamos o leitor para mergulhar na sua própria existência, nas dificuldades que enfrenta para alcançar o bem-viver, no (seu) drama humano da existência coletiva. É um convite para seguir a inscrição do templo de Apolo: Leitor, "conhece-te a ti mesmo".

2. A Política como busca da felicidade

"O homem é por natureza um animal social".[5] Esta é muito provavelmente a mais famosa e a mais repetida afirmação do livro *Política*, de Aristóteles. Contudo, tal assertiva engloba um número muito maior de preocupações do que nos pode parecer à primeira vista. Afinal, Aristóteles compreendia a Política como uma dimensão da convivência muito mais complexa do que a ideia que normalmente fazemos do fenômeno político como algo relacionado com a busca e o exercício do poder. De fato, para que possamos realmente compreender seu intento é necessário que façamos uma breve menção a outra de suas obras: *Ética a Nicômacos*.[6]

Inicialmente, é imprescindível lembrar que Aristóteles considerava a felicidade como uma maneira de agir e não como o resultado de determinadas ações. Em outras palavras, a felicidade não é uma consequência, mas uma atividade, um modo de vida ou o exemplo do bem-viver. De acordo com a *Ética a Nicômacos*, entretanto, não é suficiente descobrir apenas como o indivíduo deve proceder para alcançar a felicidade, uma vez que ele vive em sociedade e se sujeita a todas as implicações da sua existência coletiva. Esta é a razão que nos conduz à interseção das duas obras. "O fato de se colocar lado a lado felicidade individual e felicidade política – escreve Eduardo Bittar – (...) seria indício da

---

5. Aristóteles, *Política*, p. 15.
6. Cf. Mário da Gama Kury, "Apresentação" à *Política*, de Aristóteles, cit., p. 7.

assunção do platonismo (idealismo) em compasso com um realismo mais acentuado".[7]

Além disso, o filósofo grego divide a Política em duas partes: a ética e a política como nós a compreendemos. A finalidade da primeira é a obtenção da felicidade; a segunda, por sua vez, deve questionar-se acerca de qual é a forma de governo e quais são as instituições e leis que podem nos garantir o bem-viver. Nesse sentido, a Política "é prática no sentido mais amplo da palavra, pois estuda não somente o que é a felicidade (...), mas também a maneira de obtê-la (...). Ao mesmo tempo, ela é prática no sentido mais estrito, pois leva à demonstração de que a felicidade não é resultado de ações, mas em si mesma uma certa maneira de agir".[8] Por isto é que se costuma compreender a) a *Política* como uma continuação da abordagem desenvolvida na *Ética a Nicômacos* e b) a soma das duas partes da Política – a ética e a política como nós a compreendemos – como a ciência da felicidade humana. *Grosso modo*, trata-se de uma espécie de ciência da razão, já que o máximo da felicidade em Aristóteles, como nos lembra Bertrand Russell, está no exercício da razão.[9]

Influxos na Modernidade. De certa forma, essa visão da Política como mecanismo de busca da felicidade se manifesta na era moderna através da ideia antropocêntrica de que o homem é responsável pela condução da sua existência individual e coletiva; a felicidade do homem está na busca do seu próprio destino. Com o fim do teocentrismo medieval, a felicidade tornou-se algo a ser construído no espaço de convivência através da atuação individual. E para Aristóteles a felicidade coletiva era decorrência ou se identificava com a felicidade individual. Por exemplo, "se alguém considera os indivíduos felizes por causa das qualidades morais, também dirá que a cidade moralmente melhor é a mais feliz".[10] Mas é preciso esclarecer que entre os modernos não havia o mesmo envolvimento dos indivíduos com a comunidade política aristotélica. Só a partir das revoluções liberais e do constitucionalismo revolucionário (séculos XVII e XVIII), pode-se afirmar que a participação nos negócios públicos se transforma em necessidade vital dos

---

7. Eduardo C. B. Bittar, *Doutrinas e Filosofias Políticas: Contribuições para a História da Ciência Política*, p. 67. Para a diferenciação entre a felicidade política e a felicidade filosófica em Aristóteles, cf. Pierre Hadot, *O Que É a Filosofia Antiga?*, pp. 121 e 122.
8. Cf. Mário da Gama Kury, "Apresentação", cit., p. 8.
9. Bertrand Russell, *Obras Filosóficas*, Livro Primeiro, p. 209.
10. Aristóteles, *Política*, cit., p. 223.

povos. E mesmo assim sem a estreita conexão entre homem e *polis* pensada por Aristóteles.

3. A "polis" no pensamento de Aristóteles

Aristóteles desenvolve a sua Filosofia Política do mesmo modo que procede em toda a sua obra: conceituando. Dessa forma, afirma ele que a *polis* (ou cidade-estado) é uma comunidade e que toda e qualquer comunidade se forma no intuito de obter algum bem. Afinal, "todas as ações de todos os homens são praticadas com vistas ao que lhes parece um bem".[11] Ademais – especifica ele –, posto o princípio anterior, a comunidade que engloba todas as demais comunidades, a mais importante dentre elas, portanto, tem tal objetivo em um grau superior a todas as outras e visa ao mais importante de todos os bens – esta é a comunidade política (*polis*).[12]

Influxos na Modernidade. A influência do conceito aristotélico de comunidade política pode ser encontrada na busca do bem comum promovida pelo Estado moderno. Mas a *polis* também pode ser tomada como ponto de partida para a autonomia do Estado Nacional e mesmo para o conceito de soberania que se consolida a partir do século XVI. Os modernos encontram a sua felicidade na *polis* à medida que a convivência, verdadeira "unidade social integradora",[13] passa a ser construída pelo homem. O consentimento produzido pela razão é a chave de tudo. Para Aristóteles, a comunidade política é a "comunidade cívica mais perfeita para a coexistência humana, lugar necessário do ser racional".[14] E em tempos de libertação e afirmação do fenômeno humano, no despertar da era moderna, torna-se fundamental pensar em um princípio de organização baseado na autonomia de todos os indivíduos.

4. A Política como ciência e a busca do melhor modelo de Constituição

Partindo da definição de comunidade Política, devemos considerar que as artes – no sentido grego de atividade – e as ciências que têm por objeto um gênero inteiro, analisado por completo, precisam estudar tudo o que se refere a esse gênero específico. Segundo Aristóteles, nessa linha,

11. Idem, ibidem, p. 13.
12. Idem, ibidem.
13. Christian Ruby, *Introdução à Filosofia Política*, p. 26.
14. Eduardo C. B. Bittar, *Doutrinas...*, cit., p. 68.

cabe à Política enquanto ciência investigar qual é a melhor das Constituições da cidade, bem como determinar quais são as características que uma determinada Constituição deve ter para poder ser a melhor caso não haja empecilhos exteriores a ela. Além disso, a Política também deve averiguar que tipo de Constituição é a mais adequada para cada povo.

Ressalta Aristóteles que, em muitos casos, a situação ideal é inalcançável. É tarefa do verdadeiro legislador e estadista conhecer a mais perfeita forma teórica de Constituição. Da mesma maneira, também deve saber qual seria o melhor formato a ser assumido por ela ante determinadas circunstâncias, além de estar capacitado para criar uma forma de Constituição com base em meras hipóteses. Afinal, ele "terá de conjecturar partindo de certo estágio de funcionamento de uma Constituição, de imaginar como ela era originalmente e como, depois de ter sido criada, pode ser preservada por mais tempo".[15] Também deve estar ciente sobre o formato de Constituição mais conveniente para todas as comunidades políticas. Afinal, embora a grande maioria dos estudiosos do tema tenha feito grandes contribuições, o Autor denuncia que estas falham quanto à aplicação prática de suas conclusões.

Assim, também é importante questionar que modelo de Constituição é exequível e qual geralmente é adotado em todas as *polis*. Deve-se acrescentar que o legislador e estadista precisa estar capacitado, ainda, para encontrar soluções para os problemas existentes na Constituição já estabelecida, uma vez que ele deve, a partir desta e obtendo sua aplicação geral, "constituir uma forma de governo com características que permitam persuadir facilmente os homens a segui-la".[16]

Aristóteles afirma que tal tarefa não pode ser realizada caso não se conheça as diferentes Constituições, o seu número e as possibilidades de combinações que existem entre elas. Em seguida, será necessário utilizar-se da mesma acuidade para determinar quais são as melhores leis e quais dentre estas se adaptam melhor a cada tipo de Constituição. É preciso deixar claro que as leis devem se adaptar às Constituições, jamais o contrário, visto que a Constituição é "a ordenação das funções de governo nas cidades quanto à maneira de sua distribuição, e à definição do poder supremo nas mesmas e do objetivo de cada comunidade".[17] Enquanto isso, as leis têm como função regular o modo como esse poder deve ser exercido pelos agentes políticos, determinando os cami-

15. Aristóteles, *Política*, cit., p. 121.
16. Idem, ibidem, p. 122.
17. Idem, ibidem.

nhos a serem seguidos para que elas não sejam descumpridas. Com o fim de obter a correta realização desta tarefa, Aristóteles investiga não apenas os estudos realizados sobre a Política, mas também as formas de governo e as Constituições existentes, buscando os princípios que devem reger tal investigação.

Influxos na Modernidade. Deve-se ressaltar em Aristóteles – escreve Christian Ruby – "o fato de (ele) haver reconsiderado o conjunto do problema (das Constituições ou das formas de governo) sem ceder às exigências de uma forma única de unidade, determinada pela concepção platônica de Estado".[18] De acordo com o pensamento aristotélico, vale a pena repetir, a Política é uma ciência que se deve dedicar ao estudo da organização da convivência como um todo. Essa necessidade de conhecer tanto modelos ideais de Constituição quanto aqueles tidos por mais adequados para cada povo nos prova que Aristóteles de fato abandona as soluções platônicas – o idealismo como único caminho – para construir um sistema analítico de clara vocação pragmática. E essa é a tônica do pensamento político moderno.

Nesse sentido, se pensarmos na conexão de Maquiavel com a realidade política dos tempos modernos, por exemplo, se pensarmos no surgimento de uma análise política apegada aos fatos da vida em comunidade, podemos encontrar outro exemplo de assimilação da tradição aristotélica. Para Aristóteles, a melhor Constituição, a despeito da elaboração de um sistema ideal, é aquela que venha a se adaptar às necessidades de cada comunidade política. Nesse contexto, essencialmente pragmático, defendendo o governo das leis ao invés do governo dos homens, Aristóteles ajuda a impulsionar o postulado da limitação do poder político por parte do Direito. Em virtude disso, em que pese a força institucional e ideológica do parlamento liberal, de algum modo pode-se dizer que Aristóteles é um dos precursores do moderno princípio da legalidade.

5. Divisão de poderes

Segundo Aristóteles, "todas as formas de Constituição apresentam três partes (...): uma trata da deliberação sobre assuntos públicos; a segunda trata das funções públicas; a terceira trata de como deve ser o poder judiciário".[19] Não há coincidência com a posição moderna que separa o poder do Estado em três funções: executiva, legislativa e judi-

---

18. Christian Ruby, *Introdução...*, cit., p. 25.
19. Aristóteles, *Política*, cit., p. 151.

ciária. Em Aristóteles, é a distribuição de funções que caracteriza cada uma das formas de Estado. Por exemplo, "todas as funções devem ser necessariamente distribuídas a todos os cidadãos, ou todas a alguns deles (...), ou funções diferentes a diferentes funcionários, ou algumas delas a todos os cidadãos, ou algumas a certo número de cidadãos".[20] Em linhas gerais, pode-se considerar que essa divisão de funções já era vista como mecanismo de racionalização e controle do poder político. No entanto, para Aristóteles a divisão não aparece como instância responsável por esse controle do Estado; é a própria realidade comunitária ou a disposição dos povos para integrar-se a cada uma das formas de governo que vai determinar o modo como esses elementos presentes em todas as Constituições vão se organizar.

Influxos na Modernidade. O princípio da divisão dos poderes é uma das principais características da organização e da ideologia política moderno-iluminista. Trata-se de uma das bases do princípio de submissão racional do poder político às novas ideias por trás do Iluminismo e da decadência do Antigo Regime. A ênfase da divisão dos poderes implantada pela Modernidade reside na tentativa de dividir o poder absoluto do monarca com o fim de controlá-lo com mais facilidade. A influência de Aristóteles na implantação da divisão de poderes como uma das bases do discurso político moderno-iluminista reside no fato de ele haver pensado na necessidade de se dividir as atribuições públicas da *polis* em três elementos. Se é verdade que Aristóteles não defendeu a necessidade de se limitar o poder para sujeitá-lo à razão moderno-iluminista, também é possível afirmar que a existência das três partes antes mencionadas – "se estas partes forem bem ordenadas a Constituição necessariamente será bem ordenada"[21] – é fundamental para configurar uma boa Constituição. E na Modernidade só se pode falar em Constituição quando a baseamos no princípio da divisão dos poderes.

6. As formas de governo

"Quem quiser – diz Aristóteles – realizar de maneira conveniente uma investigação sobre a melhor forma de governo, deverá necessariamente decidir primeiro qual é o modo de vida mais desejável para os habitantes da cidade, pois enquanto houver incerteza a propósito deste ponto também haverá incerteza quanto à melhor forma de governo".[22]

20. Idem, ibidem, p. 151.
21. Idem, ibidem.
22. Idem, ibidem, p. 219.

Com base nessa conexão com a práxis, o filósofo grego afirma que existem três formas corretas de governo: monarquia (governo de um só), aristocracia (governo de poucos) e democracia (governo da multidão no interesse de todos). Da mesma forma, assevera que são três os desvios ou formas corrompidas de governo: a) a tirania, como desvio da monarquia; b) a oligarquia, como desvio da aristocracia; c) governo da plebe ou demagogia, como desvio do governo democrático.[23]

Analisando a natureza de cada uma das formas de governo, o filósofo explica que se um povo gera naturalmente apenas uma estirpe, uma linhagem familiar, que demonstra excelência nas qualidades que são requisitos para a atividade do comando político, este povo é moldado para a monarquia. Por sua vez, um povo no qual os homens livremente se sujeitam ao governo de um grupo de homens que se destacam por possuir as qualidades necessárias ao comando político, é talhado para a aristocracia. Finalmente, apenas no caso em que exista entre os cidadãos "uma maioria combativa, constituída de homens capazes de mandar e obedecer alternadamente sob uma lei que distribui as funções de governo"[24] é que deve ocorrer a democracia.

Aristóteles inicia seu estudo sobre as formas de governo pela monarquia, afirmando que são quatro os tipos existentes. A primeira, que remonta aos tempos heroicos, possuia reis que exerciam o acúmulo das funções de comandante militar, juiz e dirigente de cerimônias religiosas, e tinham o consentimento dos seus súditos para fazê-lo. A segunda, classificada como a monarquia existente entre os povos bárbaros, embora existisse de acordo com a lei, funcionava como uma espécie de despotismo hereditário. A terceira forma também é uma tirania, mas distinguia-se por seu caráter eletivo. Finalmente, a quarta forma de monarquia é atribuída aos lacedemônios e é definida como um comando militar vitalício e hereditário.

Todavia, ainda nos é proposta uma quinta forma de governo monárquico, na qual o governante exerce sozinho o poder absoluto sobre todas as esferas: o comando do chefe de família sobre a sua casa. Aristóteles propõe este paralelo para afirmar que os três primeiros casos de monar-

---

23. Embora a tradução de Oxford das obras de Aristóteles (Aristotle, *The complete works of Aristotle*, vol. II, p. 2030 [1279a 30 a 1279b 10]) nos pareça mais precisa, mantivemos uma nomeclatura – *governo da multidão no interesse de todos* no lugar de *governo constitucional* e *governo da plebe* ao invés de *democracia* – próxima à utilizada por vários tradutores de língua portuguesa, devido à divergente carga conceitual que encerra o termo democracia na Modernidade.

24. Idem, ibidem, p. 117.

quia podem ser englobados em um só, distinguindo-se apenas a vertente dos lacedemônios. Em seguida, ele afirma que um comando militar da espécie dos lacedemônios pode existir sob qualquer forma de governo, motivo pelo qual Aristóteles termina por abandonar o seu estudo.[25]

Retornando ao caso restante, que possui três subdivisões, o filósofo sentenciará que o cerne deste questionamento encontra-se em "perguntar se é mais conveniente ser governado pelos melhores homens ou pelas melhores leis".[26] Ao analisar essa questão, mesmo considerando que os governantes devem se guiar pelo princípio geral existente nas leis, Aristóteles defende que aquilo que não é influenciado pelas paixões é melhor do aquilo em que as paixões existem de forma congênita. "As leis – continua ele – não estão sujeitas a tal influência, mas toda alma humana necessariamente está".[27]

Por tomar o mérito como base de sua Filosofia Política, o filósofo grego afirma que o único caso em que é adequado defender a existência de uma monarquia é quando apenas um homem ou uma família demonstram méritos superiores a todo o povo. Uma democracia, constituída apenas de homens bons, é sempre preferível a uma monarquia para qualquer comunidade política.

Na linha deste raciocínio, surge a explicação de que talvez tenha sido este o motivo pelo qual os governos monárquicos existiram nas eras mais remotas, quando as cidades eram pequenas e era maior a dificuldade de encontrar homens de mérito superior. Dessa forma, quando começaram a surgir muitos homens semelhantes entre si quanto aos méritos, estes não mais desejaram se submeter a um regime monárquico de governo. Buscaram uma maneira de compartilhar o poder e, por fim, de estabelecer a democracia.

Do mesmo modo, à medida que as classes dominantes interessaram-se mais pelas riquezas e passaram a angariar dinheiro às custas do tesouro público, é natural que o seu domínio tenha se deteriorado e convertido-se em oligarquia, passando da oligarquia à tirania, e da tirania, por sua vez, à democracia. Afinal, "pondo no governo um número cada vez maior de pessoas por causa de um amor desbriado ao ganho os oligarcas fortaleceram as massas, que afinal se insurgiram contra eles, dando origem à democracia".[28]

25. Idem, ibidem, p. 111.
26. Idem, ibidem, p. 112.
27. Idem, ibidem. Cf. o que foi dito no item 4.
28. Idem, ibidem, p. 113.

Influxos na Modernidade. Com o surgimento do Estado moderno, a tríade aristotélica das formas de governo é substituída pela divisão dual de Maquiavel (monarquia e república). Porém, tal substituição não significa o abandono da tradição política clássica, mas apenas a sua adaptação à realidade sociopolítica da época. O ponto de partida de Aristóteles, de acordo com o qual são as magistraturas – ou a magistratura dominante – que determinam as formas de governo, prevalece como critério de definição do exercício do poder. Ademais, como nos recorda Giovanni Sartori, a teoria das formas de governo de Aristóteles se impõe mesmo nas hipóteses em que trata da degeneração do domínio político. Por causa da sua influência, "durante milênios o regime político ótimo denominou-se 'república' (*res publica*, coisa de todos) e não democracia".[29]

Bibliografia

AMARAL, Diogo Freitas do. *História das Ideias Políticas*. Coimbra, Almedina, 1998.

ARISTÓTELES. *Política*. 3ª ed., Brasília, Editora UnB, 1997.

ARISTOTLE. *The complete works of Aristotle*. vol. II, 6ª ed., Princeton, Princeton University Press, 1995.

BITTAR, Eduardo C. B. *Doutrinas e Filosofias Políticas: Contribuições para a História da Ciência Política*. São Paulo, Atlas, 2002.

FERRATER MORA, José. *Diccionario de Filosofía*. Buenos Aires, Sudamericana, 1965.

HABERMAS, Jürgen. *O Discurso Filosófico da Modernidade*. São Paulo, Martins Fontes, 2002.

HADOT, Pierre. *O Que É a Filosofia Antiga?* 2ª ed., São Paulo, Edições Loyola, 2004.

RUBY, Christian. *Introdução à Filosofia Política*. São Paulo, Editora Unesp, 1998.

RUS RUFINO, Salvador. "Significado e Importancia de la *Política* de Aristóteles en la Europa Medieval y Moderna", *Circunstancia*. Madrid, n. 4, maio 2004. Disponível em: *www.ortegaygasset.edu/circunstancia/numero4/art7.htm*. Acesso em: 26 jun. 2007.

RUSSELL, Bertrand. *Obras Filosóficas*, Livro Primeiro. São Paulo, Companhia Editora Nacional, 1969.

SARTORI, Giovanni. *Elementos de Teoría Política*. Madrid, Alianza, 1999.

TRABULSI, José Antonio Dabdab. *Ensaio sobre a Mobilização Política na Grécia Antiga*. Belo Horizonte, Editora da UFMG, 2001.

---

29. Giovanni Sartori, *Elementos de Teoría Política*, p. 29.

Capítulo III
MAQUIAVEL: SUA ÉPOCA, SUAS IDEIAS E A DITADURA DE TRANSIÇÃO[1]

Vinícius Soares de Campos Barros

Para Amália Fonseca da Costa (in memorian), minha avó, com amor.

Para Maurício Soares da Fonseca (in memorian), meu tio e amigo, com saudades.

"Os Estados não podem ser governados com o rosário nas mãos".
(Cosme de Medici, o Velho)

1. Considerações introdutórias. 2. Contexto histórico, vida e obra: 2.1 Contexto histórico; 2.2 Vida e obra. 3. Alguns aspectos de seu pensamento: 3.1 Metodologia maquiaveliana; 3.2 A natureza humana; 3.3 "Fortuna", "virtù" e teoria do poder; 3.4 Maquiavelismo e Razão de Estado. 4. "O Príncipe" e a ditadura de transição. 5. Considerações finais.

1. Considerações introdutórias

Maquiavel é, sem dúvida, o maior arauto do realismo político – a conduta pragmática na esfera pública, buscando realizar o interesse coletivo por quaisquer meios – o que o torna o primeiro corifeu do dualismo entre política e moral. Ou seja, "(...) a política não deve assumir

---

1. O presente ensaio sintetiza parte das ideias desenvolvidas em nosso livro *Introdução a Maquiavel: uma teoria do Estado ou uma teoria do poder?*. Depois da primeira publicação deste ensaio na edição anterior do presente *Manual*, aprofundamos o tema da *ditadura de transição*, como forma de interpretar *O Príncipe* de Maquiavel, associando-o ao ditador romano da Antiguidade, em nosso livro *10 Lições sobre Maquiavel*, publicado em 2010 pela Vozes (atualmente na 3ª ed., 2011). Todavia, o argumento foi ainda mais aprofundado, constituindo-se como um tema central da nossa tese de Doutorado sobre o florentino, defendida em abril de 2011.

do exterior a própria moralidade, mas deve ser autonormativa, porque encontra em si a própria justificação (...)".[2]

Para ele, política e moral são dois universos incomparáveis, cada um regendo-se por suas próprias regras. Ou melhor, não há que se falar de impoliticidade da moral ou, de outro modo, de imoralidade da política, pois essas duas searas obedecem às suas próprias leis.

Sendo o primeiro a delinear a questão abertamente, longe das hipocrisias medievais, Maquiavel – o fotógrafo da política pura, da política secularizada – garantiu um lugar de destaque na filosofia do poder como o panegirista da ética do resultado.[3]

Esse fato provoca uma grande confusão acerca de sua imagem: para os menos informados, é a maldade personificada; para os acadêmicos – intérpretes de seu pensamento –, o primeiro cientista político moderno que, com uma ótica objetiva, disseca os meandros concretos – e não idealizados – das questões que dizem respeito à gestão da *polis*.

Por isso, nunca é demais voltar ao seu arcabouço teórico e navegar na doce e bem humorada ironia de suas sentenças mordazes.

Se outrora escrevemos estudo mais profundo[4] sobre suas reflexões, sempre argutas e incisivas, agora compactamos nossas especulações sobre o florentino em texto menor e mais didático. Dividimo-lo em três tópicos. O primeiro revela nossa preocupação histórica com o mundo em que viveu e, por conseguinte, procura desvelar as razões que o incitaram a agir. A seguir, analisaremos a metodologia de Maquiavel, suas ponderações sobre a natureza humana e os conceitos fundamentais de seu pensamento. Ao final, conjecturamos sobre a possibilidade de *O Príncipe* ser o governante de uma transição – de uma situação de caos político – para estabelecer a ordem, abrindo caminho para a república, maior sonho de Maquiavel. Este, de fato, é um republicano e não o defensor do absolutismo como o senso comum o consagrou.

2. Ubaldo Nicola, *Antologia Ilustrada de Filosofia: das Origens à Idade Moderna*, p. 193.

3. Princípio segundo o qual, na política, em certas situações, os fins justificam os meios. Nosso Autor, ressalte-se, nunca disse essa frase expressamente, mas, com certeza, ela traduz seu pensamento.

4. Para aprofundar o debate, remetemos o leitor ao nosso livro já citado, no qual discutimos a não existência, nas elaborações de Maquiavel, de uma teoria do Estado. Neste ensaio que, ora apresentamos, esse tema não é tratado. No entanto, como já asseveramos, depois da publicação deste ensaio em 2008, voltamos a tratar do tema em *10 Lições sobre Maquiavel* e na nossa tese de Doutorado, cujo título é *Preparando a República: Maquiavel e a Ditadura Revolucionária de Transição*.

Sem mais delongas, comecemos a tecer o fio de Ariadne que nos conduzirá em segurança ao auge da Renascença italiana.

2. Contexto histórico, vida e obra

O homem e o ambiente onde vive estão umbilicalmente ligados. O ser abstrato – como o homem muitas vezes é tratado por alguns autores – é uma mera idealização filosófica.

Isso significa que o indivíduo indefinido, universal, comum a todos os quadrantes, não tem realidade fática. É necessário, portanto, para melhor apreender as ideias do pensador de quem se fala, circunscrevê-lo ao seu contorno histórico, ao seu horizonte, à sua época, à sua circunstância,[5] o que nos remete ao grande filósofo espanhol, José Ortega y Gasset, quando assevera: "eu sou eu e minha circunstância", ou, de outra forma, a realidade que me cinge "forma a outra metade de minha pessoa".[6]

Dessa maneira, podemos perceber que o labor do intérprete deve iniciar-se com o trabalho de reconstrução histórica, a fim de que o leitor possa entender o aparato intelectual do Autor investigado a partir de suas motivações. Detectar o mundo que o cerca é de suma importância, pois o pensador é, em muito – apesar de seus textos estarem à frente de seu tempo –, herdeiro de uma cultura que o influencia e emoldura suas elucubrações.

Portanto, para interpretarmos um texto, é mister que conheçamos o contexto em que foi escrito, já que é imprescindível recuperar "a história como base do conhecimento do texto".[7]

Logo, antes de nos debruçarmos sobre suas ideias, convém reerguer as colunas que sustentavam o cenário em que, como Segundo Chanceler da República de Florença, o eterno secretário florentino desenvolveu suas ações. Não podemos olvidar que, além de ser um *Autor* cujas obras são constantemente revitalizadas, exerceu o seu papel como *ator* político importante naquela Itália fragmentada sempre vítima de outras potências – especialmente França e Espanha – que constantemente lhe invadiam o território. Ver a península unida em um só Estado era seu maior sonho, sonho que só iria concretizar-se mais de três séculos depois de sua morte, quando as tropas de Garibaldi deram à Itália uma conformação unitária.

---

5. Cf. Willis Santiago Guerra Filho, *Conceitos de Filosofia*, p. 124.
6. José Ortega y Gasset, *apud* Julián Marías, *História da Filosofia*, p. 501.
7. Regina Zilberman, *Estética da Recepção e História da Literatura*, p. 12.

Por ter tido uma vivência política concreta, que serviu de base para suas reflexões futuras, Maquiavel exige, para a intelecção de suas ideias, esse trabalho de reconstrução histórica, cujo escopo é tornar claras para o receptor de sua mensagem as razões que o impulsionaram como diplomata e motivaram sua construção intelectual.

2.1 Contexto histórico

Falamos acima da necessidade de enquadrar, a fim de proceder a uma interpretação verossímil, o intelectual perscrutado a uma dada moldura histórica, um contexto histórico. Todavia, como poderíamos definir o que vem a ser esta expressão tão corriqueiramente utilizada nos estudos historiográficos. Januário Megale, sobre o referido tema, diz-nos que: "Contexto histórico, contexto histórico-social ou contexto histórico cultural é o conjunto de condições sociais (políticas, econômicas, jurídicas, religiosas, educacionais) que caracteriza uma época, um período ou um momento histórico. (...) Inclui os aspectos ou fatores materiais de produção e os aspectos sociais como valores, crenças, costumes, anseios da população. É o conjunto das forças sociais em jogo ou em luta em si".[8]

Para que possamos entender o que Maquiavel quer nos dizer ao longo desses quase cinco séculos de sua morte, faz-se determinante compreender que ele foi um homem típico do Renascimento, período histórico que, carregado de transformações e inventividade, marca o nascimento do mundo moderno com a preponderância das verdades científicas – demonstradas empiricamente – sobre as verdades reveladas e estabelecidas pela fé. Não só isso, as mudanças foram profundas e se espraiaram pelas mais diversas áreas do conhecimento humano.

Um estudioso da arte, por exemplo, poderia muito bem afirmar que a Renascença foi a revolução operada na arquitetura, na pintura e na escultura pelo descobrimento dos monumentos da Antiguidade. O literato, o filósofo e o teólogo vão ver no Renascimento a época em que são descobertos os antigos manuscritos clássicos. O homem de ciência discorrerá acerca do descobrimento do sistema solar por Copérnico e Galileu ou da teoria da circulação do sangue, introduzida por Harvey. Já o historiador político dará mais atenção à extinção do feudalismo e ao surgimento do Estado-Nação, o Estado Moderno.[9]

8. Januário Megale, *O Príncipe: Roteiro de Leitura*, pp. 13-14.
9. Cf. J. A. Symonds, *El Renacimiento en Italia*, vol. 1, pp. 11-12.

É realmente uma fase de intensa efervescência intelectual, um momento de transição de valores que terminará por talhar, entre os séculos XIV e XVI, o caráter desbravador do homem moderno. Agora, liberto da postura medieval de passividade face ao mundo, este sentir-se-á senhor da história e da natureza, centro de gravidade de todas essas mudanças que articulam o antropocentrismo, solapando o teocentrismo do medievo e lançando os homens à busca pela consecução de todos os seus desígnios.

Esse é o ambiente em que nasce e vive nosso Autor, sendo seus livros extremamente influenciados por todo esse apego às coisas terrenas que caracterizam a experiência renascentista. Podemos afirmar, por isso, que o secretário florentino é essencialmente um homem de sua época.

"Qualquer tentativa de compreensão do pensamento político de Maquiavel – esta figura por tantos títulos enigmática que nos recebe com um sorriso malicioso e ambíguo no limiar do Renascimento italiano – deve partir da consideração de que há uma íntima correspondência entre o mesmo e a época de transição, rica de contrastes, em que foi concebido e formulado. Mais exatamente: que não se pode, sob o risco de grave deformação, dissociar as ideias de Maquiavel das condições em que se achavam, no século XVI, os Estados italianos, e dos costumes políticos que neles prevaleciam (...)".[10]

Sérgio Bath, da mesma forma, adverte que: "é difícil entender Maquiavel sem atentar para o fato de que ele viveu na Renascença – o renascimento de certos valores inspirados na Antiguidade Clássica, movimento que começou na Itália no século XIV e dali se espraiou por toda a Europa".[11]

Individualismo, antropocentrismo, empirismo, racionalismo, humanismo e anticlericalismo, eis os ideais que vão nortear os textos dos pensadores do período e que são encontrados, também, nos escritos maquiavelianos.

A própria ideia de um príncipe que, todo *virtù*, controla a imprevisibilidade da *fortuna*, é fruto da crença antropocêntrica de que o homem, como centro de todos os acontecimentos, é capaz de erguer e destruir civilizações. O uso da razão para descobrir a verdade, em oposição às certezas reveladas pela igreja, marca o período, conduzindo

---

10. Lauro Escorel, *Introdução ao Pensamento Político de Maquiavel*, p. 11.
11. Sérgio Bath, *Maquiavelismo: a Prática Política segundo Nicolau Maquiavel*, p. 17.

os humanistas à perscrutação dos ditames científicos via empirismo, ou seja, o uso de experiências para comprovar as hipóteses que, antes, eram confirmadas por meio de deduções contemplativas a partir dos manuais teológicos da cristandade.

O diplomata florentino reflete, em seus escritos, todas essas transformações. Neles, por exemplo, a visão racional e realista da política sobrepõe-se à postura moralista, contaminada de ideais cristãos – que é clara nos "espelhos" para príncipes medievais – os quais prescreviam, para os governantes, virtudes angelicais incompatíveis com o universo político. Sua obra é construída com base na observação dos fatos (empirismo) tanto da política de sua época como nos extraídos dos clássicos da Antiguidade greco-romana.

Tal postura, face ao cosmos político, realça, em nosso Autor, sua condição de humanista – a atitude, própria do homem do Renascimento, de tornar redivivos os manuscritos clássicos que, com o cristianismo, haviam se tornado propriedade exclusiva da igreja, que os reinterpretavam por meio de seus doutores, a exemplo de Santo Agostinho e Santo Tomás de Aquino. Agora era diferente. Com a invenção da imprensa, em meados do século XV, a difusão destas obras fora facilitada, tornando-se acessível aos defensores do ideário burguês, então emergente: os humanistas.

O ponto mais relevante, que provoca essa tendência recorrente, é o desdém que o homem renascentista tinha em relação ao medievo, uma fase de intensa conformidade e passividade com a condição humana. Contrapunham-se a esta calmaria espiritual os valores pagãos contidos nas obras clássicas que fazem do humanista não só um esteta – que tenta, em seus escritos, reviver o estilo dos antigos –, mas, também, um cultor em sua vida dos pilares do Classicismo.

O próprio Maquiavel, na Introdução ao Livro I dos *Comentários*, observa a importância que cabe às coisas antigas, quando aduz-nos o seguinte:

"Com maior espanto ainda vejo que, nas causas que agitam os cidadãos e nos males que afetam os homens, sempre se recorre aos conselhos e remédios dos antigos. As leis, por exemplo, não são mais do que sentenças dos jurisconsultos pretéritos, as quais, codificadas orientam os modernos juristas. A própria medicina não passa da experiência dos médicos de outros tempos, que ajudam os clínicos de hoje a fazer seus diagnósticos. Contudo, quando se trata de ordenar uma república, manter um Estado, governar um reino, comandar exércitos e administrar a guerra, ou de distribuir justiça aos cidadãos, não se viu ainda um só príncipe, uma só república, um só capitão, ou cidadão, apoiar-se no exemplo da Antiguidade."[12]

Logo em seguida – ressaltando a relevância do conhecimento da história, que deve ser a bússola dos governantes – diz:

"A causa disto, na minha opinião, está menos na fraqueza em que a moderna religião fez mergulhar o mundo, e nos vícios que levaram tantos Estados e cidades da cristandade a uma forma orgulhosa de preguiça, do que na ignorância do espírito genuíno da história. Ignorância que nos impede de aprender o seu sentido real, e de nutrir nosso espírito com sua substância. O resultado é que os que se dedicam a ler a história ficam limitados à satisfação de ver desfilar os acontecimentos sob os olhos sem procurar imitá-los, julgando tal imitação mais do que difícil, impossível. Como se o sol, o céu, os homens e os elementos não fossem os mesmos de outrora; como se a sua ordem, seu rumo e seu poder tivessem sido alterados."[13]

Destarte, o que se observa é a tentativa do homem de, negando o período medieval, voltar-se totalmente para o estudo da Antiguidade, especificamente dos autores gregos e latinos. Há um interesse em aprofundar-se na literatura clássica sem a intermediação dos intérpretes medievais, indo direto às fontes para entender o real significado das obras, apreender o máximo de lições advindas destas e, na construção dos novos textos, imitar o estilo dos antigos.

Toda essa postura nostálgica leva o humanista ao desprezo completo pelo cristianismo, o que se denomina anticlericalismo. Critica-se o formalismo litúrgico da igreja e a hipocrisia do clero. Este anticlericalismo é geral nos pensadores do período, sendo externado por nosso Autor quando, no Capítulo II do Livro II dos *Comentários*, informa-nos: "parece que esta moral nova tornou os homens mais fracos, entregando o mundo à audácia dos celerados. Estes sabem que podem exercer sem medo a tirania, vendo os homens prontos a sofrer sem vingança todos os ultrajes, na esperança de conquistar o paraíso".[14]

A defesa ferrenha de uma moral pagã pode ser percebida também, segundo a narrativa de Maurizio Viroli,[15] no célebre "sonho de Maquiavel". Em 21 de junho de 1527, pouco antes de morrer e rodeado pe-

---

12. Nicolau Maquiavel, *Comentários sobre a Primeira Década de Tito Lívio*, Livro I, Introdução, p. 17.
13. Idem, ibidem, p. 18.
14. Idem, ibidem, Livro Segundo, Capítulo Segundo, p. 199.
15. Maurizio Viroli, *O Sorriso de Nicolau: História de Maquiavel*, pp. 17-18.

los amigos fiéis que o acompanharam até aquele último momento, o diplomata florentino – talvez, como nos lembra Luciano Oliveira,[16] com aquele seu sorriso de Mona Lisa, eternizado em famoso retrato pintado por Santi di Tito – assevera ter visto, em sonho, um grupo de homens mal vestidos e de aparência sofredora. Indagando quem eram, ouviu-lhes dizendo: "somos os santos e os bem-aventurados, vamos ao paraíso". Logo depois, avistou uma multidão de homens de aspecto nobre e trajando roupas majestosas que discutiam problemas políticos. Entre eles reconheceu grandes pensadores da Antiguidade, como Platão, Plutarco e Tácito. Perguntando-lhes quem eram, obteve a reposta: "somos os condenados ao inferno". Zombeteiramente, como seu último lance de bom humor, termina seu relato dizendo que preferia ir para o inferno discutir política com os grandes filósofos a ir para o paraíso morrer de tédio na companhia de beatos.

Maquiavel, como humanista que era, conhecia, com certeza, o "sonho de Cipião", relatado por Cícero em *Da República*. Narra o jurisconsulto romano que Cipião Emiliano ouve de seu tio – Cipião, o Velho – que lhe aparece em sonho, a mensagem de que todos os homens que lutaram pelo engrandecimento da pátria têm um lugar especial no céu, onde os bem-aventurados desfrutam da eternidade.

Desse relato, podemos extrair a ideia de que o secretário florentino enaltece a moral pagã – que valoriza as glórias desse mundo terreno e a defesa da pátria – e, em contrapartida, menospreza a moral cristã que, individualista, faz o homem pensar mais na salvação de sua alma – bem como propugna um agir passivo face às turbulências da vida – que lutar para manter o Estado e defender o interesse coletivo. Essa tomada de posição pela moral pagã fica clara quando, em sua sátira acima citada, afirma ser melhor ir para o inferno discutir os grandes temas políticos que agitam o ser humano do que ter uma vida passiva e tediosa no paraíso.

O capitalismo, ou mercantilismo talvez soe melhor, é a grande transformação que se opera na economia à época do Renascimento. O grande comércio com o Oriente já fizera florescer os rudimentos desse sistema econômico, em pleno século XII, nas cidades da Itália e dos Países Baixos. A partir daí, a burguesia iria ampliar cada vez mais o seu poder e, em decorrência disso, dois *tipos ideais*, para usarmos uma expressão weberiana, seriam um a contrapartida do outro: o fidalgo, arraigado à tradição e à ociosidade contemplativa medievais, e

---

16. Essa imagem foi sugerida por Luciano Oliveira na apresentação que fez do nosso livro, intitulado *Introdução a Maquiavel: uma Teoria do Estado ou uma Teoria do Poder?*.

O burguês, capitalista, homem de ação, de grandes empreendimentos, que insiste na eficácia da poupança para edificar a sua riqueza e vê, na ânsia do lucro – elemento constituinte desse modo de produção, outrora condenado pela igreja medieval –, o meio mais eficaz de multiplicá-la. Desde então, a burguesia despontaria como a classe economicamente dominante para, em pleno século XVIII, com o ato simbólico da queda da Bastilha, conquistar também o poder político.

Do ponto de vista político, o que delineia essa fase é o surgimento dos Estados Nacionais que, sob a forma de governo das monarquias absolutistas, despontavam, com toda a força, suplantando a dispersão que caracterizava a antiga ordem medieval. À descentralização feudal seguia-se a centralização dos antigos reinos, agora libertos dos poderes sufocantes do papa e do Imperador do Sacro Império Romano-Germânico.

Essa força unificadora era incentivada e financiada pela burguesia ascendente que via na unidade política uma defesa contra as arbitrariedades da nobreza, além de terminar por pacificar as guerras feudais, eliminar o banditismo das estradas e gerar a uniformização de leis, impostos e moedas – atitudes extremamente salutares ao comércio.

Porém, diante de todo esse quadro de mudanças pelo qual passava a sociedade europeia, como se organizava politicamente a Itália? Como se situava a península diante do mundo moderno que arquitetava a nova ordem dos Estados nacionais?

2.2 Vida e obra

As forças centralizadoras que se operavam no interior dos reinos, fazendo surgir os Estados nacionais, fizeram-se sentir, primeiramente, na França, Espanha e Inglaterra. Estes foram, pois, os três primeiros Estados a, saindo da dispersão feudal, adentrarem, no sentido de sua feição unitária, à modernidade.

Na Inglaterra, após um extenso período de guerra civil – a Guerra das Duas Rosas, travada entre as famílias Lancaster e York –, a paz se faria presente, em 1485, no instante da instauração da dinastia Tudor, que deveria durar até 1603. Na França, Luís XI, graças à sua política sagaz, teve bom êxito no correr do século XV, ao anexar à coroa quase todos os grandes feudos. Na Espanha, graças à união de Fernando de Aragão e Isabel de Castela, bem como à destruição do último reinado muçulmano de Granada, a nação unificara-se.[17]

17. Cf. G. Mosca, *História das Doutrinas Políticas desde a Antiguidade*, p. 99; cf. J. R. Hale, *A Europa durante o Renascimento: 1480-1520*, p. 61.

Já a Itália, com toda a certeza, a região mais culta daquele período, era também aquela que ostentava a organização política mais desastrosa e instável. Não possuía unidade, sendo suas repúblicas e principados constantemente sobressaltados por seus particularismos e rivalidades.

Tendo em mente essa mesma problemática, Paul Larivaille diria que: "Se Metternich definia a Itália do início do século XIX como uma simples 'expressão geográfica', com que qualificativo desdenhoso teria ele brindado a península mais fragmentada ainda no tempo de Maquiavel? O que é, com efeito, a Itália em 1469, no momento em que nasce o futuro Autor de *O Príncipe*? Um mosaico de estados de dimensões territoriais, regimes políticos, estágios de desenvolvimento econômico, até culturas variáveis".[18]

Na verdade, em meio a essa *colcha de retalhos*, cinco grandes Estados disputavam a hegemonia no território italiano: o reino de Nápoles, ao sul, nas mãos dos Anjou e, a partir de 1492, dos aragoneses; o Estado Papal, no centro, sob o controle temporal da igreja; a república de Florença, na Toscana, há decênios sob o controle da família Medici; o ducado de Milão, na Lombardia, sob o domínio primeiramente dos Visconti e depois dos Sforza; e, no Vêneto, Veneza, a república mais estável da península. Ao redor destes, orbitavam Estados menores que, apesar de teoricamente independentes, tinham que, em certas situações, a fim de neutralizar as ambições e sobreviver, alinhar sua política à de seus vizinhos mais poderosos.[19]

É em meio a esse turbilhão que nasce o nosso Autor, em 3 de maio de 1469, filho de *messer* Bernardo di Niccolò di Buoninsegna – que pertencia a um ramo empobrecido dos Machiavelli – e de Bartolomea de' Nelli, bem como irmão de Primavera, Margherita e Totto, seu irmão caçula, nascido em 1475.

Consta que Bernardo era doutor em leis e um amante de livros. Apesar de advogado, ao contrário de seus conterrâneos, era pobre, conseguindo a duras penas formar uma biblioteca que reunia obras de filósofos gregos e romanos, incluindo Aristóteles e Cícero, além da famosa *História de Roma* de Tito Lívio, que o secretário florentino, na maturidade, utilizaria para escrever seu livro mais importante, *Comentários sobre a Primeira Década de Tito Lívio*, que contém o conjunto de seu pensamento político e, de modo específico, suas reflexões sobre como construir uma república grande e livre.[20]

18. Paul Larivaille, *A Itália no Tempo de Maquiavel: Florença e Roma*, p. 9.
19. Cf. Escorel, *Introdução*..., cit., p. 19.
20. Cf. Viroli, *O Sorriso de Nicolau*..., cit., p. 21.

À mãe de Maquiavel são atribuídas composições poéticas de caráter sacro em louvor da Virgem Maria, o que demonstra ser religiosa e culta, levando Lauro Escorel, com algumas ressalvas, a dizer que o escritor teria herdado, do pai, o amor aos livros e da mãe, a fantasia poética.[21]

Apesar do pouco patrimônio da família, Nicolau teve uma boa educação. Sendo versado em latim e retórica, além do conhecimento prematuro dos poetas latinos, a exemplo de seu preferido: Virgílio. Também foi iniciado no estudo dos filósofos e historiadores do período Clássico, como Tucídedes, Tácito e Tito Lívio. Entre os modernos, era leitor de Dante, Petrarca e Boccaccio.

É importante salientar que o ano do nascimento do Autor de *O Príncipe* marca também a chegada ao poder, em Florença, de Lourenço, o Magnífico, que conseguiria, por meio de sua habilidade diplomática, edificar uma paz provisória que não sobreviveria à sua morte, em 1492. A inapetência de seu filho, Piero de Medici, em assuntos políticos, levaria, dois anos mais tarde, à expulsão de sua família de Florença. Combinando-se a isso a chegada de Alexandre VI, Rodrigo Bórgia, a Roma, um Papa espanhol cheio de ambições para si e os seus, e a retomada das lutas entre Milão e Nápoles, ampliar-se-iam as divisões na Itália, fazendo dela presa fácil para as duas potências vizinhas, Espanha e França.[22]

De fato, não tardou para que um desses Estados, aproveitando-se dessa desorganização que se espraiava por toda a península, resolvesse realizar uma incursão em território italiano. Em 1494, Carlos VIII, rei da França, usando como pretexto o parentesco que unia os Valois à família de Anjou – desapossada do reino de Nápoles pelos aragoneses – atravessa os Alpes com seus exércitos, inaugurando um período de guerras que só terminaria com o Tratado de Cateau-Cambrésis, em 1559.[23]

A pusilanimidade de Piero de Medici, que, acovardado diante do monarca francês – quando este em solo florentino –, entrega-lhe as principais fortalezas da cidade, termina por provocar a revolta da população e o consequente exílio dos Medici.

Assume o comando da república o frade dominicano Girolamo Savonarola que – apesar da sua postura democrática (seu governo tinha

---

21. Cf. Escorel, *Introdução...*, cit., p. 15. O autor adverte que, como ninguém jamais viu a produção poética da mãe de Maquiavel, esta pode ter sido inventada para explicar as raízes do gênio literário do filho.
22. Cf. Gabriel Chalita, *O Poder*, p. 56.
23. Idem, ibidem.

um viés democrático-teocrático) – não resiste à pressão papal e, em 1498, é enforcado e queimado, sendo suas cinzas jogadas no rio Arno.

Nesse mesmo ano, é instaurada a República livre de Florença, da qual, em junho, Maquiavel passa a fazer parte como secretário da Segunda Chancelaria, supõe-se que por indicação do Primeiro Chanceler Marcelo Adriani.[24] Logo em seguida, passa a assessorar a Comissão dos Dez, responsável pela defesa nacional. Se na Segunda Chancelaria tratava dos assuntos internos de Florença, na Comissão dos Dez tem a incumbência de realizar missões diplomáticas. Vale lembrar que, na maioria dessas legações, Maquiavel ia como assessor de uma figura importante, este sim o representante de Florença, ou melhor, seguindo o termo da época, o *Orador*.[25]

Todavia, após quatorze anos de serviços prestados à República, o secretário florentino sofre os reveses das mudanças políticas que ocorreram em sua cidade, em 1512. Neste ano, o papa Júlio II alia-se aos espanhóis para expulsar os franceses do território italiano. Em agosto, com sua imbatível infantaria, os espanhóis entram na península, derrotam o exército francês e marcham sobre Florença, inimiga do papa, esmagando a milícia que Maquiavel havia organizado seis anos antes. Esse fato possibilita o retorno dos Medici ao controle da política.

Em decorrência desses acontecimentos, a vida de nosso Autor sofre mudanças drásticas. É demitido do governo, preso e torturado sob a acusação de conspirar contra os novos senhores. Graças às festividades por conta da eleição de Giovanni de Medici para o trono de São Pedro, sob o título de Leão X, é anistiado, porém, desiludido com seu destino, retira-se para sua pequena propriedade em Sant'Andrea in Percussina, a apenas três quilômetros de San Casciano e a treze de Florença.[26]

É no campo que o diplomata transforma-se em pensador. Com base em suas cartas escritas como informes diplomáticos ao governo florentino e alicerçado nos textos da Antiguidade, Maquiavel começa a refletir sobre a sua experiência política, legando-nos suas obras imortais. Sobre essa fase de sua vida, Charles Benoist escreverá: "Tudo está perdido, mas tudo se ganhou. Maquiavel perdeu seu lugar, mas nós ganhamos Maquiavel".[27]

---

24. Cf. Quentin Skinner, *Maquiavel: Pensamento Político*, p. 18.
25. Cf. Viroli, *O Sorriso de Nicolau...*, cit., p. 63.
26. Cf. Roberto Ridolfi, *Biografia de Nicolau Maquiavel*, p. 169.
27. Charles Benoist, *apud* Jean-Jacques Chevallier, *As Grandes Obras Políticas de Maquiavel a nossos Dias*, p. 22.

Acerca de sua inatividade, a carta de 10 de dezembro de 1513, endereçada ao embaixador de Florença em Roma, Francesco Vettori, é bastante reveladora, vejamos:

"Levanto-me com o sol, e vou até um dos meus bosques, onde mando cortar madeira; ali fico duas horas a rever a tarefa do dia que passa e a matar o tempo com meus lenhadores: eles estão sempre metidos em alguma rixa, seja entre eles, seja com os vizinhos (...).

"Deixando meu bosque, vou-me para uma fonte e, dali, para meu viveiro de pássaros. Carrego um livro debaixo do braço, ora Dante ou Petrarca, ora um desses poetas menores, como Tíbulo, Ovídio e outros: mergulho na leitura de seus amores, e seus amores me relembram os meus; e com esses pensamentos eu me distraio por um bom momento. Dirijo-me, logo em seguida, para o albergue da estrada real: converso com os que passam, peço-lhes notícia das suas regiões, adivinho muitas coisas, observo a variedade dos gostos e a diversidade dos caprichos dos homens. É assim que se aproxima a hora do almoço, no qual, em companhia de todos da casa, eu me nutro com os alimentos que me são possibilitados pela minha pobre fazendola e pelo meu magro patrimônio. Assim que termina o almoço, retorno para o albergue: estão habitualmente com o dono um açougueiro, um moleiro, dois serventes de pedreiro. É com essas pessoas que, durante toda a tarde, eu me nivelo, jogando gamão, cabendo ao perdedor pagar a bebida; jogo ao qual se seguem mil discussões e querelas ao infinito, com abundante troca de desaforos; na maior parte do tempo é por causa de uma aposta de um *quattrino*, e a nossa gritaria chega a ser escutada até em San Casciano. É numa pocilga dessas que tenho de mergulhar para impedir meu cérebro de embolar-se completamente; é assim que desforro da maldade do destino para comigo, quase contente de que ele me tenha jogado tão para baixo, e curioso de ver se ele não acabará por envergonhar-se disso.

"Caída a noite, volto para casa. Penetro em meu gabinete e, já na soleira da porta, tiro a roupa usada de todos os dias, coberta de lama e de lodo, para vestir-me com os hábitos de corte real e pontifícia; assim dignamente ataviado, penetro nos antigos recintos dos homens da Antiguidade. Acolhido com afabilidade por eles, sacio-me com o alimento que é por excelência o meu, e para o qual nasci. Nesse encontro, não sinto vergonha alguma em falar com eles, em interrogá-los acerca dos móveis de suas ações; e eles, em virtude da sua humanidade, me respondem. E assim, pelo espaço de quatro horas, não sinto o menor aborrecimento, esqueço todos os tormentos, deixo de temer a pobreza, e a própria morte não me aterroriza mais."

Em seguida, revela que sua ociosidade é criativa:

"E como Dante afirma que não existe saber, se não se retém aquilo que se compreendeu, anotei desses colóquios com eles aquilo que julguei essencial e compus um opúsculo, *De Principatibus*, onde aprofundo, da melhor maneira que posso, os problemas suscitados por tal assunto: que é soberania? Quantas espécies existem? Como conquistá-la? Como conservá-la? Como perdê-la? E se alguma vez houve uma elucubração minha que vos tenha comprazido, esta não haverá de vos desagradar. Ela deve, sobretudo, ser de utilidade para um príncipe novo:[28] eis por que a dedico a Sua Magnificência Giuliano.[29] Filippo Casavecchia a conhece; ele vos poderá informar não só a respeito da coisa em si como das discussões que sobre elas tivemos. Todavia, levai em conta que não cesso de enriquecê-la e corrigi-la."[30]

No texto, acima aludido, podemos perceber como Maquiavel se queixa da malignidade do destino para com ele, bem como acredita, pela intervenção do embaixador florentino em Roma, poder voltar a ocupar seu cargo no governo de Florença. Sua vida é sofrida e enfadonha, contudo, sua ociosidade é fecunda, pois – com base na observação do mundo contemporâneo, e na leitura dos clássicos da Antiguidade – deixa para a posteridade seu rico patrimônio literário, eternizado em seus escritos mais relevantes. Diz que escreveu um opúsculo, *De Principatibus*, obra que nós conhecemos como o tão aclamado e mal interpretado *O Príncipe*. Para os leigos, este parece ser seu único livro, entretanto, a obra do secretário florentino é bem mais vasta e variada.

Segundo Federico Chabod, quando o diplomata florentino começou a escrever *O Príncipe* estava em grande parte concluído o Livro Primeiro dos *Comentários*.[31] Isso fica claro no Capítulo II de *O Príncipe* quando nosso Autor, ao falar dos principados hereditários, alega que não tratará das repúblicas porque, em outra oportunidade, já discorrera longamente sobre o assunto.[32]

---

28. *Príncipe novo* é o termo que Maquiavel usa para definir o governante que não herdou o Estado, mas o conquistou com a força. Todo *O Príncipe* é dedicado a este tipo de conquistador, pois esta era a realidade dos Estados italianos que, sem governos legítimos (principados ou repúblicas), tinham que ser mantidos com força e astúcia.

29. Na versão final, *O Príncipe* foi dedicado a Lourenço II.

30. Carta de 10 de dezembro de 1513, endereçada ao embaixador de Florença em Roma, Francesco Vettori, in Edmond Barincou, *Maquiavel por Ele Mesmo*, pp. 146-147.

31. Cf. Federico Chabod, *Escritos sobre Maquiavelo*, pp. 41-44.

32. Nicolau Maquiavel, *O Príncipe*, Capítulo II, p. 5.

Para os não iniciados no pensamento maquiaveliano, esta passagem pode parecer estranha, todavia não o é para aqueles que, conhecendo seu aparato de ideias, têm ciência de que, nos *Comentários*, o secretário florentino faz uma defesa ardorosa da forma de governo republicana, detendo-se no estudo dos dez primeiros Livros da *História de Roma* de Tito Lívio. Para Maquiavel, a República romana da Antiguidade é o luzeiro que deve iluminar os ideais daquela Itália fragmentada politicamente e, constantemente, espoliada por outros Estados.

No entanto, tais colocações podem suscitar, no leitor, o seguinte questionamento: ora, se Maquiavel é conhecido como um dos teóricos do absolutismo, como poderia dedicar toda uma obra à defesa clara da república como forma de governo? Isso é uma questão que discutiremos mais amiúde em outra parte deste ensaio.

Então, podemos dizer que, em 1513, Nicolau inicia os *Comentários*, interrompendo-o, naquele mesmo ano, para escrever *O Príncipe*. Em 1517, concluirá os *Comentários* e, nos anos seguintes, produzirá outros grandes escritos, como, por exemplo, *A Mandrágora*, em 1518 – considerada até hoje a melhor peça do Renascimento italiano –, e *Belfagor, o Arquidiabo* (fábula do demônio que se casou) – seu conto mais famoso. Em 1519, produz *A Arte da Guerra* e, em 1520, *A Vida de Castruccio Castracani* – talvez a primeira biografia romanceada da história. Em 1521, iniciará a *História de Florença* que o consumirá até 1525.

Além desses textos principais, escreveu uma grande quantidade de peças, contos e poemas de menor importância, sem contar suas inúmeras cartas ao governo de Florença – verdadeiras obras de arguta reflexão política – que são a base de seus escritos políticos. Nunca é exagerado relembrar àqueles que têm uma visão distorcida a respeito de nosso Autor que suas peças e contos – todos de leitura agradável – externavam um teor de comicidade irresistível, ironizando, de forma desabusada, a sociedade da época, seus costumes, crenças e instituições. Na verdade, Maquiavel, longe de ostentar um perfil austero e esnobe, era um homem simples e extremamente bem humorado, cujo único pecado foi dizer a verdade sobre o fenômeno do poder.

Em 1525, aos 56 anos, depois de anos buscando aproximação com os Medici, é reabilitado pelo governo de Florença, voltando a exercer suas funções. Todavia, sua vida – nunca abençoada pela *fortuna* –, em 1527, sofre um novo revés. Francisco I, rei da França, invade a Itália a fim de recuperar seus territórios perdidos dois anos antes para Carlos V, imperador do Sacro Império. Este envia tropas para defendê-los, mas as tropas, mal treinadas e sem receber o soldo há meses, marcham contra Roma, saqueando-a durante uma semana. Clemente VII (Júlio de Medici), o novo pontífice, foge e sua família perde o apoio papal, sem o qual manter Florença, ante os desgastes sofridos, era impossível. Instaura-se uma nova República, mas esta considerará Maquiavel um traidor por buscar a simpatia dos antigos senhores, o que porá nosso diplomata mais uma vez no ostracismo. Doente e deprimido, morre no dia 21 de junho do mesmo ano, pobre e alijado do poder. Entretanto, se não deixou grandes rendimentos para a sua família, sua herança intelectual, além de indelével, é extremamente controversa, alçando nosso pensador a um grau de ambiguidade tal que, mesmo após quase quinhentos anos de sua morte, os debates acerca de suas ideias são cada vez mais acalorados e reveladores. É como se, a cada nova leitura, um novo Maquiavel estivesse pronto a surgir.

3. Alguns aspectos de seu pensamento

3.1 Metodologia maquiaveliana

Mais que um grande filósofo político, Maquiavel, com toda certeza, deve ser visto como o primeiro cientista político moderno. Isso porque, com sua maneira realista de observar os fenômenos políticos, termina por desvelar a face cruel do poder. Ou seja, perscrutar os meandros do poder nu – como de fato é –, livre de teorias legitimadoras de seu exercício, é seu principal objetivo.

"Maquiavel é comumente designado como o fundador da Ciência Política moderna. Aqueles mesmos que contestam esta asserção estão, com frequência, persuadidos de que ele foi o primeiro pensador a fazer do poder o objeto exclusivo de sua reflexão. As condições de sua conquista e de seu exercício, do sucesso ou do malogro daqueles que o cobiçam ou o detêm, constituiriam, assim, a matéria do *Príncipe*."[33]

Para alcançar tal escopo, nosso secretário não poderia repetir a maneira clássica e medieval de encarar o fenômeno político. Isso quer dizer que o diplomata florentino não se servia de uma visão normativa da política. Ou melhor, Maquiavel não é o primeiro autor a falar sobre o tema, contudo, é o primeiro, pelo menos no Ocidente, a fazê-lo com base na análise fria dos fatos.

Antes dele, analisava-se a política tentando-se superpor a teoria à prática. Desde a Grécia Antiga, inúmeros filósofos, das mais díspares

---

33. Claude Lefort, *As Formas da História*, p. 141.

escolas debateram-se em torno das questões que dizem respeito à administração da *polis*. Todavia, sempre o faziam por meio de uma perspectiva normativa, isto é, tentavam prescrever normas para a construção de uma sociedade justa, ou, de outra forma, a política como deveria ser e não como de fato é.

Platão – discípulo de Sócrates e mestre de Aristóteles – é um exemplo claro desta postura normativa em relação ao cosmos político, pois sua conduta, no que tange aos problemas políticos, é a de prescrever regras – regras estas totalmente extraídas da mente humana e, por conseguinte, puramente abstratas – para a idealização de Estados perfeitos, onde todos os negócios públicos articulavam-se mecanicamente, e a harmonia – pode-se dizer, artificialmente criada por normas exteriores ao convívio natural dos homens – engendrava a realização do bem comum.

No medievo, essa tendência permanece, só que, ao invés de preceitos racionais e abstratos arquitetados pela razão humana, os teólogos intentaram concretizar a meta maior do cristianismo – qual seja, a estruturação de uma ordem universal, harmônica e pacífica, tendo por base os ditames cristãos – vinculando a prática política à moral da igreja. Destarte, o bom monarca não é aquele que tem como preocupação maior a salvaguarda dos interesses do Estado, mas, sim, aquele que conduz os negócios públicos, acima de tudo, com justiça e magnanimidade em todos os seus atos.[34]

Com Maquiavel, processa-se uma ruptura, já que o Autor florentino analisa o fenômeno do poder calcando-se na experiência por ele adquirida nos quatorze anos em que serviu à República de Florença, como seu Segundo Chanceler, bem como no contato que travou com os textos clássicos. Ao invés de uma postura contemplativa e dedutiva face às questões do mando, Maquiavel, como um genuíno representante do Renascimento, constrói suas ponderações alicerçando-se na realidade dos fatos políticos de forma empírica e objetiva. Ou seja, não cabe ao estudioso a idealização de governos justos, mas, tão somente, a investigação fria da política como sendo o estudo dos conflitos pelo poder.

Isto está claro até mesmo no formato que dá a *O Príncipe*. Nosso Autor, diferente dos filósofos antigos e dos humanistas a ele contemporâneos, não tem a preocupação de se deter em floreios retóricos e vazios, senão a de ser sucinto e incisivo, pretendendo que sua obra cative a atenção do governante de Florença pelo seu conteúdo audaz – o

---

34. Cf. Vinícius Soares de Campos Barros, *Introdução a Maquiavel: uma Teoria do Estado ou uma Teoria do Poder?*, pp. 169-170.

ensino da arte de conquistar e manter Estados – e não por ornamentos estilísticos supérfluos.

"Não ornei nem sobrecarreguei esta obra de longos períodos, nem de palavras pomposas e magníficas, nem de qualquer outro atrativo ou ornamento exterior com que muitos costumam descrever e enfeitar as suas coisas, porque pretendi que coisa alguma a adornasse e que somente a novidade e a gravidade de seu assunto a valorizasse. Espero que não seja considerado presunçoso que um homem de baixa e ínfima condição ouse examinar e regular o governo dos príncipes; pois, assim, como os que desenham as paisagens se colocam embaixo, na planície, para observar a natureza dos montes e dos lugares elevados; e para examinar a forma dos lugares baixos, se colocam no alto, em cima dos morros; assim, também para conhecer a natureza dos povos, é preciso ser príncipe, e, para conhecer a natureza dos príncipes, é preciso ser povo."[35]

O secretário florentino observa, pois, o poder de forma crua, racional e científica, sem partir de verdades pré-estabelecidas sobre ele, mas, observando-o como um fenômeno social que emerge dos embates entre os seres humanos. Trata, então, da política em sua lógica interna, em sua realidade, analisando esta em sua operacionalidade.

Tais colocações qualificam o diplomata florentino como um autêntico pensador moderno, visto que, longe de construir sistemas filosóficos tradicionais, cinge-se ao domínio da história e de sua contemporaneidade, induzindo, a partir desse universo tangível, seus estratagemas. Podemos considerá-lo, sem sombra de dúvida, mais cientista que filósofo.

Sua real intenção não é legitimar, por meio de uma teoria abstrata, o poder de quem quer que seja, senão a de esmiuçar, em sentenças cáusticas, irônicas e sarcásticas (epigramas, portanto), as técnicas de liderança. Para ele, o poder é de quem possui a *virtù* necessária para aproveitar a ocasião oferecida pela *fortuna* e exercer o comando do Estado. Rejeita qualquer característica sobrenatural acerca do mando, relatando-nos que este não pertence, como uma dádiva de Deus, em forma de cetro, ao domínio ímpio de um rei hipócrita, mas que, doravante qualquer um poderá ter acesso a ele desde que possua os méritos necessários para governar. Ou seja, até mesmo um simples cidadão como Hierão de Siracusa pode transformar-se em príncipe,[36] o que faz com que o nosso florentino ilustre, antes de ser um teórico do absolutismo, como querem

---

35. Maquiavel, "Dedicatória ao Magnífico Lorenzo di Medici", in Nicolau Maquiavel, *O Príncipe*, pp. 129-130.

36. Cf. Maquiavel, *O Príncipe*, Capítulo VI, p. 26.

alguns, democratize o acesso ao comando estatal, revelando-nos que este não é exclusividade dos nobres, mas pode pertencer a um pobre, quando este tem a *virtù* ordenada para controlar os eventos.

Fala do poder real, não do poder imaginário a exemplo de Platão, e, nesse ato, elucida-nos sua metodologia:

"Porém, sendo o meu intento escrever algo útil para quem me ler, parece-me mais conveniente procurar a verdade efetiva da coisa do que uma imaginação sobre ela. Muitos imaginaram repúblicas e principados que jamais foram vistos e que nem se soube se existiram na verdade, porque há tamanha distância entre como se vive e como se deveria viver, que aquele que trocar o que se faz por aquilo que se deveria fazer aprende antes sua ruína do que sua preservação; pois um homem que queira fazer em todas as coisas profissão de bondade deve arruinar-se entre tantos que não são bons."[37]

Lauro Escorel destrincha, nessa famosa passagem, os elementos básicos que definem o método maquiaveliano, quais sejam: *utilitarismo* ("escrever algo útil para quem me ler"); *empirismo* ("procurar a verdade efetiva da coisa"); *antiutopismo* ("muitos imaginaram repúblicas e principados que jamais foram vistos e que nem se soube se existiram na verdade") e *realismo* ("aquele que trocar o que se faz por aquilo que se deveria fazer aprende antes sua ruína do que sua preservação").[38]

Flamarion Tavares Leite vê Maquiavel como um símbolo da nova época, no sentido de que reflete sobre os problemas da Ciência Política com o espírito da modernidade, seguindo o método indutivo e a observação histórica, tratando o mundo político como um fenômeno objetivamente dado na realidade e, igualmente ao mundo natural, submetido a leis.[39]

Sua obra é o retrato de sua experiência política e não está centrada na lei ideal que poderia governar a política, mas no que efetivamente os homens fazem e podem fazer ao estarem em contato com o poder.[40]

Continuando sua análise, Bittar conclui que: "O poder é fotografado, por Maquiavel, em plena ação, em pleno movimento, em pleno realismo de cores com as quais se apresenta. Longe de colocá-lo como

---

37. Idem, ibidem, Capítulo XV, p. 73.
38. Cf. Escorel, *Introdução...*, cit., p. 11.
39. Cf. Flamarion Tavares Leite, *Manual de Filosofia Geral e Jurídica: das Origens a Kant*, p. 71.
40. Cf. Eduardo C. B. Bittar, *Doutrinas e Filosofias Políticas: Contribuições para a História das Ideias Políticas*, p. 131.

uma derivação das forças de Deus, e longe mesmo de descrevê-lo dentro de utópicas conformações, sua análise do poder é centrada no que efetivamente é e de acordo com o que se pratica em sociedade. Não há em sua obra viés teórico idealista, mas empirista. Sua doutrina política parte da experiência, da vivência e da convivência políticas para estruturar-se como teoria, num processo claramente indutivo, e menos dedutivo."[41]

Maria Tereza Sadek – em breve, porém belo ensaio sobre nosso diplomata – afirma que: "Maquiavel rejeita a tradição idealista de Platão, Aristóteles e São Tomás de Aquino e segue a trilha inaugurada pelos historiadores antigos, como Tácito, Políbio, Tucídedes e Tito Lívio. Seu ponto de partida e de chegada é a realidade concreta. Daí a ênfase na *verità effetuale* – a verdade efetiva das coisas. Esta é sua regra metodológica: ver e examinar a realidade tal como ela é e não como se gostaria que ela fosse."[42]

Seu método oferece uma ruptura em relação à tradição teológica e silogística da Idade Média, fundando-se, de modo inverso, na observação fria e objetiva dos fatos, recorrendo à experiência histórica e à indução para estabelecer as normas da conduta política.[43]

Para Maquiavel, enfim, o que interessa é o mundo real, pois é este o horizonte permanente de suas interpretações.[44] Talvez seja por isso que seu pensamento sofre tantas distorções. Isto é, a demonstração do cosmos político, em sua realidade intrínseca, assusta os desavisados que pensam dever ser o governante uma pessoa pura, um cristão acima de tudo. Na verdade, as coisas são bem diferentes, pois o bom governante não é, necessariamente, aquele que tem a alma mais cândida, mas o que porá o interesse público em primeiro plano e salvaguardá-lo-á, por todos os meios, mesmo que condene seu espírito ao inferno.

3.2 A natureza humana

Como já colocado, Nicolau escreve especialmente acerca da mecânica do governo, dos meios pelos quais se pode fortalecer o Estado, das políticas suscetíveis de aumentar seu poder e dos equívocos que con-

---

41. Idem, ibidem, p. 141.
42. Maria Tereza Sadek, "Nicolau Maquiavel: o Cidadão sem Fortuna, o Intelectual de *Virtù*", in Francisco C. Weffort (Org.), *Os Clássicos da Política*, vol. 1, p. 17.
43. Cf. Escorel, *Introdução...*, cit., p. 11.
44. Cf. Maria Lúcia de Arruda Aranha, *Maquiavel: a Lógica da Força*, p. 50.

duzem à sua decadência ou ruína.⁴⁵ Para a consecução de tal desígnio, abstém-se das perscrutações de ordem metafísica e resigna-se à história com o objetivo de que esta lhe forneça as soluções para os problemas que se assoberbam no orbe político.

É essa preocupação com a realidade política circundante que lhe transmite uma visão pessimista sobre a natureza humana. Desse modo, a existência do poder justifica-se em face dessa natureza vil da alma humana. Não é Deus sua fonte (do poder), mas as próprias forças sociais em confronto, que, digladiando-se pela sobrevivência, fazem-no imprescindível como força ordenadora da vida social.

É bom, contudo, ressaltar que nosso Autor não discute a maldade humana a partir de abstrações metafísicas, mas por meio da realidade histórica, empiricamente. É a observação de sua época, bem como a de épocas pretéritas, que elucida, ao Segundo Chanceler de Florença, essa tendência humana à maldade. É por esse fato, que devemos recorrer sempre às lições da história, já que sendo ela cíclica – e nesse ponto Maquiavel reproduz a visão ocidental acerca da história, rejeitando a tradição semita, que a vê como uma linha reta – o que ocorreu no passado poderá ser previsto e remediado no presente, pois tendo os homens, em qualquer período, a mesma natureza má, conhecendo os ardis de outrora, poderemos nos blindar contra as estratégias que nossos inimigos nos articulam.

Sobre essa tendência da alma humana à perversidade, o secretário florentino afirma: "Como demonstram todos os que escreveram sobre política, bem como numerosos exemplos históricos, é necessário que quem estabelece a forma de um Estado, e promulga suas leis, parta do princípio de que todos os homens são maus, estando dispostos a agir com perversidade sempre que haja ocasião. Se esta malvadez se oculta durante um certo tempo, isso se deve a alguma causa desconhecida, que a experiência ainda não desvelou; mas o tempo – conhecido justamente como pai da verdade – vai manifestá-la".⁴⁶

É exatamente por esse motivo que o príncipe nunca deve fiar-se apenas no amor de seus súditos, pois dos homens sabe-se que são: "(...) ingratos, volúveis, simulados e dissimulados, fogem dos perigos, são ávidos de ganhar e, enquanto lhes fizeres bem, pertencem inteiramente a ti, te oferecem o sangue, o patrimônio, a vida e os filhos, como disse

---

45. Cf. George H. Sabine, *Historia de la Teoría Política*, p. 270.
46. Maquiavel, *Comentários sobre a Primeira Década de Tito Lívio*, Livro I, Capítulo III, p. 29.

acima, desde que o perigo esteja distante; mas, quando precisas deles, revoltam-se".[47]

Em inúmeras outras passagens de seus escritos, podemos perceber várias menções explícitas a essa psicologia corrompida do ser humano. Diz que o príncipe não deve manter a palavra dada quando o respeito a esta lhe for prejudicial e, em seguida, arremata: "(...) se os homens fossem todos bons, este preceito não seria bom, mas, como são maus e não mantêm sua palavra para contigo, não tens também que cumprir a tua".[48]

Sua visão é de que há uma inclinação inata de todos os homens para a maldade, de modo que sempre a revelarão, cometendo toda sorte de crimes, se não forem forçados pela necessidade a serem bons.[49] É por isso que o poder faz-se necessário nas relações humanas, sendo o Estado a única organização social capaz de exercê-lo plenamente, freando os impulsos antissociais dos indivíduos.

Os homens, então, são impulsionados, por sua natureza, à busca pelo poder. Tendo-o, é possível realizar todos os projetos. Os indivíduos são impelidos à sua conquista, muitas vezes até tão ansiosos em satisfazer os desejos momentâneos, que não refletem sobre as desvantagens da realização de empreendimentos precipitados.[50]

É imensurável essa ingratidão humana que desrespeita pactos e acordos estabelecidos, em nome de uma ambição desmedida, e que Maquiavel observa ser, em alguns momentos, ingênita ao gênero humano. Motivado pelo desejo, mesquinhez e sordidez, o ser humano esquece todos os sentimentos que o governante, por sua grandiosidade, deveria inspirar-lhe,[51] pois grande é a "facilidade com que os homens se deixam corromper (...)".[52]

Todas essas considerações revelam um Maquiavel bastante conhecido, que analisa os homens tendo como ponto comum de observação entre eles o seu egoísmo, sua propensão a fazer valer os próprios interesses.

No entanto, em certo ponto dos *Comentários*, sublinha que: "(...) quando houve necessidade de escolher um chefe, deixou-se de procurar

47. Idem, *O Príncipe*, Capítulo XVII, p. 80.
48. Idem, ibidem, Capítulo XVIII, p. 84.
49. Idem, ibidem, Capítulo XXIII, p. 115.
50. Idem, *Comentários sobre a Primeira Década de Tito Lívio*, Livro II, Capítulo XX, p. 258.
51. Idem, ibidem, Livro III, Capítulo XXI, p. 366.
52. Idem, ibidem, Livro I, Capítulo XLII, p. 139.

o mais corajoso para buscar *o mais sábio, e sobretudo o mais justo*"[53] (grifo nosso).

Atente-se à questão de que o Autor florentino refere-se ao fato de que, em algum instante, os homens tiveram discernimento para escolher o governante mais justo. Em outra parte da mesma obra, Maquiavel diz: "(...) não é o interesse particular que faz a grandeza dos Estados, mas o *interesse coletivo*"[54] (grifo nosso). Quando comenta a respeito do modo como os romanos se comportavam na guerra, aduz-nos o seguinte: "É indispensável, portanto, que durante a conquista e a posse não haja gastos inúteis, senão que tudo vá ao encontro do *bem comum*"[55] (grifo nosso).

Diante disso, indaga-se: como poderia haver alguém que fosse justo e, por consequência, merecesse governar, se a maldade humana imperasse? Se as pessoas são egoístas e ambiciosas, como poderiam, ainda mais na guerra, respeitar o interesse comum?

A resposta pode estar no enunciado segundo o qual "(...) os homens se inclinam mais ao mal do que ao bem".[56] De outro modo, essa resposta pode nos levar a concluir que as conjunturas põem os homens em luta, fazendo com que se sirvam do egoísmo para sobreviver. Dessa forma, os homens visam mais a seus próprios interesses, mas isso não é regra, havendo sempre uns poucos que pensam no bem comum. Contudo, se a maioria age por impulsos egoísticos, como o bem público pode ser alcançado? Maquiavel dá-nos a receita quando fala das dissensões no interior de uma república.[57] Isto é, os tumultos são essenciais à grandeza de qualquer povo, são necessários os antagonismos para frear os *egoísmos* particulares. É o que se dá nos parlamentos modernos, onde os representantes de diversas facções políticas distintas, de *egoísmos* conflitantes, deliberam e, malgrado as imperfeições do sistema democrático, conseguem dar vida a leis que atendam aos interesses coletivos, ou, pelo menos, a uma parte deles. Desse modo, *maldades* em oposição se limitam, permitindo que, à parte sua tendência egóica, os homens possam viver em sociedade.

53. Idem, ibidem, Livro I, Capítulo II, p. 24.
54. Idem, ibidem, Livro II, Capítulo II, p. 198.
55. Idem, ibidem, Livro II, Capítulo VI, p. 211.
56. Idem, ibidem, Livro I, Capítulo IX, pp. 49-50.
57. Idem, ibidem, Livro I, Capítulo IV, p. 31. Na última parte deste texto, quando discutiremos *O Príncipe* como sendo a ditadura em um momento de transição política, voltar-nos-emos mais detidamente sobre esta passagem.

Mas, seria, então, o secretário florentino um amante das liberdades republicanas e não um panegirista de tiranias cruéis?

Bem, isso é o que veremos na última parte deste trabalho.

3.3 *"Fortuna", "virtù" e teoria do poder*

A *fortuna* seria, nas especulações dos autores da Antiguidade Clássica e dos contemporâneos de Maquiavel, o acaso, o imprevisível, a sorte – boa ou má. Era representada pela deusa romana de mesmo nome que, com sua cornucópia, mimoseava os homens de *virtù* com seus presentes: glória, honra e poder. Entretanto, apesar de todo o seu poder, a *fortuna* não era vista como uma força maligna e inexorável, mas como uma "boa deusa", tendo em vista que seria permitido aos homens de *virtù* atraírem a intervenção da deusa a seu favor. Portanto, o ponto mais relevante levantado pelos escritores da Antiguidade era: como faremos para persuadir a *fortuna* a olhar em nossa direção e a derramar sobre nós os dons de sua cornucópia? A resposta reside na convicção dos antigos de que a *fortuna*, embora deusa, ainda assim é mulher e deixa-se atrair pelo homem verdadeiramente varonil, o homem de *virtù*. Ou seja, "a *fortuna* favorece os bravos".

Com a vitória do cristianismo, essa postura clássica foi inteiramente abandonada, havendo, em contrapartida, uma vinculação da *fortuna* a um "poder cego" que, sempre implacável, é a força divina atuando para manter os homens em adoração às glórias de um outro mundo, um mundo sobrenatural. Esse viés cristão é afirmado de modo enfático por Boécio, que vê na *fortuna* uma força malévola, por favorecer os indivíduos com glórias mundanas, com "bens perecíveis", afastando-os das veredas divinas.[58]

A *fortuna*, então, deixa de ser a boa deusa que intervém a favor dos homens de *virtù* para transformar-se em "um agente da providência benévola de Deus", cujo dever é nos mostrar que a verdadeira felicidade não está presente nas coisas efêmeras de nossa vida mortal. Foi por tal razão que Deus colocou o controle dos bens mundanos nas mãos distraídas da *fortuna*, isto é, para que ela recompensasse os homens de forma indiferente aos méritos humanos, penalizando aqueles que, afastando-se do louvor a Deus, atribuíam maior valor às glórias seculares.

Com o Renascimento, passa-se a considerar que a liberdade humana, tão cara aos humanistas italianos, encontrava-se ameaçada quan-

---

58. Cf. Boécio, *A Consolação da Filosofia*, pp. 3-4.

do se concebia a *fortuna* como força inexorável. Assim, retorna-se à concepção clássica, pois o antropocentrismo renascentista não vê como nefando o interesse na busca dos bens terrenos.[59]

No Capítulo XXV de *O Príncipe*, Nicolau, ao tratar do poder da *fortuna* nos negócios humanos demonstra ser um típico representante das atitudes humanistas: "Comparo a sorte a um desses rios impetuosos que, quando se irritam, alagam as planícies, arrasam as árvores a as casas, arrastam terras de um lado para levar a outro: todos fogem deles, mas cedem ao seu ímpeto, sem poder detê-los em parte alguma. Mesmo assim, nada impede que, voltando a calma, os homens tomem providências, construam barreiras e diques, de modo que, quando a cheia se repetir, ou o rio flua por uma canal, ou sua força se torne menos livre e danosa. O mesmo acontece com a fortuna, que demonstra a sua força onde não se encontra uma *virtù* ordenada, pronta para lhe resistir e volta o seu ímpeto para onde sabe que não são erguidos diques e barreiras para contê-la".[60]

Nosso diplomata retoma a noção clássica de *fortuna*. Em certo ponto do mesmo capítulo, compara-a à mulher, como os antigos, enfatizando ser ela "sempre amiga dos jovens, porque são menos tímidos, mais ferozes e a dominam com maior audácia".[61] Chega até a servir-se de certo erotismo ao dizer como podemos dominá-la: "Estou convencido do seguinte: é melhor ser impetuoso do que tímido, porque a fortuna é mulher, e é necessário, para dominá-la, bater-lhe e contrariá-la".[62] Ou seja, para o pensador florentino, a *fortuna* pode ter sua ação obstada pelo homem de *virtù*. Mas o que é *virtù*?

Virtù, ou virtude, seria o atributo do verdadeiro homem varonil que o faria deter os ataques danosos da *fortuna*, atrair a simpatia da deusa e controlar os eventos. Não podemos, então, falar em virtude no seu sentido cristão que prega "uma bondade angelical alcançada pela libertação das tentações terrenas, sempre à espera de recompensa no céu".[63] Assim, o homem de *virtù* não é o profeta contemplador, mas o indivíduo de ação que sonha com os bens mundanos.

Maquiavel distancia-se, também, dos moralistas romanos. Para estes, o conceito de *virtù* retratava o homem viril como o possuidor

59. Cf. Skinner, *Maquiavel...*, cit., pp. 47-48.
60. Maquiavel, *O Príncipe*, Capítulo XXV, pp. 119-120.
61. Idem, ibidem, p. 22.
62. Idem, ibidem.
63. Maria Tereza Sadek, "Nicolau Maquiavel...", cit., p. 22.

de duas séries de qualidades distintas, porém associadas. As primeiras seriam as virtudes cardeais: sabedoria, justiça, coragem e temperança; a *fortuna* sorriria para quem as possuísse. As segundas, chamadas de virtudes principescas, pois eram próprias dos príncipes, seriam: a *honradez*, agir de forma honrada para com os súditos e nas relações internacionais; a *magnanimidade*, ser piedoso e não cruel; e a *liberalidade*, não ser parcimonioso, não ter fama de miserável.[64]

Para nosso florentino, a *virtù* continua a ser a barragem que se ergue às ações da *fortuna*, todavia, distancia-se da visão cristã e da ótica dos moralistas romanos quanto a uma adoção inconteste, por parte de quem governa, das virtudes principescas. A questão maior é que estas podem salvar a alma do príncipe, mas não o Estado, pois no seu comando deve, muitas vezes, o governante agir contra toda a moral no interesse de preservá-lo, salvaguardando a soberania. Para Maquiavel, nem sempre o que é moral é adequado quando se está no comando de um principado ou república. A política exige um comportamento, por parte do dirigente estatal, que, em muitos casos, contraria princípios éticos, mas que preserva o domínio. Logo, há uma ética própria à política que permite ao príncipe agir com liberdade em face das virtudes principescas e da ética cristã. Se ele agisse o tempo todo amarrado a elas, poderia perder seu reino, já que não teria capacidade de atuar com flexibilidade ante as vicissitudes da política, adequando-se às novas situações. O campo político, portanto, possui uma ética de fins, não de meios, importando apenas o resultado da conduta principesca que deve preservar a *polis*. Dessa feita, "alguém pode ser acusado pelas ações que cometeu, e justificado pelos resultados destas".[65]

A obra maquiaveliana, pois, trata da operacionalidade da política. Esta não pode ser vista, portanto, como devendo estar presa a rigores morais consubstanciadores das virtudes principescas. A política é uma realidade dinâmica, não tolhida por ataduras morais; ao contrário, faz-se no dia-a-dia, sendo as conjunturas as verdadeiras balizas que devem nortear a conduta dos governantes nos assuntos estatais. Eis a revolução maquiaveliana no que se refere ao conceito de *virtù*.

Como já dissemos acima, a *virtù*, para o secretário florentino, continua a ser a força que, no príncipe, detém a ação da *fortuna* – como nos pensadores clássicos e medievais –, contudo, deixa de ser o exercício

---

64. Cf. Skinner, *Maquiavel...*, cit., pp. 60-61.
65. Maquiavel, *Comentários sobre a Primeira Década de Tito Lívio*, Livro I, Capítulo IX, p. 49.

das virtudes cardeais e principescas, para tornar-se a perspicácia do governante em perceber a necessidade política e agir conforme o império das circunstâncias. Tal façanha só pode ser considerada *virtù*, pois contraria nossas inclinações naturais.

Vejamos o que nos informa no Capítulo XXV de *O Príncipe*: "Creio ainda que é feliz aquele que combina o seu modo de proceder com as exigências do tempo e, similarmente, que são infelizes aqueles que, pelo seu modo de agir estão em desacordo com os tempos".[66] A essa capacidade que deve ter o príncipe de *virtù* para livrar-se dos humores da *fortuna*, consideramos como sendo a teoria do poder maquiaveliana. Para conquistar o mando e mantê-lo com sabedoria, deve, aquele que está à frente do principado, atuar – tanto em relação aos súditos, quanto à ordem internacional – atentando para os desígnios da necessidade política. Aborda esse mesmo tema nos *Comentários*, quando enuncia "que a causa da boa sorte dos homens é a conformidade da sua conduta com os tempos em que vivem".[67] É preciso mudar de acordo com os ventos da política para que não mude a *fortuna*. Esse novo conceito de *virtù* é a lição maior para que o governante ande aos afagos com o poder – é a teoria maquiaveliana do poder.

No entanto, não podemos descurar que, na obra do florentino – pelo menos é o que percebemos –, deve haver sempre, na base das ações do governante, uma preocupação com o bem comum. Crimes podem ser praticados, fraudes cometidas, mas o resultado deve ser a observância do bem público. É nesse sentido que o príncipe deve variar suas ações conforme as conjunturas. Isto é, para impedir que o pior aconteça, e para que a consecução do interesse público – mediante a manutenção da soberania – seja alcançada. A isto dá-se o nome de Razão de Estado, do qual falaremos a seguir.

3.4 Maquiavelismo e Razão de Estado

De antemão, ressalte-se que, neste item, utilizamos muito do pensamento de Januário Megale no que tange à congruência que deve haver entre o real significado de maquiavelismo e o conceito de Razão de Estado.

Para iniciarmos, vejamos o que nos diz Sérgio Pistone sobre maquiavelismo:

---

66. Idem, *O Príncipe*, Capítulo XXV, p. 120.
67. Idem, *Comentários sobre a Primeira Década de Tito Lívio*, Livro III, Capítulo IX, p. 335.

"É uma expressão usada especialmente na linguagem ordinária para indicar um modo de agir, na vida política ou em qualquer outro setor da vida social, falso e sem escrúpulos, implicando o uso da fraude e do engano mais que da violência. 'Maquiavélico' é considerado, em particular, aquele que quer se mostrar como um homem que inspira sua conduta ou determinados atos por princípios morais e altruísticos, quando, na realidade, persegue fins egoísticos. Esta expressão constitui, portanto, na linguagem ordinária, uma prova da reação que a doutrina de Maquiavel suscitou e continua suscitando na consciência popular, e da tendência que considera essa doutrina como imoral.

"Esta expressão, além disso, pode ser usada também em sentido técnico, para indicar a doutrina de Maquiavel ou, mais genericamente, a tradição baseada no conceito de Razão de Estado."[68]

Como podemos detectar, no trecho acima, existem dois sentidos para o termo maquiavelismo, um calcado no senso comum e nas distorções que o pensamento de Maquiavel sofreu ao longo dos séculos, e outro que se refere à sua real doutrina, a Razão de Estado.

A grande verdade é que o secretário florentino talvez seja aquele escritor político que mais permanece vivo, não só nos estudos científicos, como também no imaginário do leigo precipitado. Dessa forma, é natural que suas ideias tenham sido deturpadas com o passar dos anos, gerando as duas acepções de prática maquiavélica que Januário Megale, em sucinto trabalho, chamou de maquiavelismo político ou científico e maquiavelismo vulgar.

Em ambos os aspectos, todavia, ser adepto do diplomata florentino é praticar a ética do resultado. Ou seja, agir perfidamente, com má-fé e até com crueldade, em algumas situações, a fim de alcançar, utilizando-se da dissimulação, objetivos satisfatórios.

O maquiavelismo, em qualquer uma de suas versões, é sempre um ato de estratégia que visa à consecução de um fim almejado pelo agente. Entretanto, pergunta-se: se as duas formas de agir maquiavelicamente possuem as mesmas características, como podemos diferenciá-las? A distinção entre o maquiavelismo político e sua deturpação, o maquiavelismo vulgar, consiste sempre na qualidade do resultado que se busca. Se o escopo desejado é a satisfação de um interesse privado, ou se o que se pretende é realmente a defesa do Estado.

---

68. Sérgio Pistone, "Maquiavelismo", in Norberto Bobbio *et alli*, *Dicionário de Política*, p. 738.

MAQUIAVEL: SUA ÉPOCA, SUAS IDEIAS E A DITADURA DE TRANSIÇÃO   75

Destarte, o maquiavelismo político não é outra coisa senão a conduta do líder de uma nação na tentativa de proteger os interesses de seus concidadãos. Mesmo que sua atitude seja criminosa ou pérfida, será justificada, já que visa a manter a ordem e a defesa dos interesses públicos. Vista sob esta ótica, tal prática é uma noção equivalente à de Razão de Estado, diferente do maquiavelismo vulgar – distorção do pensamento original de Maquiavel provocada pela leitura equivocada dos leigos e dos moralistas hipócritas – que é usado com o intuito de satisfazer interesses próprios, contrariando as regras morais que devem reger a vida privada.

Como podemos definir Razão de Estado?

Louis Gautier-Vignal a conceitua do seguinte modo: "A Razão de Estado (...) é aquela necessidade que tem quem governa de tomar as medidas próprias para assegurar a continuidade do poder, nos períodos de crise, a salvação do Estado".[69] Sobre o mesmo conceito, Januário Megale ensina que: "Razão de Estado é o princípio pelo qual a soberania de um Estado não pode ser lesada e pelo qual o governante não pode tergiversar entre medidas cruéis ou não para garantir a soberania da nação e o bem-estar da população".[70]

Em que ponto do pensamento de Maquiavel podemos nos deparar com esta concepção claramente externada?

A resposta vem, no Capítulo XLI do Livro III dos *Comentários*, abalando os alicerces da moral cristã, quando o diplomata florentino adverte-nos o seguinte:

"Este fato é digno de nota e deve orientar todo cidadão que seja chamado a dar conselhos ao governante de sua pátria. Quando é necessário deliberar sobre uma decisão da qual depende a salvação do Estado, não se deve deixar de agir por considerações de justiça ou injustiça, humanidade ou crueldade, glória ou ignomínia. Deve-se seguir o caminho que leva à salvação do Estado e à manutenção de sua liberdade, rejeitando-se tudo mais."[71]

Em face de tais colocações, convém perquirir: como fica a moral ante a onipotência da política? Não deveria o campo político submeter-se às regras morais?

69. Louis Gautier-Vignal, *Maquiavelo*, pp. 104-105.
70. Januário Megale, *O Príncipe: Roteiro de Leitura*, p. 59.
71. Maquiavel, *Comentário sobre a Primeira Década de Tito Lívio*, Livro III, Capítulo XLI, p. 419.

Na verdade, a esfera de atuação do político é independente dos postulados da ética convencional. Há, então, uma ética própria ao homem público. Isto porque nem sempre é possível agir corretamente, quanto aos meios de ação, estando no poder. Essa é, em essência, a grande revolução que o pensamento maquiaveliano produz, ou seja, detectar que o universo da política é regido por leis próprias. Ou melhor, há uma autonomia do cosmos político em relação à moral.

Bobbio, em arguta observação, elucida-nos que a autonomia da política nada mais é que o reconhecimento de que o critério com base no qual julgamos boa ou má uma ação moral é distinto do critério que se utiliza para considerar boa ou má uma ação política.

"Enquanto o critério com base no qual se julga uma ação moralmente boa ou má é o respeito a uma norma cujo comando é categórico, independente do resultado da ação ('faça o que deve ser feito e aconteça o que tiver de acontecer'), o critério com base no qual se julga uma ação politicamente boa ou má é pura e simplesmente o resultado ('faça o que deve ser feito para que aconteça aquilo que você quer que aconteça')."[72]

Tal raciocínio fica patente quando, em *O Príncipe*, o pensador florentino enuncia: "Cuide pois o príncipe de vencer e manter o estado: os meios serão sempre julgados honrosos e louvados por todos, porque o vulgo está sempre voltado para as aparências e para o resultado das coisas, e não há no mundo senão o vulgo (...)".[73]

No campo moral, de modo inverso, a ética do resultado não vale, pois uma atitude para ser julgada moralmente boa deve ser cumprida com nenhum outro fim além daquele de realizar o próprio dever independente das consequências.

Certamente, não se trata de afirmar ser o exercício do poder político imoral ou amoral, mas que há uma moral política que, não se deixando subjugar pela ética do "Sermão da Montanha",[74] atende apenas ao imperativo dos desígnios que a ordem estatal visa a atingir.

Correlatas com essa dualidade, proposta por Maquiavel entre os polos da política e da moral, são as definições weberianas de ética da responsabilidade e ética da convicção. A primeira é a ética do gover-

---

72. Norberto Bobbio, *Teoria Geral da Política: a Filosofia Política e as Lições dos Clássicos*, p. 174.
73. Maquiavel, *O Príncipe*, Capítulo XVIII, pp. 85-86.
74. Max Weber, "A Política como Vocação", in *Ciência e Política: duas Vocações*, p. 111.

nante que, por diversas vezes, terá que pôr o bem público acima de suas convicções morais, sendo responsável pelas consequências de seus atos; a segunda é a ética do cientista que deve obedecer aos imperativos da inflexibilidade moral. Deve-se, entretanto, deixar claro que o grande estadista saberá como equilibrar as duas éticas, não se tornando um cínico que só observa o resultado, nem um fanático que põe sua moral acima do interesse coletivo.

Sobre essa dualidade – e ressaltando a importância de nosso pensador para essa mudança do conceito de moral na política – Maria Lúcia de Arruda Aranha diz que: "Maquiavel abandona a perspectiva da moral cristã, e propõe uma moral laica, mundana, imanente. Isto é, quando a moral deixa de ser transcendente, os valores passam a ser compreendidos a partir de uma lógica interna, a da realidade concreta, vivida pelo homem. Ao considerar a nova moral imanente secularizada, distingue os espaços da moral e da política, onde nos movemos segundo princípios diferentes. Na moral individual, o critério não depende do resultado da ação (...). Na política, o critério é o resultado (...), porque a perspectiva da política é a sobrevivência do grupo, e não apenas do indivíduo".[75]

O que sobressai é que ao homem público não é permitido decidir antecipadamente o que é bom ou mau, pois tal avaliação deve ser sempre feita *a posteriori*, isto é, levando em conta o êxito, o escopo a ser alcançado. Daí infere-se que, nos escritos maquiavelianos, há, como coloca Luciano Gruppi, uma discussão da política enquanto técnica, como disciplina autônoma, separada da moral e da religião.[76]

Deve-se fazer o alerta, em tempo, de que, apesar da dualidade entre política e moral, na vigência do Estado democrático estas duas paralelas se aproximam devido à fiscalização do povo e da imprensa. Apesar disso, até mesmo as mais evoluídas democracias do mundo preveem, em suas Constituições, leis de emergência como o Estado de Sítio, realçando a ideia de que tais mecanismos são adotados nas Cartas Magnas dos países democráticos na clara intenção de reservar para situações especiais, de exceção, medidas arbitrárias que só poderão ser aplicadas em um prazo determinado. Tal fato significa que se por um lado o Estado constitucional limita a onipotência do grande Leviatã, por outro atesta que, em algum momento, como último recurso, as razões do Estado subverterão as razões democráticas. Ou melhor, a sobrevivência

75. Profa. Arruda Aranha, *Maquiavel: a Lógica da Força*, p. 75.
76. Cf. Luciano Gruppi, *Tudo Começou com Maquiavel: as Concepções de Estado em Marx, Engels, Lênin e Gramsci*, p. 10.

do grupo (do interesse coletivo) será o último clamor, mas sempre será ouvido.

4. "O Príncipe" e a ditadura de transição

É imprescindível advertir o leitor para a grande diferença que existe entre o Maquiavel de *O Príncipe* e aquele que escreveu os *Comentários sobre a Primeira Década de Tito Lívio*. *O Príncipe*, opúsculo que teve a infelicidade de lançar o nome do Segundo Chanceler de Florença no rol dos vilões perpétuos da história, é menos um livro de teoria política que de militância política,[77] em que Maquiavel utiliza de toda a sua estilística epigramática para municiar Lourenço II de estratagemas úteis à causa da unificação italiana. Esta fica clara no Capítulo XXVI de *O Príncipe*, quando ele exorta todos os italianos a se unirem, a fim de expulsar os bárbaros da Itália.

É essa força patriótica, presente em *O Príncipe*, que nem sempre é observada, fazendo pairar uma atmosfera de perversidade sobre a personalidade impactante do velho diplomata. Destarte, o eterno manual das monarquias absolutistas, como os desavisados o veem, nada mais é que um libelo à liberdade daqueles que ainda tinham na memória as glórias da antiga Roma. Portanto, devido às más interpretações da obra, *O Príncipe* é sempre visto – ainda mais no ensino médio em que se tenta estudar, em História Geral, dos sumérios à globalização com superficialidade, em apenas um ano – como o substrato teórico à opressão do absolutismo.

Se *O Príncipe* faz sugerir isso, pergunta-se: podemos transpor os limites do pequeno livro e, extrapolando-o, afirmar que era Maquiavel um absolutista?

Januário Megale, discutindo esta mesma temática, propõe que se tomarmos apenas esta obra (*O Príncipe*) de Maquiavel, caberia essa qualificação. Porém, adverte que seria uma grande temeridade e erro qualificar o Autor de adepto ou defensor do absolutismo, pois os *Comentários*, tão ou mais importantes que *O Príncipe*, versam exatamente sobre o governo republicano, tão desejado e louvado pelo Autor.[78]

Maior envergadura teórica, sem dúvida, têm os *Comentários*, em que, logo no início, Maquiavel faz a importante ressalva de que uma das principais causas da grandeza da República romana era o fato de ela estar assentada sobre um governo misto, no qual encontraríamos a

---

77. Cf. Bobbio, *A Teoria das Formas de Governo*, p. 83.
78. Cf. Megale, *O Príncipe...*, cit., p. 44.

presença das três formas clássicas de governo: monarquia, aristocracia e democracia, convivendo, ao mesmo tempo, harmonicamente no interior daquela estrutura republicana, representadas pelas instituições do Consulado, do Senado e dos Tribunos da Plebe.[79]

Daí resultava que as leis, as boas leis, eram criadas a partir do concurso desses três ramos, sendo os conflitos sociais, que emergiam dos embates entre as classes, os responsáveis pela liberdade que reinava na República. No Capítulo IV do Livro I dos *Comentários*, intitulado "A Desunião entre o Povo e o Senado foi a causa da Grandeza e da Liberdade da República Romana", leciona:

"Os que criticam as contínuas dissensões entre os aristocratas e o povo parecem desaprovar justamente as causas que asseguravam fosse conservada a liberdade de Roma, prestando mais atenção aos gritos e rumores provocados por tais dissensões do que aos seus efeitos salutares. Não querem perceber que há em todos os governos duas fontes de oposição: os interesses do povo e os da classe aristocrática. Todas as leis para proteger a liberdade nascem da sua desunião...".[80]

A seguir, arremata:

"Não se pode, portanto, considerar estas dissensões como funestas, nem o Estado como inteiramente dividido, pois durante tantos anos tais diferenças só causaram o exílio de oito ou dez pessoas, e a morte de bem poucos cidadãos, sendo alguns outros multados. Não se pode de forma alguma acusar de desordem uma república que deu tantos exemplos de virtude, pois os bons exemplos nascem da boa educação, a boa educação das boas leis e estas das desordens que quase todos condenam irrefletidamente."[81]

Bobbio afirma que aí já se percebe uma antecipação da noção moderna de sociedade civil, em que o bem-estar dos Estados não reside na

---

79. Maquiavel, *Comentários sobre a Primeira Década de Tito Lívio*, Livro I, Capítulo II, pp. 23-27. É importante fazer a observação de que essa analogia das classes sociais romanas, com as três formas clássicas de governo, pode ser entendida como uma grande metáfora, já que o Consulado em nada pode ser assemelhado à monarquia, pois se tratava de uma magistratura democrática. O que Maquiavel quer dizer é que, muito embora a realeza não mais existisse, o poder real mantinha-se vivo na função executiva do Consulado. Do mesmo modo, a força aristocrática podia ser percebida no Senado e a força popular democrática, por meio da ação dos tribunos. Essas três potências, principalmente o antagonismo entre o Senado e a Plebe, limitavam-se reciprocamente fazendo a liberdade reinar.

80. Idem, ibidem, Livro I, Capítulo IV, p. 31.

81. Idem, ibidem.

harmonia forçada, mas nas lutas, nos conflitos, nos antagonismos que correspondem à primeira proteção da liberdade.[82]

O trecho dos *Comentários* acima, como toda a obra de Maquiavel, tem um aspecto revolucionário. Ainda mais quando se sabe que os humanistas de sua contemporaneidade viam as discórdias no interior do Estado como o maior mal que poderia acontecer.

Sobre essa discussão, Guicciardini, coetâneo de nosso diplomata, dizia que "elogiar a desunião é como louvar a doença de um enfermo pelas virtudes do remédio a ele aplicado".[83] Logo, o argumento do eterno secretário florentino "(...) ia contra toda a tradição do pensamento republicano de Florença, uma tradição em que a crença de que toda discórdia deve ser banida como sediciosa, ao lado da crença de que toda luta de facção constitui a mais mortal das ameaças à liberdade cívica havia sido enfatizada desde o fim do século XIII...".[84]

Newton Bignotto, ainda discorrendo acerca do mesmo assunto, enuncia: "A liberdade, tão adorada pelos florentinos, mas tão pouco realizada, é o produto de forças em luta, o resultado de um processo que não pode ser extinto com o tempo. Os conflitos são os produtores da melhor das instituições, e não o elemento incongruente de um período infeliz na história de um povo".[85]

O amor pela república, pela liberdade e pela força do povo se faz sentir de tal modo em todas as partes dos *Comentários* que Maquiavel, em dado momento, teoriza a respeito da estabilidade dos povos, os quais, segundo ele, são mais confiáveis que os príncipes. Observemos suas palavras:

"Um povo que tem o poder, sob o império de uma boa Constituição, será tão estável, prudente e grato, quanto um príncipe. Poderá sê-lo mais ainda do que o príncipe, reputado pela sua sabedoria. De outro lado, um príncipe que se libertou do jugo das leis será mais ingrato, inconstante e imprudente do que o povo. A diferença que se pode observar na conduta de um e de outro não vem do caráter – semelhante em todos os homens e melhor no povo; provém do respeito às leis sob as quais vivem, que pode ser mais ou menos profundo. Ao estudar a história do povo romano, vemos que durante quatrocentos anos

---

82. Cf. Bobbio, *A Teoria...*, cit., p. 93.
83. Guicciardini, *apud* Skinner, *Maquiavel...*, p. 103.
84. Skinner, ibidem.
85. Newton Bignotto, *Maquiavel Republicano*, p. 85.

ele foi inimigo da realeza, e apaixonado pela glória e prosperidade da pátria."[86]

O Chanceler de Florença acredita que a lei é o único modo de conter a natureza má do homem. No entanto, se o homem é mal, suas leis também não deveriam ser más? Não, pois, como já deixamos claro em outra parte deste texto, elas (as leis) são edificadas a partir dos conflitos sociais, sendo, dessa forma, produto das vontades em luta que se fazem respeitar. A lei, então, é o único meio de sobrevivência para o Estado. Assim, "Maquiavel claramente considerava a percepção fundamental do político: que 'toda a legislação que favoreça a liberdade decorre do choque' entre as classes[87] e, por isso, o conflito de classes não é o solvente, mas o cimento de uma República".

Alguém, a essa altura, pode objetar: quer dizer que aquela figura "demoníaca" transmudou-se no mais aureolado dos "anjos"? Não, na verdade, em primeiro lugar, essa concepção de *O Príncipe* como repositório de maldades não é correta. O que se pode apreender dessa obra é o fato de ela servir, antes como um manual de estratégia política – e a estratégia serve tanto aos bons quanto aos maus – que propriamente de iniquidades.

Maquiavel diz apenas que, para alcançar o poder, deve-se utilizar da estratégia, e esta pode ser usada por qualquer grupo ou facção. Ou melhor, para se alcançar o bem comum, meta maior em qualquer Estado, pode-se ter que praticar o mal em alguns momentos. Destarte, qualquer grupo que pretenda conquistar o poder e mantê-lo, a fim de realizar o bem público, terá que usar dos artifícios ditos "maquiavélicos".

Em segundo lugar, a construção de *O Príncipe* obedece a uma conjuntura. O Maquiavel dessa obra é o que almeja ver a Itália liberta a qualquer custo, logo, para ele, só um poder forte seria capaz de unificar a península, desvencilhando-a do poderio estrangeiro. Isto posto, o diplomata florentino vislumbra a criação daquela figura que representa o ditador de uma transição – e não um monarca hereditário – responsável por conduzir o destino dos italianos novamente à liberdade, mesmo que, para isso, tenha de usar, em alguns momentos, de torpeza. É nesse contexto que os fins justificam os meios.

Renato Janine Ribeiro, sobre *O Príncipe*, alega não ser este "uma apologia descarada do governo tirânico; é uma reflexão, por vezes qua-

---

86. Maquiavel, *Comentários sobre a Primeira Década de Tito Lívio*, Livro I, Capítulo LVIII, pp. 180-181.
87. Skinner, *As Fundações do Pensamento Político Moderno*, p. 202.

se uma receita, de como usar de procedimentos cruéis no que seria uma espécie de rito de passagem, de ingresso numa nova fase, que é a da formação de um novo governo".[88]

Poderíamos até, em um esforço especulativo, conjecturar se o governante de *O Príncipe* não seria a encarnação renascentista, e adequada àquela conjuntura italiana, da instituição da ditadura romana em sua época republicana.[89] Como era esta instituição?

Mário Curtis Giordani responde-nos dizendo: "Em situação de emergência ou de grande perigo interno ou externo, era escolhido um ditador com plenos poderes para debelar a crise".[90] O ditador romano não se coaduna, então, em nenhum sentido, com os tiranos contemporâneos, que, de maneira ilegal e, muitas vezes, até ilegítima, usurpam o poder, eternizando-se nele. Na verdade, a instituição romana era o inverso disso, já que preservava a liberdade ao invés de subtraí-la.

A situação que emoldurava a vida da sua tão amada península exigia o surgimento de uma liderança que a conduzisse à unidade. Era muito equivalente ao *tumultus*[91] romano aquele quadro de servidão e instabilidade política que configurava o país de Maquiavel em plena Renascença.

O Segundo Chanceler de Florença, como todo bom humanista, devotado ao estudo da cultura e instituições romanas, não podia deixar de detectar a similitude que transparecia em ambos os casos. Ele próprio demonstra grande respeito pela ditadura romana quando assevera: "De todas as instituições romanas, esta é, sem dúvida, a que merece maior atenção. Deve-se contar a ditadura entre os meios que contribuíram para a grandeza deste vasto império; é difícil que um Estado, sem tal ordenação, possa defender-se contra fatos extraordinários".[92]

88. Renato Janine Ribeiro, "O Retorno do Bom Governo", in Adauto Novaes, *Ética*, p. 103.

89. Convém ressaltar que essa ideia de ditadura transitória já se encontra em texto do professor Fernando Magalhães, intitulado "Maquiavel, a Ética e a Modernidade Brasileira", publicado na revista *Perspectiva Filosófica* (n. 3, pp. 22-23). Além disso, está sendo desenvolvida em um projeto de sua autoria chamado *A Linguagem da Transformação: Maquiavel, Marx e a Poesia do Futuro*.

90. Mário Curtis Giordani, *História de Roma*, p. 92.

91. O *Tumultus* era uma situação de emergência provocada por uma guerra ou por uma situação de caos interno. Cf. Giorgio Agamben, *Estado de Exceção*, pp. 67-68.

92. Maquiavel, *Comentários sobre a Primeira Década de Tito Lívio*, Livro I, Capítulo XXXIV, p. 114.

Assim, como maior expoente do realismo político, o velho secretário não teria como deixar de imaginar algo parecido para salvar sua pátria, sendo preciso recorrer à força a fim de se tentar manter a liberdade.

Corroborando as palavras de Renato Janine Ribeiro, Rubens Pinto Lyra ressalta que: "O príncipe fundador funciona, pois, como um agente de transição".[93] *O Príncipe*, destarte, não é outra coisa senão o rito de passagem, a ação do homem de transição, do ditador que, com plenos poderes, possibilitará a inserção da Itália na Modernidade, no mundo novo que se apresenta e não pode ser esquecido. Para Maquiavel, este governante todo *virtù* serve apenas àqueles dias de desespero – aquele momento de crise e, por isso, extraordinário – para que depois, em situação de normalidade política, a república, melhor forma de governo para nosso Autor, possa triunfar.

5. Considerações finais

Em nosso mundo contemporâneo, em que – malgrado todas as tentativas de se construir uma paz mundial duradoura – os Estados disputam, cada vez mais, espaço no cenário internacional, Maquiavel continua vivo, na verdade *pétreo*. A força de suas ideias sobre as reais feições da política sempre norteará todos aqueles que, não sendo hipócritas, reconhecem ser o domínio político regulado por uma própria moral, não transcendental, proporcionando suas regras particulares. O interesse coletivo, a realização dos desígnios maiores de uma nação, deve ser a bússola do dirigente estatal.

Contudo, não é só o pragmatismo político que sobressai na vasta obra de nosso diplomata. Principalmente o pragmatismo vazio que, obedecendo apenas às aspirações individuais é, tão somente, a arma dos detentores do poder contra os cidadãos.

Sim, se é verdade que Maquiavel demarca a zona limítrofe entre a moral pública e a moral privada, é também certo que tem a firme convicção de que a força só deve ser usada em conjunturas excepcionais. No dia-a-dia deve prevalecer a monótona, porém sólida, estabilidade legislativa.

A maioria não percebe que o velho Chanceler, longe de idolatrar tiranias eternas, apenas constata empiricamente que na vida das orga-

---

93. Rubens Pinto Lyra, "Maquiavel: o Estado como Promotor da Estabilidade e do Progresso da Nação", in *Estado e Cidadania: de Maquiavel à Democracia Participativa*, pp. 34-35.

nizações estatais, as medidas de exceção apenas justificam-se pela sua transitoriedade. Isto é, o principado, que, no caso da Itália, é o principado novo, é a forma de governo ditatorial para uma circunstância de emergência. Estável mesmo, duradoura e próspera só a república, pois só nela é possível o dissenso que, longe de ser uma doença incurável, é a luz solar a cauterizar as feridas de um governo decadente, sendo a causa do engrandecimento dos povos. A República romana, maior exemplo de grandiosidade para nosso Autor, só prosperou porque nela os conflitos sociais legítimos engendraram a construção de uma formulação democrática para a vida social.

Portanto, Maquiavel é um republicano – os *Comentários*, seu texto mais importante, porém menos conhecido, demonstram isso –, não sendo seu *O Príncipe* o panegírico das monarquias absolutas, senão a defesa de que ocasiões excepcionais requerem remédios não menos extremos, bem como a realidade de que a violência dos períodos de transição, com o tempo, edifica sua legitimidade e dá lugar à liberdade das instituições republicanas.

Bibliografia

AGAMBEN, Giorgio. *Estado de Exceção*. Trad. Iraci D. Poleti. São Paulo, Boitempo, 2004.

ARRUDA ARANHA, Maria Lúcia de. *Maquiavel: a Lógica da Força*. São Paulo, Moderna, 1993.

BARINCOU, Edmond. *Maquiavel por Ele Mesmo*. Trad. Alberto de los Santos. Brasília, Ed. UnB, 1991.

BARROS, Vinícius Soares de Campos. *Introdução a Maquiavel: uma Teoria do Estado ou uma Teoria do Poder?*. Campinas, Edicamp, 2004.

BATH, Sérgio. *Maquiavelismo: a Prática Política segundo Nicolau Maquiavel*. São Paulo, Ática, 1992.

BIGNOTTO, Newton. *Maquiavel Republicano*. São Paulo, Loyola, 1991.

BITTAR, Eduardo C. B. *Doutrinas e Filosofias Políticas: Contribuições para a História das Ideias Políticas*. São Paulo, Atlas, 2002.

BOBBIO, Norberto. *A Teoria das Formas de Governo*. Trad. Sérgio Bath. 9ª ed., Brasília, Ed. UnB, 1997.

_____. *Teoria Geral da Política: a Filosofia Política e as Lições dos Clássicos*. In Michelangelo Bovero (Org.). Trad. Daniela Beccaria Versiani. Rio de Janeiro, Campus, 1991.

BOBBIO, Norberto; MATTEUCCI, Nicola; PASQUINO, Gianfranco. *Dicionário de Política*. Trad. Carmem C. Varrialle, Gaetano Lo Mônaco, João Ferreira, Luís Guerreiro Pinto Caçais e Renzo Dini. 9ª ed., Brasília, Ed. UnB, 1997.

BOÉCIO. *A Consolação da Filosofia*. Trad. Willian Li. São Paulo, Martins Fontes, 1998.

CHABOD, Federico. *Escritos sobre Maquiavelo*. Trad. Rodrigo Ruza. México, Fondo de Cultura Económica, 1984.

CHALITA, Gabriel. *O Poder*. São Paulo, Saraiva, 1998.

CHEVALLIER, Jean-Jacques. *As Grandes Obras Políticas de Maquiavel a nossos Dias*. Trad. Lydia Christina. 3ª ed., Rio de Janeiro, Agir, 1986.

ESCOREL, Lauro. *Introdução ao Pensamento Político de Maquiavel*. Brasília, Ed. UnB, 1979.

GAUTIER-VIGNAL, Louis. *Maquiavelo*. Trad. Juan Jose. 3ª ed., México, Fondo de Cultura Económica, 1971.

GIORDANI, Mário Curtis. *História de Roma*. 9ª ed., Petrópolis, Vozes, 1987.

GRUPPI, Luciano. *Tudo Começou com Maquiavel: as Concepções de Estado em Marx, Engels, Lênin e Gramsci*. Trad. Dario Canali. 12ª ed., Porto Alegre, LPM, 1980.

GUERRA FILHO, Willis Santiago. *Conceitos de Filosofia*. Fortaleza, Casa José de Alencar/Programa Editorial, 1996.

HALE, J. R. *A Europa durante o Renascimento: 1480-1520*. Trad. António Sabler. Lisboa, Editorial Presença, 1971.

LARIVAILLE, Paul. *A Itália no Tempo de Maquiavel: Florença e Roma*. Trad. Jônatas Batista Neto. São Paulo, Companhia das Letras, 1988.

LEFORT, Claude. *As Formas da História*. Trad. Luiz Roberto Salinas Fortes e Marilena de Souza Chauí. 2ª ed., São Paulo, Brasiliense, 1990.

LEITE, Flamarion Tavares. *Manual de Filosofia Geral e Jurídica: das Origens a Kant*. Rio de Janeiro, Forense, 2006.

LYRA, Rubens Pinto (Org.). *Estado e Cidadania: de Maquiavel à Democracia Participativa*. João Pessoa, Editora Universitária da UFPB, 2006.

MAGALHÃES, Fernando. "Maquiavel, a Ética e a Modernidade Brasileira", *Perspectiva Filosófica* n. 3. Ano I, jul.-dez./1993.

MAQUIAVEL, Nicolau. *Comentários sobre a Primeira Década de Tito Lívio*. Trad. Sérgio Bath. 3ª ed., Brasília, Ed. UnB, 1987.

_____. *O Príncipe*. Trad. Maria Júlia Goldwasser. São Paulo, Martins Fontes, 1998.

MARÍAS, Julián. *História da Filosofia*. Trad. Cláudia Berliner. São Paulo, Martins Fontes, 2004.

MEGALE, Januário. *O Príncipe: Roteiro de Leitura*. São Paulo, Ática, 1993.

MOSCA, G. *História das Doutrinas Políticas desde a Antiguidade*. Trad. Marco Aurélio de Moura Matos. 2ª ed., Rio de Janeiro, Zahar, 1962.

NICOLA, Ubaldo. *Antologia Ilustrada de Filosofia: das Origens à Idade Moderna*. Trad. Maria Margherita De Luca. São Paulo, Globo, 2005.

NOVAES, Adauto (Org.). *Ética*. São Paulo, Companhia das Letras, 1992.

RIDOLFI, Roberto. *Biografia de Nicolau Maquiavel*. Trad. Nelson Canabarro. São Paulo, Musa Editora, 2003.

SABINE, George H. *Historia de la Teoría Política*. Trad. Vecente Herrero. México, Fondo de Cultura Económica, 1994.

SADEK, Maria Tereza. "Nicolau Maquiavel: o Cidadão sem Fortuna, o Intelectual de *Virtù*", in WEFFORT, Francisco C. (Org.). *Os Clássicos da Política*, vol. 1. 8ª ed., São Paulo, Ática, 1997.

SKINNER, Quentin. *As Fundações do Pensamento Político Moderno*. Trad. Renato Janine Ribeiro e Laura Teixeira Motta. São Paulo, Companhia das Letras, 1996.

_____. *Maquiavel: Pensamento Político*. Trad. Maria Lúcia Montes. São Paulo, Brasiliense, 1988.

SYMONDS, J. A. *El Renacimiento en Italia*, I. Trad. Wenceslao Roces. México, Fondo de Cultura Económica, 1995.

VIROLI, Maurizio. *O Sorriso de Nicolau: História de Maquiavel*. Trad. Valéria Pereira da Silva. São Paulo, Estação Liberdade, 2002.

WEBER, Max. *Ciência e Política: duas Vocações*. Trad. Leônidas Hegenberg e Octany Silveira da Mota. São Paulo, Cultrix, 1993.

WEFFORT, Francisco C. (Org.). *Os Clássicos da Política*, vol. 1. 8ª ed., São Paulo, Ática, 1997.

ZILBERMAN, Regina. *Estética da Recepção e História da Literatura*. São Paulo, Ática, 1989.

Capítulo IV
JEAN BODIN: O CONCEITO DE SOBERANIA

ALBERTO RIBEIRO G. DE BARROS

Na elaboração das teorias do Estado moderno, o conceito de soberania desempenhou um importante papel na afirmação dos princípios da territorialidade da obrigação política, da impessoalidade do comando público e da centralização do poder. Ele sintetizava a ideia de que, em toda sociedade política deva haver uma esfera última de decisão, livre de qualquer intervenção, que imponha normas aos membros dessa sociedade, de maneira exclusiva e de acordo unicamente com sua vontade, uma autoridade legal suprema que, dispondo de um poder originário, comande a todos e não seja comandada por ninguém.

Ao fornecer uma justificativa para o monopólio da produção jurídica e do uso da força sobre um determinado território e população, a noção de soberania possibilitou a consolidação de uma forma de organização do poder, mais adequada às relações sociais e econômicas que se estabeleceram a partir da dissolução e transformação da sociedade medieval, distinta daquela que admitia a existência de um ordenamento jurídico transcendente ao poder político e que se caracterizava pela pretensão universalista do papado e do império, de um lado, e pela fragmentação do poder político e militar dos senhorios feudais, do outro.

Embora seja possível buscar a sua gênese no período medieval,[1] a noção de soberania tornou-se uma referência indispensável no pensamento político e jurídico a partir da exposição feita por Jean Bodin (1530-1596), considerado o primeiro Autor a formulá-la de maneira sistemática e a utilizá-la tanto para definir o Estado quanto para justificar a

1. Para uma discussão sobre a gênese do conceito de soberania, ver J. Bartelson, *A Genealogy of Sovereignty*, pp. 53-136; M. Georgantas, *De la Notion de Souveraineté et de son Évolution*, pp. 11-53; F. Hinsley, *El Concepto de Soberanía*, pp. 45-109; R. Kritsch, *Soberania: a Construção de um Conceito*, pp. 1-28.

legitimidade de seu poder sobre os indivíduos. Essa noção encontra-se, na vasta obra de Bodin, esboçada no *Método para a Fácil Compreensão da História* (1566) e plenamente sistematizada em *Os Seis Livros da República* (1576).

A elaboração e a publicação desses livros se dá num período de extrema conturbação política e social, em razão principalmente do agravamento das guerras de religião.[2] Após um período de concessões às ideias dos reformadores por parte da realeza francesa, a década de 1540 foi marcada pelo início de duras perseguições. Depois de firmar uma aliança com o imperador germânico Carlos V para o restabelecimento da unidade católica na Europa, o monarca francês, Francisco I, promulgou o *Édito de Fontainebleau*, instituindo a pena de morte para os heréticos protestantes. Em 1547, seu filho recém-coroado, Henrique II, criou a Câmara Ardente do Parlamento, uma espécie de tribunal especial para o julgamento dos hereges, que nos seus três anos de vigência condenou à morte mais de quinhentos huguenotes.[3] Sua morte prematura, em 1559, não alterou o quadro de perseguições. A Igreja reformada francesa, com uma organização mais sólida e o apoio de uma parte da nobreza, aproveitou as menoridades de Francisco II e Carlos IX para se expandir e reivindicar maior liberdade de culto. Mas durante as regências do cardeal de Lorraine, da família católica dos Guise, e da rainha-mãe, Catarina de Médicis, a repressão aos reformadores não diminuiu.

No início dos anos sessenta, os huguenotes evitaram atacar diretamente a monarquia francesa, talvez esperando uma certa tolerância oficial para sua religião. De fato, Catarina de Médicis tinha demonstrado várias vezes sua posição favorável a uma política de transigência religiosa, promovendo encontros entre líderes católicos e protestantes, a fim de dirimir suas controvérsias, como o colóquio de Poissy, em 1561. Sua política de conciliação sustentava-se no argumento de que a tolerância religiosa era necessária para o bem do reino. A nomeação do chanceler Michel de L'Hospital, líder dos *politiques*, grupo católico moderado que defendia a tolerância e o fortalecimento do poder do rei

---

2. Para uma descrição das guerras de religião, na França, e suas consequências sociais e políticas, ver P. Miquel, *Les Guerres de Religion*; G. Weill, *Les Théories sur le Pouvoir Royal en France pendant le Guerres de Religion*; M. Yardeni, *La Conscience Nationale en France pendant les Guerres de Religion*; J. Lecler, *Histoire de la Tolérance au Siècle de la Reforme*, t. II.

3. Termo pelo qual eram chamados os reformadores franceses. Ele parece ter sua origem na palavra alemã *Eidgenossen* (confederado), cujo equivalente no dialeto genebriano era *aguynos*.

como soluções para o conflito, indicava essa tendência em substituir a unidade religiosa pela unidade política, encarnada na pessoa do rei.

Mas o primeiro édito de paz, assinado nos Estados Gerais de Orléans, foi rasgado após o massacre de centenas de huguenotes reunidos num culto religioso em Grange de Wassy (1562), pelo exército do duque de Guise. A resposta foi o primeiro levante armado do protestantismo francês, liderado pela família Bourbon. Sucessivos éditos de paz – Amboise (1562), Longjumeau (1568), Sant-German (1570), Beaulieu (1571) – marcaram tréguas fugazes, logo rompidas pela crescente intolerância de ambas as partes e pelo uso político que uma parte da nobreza, desejosa em recuperar antigas prerrogativas que lhe tinham sido tiradas pela crescente centralização do poder real, fazia desses conflitos religiosos. Mesmo quando a guerra eclodiu mais violentamente, os huguenotes procuraram justificar a resistência armada como uma necessidade de libertar o jovem monarca, Carlos IX, da malévola influência de certos conselheiros, em especial dos Guise, e como resposta àqueles que violaram os éditos que lhes haviam concedido uma certa liberdade de culto.

A situação, no entanto, se alterou a partir de 24 de agosto de 1572, com o massacre da Noite de São Bartolomeu. Os principais líderes huguenotes estavam reunidos em Paris para o casamento do príncipe protestante, Henrique de Bourbon, com a irmã do rei, Marguerite de Valois, anunciado como um dos esforços da realeza para promover a paz. A fracassada tentativa de assassinato do almirante Gaspard de Coligny, um dos mais influentes e destacados chefes protestantes, que havia sido planejada pelo conselho real, desencadeou acusações de ambos os lados. Encurralado e influenciado por Catarina de Médicis, o rei Carlos IX ordenou o massacre dos principais líderes huguenotes, exceto dos príncipes Henrique de Bourbon e Condé. Naquela noite, mais de duzentos nobres protestantes foram executados pelas tropas reais e pelos exércitos particulares de nobres católicos. As execuções se estenderam para outras cidades católicas, e até o final do mês de outubro foram mortos cerca de quatro mil huguenotes em Paris e cerca de dez mil nas províncias.

Os apologistas do massacre de São Bartolomeu exaltavam seu aspecto patriótico: os huguenotes foram drasticamente punidos não apenas pela heresia, mas principalmente pela traição, porque se apoiavam em forças estrangeiras para incitar a rebelião contra o poder legitimamente constituído. A ação real era justificada como necessária ao restabelecimento da ordem e da paz, evitando maiores danos ao reino francês. Os panfletos católicos acusavam os huguenotes de promover a licenciosidade, a desordem e a sedição e estimulavam os verdadeiros franceses a destruir este mal pela raiz.

A reação dos huguenotes foi imediata. Aqueles que sobreviveram à onda de massacres passaram a reivindicar o direito de tomar em armas para combater o rei. Não se tratava mais de defender a resistência contra os exércitos católicos. Era reivindicado o direito de lutar contra um governante que tinha empregado práticas tirânicas. Surgem, então, uma série de publicações, a maioria panfletos anônimos, com o objetivo de justificar o direito de resistência armada contra a autoridade constituída e o tiranicídio.

Bodin teve sua vida marcada por esses intensos conflitos religiosos, sociais e políticos. Nasceu em Angers, por volta de 1530. Filho de um bem-sucedido negociante, ele adquiriu uma sólida formação, patrocinada pelo seu protetor, o bispo de Angers, Gabriel Bouvery. Em 1545, ingressou na ordem de Nossa Senhora do Monte Carmelo e poucos meses depois, partiu para o convento de Paris, a fim de estudar filosofia e teologia. Além da tradicional formação escolástica, teve a oportunidade de frequentar os diversos cursos, ministrados pelos *lecteurs royaux*, do *Collège des Quatre Langues*, futuro *Collège de France*, que ficava na mesma rua do convento. Nesse ambiente de erudição, o seu espírito pôde se nutrir da efervescência cultural que agitava o meio intelectual parisiense: o neoplatonismo florentino, o neoaristotelismo paduano, a lógica ramista, a teologia dos reformadores, os ideais humanistas. As razões pelas quais abandonou a vida religiosa, aproximadamente em 1548, continuam despertando polêmica: para alguns biógrafos, ele teria sido expulso do convento por ter professado ideias heréticas, inspiradas na doutrina protestante, só escapando da fogueira graças à intervenção do seu protetor, o bispo de Angers; para outros, teria sido por vontade própria, após constatar a falta de vocação sacerdotal.

Por volta de 1550, a fim de realizar seus estudos jurídicos, ingressou na Universidade de Toulouse, onde presenciou os calorosos debates entre bartolistas e humanistas: de um lado, os seguidores do tradicional *mos italicus iura docendi*, que consideravam a compilação de Justiniano um sistema legal perfeito, cuja autoridade exigia do jurista tão somente a adaptação de suas normas aos problemas contemporâneos; do outro, os defensores de um novo modo de ensino, o *mos gallicus iura docendi*, que viam no método humanista de crítica filológica e histórica a possibilidade de restaurar e recuperar o autêntico direito romano, deturpado pelos ministros de Justiniano e alterado pelas análises equivocadas dos glosadores e bartolistas. Nesse clima de disputa e de intensos debates, Bodin pôde receber uma formação jurídica tradicional e, ao mesmo tempo, tomar conhecimento do ideário do humanismo jurídico.

No final da década de cinquenta, já como professor assistente de direito civil, escreve seu *Discurso ao Senado e ao povo de Toulouse sobre a Educação a ser dada aos Jovens de uma República* (1559), no qual defende os principais pontos do ideário do humanismo jurídico. Nesse discurso, encontra-se a condenação da literatura jurídica medieval tanto nos seus elementos externos (vocabulário e estilo), quanto nos internos (interpretação léxica e histórica); a reprovação aos ministros de Justiniano, em especial a Triboniano, por ter misturado textos de diferentes períodos da jurisprudência romana e alterado seu sentido no afã de adaptá-los à realidade do Império Bizantino; a defesa da necessidade dos *studia humanitatis* (gramática, retórica, poesia, história e filosofia moral) para a compreensão do direito; e a crença na possibilidade de recuperar e de restaurar o autêntico direito romano, anterior à compilação justiniana, a partir dos novos métodos de crítica histórica e filológica.

No início dos anos sessenta, convencido de que não teria oportunidade de ascensão profissional em Toulouse, Bodin partiu para Paris, onde foi trabalhar como advogado no Parlamento. A experiência forense lhe fez conhecer um direito mais amplo do que aquele aprendido nos bancos da escola. Ela também lhe revelou a dificuldade enfrentada por todo praticante: enquanto nas escolas era ensinado o direito romano ou canônico, nos tribunais era aplicado o direito costumeiro, o principal regulador das relações sociais no período medieval, que trazia regras e problemas não abordados nos bancos escolares. Bodin afastou-se então das pesquisas filológicas e históricas, que pareciam não ter espaço no trabalho cotidiano da advocacia. Permaneceu, contudo, fiel ao espírito humanista no qual foi formado, pois continuou a criticar tanto as deturpações dos ministros de Justiniano quanto o método estéril dos bartolistas, e a enaltecer os benefícios da cultura literária para os estudos jurídicos, em especial a corrente sistemática do humanismo jurídico.

A restauração do sentido original e o conhecimento da evolução histórica do direito romano não eram as únicas preocupações dos juristas do *mos gallicus*. Havia também o desejo de rearranjar suas fontes, cuja desordem e confusão tinham sido constatadas pelas análises filológicas e históricas. Contra a exegese casuística dos glosadores e bartolistas, que exigia grande habilidade na assimilação de uma massa de detalhes e obscurecia a estrutura do texto, alguns juristas acadêmicos propunham a elaboração de um saber jurídico simples, claro, harmônico e bem organizado, de tal modo que reduzisse a complexidade das instituições romanas a um esquema sintético que espelhasse a relação entre as partes e destas com o todo. Estavam determinados a reavaliar a antiga disposição do direito romano e ordená-lo sistematicamente em compêndios panorâmicos que tivessem suas diversas partes organizadas em torno de princípios gerais.

A intenção de Bodin era ainda mais ampla, pois pretendia encontrar princípios jurídicos comuns a todos os povos que pudessem ser aplicados em todo tempo e lugar, e não apenas reordenar o direito romano. Desse modo, é possível compreender a sua censura tanto aos partidários do *mos italicus*, por sua ingenuidade em sustentar a possibilidade de uma arte jurídica a partir somente do direito romano, quanto aos seguidores do *mos gallicus* em razão da estreiteza de suas investigações, que se limitavam à reordenação e à análise filológica e histórica de um direito particular. Para Bodin, a verdadeira arte jurídica só poderia surgir de um amplo processo comparativo dos sistemas legislativos de todos os povos ou, pelo menos, dos mais ilustres, para que se pudesse retirar aquilo que era comum a todos eles. Apenas depois desse processo comparativo é que seria possível encontrar certos princípios e fundamentos de um direito universal. Inspirado no conselho platônico de que para estabelecer as leis de uma República[4] é necessário reunir todas as leis de todos os povos, pelo menos dos mais ilustres, e confiar a homens prudentes o cuidado de compará-las, para selecionar as melhores, Bodin passou a dedicar seu tempo de estudos a reunir as leis das principais Repúblicas, classificá-las e compará-las, a fim de encontrar o que há de comum entre elas.

Nesse trabalho comparativo cujo resultado foi exposto no opúsculo *Disposição do Direito Universal* (1578), a história adquire um papel preponderante: primeiro, porque possibilita o conhecimento dos diversos ordenamentos jurídicos que já existiram; e, depois, porque revela a razão das leis e seus fundamentos sociais e políticos. Se o direito surgia da vivência histórica dos povos e alterava-se com as mudanças sociais e políticas, o estudo do direito deveria ser necessariamente concomitante com o estudo da história, concluía Bodin.

As narrativas históricas passam então a ser relevantes nem tanto pelo conhecimento dos fatos passados, mas pela compreensão das leis

---

4. Sempre é bom lembrar que, embora a palavra Estado já estivesse presente na literatura política do século XVI, Bodin continua utilizando o termo clássico República para designar a comunidade política organizada. Cf. J. Brancourt, *Des Estats à l'État: Évolution d'un Mot*, pp.40-50.

e das instituições jurídicas dos mais diversos povos. Por meio de seus relatos, é possível descobrir o sentido das normas e das instituições jurídicas que regulam a vida desses povos e, assim, compreender a razão das mais diferentes legislações e seus fundamentos sociais e políticos.

Mas a história só poderia dar sua contribuição, tornando-se realmente útil, se seus relatos estivessem acessíveis, e não da maneira como se encontravam, totalmente desordenados, argumenta Bodin. Era preciso primeiro classificá-los e ordená-los, para que pudessem ser posteriormente expostos e aproveitados. Na carta dedicatória de seu *Método para a fácil Compreensão da História* (1561), ao comentar as várias formas de escrever a história, lamenta a negligência com que tinham sido tratadas a ordenação e a exposição das matérias conhecidas. *Ordo* e *dispositio*, procedimentos típicos da retórica, passam a ser considerados instrumentos metodológicos fundamentais para se encontrar a coerência tão desejada. Por seu intermédio, seria possível encontrar uma ligação entre os relatos aparentemente esparsos e alcançar uma visão de conjunto, sintética e ordenada da história.

O principal objetivo do *Método* é assim preparar o leitor para caminhar no labirinto formado pelos relatos históricos, auxiliando-o a enfrentar a confusão e a pluralidade que imperavam numa massa de informações, muitas vezes desconexas e contraditórias. A sua intenção não é a busca pela melhor maneira de relatar os fatos notáveis do passado, como a maioria dos tratados renascentistas, mas a constituição de uma arte de leitura, de uma técnica de aquisição, memorização e crítica desses relatos. O texto sugere, enfim, um programa a ser seguido por aqueles que se interessam pela história e necessitam das informações que os seus relatos contêm.

Com esse objetivo, no terceiro capítulo, ao apresentar um amplo quadro das ações humanas e tratar daquelas relacionadas à organização da vida social, Bodin reconhece a existência de três normas: a lei moral que o indivíduo aplica a si mesmo; a lei doméstica que é exercida no interior da família; e a lei civil que regula as relações entre as várias famílias. Entre elas, a lei civil aparece como a mais importante, por ser a norma suprema em matéria de prescrição ou proibição.[5]

A lei civil, por sua vez, é dividida em três partes: o comando (*imperium*), a deliberação (*consilium*) e a sanção (*executio*). O comando supremo (*summum imperium*), do qual as outras partes da lei civil derivam, se manifesta, segundo Bodin, de inúmeras maneiras, mas mais

---

5. Cf. J. Bodin, *Método* III, pp. 288A-289A.

especificamente em quatro ações: na criação de magistraturas e na atribuição de suas funções; na promulgação e revogação das leis; na declaração da guerra e no estabelecimento da paz; na atribuição de penas e recompensas. Essas ações expressam os direitos do detentor da soberania, que lhe possibilitam as condições necessárias para governar a República.

A noção de soberania é retomada no sexto capítulo, dedicado à análise das constituições de várias Repúblicas, quando Bodin se propõe a discutir as principais categorias jurídicas e políticas herdadas da Antiguidade, principalmente as definições aristotélicas de cidadão, magistrado e República, adaptando-as à realidade de seu tempo. A definição aristotélica de cidadão lhe parece muito específica, restrita aos nascidos em Atenas no tempo de Péricles, pois na atualidade a maioria dos cidadãos não exercia qualquer magistratura. A descrição de magistrado é criticada por se confundir com a de cidadão e por incluir funções alheias às da magistratura. Já a definição de República lhe parece incompleta, pois deixava de lado aquilo que a define, que é exatamente a presença do poder soberano.

Ao redefinir República como "a reunião formada de várias famílias, mesmo se estiverem dispersas em lugares ou residências diversas, desde que permaneçam sob a proteção de uma mesma autoridade, e pouco importa que o poder seja de fato de um só, de todos ou de alguns" (VI, p. 351B), Bodin aponta para a necessidade do reconhecimento de uma autoridade comum como critério de existência de uma comunidade política. A República só se constitui, quando as várias famílias reconhecem a sujeição a uma só e mesma autoridade. A simples união organizada desses grupos, embora necessária, não é suficiente. Não basta ainda haver interesses comuns ou partilhar do mesmo conjunto de leis. É necessário e imprescindível que todos estejam submetidos ao mesmo comando: "não são, portanto, o comércio, o direito, as leis, a religião das diversas cidades confederadas que permitem considerá-las como uma República, mas sua união sob um mesmo comando" (VI, p. 352B).

Bodin não chega a definir esse comando supremo, limitando-se a acrescentar o direito de julgar em última instância àqueles direitos anteriormente apresentados, como pertencentes ao detentor da soberania.[6] No entanto, ao considerá-la a mais importante das categorias políticas para se pensar a República, já indica claramente o lugar que ocupa na

---

6. Cf. Bodin, *Método* VI, p. 359B.

sua teoria política "esse comando supremo em que reside o princípio da República e que Aristóteles chamou de poder político supremo ou autoridade suprema, os italianos, senhoria, e nós, soberania, enquanto os latinos empregaram o termo *summa rerum* e *summum imperium*. Uma vez que este ponto seja esclarecido, muitas questões obscuras e difíceis referentes ao governo serão resolvidas. Entretanto, Aristóteles passou em silêncio sobre ele, seguido pela totalidade dos autores políticos" (VI, p. 351A).

Uma definição clara e precisa só aparece realmente em *Os Seis Livros da República* (1572). Como já havia sido enfatizado no *Método*,[7] o poder soberano é apontado, logo no início do primeiro capítulo, como a condição indispensável para a existência da comunidade política: "República é o justo governo de várias famílias e do que lhes é comum, com poder soberano"[8] (I, 1, p. 27). O uso da preposição "com" indica a necessidade do poder soberano para a constituição de uma República, que só passa a existir, de fato, quando se estabelece, para o reto governo do que é comum às várias famílias, um poder capaz de assegurar a sua coesão. Na antiga metáfora do navio, a soberania é comparada com a quilha, peça estrutural básica sobre a qual se assentam todas as demais partes de uma embarcação, e sem a qual ela não passa de um amontoado de partes desconexas. Ela é o elemento que integra e reúne os diversos membros do corpo político, assegurando a sua unidade.[9]

No oitavo capítulo do primeiro livro, a soberania é então definida como "o poder perpétuo e absoluto de uma República" (I, 8, p. 179). O adjetivo perpétuo indica a continuidade que esse poder deve ter ao longo do tempo. Se tiver uma restrição cronológica, por mais amplo que possa ser, não pode ser considerado soberano. Trata-se da afirmação do princípio de continuidade temporal do poder público. Os juristas medievais já haviam proclamado a propriedade imortal da pessoa do rei com expressões como "o rei não morre jamais", "o rei está morto!

7. Para uma análise mais detalhada da noção de soberania exposta no *Método*, ver A. R. Barros, "O Conceito de Soberania no *Methodus* de Jean Bodin", pp. 139-156.

8. Para uma análise mais detalhada desta definição de República, ver A. R. Barros, "A República para Bodin", pp. 73-90.

9. O conceito de soberania é o centro a partir do qual gravita a teoria política de Bodin. Ele é utilizado, por exemplo, como critério para a classificação dos regimes políticos, para a discussão do problema das mudanças constitucionais, para a escolha da melhor forma de constituição, entre outros temas relacionados à esfera jurídica e política. Para uma análise mais detalhada desses temas, ver A. R. Barros, "Estado e Governo em Jean Bodin", pp. 129-137.

viva o rei!", desviando a atenção da inevitável ordem da natureza física, do corpo material do rei, para se fixar no caráter metafísico da realeza, que sempre permanece.[10] Bodin, ecoando a tese de que a dignidade real nunca morre, porque está ligada ao corpo espiritual do rei, procura transportar a perpetuidade da realeza para a República, a fim de evitar a confusão entre a pessoa física do rei e a comunidade política.

Porém, ao afirmar que a perpetuidade não pode ser entendida como aquilo que jamais tem fim, pois dessa maneira não haveria soberania senão nas aristocracias e nos estados populares, nos quais é evidente a permanência do povo e da assembleia, ou nas monarquias hereditárias, cuja perpetuidade está ligada à sucessão dos herdeiros ao trono, Bodin parece cair no equívoco de associar o poder da comunidade política ao agente que o encarna, confundindo o título de soberano com a soberania. Equívoco que transparece claramente quando adverte, na análise do processo sucessório das monarquias eletivas, que é necessário considerar "perpétuo" no sentido do tempo de vida do detentor do poder absoluto, para não se pensar que o monarca escolhido receberia apenas uma delegação de seus eleitores.

Mas, apesar desse e de outros pequenos deslizes, a perpetuidade é associada, na maioria das vezes, ao poder público, independentemente de quem o assume. Para Bodin, aquele que assume um poder, mesmo que seja absoluto, por um certo tempo, não pode ser considerado soberano, pois não o exerce na condição de possuidor, mas de simples depositário, tendo somente uma posse precária. Expirado o tempo estipulado ou revogado pela vontade do verdadeiro detentor da soberania, o depositário é obrigado a restituir o poder que recebeu por comissão, sob determinadas condições. Tal era a situação dos arcontes atenienses, dos ditadores romanos, dos regentes e de todos os que exerceram ou exercem o poder em nome de outrem. Ao analisar a constituição da Roma Republicana, reconhece que a ditadura era realmente dotada de plenos poderes, mas seu detentor não era soberano, uma vez que esta magistratura tinha uma limitação temporal. O ditador não passava de um depositário da soberania, cuja guarda lhe tinha sido confiada pelo povo, que era o verdadeiro soberano. Portanto, só pode ser considerado soberano o detentor de um poder que não sofra restrições no curso do tempo; caso contrário, trata-se apenas de um oficial, de um regente ou de um lugar-tenente.

10. Cf. E. Kantorowicz, *Os Dois Corpos do Rei: um Estudo sobre Teologia Política Medieval*, pp. 193-272.

O adjetivo perpétuo, no entanto, é excluído na versão latina da *República*.[11] Uma hipótese para essa exclusão estaria na dificuldade de ser sustentada uma característica tão abstrata, já que a perpetuidade, em princípio, não se refere ao agente que encarna a soberania, mas ao poder público. Outra hipótese, talvez mais consistente, seria a de que o adjetivo absoluto já contém a ideia de um poder ilimitado no tempo. Tal explicação justificaria também o fato de a maior parte da análise sobre a natureza da soberania ser dedicada a seu caráter absoluto.

O uso do adjetivo absoluto implica atribuir ao poder soberano as características de superior, independente, incondicional e ilimitado: superior, porque aquele que possui o poder soberano não pode estar submetido ou numa posição de igualdade em relação a outros poderes; independente, pois seu detentor deve ter plena liberdade de ação; incondicional, na medida em que este poder deve estar desvinculado de qualquer obrigação; e ilimitado, porque qualquer limitação é incompatível com a própria ideia de um poder supremo.

Numa comunidade política, ter poder absoluto significa para Bodin estar acima das leis civis: "Aquele que melhor compreendeu o que é poder absoluto disse que não é outra coisa senão a possibilidade de revogar o direito positivo" (I, 8, p. 193). Por ter a missão de proteger e governar a República, o detentor da soberania deve poder criar e corrigir as leis civis de acordo com as circunstâncias e conforme sua vontade, sem a necessidade do consentimento dos súditos: "O ponto principal da majestade soberana e poder absoluto é dar a lei aos súditos em geral sem seu consentimento" (I, 8, p. 204).

Para sustentar sua assertiva, Bodin recorre ao fragmento de Ulpiano:[12] "é por isso que a Lei diz que o príncipe está acima do poder das leis" (I, 8, p. 191). Mas as pesquisas filológicas do humanismo jurídico já haviam revelado que o princípio *princeps legibus solutus est* tinha sido enunciado de maneira bastante restrita por Ulpiano, em seu comentário a *lex Iulia et Papia*, isto é, as duas leis estabelecidas pelo imperador Augusto, nos anos de 18 a.C. e 9 a.C., para regular a sucessão testamentária. Os juristas medievais também não associavam este fragmento à atividade legisladora do príncipe, mas o interpretavam no sentido de que o príncipe não podia estar submetido a nenhuma coerção legal, uma vez que não poderia existir uma magistratura superior a seu poder, que

11. "*Majesta est summa in cives ac subditos legisbusque soluta potestas*" (*De Republica* I, 8, p. 123).
12. Cf. *Digesto* 1, 3, 31.

o obrigasse a cumprir a lei. Seguindo, ao contrário, a interpretação de juristas como Budé,[13] para quem a afirmação de Ulpiano não se limitava a uma situação jurídica de direito privado, mas era válida em geral, Bodin a amplia e a aplica para todas as leis civis.

Como a lei imposta por Deus à natureza tem seu fundamento na vontade divina, assim também a lei outorgada pelo soberano, segundo Bodin, embora possa estar fundamentada em boas razões, retira sua autoridade da livre vontade do soberano. As relações entre Deus e a natureza servem de modelo para as relações entre o soberano e a República: da mesma maneira que Deus tem um poder absoluto sobre a natureza, governando-a de acordo com sua livre vontade, assim também o poder do soberano, na sociedade política, é totalmente livre diante das leis civis, que dependem exclusivamente de sua vontade; como em Deus, vontade e razão coincidem, eliminando qualquer possibilidade de arbitrariedade, pois a vontade do soberano expressa necessariamente a razão da República. Nessas analogias, transparecem os argumentos construídos pelos teólogos medievais, notadamente aqueles que enfatizavam a livre vontade de Deus. Se não há uma transposição direta dos atributos que integram a soberania divina para o terreno político, é possível constatar o uso de esquemas teológicos, como as afirmações de que o soberano é a imagem de Deus, sendo na sociedade política o que Deus é no universo, ou de que o soberano é o lugar-tenente de Deus, estabelecido por Ele para comandar os súditos, que lhe devem respeito e reverência.

O detentor da soberania deve, assim, estar livre diante das leis que estabelece, segundo Bodin, porque ninguém pode obrigar-se a si mesmo, e das que foram estabelecidas pelos seus predecessores, já que seu poder não seria absoluto, se estivesse obrigado a cumprir normas pré-estabelecidas. Ele não pode criar ou receber uma lei que não possa posteriormente modificar ou anular, conforme considerar necessário: "pois é necessário que o príncipe soberano tenha as leis em seu poder para as alterar e corrigir segundo a ocorrência dos casos, do mesmo modo que o piloto deve ter em suas mãos o governo para conduzir a nave, caso contrário ela estará em perigo" (I, 8, p. 204).

No décimo capítulo do primeiro livro, depois de criticar os autores antigos, por tratar de maneira rápida e superficial, e os juristas medievais, por ampliar e particularizar demais os direitos da soberania, Bodin procura enumerá-los, para que não haja dúvida na identificação do verdadeiro soberano. O primeiro direito especificado é o poder de

---

13. Cf. Budé, G. *L'Institution du Prince*, f. 14v; 82r; 93v; 108r.

legislar sem o consentimento dos súditos, que compreende a declaração e correção da lei, quando esta for tão obscura que os magistrados, encarregados de utilizá-la, encontrem ambiguidade ou obscuridade. Porém, considera que esta marca ainda não é suficiente para identificar o verdadeiro detentor da soberania, porque alguns príncipes, duques, condes, barões e outros senhores, que não são soberanos, legislam em seus domínios. Para identificar o detentor da soberania, acrescenta ao poder de legislar, a necessidade de não reconhecer superior: "A primeira marca do príncipe soberano é o poder de dar leis a todos em geral e a cada um em particular, mas isto não é suficiente; é preciso acrescentar sem o consentimento de um maior, de um igual ou de um menor que ele" (I, 10, p. 306).

Os demais direitos da soberania – declarar a guerra e tratar a paz, instituir os principais oficiais, estabelecer o peso e o valor das moedas, impor taxas e impostos ou isenções, ser a última palavra em qualquer assunto, outorgar vantagens, exceções e imunidades a quem desejar, entre outros – são apresentados como uma decorrência desse poder de dar a lei, considerado o primeiro e mais importante direito, porque a partir dele todos os demais são definidos: "sob este poder de dar e anular a lei estão compreendidos todos os outros direitos e marcas da soberania, de modo que se pode dizer que há somente esta marca" (I, 10, p. 309).

Esses direitos são concebidos como inalienáveis. Na verdade, alguns juristas medievais, na tentativa de impor a unidade do Império frente à descentralização e fragmentação política do mundo feudal, criaram argumentos e fórmulas, apoiados na compilação justiniana, contrários a qualquer tipo de alienação dos direitos imperiais.[14] No *Método*, Bodin recorda esse debate sobre a posse do *merum imperium*, isto é, se o magistrado possuía o poder supremo de jurisdição criminal, conhecido como o poder de espada, ou se este poder era somente do imperador.[15] Na *República*, a questão é ampliada, no sentido de saber se os atributos da soberania são exclusivos do soberano ou podem ser, em algum momento, transferidos aos magistrados.

Bodin admite que os magistrados possam assumir esses atributos, desde que isto não implique uma transferência: se o soberano comunicar a um de seus súditos os seus direitos, este súdito deixará de ser subordinado e sujeito ao seu poder, para ser companheiro, e aquele perderá a sua condição de soberano. Reconhece, por exemplo, a possibi-

14. Cf. *Digesto* 14, 2, 9; *Código* 1, 1, 1.
15. Cf. J. Bodin, *Método* VI, pp. 360A-363A.

lidade de o soberano encarregar alguns magistrados, normalmente de competência reconhecida e de comprovada confiança, para elaborar as leis. Mas as normas propostas só se tornam leis depois de homologadas e publicadas pelo soberano. Do mesmo modo, o soberano pode, se desejar, homologar as consultas dos juristas, as ordenanças das Cortes de Justiça ou dos Parlamentos, tornando-as leis. Mas, só depois da homologação é que toda norma ganha a condição de lei, justamente porque a força da lei reside naquele que detém a soberania. Assim, a atuação de qualquer magistrado na autoridade pública depende da concessão do detentor da soberania. Por mais amplos que sejam seus poderes, um magistrado nunca passará de um executor subordinado ao soberano.

Embora a soberania tenha sido definida como o poder perpétuo e absoluto, seu detentor não possui um poder arbitrário, que não conhece limites: "Se nós dissermos que tem poder absoluto quem não está sujeito às leis, não encontraremos no mundo príncipe soberano, visto que todos os príncipes da Terra estão sujeitos às leis de Deus e da natureza e a certas leis humanas comuns a todos os povos" (I, 8, p. 190). O soberano está assim submetido às leis divinas, naturais e a certas leis humanas comuns a todos os povos.

Apesar de sua constante presença no texto bodiniano, não se encontra uma definição clara e precisa da lei divina, considerada modelo a partir do qual o soberano deve se inspirar para criar a lei civil. Algumas vezes ela é apresentada como uma lei eterna e imutável, que manifesta ao mesmo tempo a sabedoria e a vontade de Deus, responsável pela existência e conservação de todas as coisas, segundo um esquema rigorosamente hierárquico, no qual cada ser ocupa um lugar determinado. Quase sempre associada à lei revelada nas Sagradas Escrituras, mais especificamente, à lei mosaica, ela aparece como a expressão da vontade de Deus.

O detentor da soberania está necessariamente sujeito à lei divina, segundo Bodin, porque é, antes de tudo, um súdito de Deus. O soberano não pode transgredi-la em hipótese alguma, devendo observá-la constantemente no exercício do poder. Se ele está isento das leis positivas, que provêm de sua vontade, o mesmo não acontece diante da lei divina, expressão da vontade de Deus, que ultrapassa e sustenta seu poder. Mas isso não implica sujeição à autoridade eclesiástica. O soberano não necessita de um intermediário que lhe traduza a vontade divina, pois ela é nítida e inteligível a todos.

Não se encontra também uma clara definição da lei natural. Ela aparece quase sempre ligada à lei divina, às vezes pela conjunção *ou*, às vezes pela conjunção *e*, marcando ora alternância, ora equivalência.

Tomadas praticamente como sinônimas, elas parecem se distinguir apenas pela maneira de se manifestar: enquanto a lei divina é conhecida por meio da revelação, a lei natural se impõe à razão pela equidade que carrega. Ambas expressam a vontade de Deus, diante da qual o poder do soberano está submetido.

Ao afirmar que o soberano está sujeito a certas leis humanas comuns a todos os povos, Bodin deve estar pensando em algumas daquelas leis que permaneceram após o processo comparativo das legislações dos mais diversos povos, em cuja exposição estava trabalhando desde sua juventude. Como não chega a especificar quais são estas leis nem comenta sobre seu conteúdo ou sobre sua esfera de ação, é possível cogitar que elas representam certos princípios jurídicos que, se forem contrariados, colocam a própria soberania em xeque, como as leis fundamentais que conservam e mantêm o estado da República.

Entre os séculos XIII e XV, foram extraídas das normas costumeiras francesas algumas disposições, que se constituíram em regras próprias ao *status republicae*. Como expressão da vontade da comunidade política, elas eram independentes e superiores a toda vontade individual, inclusive a do rei, que não as podia modificar. Fixavam prerrogativas e estipulavam limites, dentro dos quais o poder real devia atuar. A partir do momento em que os meios necessários para o exercício do poder passaram a ser concebidos como atributos de uma função e não de uma pessoa, as regras que regulavam seu funcionamento passaram a formar uma ordem jurídica, contra a qual o rei não podia se impor.[16] Denominadas por Bodin de leis fundamentais, elas aparecem como princípios constitucionais, cuja revogação colocaria em risco a própria soberania, uma vez que estão intimamente vinculadas à sua existência: "Quanto às leis que concernem ao estado do reino e seu estabelecimento, uma vez que estão unidas e anexadas à coroa, o príncipe não as pode derrogar, como a lei Sálica; se o fizer, seu sucessor pode sempre anular o que fez em prejuízo das leis reais, sobre as quais está apoiada e fundada a majestade soberana" (I, 8, p. 197).

Além da lei Sálica, outra lei fundamental citada por Bodin é a que proíbe a alienação do domínio da Coroa. Este domínio englobava as propriedades públicas, as rendas recebidas sob as formas de tributos ou confiscos, enfim, todos os recursos pertencentes ao tesouro público que permitiam o adequado governo do reino.

16. Cf. A. Rigaudiere, "Loi et État dans la France du Bas Moyen Age", pp. 33-59.

A noção de que o domínio da Coroa não devia ser alienado pode ser identificada, no horizonte europeu, desde o século XIII. Ela pode ter sido resultado da prática canônica: em 1078, no sínodo de Roma, Gregório VII decretou que nenhum bispo podia dispor das posses de sua Igreja sem o seu consentimento; no século XIII apareceu no juramento dos bispos uma oitava cláusula, na qual eles juravam não vender nem dar nem penhorar as propriedades do bispado. Nos meios eclesiásticos havia uma clara preocupação com o problema da alienação de domínios que não fossem propriedade particular do governante. Em 1220, por exemplo, o papa Honório III escreveu ao arcebispo de Kalocsa, para que intercedesse junto ao rei da Hungria, Andrei II, obrigando-o a revogar certas alienações do domínio real que tinha realizado, uma vez que havia jurado em sua coroação manter os domínios de seu reino. As cartas do papa Gregório IX, em 1233 e 1235, também chamavam a atenção do rei inglês, Henrique III, sobre seu juramento de coroação, no qual prometia não alienar os direitos daquele reino.[17]

A cláusula contra a alienação do domínio da Coroa apareceu pela primeira vez, na França, na cerimônia de coroação de Carlos V, em 1365. Mas a forte personalização do poder real e a falta ainda de uma clara distinção entre o domínio privado do monarca e o domínio público, durante o período medieval, retardaram seu reconhecimento como lei fundamental do reino. Até o século XV, ela era utilizada principalmente para permitir ao rei revogar as alienações realizadas por seus predecessores. Para que esse princípio ganhasse reconhecimento jurídico foi necessário o estabelecimento de um laço entre o domínio da Coroa e a impossibilidade de o rei dispor livremente desse domínio, que aconteceu somente em 1566, com o édito de Moulins, que o consagrou como lei fundamental do reino francês.

Bodin reafirma esse princípio da inalienabilidade do domínio público, quando participa dos Estados Gerais de Blois, em 1576-1577, como deputado do terceiro estado pelo bailado de Vermandois. Diante do projeto real de alienar parte do domínio da Coroa, a fim de recuperar as débeis finanças do reino, abaladas pelas guerras de religião, recorda o édito de Moulins e lidera a resistência do terceiro estado, argumentando que o rei não é proprietário desse domínio, mas um simples usuário. Tendo seu pedido recusado, o rei invoca a necessidade da alienação, alegando que dela depende a salvação do reino. Novamente Bodin se dispõe contra a demanda real, que é definitivamente rejeitada. A as-

---

17. Cf. E. Kantorowicz, "Inalienability: a Note on Canonical Practice and English Coronation Oath in the Thirteenth Century", pp. 488-502.

sembleia propõe, então, além da contenção de despesas, outras formas de receita, como o confisco das rendas atribuídas às corporações e às comunidades, o pedido de empréstimos aos financistas e a venda dos bens da Igreja.[18]

O respeito às leis fundamentais não implica, no entanto, a impossibilidade de o soberano legislar, a fim de completá-las, quando necessário. Não se pode desprezar o número de ordenanças reais, cujo objetivo era precisar um ponto mal determinado por essas normas ou colocar uma nova regra que se impunha em razão das circunstâncias. A partir do século XV, por exemplo, surgiram ordenanças sobre a maioridade e sobre a regência, que procuravam, a partir daquelas disposições constitucionais, melhorar a Lei Sálica e evitar rupturas na continuidade do poder real.

A defesa da necessária submissão do soberano às leis divinas, naturais e fundamentais da República tem sido entendida como uma evidente contradição da teoria bodiniana. Os seus intérpretes têm denunciado a sua incoerência, ao estabelecer limites a um poder definido como superior, independente, incondicional e ilimitado.[19]

No entanto, alguns comentadores afirmam que não há contradição na teoria bodiniana, porque tais limites devem ser entendidos como restrições morais, já que cabe somente à consciência do soberano submeter-se ou não a eles.[20] De fato, entre o poder do soberano e a obediência às leis divinas e naturais não existe um intermediário que tenha o direito de exigir seu cumprimento. Nenhum agente social pode obrigar o soberano a respeitá-las.

Mas, se elas não são dotadas de eficácia legal, pois não exercem coerção jurídica efetiva, não parecem ser apenas restrições morais. Se não exercem constrangimentos jurídicos, as consequências de seu desprezo não podem ser ignoradas: "É verdade que não se encontra prín-

18. O próprio Bodin descreve sua participação neste episódio. Cf. Bodin, *Recueil journalière de tout ce que s'est négotie en la Compagnie du Tiers Estat de France, en l'Assemblée generalle des trois État assignez par le Roy en la Ville de Blois au 15 novembre 1576*, pp. 28-40.

19. Os manuais de história do pensamento político, em geral, apontam essa contradição. Cf. G. Sabine, *História das Teorias Políticas*, vol. I, pp. 392-398; T. Cook, *History of Political Philosophy*, cap. XIV, pp. 365-396; J. Touchard, *História das Ideias Políticas*, vol. 3, pp. 59-67.

20. Cf. W. Dunning, "Jean Bodin on Sovereignty", pp. 94-96; L. Ingber, "Jean Bodin et le Droit Natural", pp. 288-302; Chanteur, J. "L'Idée de Loi Naturelle dans la République de Jean Bodin", pp. 195-212.

cipe tão mal informado, que tivesse desejado ordenar coisa contrária às leis de Deus e da natureza, pois perderia o título e a honra de príncipe" (III, 4, p. 97). Elas chegam a adquirir um conteúdo concreto, quando suas determinações coincidem com as leis humanas. Se qualquer uma de suas normas estiver consagrada na legislação positiva, o soberano deve respeitá-la, pois obriga a todos, inclusive ao próprio soberano: "Como o príncipe soberano não está obrigado pelas leis dos gregos nem de qualquer outro estrangeiro, assim também não está submetido às leis dos romanos ou a suas próprias leis, a não ser que elas estejam de acordo com as leis naturais" (I, 8, p. 221). As leis de Deus e da natureza adquirem um conteúdo ainda mais específico em dois casos: na obrigatoriedade dos contratos e na inviolabilidade da propriedade privada.

A necessidade do cumprimento dos contratos é discutida a partir da análise do juramento de coroação em que o novo monarca promete preservar as leis do reino. No *Método*, Bodin expressa sua admiração pelo juramento dos reis franceses, no qual prometem manter-se dentro de determinados limites, respeitando os costumes e as leis constitucionais da República.[21] Na *República*, introduz uma importante distinção: se o novo monarca jura para si mesmo, ele deve respeitar as leis que prometeu guardar, do mesmo modo que o seu juramento, ou seja, de acordo com sua consciência, caso as julgue honestas e razoáveis. Já se promete a um outro soberano ou aos seus súditos, ele fica obrigado a cumpri-las, mesmo que não lhe sejam favoráveis, como qualquer outro particular diante de suas promessas: "O príncipe não está submetido às suas leis ou às leis de seus predecessores, mas está sujeito às justas convenções e promessas que realiza, seja com ou sem juramento, assim como está um particular" (I, 8, p. 193).

As controvérsias criadas em torno dessa questão eram resultado, segundo Bodin, da confusão entre lei e contrato. Ao estabelecer a reciprocidade entre lei e contrato, alguns autores teriam tratado a promessa no âmbito da regulamentação pública e o ato de legislar como um compromisso.[22] Para Bodin, a distinção é muito clara. A lei é um comando explícito, expressão da autoridade de quem detém o poder soberano. Embora possa estar baseada em boas razões, trata-se de um ato unilate-

21. Cf. Bodin, *Método* VI, p. 377B.
22. Bodin cita nas notas marginais Cynus, Bartolus e Baldus, entre os civilistas, e Felinus e Parnormitanus, entre os canonistas. Refere-se ainda, e esta parece ser a fonte principal para sua discussão, a Petrus Belluga e a seu texto *Speculum principum*, no qual se encontra uma concepção da lei expressa em termos de um pacto entre o monarca e os súditos do reino. Cf. Bodin, *República* I, 8, p. 194.

ral que tem como fundamento a pura e livre vontade do soberano, não podendo ser considerada um pacto entre o monarca e seus súditos.[23]
Já o contrato obriga as partes a cumprir suas promessas. Ambas estão comprometidas a manter a palavra dada, mesmo que uma das partes seja o soberano: "A convenção é mútua entre o príncipe e os súditos, obrigando as duas partes reciprocamente; uma das partes não pode rompê-la em prejuízo da outra e sem o seu consentimento; e neste caso, o príncipe não está acima dos súditos" (I, 8, p. 195). O fundamento dessa obrigação são as leis de Deus e da natureza, que forçam as partes contratantes a manter seus acordos. Até mesmo Deus, argumenta Bodin, está obrigado a cumprir suas promessas, uma vez que se trata de um princípio da equidade natural. Assim, quando o príncipe estabelece um contrato, ele passa a estar preso à sua promessa: "O príncipe soberano está obrigado aos contratos que faz, tenham estes sido realizados com seus súditos ou com príncipes estrangeiros" (I, 8, p. 218). A obrigação do cumprimento dos contratos também está fundamentada na necessidade do príncipe de manter a fé dos seus súditos em sua palavra. Uma vez a palavra empenhada, ela deve ser mantida, sem considerar se quem a recebe é merecedor. Como guardiões e responsáveis pelos contratos realizados entre os súditos, se os príncipes violam e infringem seus juramentos, que garantia terão os súditos a respeito do cumprimento dos seus acordos? Sendo a fé o principal fundamento das comunidades políticas, os príncipes devem procurar manter sua palavra, dando o exemplo para os seus súditos.[24]

O problema dos contratos realizados pelos antecessores é discutido a partir de uma distinção do tipo de sucessão, revelando certa confusão no texto bodiniano entre regras do direito privado e público. Se o reino for hereditário, Bodin sustenta que o príncipe estará obrigado a cumprir os contratos de seus predecessores, como estaria qualquer herdeiro, segundo as regras do direito. Se o reino for alcançado por um testamento, realiza outra distinção: caso o sucessor aceite a condição de herdeiro, estará sujeito às promessas anteriormente realizadas; ao contrário, se renunciar à herança e reivindicar o poder soberano baseado num costume ou numa lei do reino, estará livre de todas as promessas feitas pelo antecessor.[25]

A obrigação contratual cessa, segundo Bodin, em duas situações: quando as partes deixam de ter interesse no cumprimento do contrato;

23. Cf. Bodin, *República* I, 8, p. 221.
24. Cf. Bodin, *República* I, 8, p. 218.
25. Cf. Bodin, *República* I, 8, pp. 194-196.

e quando as promessas realizadas se tornam injustas ou sem sentido e uma das partes se sente lesada. Esta última apoia-se na máxima *cessante causa, cessat effectus*, ou seja, quando as razões pelas quais foi feita a promessa cessarem. Bodin admite que muitas vezes os príncipes são obrigados, pelas forças das circunstâncias, a selar acordos e tratados que trazem cláusulas iníquas ou irrealizáveis. É possível também que as leis que prometeu respeitar se tornem um empecilho para a administração da justiça. Em ambos os casos, o soberano pode deixar de cumprir seu juramento. Se a manutenção da ordem e da paz social, que é a razão de ser da promessa do soberano em respeitar as leis e os costumes do reino, estiver comprometida, a obrigação do novo monarca cessa e ele pode anular essas normas, mesmo depois de ter jurado respeitá-las.[26]

Na *República*, fica evidente que o juramento do soberano deixa de ser, como pode parecer no *Método*, um sacramento que garante o pacto entre monarca e súditos diante de Deus, para se tornar muito mais uma obrigação política, cujo respeito segue critérios exclusivamente políticos. O cumprimento dos juramentos realizados depende em última instância da manutenção da justiça, materializada na noção de bem público.

As leis de Deus e da natureza também proíbem o soberano de se apossar dos bens de seus súditos: "Se o príncipe soberano não tem poder de infringir as leis naturais, postas por Deus, do qual ele é imagem, não poderá também tomar o bem de outrem, sem uma causa que seja justa e razoável" (I, 8, p. 222).

No *Método*, Bodin combate veementemente a tese de Jason de Mayno, um dos conselheiros de Luís XII, segundo a qual o rei era o detentor de todos os direitos, inclusive o de se apossar das propriedades de seus súditos, já que era o legítimo proprietário de todas as coisas do reino. Utilizando o argumento de Sêneca de que o poder público pertence aos reis e a propriedade, aos particulares,[27] repudia essa ideia, considerando-a uma das mais perniciosas à República.[28] Alguns glosadores e bartolistas já haviam traçado uma clara distinção entre a propriedade privada dos súditos (*proprietas*) e o poder de julgar e de dizer o direito (*jurisdictio*) do imperador, que era senhor (*dominus*) somente no que se referia a proteção e jurisdição, não incluindo aí os bens de seus governados. Bodin parece retomar essa distinção, aplicando-a a sua teoria, ao sustentar que a soberania não implica a posse dos bens dos súditos.

26. Cf. Bodin, *República* I, 8, p. 194.
27. Cf. Sêneca, *De Beneficiis* VII, 4.
28. Cf. Bodin, *Método* VI, pp. 337B-338A.

Na *República*, ao comentar como os príncipes estão sujeitos às leis divinas e naturais, reafirma que elas proíbem ao soberano atentar contra a propriedade de seus súditos: "Não se pode isentar nem o papa nem o imperador, como fazem aqueles aduladores que defendem o direito papal e imperial de tomar os bens de seus súditos sem uma causa; vários doutores e mesmo alguns canonistas abominam essa opinião, considerando-a contrária à lei de Deus. Ela não pode estar sustentada no poder absoluto; melhor seria fundamentá-la na força e nas armas, que é o direito do mais forte e dos ladrões, visto que o poder absoluto não é outra coisa senão a derrogação das leis civis, como já foi demonstrado, e que não pode atentar às leis de Deus, que anunciou por meio de suas leis que não é lícito, tomar, nem mesmo cobiçar o bem do outro" (I, 8, p. 221).

Qualquer intervenção, sem justa causa, na propriedade privada, seja na forma de confisco, seja por meio do aumento de impostos, é considerada indevida, uma vez que ultrapassa os limites de ação do poder público. A propriedade privada é natural e não se pode atentar contra ela sem violar a lei da natureza. Isso inclui instituir ou aumentar os impostos.[29] Impor ou isentar os súditos de taxas e contribuições é um dos direitos da soberania, compreendido naquele mais importante e abrangente que é o de legislar. Afinal, as leis fiscais, como todas as leis positivas, dependem da vontade do poder soberano. Bodin reconhece três tipos de impostos: os extraordinários, os ordinários e os que combinam estes dois tipos, chamado de casuais. Comenta como é detestável e deve ser evitado o procedimento de transformar taxas extraordinárias em ordinárias, devendo o soberano eliminá-las a partir do momento em que a causa que as originou cessar. Lembra ainda que não se encontra causa mais frequente de sedições e ruínas do estado da República que a imposição de taxas e impostos excessivos.[30]

O poder de tributar os súditos, no entanto, não pode ser exercido de maneira discricionária. Se os impostos são um dos meios de que o soberano dispõe para custear as despesas da República,[31] argumenta Bodin, eles só devem ser instituídos quando os outros meios – a renda proveniente do uso do domínio da República; os recursos provenientes das conquistas sobre os inimigos; as doações dos súditos; as pensões pagas pelos aliados; as taxas sobre alguns serviços públicos e sobre o

---

29. Cf. Bodin, *República* I, 8, p. 201.
30. Cf. Bodin, *República* VI, 2, pp. 67-73.
31. Cf. Olivier-Martin, Fr. *Histoire du Droit Français*, pp. 574-604; A. Guery, "*Le Roi Dépenseur: le Don, la Contrainte et l'Origine du Système Financier de la Monarchie Française d'Ancien Régime*", pp. 259-286.

comércio – forem insuficientes ou houver grande necessidade.[32] Mesmo nessas circunstâncias, a criação de impostos depende do consentimento dos súditos, representados pelos Estados Gerais.

Contudo, quando estiver diante de uma situação de exceção, o soberano pode decidir, para a salvação da República, sem tal consentimento. O confisco da propriedade é justificado em casos de extrema urgência, quando há um perigo comprovado que coloque em risco a existência da República. Em tais casos, como na justificativa para o descumprimento dos contratos, o público deve ter prioridade sobre os interesses particulares e o soberano, como legítimo representante e defensor do bem público, não necessita da autorização dos seus súditos para utilizar o patrimônio deles: "Com exceção das causas que tratei, o príncipe não pode tomar nem doar o bem de outro, sem consentimento do seu proprietário; e em todos os dons, graças, privilégios e atos do príncipe sempre deve constar a cláusula 'salvo o direito de outrem', que deve ser subentendida, quando não estiver expressa" (I, 8, p. 223).

Assim, parece difícil sustentar que as leis de Deus e da natureza são apenas freios morais que pesam sobre a consciência do soberano. Elas representam, na verdade, limites bem concretos à ação do soberano, cujo poder absoluto está nitidamente restrito ao âmbito das leis civis.

Outros comentadores da teoria bodiniana procuram mostrar que a sua incoerência se dá apenas na *República*, uma vez que a soberania não é definida, no *Método*, como um poder incondicionado e ilimitado. Bem mais próxima da prática medieval da monarquia francesa, na qual o rei se submetia às leis do reino e governava com o consentimento dos súditos, representados nas diversas assembleias consultivas e deliberativas, nesse primeiro texto, Bodin mantém a tradicional noção de um poder intrinsecamente limitado, exercido dentro de um sistema normativo predeterminado. Na *República*, no entanto, os freios desaparecem e a vontade do soberano é apresentada como livre de obrigações, superior a todas as outras e da qual provém de maneira exclusiva a ordem legal. Mudança que só pode ser compreendida como uma reação ao radicalismo de alguns escritos huguenotes que pregavam a revolta armada contra o poder real,[33] ou como uma necessidade de fortalecer o poder real.[34]

---

32. Cf. Bodin, *República* VI, 2, pp. 35-62.
33. Cf. Franklin, *Jean Bodin and the Rise of Absolutist Theory*, pp. 23-53; "Bodin and the End of Medieval Constitutionalism", pp. 151-166.
34. Cf. J. Salmon, "Bodin and the monarchomachs", pp. 359-378.

De fato, no *Método*, depois de distinguir o rei do tirano em exercício, Bodin faz uma distinção entre os monarcas que não se submetem às leis civis e os que as respeitam.³⁵ No primeiro gênero, inclui os antigos reis que governavam unicamente baseados em sua vontade, quando não havia ainda sistemas jurídicos constituídos, exercendo seu poder sem a interferência de qualquer regra. Fazendo parte do segundo gênero, o mais elogiado, relaciona os monarcas cristãos que, ao serem coroados, juram solenemente governar conforme a justiça, respeitando as leis da República. A partir do exemplo de Roma, onde o povo, detentor da soberania, jurava sujeitar-se à lei que havia promulgado, Bodin sustenta que não existem razões para o soberano desrespeitar as leis que ordenou. Chega até mesmo a lamentar que muitos monarcas – como os da Turquia, da Pérsia, da Inglaterra e o próprio pontífice romano – não reconheçam o valor de ter seu poder exercido dentro de uma ordem legal.³⁶ Embora esta seja considerada a maneira mais apropriada para exercer o poder soberano, ela não é concebida como a única. Submeter-se ou não às leis que promulga não altera a essência do poder do soberano, que não depende do modo como é exercido. As duas formas de exercer a soberania são avaliadas como legítimas, e a decisão de respeitar as leis civis ficaria exclusivamente na dependência da vontade do soberano. A possível submissão do soberano às leis civis não está dessa maneira fundamentada numa obrigação legal, uma vez que seu poder não pode sofrer restrições jurídicas. No âmbito civil, seu poder é totalmente autônomo e não está sujeito a regras alheias à sua vontade.

Assim, tanto no *Método* quanto na *República* a soberania é definida como um poder ilimitado e incondicional, que dá a seu detentor o direito exclusivo de legislar e, portanto, de estar acima das leis civis. Dentro do âmbito civil, o poder do soberano é descrito como absoluto. Se existe mudança, é apenas de tom, na medida em que na *República* é enfatizado esse caráter absoluto, a completa liberdade do soberano diante da lei positiva, talvez como resposta aos panfletos huguenotes, mas também como princípio fundamental de uma teoria que sustenta a necessidade da presença desse poder soberano para a existência da República.

Outros intérpretes procuram demonstrar que a suposta incoerência da teoria bodiniana em impor limites ao poder soberano resulta da tentativa de conciliar duas concepções antitéticas de lei: a primeira, característica do período medieval, segundo a qual a lei tem uma origem,

---

35. Cf. Bodin, *Método* VI, pp. 375B-378B.
36. Cf. Bodin, *Método* VI, pp. 375B-377A.

um conteúdo e uma sanção distintos da vontade do governante; a outra, que irá marcar a modernidade, segundo a qual a lei é a expressão da vontade do governante.[37] Se a teoria bodiniana inova, ao colocar o comando do detentor da soberania na origem da lei civil, dando-lhe a força necessária para se impor como norma obrigatória e constrangedora na sociedade política, ela não rompe com a tradicional ideia de que o poder político deveria estar submetido a outras regras, consideradas superiores, estranhas à sua vontade.[38]

Mas Bodin define claramente lei como a ordem ou a sanção do detentor do supremo poder. Em nenhum momento, a origem, o conteúdo ou a sanção da lei civil aparecem desvinculados da decisão do soberano. A lei civil é sempre apresentada como um ato unilateral, que tem como fundamento a pura e livre vontade do soberano.

Outros comentadores afirmam ainda que a contradição é consequência apenas do uso equivocado da palavra lei na descrição dos limites do poder do soberano. Eles argumentam que, ao tê-la empregado para definir o comando do detentor da soberania no que se refere aos negócios públicos, Bodin não poderia utilizá-la para expressar os limites aos quais o soberano está submetido, já que eles não são estabelecidos propriamente por meio de leis e sim de princípios que norteiam a sua ação. Sendo desprovidos de sanção, no âmbito civil, deveriam então ter sido denominados pela palavra direito, mais apropriada, já que representam princípios de equidade.[39]

Contudo, se Bodin chega a utilizar em alguns momentos a expressão direito divino e natural, a palavra lei parece ser bem empregada para designar os limites de ação do soberano, uma vez que as leis divinas e naturais são a expressão de uma vontade, representam o comando de Deus, e as leis fundamentais da República podem ser consideradas manifestação da vontade da sociedade política, expressa pelos usos e costumes consagrados ao longo do tempo.

Mas como o soberano pode estar submetido às leis fundamentais, que provêm de normas costumeiras? Se a lei civil pode anular ou cor-

---

37. Sobre a concepção medieval de lei, ver K. Pennington, *Law*, pp. 424-476; F. Oakley, *Théories Médiévales de la Loi Naturelle*, pp. 131-149. Sobre a passagem dessa perspectiva para a concepção moderna, ver M. Bastit, *Naissance de la loi moderne*, pp. 171-359.

38. Cf. M. Shepard, *Sovereignty at the Crossroads: a Study of Jean Bodin*, pp. 585-590.

39. Cf. W. Dunning, *A History of Political Theories from Luther to Montesquieu*, pp. 96-103.

rigir os costumes, por que o soberano não pode ultrapassar os limites impostos por essas normas, uma vez que elas dependem justamente de sua autorização para se efetivar? A razão apontada por Bodin é que tais normas, embora de origem costumeira, definem e constituem o próprio poder do soberano. O exemplo da lei Sálica é bastante esclarecedor. Embora originalmente não tratasse da sucessão real, ela passou, no decorrer do período medieval, a ser evocada como uma norma de direito público, que impunha determinadas regras no processo sucessório. Essas regras, cuja origem se perdeu no tempo, pelo uso e pela constância, ganharam eficácia e respeito, tornando-se independentes da vontade real, à qual não competia mais determinar como e a quem deveria ser transmitida a Coroa.

Bodin parece ter consciência de uma ordem jurídica que é anterior e superior ao soberano. Ele parece reconhecer que a continuidade do poder político necessita que algumas regras, independentes da vontade do soberano, permaneçam ao longo do tempo. A lei Sálica é considerada irrevogável porque concede ao reino a necessária estabilidade, assegura a legítima continuidade do poder, possibilitando a diferenciação entre o autêntico soberano e o usurpador. Ao comentar sobre a autoridade que o monarca francês recebe na cerimônia de coroação, enfatiza que esse poder não é conferido por herança paterna, mas em virtude da lei do reino.[40]

Os limites apontados por Bodin podem ser entendidos como uma espécie de delimitação das fronteiras dentro das quais o poder soberano deve ser exercido, para ser considerado legítimo. No cumprimento de sua função, que é dirigir a coisa pública, ele não necessita ultrapassar tais fronteiras. Se ultrapassá-las, quando não há um perigo eminente que coloque em risco a salvação da República, a sua ação deixa de ser legítima para se sustentar na força: "Se o súdito de um senhor particular ou justiceiro não está obrigado em termos de direito, se o senhor ou o magistrado ultrapassar os limites do seu território ou o poder que lhe foi dado, mesmo que a ordem seja justa e honesta, como um magistrado pode estar obrigado a cumprir os mandamentos de um príncipe em coisas injustas e desonestas? Pois nesses casos o príncipe transpôs e violou os limites sagrados da lei de Deus e da natureza" (III, 4, p. 97).

Portanto, o exercício do poder soberano tem uma área bem demarcada: o direito positivo. Dentro dela, o soberano é realmente absoluto, uma vez que cria, corrigi, altera e anula as leis civis de acordo unica-

40. Cf. Bodin, *República* I, 8, p. 227.

mente com a sua vontade. Ele é totalmente livre para agir no interior dessa esfera. Fora dela, o seu poder torna-se arbitrário, sem justificativas para atuar. Assim parece ser possível entender como o poder soberano é definido como incondicional, independente e ilimitado, tendo limites bem demarcados – as leis divinas e naturais, as leis fundamentais da República – dentro dos quais deve ser exercido. Interpretada dessa maneira a teoria bodiniana ganha consistência e coerência.

A partir da obra de Bodin, a soberania tornou-se uma referência obrigatória nas teorias políticas, uma noção ordenadora a partir da qual foram debatidas as principais questões jurídicas e políticas, na modernidade. Ela passou a ser utilizada para diferenciar o Estado, no âmbito interno, de outras formas de associação que não dispunham desse poder e para identificá-lo como o único centro das decisões políticas, uma vez que detinha a exclusividade de criar e fazer cumprir a lei; no âmbito externo, para marcar sua independência em relação às potências estrangeiras, já que possuía um poder livre de qualquer interferência e um ordenamento jurídico próprio, estabelecido a partir de sua própria determinação.

Muitos autores, no entanto, têm apontado a dificuldade de empregar essa noção nas condições atuais, argumentando que a interdependência econômica, jurídica, social e cultural em que se encontram os Estados, fenômeno que tem sido denominado globalização, os impede de se apresentar como centros únicos e autônomos de poder, sujeitos determinantes da vida política. Diversos fatores – como a interligação crescente dos mercados financeiros, que possibilita a intensa e frenética transferência de fluxos de capitais e coloca em xeque a capacidade dos Estados de controlar políticas cambiais e fiscais; a atuação de empresas transnacionais, detentoras de um poder de decisão que não está submetido ao poder estatal, e cujos interesses particulares chegam a fixar de maneira decisiva os rumos de políticas públicas; a ação de organizações não governamentais (ONGs) internacionais que, em defesa dos interesses de uma espécie de sociedade civil internacional, afeta diretamente as decisões políticas; a intervenção de autoridades supranacionais nos campos militar, jurídico e econômico impedem os Estados atuais de exercer sua soberania, obrigando-os a ceder competências que até então eram definidas como essenciais ao seu poder.

Mas, antes de abandonar, completa ou parcialmente, a noção de soberania, rever sua formulação inicial, na tentativa de compreender as razões de seu surgimento e a maneira como foi empregada na definição e legitimação do poder estatal, pode nos fornecer importantes elementos para o debate político contemporâneo. Quando se discute, cada vez com mais frequência, se os Estados nacionais ainda podem ser considerados soberanos, capazes de determinar de maneira autônoma, a natureza de suas políticas internas e externas, resgatar a teoria bodiniana da soberania parece ser indispensável, não apenas por ter sido referência fundamental para os pensadores políticos modernos construírem suas teorias do Estado, mas também porque pode nos auxiliar a pensar novas formas de organização política.

Bibliografia

BARROS, A. R. *A Teoria da Soberania de Jean Bodin*. São Paulo, Unimarco/ FAPESP, 2001.

_____. "O Conceito de Soberania no *Methodus* de Jean Bodin", *Revista Discurso*, n. 27, 1996, pp. 139-156.

_____. "Estado e Governo em Jean Bodin", *Revista Brasileira de Ciências Sociais*, n. 27, 1995, pp.129-137.

_____. "A República para Bodin", *Revista Brasileira de Estudos Políticos*, n. 77, 1993, pp. 73-90.

BARTELSON, J. *A Genealogy of Sovereignty*. Cambridge, Cambridge University Press, 1995.

BASTIT, M. *Naissance de la Loi Moderne*. Paris, PUF, 1990.

BODIN, J. *Oratio de instituenda in Republica iuuventute ad Senatum Populumque Tolosatem*. In *Oeuvres Philosophiques de Jean Bodin*. Paris, PUF, 1951, pp. 7A-30B.

_____. *Methodus ad facilem historiarum cognitionem* (*Méthode pour la Connaissance Facile de l'Histoire*. Trad. de Pierre Mesnard). In *Oeuvres Philosophiques de Jean Bodin*. Paris, PUF, 1951, pp. 99A-271B; trad. pp. 273A-473B.

_____. *Les Six Livres de la République*. 6 vols. Paris, Fayard, 1986.

_____. *Recueil Journalier de tout qui s'est négocié en la Compagnie du Tiers Estat de France, en l'Assemblée generalle des trois États assignez par le Roy en la Ville de Blois au 15 novembre 1576*. Paris, Bibliothèque Nationale (microfilme n. 23.860).

_____. *Iuris universi distribution*. In *Oeuvres Philosophiques de Jean Bodin*. Paris, PUF, 1951, pp. 71A-80B.

BRANCOURT, J. "Des Estats à l'État: Evolution d'un Mot", *Archives de Philosophie du Droit*, t. XXI, 1976, pp. 39-54.

BUDE, G. *L'Institution du Prince*. Paris, PUF, 1965.

CHANTEUR, J. "L'Idée de Loi Naturelle dans la République de Jean Bodin", *Actes du Colloque International Jean Bodin*. München, 1973, pp. 195-212.

COOK, T. *History of Political Philosophy*. New York, Prentice-Hall, 1937.

DUNNING, W. "Jean Bodin on Sovereignty", *Political Science Quarterly*, n. 11, 1896, pp. 82-104.

_____. *A History of Political Theories from Luther to Montesquieu*. New York, Macmillan Company, 1949.

FRANKLIN, J. *Jean Bodin and the Rise of Absolutist Theory*. Cambridge, University Press, 1973.

_____. "Jean Bodin and the End of Medieval Constitutionalism", *Actes du Colloque International Jean Bodin*. München, 1973, pp. 151-166.

GEORGANTAS, M. *De la Notion de Souveraineté et de son Évolution*. Lausanne, Imprimeries Reunies, 1921.

GUÉRY, Alain. "Le Roi Dépensier: le Don, la Contrainte, et l'Origine du Système Financier de la Monarchie Française d'Ancien Régime", *Les Monarchies*. Paris, PUF, 1986, pp. 259-286.

HINSLEY, F. *El Concepto de Soberanía*. Barcelona, Labor, 1972.

INGBER, L. "Jean Bodin et le Droit Natural", *Jean Bodin: Actes du Colloque Interdisciplinaire d'Angers*. Angers, Presses de l'Université d'Angers, 1985, pp. 279-302.

KANTOROWICZ, E. "Inalienability: a Note on Canonical Practice and English Coronation Oath in the Thirteenth Century", *Speculum*, n. 29, 1954, pp. 488-502.

_____. *Os Dois Corpos do Rei: um Estudo sobre Teologia Política Medieval*. São Paulo, Companhia das Letras, 1998.

KRITSCH, R. *Soberania: a Construção de um Conceito*. Coleção Documentos, São Paulo, IEA, 1997.

LEON, P. "*L'Évolution de l'Idée de la Souveraineté avant Rousseau*", *Archives de Philosophie du Droit et de Sociologie Juridique*, ns. 3-4, 1937, pp. 152-185.

MIQUEL, P. *Les Guerres de Religion*. Paris, Fayard, 1980.

OAKLEY, F. "Théories Médiévales de la Loi Naturelle", *Droits*, n. XI, 1990, pp. 131-149.

OLIVER-MARTIN, J. *Histoire du Droit Français: des Origines à la Révolution*. Paris, CNRS, 1984.

PENNINGTON, K. *Law*. In BURNS, J. *The Cambridge History of Medieval Political Thought, 350-1450*. Cambridge, Cambridge University Press, 1988.

RIGAUDIERE, A. "Loi et État dans la France du Bas Moyen Age", *L'État Moderne: le Droit, l'Espace et les Formes de l'État*. Paris, CNRS, 1990, pp. 33-59.

SABINE, G. *História das Teorias Políticas*, vol. I. São Paulo, Fundo de Cultura, 1964.

SALMON, J. "Bodin and the Monarchomachs", *Actes du Colloque International Jean Bodin*. München, 1973, pp. 359-378.

SHEPHARD, M. "Sovereignty at the Crossroads: a Study of Jean Bodin", *Political Science Quarterly*, n. 45, 1930, pp. 580-603.

TOUCHARD, J. *História das Ideias Políticas*, vol. 3. Lisboa, Europa-América, 1970.

YARDENI, M. *La Conscience Nationale en France pendant les Guerres de Religion*. Louvain, Éditions Nauwefaerts, 1971.

Capítulo V
ESPINOSA: PODER E LIBERDADE

MARILENA CHAUÍ

1. A tradição. 2. A ontologia do necessário e a identidade entre liberdade e necessidade. 3. O ser humano como parte da Natureza e o "conatus" como direito/poder. 4. A experiência política.

1. A tradição

A tradição teológico-metafísica estabelecera um conjunto de distinções com que pretendia separar liberdade e necessidade. Dizia-se que é "por natureza" o que acontece "por necessidade" e, ao contrário, que é "por vontade" o que acontece "por liberdade". Identificando o natural e o necessário, de um lado, e o voluntário e o livre, de outro, a tradição fora levada a afirmar que Deus, sendo onipotente e onisciente, não pode agir por necessidade, mas somente por liberdade e, portanto, somente por vontade. Isto não significava que a ação voluntária não possuísse causa e sim que a causa da ação livre era distinta da causa dos acontecimentos necessários. A causalidade por necessidade era a causalidade eficiente, na qual o efeito é necessariamente produzido pela causa. Em contrapartida, a causalidade por liberdade era a causalidade final, em que o agente opera escolhendo o fim. Dessa maneira, a necessidade natural era explicada como operação da causa eficiente, enquanto a liberdade divina e humana era explicada como operação da causa final. Por isso mesmo, a ação voluntária era tida como ação inteligente e consciente, enquanto a operação natural ou necessária era tida como operação cega e bruta, um automatismo irracional.

Identificando liberdade e escolha voluntária e imaginando os objetos da escolha como *contingentes* (isto é, como podendo ser ou não ser, ser estes ou outros), a tradição teológico-metafísica afirmara que o mundo existe simplesmente porque Deus assim o quis ou porque Sua vontade assim decidiu e escolheu, e poderia não existir ou ser diferente do que é, se Deus assim houvesse escolhido.

Se o mundo é contingente, porque fruto de uma escolha contingente de Deus, então as leis da Natureza e as verdades (como as da matemática) são, em si mesmas, contingentes, só se tornando necessárias por um decreto de Deus, que as conserva imutáveis. Assim, a necessidade (isto é, o que só pode ser exatamente tal como é, sendo impossível que seja diferente do que é) identifica-se com o ato divino de decretar leis, ou seja, a necessidade nada mais é senão a autoridade de Deus, que decide arbitrariamente que, enquanto assim o desejar, 2 e 2 serão 4, a soma dos ângulos de um triângulo será igual a dois ângulos retos, os corpos pesados cairão, os astros girarão elipticamente nos céus etc. Por Sua Providência, Deus pode fazer com que tais coisas sejam sempre da mesma maneira – necessárias para nós, mas contingentes em si mesmas –, como também pode manifestar a onipotência de Sua liberdade fazendo-as sofrer alterações, como no caso dos milagres. Compreende-se, então, porque tradicionalmente liberdade e necessidade foram consideradas opostas e contrárias, pois a primeira é imaginada como escolha contingente de alternativas também contingentes, e a segunda como decreto de uma autoridade absoluta.

Esse conjunto de distinções tradicionais teve um papel decisivo na fundamentação das teorias da monarquia por direito divino (ou por graça divina) e nas teorias jusnaturalistas.

A teoria da monarquia absoluta por direito divino é teocrática: o rei é soberano pela vontade de Deus (ou pela graça divina) de quem recebe não só o poder, mas também as marcas que o tornam semelhantes ao monarca celeste. Este é uma pessoa transcendente ao universo, dotado de inteligência onisciente e de vontade onipotente, criador do mundo a partir do nada, simplesmente por um ato contingente de sua vontade que assim o quis. Da mesma maneira, o monarca terrestre, escolhido contingentemente pela vontade divina, é aquela pessoa situada fora e acima da sociedade e cuja vontade tem força de lei e que, estando acima da lei, não pode ser julgado por ninguém.

Na tradição jusnaturalista, o vínculo entre direito natural e vontade livre se desdobra em duas direções. A primeira é a do *direito natural objetivo*, segundo a qual a vontade de Deus cria a Natureza como ordem jurídica originária, decretando uma justiça originária que autoriza certas ações e interdita outras (por isso o pecado original de Adão é uma transgressão jurídica que fere o direito natural), de sorte que nascemos com o sentimento natural do justo e do injusto. Há, portanto, uma ordem jurídica natural que antecede a ordem positiva, isto é, a ordem jurídico-política cuja qualidade ou perfeição é avaliada por sua proximidade ou distância da ordem natural; o "bom regime" e o "regime político corrupto" são avaliações determinadas pelo conhecimento da boa ordem natural jurídica. A segunda é a do *direito natural subjetivo*, segundo a qual a razão e a vontade distinguem o homem das meras coisas e o fazem ser uma pessoa cujo direito natural é "o ditado da razão", que lhe ensina quais os atos são conformes e quais são contrários à sua natureza racional. Agora, é a ideia de uma natureza humana universal que serve de critério para avaliar se a ordem política está ou não conforme a Natureza, isto é, conforme a natureza racional dos homens. A teoria do direito natural objetivo tem seu fundamento na razão divina, enquanto a teoria do direito natural subjetivo funda-se na natureza racional do homem. Em outras palavras, ao voluntarismo das teorias teocráticas do favor ou graça divinos, que sustentam a teoria da monarquia por direito divino, contrapõe-se o racionalismo jurídico jusnaturalista.

Se o fundamento último das teorias absolutistas é a imagem de Deus como vontade transcendente que age contingentemente e por um favor incompreensível escolhe o governante, em contrapartida, o fundamento da teoria do direito objetivo é a transcendência da Natureza, que cria uma ordem jurídica anterior à ordem política, e o fundamento da teoria do direito natural subjetivo é a transcendência da Razão, que define o homem como animal racional livre ou como vontade livre guiada pela razão, capaz de escolher entre o bem e o mal. Essa escolha é contingente porque um ato só é voluntário se for uma escolha incondicionada ou indeterminada, e é somente a razão que pode e deve guiar uma escolha para que seja naturalmente boa ou a melhor. É por um ditado da razão que os homens decidem pactuar e instituir o Estado.

A filosofia espinosana é a demolição do edifício filosófico-político erguido sobre o fundamento da transcendência de Deus, da Natureza e da Razão, voltando-se também contra o voluntarismo finalista que sustenta o imaginário da contingência nas ações divinas, naturais e humanas. A filosofia de Espinosa demonstra que a imagem de Deus como intelecto e vontade livre e a do homem como animal racional e livre-arbítrio, agindo segundo fins são imagens nascidas do desconhecimento das verdadeiras causas e ações de todas as coisas. Essas noções formam um sistema de crenças e de preconceitos gerado pelo medo e pela esperança, sentimentos que dão origem à superstição, alimentando-a com a religião e conservando-a com a teologia, de um lado, e o moralismo normativo dos filósofos, de outro.

2. A ontologia do necessário e a identidade entre liberdade e necessidade

Como já observamos, a tradição teológico-metafísica, que fundamenta a tradição da filosofia política, ergueu-se sobre uma imagem de Deus, forjando a divindade como pessoa transcendente (isto é, separada do mundo), dotada de vontade onipotente e entendimento onisciente, eterna (a eternidade imaginada como tempo sem começo e sem fim), criadora de todas as coisas a partir do nada (confundindo Deus e a ação dos artífices e artesãos), legisladora e monarca do universo, que pode, à maneira de um príncipe que governa segundo seu bel-prazer, suspender as leis naturais por atos extraordinários de sua vontade (os milagres) e que pune ou recompensa o homem, criado por Ele à Sua imagem e semelhança, dotado de livre-arbítrio e destinatário preferencial de toda a obra divina da criação. Essa imagem faz de Deus um super-homem que cria e governa todos os seres de acordo com os desígnios ocultos de Sua vontade, a qual opera segundo fins inalcançáveis por nosso entendimento. Incompreensível, Deus se apresenta com qualidades humanas superlativas: bom, justo, misericordioso, colérico, amoroso, vingador. Ininteligível, oferece-se por meio de imagens da Natureza, tida como artefato divino ou criatura harmoniosa, bela, boa, destinada a suprir todas as necessidades e carências humanas e regida por leis que a organizam como ordem jurídica natural.

Espinosa parte de um conceito muito preciso, o de *substância*, isto é, de um ser que existe em si e por si mesmo, que pode ser concebido em si e por si mesmo e sem o qual nada existe nem pode ser concebido. Toda substância é substância por ser causa de si mesma (causa de sua essência, de sua existência e da inteligibilidade de ambas) e, ao causar-se a si mesma, causa a existência e a essência de todos os seres do universo. Causa de si, a substância existe e age por sua própria natureza e por isso mesmo é incondicionada. Ela é o absoluto. Ou, como demonstra Espinosa, é o ser absolutamente infinito, pois o infinito não é o sem começo e sem fim (mero infinito negativo) e sim o que causa a si mesmo e produz a si mesmo incondicionadamente (infinito positivo).

Causa de si inteligível em si e por si mesma, a essência da substância absoluta é constituída por infinitos atributos infinitos em seu gênero, isto é, por infinitas qualidades infinitas, sendo por isso uma essência infinitamente complexa e internamente diferenciada em infinitas qualidades infinitas. Existente em si e por si, essência absolutamente complexa, a substância absoluta é potência absoluta de autoprodução e de produção de todas as coisas. A existência e a essência da substância são idênticas à sua potência ou força infinita para existir em si e por si, para ser internamente complexa e para fazer existir todas as coisas. A identidade da existência, da essência e da potência substanciais é o que chamamos de eternidade: eterno, escreve Espinosa, é o ser no qual a essência, a existência e a potência são idênticas. A eternidade, portanto, não é um tempo sem começo e sem fim (mera eternidade negativa) e sim a identidade do ser e do agir (eternidade positiva que nada tem a ver com o tempo).

Ora, se uma substância é o que existe por si e em si pela força de sua própria potência a qual é idêntica à sua essência, e se esta é a complexidade infinita de infinitas qualidades infinitas, torna-se evidente que só pode haver uma única substância, caso contrário, teríamos que admitir um ser infinito limitado por outro ser infinito, o que é absurdo. Há, portanto, uma única e mesma substância absolutamente infinita constituindo o universo inteiro, e essa substância é eterna porque nela ser e agir são uma só e mesma coisa. *Essa substância é Deus.*

Ao causar-se a si mesmo, fazendo existir sua própria essência, Deus faz existir todas as coisas singulares que O exprimem porque são efeitos de Sua potência infinita. Em outras palavras, a existência da substância absolutamente infinita é, simultaneamente, a existência de tudo o que sua potência gera e produz, visto que, demonstra Espinosa, no mesmo ato pelo qual Deus é causa de si, Ele é também a causa de todas as coisas. Conclui-se, portanto, que não houve nem poderia haver criação do mundo. O mundo é eterno porque exprime a causalidade eterna de Deus, ainda que nele as coisas tenham duração, surgindo e desaparecendo sem cessar, ou melhor, passando incessantemente de uma forma a outra.

Deus, demonstra Espinosa, não é causa eficiente transitiva de todas as coisas ou de todos os seus modos, isto é, não é uma causa que se separa dos efeitos após havê-los produzido, mas é *causa eficiente imanente* de seus modos, não se separa deles, e sim exprime-se neles e eles O exprimem.

Há, assim, duas maneiras de ser e de existir: a da substância e seus atributos (existência em si e por si) e a dos efeitos imanentes à substância (existência em outro e por outro). A esta segunda maneira de existir, Espinosa dá o nome de *modos da substância*. Os modos ou modificações são efeitos imanentes necessários produzidos pela potência dos atributos divinos. À substância e seus atributos, enquanto atividade infinita que produz a totalidade do real, Espinosa dá o nome de *Natureza Naturante*. À totalidade dos modos produzidos pelos atributos, designa com o nome de *Natureza Naturada*. Graças à causalidade imanente, a totalidade constituída pela Natureza Naturante e pela Natureza Naturada é a unidade eterna e infinita cujo nome é Deus. A imanência está concentrada na expressão célebre: *Deus sive Natura*. Deus, ou seja, a Natureza.

Da imanência decorre que a potência ou o poder de Deus não é senão a potência ou o poder da Natureza inteira. A ordem natural não é uma ordem jurídica decretada por Deus, e sim a conexão necessária de causas e efeitos produzidos pela potência imanente da substância. Assim, o que chamamos de "leis da Natureza" não são decretos divinos, mas expressões determinadas da potência absoluta da substância. Nada nos impede, diz Espinosa no *Tratado Teológico-Político* (*TTP*), de chamarmos essas leis naturais de leis divinas naturais ou direito da Natureza, desde que compreendamos que as leis naturais são leis divinas porque nada mais são senão a potência da potência da substância. Se são elas o direito de Natureza, então é preciso concluir que *direito e potência são idênticos*, ou, como escreve Espinosa, *jus sive potentia*, "direito, ou seja, poder".

Dos infinitos atributos infinitos da substância absoluta, conhecemos dois: o Pensamento e a Extensão. A atividade da potência do atributo Pensamento produz um modo infinito, o Intelecto de Deus ou a conexão necessária e verdadeira de todas as ideias, e produz também modificações finitas ou modos finitos, isto é, as mentes (ou o que vulgarmente se chama de almas). A atividade da potência do atributo Extensão produz um modo infinito, o Universo Material, isto é, as leis físicas da Natureza como proporções determinadas de movimento e de repouso, e produz também modificações finitas ou modos finitos, os corpos. Ideias e corpos, ou mentes e corpos são modos finitos imanentes à substância absoluta, exprimindo-a de maneira determinada, segundo a ordem e conexão necessárias que regem todos os seres do universo. Tudo o que existe, portanto, possui causa determinada e necessária para existir e ser tal como é: é da essência dos atributos causar necessariamente as essências e potências de todos os modos; é da essência dos modos infinitos encadear ordenadamente as leis causais universais que regulam a existência e as operações dos modos finitos. E todos os modos finitos, porque exprimem a potência universal da substância, são também causas que produzem efeitos necessários. Isso significa que nada há de contingente no universo.

Para tudo o que existe há uma causa necessária e tudo o que não possuir uma causa determinada não existe. Tudo o que existe, existe pela essência e potência necessárias dos atributos e modos de Deus e por isso, tudo o que existe é duplamente determinado quanto à existência e à essência, isto é, os modos finitos são determinados a existir e a ser pela atividade necessária dos atributos divinos e pela ordem e conexão necessárias de causas e efeitos na Natureza Naturada. Nada é indeterminado no universo, pois a substância se autodetermina por sua própria essência e os demais seres são determinados pela potência da substância modificada.

Assim sendo, o que são o possível e o contingente? Chamamos possível, explica Espinosa, aquilo que vemos acontecer, mas desconhecemos as causas verdadeiras e necessárias de sua produção. O possível é nossa ignorância quanto à causa de alguma coisa. Chamamos contingente, explica o filósofo, aquilo cuja natureza é tal que nos parece que tanto poderia existir como não existir, pois que desconhecemos a essência da coisa e não sabemos se deve ou não existir. O contingente é nossa ignorância quanto à essência de alguma coisa. O possível e o contingente são, pois, meramente subjetivos.

Compreende-se, então, porque, em lugar das distinções tradicionais entre "por natureza/por vontade" e "por necessidade/por liberdade", a única distinção verdadeira admitida por Espinosa é a que existe no interior da própria necessidade: necessário pela essência e necessário pela causa. Há um ser necessário por sua própria natureza ou por sua essência – Deus –, e há seres necessários pela causa – os seres singulares, efeitos imanentes da potência necessária de Deus. Necessidade e liberdade não são ideias opostas, mas concordantes e complementares, pois a liberdade não é a indeterminação que precede uma escolha contingente nem é a indeterminação dessa escolha. A liberdade é a manifestação espontânea e necessária da força ou potência interna da essência da substância (no caso de Deus) e da potência interna da essência dos modos finitos (no caso dos humanos).

Dizemos que um ser é livre quando, pela necessidade interna de sua essência e de sua potência, nele se identificam sua maneira de existir, de ser e de agir. A liberdade não é, então, escolha voluntária nem ausência de causa (ou uma ação sem causa), e a necessidade não é mandamento, lei ou decreto externos que forçariam um ser a existir e agir de maneira contrária à sua essência. Isto significa que uma política conforme a natureza humana só pode ser uma política que propicie o exercício da liberdade e, dessa maneira, possuímos, desde já, um critério seguro para avaliar os regimes políticos segundo realizem ou impeçam o exercício da liberdade.

3. O ser humano como parte da Natureza e o "conatus" como direito/poder

Tudo o que existe, exprime num modo *certo* (isto é, assim e não de outra maneira) e *determinado* (isto é, por esta conexão de causas e por nenhuma outra) a essência da substância. Visto que a essência e a potência da substância são idênticas, tudo o que existe, exprime num modo certo e determinado a potência da substância. Ora, a potência substancial é a força para produzir-se a si mesma e, simultaneamente, produzir necessariamente todas as coisas. Se estas são expressões certas e determinadas da potência substancial, então também são potências ou forças que produzem efeitos necessários. Assim sendo, as modificações finitas do ser absolutamente infinito são potências de agir ou de produzir efeitos necessários. A essa potência de agir singular e finita, Espinosa dá o nome de *conatus*, esforço de autoperseveração na existência. O ser humano é um *conatus* e é pelo *conatus* que ele é uma parte da Natureza ou uma parte da potência infinita da substância.

Para compreendermos a natureza humana como *conatus*, precisamos compreender como Espinosa concebe os seres humanos.

União de um corpo e uma mente, os seres humanos não são substâncias criadas e sim modos finitos da substância constituídos por modificações da extensão e do pensamento, isto é, são efeitos imanentes da atividade dos atributos substanciais. Ou, como demonstra Espinosa, o homem é uma parte da Natureza e exprime de maneira certa e determinada a essência e a potência dos atributos substanciais. De maneira *certa*: um ser humano é uma singularidade que possui uma forma singular e não outra e nenhuma outra. De maneira *determinada*: a forma singular de um ser humano é produzida pela ação causal necessária da Natureza Naturante (os atributos substanciais) e pelas operações necessárias dos modos infinitos dos atributos, isto é, pelas leis da Natureza Naturada (o mundo).

O que é o corpo humano? Um modo finito do atributo extensão constituído por uma diversidade e pluralidade de corpúsculos duros, moles e fluídos relacionados entre si pela harmonia e equilíbrio de suas proporções de movimento e repouso. É uma singularidade, isto é, uma unidade estruturada: não é um agregado de partes nem uma máquina de movimentos, mas um organismo, ou unidade de conjunto, e equilíbrio de ações internas interligadas de órgãos. É um *indivíduo*, pois, como explica Espinosa, quando um conjunto de partes interligadas age em conjunto e simultaneamente como uma causa única para produzir um determinado efeito, essa unidade de ação constitui uma individualidade. Sobretudo, é um indivíduo dinâmico, pois o equilíbrio interno é obtido por mudanças internas contínuas e por relações externas contínuas, formando um sistema de ações e reações centrípeto e centrífugo, de sorte que, por essência, o corpo é relacional: é constituído por relações internas entre seus órgãos, por relações externas com outros corpos e por *afecções*, isto é, pela capacidade de afetar outros corpos e ser por eles afetado sem se destruir, regenerando-se com eles e os regenerando. Um corpo é uma união de corpos (*unio corporum*) e essa união não é um ajuntamento mecânico de partes e sim a unidade dinâmica de uma ação comum dos constituintes.

O corpo, estrutura complexa de ações e reações, pressupõe a *intercorporeidade* como originária. E isso sob dois aspectos: de um lado, porque ele é, enquanto indivíduo singular, uma união de corpos; de outro, porque sua vida se realiza na coexistência com outros corpos externos. De fato, não só o corpo está exposto à ação de todos os outros corpos exteriores que o rodeiam e dos quais precisa para conservar-se, regenerar-se e transformar-se, como ele próprio é necessário à conservação, regeneração e transformação de outros corpos. Um corpo humano é tanto mais forte, mais potente, mais apto à conservação, à regeneração e à transformação, quanto mais ricas e complexas forem suas relações com outros corpos, isto é, quanto mais amplo e complexo for o sistema das afecções corporais.

O que é a mente humana? Um modo do atributo pensamento, portanto, uma força pensante ou um *ato* de pensar. Como modo do pensamento, a mente é uma *ideia* (pois os modos finitos do atributo pensamento são ideias). Mas, o que é uma ideia senão um ato de pensamento? Pensar é perceber ou imaginar, raciocinar, desejar e refletir. A mente humana é, pois, uma *atividade pensante* que se realiza como percepção ou imaginação, razão, desejo e reflexão. O que é pensar, nessas várias formas? É afirmar ou negar alguma coisa, tendo dela consciência (na percepção ou imaginação e na razão) e tendo consciência dessa consciência (na reflexão). Isto significa que a mente, como ideia ou potência pensante, *é* uma ideia que *tem* ideias (as ideias que a mente tem são os ideados, isto é, os conteúdos pensados por ela). Em outras palavras, porque é um ser pensante, a mente está natural e essencialmente voltada para os objetos que constituem os conteúdos ou as significações de suas ideias. É de sua natureza estar internamente ligada a seu objeto (ou o ideado) porque ela não é senão atividade de pensá-lo. Ora, demonstra Espinosa, o primeiro objeto que constitui a atividade pensante da mente humana é o seu corpo e por isso a mente é definida como *ideia do corpo*. E porque ela é o poder para a reflexão, a mente, consciente de ser consciente de seu corpo, é também ideia da ideia do corpo, ou seja, é ideia de si mesma, ou *ideia da ideia*. Se o corpo humano é união de corpos, a mente humana é conexão de ideias (*conexio idearum*). Em outras palavras, a união corporal e a conexão mental são as atividades que asseguram a singularidade individual.

Pela primeira vez, na história da filosofia, a mente humana deixa de ser concebida como uma substância anímica independente, uma alma meramente alojada no corpo para guiá-lo, dirigi-lo e dominá-lo. Modo finito do pensamento, atividade pensante definida como conhecimento de seu corpo e dos corpos exteriores por intermédio de seu corpo próprio (pois ela os conhece pela maneira como afetam seu corpo e pela maneira como este os afeta), e como conhecimento de si mesma, a mente humana não está alojada numa porção bruta de matéria, mas está unida ao seu objeto, ao seu corpo vivente. Isto significa que quanto mais rica e complexa for a experiência corporal (ou o sistema das afecções corporais), tanto mais rica e complexa será a experiência mental, ou seja, tanto mais a mente será capaz de perceber e compreender uma pluralidade de coisas, pois, demonstra Espinosa, nada acontece no corpo de que a mente não forme uma imagem ou uma ideia (mesmo que estas sejam confusas, parciais e mutiladas). E quanto mais rica a experiência mental, mais rica e complexa a reflexão, isto é, o conhecimento que a mente terá de si mesma. Evidentemente, o corpo não causa pensamentos na mente, nem a mente causa as ações corporais: ela percebe e interpreta o que se passa em seu corpo e em si mesma. Assim, *as afecções corporais são os afetos da mente*, seus sentimentos e suas ideias. Unidos, corpo e mente constituem um ser humano como singularidade ou individualidade complexa em relação contínua com todos os outros. A *intersubjetividade* é, portanto, originária.

Os indivíduos singulares são *conatus*, ou seja, uma força interna que unifica todas as suas operações e ações para permanecer na existência, permanência que não significa apenas permanecer em seu próprio estado (como a pedra, por exemplo), mas para regenerar-se continuamente, transformar-se e realizar-se (como os vegetais e os animais).

O *conatus*, demonstra Espinosa na Parte III da *Ética*, é a essência atual do corpo e da mente.
Que significa defini-lo como *essência atual*? Significa, em primeiro lugar, dizer que um ser humano não é a realização particular de uma essência universal ou de uma "natureza humana", mas uma singularidade individual por sua própria essência. Em segundo lugar, que o *conatus* não é uma inclinação ou uma tendência virtual ou potencial, mas uma força que está sempre em ação. Em terceiro lugar, e por consequência, significa que a essência de um ser singular é sua atividade, ou seja, as operações e ações que realiza para manter-se na existência e que essas operações e ações são logicamente anteriores à sua distinção como irracionais ou racionais, certas ou erradas, boas ou más. Em quarto lugar, e sobretudo, a afirmação de que o *conatus* é a essência atual de um ser singular nos leva a compreender que os apetites (no corpo) e as volições (na mente), que constituem os desejos humanos, não são inclinações ou tendências virtuais que se atualizariam quando encontrassem uma finalidade de realização, e sim que são os aspectos atuais do *conatus* e, por isso mesmo, são causas eficientes determinadas por outras causas eficientes e não por fins. Do *conatus* decorre, portanto, a definição espinosana da essência do homem:

"O desejo (*cupiditas*) é a própria essência do homem enquanto concebida como determinada a fazer algo, em virtude de uma afecção qualquer nela encontrada" (*Ethica*, III, Def. I das Definições dos Afetos).

Se o desejo é a essência de um homem singular *enquanto determinada a fazer algo*, isto significa não só que essa essência é uma causa que produz efeitos, mas também que *estar determinado a alguma coisa* não é sinal de ausência de liberdade, a menos que esta seja imaginada como um poder para fazer ou não fazer alguma coisa por ser um poder *indeterminado*. Como explica Espinosa:

"O homem é livre na exata medida em que tem o poder para existir e agir segundo as leis da natureza humana (...), a liberdade não se confunde com a contingência. E porque a liberdade é uma virtude ou perfeição, tudo quanto no homem decorre da impotência não pode ser imputado à liberdade. Assim, quando consideramos um homem como livre não podemos dizer que o é porque pode deixar de pensar ou porque possa preferir um mal a um bem (...). Portanto, aquele que existe e age por uma necessidade de sua própria natureza, age livremente (...). A liberdade não tira a necessidade de agir, mas a põe" (*Tratado Político* [*TP*], II, §§ 7 e 11).

Para a exposição das ideias políticas de Espinosa, convém retermos os seguintes aspectos da teoria do *conatus*:

1) um indivíduo singular é uma estrutura complexa e dinâmica de operações e ações que o conservam, regeneram e transformam, assegurando a permanência na existência e não a realização particular de uma essência universal;

2) a complexidade individual corpórea conduz a duas consequências fundamentais: em primeiro lugar, sendo o indivíduo composição de indivíduos, segue-se que a Natureza pode ser definida como um indivíduo extremamente complexo, composto de infinitos modos finitos da extensão e do pensamento, constituído por infinitas causalidades individuais, conservando-se pela conservação da proporcionalidade de seus constituintes; em segundo lugar, consequência decisiva para a política, assim como o indivíduo é *unio corporum* e *conexio idearum* e assim como a Natureza é um imenso indivíduo complexo, as *uniones corporum* e as *conexiones idearum* podem, pela ação comum, constituir um indivíduo complexo novo: a *multitudo* que, tanto no *TTP* como no *TP*, constitui o sujeito político, sem que seja preciso recorrer ao conceito de contrato;

3) se o *conatus* define uma essência singular atual, isso significa que os aspectos universais de alguma coisa não podem constituir sua essência, mas ser apenas propriedades que ela compartilha com outras. Essas propriedades universais e comuns são o que Espinosa designa com o conceito de *noção comum*, definida como aquilo que é comum às partes e ao todo e se encontra em todas elas. Sistema de relações necessárias de concordância interna e necessária entre as partes de um todo, a noção comum exprime as relações intrínsecas de concordância ou conveniência entre aqueles indivíduos que, por possuírem determinações comuns, fazem parte do mesmo todo. Assim, ser parte da Natureza significa, de um lado, ser uma essência atual ou singular que é uma potência de existir e agir; e, de outro, possuir qualidade, propriedades ou aspectos comuns com outras que participam do mesmo todo. Se, portanto, a teoria do *conatus* como individualidade complexa nos permite compreender a gênese da *multitudo* como corpo político, a teoria da noção comum nos permite compreender porque a *multitudo* de forma;

4) o *conatus* é a potência interna que define essa singularidade individual e essa potência é uma força que pode aumentar ou diminuir, dependendo da maneira como cada singularidade se relaciona com outras ao efetuar seu trabalho de autoconservação. A intensidade da força do *conatus* diminui se singularidade for afetada pelas outras de tal

maneira que se torna inteiramente dependente delas; e aumenta se a singularidade não perder independência e autonomia ao ser afetada por outras e ao afetá-las;

5) a diminuição e o aumento da força do *conatus* indicam que o desejo (*cupiditas*) pode realizar-se inadequadamente ou adequadamente. A realização é inadequada quando o *conatus* individual é apenas uma causa parcial das operações do corpo e da mente porque é determinado pela potência de causas externas que o impelem nessa ou naquela direção, dominando-o e diminuindo sua força. A realização é adequada quando o *conatus* aumenta sua força por ser a causa total e completa das ações que realiza, relacionando-se com as forças exteriores sem ser impelido, dirigido ou dominado por elas;

6) o nome da inadequação é *paixão* (a passividade diante do poderio das forças externas); o nome da adequação é *ação* (a atividade autônoma que coexiste com as forças externas sem se submeter a elas). Espinosa é enfático ao demonstrar que tanto na inadequação-paixão como na adequação-ação o *conatus* está sempre operando, de sorte que os humanos singulares se esforçam sempre para conservar-se, quer o façam passivamente, quer o façam ativamente. A causa da inadequação--paixão é a imaginação, isto é, o conhecimento das coisas por intermédio de imagens confusas, parciais e mutiladas que, mantendo-nos na ignorância das causas verdadeiras das coisas e de suas ações, nos levam a inventar explicações, cadeias causais e interpretações que não correspondem à realidade. A causa da adequação é o conhecimento racional e reflexivo, que nos levam a conhecer a gênese necessária das coisas, sua ordem e suas conexões necessárias, suas essências e seu sentido verdadeiro. Na paixão, porque o desejo está determinado pelas causas externas, os homens são contrários uns aos outros, cada qual imaginando não só que sua vida depende da posse das coisas exteriores, mas sobretudo imaginando que essa posse deve ser exclusiva, mesmo que para isso seja preciso destruir outros homens que disputam a posse de um bem. Na ação, porque o desejo é internamente autodeterminado e não depende da posse de coisas exteriores, os homens conhecem as noções comuns, isto é, reconhecem o que possuem em comum com outros, descobrem em que podem concordar e em que podem ser úteis uns aos outros, e compreendem como podem conviver em paz, segurança e liberdade.

Espinosa é um racionalista – a realidade é inteiramente inteligível e pode ser plena e totalmente conhecida pela razão humana –, mas não é um intelectualista, pois não admite que basta ter uma ideia verdadeira de alguma coisa para que isso nos leve da inadequação-paixão à adequação-ação, ou seja, para que se transforme a qualidade de nosso desejo (escreve na Parte IV da *Ética*: não desejamos uma coisa porque seja boa, nem lhe temos aversão por ser má, e sim é boa porque a desejamos e é má porque lhe temos aversão). Além disso, também não admite que passemos da paixão à ação por um domínio da mente sobre o corpo – somos passivos de corpo e mente ou somos ativos de corpo e mente, a um corpo passivo corresponde uma mente passiva e a um corpo ativo, uma mente ativa. Nem passamos da inadequação-paixão à adequação-ação por um domínio que a razão possa ter sobre o desejo, pois, como demonstra na *Ética*, uma paixão só é vencida por outra paixão mais forte e contrária e não por uma ideia verdadeira.

A passagem da inadequação-paixão à adequação-ação depende do jogo afetivo e da força do desejo. Imagens e ideias são interpretações de nossa vida corporal e mental e do mundo que nos rodeia. Ora, o que se passa em nosso corpo – as afecções – é experimentado por nós sob a forma de afetos (alegria, tristeza, amor, ódio, medo, esperança, cólera, indignação, ciúme, glória) e por isso não há imagem alguma nem ideia alguma que não possua conteúdo afetivo e não seja uma forma de desejo. São esses afetos, ou a dimensão afetivo-desejante das imagens e das ideias, que aumentam ou diminuem a intensidade do *conatus*. Isto significa que somente a mudança na qualidade do afeto pode nos levar ao conhecimento verdadeiro, e não o contrário, e é por isso que um afeto só é vencido por outro mais forte e contrário, e não por uma ideia verdadeira. Uma imagem-afeto ou uma ideia-afeto são paixão quando sua causa é uma força externa, e são ação quando sua causa somos nós mesmos, ou melhor, quando somos capazes de reconhecer que não há causa externa para o desejo, mas apenas interna. Os afetos ou desejos não possuem todos a mesma força ou intensidade: alguns são fracos ou enfraquecedores do *conatus*, enquanto outros são fortes e fortalecedores do *conatus*. São fracos todos os afetos nascidos da tristeza, pois esta é definida por Espinosa como o sentimento de que nossa potência de existir de agir diminui em decorrência de uma causa externa; são fortes os afetos nascidos da alegria, isto é, do sentimento de que nossa potência de existir e agir aumenta em decorrência de uma causa externa. Assim, o primeiro movimento de fortalecimento do *conatus* ocorre quando passa de paixões tristes a paixões alegres e é no interior das paixões alegres que, fortalecido, ele pode pode passar à ação, isto é, ao sentimento de que o aumento da potência de existir e agir depende apenas de si mesmo como causa interna. Quando o conhecimento racional e reflexivo são experimentados como uma alegria maior do que qualquer outra, essa alegria é o primeiro instante da passagem ao verdadeiro e à ação. A ética e a política transcorrem nesse espaço afetivo do *conatus-cupiditas* do qual dependem a paixão e o imaginário, de um lado, a ação e o conhecimento verdadeiro, de outro.

Conatus é o que a filosofia política espinosana designa com o conceito de *direito natural*:

"Por direito natural entendo as próprias leis ou regras da Natureza conforme às quais se fazem todas coisas, ou seja, a própria potência da Natureza. Disso segue que o direito natural de toda a Natureza e, portanto, de todo indivíduo, se estende até chegar seu poder. Por conseguinte, tudo quanto cada homem faz em virtude das leis de sua natureza, o faz com o máximo direito da Natureza, e possui tanto direito quanto possui de poder" (*TP*, II, § 4).

Deus sive natura e *jus sive potentia* são os fundamentos do pensamento político espinosano.

4. A experiência política

Do ponto de vista político, a teoria espinosana do *conatus* aponta dois problemas a serem resolvidos e, ao mesmo tempo, não só orienta a solução como também sustenta a formulação das principais ideias políticas de Espinosa.

O primeiro problema é: se o *conatus* é o desejo de autoconservação, se o direito natural é a potência individual enquanto parte da potência da Natureza inteira, se essa potência é uma liberdade natural que se estende até onde tiver força para se estender, sem que nada lhe proíba ou coíba a ação, como explicar que os homens possam viver em servidão? Mais importante ainda: se o *conatus* é desejo, como explicar que os homens desejem a servidão e a confundam com a liberdade? Assim, o primeiro problema que o pensamento político deve resolver se refere à gênese da submissão e da dominação.

No entanto, o segundo problema é exatamente o inverso do primeiro. De fato, o *conatus* da mente humana é o desejo de conhecer e sua força aumenta quando passa do conhecimento imaginativo – ou de um sistema de crenças e preconceitos sem fundamento na realidade – ao conhecimento racional das leis da Natureza e ao conhecimento reflexivo de si mesma e de seu corpo como partes da Natureza. Espinosa demonstra que um dos efeitos mais importantes da paixão é fazer com os homens sejam contrários uns aos outros porque os objetos do desejo são imaginados como posse ou propriedade de um só e cada um imagina que se fortalece se puder enfraquecer os outros e privá-los do que desejam. O estado de Natureza é essa guerra ilimitada de todos contra todos, pois é natural e necessário que cada um, buscando fortalecer seu próprio *conatus*, deseje o aumento de sua própria força e de seu próprio poder e julgue que para tanto precisa diminuir o poder dos demais. Se é assim na paixão ou na imaginação, entretanto, Espinosa demonstra que, sob a conduta da razão e na ação, os homens não se combatem uns aos outros, pois, conhecendo as noções comuns (ou as propriedades comuns às partes de um mesmo todo), sabem que é pela concordância e pela paz que cada um e todos aumentarão a força de seus *conatus* e sua própria liberdade. Em outras palavras, a razão ensina que é preciso fortalecer o que os homens possuem em comum ou o que compartilham naturalmente sem disputa, pois nisso reside o aumento da vida e da liberdade de cada um. Ora, diz Espinosa, se todos os homens fossem conduzidos pela razão, não precisariam da política para viver em paz e na liberdade.

Assim, o *conatus* parece gerar dois efeitos opostos: ou a servidão, como preço da vida em comum, ou o isolamento dos homens racionais, como preço da liberdade. No primeiro caso, a política é um fardo ameaçador; no segundo, inútil.

No entanto, essa colocação é falaciosa. Em momento algum Espinosa afirma que a política é instituída pela razão – o que faria a servidão inexplicável. Pelo contrário, considera a dominação tão natural como a liberdade, colocando como um axioma que "não existe na Natureza nenhuma coisa singular que não exista outra mais potente e mais forte do que ela. Mas dada uma coisa qualquer, é dada outra mais potente pela qual a primeira pode ser destruída" (*E*. IV, ax. 1). Nem por isso, porém, afirma que a vida política é instituída contra a razão – o que a faria inútil e mesmo perigosa para os homens racionais. Pelo contrário, não só afirma na *Ética* e no *TP* que o homem racional deseja a companhia de outros, como ainda declara que somente na vida política o homem vive uma vida propriamente humana. O que os problemas assinalados indicam, e a abertura do *TP* afirma, é que não se trata de encontrar a gênese da política na razão e sim no *conatus-cupiditas*, seja ele racional ou passional.

"Todos os homens, sejam bárbaros ou cultivados, estabelecem em toda parte costumes e se dão um estatuto civil, e não é dos ensinamentos da razão, mas da natureza comum dos homens, isto é de sua condição que se devem deduzir os fundamentos naturais do poder" (*TP*, I, § 7).

"Da natureza comum dos homens, isto é, de sua condição" devem ser deduzidos os fundamentos naturais do poder (*fundamenta naturalia imperii*). Por natureza, dizem a *Ethica*, o *TTP* e o *TP*, os homens não são contrários às lutas, ao ódio, à cólera, à inveja, à ambição ou à vingança. Nada do que lhes aconselha a *cupiditas* é contrário à sua natureza e, por natureza, "todos os homens desejam governar e nenhum deseja ser governado". Donde a questão: a experiência mostra que todos os homens, "sejam bárbaros ou cultivados", estabelecem costumes e se dão um estatuto civil e não o fazem porque a razão assim os determina, mas porque a *cupiditas* assim o deseja. Resta saber se a razão pode encontrar as causas e os fundamentos do que lhe mostra a experiência. Pode a razão determinar como e por que os homens são capazes de vida social e política?

A resposta pressupõe, em primeiro lugar, o abandono do racionalismo jurídico que caracterizava as teorias do direito natural, e, em segundo lugar, o efeito dessas teorias, isto é, a distância entre teoria e prática. De fato, o racionalismo jurídico partia da ideia de uma natureza humana racional, capaz de dominar apetites e desejos. Ora, escreve Espinosa na abertura do *TP*:

"A crermos nos filósofos, as lutas interiores causadas em nós por nossos afetos seriam prova de que os sentimentos são vícios humanos e de que neles caímos por nossa culpa. Por isso, os filósofos costumam zombar dos afetos, lamentá-los ou reprimi-los e chegam a detestá-los quando pretendem parecer homens irrepreensíveis. Acreditam-se divinos quando prodigalizam louvores a uma natureza humana que não existe em parte alguma e quando vituperam em seus discursos aquela que realmente existe. Concebem os homens não como são, mas como gostariam que fosse" (*TP*, I, § 1).

Essa imagem de uma natureza humana inexistente que seria o fundamento da política produz um efeito imediato:

"Eis porque a maioria escreve sátiras em vez de uma ética e, no que tange à política, jamais dizem algo que possa ser posto em prática, concebendo-a tanto como uma quimera quanto como uma utopia (...). De todas as ciências que podem ser aplicadas, a política, consequentemente, surge como aquela onde a teoria mais se distância da práxis. Não há homens mais incompetentes para conduzir uma República do que os teóricos, isto é, os filósofos" (*TP*, I, § 1).

A subversão espinosana não se interrompe aí. Se não é na razão que devemos buscar a origem da política, não é na moral que haveremos de encontrar a causa da estabilidade e segurança de um regime político:

"Uma Cidade cuja salvação depende da lealdade de alguns e cujos negócios, para serem bem dirigidos, exigem que seus condutores ajam lealmente, não terá qualquer estabilidade. (...) Pouco importa à segurança da Cidade o motivo interior que tenham os homens para administrar os negócios, desde que os administrem bem. De fato, a liberdade de alma ou força de ânimo é uma virtude privada. A virtude necessária à Cidade é a segurança" (*TP*, I, § 1).

Num tom que lembra Maquiavel, Espinosa afirma que a paz, a estabilidade e a liberdade políticas não dependem das virtudes morais dos governantes e sim da qualidade das instituições públicas, que os obrigam a agir em favor da Cidade e não contra ela, independentemente do fato de que sejam homens dominados pela paixão ou guiados pela razão.

Se a gênese da vida política não se encontra na vontade de Deus nem na razão e virtude dos homens, e se o direito natural é uma potência de existir e agir que desconhece o bem e o mal, o justo e injusto, onde localizar a causa do político? Essa causa é o próprio direito natural.

De fato, o *conatus* desconhece valores e, em estado de Natureza, nada proíbe que os homens sejam contrários uns aos outros, invejosos, coléricos, vingativos ou assassinos. Todavia, o *conatus* está submetido a uma lei natural e é sempre determinado por ela: a do útil. Ainda que a imaginação dos homens passionais desconheça a verdadeira utilidade (conhecida por homens racionais), o princípio da utilidade determina suas ações, uma vez que o útil não é senão o que é experimentado como auxílio à autoconservação. Em estado de Natureza, o útil gera nos homens dois reconhecimentos: em primeiro lugar, que a guerra de todos contra todos não fortalece ninguém e enfraquece a todos, pois, vivendo sob o medo recíproco, ninguém é senhor de si e livre; em segundo lugar, reconhecem que para sobreviver cada um precisa de muitas coisas que sozinho não pode conseguir, mas que as obterá na cooperação com outros. Assim, o útil ensina ao *conatus* que é bom livrar-se do medo, adquirir segurança e cooperar "a fim de que possam gozar da melhor maneira o próprio direito natural de agir e viver, sem dano para si e para os outros" (*TTP*, XVI). Ou como diz Espinosa sem moralismo, os homens passam do estado de Natureza ao Estado Civil quando descobrem que lhes é mais vantajoso trocar muitos medos por um único temor, aquele inspirado pela lei.

Se a vida política nasce para que os homens possam melhor gozar seu direito natural, isto significa não só que o direito natural é a causa da política, mas também que é uma causa eficiente imanente ao direito civil e este não pode suprimi-lo sem suprimir-se. Ora, uma das marcas mais indeléveis do direito natural é que por ele todos os homens desejam governar e nenhum deseja ser governado. Se o direito civil nasce para dar eficácia ao direito natural, então a vida política em que o direito civil melhor realiza o direito natural é aquela em que o desejo de governar e não ser governado pode concretizar-se. A forma política dessa realização é a democracia e, por isso, afastando-se da tradição da filosofia política, que sempre julgou a monarquia a primeira forma política, Espinosa afirma que a "a democracia é o mais natural dos regimes políticos" ou o *absolutum imperium*, o poder absoluto.

O direito natural é, pois, a causa eficiente imanente do direito civil e este é o direito natural coletivo ou o direito natural da *multitudo*, isto é, da massa como agente político:

"O direito da Cidade é definido pela potência da massa (*potentia multitudinis*) que é conduzida de algum modo pelo mesmo pensamento e essa união das mentes não pode ser concebida se a Cidade não visa a realizar aquilo que a razão ensina a todos os homens que é útil esperar" (*TP*, III, § 3).

Aparentemente, a instauração da Cidade é uma convenção, tanto mais que em cada Cidade os mesmos atos serão julgados de maneira diversa segundo a lei. Em outras palavras, o direito civil e os deveres civis parecem ser produtos de uma convenção arbitrária ou de uma norma convencionada entre os homens a partir de certos critérios de utilidade comum. À primeira vista, os textos espinosanos permitem essa leitura. No entanto, sabemos que Espinosa declara distinguir-se de Hobbes porque, ao contrário deste último, conserva o direito natural no interior do direito civil, o que significa que o direito civil prolonga o direito natural e que a vida política é a vida natural numa outra dimensão. Está em jogo aqui a discussão milenar acerca da fundação política como sendo determinada pela Natureza ou produzida por uma convenção – *physis* ou *nomos*. A determinação do justo e do injusto, do crime e do bem comum só ocorre depois da instauração da lei e, portanto, neste nível, tais valores não podem ser naturais. Porém, seria tomar a causa pelo efeito se disséssemos que o convencionalismo decorrente da lei define o próprio ser da lei. Esta institui o político fundando-se na natureza humana, definida como uma parte da Natureza e como potência natural ou desejo.

A questão da gênese do social e do político não é a da partilha nem a da distribuição de certos bens que para regular a igualdade ou a desigualdade naturais – esse momento regulador da partilha de bens é posterior ao advento da lei e, mais do que isto, é determinado por ela tanto assim que, por exemplo, a forma monárquica exige, como condição de conservação, a propriedade nacional do solo e dos produtos do comércio, enquanto a forma aristocrática deverá proteger a propriedade privada dos bens. A questão fundadora concerne à participação no poder e à distribuição da potência coletiva no interior da sociedade criada por ela. A potência individual é natural e a lei vem lhe dar um novo sentido ao fazê-la não mais simples parte da Natureza, mas parte de uma comunidade política. A lei determina a partilha dos bens porque determina primeiro a forma da participação no poder.

"O direito daquele que tem o poder público, isto é, a soberania, é apenas o direito natural *que não se define pela potência de cada um dos cidadãos tomados isoladamente, mas pela massa conduzida, de certa maneira, por um único pensamento*. Isto significa que o corpo e alma do Estado têm um direito *medido por sua potência*, como era o caso do direito de Natureza; cada cidadão ou súdito tem, pois, tanto menos direito quanto mais potência tiver a Cidade e, consequentemente, segundo o direito civil, nenhum cidadão pode ter ou possuir alguma coisa senão aquilo que pode reivindicar por um decreto da Cidade. Se a Cidade dá a *alguém* o direito e, *portanto*, o poder de viver segundo suas próprias disposições, ela se despoja de seu próprio direito e o transfere àquele a quem deu tal poder. Se ela dá esse poder a *duas ou a várias pessoas*, divide a Cidade e cada um daqueles que tem o poder vive segundo suas próprias disposições. Se, enfim, ela dá tal poder a *cada um dos cidadãos*, ela se autodestrói, deixa de existir e regressamos ao estado de Natureza. Tudo isto é bastante manifesto e consequentemente não se pode de modo algum conceber que a instituição da Cidade permita a cada cidadão viver segundo sua disposição: o direito natural pelo qual cada um é juiz de si mesmo desaparece necessariamente no estado civil. *Digo expressamente: a instituição da Cidade, pois o direito natural não cessa de existir no estado civil.* Tanto no estado de Natureza quanto no estado civil o homem age segundo as leis da Natureza e cuida de seus interesses, pois em cada um desses dois estados é a esperança e o medo que levam a fazer ou não fazer isto ou aquilo, e a *principal diferença* entre os dois estados está em que no estado civil todos têm os mesmos medos e esperanças e a segurança tem as mesmas causas para todos, e a regra de vida (*ratio vivendi*) é comum, o que não suprime, mas pelo contrário conserva, a faculdade de julgar de cada um. Com efeito, quem decidiu obedecer a todas as injunções da Cidade, seja porque teme sua potência, seja porque ama a tranquilidade, cuida da segurança dela e de seus interesses pessoais segundo sua própria disposição" (*TP*, III, § 2; destaques meus MC).

Esse longo texto determina a equivalência entre o direito e o poder da soberania, cada um se estendendo até onde se estender o outro. Além disto, se a potência soberana e o direito da soberania são definidos pela potência coletiva, contudo, esta não se confunde com a soma das potências individuais tomadas isoladamente, pois a potência não é tomada aritmeticamente, e sim geometricamente. Em outras palavras, a proporcionalidade define a forma do regime político porque define a forma do exercício do poder a partir da maneira pela qual a soberania é instituída e das relações que a partir dela se estabelecem entre os membros do corpo político. Em suma, a potência da soberania é medida por sua incomensurabilidade frente à simples soma dos poderes individuais. Há uma relação inversamente proporcional entre a potência civil e a individual, ou seja, a Cidade é tanto mais poderosa quanto maior for sua potência comparada à dos indivíduos isolados, e será tanto menos poderosa quanto menor for sua potência comparada à de seus cidadãos, não havendo perigo maior para a Cidade do que a pretensão de alguns particulares, enquanto particulares, em se arvorar de defensores da lei.

A instauração da Cidade é fundação de uma potência inédita e Espinosa já antecipa a dedução das formas políticas: a transferência da soberania a um só identifica a Cidade com um único homem em quem a Cidade fica concentrada, todos os outros cidadãos estando, assim, reduzidos à impotência. Trata-se da monarquia, na qual a proporcionalidade se encontra quase próxima de zero. A transferência da soberania a alguns divide a Cidade, pois a soberania vem encamar-se em uma parte do corpo social e despoja a outra de todo o poder. Estamos na aristocracia. Enfim, a soberania se transfere para cada um dos indivíduos, já não há Cidade, mas regresso ao estado de Natureza – estado de guerra, a autodestruição da vida política. Nas entrelinhas do discurso podemos ler a peculiaridade da democracia e de sua proporcionalidade – aqui a soberania não é transferida a ninguém, nem se encarna em alguns, mas está distribuída no interior do corpo social e político, sendo participada por todos sem ser repartida ou fragmentada entre seus membros. Assim, mais do que na diferença frente à monarquia e à aristocracia, é na oposição ao processo de autodestruição da Cidade que melhor se revela a democracia, pois nela a soberania não se encontra dividida, mas simplesmente participada. Na democracia mantém-se integralmente o princípio fundador da política, qual seja, o de que a potência soberana é tanto maior quanto menor a potência individual de seus membros e, sobretudo, a afirmação do *TTP*, segundo a qual a vida política transcorre em um espaço, onde os concidadãos decidiram agir de comum acordo ou a agir em comum, mas não abdicaram de seu direito natural de pensar e julgar individualmente.

Contudo, se a lei é fundada em Natureza e se é a potência natural que determina a proporcionalidade da lei, no entanto, Espinosa opera uma reviravolta nessa dedução, e a lei vai agora emergir como fundamento do próprio direito natural. Por esta razão o texto, anteriormente citado, garantia *simultaneamente* que o direito natural desaparece com o direito civil *e* que este não suprime aquele. Para compreendemos essa reviravolta do discurso precisamos perceber que uma nova questão entra em cena e graças a ela entenderemos não só a questão da proporcionalidade, mas também o que faz com que uma experiência seja experiência política. O que agora entra em cena é o fenômeno da opressão.

"Como no estado de natureza cada um é seu próprio senhor (*sui juris*) desde que possa precaver-se para não sofrer a opressão de um outro e que, sozinho, se esforça em vão para se precaver contra todos, isto significa que enquanto o direito natural humano for determinado pela potência de cada um, esse direito será, na realidade, nulo ou pelo menos terá uma existência puramente de opinião, pois não há qualquer meio seguro para conservá-lo (...), o direito de natureza, no que concerne ao gênero humano, dificilmente pode ser concebido senão quando os homens têm direitos comuns, terras que podem habitar e cultivar juntos, quando podem cuidar para a manutenção de sua potência, proteger-se, repelir toda violência e viver segundo um consenso comum a todos. Quanto maior o número daqueles assim reunidos em um corpo, mais terão em comum o direito (...) Quando os homens têm direitos comuns e estão conduzidos como se fosse por um único pensamento, é certo que cada um tem menos direito do que todos reunidos que o sobrepassam em potência, isto é, na realidade, cada um não tem sobre a Natureza nenhum direito, a não ser aquele que lhe é conferido pelo consenso comum. Por outro lado, tudo que lhe é ordenado por um consenso comum ele é obrigado a fazer ou, ainda, se tem o direito de obrigá-lo" (*TP*, III, §§ 15 e 16).

O direito natural, uma vez definido pelo negativo – não ser senhor de si – é algo que não existe ou que só tem existência como opinião. Isto é: trata-se de uma abstração. Compreende-se a afirmação do *Tratado Político* (*TP*) de que só na Cidade os homens vivem uma vida concreta ou propriamente humana. Um direito ou potência só existe realmente quando pode ser conservado e exercido, pois Espinosa não define a potência como virtualidade, mas como um poder atual. Ora, no *estado* de Natureza não há *direito* de natureza efetivo. Esta distinção entre estado de natureza e direito de natureza é fundamental. O estado da natureza é real – o homem é uma parte da Natureza causado por outras e interagindo com elas. Porém, essa "parte da Natureza" é algo abstrato, pois não nos diz o que é uma *parte humana* da Natureza. Como parte da Natureza, o homem é um *conatus* como outro qualquer, mas sua potência é inexistente porque nesse nível não encontra meios para conservá-la, pois, como demonstra a *Ética*, o homem é uma parte da Natureza cuja força é infinitamente menor do que a de todas as outras que o rodeiam atuando sobre ele. Por outro lado, o *TP* retoma a demonstração feita na *Ética* de que, enquanto seres passionais, os homens se dividem e nada têm em comum senão o desejo de dominar os demais para que estes vivam segundo as paixões de seus dominadores. Esse estado de guerra é, pois, um estado universal definido pelo desejo de que o outro seja um *alter-ego* e pela necessidade consequente do exercício recíproco da opressão.

A opressão define simultaneamente o estado de natureza e seu limite. O direito natural se estende até onde se estender a potência de cada um e, por princípio, é ilimitado. Todo desejo que chegue ao seu cumprimento efetivo define o alcance da potência natural. Ora, esse desejo, ilimitado por princípio, é concretamente limitado. E mais: engendra um circuito da opressão recíproca tal que o medo da destruição pessoal suplanta todos os outros afetos. Ora, o medo, como demonstra a *Ética*, é uma paixão triste e odiosa que por isto freia, enfraquece e aniquila a potência individual. Eis porque o direito natural, estando separado daquilo que permite sua realização efetiva, isto é, por ser uma abstração, dá lugar a uma igualdade fantasmagórica que se realiza sob a forma real da desigualdade absoluta: porque todos temem a todos (nisto são iguais) cada um aspira a oprimir todos os outros (nisto se fazem desiguais).

É preciso uma atenção especial para compreendermos o significado da identificação operada por Espinosa entre direito natural e abstração. O direito natural não é abstrato no sentido de que definiria a condição humana a abstração feita da vida civil, isto é, como os homens seriam se não houvesse a sociedade. Também não é uma abstração no sentido de uma hipótese lógica necessária para a dedução do advento do social e do político. O direito natural é uma abstração no sentido espinosano do termo, isto é, como tudo que se encontra separado da causa originária que lhe confere sentido e realidade. Em estado de natureza, o direito natural (potência de conservação) encontra-se separado de seu poder vital. O direito natural, definido como potência da Natureza inteira, é uma realidade concreta. E definido como potência de cada parte da Natureza também é concreto, pois sua positividade decorre daquela que o todo possui. Porém, visto que a potência da natureza não se confunde com as leis da razão e das volições humanas, essa potência não está ainda suficientemente determinada para definir o que seja um direito natural humano. Nesta perspectiva, de estado de natureza o direito natural tem realidade (o homem é parte da Natureza), mas esta realidade é abstrata (o direito natural define um desejo de poder que se consome na impotência). A situação do direito natural em estado de natureza é exatamente aquela em que cada um, desejando para si todo o poder, trabalha para oprimir todos os outros que lhe aparecem, inevitavelmente, sob a roupagem do inimigo, isto é, como causa de medo e de ódio, portanto de tristeza e de enfraquecimento do *conatus*. Por outro lado, cada um, não podendo alçar-se ao pleno poder, sucumbe vítima de seu próprio apetite. É neste sentido que o direito natural se oferece como uma realidade abstrata, determinada por operações imaginárias de exercício da potência e que são, na realidade, manifestações de impotência. Movido pelo medo de outrem e pela esperança de esmagá-lo, o estado de Natureza revela a precariedade e inexistência do direito natural, quando, precariamente, a potência é exercida como violência.

Estado de natureza e direito natural não pressupõem, portanto isolamento, mas *solidão*, encravada numa intersubjetividade fundada no aniquilamento e no medo recíprocos. E que Espinosa use os termos solidão, servidão e barbárie como sinônimos é suficiente para que percebamos qual é o caráter específico de abstração de uma potência que só pode cumprir-se com a morte do outrem. E, no entanto, argumento espinosano decisivo, se a desigualdade *real* engendrada pelo direito natural não fosse a forma *imaginária* da igualdade, o direito civil seria impossível. Ao mesmo tempo, compreendemos por que a lei não parte da regulamentação da posse ou propriedade, mas a antecede, pois, caso contrário, legitimaria a violência e jamais inauguraria o poder.

No estado de Natureza a situação indeterminada das partes, que são todas iguais e não chegam a alcançar-se como singularidades determinadas, faz com que tudo seja comum a todos e, por isso mesmo, tudo seja cobiçado e invejado igualmente por todos. Assim, a igualdade indeterminada ou abstrata produz a desigualdade absoluta, de sorte que a instauração da Cidade corresponderá ao momento em que a determinação da singularidade de cada uma das partes poderá ser reconhecida por todas as outras justamente porque a fundação social e política define o que lhes é verdadeiramente comum e que permanecia ignorado na indeterminação natural.

O direito civil, reconhecimento social da potência individual, é concreto e positivo na exata medida em que o direito natural é abstrato e negativo. Eis porque, afinal, a lei funda o próprio direito natural ao fundar o direito civil, pois só por intermédio deste último o primeiro pode concretizar-se.

Contudo, justamente porque a lei conserva o direito natural transformando-o, a questão do político será para Espinosa uma questão de proporcionalidade. Com efeito, a lei pode desfazer aquilo que ela própria instituíra. Isto significa que a lei capaz de manter a instauração é aquela capaz de delimitar as fronteiras do direito natural e do direito civil e de impedir que este retorne à situação precária do primeiro. Esta conclusão conduz a três outras: a primeira é a de que o ato de fundação da Cidade inscreve-se numa necessidade natural indeterminada que a lei vem determinar, conferindo-lhe uma realidade que não possuía antes dessa fundação; a segunda é a de que a lei só é possível porque retoma aquilo que já estava posto na natureza humana, isto é, a paixão e os conflitos; essa retomada, no entanto, só é possível porque a lei vem dar realidade a uma razão operante que atua no real sem que a imaginação dela se aperceba e que define o útil como aquilo que favorece a conservação do ser, impedido, de fato, pela opressão, pois, como dirá o Capítulo 9 do *TP*, "querer estabelecer a igualdade entre desiguais é absurdo". Finalmente, em terceiro lugar, como o direito natural é efetivado pelo direito civil, o social vive sob o risco permanente de que o primeiro usurpe o segundo, isto é, de que a potência individual queira tomar o lugar da soberania, coisa perfeitamente compreensível, visto que a vida política não é inaugurada como um ato da razão, mas como racionalidade operante no interior das paixões. E o direito natural não é contrário às lutas, ao ódio, à cólera e ao engodo, pois são "aconselhados pelo apetite", visto que "a Natureza não está submetida às leis da razão humana que tendem unicamente à utilidade verdadeira e à conservação dos homens". Em outras palavras, o advento da vida social e política não é o advento da "boa razão" humana que dominará as paixões, condenará os vícios, eliminará os conflitos e estabelecerá definitivamente a paz e a concórdia entre os homens.

Dessas conclusões impõe-se uma outra: a de que a Cidade não cessa de instituir-se. Com efeito, a Cidade é habitada por um conflito entre a potência coletiva e a potência individual que, como todo conflito, segundo a *Ética*, só pode ser resolvido se uma das partes tiver poder para satisfazer e limitar a outra, pois uma paixão nunca é vencida por uma razão ou por uma ideia, mas por uma outra paixão mais forte do que ela. Assim, a todo momento, a lei tem que ser reafirmada, porque a todo momento o desejo de opressão, que define o direito natural, reaparece no interior do direito civil – "cada um deseja que os demais vivam segundo sua própria disposição, aprovando e rejeitando tudo aquilo que um só aprova ou rejeita; donde resulta que todos querendo ser igualmente os primeiros, os conflitos não cessam de explodir entre todos e se esforçam para se esmagar reciprocamente, e o vencedor se glorifica muito mais por ter dominado um adversário do que por ter conseguido algum bem" (*TP*, IX, § 5).

Isto explica porque Espinosa demonstra que o inimigo político é sempre interno e só ocasionalmente externo, pois o inimigo nada mais é do que o direito natural de um ou de alguns particulares que operam a fim de conseguir um poderio de tal envergadura que possam tomar o lugar da soberania. E esse risco não depende da boa ou má instituição da Cidade – toda Cidade contém esse perigo – e sim da capacidade que a potência soberana tenha, ou não, para controlar aquilo que lhe dá origem e que se concretiza por meio dela.

A política não cria nem elimina os conflitos, como não transforma a natureza humana passional – apenas permite lidar com eles de maneira nova, e a diferença entre os regimes políticos decorre de sua capacidade ou incapacidade para satisfazer ao desejo que todos os homens têm de governar e de não serem governados.

Da mesma maneira que a lei confere realidade ao direito natural, dando-lhe um estatuto político, mas encontra naquele direito seu ponto de partida para a fundação política, assim também, o direito natural pode operar tanto como garantia da lei quanto como risco de seu aniquilamento. Com efeito, como o poder da potência soberana é medido pela sua proporção inversa frente ao poder da potência dos cidadãos, quando um ou alguns dentre eles estão investidos de tamanho poder que é suficiente para tomar a soberania, a lei foi aniquilada. Por outro lado, sendo a potência da soberania medida também pela potência proporcional que confere a cada um dos cidadãos, quando estes podem, em nome da lei, impedir a usurpação do poder soberano, isto significa que o direito natural dos cidadãos foi suficientemente poderoso para defender a lei. Tanto em um caso como no outro, a medida do direito natural é sempre a mesma, isto é, concerne ao poder do povo. Quando este se encontra despojado do direito natural em decorrência da desmesura do poder da potência individual daquele (ou daqueles) que açambarcou o poder soberano, estamos em plena tirania. Quando o povo se encontra investido de todo direito natural pela proporcionalidade que se estabelece entre este e o poder da potência soberana, estamos na democracia. Percebe-se, então, que o numero de governantes, nem a forma eletiva ou representativa não determinam a forma do corpo político. Esta é determinada exclusivamente pela proporção de poder que se estabelece entre a soberania e o povo.

Uma vez que o direito é medido pelo poder e que ser livre é ser senhor de si, a medida do direito, do poder e da liberdade exige a compreensão de cada forma política a partir da distribuição proporcional das potências que a constituem. Por esta medida saberemos qual estado é melhor, qual é superior e qual é livre. De maneira genérica, cada forma política é melhor quanto menor o risco de tirania, isto é, de passagem do direito soberano ao direito natural de um só homem ou de um punhado de homens. Cada regime político é superior a outro quanto menor for o número de disposições institucionais necessárias para impedir o risco da ditadura. E, enfim, um corpo político é mais livre do que outro quando nele os cidadãos correm o menor risco da opressão porque sua autonomia é tanto maior quanto maior o poder da Cidade. Consequentemente, quanto mais livre for uma Cidade, menor será seu risco de ser oprimida por outras.

Isto significa, por exemplo, que um corpo político monárquico é um dos mais sujeitos a ser dominado por outro porque seus súditos já se habituaram de tal maneira a serem dominados por um só homem que, passar da submissão a um dominante à obediência a um outro, lhes é indiferente. Ao contrário, na democracia, a autonomia individual, estando claramente firmada na autonomia coletiva, cada um e todos estão dispostos a lutar até a morte para impedir tanto o risco da usurpação interna quanto o da invasão externa. Ora, apesar de o filósofo demonstrar que todo e qualquer corpo político pode apresentar em graus variáveis o melhor, o superior e o livre, torna-se claro que o parâmetro subjacente a esses critérios é a política democrática, não só porque nela a causa universal da vida política (a distribuição proporcional do poder) coincide com a causa singular da instauração democrática, mas também porque nela a questão da preservação se transforma.

Com efeito, quando Espinosa deduz a monarquia, uma questão preside o caminho dedutivo: quais as instituições necessárias para limitar o poder do rei e jamais deixá-lo sozinho no governo? Na dedução da aristocracia, a questão central que orienta o percurso é: visto que a aristocracia se caracteriza pela visibilidade da diferença das classes e que apenas uma delas detém o poder, quais as instituições necessárias para evitar a oligarquia e a burocracia? Ora, no caso da democracia,

Espinosa apenas afirma que a soberania coletiva é de tal modo decisiva para a liberdade individual que o único cuidado dos cidadãos é o de impedir que os postos de decisão sejam ocupados por indivíduos que tenham laços pessoais de dependência com outros, pois isto os levaria a dirigir a coisa pública sob a forma do favor, único tipo de relação que eles próprios parecem conhecer.

Se a democracia revela o sentido da vida política, a tirania, por sua vez, exibe os avatares da experiência política.

Ao iniciar o *TP*, Espinosa afirma que a paixão imagina a liberdade como um "império em um império". Forma incessante de carência, a paixão engendra imagens do que poderia satisfazê-la, saciando seu estado de privação pela posse de algo tido como um bem e, dentre todos os bens almejados, ter a posse sobre um outro homem parece ser o bem supremo. Dessa maneira, ser livre aparece imaginariamente como ser senhor de outrem e a liberdade se define não por sua oposição à escravidão, mas pela posse de escravos. A razão, porém, aconselha aos homens que vivam em paz, pois, sem esta, jamais seus desejos serão satisfeitos, senão de maneira extremamente precária. A racionalidade que assim aconselha a paz aos homens não se reveste, porém, de uma forma não passional: racionalidade operante, apenas aconselha os seres passionais a preferir o menor dentre dois males. Entre o risco de ficar na dependência do poder de um outro e o de ficar na dependência de um poder comum, a segunda alternativa se impõe. O primeiro movimento da liberdade consiste, assim, na fundação da Cidade, pois nesta a liberdade se determina como aptidão para não cair sob o poder de outrem.

A Cidade mais livre e poderosa, isto é, a mais autônoma, é aquela cujos cidadãos a ela se submetem porque respeitam e temem sua potência ou porque amam a vida civil. Em um primeiro momento, Espinosa determina a potência da Cidade, designando seu limite, isto é, aquilo que escapa necessariamente ao seu poder.

Assim, tudo aquilo que a Cidade não puder exigir dos cidadãos, seja por ameaça ou por promessa, está fora de seu poder. O que escapa ao poder da Cidade? Tudo aquilo a que a natureza humana tem horror e que, se lhe fosse imposto, desencadearia a fúria e a indignação popular. Em suma, escapa ao poder da Cidade tudo o que a faça odiada pelos cidadãos, de sorte que o que lhe escapa é o negativo, desde que nos lembremos que é negativo tudo aquilo que ao enfraquecer uma potência pode aniquilá-la. Ora, o ódio é a mais aniquiladora das paixões e, portanto, neste primeiro momento, Espinosa apenas assinala que a Cidade não pode ser odiosa nem odiada, pois se assim for, irá aniquilar-se, isto é, perderá a potência por ter desejado um poder impossível. Parricídio, matricídio, fratricídio, infanticídio, genocídio, falso testemunho, amor pelo que se odeia, ódio pelo que se ama, renúncia ao direito de julgar e de se exprimir – eis o que é impossível à Cidade exigir. No entanto, os exemplos trazidos pela experiência e espalhados aqui e ali no decorrer do *TP* deixam claro que essas exigências são realmente feitas aos cidadãos e constituem o conteúdo prescrito pelas leis tirânicas. Ora, para Espinosa, o conceito de impossível, além de designar aquilo que não pode existir por essência (um negativo absoluto), também designa tudo aquilo que, vindo a existir em uma essência determinada, produz sua autodestruição (negativo operante e real). Assim sendo, compreenderemos que a tirania é impossível não porque não possa existir, pois de fato existe, mas sim porque nela se lê a morte da vida política, embora tiranos e tiranizados tenham a ilusão de viver.

A realidade insana da tirania permite compreender a primeira exigência política de proporcionalidade. Com efeito, a desmesura do poder tirânico revela que

"uma exigência que provoque a indignação geral nada tem a ver com o direito da Cidade. Certamente, obedecendo à Natureza, os homens conspirarão contra ela seja em decorrência de um temor comum, seja pelo desejo de vingança por algum mal comum, e visto que o direito da Cidade se define pela potência comum do povo, é certo que o direito e a potência da Cidade diminuem, pois criou motivos para que os cidadãos conspirassem contra ela. Certamente, a Cidade tem perigos a temer e assim como no estado de natureza o homem tem mais razões para temer porque é menos independente, assim também a Cidade é menos senhora de si quanto mais temer seus cidadãos" (*TP*, IX, § 9).

Se a Cidade deve temer seus inimigos, precisa instituir-se de maneira a impedir que encontrem meios para surgir e para justificar-se. Isto significa, por um lado, que a Cidade deve ser respeitada e temida pelos cidadãos, mas que só pode sê-lo na medida em que suas exigências forem proporcionais ao que a massa pode respeitar e temer sem se enfurecer. A soberania só pode existir sob a condição expressa de não ser odiada porque não é odiosa. Se a Cidade exigir mais ou se exigir menos, deixará de ser um corpo político:

"O poder que temos em vista exercer não deve ser medido apenas pela potência do agente, mas também pela aptidão que o paciente oferece. Se digo que tenho o direito de fazer o que quiser com esta mesa, certamente não significa que poderei fazê-la pastar capim. Assim também, embora digamos que homens não dependem de si mesmos, mas da Cidade, não queremos dizer que possam perder a natureza humana e revestir-se de uma outra (...). Entendemos que, sob certas condições, a Cidade inspire temor e respeito e que, cessadas tais condições, não há mais temor nem respeito, de sorte que a Cidade deixa de existir. Assim, para conservar-se senhora de si, a Cidade deve manter as causas do temor e do respeito, sem as quais deixa de ser Cidade" (*TP*, IV, § 5).

A fundação política não é, pois, mutação da natureza humana em uma outra que lhe seria estranha. O trecho acima citado tem vários alvos. Por um lado, retoma a abertura do *TP* em sua recusa de escrever uma política utópica, destinada a homens que deveriam ser o que não podem realmente ser. Por outro lado, se é na Cidade que os homens vivem uma vida realmente humana, a afirmação contém uma crítica da tirania, pois nesta os homens são reduzidos à animalidade temerosa e à passividade do rebanho. Está presente também a recusa de que a instauração da Cidade seja destruição do direito natural, pois este é a primeira determinação da natureza humana como potência de agir.

Justamente porque a vida política não é mutação da natureza humana, mas sua concretização, o direito natural dará as causas do temor e do respeito à Cidade, de sorte que não se poderá dizer que estes são causados pela legislação civil, visto que esta é um efeito da instituição da Cidade. Dizer que o direito natural fornece a primeira medida do poder político, significa dizer que a Cidade não poderá tornar-se inimiga de si mesma e que, portanto, os conflitos que a habitam só podem ser conflitos dos cidadãos sob a lei e não dos cidadãos contra a lei. Se a Cidade for capaz de impedir a usurpação da lei por particulares, sem que isto signifique supressão dos conflitos sociais, terá determinado sua autonomia e seu poder. Temer e respeitar a Cidade não poderá, então, confundir-se com o medo nem com o ódio, pois quem odeia não teme e quem teme, não respeita.

"Uma Cidade que não suprimiu as causas das sedições e na qual a guerra é um temor constante e as leis, frequentemente, violadas, de sorte que não difere muito do estado de natureza (...). Tanto os vícios quanto a licença excessiva e a insubmissão dos cidadãos devam ser imputados à Cidade e, em contrapartida, sua virtude e constância no respeito à lei devem ser atribuídos à virtude da Cidade e ao estabelecimento de um direito civil absoluto (...). *Se numa Cidade os cidadãos não tomam das armas porque estão prisioneiros do terror não se deve dizer que aí reina a paz, mas que nela não há guerra. A paz não é mera ausência de guerra, mas uma virtude que se origina da força do espírito, pois nela a obediência é o desejo constante de seguir o direito comum da Cidade*" (*TP*, V, § 2, 3, 4; destaques meus MC).

O *TTP* dissera que a obediência diminui a liberdade sem, contudo, implicar escravidão, pois o escravo é aquele que age para o bem de um outro que lhe ordena uma ação, enquanto o agente que cumpre uma ordem porque nela se realiza seu próprio desejo não pode ser tido como escravo. Por outro lado, como os dois tratados políticos demonstram, na democracia (ao contrário dos demais regimes políticos), a obediência exprime apenas a recriação ininterrupta da Cidade, pois nela se obedece a uma lei que no momento de sua instauração foi posta por todos os agentes políticos, de sorte que ao obedecê-la, obedecem a si próprios enquanto cidadãos. A dimensão da obediência é apenas a repetição ou reiteração, na dimensão do imaginário, do ato fundador da Cidade, pois neste ato, simbólico, a criação da potência coletiva engendra a incomensurabilidade entre a soberania e os particulares que vivem sob ela. A obediência é um ato segundo ou derivado e, por isso mesmo, exprime muito mais a virtude da Cidade do que a dos cidadãos, pois a Cidade obedecida só pode ser aquela cuja instauração cumpre o desejo do agente e a aptidão do paciente. Ao transferir para a soberania tanto o vício quanto a virtude dos cidadãos, Espinosa procura distinguir a escravidão e a liberdade no nível da própria Cidade e não a de cada um de seus membros. Se numa Cidade o princípio fundador é impotente para suprimir a seção, visto não ser esta um conflito entre os cidadãos, mas entre eles e a lei da Cidade, então, a Cidade ainda não foi verdadeiramente instaurada, pois falta-lhe aquilo que a constitui como tal: o poder da potência soberana para ser reconhecida como soberana.

A guerra civil assinala, portanto, a injustiça da Cidade e a necessidade de destruí-la para que tenha lugar a uma nova e verdadeira fundação. Eis porque numa Cidade onde os cidadãos não tomam das armas porque estão aterrorizados, a injustiça é maior do que naquela onde explodem as rebeliões. Não são os homens que são bons ou maus, virtuosos ou viciosos, mas a Cidade, pois "não há pecado antes da lei". Uma população que vive em paz por medo ou por inércia, não vive numa Cidade, mas na solidão e a Cidade não é habitada por homens, mas por um rebanho solitário. Donde a segunda norma da proporcionalidade, decorrente da "aptidão que o paciente oferece": é preciso, na instauração da Cidade, que agente e paciente constituam um *único sujeito político*. Eis porque o momento fundador de um corpo político, seja ele qual for, tem a *multitudo* como sujeito político.

Distinguindo a Cidade "estabelecida por uma população livre" e uma outra, "estabelecida por conquista sobre uma população vencida", Espinosa não as distingue pelo direito civil, pois neste nível, diz o filósofo, são indistintas. Isto significa que a diferença entre elas não é dada pelo critério clássico da legitimidade ou ilegitimidade do poder. Espinosa distingue entre uma Cidade "que tem o culto pela vida" e é instituída pela esperança e uma outra que, submetida pelo medo, "apenas procura escapar da morte". A primeira é livre; a segunda, escrava. A Cidade que enfrenta o risco da morte imposto pelo direito natural e vence o perigo supremo pela esperança da vida política, é espaço da liberdade. Aquele que aceita estar vivo para não enfrentar o risco da morte é escravo.

A diferença entre a Cidade livre e a Cidade escrava não passa, portanto, pelo direito civil, mas pelo sentido da vida coletiva instaurada por elas, pois diferem quanto aos dispositivos institucionais de conservação e quanto ao princípio de sua fundação. E Espinosa já dissera haver enorme diferença entre "comandar apenas porque se tem o encargo da coisa pública e comandar e governar o melhor possível a coisa pública". Assim, a segunda regra da proporcionalidade não tem como questão a simples *convenientia* entre a lei e a natureza humana, mas entre o poder e a liberdade.

Bibliografia

1. Obras de Espinosa

Spinoza Opera. Edição Gebhardt, 4 vols. Heildeberg, Carl Winters, 1925.

_____. vol. II: *Ethica ordine geometrico demonstrata*; vol. III: *Tratactus Theologico-Politicus*; *Tratactus Politicus*.

Tratado Político. Tradução, introdução e notas por Manuel de Castro. Lisboa, Editorial Estampa, 1977.

Tratado Teológico-Político. Tradução, introdução e notas por Diogo Pires Aurélio. Lisboa, Imprensa Nacional/Casa da Moeda, 1988.

Ética. Tradução, introdução e notas por Joaquim de Carvalho *et allii*. Lisboa, Relógio d'Água, 1992.

Espinosa. São Paulo, Abril Cultural, 1972. Coleção "Os Pensadores". Contendo: *Tratado da Correção do Intelecto, Pensamentos Metafísicos, Ética, Tratado Político, Correspondência* (Cartas 2, 4, 12, 21, 32, 34, 50).

2. Alguns estudos sobre a obra política espinosana

A. VARII. Studia Spinozana, vol. 1. *Spinoza's Philosophy of Society*, 1985.

AURÉLIO, D. P. "Introdução". In *Espinosa. Tratado Teológico-Político*. Lisboa, Imprensa Nacional/Casa da Moeda, 1988.

BALIBAR, E. *Spinoza et la Politique*. Paris, PUF, 1985.
BOVE, L. *La Stratégie du Conatus. Affirmation et Résistance chez Spinoza.* Paris, Vrin, 1996.
CHAUÍ, M. *Política em Espinosa*. São Paulo, Companhia das Letras, 2003.
ECHEVERRIA, F. J. P. *La Filosofía Política de Espinosa*. Valladolid, Universidad de Valladolid, 1989.
GIANCOTTI, E. *Baruch Spinoza. 1632-1677*. Roma, Riuniti, 1985.
GIANINI, H.; MOREAU, P.-F; e Vermeren, P. (Orgs.). *Spinoza et la Politique*. Paris, L'Harmattan, 1997.
MATHERON, A. *Individu et Communauté chez Spinoza*. Paris, Minuit, 1969.
MONTAG, W. *Bodies, Masses, Power. Spinoza and his Contemporaries*. Londres, Verso, 1999.
NEGRI, A. *L'Anomalia Salvaggia. Saggio su Potere e Potenza in Baruch Spinoza*. Milão, Feltrinelli, 1981.

Capítulo VI
**HOBBES CONTRA A GUERRA:
OS FUNDAMENTOS ÉTICOS
DE UMA FILOSOFIA DA PAZ E SUA ATUALIDADE**

FERNANDO MAGALHÃES

I

O que torna um pensamento atual quando o terreno em que ele procura semear seus frutos difere, supostamente, daquele em que floresceu primordialmente? O que faz da filosofia de um autor um exemplo de constância e contemporaneidade que surpreende os mais rigorosos e experientes intelectuais, e incita polêmica e controvérsias num misto de admiração e repúdio? Atribui-se, frequentemente, a esse tipo de sobrevivência teórica, que supera várias épocas sem perder seu vigor, a designação de clássico. Ítalo Calvino, no seu já célebre *Por que ler os clássicos?*, propõe uma gama de definições para explicar a longevidade de uma reflexão filosófica. Delas, a tradição dominante na literatura sobre o tema recolheu as que considera mais significativas.

Um clássico, em poucas palavras, "é uma obra que provoca incessantemente uma nuvem de discursos críticos sobre si", mas é, igualmente, um livro (ou um pensamento) que "nunca termina de dizer aquilo que tinha a dizer". Entretanto, o clássico, do mesmo modo, pode ser um autor cuja obra sabe alcançar a senectude com dignidade; ou "envelhecer *bem*", segundo a feliz expressão de Francisco Buey. O tempo produz-lhe rugas, mas não elimina o frescor que em sua juventude foi capaz de seduzir audiências e iluminar mentes pouco (ou mesmo muito) esclarecidas. Um acadêmico não esquece facilmente as lições que aprende na escola primária ou no secundário, sejam elas proveitosas ou não. De alguma maneira, servem-lhe de aprendizado.

É provável, contudo, que a penetração de uma ideia não tenha a força esperada caso não haja uma identificação entre dois horizontes históricos que se relacionam entre si – passado e presente –, mas que ainda não encontraram a resposta que deveria preencher a lacuna requerida para a completa união. É possível compreender, então, a atração ainda exercida por Maquiavel sobre muitos escritores dos nossos dias, à medida que o problema do poder e dos meios para se atingir a república virtuosa, sem deixar graves sequelas, não foi, até o momento, solucionado. O mesmo aplica-se a Marx, cujo apelo à edificação de uma sociedade mais humana e menos injusta encontra eco numa época de desilusões e incertezas. Não causa surpresa, também, o fato de um pensador tão antigo como Platão ser habitualmente visitado.

Políticos de formação profissional oficializada inspiram-se no ideal do governante intelectualizado (o filósofo-rei) porque, como a ideologia não tem história, o preconceito contra um dirigente trabalhador é tão velho como a própria história (ideológica). A teoria liberal justifica essa posição recorrendo ao vínculo entre propriedade, conhecimento e poder, comum a todas as sociedades de classe. A *alegoria da caverna* não foge à regra. O que Platão expõe na *República* é apropriado pela arte cinematográfica moderna – *Matrix* é o exemplo típico dessa expropriação – para associar o mundo da aparência à sociedade virtual e tecnológica de hoje; a distância entre dois períodos de tempo não esconde completamente os problemas reincidentes: a crise dos valores. Os horizontes que aproximam autor e intérprete tendem a se completar pela similaridade de situações específicas.

Numa fase em que predomina o princípio do livre comércio, não estranha o retorno das teorias liberais do Estado mínimo nem o projeto de desmantelamento dos mecanismos de proteção social – inexistentes na primeira vaga do liberalismo. Precisamente por isso, devem desaparecer na fase da restauração. Consequentemente, não admira que inúmeras personalidades vejam-se exorcizadas de suas sepulturas e rondem o capitalismo tardio com seu espírito renovado. O caso de Hobbes é, talvez, a manifestação mais evidente dessas observações, a despeito do abismo que separa o tempo em que ele viveu (e escreveu) e as sociedades do terceiro milênio, denominadas pós-modernas.

Em um conjunto de ensaios bastante conhecidos dos estudiosos da teoria política, condensados em um volume que tem por título *Thomas Hobbes*, o filósofo italiano, Norberto Bobbio, falecido há menos de dois anos, diz que a "atualidade de um autor é sempre um tema delicado", pois o julgamento sobre essa mesma atualidade "pressupõe, por parte de quem pretende formulá-lo, uma certa interpretação do pensamento do autor e uma certa interpretação da realidade social da época em que vive o intérprete". A intenção de Bobbio, com esses comentários, é apontar a importância do paralelismo histórico-social para a compreensão da presença de ideias em determinado período que em outras circunstâncias se mostrariam anacrônicas.

O pensamento do filósofo inglês, Thomas Hobbes é, nesse aspecto, paradigmático. A fusão de horizontes – uma tese bastante cara aos teóricos da estética da recepção (veja-se, entre outros, Hans Robert Jauss e Harold Bloom) –, ou seja, o vínculo que se estabelece entre autor e leitor, pensador e intérprete, uma época e outra é, no presente, extremamente favorável a uma filosofia como a de Hobbes, após fixado o núcleo de seu propósito: a busca da paz. Bobbio nota, nas preocupações de Hobbes, uma correspondência direta com as condições que inquietam o homem contemporâneo. Quando o seu trabalho vem à luz, o estado de natureza mundial, estimulado pela rivalidade entre os Estados Unidos e a ex-União Soviética, que se convencionou chamar de "guerra fria" ou "equilíbrio do terror", impunha uma solução para o problema que ameaçava a vida das pessoas no planeta inteiro.

A disposição das forças em conflito para travar um combate – ainda que este não ocorresse – lembra a conceituação que faz Hobbes, no *Leviatã* (Cap. XIII), do estado de guerra ao compará-lo ao clima. O cenário anuncia, portanto, que todo esforço é necessário para a obtenção da paz. Não obstante as razões indicadas por Bobbio tenham sido superadas, nem por isso a guerra de todos contra todos cessou totalmente, e a instável situação internacional – tanto quanto as tensões domésticas – persiste, exigindo uma solução que conduza todos a uma paz duradoura. O realismo de Bobbio – ou melhor, seu "pessimismo ativo" – o impede de admitir um mundo pacífico. "A paz perpétua", para ele, "é um longo processo, destinado talvez a se manter incompleto". Fato "que não anula a validade ideal do 'modelo hobbesiano' como motivo inspirador desse processo".

II

Não é simples a leitura dos textos de Hobbes. A dificuldade de se encontrar um padrão que defina ou classifique concretamente a teoria hobbesiana, nos limites estabelecidos pelo enquadramento ideológico tradicional, é constatada não só pela quantidade de interpretações antitéticas de sua obra, mas pela confusão instituída pela sua conduta política. Como se sabe, o filósofo exerce a função de preceptor dos Cavendish – ele se confessa um "doméstico", diz Tuck, em uma resumida biografia –, família pertencente à nobreza inglesa, e é conhecida sua intimidade com certos membros da aristocracia ligados ao poder real. Quando se instala o Parlamento hostil ao governo do rei, exila-se na França temendo pela sua vida, já que um de seus escritos circulava clandestinamente.

Com a publicação do *Leviatã*, em 1651 – onze anos depois de sua fuga para o Continente –, suscita o rancor dos bispos anglicanos e a ira dos partidários da realeza (os Stuarts). Receia ter o mesmo destino que os enviados da República na Holanda e na Espanha, mortos pelos exilados monarquistas, segundo nos conta Renato Janine Ribeiro em seu *Ao Leitor sem Medo*. Fala-se, inclusive, que aquele trabalho célebre fora escrito como forma de adesão ao governo de Cromwell. O medo de represálias o faz retornar à Inglaterra. Ele está ciente dos desafios que o livro desperta. A epístola dedicada ao seu amigo Francis Godolphin, que precede a Introdução ao *Leviatã*, testemunha a consciência que Hobbes tem desses fatos: "apertado entre aqueles que de um lado se batem por uma excessiva liberdade, e do outro por uma excessiva autoridade, é difícil passar sem ferimento por entre as lanças de ambos os lados".

Não se trata, porém, de ambiguidade política ou leviandade ideológica. Hobbes situa-se no cruzamento de duas dimensões temporais. O filósofo teuto-americano, Leo Strauss, identifica esse momento como aquele em que a velha tradição está morrendo e uma nova ciência não se formou inteiramente. Assim, a doutrina moral e política hobbesiana equilibra-se entre formulações tácitas e expressas. Isso significa que, num período de transição, um pensador não está em condições de perceber, em sua inteireza, as modificações que se operam no seio de uma sociedade, mas sente, de alguma forma, os seus efeitos. Não raro, é vítima da influência que ambas as realidades exercem sobre ele. Não é sem razão que os comentaristas de Hobbes opõem-se consideravelmente quanto às suas inclinações.

Porquanto seja extensivo enumerar o elenco de acadêmicos e estudiosos que se aventuram nesse tema, restrinjo-me às duas correntes mais destacadas sobre a tendência política do filósofo de Malmesbury. Uma entende que suas análises sobre a sociedade estão grávidas de um ideal aristocrático, e supõe que uma orientação paternalista domina o seu pensamento. Desse parto só poderia resultar um Hobbes herdeiro do Antigo Regime. O grupo de exegetas que contesta essa visão senhorial encontra em Hobbes um cidadão ocupado com a defesa dos interesses da nascente classe burguesa. Embora acredite ser complicado sustentar o viés aristocrático de Hobbes, com base numa leitura apenas política de seus escritos, pouco valorizando as implicações econômicas, não devemos negligenciar os argumentos dos que se valem desse ponto de vista.

É vasta a incursão de brilhantes pesquisadores por esse caminho – em que pese reconhecerem, indiretamente, a "modernidade" de sua política econômica. O registro mais notável dessa linha de raciocínio cabe, talvez, ao professor britânico, Keith Thomas, para quem Hobbes descreve, em seus textos, um quadro feudal, concedendo grande importância à noção de *status*. O filósofo tem, aqui, uma visão antiquada (*old-fashioned*), vinculada à ideia de honra e dignidade. Incontestável o vestígio de orgulho aristocrático. Perceptíveis não apenas nos *Elementos de Direito Natural e Político*, no *De Cive*, e mesmo na sua obra mais famosa: o *Leviatã*. Mas seriam esses traços nobiliárquicos, sobreviventes secundários numa ordem decadente, os fundamentos – isto é, a concepção dominante – do pensamento hobbesiano?

Argumentos mais sólidos encontram abrigo nas teorias que veem nas teses do fundador da filosofia política moderna uma calorosa defesa dos interesses burgueses. Em contraste com os exíguos indícios de atração por um regime em vias de extinção – a honra, a reputação, o reconhecimento,[1] se bem que características do ardor aristocrático, não são exclusivos dessa classe social –, as simpatias de Hobbes parecem dirigir-se ao modelo de sociedade emergente. O valor de um homem, observa no *Leviatã* (Caps. X e XXIV), é dado pelo seu preço, e o trabalho é uma mercadoria que pode ser trocada, como qualquer outra, por benefícios. Mesmo o desejo de alcançar uma vida cômoda e a incessante busca pela acumulação de riqueza, que ele identifica com a *felicidade*, acham sua razão última no trabalho, uma categoria muito pouco aristocrática.

Os adeptos dessa vertente, como C. B. Macpherson, enxergam em Hobbes um individualista possessivo e na Inglaterra seiscentista uma

---

1. Não obstante referir-se favoravelmente a essas categorias, a concepção hobbesiana de honra e reputação está sempre condicionada ao poder, à concorrência e à acumulação de riquezas (v., por exemplo, os Caps. X, XI e XIII do *Leviatã*, mas também os *Elementos de Direito Natural e Político* (caps. 7 e 9). Lembro, ainda, que o próprio Marx, que combate todas as classes pertencentes aos modos de produção alicerçados na propriedade privada esteve, por mais de uma vez, envolvido em disputas cuja principal forma de solução era o duelo, um modo de salvar a reputação. Um país capitalista, como os Estados Unidos teve, durante muito tempo, como exemplo de resolução dos problemas relativos à moral (final do século XIX), o duelo, imortalizado no gênero *western* do cinema americano.

sociedade de mercado. A solidez dessa posição, comparada com a anterior, porém, não é inabalável. Renato Janine Ribeiro questiona, no primeiro capítulo do seu livro, a natureza da política burguesa em quem se empenha em conter a ilimitada cupidez dessa classe. Hobbes é, antes de qualquer outra coisa, um guerreiro em luta com o mercado de homens ambiciosos em sua incansável avidez de lucro. Menos propenso a aceitar os princípios da burguesia, a predisposição do filósofo é, para Renato Janine, vê-la subordinada ao domínio do Estado.

Se isso é correto – e concordo com Renato Janine nesse aspecto, ou seja, creio que há uma tendência no pensamento hobbesiano para opor obstáculo à voracidade do homem burguês –, implica que a filosofia de Hobbes esteja comprometida com as forças conservadoras do regime agonizante? Acredito que não há incompatibilidade entre o "espírito" burguês da teoria econômica de Hobbes e sua política de submissão às regras do Estado. Não é preciso ser entusiasta do *laisser faire* ou do Estado mínimo – a economia de mercado na sua terminologia mais divulgada – para apoiar políticas de extração liberal. Em outras palavras: o sistema produtor de mercadorias – o capitalismo –, responsável pelo nascimento da burguesia e pela elaboração da filosofia liberal que lhe dá respaldo, não se sustenta exclusivamente no livre comércio.

Alguns expoentes do capitalismo ainda vivos, bem como outros da primeira metade do século XX, não se sentiriam à vontade se alguém os incluísse entre os epígonos da doutrina neoliberal. Galbraith, Keynes, Dahrendorf provavelmente se achariam incomodados na companhia de Friedman, Hayek ou dos economistas e políticos apologetas do Consenso de Washington. Quero dizer – para voltar às preferências de Hobbes – que não há óbice, por parte de quem quer que seja, em identificar-se com os objetivos econômicos e políticos propostos pela burguesia sem que necessite, com isso, dispensar a presença do Estado. É precisamente este o princípio adotado por Hobbes. Em nenhum momento ele se indispõe, *grosso modo*, com a finalidade estabelecida pela doutrina da nova classe. Ao contrário, acolhe o conjunto de seus preceitos – se bem que o vocábulo "incondicional" está ausente do seu dicionário.

Em todo caso, não escapa aos "encantos" das facilidades que a nova sociedade proporciona. Os Capítulos X e XI do *Leviatã* atestam sua admiração (parcial) pelo regime de acumulação de bens. A cobiça de grandes riquezas é honrosa e a felicidade não consiste no repouso de um espírito satisfeito. Ela é um contínuo avanço do desejo – de um objeto a outro – cuja finalidade é abrir caminho para garantir "permanentemente" um desejo futuro; a ausência dessa paixão leva invariavelmente à morte (Cap. VIII). Instala-se, então, o paradoxo. Indispensável para a sobrevivência e bem-estar dos indivíduos, esse estilo de vida conduz o homem à competição, à inimizade e à guerra (Caps. XI e XIII). Exatamente o que desperta a apreensão do filósofo.

Evitar o mal, contudo, não ocasiona uma oposição aberta à formação social vigente. Se a privação de bens solapa as condições de existência de uma vida digna, e o excesso tem como consequência a morte do corpo político, onde encontrar o equilíbrio adequado que impeça a morte do sujeito (coletivo) e não veja no sistema econômico, em sua totalidade, um ente hostil que deva ser eliminado para sempre? Na associação, responde Hobbes. O desejo de conforto e o medo da opressão – ou o que é pior, da morte violenta – predispõem o homem a buscar proteção. O controle das paixões – na verdade, do *laisser faire*, do livre comércio absoluto, da concorrência exacerbada –, isto é, a repressão dos instintos através de um órgão – que Hobbes chama de associação ou *Commonwealth* (Estado, República) –, criado por meio de um contrato entre os homens, que visa a assegurar a tranquilidade e o bem-estar de todos surge, assim, como fator de estabilidade social e de freio à anarquia provocada pelo mercado.

Abordagem discutível, reconheço, mas não destituída de sentido. Pela sofisticada e bem costurada leitura de Renato Janine Ribeiro (no prefácio à edição brasileira do *Behemoth*) é praticamente inviável a tradução "mercadológica" da filosofia hobbesiana. É o clero e não o capital o alvo de Hobbes; além do que é provável que os supostos aspectos capitalistas representassem quase nada em seu pensamento, coisa que talvez ele tivesse pouca noção. Itinerário próximo ao percorrido por Thomas – secundado de perto por João Paulo Monteiro que, em seu ensaio sobre a "Ideologia e Economia em Hobbes", nega a possibilidade do modelo de Estado hobbesiano justificar a dominação capitalista, uma vez que seria necessário, para tal, que "o lugar do primeiro plano fosse reservado para a lógica do capital".

Não tenho condições de discutir longamente, aqui, o problema, o que de resto já o fiz em outro lugar.[2] Restrinjo-me a comentar, sumariamente, o que afirmaram Marx e Engels a respeito da influência das ideias de uma época sobre os indivíduos. Marx sustenta, no prefácio à *Elementos Fundamentais à Crítica da Economia Política (Grundrisse)*, que os homens só tomam conhecimento das alterações ocorridas

---

2. Cf. Fernando Magalhães, "Hobbes e a Razão Pública. Um Estudo sobre as Origens do Estado do Bem-Estar Social", *Perspectiva Filosófica*, n. 25.

na estrutura econômica no nível das ideologias, o que em poucas palavras quer dizer, na esfera da "falsa consciência". Mais tarde, na secção dedicada à acumulação primitiva do capital, no Livro I de *O Capital*, relaciona a luta eclesiástica à face visível da propriedade territorial da Igreja. Os homens não percebem imediatamente as razões de sua intervenção na história. Engels é até mais incisivo quanto a isso no seu opúsculo *Do Socialismo Utópico ao Socialismo Científico*: "O grande centro internacional do feudalismo era a Igreja Católica Romana (...). A Igreja modelou sua hierarquia pela do regime feudal e tornou-se, afinal de contas, o maior senhor feudal (...). Antes de atacar o feudalismo em cada país, era necessário destruir a sua organização central santificada (...). A classe mais diretamente interessada na luta contra a posição de força da Igreja Católica era a burguesia (...). Toda a luta contra o feudalismo devia, na época, revestir-se de uma roupagem religiosa e ser dirigida em primeiro lugar contra a Igreja".

As aspirações da burguesia não estão direcionadas, nos primeiros momentos, da acumulação primitiva, diretamente para o capital, pois não o conhece como tal. Discutir o capital, portanto, é o que menos importa a Hobbes – aliás, ele o desconhece. Não o identifica como o agente que movimenta e "dinamiza" o capitalismo porque, como explica Marx, nos *Grundrisse*, as condições do nascimento do capital pressupõem que este "ainda não existe", que está apenas se convertendo em capital. Os atores econômicos desse período têm uma ideia muito vaga do dinheiro como capital, como instrumento de circulação; não imaginam como riqueza em si mesma, em seu processo produtivo.

Entretanto, não está ausente do pensamento de Hobbes – e isso escapa à análise de alguns de seus comentadores – um correspondente primitivo à lógica do capital. O desenvolvimento desse conceito, na sua forma originária de acumulação, não está no trabalho (ainda que Hobbes sinta a importância dessa categoria para o desenvolvimento social), mas na ideia de valor, especialmente quando associado à noção de preço. Processo ilustrado por Marx no esboço que faz para *O Capital* (*Grundrisse*) acima citado: "O produto para converter-se em capital deve ter passado por uma autêntica avaliação; deve ter sido comprado e vendido, com preço discutido e fixado mediante uma convenção legal".

Marx põe em evidência, ainda, que o dinheiro é o equivalente estável do valor e, como tal, a substância de todos os contratos. Hobbes, por seu lado, entende que o valor de uma mercadoria ou mesmo de um homem está no seu preço. É difícil entender a razão pela qual ele concede tanta relevância ao contrato e ao conceito de valor? O fato da classe ascendente – objeto de pesquisa de Hobbes – não estar atenta a essa acumulação originária não significa que não a pratique efetivamente. Inclusive de forma indiscriminada. É esse exagero o motivo do seu embaraço – e causa da guerra de todos contra todos.

III

Não há dúvidas. A guerra civil é objeto de temor de Hobbes, esclarecido pela sua própria pena no parágrafo que encerra o *Leviatã*: "E assim cheguei ao fim de meu discurso sobre o governo civil e eclesiástico, ocasionado pelas desordens dos tempos presentes, sem parcialidade, sem servilismo, e sem outro objetivo senão colocar diante dos olhos dos homens a mútua relação entre proteção e obediência, de que a condição da natureza humana e as leis divinas (quer naturais, quer positivas) exigem no cumprimento inviolável".

O conflito doméstico confirma o receio do filósofo; não esgota, porém, o conceito de estado de natureza. Bobbio lembra que a filosofia política de Hobbes está completa antes de eclodir a guerra civil na Inglaterra – os *Elementos* são de 1640, e o *De Cive* e o *Leviatã* são antes redações aperfeiçoadas de sua obra filosófico mais antiga. Com efeito, o estado de guerra como uma espécie de concorrência entre os homens, e a necessidade de controlar esses impulsos para alcançar a paz já estão presentes nessa obra política inicial. O estado de natureza ainda não é visto como guerra civil. Como poderia Hobbes antecipar uma concepção se o fenômeno não ocorrera?

O estado de guerra, na sua formulação primitiva – que ele sanciona mais tarde no Capítulo XIII do *Leviatã* – é "nada mais que o tempo em que a vontade e a intenção de lutar pela força são suficientemente demonstradas pelas palavras ou pelos atos" (*Elementos*, II, 1, i, 11).[3] Obviamente, não constitui novidade a deflagração de guerras tanto internacionais quanto no interior dos próprios Estados. Contudo, as causas previstas por Hobbes são múltiplas; em geral, estimuladas pelo ímpeto

---

3. As referências aqui utilizadas obedecem à seguinte ordem: a numeração romana inicial prende-se a uma das partes em que os *Elementos de Direito Natural e Político* estão divididos: *A Natureza Humana* e o *De Corpore Político*. O algarismo arábico subsequente corresponde à secção em que o segundo texto se divide, seguido, outra vez, de algarismo romano – agora minúsculo –, para identificar o capítulo, secundado de outro arábico para o respectivo parágrafo. No que toca ao primeiro dos textos que compõem o livro (*Natureza Humana*), o trabalho não contém divisão por secções. O registro será feito por algarismo romano, acompanhado de outro idêntico embora na sua forma minúscula e parágrafo.

competitivo que a atividade mercantil produz. Depois de comparar a vida do homem com uma corrida, em que abandoná-la é morrer, tentar ultrapassar o que precede é *emulação* e superar o concorrente é a *felicidade* (Id., I, ix, 21), Hobbes aponta a origem da guerra: o comércio e o livre tráfico de mercadorias entre os competidores (II, 1, iii, 21).

É digno de nota, nesse aspecto, a aguda observação de Hobbes a respeito da destruição da natureza pelo sistema produtor de mercadorias (II, 1, i, 12), o que revela sua propensão para a análise dos efeitos deletérios do domínio do homem sobre o meio ambiente, uma das características da sociedade burguesa moderna. Nessas condições, a vida do homem é tão precária que não há lugar para a indústria, a arte, o conhecimento, sobretudo uma vida confortável e pacífica. A guerra de todos contra todos, proveniente dessa voracidade, torna insuportável a convivência entre os indivíduos. Premido pela ideia de desejo cumulativo de bens, sem o qual a vida se esvai; deprimido pelo medo da morte, ciente de que diante do imenso apetite de posse a guerra é inevitável, o filósofo não hesita: a paz é prioridade.

Sua semente brota do controle das paixões desenfreadas. Em última análise, a paz germina da regulagem do processo mercantil, fruto do desejo irreprimido. É o mundo pacificado pela autoridade estatal que se encontra no centro do pensamento de Hobbes. Sem uma sociedade relativamente estável os homens tendem à rebelião lançando o Estado na decomposição política e na catástrofe social. Hobbes, porém, dá um passo à frente no esforço de dotar a sociedade civil de um instrumento que contenha possíveis revoltas. Melhorias na situação da população ajudam a combater a tensão. Não raro, as desordens têm origem na pobreza.

Teme que à falta do necessário para preservar a vida dê motivos para falsos pensamentos, atribuindo a culpa aos governos. Somente o bem-estar tem condições de conferir segurança ao povo contribuindo para a consecução da paz. O empenho de Hobbes pela intervenção do Estado na vida econômica – não diz ele que o *Commonwealth* não pode sofrer dieta? – tem chamado a atenção de alguns estudiosos para sua filosofia social. Esta é vista ora como uma concepção antecipadora do *Welfare State* (Kavka), ora como uma projeção primitiva do pensamento social-democrata (Bianca).

Duvidosa interpretação para quem vê, nas pressuposições hobbesianas, o apelo à acumulação. Naturalmente o filósofo empresta enorme ênfase a essa política. Afinal, vive o homem sem necessidades e carências? Em um diálogo que trava com um jurista, declara que os homens se afligem quando são contrariados por que queremos coisas impossíveis. Em suma, o desejo de mais desejo. Legítimo, então, presumir que é a ilimitada expansão a única forma de conservar e fortalecer o poder. Em regra, a conquista, ou seja, a guerra é, aparentemente, para muitos, o meio mais eficaz para alcançar a finalidade almejada. Nada mais justo do que identificar nosso Autor com o mais obstinado defensor e iniciador da guerra, como faz Piccarolo. A comparação com Vegécio é inevitável: "Quem deseja a paz prepare-se para a guerra". Engana-se, porém, quem concede primazia a esta última no pensamento de Hobbes. Realça, ele, o momento da paz, como pode ser visto no Capítulo XIV do *Leviatã*: "Que todo homem deve esforçar-se pela paz na medida em que tenha esperança de consegui-la, e caso não consiga, pode procurar e usar todas as ajudas e vantagens da guerra".

A explicação que segue a citação confirma as preocupações do filósofo. A parte inicial dessa regra "encerra a primeira e fundamental lei da natureza". Na segunda parte está contido o direito de proteção, isto é, de guerra defensiva, direito que se encontra no estado de natureza. Não é, todavia, a fuga dessa condição natural que pretende Hobbes? Se o direito de reagir é elemento integrante da natureza e é a este que ele quer pôr fim, como confundi-lo com um mensageiro da guerra? A proclamação bélica dos textos hobbesianos predomina sobre a leitura pacifista por que o filósofo prefere recorrer às "definições negativas do conceito", como deduz Pasquale Pasquino.

Observe-se, por exemplo, o sempre consultado Capítulo XIII do *Leviatã* (mas também o *De Cive* – I, i, 12).[4] Depois de descrever o processo de guerra, ele acrescenta no final: "todo o outro tempo é de paz". Essa preocupação persegue o filósofo a vida inteira, e não encontramos em seus escritos qualquer alusão à guerra como um fenômeno positivo. Ao contrário, todos reconhecem (e concordam) – segundo sua opinião – que o estado de natureza é um mal e que a paz é um bem ou uma boa coisa (*De Cive*, I, iii, 31 e *Leviatã*, XV).[5] Por isso, os homens devem, inclusive, desistir de certos direitos porque quem não o faz age contra a paz (*De Cive*, I, ii, 3). Mesmo nos trabalhos em que a afirmação não é direta, a sombra da paz é uma presença permanente.

Na polêmica que mantém com o bispo Bramhall, no primeiro diálogo do *Behemoth*, ele considera que jamais haverá paz duradoura

---

4. As indicações em algarismos romano e arábico, dessa obra, referem-se à secção, capítulo e parágrafo, respectivamente.

5. "O principal objetivo da filosofia política de Hobbes" diz Gilbert Boss em um livro sobre a morte do Leviatã, "era a busca das condições da paz".

enquanto as universidades não tenham sido reformadas. Acredita Hobbes, que o ensino superior deve contribuir para o amor à obediência, o que parece não cumprir, no momento, com essa diretriz. O problema é, então, lançado para o futuro. Tudo indica que não há esperanças de que o apelo de paz seja ouvido em seu tempo. Registro que remete ao *De Homine*: "O maior de todos os bens, como é chamada a felicidade, não pode ser alcançada na vida atual".

O resultado é óbvio; aguardar que o soberano – homem público e leitor de sua obra – transforme em utilidade pública seus ensinamentos, como estipula no final da segunda parte do *Leviatã*. Ceticismo desvelado no *Behemoth*, como já visto, e no *De Cive* (II, xiii, 9): "Se alguém (...) desejar introduzir na cidade alguma doutrina sadia, deve começar pelas academias. Ali devem lançar-se os fundamentos verdadeiros e bem demonstrados da doutrina civil, ou Política, para que os jovens, dela compenetrados, possam mais tarde instruir outros em público e privadamente".

O texto impressiona por uma abertura até então oculta nos trabalho de Hobbes. Sugere ele uma reforma por meio da educação? Como estabelecer um paralelo entre a condição humana imutável e a possibilidade de influenciar a mentalidade do indivíduo para que termine por aceitar que a obediência é o melhor caminho para a paz? Uma interpretação abrangente e consideravelmente livre permite ao filósofo o "benefício da dúvida", malgrado suas pessimistas alusões à natureza humana. Generalizações, nesse caso, são evitadas. Nem todos podem ser acusados de ter "má índole", se bem que a maior parte dos homens careça de bom comportamento (*De Cive*, I, ii, 11).

Nem todos são maus, como atesta na sua "Mensagem aos Leitores". Há lugar, pois, para que se ensine a obediência após a "reforma universitária". O tempo parece ser um bom conselheiro, à medida que o âmbito acadêmico está ainda distante de inculcar os preceitos contidos nos deveres de seguir as orientações (as ordens) do soberano. O desespero do filósofo é enorme; desconfia de que a multidão venha um dia aprender seus deveres sem as necessárias mudanças na academia (*Behemoth*, Diálogo I). Esperar por esse desenvolvimento é abandonar a humanidade à sua própria sorte (o estado de natureza). Urgente se faz encontrar a fórmula ideal que ponha fim a essa situação constrangedora. O contrato é o instrumento que obriga os homens a saírem da condição inicial de guerra para a sociedade civil. Contudo, importa aqui, para esse propósito, muito menos discutir o pacto social hobbesiano do que descobrir as razões que o levam a propor a pacificação por meio desse expediente. Hobbes revela-se, então, um pensador da ética; é esta que conduz o homem à sociedade civil e, consequentemente, à paz.

IV

Sabe ele que a natureza humana se dá mais pela desconfiança do que pela predisposição inata do homem para a maldade. É por não ter acesso ao que o outro pensa que o indivíduo sente a necessidade de se antecipar, pois o medo da morte e os desejos das coisas necessárias a uma vida confortável inclinam os homens para a paz (*Leviatã*, XIII). O que leva o homem natural a raciocinar dessa forma? A crença de que uma força superior comum a todos os homens – a razão – não permite que eles permaneçam na condição de guerra de todos contra todos por muito tempo.

Deposita, assim, suas esperanças, nas leis da natureza. Imutáveis e eternas, elas atendem a um preceito – ou regra geral – estabelecido pela razão contendo uma lei fundamental que é a busca da paz e sua perseguição. Decerto, o contrato é fonte da obrigação; mas apenas porque, em última análise, decorre da lei da natureza que "impõe" aos homens que devem cumprir os pactos celebrados (*Leviatã*, XV). Desse modo, são as leis da natureza que criam condições de paz entre os homens, porque tais leis determinam o que um ser idealmente razoável faria se pudesse analisar suas relações com outros homens de modo imparcial, levando em consideração as coisas que interessam à sua segurança.

Vale notar que, para Hobbes, as leis da natureza ordenam *in foro interno*. Nesse aspecto, pouco importa que elas só adquiram validade por meio da vontade do soberano. Em última instância, são sugeridas pela consciência e todos estão moralmente obrigados a contrair obrigações jurídicas, pois é impossível qualquer lei da razão opor-se à lei divina. Se buscamos a paz por meio de normas legais é porque esse desejo é imposto moralmente pela lei natural; é ela que confere validade à lei positiva. Além do que, nos casos omissos, isto é, em que esta não regula, recorre-se àquela. Brian Barry incursiona por esse viés ao comentar aspectos da teoria de Warrender que faz da obrigação, no pensamento de Hobbes, um problema moral. Para Barry, o núcleo central da doutrina de Hobbes é o dever e a obediência. São essas duas formas de comportamento – resultantes do conhecimento derivado do contrato – que conduzem o homem a uma paz duradoura.

As leis que os homens conhecem "através de sua própria razão, devem estar de acordo com a razão de todos os homens, o que não pode acontecer senão com a lei da natureza" (*Leviatã*, XXVI). A expressão de Hobbes, "todos os homens" é uma universalização do sujeito e corresponde, consequentemente, à humanidade por inteiro. Uma moral universal rege, portanto, a filosofia hobbesiana. Até certo ponto, lei e moral coincidem. Cada uma, porém, tem seu próprio domínio: uma atua na esfera da obrigação moral; a outra age no campo da imposição legal. Contudo, prevalece a ação da lei moral, que é uma lei superior e fornece, portanto, um critério para a validade da lei feita meramente pelo homem. Ora, ir de encontro à obrigação que emana dessa lei é o mesmo que violar os preceitos da razão. De resto, "jamais se pode aceitar que a guerra possa preservar a vida e a paz destruí-la" (*Leviatã*, XV).

Não é casual que ele feche esse capítulo com argumentos bastante persuasivos sobre a moralidade à qual os homens devem estar submetidos: "E a ciência delas [as leis] é a verdadeira e única filosofia moral. (...) A estes ditames da razão os homens têm por hábito chamar pelo nome de leis, mas impropriamente, pois eles são apenas conclusões ou teoremas no que dizem respeito aos meios de conservação e defesa de todos. (...) No entanto, se considerarmos os mesmos teoremas como proferidos pela palavra de Deus, que por direito tem o poder de mando sobre todas as coisas, então serão propriamente chamadas leis".

É, como se vê, uma lei moral; e por isso mesmo essa lei "determina" que o homem procure a paz por todos os meios (*De Cive*, I, iii, 31). Trata-se de um preceito da razão que indica o que deve fazer ou deixar de fazer (ibidem, I, iii, 33). Em princípio, não prescreve ações boas em si mesmas, o que não constitui, a rigor, um *imperativo categórico*. Mas, simultaneamente, é a expressão disfarçada desse imperativo; enfim, é uma lei e, portanto, a palavra de Deus que "governa todas as coisas com o mais pleno direito" (*De Cive*, ibidem). Hobbes chega, dessa maneira, a um resultado análogo aos dos estoicos na sua procura pelo objetivo final (a felicidade, a paz etc.): a necessidade de uma lei que governe o universo e que a um só tempo seja natural e moral. E essa lei compele os homens ao cumprimento do dever (a paz por meio da obediência).

A conclusão é nítida: o uso que Hobbes faz dos princípios gerais da lei da natureza encontra-se no campo da ética, na medida em que o único modo de se alcançar a felicidade e a paz universal (que tem a qualidade de preservar a vida) é através da obrigação moral. Ao procurar as raízes da moral humana, no pensamento socialista, Howard Parsons observa que o ato moral fundamental consiste na conservação e nos cuidados com a vida. Essa afirmação parece aproximar Hobbes dos teóricos do socialismo. Num ensaio relativamente recente, um professor da Nottigham Trent University, Tony Burns, sustenta, em moldes quase hobbesianos, (apesar de sua abordagem dirigir-se à ética marxista), que a exigência de uma lei moral é a precondição necessária para a autopreservação, tanto dos indivíduos quanto de outras espécies.[6] Eis o fundamento da filosofia hobbesiana da paz. Não negligenciar, jamais, que a ética pura é, para Hobbes, impotente. A força é a garantia de sua realização pelo soberano, porquanto pactos sem a espada são meras palavras que não dão segurança a ninguém.

Hobbes escreve suas obras políticas numa época de conflitos nacionais e internacionais. Independentemente das guerras civis que dilaceram as sociedades, em todos os tempos os governantes vivem em contínua rivalidade, na situação de contendores, com as armas engatilhadas guardando suas fronteiras, cada um de olho fixo no outro (*Leviatã*, XIII). Nada faz crer que esse panorama tenha mudado, ainda que passados três séculos e meio desde a publicação do *Leviatã*. A busca da paz é um objetivo das sociedades pós-modernas, e prementes são os esforços no sentido de obtê-la. A guerra civil na esfacelada ex-Yugoslávia (Sérvia, Croácia, Bósnia etc.); o eterno desentendimento por um velho objeto do desejo (Caxemira) na fronteira da Índia com o Paquistão; o recrudescimento dos atentados terroristas (sejam de Estado ou de organizações extremistas); as invasões norte-americanas no Afeganistão e no Iraque e o antigo problema entre palestinos e israelitas – sem mencionar a guerra de todos contra todos incentivada pela acelerada competitividade da economia de mercado – demonstram uma identificação entre dois horizontes históricos que reflete uma afinidade eletiva entre passado e presente.

V

As obras de Hobbes abrem às disciplinas filosóficas caminho para uma análise política e econômica da modernidade que não se esgota no século XVII. A filosofia hobbesiana investiga, juntamente com as causas dos conflitos armados e a forma de combatê-los (o termo mais adequado seria, talvez, evitá-los), a natureza da acumulação primitiva do capital (os procedimentos de transferência da propriedade privada burguesa por meios contratuais) e o tráfico de mercadorias, ainda que, conscientemente, não dê conta das infiltrações ideológicas do seu próprio relato. Não importa o quão condenado seja o seu modelo de con-

6. Ao incluir outras formas de vida animal no conceito de lei moral, Burns omite uma das características fundamentais da ética: a subjetividade.

trole das paixões.⁷ Interessa destacar que as sociedades pós-modernas ainda vivem sob o império das ideias de Hobbes.

Em seu tempo, como nos nossos conflitos civis e interestatais, as fronteiras entre um e outro estão próximas. Adverte H. Bull, num artigo sobre a anarquia internacional, que as guerras civis proporcionam oportunidades para intervenções externas e lutas religiosas que vinculam lealdades em todas as partes do globo. As "intervenções humanitárias" na Bósnia e em outras regiões, e as ações irracionais dos vários fundamentalismos comprovam o estreito laço entre as dimensões temporal--espaciais da política e da economia. Hobbes vive entre nós.

A desconfiança, o individualismo, a concorrência deflagrada pelo mercado impelem o homem a competir com seu semelhante, ora para demonstrar superioridade, ora simplesmente para não sucumbir à violência totalitária da livre iniciativa promovida pelo capitalismo tardio na sua forma mais pura. Adicionalmente, as guerras tradicionais e as hostilidades entre as nações, povos e etnias exigem, da parte dos "súditos mundiais",⁸ uma constante vigília para impedir a dissolução das sociedades civis nacional e internacional. A busca da paz permanece, assim, no horizonte de nossas perspectivas, bem como o recurso aos meios para a defesa e a segurança pessoal e coletiva. A árvore da discórdia tem suas raízes plantadas em solo equivalente – no conteúdo e não na forma⁹ – àquele em que floresceu o pensamento do filósofo inglês.

O medo ainda se opõe à esperança, não obstante a firme convicção de eliminá-lo da convivência planetária através da criação de um novo sistema em que a racionalidade ofereça ao mundo uma ética capaz de

---

7. Não há, aliás, unanimidade em torno da utilização dos instrumentos formais de governo, isto é, dos mecanismos de exercício do poder, em Hobbes. Em termos conceituais poder-se-ia mesmo dizer que ele "inventou" a categoria de "Presidente da República", do mesmo modo que é possível concordar com a leitura daqueles que o acusam de autocrata ou pai da burocracia moderna. O soberano é escolhido pelo voto (embrião do sufrágio universal?). Embora detenha o poder total (o que pensar de presidências "imperiais" como as do Brasil e dos Estados Unidos?), o governante não está isento de punição, caso não cumpra com a finalidade para a qual foi eleito: a vida confortável dos súditos.

8. Penso, particularmente, nos movimentos sociais da globalização.

9. O capitalismo, como modo de produção, isto é, como conteúdo de um sistema produtor de mercadorias não morreu. Nesse sentido, seus princípios básicos, vigentes à época de Hobbes – lucro, individualismo, competição – permanecem ativos ainda hoje. Repetindo Fredrik Jameson, "no nosso caso não se trata propriamente de um novo modo de produção, mas de uma mutação dialética de um sistema capitalista já estabelecido". Em resumo: mantém-se o fundamento, mas altera, frequentemente, sua forma.

abolir, definitivamente, do planeta, guerras de todo tipo. Se isso é possível, é outra coisa. O que é relevante é que esse modo de entender a realidade mostra que o pensador de Malmesbury ainda tem muito a nos dizer. Isso torna a filosofia de Hobbes extremamente atual, bem como faz dele um clássico a se consultar assiduamente e de seus textos objetos de indispensável (re)leitura.

Bibliografia recomendada

É bastante insignificante a quantidade de obras de Hobbes traduzidas para o público brasileiro, bem como a de seus comentadores. Em que pese os poucos trabalhos do Autor, em nosso vernáculo, algumas traduções são de excelente qualidade. De qualquer forma, as leituras recomendadas nesta bibliografia restringem-se àquelas utilizadas no texto.

Obras de Hobbes

HOBBES, Thomas. *Leviathan*. Editado com uma introdução de C. B. Macpherson. Harmonsworth, Penguin Books, 1985.

_____. *Leviatã*. In *Os Pensadores*, vol. XIV. Trad. de João Paulo Monteiro. São Paulo, Abril Cultural, 1974.

_____. *De Cive (Do Cidadão)*. Trad. da edição em latim por Ingeborg Soler. Petrópolis, Vozes, 1993.

_____. *Elementos do Direito Natural e Político (A Natureza Humana e "De Corpore Politico")*. Porto, Rés Editora, s/d.

_____. *Behemoth. The History of the Causes of the Civil Wars of England*. In *English Works*, vol. VI. Edição de William Molesworth. London, John Bohn, 1841 (reimpressão da Scientia Verlag Aalen, 1966).

_____. *Behemoth ou O Longo Parlamento*. Trad. de Eunice Ostrensky e revisão técnica de Renato Janine Ribeiro. Belo Horizonte, UFMG, 2001.

_____. *De Homine*. In *Man and Citizen*. Indianapolis, Hackett Publishing, 1991.

_____. *Diálogo entre um Filósofo e um Jurista*. São Paulo, Landy, 2001.

Outras obras

BARRY, Brian. "Warrender and his Critics". In LIVELY, Jack e REEVE, Andrew (Eds.). *Modern Political Theory from Hobbes to Marx. Key Debates*. London, Routledge, 1991.

BIANCA, Mariano. *Dalla Natura alla Società. Saggio sulla Filosofia Politico-Sociale di Thomas Hobbes*. Padua, Marsilio Editori, 1979.

BLOOM, Harold. *A Angústia da Influência*. Rio de Janeiro, Imago, 1991.

BOBBIO, Norberto. *Thomas Hobbes*. Rio de Janeiro, Campus, 1991.

BOSS, Gilbert. *La Mort du Léviathan. Hobbes, Rawls e notre Situation Politique*. Zurich, Éditions du Grand Midi, 1984.

BUEY, Francisco Fernández. *Marx(sem ismos)*. Rio de Janeiro, UFRJ, 2004.

BULL, H. "Hobbes and the International Anarchy". In KING, Preston (Ed.). *Thomas Hobbes. Critical Assessments*, vol. III: *Politics and Law*. London, Routledge, 1993.

BURNS, Tony. "Karl Kautsky and Ethics". In WILDE, Lawrence (Ed.). *Marxism's Ethical Thinkers*. Hampshire, Palgrave, 2001.

CALVINO, Italo. *Por que Ler os Clássicos?* 2ª ed., São Paulo, Companhia das Letras, 2004.

CHEVALLIER, Jean-Jacques. *As Grandes Obras Políticas de Maquiavel a Nossos Dias*. Rio de Janeiro, Agir, 1999.

ENGELS, Friedrich. *Do Socialismo Utópico ao Socialismo Científico*. Lisboa, Estampa, 1971.

JAMESON, Fredrik. *A Cultura do Dinheiro*. Petrópolis, Vozes, 2001.

JAUSS, Hans Robert. *Pour une Esthétique de la Réception*. Paris, Gallimard, 1978.

KAVKA, Gregory. *Hobesian Moral and Political Theory*. Princeton, University Press, 1986.

MACPHERSON, C. B. *The Political Theory of Possessive Individualism*. Oxford, Clarendon Press, 1962.

MAGALHÃES, Fernando. "Hobbes e a Razão Pública. Um Estudo sobre as Origens do Estado do Bem-Estar Social", *Perspectiva Filosófica*, n. 25, jan.-jun. de 2006.

MARX, Karl. *El Capital*, vol. I. México, Fondo de Cultura Económica, 1973.

_____. *Elementos Fundamentales para la Crítica de la Economía Política (Grundrisse)*, vols. 1 e 2. 11ª ed., México, Siglo XXI, 1987.

MONTEIRO, João Paulo. "Ideologia e Economia em Hobbes", *Filosofia Política*, n. 2, 1995.

PARSONS, Howard. "As Raízes Humanas da Moral". In VV.AA. *Moral e Sociedade*. 2ª ed., Rio de Janeiro, Paz e Terra, 1982.

PASQUINO, Pasquale. *Hobbes. Statu di Natura e Libertà Civile*. Milano, Anabasi, 1994.

PICCAROLO, A. *A Guerra e a Paz na História*. São Paulo, Athena Editora, 1944.

RIBEIRO, Renato Janine. *Ao Leitor Sem Medo. Hobbes Escrevendo contra o seu Tempo*. 2ª ed., Belo Horizonte, UFMG, 2004.

STRAUSS, Leo. *The Political Philosophy of Hobbes. Its Basis and its Genesis*. Chicago, University Press, 1976.

THOMAS, Keith. "The Social Origins of Hobbes's Political Thought". In BROWN, C. K. (Org.). *Hobbes Studies*. Oxford, Basil Blackwell, 1965.

TUCK, Richard. *Hobbes*. Oxford, University Press, 1990.

_____. *Hobbes*. São Paulo, Edições Loyola, 2001.

_____. "Hobbes's Moral Philosophy". In SORELL, Tom (Ed.). *The Cambridge Companion to Hobbes*. Cambridge, University Press, 1996.

Capítulo VII
LOCKE: DOS FINS DA SOCIEDADE CIVIL

ARMANDO ALBUQUERQUE

1. Introdução. 2. Vida, obra e pensamento político de Locke: 2.1 Vida; 2.2 Obra; 2.3 Pensamento político: 2.3.1 Das limitações do estado de natureza; 2.3.2 Da finalidade da sociedade civil; 2.3.3 Formação e organização do poder civil; 2.3.4 Do direito de resistência; 2.3.5 Atualidade do pensamento político de Locke. 3. A sociedade civil como instrumento de preservação e de consolidação dos direitos naturais do homem: 3.1 Do conceito de sociedade civil; 3.2 A sociedade civil como instrumento de proteção da propriedade: 3.2.1 O livre consentimento dos indivíduos como fundamento da sociedade civil; 3.2.2 Do pacto de consentimento; 3.2.3 Dos fins da sociedade civil. 4. Considerações finais.

1. Introdução

A filosofia política do pensador empirista inglês John Locke, como obra clássica no âmbito do pensamento político universal, possui, para usar as palavras de Norberto Bobbio (1997), uma descendência ilustre, e mantém-se, segundo Macpherson, com um fantástico caráter de atualidade, contemplando tudo aquilo que um liberal-democrata moderno poderia desejar: *"Governo pelo consentimento majoritário, direito às minorias, supremacia moral do indivíduo, santidade da propriedade individual"*.[1]

Não obstante algumas ambiguidades[2] que permeiam o pensamento político de Locke, ele propugna, indubitavelmente, uma sociedade

---

1. C. B. Macpherson, *A Teoria Política do Individualismo Possessivo*, p. 205.
2. Estas ambiguidades residem principalmente na concepção do estado de natureza, na constituição da sociedade civil, na teoria do direito de propriedade, bem como no conceito de consentimento que consiste no fundamento legítimo do poder político.

na qual o indivíduo e a sua propriedade são os valores fundamentais. Encontra-se nele uma vigorosa justificativa de uma sociedade de cunho individualista[3] e de classes.[4]

Locke inicia o seu *Segundo Tratado* descrevendo um estado originário do homem que se confronta claramente com o estado de natureza hobbesiano. Diversamente do Autor do *Leviatã*, ele lança mão do direito natural para afirmar os limites do poder político mediante a existência efetiva de uma lei natural. Assim, o direito à vida, à liberdade e à propriedade tem precedência em relação à sociedade civil e ao direito positivo. A partir da sua concepção de estado de natureza, Locke fundamenta tanto uma igualdade quanto uma desigualdade natural dos homens estabelecida pela diferenciação da apropriação de bens e da racionalidade existentes entre os mesmos naquele estado. Esta desigualdade está fundada na forma de apropriação já existente no estado de natureza.[5] Pode-se, portanto, afirmar que em Locke, diferentemente de Rousseau, a desigualdade entre os homens tem um caráter natural, e não social ou moral.

Tal desigualdade, instaurada no estado originário do homem, por meio da apropriação privada ilimitada, é transferida *servatis servandis* para a sociedade civil, constituída com o único objetivo de garantir os direitos naturais dos indivíduos, ou seja, de preservar na sociedade civil o *status quo* que os mesmos já possuíam no estado de natureza. Assim sendo, a sociedade civil, alicerçada no consentimento expresso dos homens, é instaurada com este objetivo precípuo: o de garantir a propriedade.

3. O homem é pensado como potência individual, proprietário de sua pessoa e de suas capacidades.
4. Observam-se duas formas de se apropriar privadamente daquilo que antes era propriedade comum no estado de natureza: a primeira, constituída pela fase de apropriação limitada de bens perecíveis; a segunda, constituída pela apropriação ilimitada de bens convencionais. De tal modo, ainda no estado de natureza, os homens, quando de acordo com a apropriação ilimitada dos bens, concordam, como assevera Locke, na desigualdade entre eles. Portanto, existem os que possuem em abundância e os que pouco ou nada possuem. Esta distinção entre proprietários e não proprietários, estabelecida em seu estado natural, é levada à sociedade civil, constituindo-se, assim, uma sociedade com duas classes bem definidas.
5. O comportamento racional pleno na segunda fase da apropriação consiste na acumulação ilimitada da propriedade. Assim, somente aqueles que possuem propriedade estão aptos à plena vida racional e política. Ao contrário, os que não possuem propriedade não podem, portanto, gozar dos mesmos direitos, constituindo, assim, uma segunda classe de indivíduos.

Aí se encontra a essência da obra política lockeana. Ela é constituída por pressupostos fundamentais, a exemplo da concepção de um estado originário pré-político; de um direito natural regulador da vida naquele estado; de um contrato social que se realiza pelo livre assentimento dos indivíduos; de uma teoria da propriedade que justifica a desigualdade entre os homens; de uma sociedade civil limitada pelo direito natural, cujo objetivo primordial é a garantia do mesmo; de um direito de resistência quando da degeneração da sociedade civil; da liberdade de crença e práticas religiosas, entre outras.

O presente capítulo tem por escopo tratar do pensamento político de Locke a partir de uma temática relevante da sua obra. Entre elas a escolha recaiu sobre a finalidade essencial do poder político. Qual o objetivo principal da sociedade civil e do governo? Esta é uma questão central na filosofia política lockeana. A sociedade civil, ponto de chegada da doutrina contratualista da origem do Estado é, para Locke, limitada pelo direito natural. Diferentemente de outros jusnaturalistas, como Grotius (1583-1645), Hobbes (1588-1679) e Pufendorf (1632-1694), que propugnam um poder político absoluto, Locke lança mão do direito natural e do contrato social para limitar o poder do monarca.

Para cumprir o objetivo a que se propõe, este capítulo foi dividido fundamentalmente em duas partes: a primeira, na qual se estabelece um esboço da biografia do Autor, do momento histórico vivido pelo mesmo e do conjunto da sua obra;[6] e, a segunda, na qual está exposto o tema central do mesmo, versa como já mencionado acima, sobre os fins da sociedade civil na doutrina política lockeana.

Tomou-se como bibliografia básica, no que diz respeito à sua primeira parte (seção dois), os trabalhos de eminentes comentadores de Locke a exemplo de Gough, Laslett, Ashcraft, Wootton, Milton e Yolton, entre outros. No que concerne à segunda parte (seção três), procurou-se o máximo possível ater-se às ideias do próprio Locke, recorrendo-se tanto quanto necessário à sua obra política seminal *The Second Treatise of Government: an Essay Concerning the True Original, Extent, and End of Civil Government*, editada por David Wootton em *John Locke: Political Writings*, que contém uma introdução do editor, enriquecida por valiosas contribuições de Ashacraft, Dunn, Friedman, Goldie,

---

6. Considera-se de suma importância para uma melhor compreensão do autor dos *Dois Tratados*, que o leitor possa conhecer, ainda que de forma breve, a vida do mesmo, o contexto histórico em que ele está inserido e no qual as suas ideias foram desenvolvidas e, finalmente, que possa ter uma visão geral da sua produção filosófica.

Houston e Wood. Tomou-se ainda o aparelho crítico de Peter Laslett que se encontra publicado pela Martins Fontes na edição brasileira dos *Dois Tratados sobre o Governo* (1998). Esta introdução foi publicada originalmente por Laslett na célebre edição dos *Tratados* intitulada *Locke: Two Treatise of Government* (Cambridge, 1960).

Finalmente, espera-se que o presente capítulo possa contribuir no sentido de proporcionar ao leitor, em primeiro lugar, uma visão panorâmica do Autor e sua obra, em segundo lugar, uma compreensão da sua concepção da sociedade civil e dos objetivos essenciais da mesma e, por fim, uma dimensão do legado das ideias políticas de Locke para a filosofia política do seu tempo e do nosso.

2. Vida, obra e pensamento político de Locke

Nesta seção serão esboçados a vida, a obra, o pensamento político de Locke e a sua atualidade. O seu intuito, portanto, não é o de tratar exaustivamente destes assuntos, mas, diversamente, oferecer de maneira sintética um panorama dos mesmos. A subseção 2.3, que aborda o pensamento político de Locke deverá introduzir alguns temas que serão desenvolvidos e explicitados mais detalhadamente na seção três.

2.1 Vida

John Locke nasceu em 29 de agosto de 1632[7] em Wrington, Somerset (próximo de Bristol), em uma família de pequenos comerciantes. Este também é o ano do nascimento do filósofo holandês Baruch de Spinoza (1632-1677) e do jurisfilósofo alemão Sammuel Punfendorf (1632-1694). Seu pai, John Locke *senior*, era advogado e escrivão do Tribunal de Justiça de Somerset, e proprietário de algumas casas e terras em Pensford, uma pequena cidade igualmente situada nas proximidades de Bristol. Sua mãe, Agnes Locke, era filha de um curtidor. Locke, o mais velho dos três filhos de John e Agnes, era ainda muito jovem quando seu pai se alistou no exército do Parlamento que enfrentou o Rei Charles I na guerra civil inglesa, entre os anos de 1640 e 1649, cujo desfecho foi a execução do monarca e a consequente vitória das forças parlamentares.

---

7. Em alguns comentadores da obra de Locke, a exemplo de J. R. Milton ("Locke's Life and Times", p. 5), aparece como data de nascimento do filósofo 28 e não 29 de agosto de 1632.

O século XVII foi para a Inglaterra movido por uma efervescência política que marcou a passagem de uma monarquia absolutista para uma monarquia constitucional. Revoluções, execução do rei, mudança na forma de governo, cisão no Parlamento em *Tories* e *Whigs* e, por fim, em 1688 a instauração de uma monarquia limitada.[8] Assim, a Grande Rebelião, entre novembro de 1640 e a primavera de 1642; a Guerra Civil, entre 1642 e 1660, que instaurou com Oliver Cromwell,[9] em 1649, a forma republicana de governo; a Restauração da monarquia em 1660 com o retorno da dinastia Stuart (Charles II); e, finalmente, a Revolução Gloriosa, que em junho de 1688 depôs James II e colocou no trono William of Orange, genro de James II e príncipe da Holanda (a partir de então William III), e a rainha Mary of Orange, culminando em 1689 com o estabelecimento do *Bill of Rights*,[10] constituem o cenário político inglês dos seiscentos.

Esse é o contexto histórico no qual Locke se encontra e realiza a sua obra. Ingressa na Westminster School em 1647. Em 1652 entra na *Christ Church*, Oxford, por influência de Popham,[11] onde concluiu o *Bachelor of Arts* (1656), o *Master of Arts* (1658) e o *Bachelor of Medicine* (1675). Ainda na *Christ Church*, entre os anos de 1661 e 1664, foi eleito *lecturer* de grego, de retórica e de filosofia moral, cargo que só abandonou em 1665, quando foi nomeado secretário de uma embaixada em Brandenburg, Cleves. Em 1666 Locke conhece o Lord Ashley[12] e

8. J. P. Kenyon, *Stuart England*, pp. 131 e ss.

9. Em 1653, Cromwell dissolve o Parlamento e se autointitula Lorde Protetor, instaurando o período da história inglesa que ficou conhecido como Protetorado de Cromwell, que só terminará com a sua morte em 1658.

10. O *Bill of Rights* pode ser sintetizado, por um lado, como sendo uma declaração de direitos e liberdades dos súditos e, por outro, como uma regulação da coroa. Para Bernard Schwartz "O *Bill of Rights* foi a culminação do que desde então passou a ser conhecida como a Gloriosa Revolução de 1688. A brandura desse acontecimento pode levar os observadores modernos a considerarem uma hipérbole a sua caracterização como revolução. De um ponto de vista constitucional, no entanto, os acontecimentos que culminaram no *Bill of Rights* constituíram uma verdadeira revolução, a que John Holt considerou em 1774, num jornal de Nova York, como 'a Obra dos Séculos que é a Inveja e Admiração do Universo, a Glória da Nação Inglesa'" (*Os Grandes Direitos da Humanidade: The Bill of Rights*, p. 29).

11. Alexander Popham foi colega de armas de John Locke *senior* e membro do Parlamento inglês.

12. Peter Laslett, na "Introdução" de *Dois Tratados sobre o Governo*, p. 34: "Anthony Ashley Cooper, de Wimborne St. Giles, em Dorset, mais tarde o primeiro lorde Ashley e, mais tarde ainda, primeiro conde de Shaftesbury, foi um dos homens mais capazes e extraordinários que viveram na Inglaterra de Locke. Era rico, rico em terras e em função de sua magistratura política, rico em função de investimentos

trava com ele uma sólida amizade que vai influenciar profundamente sua vida e o seu pensamento. Por influência de Lord Ashley, em 1668, Locke foi nomeado membro da *Royal Society* de Londres. Em 1669 (provavelmente), trabalha como secretário dos lordes proprietários da Carolina, para, finalmente, em 1672, passar a cuidar dos negócios do então Primeiro Conde de Shaftesbury na condição de médico da família e conselheiro político.

Mas a ligação com Shaftesbury trouxe também infortúnios para Locke quando dos revezes políticos do amigo, a quem o filósofo sempre manteve fidelidade. Por duas vezes teve que se exilar. A primeira, em 1675, na França (oportunidade em que manteve contato com as obras cartesianas), só retornando em 1679. A segunda, em 1681, quando novamente por motivos políticos Shaftesbury é obrigado a deixar a Inglaterra, indo para a Holanda, onde virá a falecer dois anos mais tarde. Temendo ser preso (ele seria expulso da *Christ Church* por ordem expressa do rei), Locke também partirá para a Holanda em 1683, de onde só retornará em 1689, após a deposição de James II e quando do advento da Revolução Gloriosa. Locke retornará para Inglaterra com a escolta da rainha Mary of Orange. O triunfo da Revolução é, em boa medida, o triunfo das ideias de Locke. Assim, cargos e honrarias são oferecidos a ele que, àquela altura, estava mais preocupado com a produção da sua obra. Finalmente, em 1691, a convite de *Sir* Francis Masham, Locke se transfere para Oates, Essex, onde vem a falecer em 28 de outubro de 1704.

2.2 Obra

Embora este capítulo tenha por objetivo essencial abordar o pensamento político de Locke, não se pode deixar de registrar que a sua obra-prima não se encontra neste âmbito da sua filosofia, mas na esfera da gnosiologia. Assim, faz-se mister que se inicie essa subseção pelo *Ensaio acerca do Entendimento Humano* (*An Essay concerning Human Understanding*, 1690).

Consoante Ayers, o "*Ensaio acerca do Entendimento Humano* foi um *produto daquele surpreendente período* no qual a visão aristotélica do mundo natural, sob ataque ao longo do Renascimento, foi finalmente

em seu país e no exterior. Era poderoso, politicamente poderoso tanto no âmbito regional do sudoeste quanto em Londres, o centro do poder. Tal posição resultara de uma série de guinadas em suas adesões; primeiro ao rei e depois ao Parlamento; primeiro um ministro de Cromwell, depois seu grande oponente, e mais tarde arquiteto da restauração".

superada e substituída pelo corpuscularismo mecanicista".[13] Ayers afirma ainda que ao lado do *Principia Mathematica* (1687) de Newton, o *Ensaio* culmina com o processo pelo qual a "nova filosofia" substitui a velha.

Segundo Reale e Antiseri, não obstante a filosofia na sua perspectiva ético-política tenha uma profunda relevância na obra de Locke, o seu ponto de partida é gnosiológico: "Foram três os interesses principais de Locke: a) o gnosiológico, do qual brotou o Ensaio; b) o ético-político, que encontrou expressão (além de sua própria militância política prática) nos escritos dedicados a esse tema; c) o religioso, campo no qual a atenção do nosso filósofo se concentrou, sobretudo, nos últimos anos de sua vida (a esses podemos acrescentar, mas numa dimensão menor, um quarto interesse, de caráter pedagógico, que encontrou expressão nos pensamentos sobre a educação)".[14]

Assim, observando essa hierarquia do interesse do Autor aqui serão relacionados apenas os seus trabalhos fundamentais nas suas perspectivas gnosiológica e política, em particular *O Segundo Tratado*, que se constitui em obra basilar da próxima seção. A primeira delas tem no *Ensaio* o momento mais primoroso da produção filosófica de Locke. O *Ensaio* foi concluído em 1687 e somente publicado em 1689. Deve-se aqui tomar as palavras de Nicolau Abbagnano citado por Reale e Antisere sobre esta obra: "O *Ensaio sobre o Intelecto Humano* de Locke apresenta-se como *uma análise dos limites, das condições e das possibilidades efetivas do conhecimento humano*".[15]

Assim, as teses centrais do *Ensaio*, que se fundamentam, em larga medida, na tradição empirista da filosofia inglesa,[16] são: em primeiro lugar, que não existem ideias ou princípios inatos; em segundo lugar, que o intelecto humano, por si só, é incapaz de criar ideias não existentes ou destruir aquelas que existem; e, finalmente, em terceiro lugar, que a experiência constitui o limite de todo conhecimento possível.

No âmbito da filosofia política, os *Dois Tratados sobre o Governo* (*Two Treatise of Government*, 1689), constitui-se na obra seminal de Locke. Sobre ela pairam várias questões no que concerne à sua composição e aos seus objetivos. Teria sido Locke um teórico da Revolução

13. Michael Ayers, *Locke: Epistemology & Ontology*, p. 13.
14. Giovanni Reale e Dario Antiseri, *História da Filosofia: do Humanismo a Kant*, pp. 506-507.
15. Idem, ibidem, p. 509.
16. Tradição que remonta a Roger Bacon, Guilherme de Ockham, Francis Bacon e Hobbes.

Gloriosa como pretendem alguns? Seriam os seus *Tratados* uma justificativa teórica *a posteriori* de tal evento? Ou seria como pretendem outros, uma obra que se antecipa, em pelo menos uma década ao coroamento de William of Orange, em 1688, pelo Parlamento inglês? O fato é que Locke viveu uma existência marcada por relevantes acontecimentos políticos na Inglaterra. Ele esteve em meio a esses últimos acontecimentos na condição de médico e conselheiro político de Shaftesbury.

Assim, as dúvidas que pairam sobre o momento em que os *Dois Tratados* foram escritos, remetem-no, sobre esse aspecto, a algumas especulações. Bobbio apresenta a posição de Peter Lasllet sobre esta questão e diz que o mesmo põe fim ao que se pode chamar de "(...) lenda de um Locke teórico da Revolução de 1688", e diz ainda que, "Laslett prova que o *Primeiro* e o *Segundo Tratados* devem ter sido escritos acerca de dez anos antes de sua publicação".[17] Desta forma, os *Tratados* teriam sido escritos na mesma ocasião, aproximadamente entre os anos de 1680 e 1681.

O que levou Laslett a tal afirmação diz respeito fundamentalmente ao período histórico de algumas das preocupações (como por exemplo, à convocação e à dissolução do Parlamento) contidas na própria obra.[18] Assim, segundo ele, questões como essas serão tratadas em torno dos anos de 1678 e 1681. Sobre a composição dos *Tratados* afirma Laslett: "O *Primeiro Tratado*, conforme vimos, pretendia-se uma refutação cabal de Filmer, inclusive o *Patriarcha*, e é bem possível que sua forma original cobrisse todas as suas proposições com a possível exceção de sua argumentação especificamente histórica acerca das instituições inglesas. Além disso, a exaustiva contestação do patriarcalismo atravessa também o *Segundo Tratado* inteiro; talvez seja este o mais importante resultado de editar a obra criticamente. Se acreditarmos que o livro foi escrito de uma única vez, seremos obrigados a acreditar que o tenha

17. Norberto Bobbio, *Locke e o Direito Natural*, p. 162.
18. Dito de maneira bastante genérica, por um lado, o *Primeiro Tratado* consiste numa refutação à obra *O Patriarca* de autoria de Robert Filmer (falecido em 1653) e só publicada postumamente em 1680. Nela o autor faz uma defesa da tese do poder transmitido por Adão aos seus descendentes, ou seja, aos patriarcas. Esta questão, segundo Laslett, remonta a um período bem anterior ao ano de 1688; por outro lado, Laslett vê no *Segundo Tratado* uma obra também dirigida contra Filmer e não contra Hobbes como muitos acreditam. Além de Filmer ser efetivamente o advogado dos que professavam ideias absolutistas monárquicas (pois Hobbes não identificava o poder absoluto necessariamente com a monarquia) era contra a teoria paternalista e despótica do governo a que Locke se contrapunha.

redigido entre 1679 e 1681, ou no máximo em 1683, data da sua vinculação mais que evidente com controvérsia daqueles anos acerca da reedição de Filmer".[19]

Não obstante, Laslett reconhece que o escrito de Locke terminou por justificar, de fato, a Gloriosa Revolução *Whig* de 1688. Cita, ainda no Aparelho crítico da sua edição dos *Tratados* de 1960, a posição de Ashcraft: "Em seu recente livro, *Locke's Two Treatises of Government*, de 1987, o professor Richard Ashcraft rejeita categoricamente a versão apresentada nesta Introdução quanto à elaboração e à data do livro de Locke. Em seu parecer, o *Primeiro* só foi escrito em 1680-1 e o *Segundo*, em 1681-2, nenhum deles em 1679, no todo ou em parte".[20]

Assim, parece que há um entendimento no que diz respeito à elaboração dos *Tratados*: eles foram escritos, em parte ou no todo, entre os últimos anos da década de setenta e os primeiro anos da década de oitenta, nenhum deles, portanto, no final dos anos oitenta.

Mas nem todos concordam com essa posição. Diferentemente daqueles dois Autores, Wootton afirma que mesmo que o *Segundo Tratado* tenha sido esboçado nos anos indicados por Laslett e Ashcraft, complementações haviam sido feitas em 1682 e 1683 (partes do capítulo 18 e final do capítulo), e uma revisão da obra fora realizada em 1689. Wootton afirma peremptoriamente que "o *Segundo Tratado* é obviamente um trabalho escrito em defesa da revolução (...)".[21]

Uma terceira obra de grande relevância é a *Carta acerca da Tolerância* (*A Letter concerning Toleration*, 1689). A questão central dessa obra concerne à separação radical do papel e dos fins da Igreja e do Estado. Locke pretende aqui estabelecer uma nítida separação entre as finalidades da comunidade eclesiástica e as da comunidade política. Isso fica bem claro quando o Autor, por um lado, estabelece as prerrogativas do magistrado: "É tarefa do magistrado civil, pela execução imparcial de leis igualitárias, garantir para todas as pessoas em geral e para cada uma em particular, a posse justa dessas coisas que pertencem a essa vida",[22] e por outro, limita-a: "O cuidado com as almas não pode pertencer ao magistrado civil, porque seu poder consiste apenas na força externa, enquanto que a religião verdadeira e salvadora consiste na persuasão interna da mente, sem a qual nada pode ser aceitável a Deus".[23]

19. Laslett, "Introdução", cit., p. 73.
20. Idem, ibidem, p. 179.
21. David Wootton, *John Locke: Political Writtings*, p. 50.
22. Locke, *A Letter Concerning Toleration*, p. 394.
23. Idem, ibidem, p. 395.

Uma quarta obra, os *Ensaios sobre a Lei de Natureza* (*Essays on the Law of Nature*), contém os pressupostos teóricos dos *Dois Tratados*, quais sejam, a existência de uma lei natural, conhecível e obrigatória. Ela é constituída por oito ensaios escritos em latim, entre os anos de 1660 e 1664, e somente publicados por von Leyden em 1954. As questões centrais abordadas nos *Ensaios* são fundamentalmente três: a primeira trata do problema relativo à existência da lei natural; a segunda se refere à possibilidade do conhecimento desta lei; e a terceira concerne à obrigatoriedade da mesma. Locke responderá afirmativamente a essas indagações asseverando que há um direito natural, que ele é plenamente conhecido pela natureza humana, e o fato dele existir, por si só, torna-o obrigatório.

Outros ensaios foram publicados a exemplo de *Algumas Considerações sobre as Consequências da Redução dos Juros e do Aumento do Valor da Moeda* (*Some Considerations of the Consequences of the Lowering of Interest, and Raising the Value of Money*, 1691), *Alguns Pensamentos sobre a Educação* (*Some Thoughts concerning Education*, 1693), *A Racionalidade do Cristianismo* (*The Reasonableness of Christianity*, 1695) dentre outros. Além disso, Locke participou vigorosamente na elaboração da Constituição da Carolina, tendo em vista que Shaftesbury possuía ali uma razoável quantidade de terras.

Por fim, quando faleceu aos setenta e dois anos sem deixar herdeiros, Locke legou ao seu primo, Lord Chancellor, Peter King,[24] toda a sua obra, seus *papers* e cartas. Até o ano de 1942 todo esse acervo ficou sob os cuidados dos descendentes de Lord King, sendo o último deles, o Conde de Lovelace, que depositando naquele ano grande parte dos manuscritos na Bodleian Library, Oxford, finalmente os vendeu em 1947. Este acervo está dividido em dois grupos principais: o primeiro que contempla as correspondências, que consiste em aproximadamente três mil cartas; e o segundo que é uma miscelânea de manuscritos, incluindo jornais e cadernos de anotações. Esse espólio de Locke ficou conhecido como *Lovelace Collection*.

2.3 Pensamento político

As ideias políticas centrais de Locke estão sistematizadas, principalmente, na sua obra *Dois Tratados sobre o Governo*, mais precisamente no *Segundo Tratado*, cujo subtítulo é *Ensaio sobre a Verdadeira*

---

24. Von Leyden, *Essays on the Law of Nature*, p. 1: "Peter King (1670-1734) era filho de Anne King, filha de Peter Locke, tio de John Locke".

Origem, Extensão e Fins do Governo Civil (*Essay concerning the True Original, Extent, and End of Civil Government*).

O *Segundo Tratado* foi escrito certamente após a obra de James Tyrrell, *Patriarca não Monarca* (*Patriarcha non Monarca*, 1681), por quem Locke foi profundamente influenciado. As principais teses desta obra foram em larga medida compartilhadas por Locke no seu *Segundo Tratado*. São elas: (i) Todos os homens (e, em princípio, todas as mulheres) nascem livres e iguais; (ii) os poderes dos governantes são baseados inteiramente nos poderes pertencentes aos indivíduos que os transferem àqueles; (iii) o estado de natureza não é necessariamente um estado de guerra de todos contra todos; (iv) a distinção entre cinco tipos de autoridade: autoridade da lei sobre os indivíduos, dos pais sobre os filhos, dos maridos sobre as esposas, dos senhores sobre os seus escravos e dos escravos sobre os próprios escravos; (v) por fim, que a tirania dissolve a legitimidade da autoridade e restaura a igualdade e a liberdade naturais existentes no estado originário.

No entanto, há diferenças essenciais entre os argumentos de Locke e de Tyrrell, e essas diferenças fizeram com que o *Segundo Tratado* e não *Patriarca não Monarca* se constituísse no texto fundamental da teoria política liberal.

2.3.1 Das limitações do estado de natureza

Enquanto adepto do jusnaturalismo, Locke advoga uma tese que tem como ponto de partida o estado de natureza e tem no contrato social o mediador entre aquele estado e a sociedade civil. Não obstante, ao conceber o estado natural do homem como sendo um estado de relativa paz, igualdade e liberdade, não deixa de reconhecer as limitações às quais os indivíduos estão sujeitos neste estado e da consequente necessidade da superação do mesmo.

Como já mencionado anteriormente, os *Dois Tratados sobre o Governo* sistematiza fundamentalmente a obra política de Locke. Contudo, é preciso notar que seus fins são bem distintos.

O *Primeiro Tratado* consiste numa refutação à obra *Patriarca, ou o Poder Natural dos Reis* (*Patriarcha, or the Natural Power of Kings*, 1680), de *Sir* Robert Filmer (1588-1653) – defensor do absolutismo de direito divino –, para quem nenhum homem nasce livre e todo governo se constitui numa monarquia absoluta.[25]

25. Filmer, *apud* Michaud, *Locke*, p. 35: "Os homens não nascem livres e, logo, nunca poderiam ter a liberdade de escolher seus governantes ou suas formas

O *Segundo Tratado* concerne à legitimidade do poder político naquilo que se refere à sua origem, à sua extensão e aos seus fins, tal como aparece explicitamente enunciado no subtítulo daquela obra. Nem a tradição (como queria Filmer), nem o medo (como pretendia Hobbes) são fundamentos legítimos do poder político. Para Locke, ele se dá unicamente pelo consentimento expresso dos governados.

Wootton resume da seguinte forma o Autor e o conteúdo dos *Dois Tratados*: "O *Primeiro Tratado* é escrito por alguém que está preocupado em refutar Filmer; o *Segundo* por alguém disposto a adotar as posições atacadas por Filmer, que os homens nascem iguais e livres e com um direito inalienável de mudar os seus governantes. (...) o Locke do *Primeiro Tratado* ainda não é um liberal".[26]

O *Segundo Tratado* tem como ponto de partida o estado de natureza. O caráter histórico atribuído por Locke ao mesmo o diferencia fundamentalmente da concepção de outros pensadores.[27] Ele afirma a historicidade desse estado e diz que ele está sempre presente onde não existe um pacto social entre os homens: "(...) Pois não é qualquer pacto que põe fim ao estado de natureza entre os homens, mas apenas o acordo mútuo e conjunto de constituir uma comunidade e formar um corpo político; os homens podem celebrar entre si outros pactos e promessas e, mesmo assim, continuar no estado de natureza".[28]

Assim, os homens viviam originariamente em um estado pré-político marcado pela igualdade e pela liberdade. Já nesse estado, os homens viviam consoante a lei natural e faziam uso da propriedade. Não é a sociedade civil, portanto, que institui a propriedade, mas esta o precede enquanto direito natural dos indivíduos e, como tal, não pode sofrer violações da parte de outrem ou do poder político. O estado de

de governo. Os príncipes detêm, por direito divino, um poder absoluto, pois escravos nunca poderiam ter direito ao pacto ou ao consentimento. Adão era um monarca absoluto, assim, todos os reis a partir dele (I, § 5)".
26. Wootton, *John Locke...*, cit., p. 76.
27. Hume foi o primeiro a afirmar o caráter hipotético tanto do estado de natureza quanto do contrato social. Rousseau, dentre os contratualistas, foi quem mais acentuou o caráter hipotético daquelas categorias. Kant, o último dos contratualistas clássicos, concebe o contrato como uma "ideia da razão", não obstante esta ideia possua uma "indiscutível realidade prática" que consiste em obrigar que as leis sejam produzidas pela vontade única de toda nação. Mas é a razão pura que legisla *a priori*, frente à exigência moral do consentimento e da legitimidade, antes de quaisquer fins empíricos.
28. Locke, *The Second Treatise of Government*, p. 393.

natureza é, assim, um estado de relativa paz, e não um estado de guerra generalizada, como asseverava Hobbes.

Locke, portanto, afirma a existência da propriedade já nesse estado originário. Aqui é importante ressaltar que ele concebe a propriedade em dois sentidos: o primeiro, na acepção usual do termo, significando o conjunto de bens móveis e imóveis; e o segundo, como sendo o conjunto dos direitos naturais dos indivíduos constituídos essencialmente pela vida, pela liberdade e pelos bens em geral.

Para ele, o fundamento originário da propriedade é o trabalho humano. Se o trabalho é a medida da propriedade, consequentemente, impõem-se limites a essa propriedade, e este se dá tanto pela capacidade de trabalho do homem quanto pela possibilidade e necessidade de acumular bens perecíveis. No entanto, Locke estabelece uma distinção entre a fase que precede e aquela que se segue ao surgimento das riquezas convencionais. Com estas, instaura-se uma outra forma de obtenção da propriedade além do trabalho. A possibilidade de adquiri-la pela compra levou a uma aquisição ilimitada de bens que, por sua vez, conduziu a uma concentração de riquezas e uma consequente distribuição desigual de bens entre os homens. Passa-se assim, de um primeiro momento da apropriação, aquele relativo à acumulação limitada de bens perecíveis, cuja base é o trabalho, para um segundo momento, pertinente à acumulação ilimitada de bens convencionais, propiciada pela aquisição. A partir dessa segunda forma de apropriação, Locke afirma que os homens estão de acordo com a desigualdade entre eles: "Vê-se claramente que os homens concordam com a posse desigual e desproporcional da terra, tendo encontrado, por consentimento tácito e voluntário, um modo pelo qual alguém pode possuir com justiça mais terras que aquelas cujos produtos possa usar, recebendo em troca do excedente ouro e prata que podem ser guardados sem prejuízo de quem quer que seja, uma vez que tais metais não se deterioram nem apodrecem nas mãos de quem os possui".[29]

2.3.2 Da finalidade da sociedade civil

Mesmo afirmando a existência de uma paz relativa no estado de natureza, Locke adverte que a possibilidade da violação da propriedade está sempre presente. O indivíduo na ausência de leis positivas, julgamento imparcial e força coercitiva, sente-se ameaçado, passa a travar uma luta contra outros indivíduos. É preciso, pois, estabelecer um po-

29. Idem, ibidem, p. 428.

der que assegure a existência, a liberdade e a propriedade desses indivíduos. Este poder reside na sociedade civil ou política. O conceito de sociedade civil[30] em Locke se assenta na dicotomia estado de natureza/ sociedade civil. A sociedade civil se contrapõe, assim, à sociedade natural. É, portanto, uma sociedade engendrada a partir de um artifício dos homens por meio do qual os mesmos deixam o seu estado originário e ingressam numa sociedade política.

A passagem do estado de natureza para a sociedade civil é assim mediada por um contrato social fundado no livre consentimento dos indivíduos. O contrato social lockeano não se apresenta como um pacto de submissão de todos os homens a um terceiro, a quem delegam poderes absolutos, mas, ao contrário, constitui-se num pacto de consentimento que surge do acordo firmado livremente pelos homens com o objetivo de instaurar uma sociedade civil cuja finalidade essencial consiste na proteção da propriedade. A sociedade civil nada acresce ao estado de natureza, a não ser a preservação e a consolidação dos direitos naturais inalienáveis do homem por meio da constituição de um corpo político que possui legislação e judicatura.

2.3.3 Formação e organização do poder civil

Instaurado o poder civil, é preciso agora organizá-lo, também pelo livre consentimento dos indivíduos. No que tange à forma de governo, Locke retoma a tradicional teoria aristotélica. Assim, o governo pode ser monárquico (o governo de um), aristocrático (o governo de alguns) ou democrático (o governo de muitos). O governo pode ser ainda misto. Neste caso, ele se constitui da seguinte forma: a coroa representa o princípio monárquico, a câmara dos lordes representa o princípio aristocrático e a câmara dos comuns representa o princípio democrático. É importante observar que se o assentimento geral que estabelece a passagem do estado de natureza para a sociedade civil se apresenta como um acordo unânime, o mesmo não ocorre quando da escolha da forma de governo, bem como de todas as demais decisões da comunidade. Neste caso, o princípio da unanimidade é substituído pelo princípio da maioria. Desta maneira, a comunidade, por maioria, decide a forma de governo a ser instaurada. A sociedade política, portanto, tem no consentimento da maioria a sua legitimidade enquanto consentimento de todos.

30. O conceito de sociedade civil será tratado de forma mais pormenorizada na terceira seção deste capítulo.

Para Locke, a forma de governo estabelecida não é questão relevante tendo em vista que qualquer governo tem o mesmo objetivo, qual seja, conservar a propriedade. Esta deve ser protegida pela comunidade que cumpre, dessa forma, a finalidade para a qual foi instituída.

Como uma concepção antiabsolutista do poder, a filosofia política de Locke consiste fundamentalmente numa teoria da decomposição e do enfraquecimento da soberania do monarca. Assim, o poder passa a ser exercido por pessoas distintas.

Na realidade, o poder político[31] em Locke se configura como poder derivado e não em poder originário.[32] Assim, dos poderes pertencentes aos homens no seu estado de natureza derivam os dois poderes típicos da comunidade, o legislativo e o executivo. O primeiro elabora as leis perenes e conhecidas que propiciam aos indivíduos a paz e a liberdade necessárias à plena fruição dos seus bens. O segundo assegura, pela coerção, em última instância, o cumprimento das leis. Quanto ao judiciário, este não se configura como um poder autônomo, não se distinguindo, pois, do poder executivo, a quem cabe aplicar a lei. Gough afirma, referindo-se a Locke, que *"ele parece incluí-lo em seu poder executivo, o qual se ocupa da administração total das leis."*[33]

O poder legislativo não só é aquele que é estabelecido pela primeira lei positiva, mas também encarna o supremo poder dentre os demais. A ele, os demais poderes estão subordinados.

Como não há necessidade nem tampouco é conveniente a permanente reunião do poder legislativo, elaboradas as leis, este poder deve desfazer-se, recompondo-se quando assim for necessário. Consoante Gough, "Locke estava fazendo eco à atitude ainda habitual em relação ao Parlamento na Inglaterra, pois ninguém achava desejáveis sessões longas e frequentes (...)".[34]

Assim, o poder legislativo, apesar de se constituir em poder supremo, caracteriza-se pela sua provisoriedade, não se constituindo em um

31. Embora fale em um poder legislativo, um poder executivo e um poder federativo, para Locke, são os dois primeiros que constituem fundamentalmente os poderes políticos.
32. Essa questão será também tratada de forma pormenorizada na terceira seção desse capítulo.
33. J. W. Gough, "A Separação de Poderes e Soberania", cit., p. 186. Diferentemente de Gough, Bobbio concebe o poder judiciário como parte constitutiva do poder legislativo tendo em vista que este tem como funções elaborar as leis e aplicá-las. Assim, legisladores e juízes teriam o estabelecimento do direito como função precípua.
34. Gough, "A Separação de Poderes e Soberania", cit., pp. 185-186.

corpo permanente. Ao contrário, o poder executivo, não obstante tenha a sua ação limitada pelas leis elaboradas pelo legislativo, necessita de se estabelecer enquanto um poder permanente por meio do qual as leis devem ser cumpridas, e a sua não obediência devidamente punida.

O poder federativo, aquele que deve cuidar das questões de ordem externa da comunidade, como decidir sobre a paz e a guerra, na verdade pode ser compreendido como parte do poder executivo. Apesar de considerá-lo um poder distinto dos outros dois, Locke na verdade reconhece que "(...) embora os poderes executivo e federativo de qualquer comunidade sejam realmente distintos entre si, dificilmente podem separar-se e colocar-se ao mesmo tempo em mãos de pessoas distintas".[35]

Finalmente, Locke denomina de prerrogativa o poder do rei de agir, na ausência de leis, em favor do bem público. Isso decorre da impossibilidade de as leis preverem todas as necessidades da comunidade. Assim, até que os legisladores tratem das questões até então não previstas pela lei, o executivo lança mão da prerrogativa. Esta, no entanto, tem o seu uso limitado à necessidade de propiciar o bem público.

Em Locke, a separação de poderes não gera um equilíbrio entre os mesmos como ocorre, por exemplo, com Montesquieu (1689-1755), mas, diversamente, estabelece uma relação de subordinação dos demais poderes ao poder legislativo.

Essa supremacia do poder legislativo advém da primazia deste em relação aos outros poderes na organização da sociedade civil. A esse respeito afirma Locke: "A primeira lei positiva e fundamental de todas as comunidades, consiste em estabelecer o poder legislativo".[36] Assim, somente este poder tem autoridade para elaborar leis que devam ser cumpridas. Ninguém investido de quaisquer outros poderes, que não seja o consentimento público de legislar, poderá fazer leis que tenham a obrigatoriedade de serem cumpridas. Somente o legislativo pode, consubstanciado no consentimento e reconhecimento públicos, estabelecer leis com legitimidade.

2.3.4 Do direito de resistência

Para Locke, a sociedade civil pode sofrer degenerações diversas. Ele levará em consideração, como formas dessa degeneração, a conquista, a usurpação, a tirania e finalmente a dissolução do governo.

---

35. Locke, *Two Treatises of Government*, p. 517.
36. Idem, ibidem, p. 502.

A conquista consiste numa dissolução do governo a partir do exterior. Locke distingue duas formas de conquistas: a derivada de uma guerra injusta e a derivada de uma guerra justa. No primeiro caso, os cidadãos têm os seus direitos injustamente desrespeitados pelos conquistados. Os conquistados sob nenhuma hipótese deverão obediência aos conquistadores. Neste caso, volta-se ao estado de natureza, já que não se tem mais para quem apelar. No segundo caso, quando da conquista derivada da guerra justa, ou seja, a conquista pertence ao lado justo do conflito, ainda assim, o poder do conquistador é puramente despótico.

A usurpação, analogamente à conquista injusta, difere apenas pelo fato de que se trata de uma conquista que parte não do exterior da comunidade, mas do seu próprio interior. São alterações do poder determinadas a partir do interior da própria comunidade, advindas dos golpes e das revoluções ou guerras civis. A usurpação, diferentemente da conquista, que degenera não apenas o governo, mas a própria sociedade civil, consiste apenas na mudança de pessoas e não das formas e normas do governo. O usurpador é, pois, aquele que invade a propriedade de terceiros. É aquele que toma para si o que de fato e de direito pertence a outrem.

A terceira forma de degeneração da sociedade civil consiste na tirania. Diferentemente do usurpador, o tirano é aquele que, levado ao poder de maneira legítima, não o exerce para o bem público, mas para o atendimento das suas paixões. O tirano é aquele que usa o poder para além do direito. Assim, qualquer um que, mesmo havendo obtido o poder de forma legítima, ou seja, por intermédio do consentimento da comunidade (e não por meio da conquista e da usurpação), e ainda assim não cumpre com as leis estabelecidas pelo legislativo, não governa dentro dos limites da lei e, portanto, com vistas ao bem público, mas segundo a sua vontade e vantagens pessoais.

Constituindo-se num desvirtuador do poder civil, o tirano, igualmente ao conquistador e ao usurpador, também poderá sofrer legitimamente a resistência do povo.

A quarta e última forma de degeneração do poder político é a dissolução do governo. Duas são as condições para que o governo seja dissolvido. Em primeiro lugar, quando se altera o poder legislativo, isto é, quando o executivo toma para si as prerrogativas do legislativo e, substituindo-o, não permite o seu funcionamento, outorgando a si próprio o que legitimamente é da ordem do legislativo. Em segundo lugar, o governo é levado inevitavelmente à dissolução, quando o poder legislativo, não respeitando seus limites de ação, investe contra os direitos naturais dos indivíduos. Se no primeiro caso, as prerrogativas do legislativo são violadas pelo executivo, no segundo, é o próprio legislativo que não se atém às suas atribuições, agindo ilicitamente ao causar prejuízo à comunidade.

Ora, se o homem deixa o estado de natureza e ingressa na sociedade civil justamente para estabelecer leis perenes e julgamentos imparciais, e nesta sociedade as leis são sobrepujadas pela vontade arbitrária do governante que se constitui em juiz de suas próprias causas, retorna-se, assim, a uma situação na qual não há para quem apelar, a não ser para a força. É este, portanto, um estado de guerra entre o governante que viola a propriedade dos seus cidadãos e estes que têm como última escolha submeter-se aos caprichos de tal governante, ou resistir-lhe, depondo-o inevitavelmente pela força. Nestas circunstâncias, Locke exalta o povo à resistência, à desobediência civil, à defesa dos seus direitos, para que os mesmos não sejam violados.

Assim, o direito de resistência nada mais é do que o direito que os cidadãos têm de depor um governo quando o poder político se degenera em poder despótico, violando os direitos naturais dos mesmos, ao se impor pela força, e não mais pelo consentimento, afastando-se, portanto, da sua função precípua, qual seja, proteger os indivíduos e sua propriedade.

Esta resistência é legítima tanto para cessar as violações internas quanto as violações externas. Desta forma, para Locke, não permitir o desvirtuamento da sociedade civil, por meio da resistência a governos que agem fora dos limites da lei, constitui-se num legítimo direito do cidadão.

Portanto, o direito de resistência faz retornar ao povo aquilo que de fato lhe pertence: o poder político por ele instituído com vista à manutenção e à ampliação dos seus direitos naturais. A destituição de um governante não põe fim à sociedade civil. Se por um lado, o governo é dissolvido, por outro, o contrato social permanece. É este pacto originário concebido pelo assentimento geral dos indivíduos que mantém a sociedade civil e faz com que os mesmos, uma vez havendo reconquistado o poder político, estabeleçam um novo governo que deve permanecer sob o controle de toda a sociedade.

Assim, o direito natural, o livre consentimento dos indivíduos para instaurar, por meio de um contrato social, um poder político, a proteção do direito de propriedade, a supremacia do Poder Legislativo sobre o Poder Executivo e o direito à revolução constituem, essencialmente, a filosofia política lockeana. Estes fundamentos, por sua vez, configuram as finalidades precípuas e os limites do poder político.

Finalmente, a partir de uma posição jusnaturalista, Locke procura limitar o poder político e, por conseguinte, vincular a norma jurídica, a ideia de uma lei natural, fundamento legítimo tanto do direito positivo quanto da sociedade civil.

2.3.5 Atualidade do pensamento político de Locke

A filosofia política de John Locke, enquanto parte constitutiva do pensamento político inglês do século XVII é, sem dúvida alguma, o ponto de partida das ideias fundamentais do pensamento liberal clássico. Para Macpherson, "Locke foi o manancial do liberalismo inglês".[37]

A atualidade do seu pensamento permanece naquilo que constituem as ideias centrais das suas teses políticas: o poder político emanado do consenso dos indivíduos; a preservação dos direitos naturais pelo poder político; o direito de resistência a este poder, em caso de violação dos direitos naturais; e, finalmente, a tolerância como condição necessária para a convivência pacífica dos homens em sociedade.

Estas ideias se configuram ainda num primeiro momento de afirmação dos direitos individuais frente ao poder absoluto do Estado. É uma formulação liberal e, portanto, distinta da proposição democrática. No entanto, o Estado liberal foi aos poucos cedendo espaço a uma concepção democrática do poder político. Disso decorre a ampliação dos direitos do homem, que aparecem, inicialmente, como direitos de primeira geração – alicerçados nas liberdades negativas –, os chamados direitos civis e políticos, para, ulteriormente, com o advento do *Welfare State*, estabelecer uma segunda geração de direitos – agora fundamentados nas liberdades positivas –, os direitos sociais. O alargamento destes direitos, portanto, teve como pano de fundo a evolução do liberalismo clássico para a democracia liberal.

Finalmente, pode-se constatar nos dias atuais, como resultado desse longo processo, uma grande onda de democratização, uma considerável parcela de países que transitaram do autoritarismo para a democracia, aquilo que Huntington (1994) denominou no último quarto do século XX, a terceira onda de democratização. Assim, foi possível presenciar no final do século passado a derrocada das ideologias totalitárias e a reafirmação das ideias liberais, democráticas e pluralistas,

37. Macpherson, ob. cit., p. 273.

tanto no campo das ideias conservadoras, quanto no das progressistas. Bellamy, com muita propriedade, ilustra tal afirmação quando assevera que: "*Dos conservadores da Nova Direita aos socialistas democráticos, parece que agora somos todos liberais*".[38]

3. A sociedade civil como instrumento de preservação e de consolidação dos direitos naturais do homem

A questão central contida nesta seção diz respeito às insuficiências do estado de natureza e da necessidade da instauração de um poder político fundado no livre consentimento dos indivíduos, cuja finalidade principal consiste em preservar e ampliar os direitos naturais dos mesmos. A este poder Locke denomina sociedade política (*commonwealth*), no mesmo sentido que os gregos davam ao termo *polis* e os latinos à palavra *civitas*, para designar uma comunidade política independente. Assim, a primeira questão a ser aqui tratada diz respeito ao conceito lockeano de sociedade política ou civil. A segunda questão concerne ao poder político como instrumento de proteção da propriedade.

3.1 Do conceito de sociedade civil

Para Locke, o livre consentimento dos indivíduos se constitui em um primeiro fundamento para a instauração do poder político. A saída do estado de natureza, no qual o indivíduo se encontra inicialmente, e a instauração de uma sociedade civil mediada por um contrato social (que deve se configurar como um pacto de consentimento entre os homens), constitui o primeiro passo nesse sentido.

Convém aqui, quando do início desta investigação, procurar, ainda que de maneira breve, explicitar o conceito de sociedade civil tal qual ele se encontra nos jusnaturalistas, de maneira geral e em Locke, em particular, e diferenciá-lo de outras concepções. Isso se deve ao fato de que esta categoria tem, nos dias atuais, uma acepção por demais diversa daquela da Escola Clássica do Direito Natural, qual seja, a expressão sociedade civil é tomada como um dos termos da dicotomia sociedade civil/Estado em que, o primeiro termo refere-se à esfera das relações interindividuais, das relações sociais não reguladas pelo Estado, enquanto a segunda é concernente à esfera pública das relações humanas.

Não se tratará aqui do modelo diádico aristotélico no qual a dicotomia se estabelece nos termos família/Estado, ou seja, entre a sociedade

---

38. Richard Bellamy, *Liberalismo...*, cit., p. 9.

doméstica e a sociedade política.[39] Esta se manterá, portanto, nos limites das concepções jusnaturalista (também esquematicamente diádicas) e das concepções de Hegel e de Marx, construídas a partir de um modelo triádico. É da concepção marxiana e, por conseguinte, hegeliana de sociedade civil que decorre a compreensão atual desse conceito.

O conceito de sociedade civil no âmbito da corrente jusnaturalista se assenta na dicotomia estado de natureza/sociedade civil, ou ainda, sociedade natural/sociedade civil.[40] Assim, sociedade civil (*societas civilis*) contrapõe-se à sociedade natural (*societas naturalis*). Aquela é entendida ainda como sociedade política (*commonwealth*), por sua vez derivada, de *civitas* e de *polis*. Os jusnaturalistas, assim, de Hobbes a Kant, concebem a sociedade civil em oposição à sociedade natural e, por conseguinte, a primeira se configura como um poder político no qual os homens se encontram após instaurá-lo por meio de um pacto social. Na *Metafísica dos Costumes*, Kant afirma o seguinte: "O homem deve sair do estado de natureza, onde cada um segue apenas seus caprichos, para unir-se a todos os outros (com os quais ele não pode evitar engajar-se em relações recíprocas) para se submeter à pressão pública das leis exteriores (...) enfim: ele deve antes de qualquer coisa entrar num estado civil".[41]

Apesar das nuanças existentes, as concepções jusnaturalistas, na sua essência, possuem de comum a compreensão de que a grande dicotomia existente é entre o estado de natureza e a sociedade civil e essa concepção permanece até a ulterior distinção hegeliana entre sociedade civil e Estado.

Mas além de opor-se ao estado de natureza, o entendimento da sociedade civil pelos jusnaturalistas compreende dois outros sentidos: o primeiro, faz a distinção entre sociedade civil e sociedade religiosa. Na *Carta acerca da Tolerância*, Locke lembra que: "Parece-me que a

---

39. Aristóteles, *Política*, p. 13. "Aqueles que pensam que as qualidades do rei, do dono de uma propriedade e do chefe de família são as mesmas não se exprimem bem." Nesta passagem do Livro I da *Política*, Aristóteles se refere a Sócrates/Platão no diálogo *O Estadista*. Ele procura mostrar não apenas a dicotomia entre a cidade e a família, mas a precedência da primeira sobre a segunda: "Na ordem natural a cidade tem precedência sobre a família e sobre cada um de nós individualmente, pois o todo deve necessariamente ter precedência sobre as partes" (p. 15).

40. O conceito de sociedade civil aqui se contrapõe ao de sociedade natural. É, pois uma sociedade "artificial" engendrada, portanto, a partir de um artifício dos homens por meio do qual os mesmos deixam seu estado originário e ingressam numa sociedade civil ou política.

41. Kant, *Métaphysique des Moeurs II*, 44.

comunidade é uma sociedade de homens constituída apenas para a preservação e melhoria dos bens civis de seus membros".[42] Assim Locke traça, a partir do conceito de *commonwealth*, uma linha demarcatória entre sociedade civil e sociedade religiosa, apontando como fim precípuo da primeira, a conservação e garantia dos bens civis dos homens em estado de sociedade; o segundo, diz respeito à distinção entre sociedade civil como sociedade civilizada em contraposição à sociedade selvagem ou bárbara. Se por um lado a sociedade civil se contrapõe ao estado de natureza e este é concebido por alguns pensadores negativamente como um estado de selvageria, por outro lado, e por via de consequência, o estado civil passa a incorporar uma conotação positiva que afirma as virtudes da civilização, porquanto, sociedade civil é também sociedade civilizada, opondo-se, nessa medida, as sociedades primitivas, as sociedades bárbaras. Aqui civil não mais significa *civitas*, mas *civilitas*. Essa acepção de sociedade civil decorre da inevitável identificação do estado de natureza com o estado de selvageria existente entre os povos primitivos. Hobbes, na sua obra *Do Cidadão* (*De Cive*, 1642), afirma que: "Em nossa época é exemplo disso o povo da América, e nas anteriores há o de outros povos. Eles, hoje civilizados e prósperos, eram pouco numerosos, selvagens, pobres, desajeitados, viviam pouco, privados de todo bom-gosto e prazer que a paz e a sociedade costumam proporcionar".[43]

Assim, há uma tendência dos pensadores setecentistas e oitocentistas de conceberem a sociedade civil não apenas como uma contraposição do estado de natureza, mas também ao estado de selvageria, já que ocorre uma identificação de um com o outro. É, porém, necessário ressalvar que, além de Locke, o também jusnaturalista Jean-Jacques Rousseau faz uma dupla distinção entre a sociedade civil, como sociedade política, e sociedade civil, como sociedade civilizada.

Rousseau, para quem o estado de natureza é concebido diversamente da grande maioria dos jusnaturalistas, utiliza o conceito de sociedade civil no sentido de sociedade civilizada e não de sociedade política. Mesmo esta significação de sociedade civilizada difere profundamente, por exemplo, do conceito hobbesiano, no qual civilidade coincide com o conceito de político. Em Rousseau, esta sociedade civil pouco tem em comum com a sociedade política de Hobbes ou de Locke. Ela tem seu fundamento num pacto em favor dos ricos e contempla um estado de coisas tais como as usurpações dos ricos, o banditismo dos pobres e

---

42. Locke, *A Letter Concerning Toleration*, cit., p. 393.
43. Hobbes, *De Cive*, p. 55.

as paixões desenfreadas de todos que lembra o estado de guerra generalizado hobbesiano. No *Discurso sobre a Origem e os Fundamentos da Desigualdade entre os Homens* (*Discours sur l'Origine et les Fondements de l'Inégalité parmi les Hommes*, 1754), no início da Segunda Parte, Rousseau lembra que: "O primeiro que, tendo cercado um terreno, arriscou-se a dizer 'isso é meu', e encontrou pessoas bastante simples para acreditar nele, foi o verdadeiro fundador da sociedade civil".[44]

E, para afirmar o caráter de guerra permanente desse estado prossegue afirmando que: "Quantos crimes, guerras, mortes, misérias e horrores não teria poupado ao gênero humano aquele que arrancando as estacas ou tapando os buracos, tivesse gritado a seus semelhantes: Fugi às palavras desse impostor; estareis perdidos se esquecerdes que os frutos pertencem a todos e que a terra não é de ninguém".[45]

A sociedade civil para Rousseau é a sociedade civilizada, mas ainda não é a sociedade política, pois essa só surgirá mediante o contrato social cujo fundamento de legitimidade se encontra na vontade geral. A sociedade política, assim, se constituirá, em última instância, na superação do pacto iníquo, que gerou uma sociedade de homens moralmente desiguais, e na instauração de uma sociedade fundada na liberdade do indivíduo e na soberania do povo.

Até este ponto, o conceito de sociedade civil manteve-se dentro da dicotomia estado de natureza/sociedade civil, sociedade religiosa/sociedade civil e sociedade selvagem/sociedade civil. Não há até aqui nenhuma distinção entre sociedade civil e Estado, enquanto esfera privada e esfera pública, respectivamente. Os modelos precedentes ao hegeliano, tanto o modelo aristotélico na sua dicotomia família/Estado, quanto o jusnaturalista nos termos estado de natureza/sociedade civil não estabelecem nenhuma distinção entre Estado e sociedade civil. Esta questão só será ulteriormente formulada por Hegel na sua obra *Princípios de Filosofia do Direito* (*Grundlinien der Philosophie des Rechts*, 1821). Nela ele constroi a exemplo de toda sua obra um modelo triádico (em contraposição aos modelos diádicos que o precederam) no qual a sociedade civil encontra-se como termo intermediário entre a família e o Estado. No sistema hegeliano, o espírito objetivo é distinto nos três momentos do direito abstrato, da moralidade e da eticidade. Esta, por sua vez, é distinta nos três momentos da família, da sociedade civil e do Estado. Assim, não há em Hegel uma identidade entre sociedade civil e Estado. A sociedade civil, no filósofo alemão, aparecerá como

44. Rousseau, *Discurso...*, cit., p. 84.
45. Idem, ibidem, p. 84.

um momento da formação do Estado e não um momento que o precede. Segundo Bobbio, "Ao invés de ser como foi posteriormente interpretado, o momento que precede à formação do Estado, a sociedade civil hegeliana representa o primeiro momento de formação do Estado, o Estado jurídico-administrativo, cuja tarefa é regular relações externas, enquanto o Estado propriamente dito representa o momento Ético-político, cuja tarefa é realizar a adesão íntima do cidadão à totalidade de que faz parte, tanto que poderia ser chamado de Estado interno ou interior (o Estado in *interiore homine* de Gentile). Mais que uma sucessão entre fase pré-estatal e fase estatal da eticidade, a distinção hegeliana entre sociedade civil e Estado representa a distinção entre um Estado inferior e um Estado superior. Enquanto o Estado superior é caracterizado pela constituição e pelos poderes constitucionais, tais como o poder monárquico, o poder legislativo e o poder governativo, o Estado inferior opera por intermédio de dois poderes jurídicos subordinados – o poder judiciário e o poder administrativo".[46]

Para Hegel, a descoberta da sociedade civil pertence ao mundo moderno. Para ele, não se encontra uma sociedade civil entre os antigos, nem nos Estados despóticos orientais, nem nas Cidades-Estado gregas. Para ele, contudo, incorrem em equívoco os modernos que concebem restritivamente o Estado como sendo uma associação voluntária que se origina a partir de um contrato e que tem a finalidade de proteger e propiciar o bem-estar dos indivíduos. Diversamente, Hegel afirma que estes pensadores não percebem que o Estado se coloca acima daquele conceito e a ele é reconhecido o direito de chamar os cidadãos e lhes solicitar sacrifícios de toda ordem, inclusive o da sua própria vida. O Estado realiza a tarefa ético-política de levar o cidadão à adesão íntima à totalidade de que faz parte. Portanto, esse não é um ato voluntário. Só no Estado o indivíduo é e se realiza como tal.[47] Em nota do parágrafo 258 dos *Princípios*, Hegel escreve: "Quando se confunde o Estado com a sociedade civil, destinando-o à segurança e proteção da propriedade e da liberdade pessoais, o interesse dos indivíduos enquanto tais é o fim supremo para que se reúnem, do que resulta ser facultativo ser membro de um Estado. Ora é muito diferente a sua relação com o indivíduo. Se o Estado é o espírito objetivo, então só como seu membro é que o indivíduo tem objetividade, verdade e moralidade. A associação como tal é

---

46. Bobbio, *Estado, Governo, Sociedade: para uma Teoria Geral da Política*, pp. 42-43.
47. Pode-se entrever nesse ponto uma crítica de Hegel alusiva às teorias jusnaturalistas do Estado em geral e, em particular, a teoria lockeana.

o verdadeiro conteúdo e fim, e o destino dos indivíduos está em participarem de uma vida coletiva; quaisquer outras satisfações, atividades e modalidades de comportamento, neste ato substancial e universal tem o seu ponto de partida e o seu resultado".[48]

O Estado, portanto, distingue-se da sociedade civil, que em Hegel, é um momento precedente deste Estado. Assim, o verdadeiro sujeito da história universal que se manifesta como espírito objetivo é o Estado, não a sociedade civil.

Com Marx, dá-se à passagem do conceito de sociedade civil para o de sociedade burguesa, visto que *Bürgerlich Gesellschaft* significa tanto a primeira categoria quanto a segunda. No *Prefácio à Crítica da Economia Política* (1859), Marx lembra que o seu ponto de partida é o conceito de sociedade civil hegeliano: "Nas minhas pesquisas cheguei à conclusão de que as relações jurídicas – assim como as formas de Estado – não podem ser compreendidas por si mesmas, nem pela dita evolução geral do espírito humano, inserindo-se pelo contrário nas condições materiais de existência de que Hegel, à semelhança dos ingleses e franceses do século XVIII, compreende o conjunto pela designação de 'sociedade civil'; por seu lado, a anatomia da sociedade civil deve ser procurada na economia política".[49]

Apesar de dar uma interpretação restritiva do conceito hegeliano de sociedade civil, Marx, faz dela, o lugar das relações econômicas: "(...) na produção social da sua existência, os homens estabelecem relações determinadas, necessárias, independentes da sua vontade, relações de produção que correspondem a um determinado grau de desenvolvimento das forças produtivas materiais. O conjunto destas relações de produção constitui a estrutura econômica da sociedade, a base concreta sobre a qual se eleva uma superestrutura jurídica e política e à qual correspondem determinadas formas de consciência social".[50]

Assim, a sociedade civil deve ser entendida como sociedade burguesa. O seu significado é o do conjunto das relações interindividuais que estão fora, ou antes, do Estado. Nesse sentido, a sociedade que precede ao Estado e é denominada pelos jusnaturalistas de estado de natureza é substituído em Marx pela expressão de sociedade civil ou burguesa. Ele define a sociedade civil de forma semelhante ao estado de

---

48. Hegel, *Princípios de Filosofia do Direito*, p. 201.
49. Marx, *Contribuição à Crítica da Economia Política*, p. 24.
50. Idem, ibidem.

natureza hobbesiano, ou seja, como um estado de guerra generalizado. Em *A Sagrada Família* (1845), escrita juntamente com Engels, ele afirma: "(...) toda a sociedade burguesa não passa dessa guerra recíproca de todos os indivíduos, que só *a sua individualidade isola dos outros indivíduos; não passa do movimento universal e desenfreado das forças vitais elementares libertadas dos entraves dos privilégios*".[51]

Não seria possível compreender tal transposição em Marx do conceito jusnaturalista de sociedade de natureza para o conceito de sociedade civil marxiano, se não se entender que sociedade civil no filósofo alemão consiste exatamente na sociedade burguesa, e esta, por sua vez, compreende a sociedade de classes e, ainda, que o sujeito histórico da sociedade burguesa, a burguesia, emancipa-se politicamente, libertando-se do Estado absolutista e contrapõe a ele os direitos do indivíduo que deverão ser agora protegidos pelo próprio Estado. O Estado burguês está agora a serviço dos interesses dessa classe. Finalmente, pode-se ainda afirmar que o homem egoísta é o ponto comum existente entre o estado de natureza concebido pelos jusnaturalistas e a sociedade civil ou burguesa concebida por Marx. Sobre esta base, segundo ele, só é possível erigir uma sociedade anárquica e despótica.

Em resumo, a sociedade civil foi entendida nos seus diversos momentos na sua contraposição a outras formas de sociedades. Entre os Antigos, ela se difere da sociedade doméstica na sua dicotomia família/Estado; entre os Modernos, ela se distingue, primeiramente, do estado natural do homem (estado de natureza/sociedade civil); em segundo lugar, das sociedades eclesiásticas (sociedade religiosa/sociedade civil); em terceiro lugar, apresenta-se como oposição ao estado de barbárie ou selvageria originário dos homens (sociedade primitiva/sociedade civilizada); e, finalmente, com Hegel e posteriormente com Marx, a sociedade civil se difere do Estado.

3.2 A sociedade civil como instrumento de proteção da propriedade

Feita essa breve distinção entre as diversas concepções da sociedade civil e situado Locke na tradição jusnaturalista, cuja contraposição se dá entre estado de natureza e sociedade civil, o passo seguinte será tratar do fundamento do poder político, do pacto que instaura esse poder e dos fins que lhes são essenciais.

51. Idem, *A Sagrada Família*, p. 175.

3.2.1 O livre consentimento dos indivíduos como fundamento da sociedade civil

Para Locke, a condição necessária para instauração de uma sociedade civil é o consentimento dos indivíduos, ou seja, é nele que reside a legitimidade do poder político. Os homens transferem, por livre consentimento, os seus poderes naturais de viver de acordo com o direito natural e de punir aqueles que violam a lei de natureza, para um poder político que deverá ser regido por leis fixas e conhecidas por todos e por um magistrado imparcial com poder de coerção sobre os que não observarem aquelas leis. Assim, a constituição de uma sociedade civil não tem outra finalidade senão manter a paz entre os homens e conservar-lhes a propriedade.

Mesmo considerando a existência de uma relativa paz no estado de natureza bem como a instauração do direito de propriedade, Locke adverte que a possibilidade do rompimento desta paz e a violação da propriedade estão sempre presentes. O indivíduo que, na falta de leis, julgamentos imparciais e forças coercitivas, sente-se ameaçado, passa a travar uma luta contra outros indivíduos. Assim se estabelece uma guerra de uns contra outros. É preciso, pois, algo que assegure a existência, a liberdade e a propriedade.

Da mesma maneira como Hobbes, Locke admite a instauração de um contrato social entre os homens que estabelece a passagem do estado de natureza ao estado social. Este contrato, contudo, não se apresenta como um pacto de submissão de todos os homens a um terceiro (homem ou assembleia), a quem delegam poderes absolutos, inclusive abrindo mão da sua própria liberdade, como ocorre no contrato hobbesiano. Ao contrário, o contrato social se apresenta aqui como um pacto de consentimento que surge de um acordo firmado pelos homens, livremente, com o objetivo de constituir uma sociedade civil para conservar e consolidar os direitos já existentes no estado de natureza. Para Locke, como já foi dito, nada na sociedade civil acresce ao estado de natureza a não ser a consolidação e proteção dos direitos naturais inalienáveis do homem por intermédio da formação de um corpo político único que possui legislação e judicatura.

A primeira forma de sociedade, a conjugal, não constitui ainda uma sociedade política ou civil. Ela consiste num pacto livre entre homem e mulher cujo objetivo é a comunhão entre os dois, necessária à procriação, mas também o cuidado com a progênie. A continuidade da espécie requer, além da procriação, os cuidados necessários à manutenção da prole. Esta associação entre homem e mulher deve, portanto, ter uma durabilidade que possibilite a sobrevivência dos filhos enquanto estes ainda dependem dos cuidados dos pais: "Como a união entre o homem e a mulher tem por fim não somente a procriação, mas a perpetuação da espécie, esta relação entre o homem e a mulher deve continuar, mesmo depois da procriação, quanto tempo for necessário para a alimentação e o sustento dos jovens, que devem ser mantidos por aqueles que os geraram até que sejam capazes de se deslocar e de se prover por si mesmos".[52]

A sociedade conjugal, portanto, não constitui uma sociedade política. O pátrio poder[53] é uma expressão do poder natural dos pais sobre a sua prole. Neste âmbito, nada encaminha a sociedade conjugal no sentido de instaurar a sociedade civil.

Mesmo considerando e estendendo as relações familiares a servos e escravos, mesmo com o domínio de um chefe de família exercido sobre estes pela "regra doméstica da família",[54] ainda assim, essa pequena comunidade não pode ser, nem de longe, considerada, a uma sociedade política, no que diz respeito à sua constituição, ao seu poder e aos seus objetivos. O que então caracterizará esta sociedade que Locke compreende por sociedade política ou civil?

O estado de natureza, segundo Locke, já contempla não apenas uma paz relativa entre os homens, mas também o direito desses àquilo que ele compreende por propriedade, ou seja, o conjunto dos direitos naturais: a vida, a liberdade e a propriedade no sentido comum de bens móveis e imóveis. Ao homem ainda é concedido, neste estado original, o direito de defender sua propriedade mediante as leis daquele estado. Esta lei por sua vez, a lei da natureza,[55] concede ao homem o direito de julgar e castigar àquele que atenta contra a sua integridade e da sua propriedade. É esse poder de jurisdição de cada homem que caracteriza o poder no estado de natureza. Cada um detém em suas mãos o poder de

---

52. Locke, *The Second Treatise...*, cit., p. 300.
53. Faz-se necessário observar que Locke questiona a denominação pátrio poder (*paternal power*) pelo fato da mesma parecer expressar o que seria apenas o poder do pai sobre os filhos quando na realidade o que ele postula é um poder que não apenas se restringe ao pai mas se estende também à mãe. Assim, Locke prefere chamá-lo de poder dos pais (*parental power*) ao invés de pátrio poder.
54. Locke, *The Second Treatise...*, cit., p. 303.
55. Locke concebe a lei natural como sendo "(...) o decreto da vontade divina reconhecível pela luz natural que indica o que está e o que não está em conformidade com a natureza racional e, pela mesma razão, ordena ou proíbe" (*Essays on the Law of Nature*, p. 111).

julgar e punir os seus agressores. Não há, portanto, neste estado nenhuma instância para além de cada indivíduo e assim, para além da comunidade, que exerça quaisquer poderes sobre estes mesmos indivíduos.

A sociedade civil, segundo Locke, só existirá a partir do momento em que este poder existente no estado de natureza cesse em favor da comunidade. É preciso, portanto, que os membros desta comunidade abram mão do seu poder natural em favor da mesma. Assim afirma Locke: "(...) só existe uma sociedade política onde cada um dos membros renunciou ao seu poder natural e o depositou nas mãos da comunidade em todos os casos que os excluem de apelar para a proteção à lei por ela estabelecida".[56]

Neste momento cessa o estado de natureza e se instaura a sociedade política. Com ela se extinguem as aplicações dos julgamentos e das punições privadas se estabelecendo a autoridade da sociedade civil, reconhecendo-se o seu poder de por meio de regras preestabelecidas de comum acordo, executar tais julgamentos e punições. Assim, para Locke encontram-se em sociedade civil *"Os que estão unidos em um corpo, tendo lei comum e judicatura para a qual apelar com autoridade para decidir controvérsias e punir os ofensores, (...)"*,[57] e distingue dos que se encontram em estado de natureza afirmando que: "(...) *aqueles que não têm em comum nenhum direito de recurso, ou seja, sobre a terra, ainda se encontram no estado de natureza, sendo cada um, onde não há outro, juiz para si e executores, o que constitui, conforme mostrei antes, o estado perfeito de natureza"*.[58]

Portanto, este é o traço fundamental de distinção entre o homem em estado de natureza e o homem em estado de sociedade. No primeiro caso, ele é dotado do poder de legislar e executar ações de forma privada. Aqui, o homem em defesa de si próprio e daquilo que lhe pertence lança mão da lei de natureza para exercer os poderes que lhe são atribuídos em seu estado natural. No segundo caso, na sociedade civil, o homem abre mão destes poderes em favor da comunidade que, a partir desse momento deverá não só legislar, ou seja, dizer em que medida as punições devem ser aplicadas, mas também executar, isto é, mediante as regras estabelecidas exercer o poder de execução das mesmas. Neste estado, portanto, o homem abre mão do que antes era de sua competência para entregar à comunidade, fazendo desta a autoridade que de-

---

56. Locke, *The Second Treatise...*, cit., p. 304.
57. Idem, ibidem.
58. Idem, ibidem.

verá cumprir com sua função, qual seja, proteger os indivíduos e seus bens das transgressões cometidas por aqueles que deverão ser julgados e punidos pelo poder desta comunidade. Instaura-se neste momento, segundo Locke, o poder legislativo bem como o poder executivo: "Temos aqui a origem dos poderes legislativo e executivo da sociedade civil, que julgam por meio de leis estabelecidas, em que medida devem ser punidos os delitos cometidos no seio do corpo político, bem como determinam, mediante julgamentos ocasionais fundamentados nas presentes circunstâncias do fato, a que ponto as injustiças externas devem ser vingadas; e em ambos os casos empregam toda a força de todos os membros, quando houver necessidade".[59]

Ao conceber a sociedade civil como sendo aquela na qual os indivíduos abrem mão dos seus poderes naturais para constituir uma comunidade política dotada de judicatura e poder de coerção, Locke lembra que apesar de ser considerado por alguns como única forma de governo no mundo, a monarquia absoluta é incompatível com a sociedade civil. O monarca, segundo Locke, possui concentrado em suas mãos os poderes legislativo e executivo e não há, portanto, nenhuma autoridade a quem se apelar imparcialmente. O monarca é juiz em causa própria. No estado de natureza, todos detêm o poder da lei de natureza. Na monarquia absoluta todos estão destituídos deste poder que se concentra nas mãos do príncipe. O monarca está acima de qualquer autoridade. Não há, portanto, uma instância pública a quem o indivíduo possa apelar e nesse caso, Locke assevera a inexistência de um estado de sociedade: "Tal homem, seja qual for seu título − czar ou grão-senhor, ou qualquer outro que se queira −, permanece no estado de natureza, com todos sob sua dominação, assim como o resto da humanidade. Onde existam dois homens que não possuam uma regra permanente e um juiz comum para apelar na terra para a resolução de controvérsias de direito entre eles, estes ainda estão no estado de natureza (...)".[60]

A sociedade civil em Locke, como já foi dito, consiste na instauração do poder público da comunidade como autoridade a todos os indivíduos. O fundamento desta sociedade é o consentimento. Não há sociedade civil cuja essência não seja o desejo dos homens em permitir que um poder político, como autoridade comum, regule as relações entre os mesmos. A monarquia absolutista, portanto, não se enquadra no conceito de sociedade política em Locke, pois "Onde quer que existam

---

59. Locke, *The Second Treatise...*, cit., p. 306.
60. Idem, ibidem, p. 305.

pessoas que não tenham semelhante autoridade a que recorrerem para decisão de qualquer diferença entre elas, estarão tais pessoas no estado de natureza; e assim se encontra qualquer príncipe absoluto em relação aos que estão sob seu domínio".[61]

É, portanto, o poder público, a autoridade comum que prescreve leis para todos os homens, que caracteriza essencialmente a sociedade civil: "O poder público de toda sociedade está acima de qualquer alma nela contida e o uso principal desse poder consiste em uma das leis a todos quantos sob ele estão, leis a que em tais casos devemos obedecer a menos que se mostre algum motivo no sentido de que a lei da razão ou a de Deus prescreve o contrário".[62]

3.2.2 Do pacto de consentimento

O contrato social em Locke se dá unicamente pelo livre consentimento de cada indivíduo. Assim, a perspectiva lockeana do contrato em nada se assemelha à de Hobbes. Neste, diversamente, o pacto tem como fundamento o medo. É a *bellum omnium contra omnes*, fundada no pessimismo antropológico hobbesiano do *homo lupus homini*, que conduz o indivíduo à submissão de uma autoridade pública. Visando a preservar suas vidas, abrem mão da sua liberdade em troca da segurança propiciada pelo Estado-Leviatã: "Diz-se que um Estado é instituído quando uma multidão de homens concorda e pactua, cada um com cada um dos outros, que a qualquer homem ou assembleia de homens a que seja atribuído pela maioria o direito de representar a pessoa de todos eles (ou seja, de ser seu representante), todos sem exceção, tanto os que votaram a favor como os que votaram contra ele, deverão autorizar todos os atos e decisões desse homem ou assembleia de homens, tal como se fossem seus próprios atos e decisões, a fim de viverem em paz com os outros e serem protegidos dos restantes homens".[63]

Assim, a sociedade civil hobbesiana se constitui a partir da necessidade de preservação do homem, e este, movido pelo receio da ameaça à própria vida, acorda em abrir mão do seu direito à absoluta liberdade que possui no estado de natureza. O contrato aqui consiste num pacto de submissão do homem em relação a outro homem ou assembleia de homens, visando unicamente a assegurar a paz e a preservação dos seus

---

61. Idem, ibidem, p. 306.
62. Hooker, *Ecclesiastical Polity*, lib. I, sect. 16, *apud* Locke, *The Second Treatise...*, cit., p. 306.
63. Hobbes, *Leviatã*, p. 107.

bens. Sem essa necessidade, diz Hobbes, o homem jamais abriria mão da sua liberdade natural.

Diferentemente de Hobbes, Locke afirma que não é no medo que reside o fundamento legítimo do poder político, mas unicamente no livre assentimento dos indivíduos para estabelecer um poder comum a todos os homens mediante a renúncia dos mesmos à liberdade do estado de natureza visando exclusivamente à preservação e à consolidação dos direitos inalienáveis do homem à vida, à liberdade e à propriedade: "A única maneira em virtude da qual uma pessoa renuncia à liberdade natural e se reveste dos laços da sociedade civil consiste em concordar com outras pessoas em juntar-se e unir-se em comunidade para viverem com segurança, conforto e paz umas com as outras, gozando garantidamente das propriedades que tiverem e desfrutando de maior proteção contra quem quer que não faça parte dela".[64]

A sociedade civil instaurada por meio do contrato social, que se constitui num pacto de consentimento, tem por objetivo superar os problemas existentes no estado de natureza. Não obstante a concepção lockeana de um estado originário de relativa paz no qual já se encontra contemplado o direito de propriedade, esta pode ser ameaçada pelas seguintes insuficiências encontradas no mesmo: a ausência de uma lei positiva, a falta de um juiz imparcial e a inexistência de um poder coercitivo que puna aqueles que possam investir contra os direitos naturais dos indivíduos.

No estado natural cada indivíduo detém o poder[65] de julgar e punir aqueles que atentam contra a propriedade. O julgamento e a execução da punição permanecem, assim, no plano das ações particulares. Além disso, nada garante no estado de natureza a observância da lei natural, tendo em vista que em nenhum momento existe uma força coercitiva às ações que venham de encontro àquela lei. É necessário, portanto, que se ultrapasse o âmbito das ações particulares encontradas no estado natural do homem e se estabeleça uma autoridade pública comum a todos. A condição necessária para o estabelecimento desta autoridade é, consoante Locke, o consentimento de cada homem "*Quando qualquer número de homens, através do consentimento de cada indivíduo, forma*

---

64. Locke, *The Second Treatise*..., cit., pp. 309-310.
65. O poder civil para Locke se configura como uma derivação dos dois poderes que os homens possuem no seu estado originário: o poder de fazer o que é permitido pelas leis naturais e o poder de punir as violações cometidas contra as mesmas. Do primeiro advém o poder legislativo, ou supremo; do segundo, deriva o poder executivo.

uma comunidade, dão a essa comunidade uma característica de um corpo único. (...) Pois o que move uma comunidade é sempre o consentimento dos indivíduos que a compõe (...)".[66]

O contrato, assim, dá-se unicamente pelo consentimento dos homens.[67] Neste primeiro momento, o da instauração da sociedade civil, é o consentimento de cada indivíduo que legitima a mesma. Quando já estabelecida a sociedade política e quando, a partir dela, dá-se a escolha da forma de governo, é a maioria que legitima as decisões como se fossem decisões tomadas por todos: "*E assim cada homem, concordando com outros em instituir um corpo político submetido a um governo, se obriga diante de todos os membros daquela sociedade, a se submeter à decisão da maioria e a concordar com ela*; (...)".[68]

O consentimento da maioria é, então, tomado como consentimento de todos. A razão disso é que seria impossível reunir todos os homens em assembleia pública para tornar as decisões pertinentes à comunidade. Além disso, não seria possível também obter unanimidade de opinião visto que em toda reunião existem divergências entre os homens. A sociedade política, portanto, tem no consentimento da maioria a sua legitimidade como consentimento de todos. Diz Locke: "Assim, o ponto de partida e a verdadeira constituição de qualquer sociedade política não é nada mais que o consentimento de um número qualquer de homens livres, cuja maioria é capaz de se unir e se incorporar em uma tal sociedade. Esta é a única origem possível de todos os governos legais no mundo".[69]

A sociedade civil, portanto, constitui-se a partir da livre vontade dos indivíduos. Estabelecida a mesma, o princípio da maioria coloca-se como fundamento para a escolha, pela comunidade, da forma de governo que nela deverá ser instaurada.

Neste ponto, Locke expõe duas objeções que lhes são feitas: a primeira é relativa ao fato de que "(...) *não se encontra exemplo na história de um grupo de homens independentes e iguais que se reunissem*

---

66. Locke, *The Second Treatise*..., cit., p. 310.
67. Esse consentimento fundamenta a passagem do estado de natureza para a sociedade civil que mediante o contrato social implica no assentimento unânime dos homens. Segundo Locke, uma vez instaurada a sociedade civil, esta unanimidade daria lugar ao princípio da maioria.
68. Locke, *The Second Treatise*..., cit., p. 310.
69. Idem, ibidem, p. 311.

e dessa maneira começassem e estabelecessem um governo";[70] e, a segunda, consiste em que "(...) *é impossível, de direito, que assim os homens fizessem, porque, tendo todos nascido sob um governo qualquer, a ele tiveram de submeter-se mas tendo liberdade de dar início a outro*".[71]

Faz-se necessário lembrar que Locke afirma a historicidade tanto do estado de natureza do homem quanto do contrato social. É bem verdade que ele admite, como afirma Yolton,[72] uma certa escassez de documentação histórica que propicie uma melhor fundamentação dessa questão, qual seja, a da existência factual de um estado pré-político. Resoluto, Locke busca constantemente na História a justificativa e a confirmação das suas proposições. Há uma preocupação constante do pensador em mostrar que historicamente o homem ultrapassou o seu estado original, no qual se encontrava regido apenas pela lei natural e, por meio da vontade livre, por meio do assentimento de cada indivíduo, estabeleceu mediante um contrato social, uma sociedade política. Assim, não somente a sociedade civil, mas também o estado de natureza bem como o contrato social são, para Locke, momentos históricos do homem e não meramente um construto hipotético, um pressuposto metodológico, que se constitui como ponto de partida de muitos contratualistas.

Dessa forma, Locke irá recorrer à História para responder às objeções a ele elaboradas. Lembra o mesmo que o fato da História não registrar alguns eventos humanos não significa que os mesmos não ocorreram e lembra ainda que: "E se não pudermos supor que os homens jamais tenham se encontrado no estado de natureza, por não termos ouvido falar de muitos em tal estado, podemos também supor que os soldados de Salmanasser ou de Xerxes jamais tenham sido crianças, porque pouco sabemos deles até se tornarem homens e se incorporarem aos exércitos".[73]

E continua afirmando "(...) *todo governo percebe a História, e a escrita raramente penetra em um povo enquanto um longo período de sociedade civil não lhe tenha proporcionado, por meio de outras artes mais necessárias, segurança, conforto e abundância*; (...)".[74]

Com o argumento de que a inexistência de registro histórico não implica necessariamente na não existência efetiva do estado de natureza, do contrato e, por conseguinte, de homens independentes e iguais

70. Idem, ibidem.
71. Idem, ibidem.
72. Yolton, *Dicionário Locke*, p. 106.
73. Locke, *The Second Treatise*..., cit., p. 312.
74. Idem, ibidem.

que pudessem estabelecer voluntariamente um governo, Locke vai além desta argumentação e mostra, na própria História, exemplos deste princípio de ordenação das sociedades civis pelos homens. Dentre outros argumentos recorre ao de José de Acosta:[75]

"Há manifestamente grandes razões para se supor que esses homens" diz ele se referindo aos habitantes do Peru, "durante muito tempo não tiveram nem reis nem comunidades civis, mas viviam em bandos, como atualmente os habitantes da Flórida, os Cheriquanas, os povos do Brasil e de muitas outras nações, mas quando a ocasião lhes surgiu na paz ou na guerra, escolheram seus capitães como melhor lhes pareceu".[76]

Mesmo que esses homens nascessem sujeitos aos pais, diz Locke, esta submissão que todo filho deve ao pai, não teria impedido que esse homem fosse livre para escolher qualquer sociedade que lhes fosse conveniente. Nenhum deles tem até então nenhum tipo de superioridade em relação aos outros. São livres e iguais para escolherem voluntariamente um governante. Lembra Locke que *"Assim, essas sociedades políticas começaram todas de união voluntária e de acordo mútuo de homens que agiam livremente na escolha dos governantes e das formas de governo"*.[77]

A primeira objeção é assim refutada por Locke na medida em que ele vai invocando os registros históricos a exemplo de Roma e Veneza[78] e dos primeiros habitantes das Américas. Desse modo, pode-se afirmar que todo o princípio pacífico de governo se funda no livre consentimento dos homens.

A segunda objeção, de natureza mais conceptual, diz respeito à impossibilidade de homens já nascidos sob uma forma de governo, poder livremente reunir-se e iniciar outro governo legítimo. A essa questão Locke reponde com uma outra: "(...) *como se originaram tantas monarquias legítimas no mundo?*".[79] Afirma ele, que alguém nascido sob o

---

75. José de Acosta (1539-1600), missionário jesuíta espanhol que viveu no Peru e escreveu *The Natural and Moral History of the Indies*, versão inglesa publicada em 1604.

76. José de Acosta, *apud* Locke, *The Second Treatise...*, cit., p. 312.

77. Locke, *The Second Treatise...*, cit., p. 313.

78. Locke afirma que: "Revela uma estranha inclinação a negar a evidência dos fatos, quando não concordam com sua hipótese, aquele que não admite que o início de Roma ou de Veneza deu-se mediante a união de vários homens livres e independentes uns dos outros, entre os quais não havia nenhuma superioridade ou sujeição naturais" (ibidem, p. 312).

79. Idem, ibidem, p. 319.

domínio de outrem pode ser livre a ponto de ter o direito de mando sobre os outros em um novo governo. Ser livre para tornar-se súdito ou governante. E continua afirmando, que por este princípio: "(...) *ou bem todos os homens, como quer que tenham nascido, são livres, ou bem existe apenas um príncipe legítimo, um único governo legítimo no mundo*".[80]

3.2.3 Dos fins da sociedade civil

Se o homem em seu estado originário já tem contemplado a sua liberdade, já tem o direito àquilo que Locke concebe como propriedade (vida, liberdade e bens, no sentido geral deste termo), cabe aqui uma pergunta: Por que então ele que no estado de natureza goza de todos esses direitos, sente a necessidade de constituir uma sociedade política? Por que ele, livre e senhor absoluto da sua vida e dos seus bens, deveria sujeitar-se ao poder de outrem?

A esta questão Locke responde mostrando que, embora em seu estado natural o homem já tenha aquilo que se convencionou chamar de direitos naturais, esses direitos sofrem constantemente a ameaça de não serem observados tendo em vista que cada homem naquele estado se encontra em igualdade perante os semelhantes. Disso decorre o fato de que todos têm direitos, mas poucos observam a lei da natureza, sua equidade e justiça. Dessa forma, a propriedade do homem no seu estado natural sofre constantes ameaças e este vive, portanto, em um estado de relativa insegurança. O homem procura resolver essa situação se reunindo com os demais em sociedade. Sejam estas sociedades já constituídas ou iniciadas a partir de então. Em qualquer um dos casos essa associação não visa outra coisa senão a proteger e consolidar a propriedade. Diz Locke: "*O fim maior e principal para os homens unirem--se em sociedades políticas e submeterem-se a um governo é, portanto, a conservação de sua propriedade. Para tal fim, o estado de natureza requer uma série de condições*".[81]

Dentre essas condições, Locke enumera as seguintes: Inicialmente, a existência de uma lei positiva. Sabe-se que a lei de natureza é inteligível aos seres racionais e dela emana todas as evidências da vida em estado natural. Ocorre, porém que não há um reconhecimento de obrigação da obediência à mesma. O estado de natureza, portanto, necessita de uma lei positiva estabelecida e reconhecida mediante o consentimento de todos e que prescreva as medidas comuns que serão utilizadas

---

80. Idem, ibidem, p. 320.
81. Idem, ibidem, p. 325.

para a solução das controvérsias geradas entre os homens em sociedade. Assim, a inexistência de uma lei comum a todos os homens se constitui na primeira condição necessária à constituição da sociedade civil. A segunda condição é a autoridade comum a todos os homens (igualmente ausente no estado de natureza), que em acordo com a lei instaurada possa julgar os casos de discordâncias entre os mesmos. No seu estado natural, os homens são juízes e executores da lei da natureza e tanto podem ser parciais com relação aos casos que lhes são de pessoal interesse quanto negligentes quando isso possa também interessá-los. Uma autoridade comum a todos, portanto, resolverá os problemas relativos às dissensões no estado de sociedade. Finalmente, falta ainda no estado originário um poder que faça cumprir a lei por meio do julgamento e da pena imposta pela autoridade comum existente na sociedade civil. Se não existir um poder que faça com que a lei seja cumprida, aqueles que, pela força praticam injustiças, também procurarão mantê-las pela força. É preciso, portanto, um poder coercitivo que assegure a punição àqueles que infringem a lei estabelecida voluntariamente pela comunidade. Dessa maneira, uma lei comum, fundada no consentimento de todos; uma autoridade também comum e um poder que assegure o cumprimento da lei e, por conseguinte, garanta a execução das penalidades emanadas da mesma àqueles que não as cumpre, são as condições que fazem com que o homem deixe a sua condição inicial representada pelo seu estado natural e ingresse na sociedade civil. Somente na sociedade política o homem tem efetivamente a garantia do respeito aos seus direitos. A esse respeito afirma Locke: "Assim, apesar de todos os privilégios do estado de natureza, os homens desfrutam de uma condição ruim enquanto nele permanecem, procurando rapidamente entrar em sociedade. Daí resulta que raramente encontramos qualquer grupo de homens vivendo dessa maneira. As inconveniências a que estão expostos pelo exercício irregular e incerto do poder que todo homem tem de punir as transgressões dos outros faz com que ele busque abrigo sob as leis estabelecidas de um governo e nele procurar a preservação de sua propriedade. É isso que dispõe cada um a renunciar tão facilmente a seu poder de punir, por que ele fica inteiramente a cargo de titulares nomeados entre eles, que deverão exercê-lo conforme as regras que a comunidade ou aquelas pessoas por ela autorizadas adotam de comum acordo. Aí encontraram a base jurídica inicial e a gênese dos poderes legislativo e executivo, assim como dos governos e das próprias sociedades".[82]

82. Idem, ibidem, pp. 325-326.

Portanto, os direitos que os homens tinham no estado de natureza permanecem e são incorporados à lei comum, à autoridade também comum e ao poder executivo da sociedade civil. Diversamente, no que concerne aos seus poderes naturais, já mencionados na cessão anterior, são, ao contrário, substituídos pelos poderes da comunidade política.

Assim, uma vez instaurada a sociedade civil, os homens deixam de fazer o que julgam ser necessário para a sua preservação e a das suas posses para que o poder civil estabeleça o que é fundamental para a sua sobrevivência bem como a da própria comunidade. Desta forma, é a sociedade civil que estabelece, por meio de suas leis, o que é essencial para a sua preservação e, por conseguinte, a de cada indivíduo que a constitui. Da mesma maneira, é a sociedade política que elabora, pelo consentimento de todos, as leis que a rege. Também escolhe, por igual consentimento, àqueles que irão julgar e executar a lei comum a todos os homens. A partir da instauração da sociedade civil, portanto, é ela quem regula todas as ações humanas. Ela estabelece as leis, julga os litígios, executa as punições e garante, por meio de seu poder coercitivo, o seu pronto cumprimento.

Finalmente, ao ingressar na sociedade civil o homem abre mão de seus poderes originários. Mas se tais poderes são delegados a uma autoridade comum, o mesmo não ocorre com os seus direitos naturais. Certamente o homem não abandonaria o estado de natureza, no qual era possuidor de determinados direitos, por uma outra situação na qual os mesmos não lhes fossem assegurados. Assim, ao passar do seu estado natural à sociedade civil, o homem não só procura manter os direitos já existentes, mas também pretende consolidá-los e ampliá-los, protegendo-os daqueles que, não observando as leis naturais, constituem uma permanente ameaça à preservação daqueles direitos. Dessa forma, como afirma peremptoriamente Locke, o principal objetivo para os homens ingressarem na sociedade civil é a proteção dos direitos que já tinham em seu estado originário. Assim, a função essencial da sociedade civil consiste nesta proteção dos direitos naturais dos homens. É para isto que eles estabelecem por livre consentimento um poder político cuja finalidade precípua é a conservação e a proteção da propriedade.

4. Considerações finais

A filosofia política de Locke inaugura uma nova fase nas especulações ético-políticas do século XVII. Locke faz do político o espaço do resguardo dos direitos do indivíduo e de sua propriedade. Não é mais o indivíduo que deve submeter-se e servir ao poder político, mas, ao contrário, é este que deve observar e proteger os direitos naturais daquele. O núcleo do seu pensamento político, portanto, constitui-se na supremacia do indivíduo e da sua propriedade. É na preservação dos mesmos que consiste fundamentalmente a tarefa do poder político que, em última instância, é poder derivado dos homens no seu estado originário e consentido por eles a partir de um contrato social. Este deve estabelecer uma comunidade política na qual o governante tem o seu poder limitado por leis estabelecidas por um poder distinto do mesmo, e cuja elaboração da norma jurídica tem sua fundamentação na observância do direito natural.

A sua contribuição não se restringe apenas ao desenvolvimento das ideias políticas do seu tempo, mas se desdobra também na realização das mesmas no solo efetivo da ação política, expressa pela influência dos conteúdos centrais da sua obra nas diversas constituições liberais e declarações de direitos que grassaram nos séculos seguintes à sua vida. É nessa perspectiva que Locke concebe a sociedade civil e instaura, a partir dela, os fundamentos que servirão um século mais tarde para alicerçar a construção teórica do liberalismo clássico, e com ele, a implementação de um modelo liberal de Estado que surge ainda no século XVIII e se dissemina, principalmente, pela Europa do século XIX.

Finalmente, o direito natural como pressuposto da norma jurídica positiva e da sociedade civil, o consentimento dos cidadãos como fundamento legítimo do poder político, a separação dos poderes legislativo e executivo e a supremacia do primeiro sobre o segundo, a preservação dos direitos naturais como fim último da comunidade política, a separação entre a Igreja e o Estado, a tolerância religiosa como *conditio sine qua non* para uma convivência pacífica entre os homens e o direito de resistência, são esses alguns dos legados deixados por Locke para os seus pósteros.

Bibliografia

AYERS, Michael. *Locke: Epistemology & Ontology*. London and New York, Routledge, 2000.
ARISTÓTELES. *Política*. Tradução de Mário da Gama Kury. Brasília, Ed. UnB, 1985.
ASHCRAFT, Richard. "Locke's Political Phiposophy", *The Cambridge Companion to Locke*. Editado por Vere Chappell. Cambridge, Cambridge University Press, 1995, pp. 226-251.

BELLAMY, Richard. *Liberalismo e Sociedade Moderna*. Tradução de Magda Lopes. São Paulo, Ed. da Unesp, 1994.

BOBBIO, Norberto. *A Teoria das Formas de Governo*. Tradução de Sérgio Bath, 8ª ed., Brasília, Ed. UnB, 1995.

_____. *Locke e o Direito Natural*. Tradução de Sérgio Bath. Brasília, Ed. UnB, 1997.

_____. *Direito e Estado no Pensamento de Kant*. Tradução de Alfredo Fait. Brasília, Ed. UnB, 1984.

_____. *Estado, Governo, Sociedade; para uma Teoria Geral da Política*. Tradução de Marco Aurélio Nogueira. 4ª ed. Rio de Janeiro, Paz e Terra, 1987 (Coleção Pensamento Crítico, vol. 69).

BOBBIO, Norberto; MATEUCCI, N. e PASQUINO, G. *Dicionário de Política*. Tradução de Carmen C. Varrialle *et al.* 5ª ed. Brasília, Ed. UnB.

CHÂTELET, François; DUHAMEL, Olivier e PISIER-KOUCHNER, Evelyne. *História das Ideias Políticas*. Tradução de Carlos Nelson Coutinho. Rio de Janeiro, Zahar, 2000.

DUNN, John. *Locke*. Oxford, Oxford University Press, 1984.

HUNTINGTON, Samuel. *A Terceira Onda: a Democratização no Final do Século XX*. São Paulo, Ática, 1994.

HOBBES, Thomas. *De Cive – Elementos Filosóficos a Respeito do Cidadão*. Tradução de Ingeborg Soler. Petrópolis, Vozes, 1993.

_____. *Leviatã, ou Matéria, Forma e Poder de um Estado Eclesiástico e Civil*. Tradução de João Paulo Monteiro e Maria Beatriz Nizza da Silva. São Paulo, Nova Cultural, 1988 (Os Pensadores, vol. I).

GOUGH, J. W. "A Separação de Poderes e Soberania". In QUIRINO, Célia Galvão e SOUZA, Maria Teresa Sadek R. *O Pensamento Político Clássico: Maquiavel, Hobbes, Locke, Montesquieu, Rousseau*. São Paulo, T. A. Queiroz, 1992, pp. 183-205.

HEGEL. *Princípios da Filosofia do Direito*. Tradução de Orlando Vitorino. 3ª ed. Lisboa, Guimarães, 1986.

KANT. *Métaphysique des Moeurs II – Doctrine du Droit, Doctrine de la Vertu*. Tradução de Alain Renaut. Paris, Flammarion, 1994.

_____. *À Paz Perpétua*. Tradução de Marco Antonio de A. Zingano. Porto Alegre, L&PM, 1989.

KENYON, J. P. *Stuart England*. 2ª ed. London, Penguin Books, 1990 (The Pelican History of England).

KRISCHKE, Paulo J. *O Contrato Social, Ontem e Hoje*. São Paulo, Cortez, 1993.

LASLETT, Peter. "Introdução". In LOCKE, John. *Dois Tratados sobre o Governo*. Tradução de Júlio Fischer. São Paulo, Martins Fontes, 1998 (Clássicos).

[VON LEYDEN]. John Locke. *Essays on the Law of Nature*. Oxford, Clarendon Press, 2000.

LOCKE. *An Essay Concerning Human Understanding*. Condensado e editado, com introdução e notas, por Kenneth P. Winkler. Indianapolis/Cambridge, Hackett Publishing, 1996.

_____. *The Second Treatise of Government: an Essay Concerning the True Original, Extent, and End of Civil Government*, in *John Locke: Political Writings*. Editado com uma introdução de David Wootton. London, Penguin Books, 1993, pp. 261-387 (Penguin Classic).

_____. *A Letter Concerning Toleration*, in *John Locke: Political Writings*. Editado com uma introdução de David Wootton. London, Penguin Books, 1993, pp. 390-436.

MACPHERSON, C. B. *A Teoria Política do Individualismo Possessivo: de Hobbes até Locke*. Tradução de Nelson Dantas. Rio de Janeiro, Paz e Terra, 1979.

MARX, Karl. *Contribuição à Crítica da Economia Política*. Tradução de Maria Helena Barreiro Alves. 2ª ed., São Paulo, Martins Fontes, 1983.

MARX, Karl e ENGELS, Friedrich. *A Sagrada Família*. Tradução de Fiama Hasse Pais Brandão et. al. 2ª ed., Portugal, Presença; Brasil, Martins Fontes, 1993.

MICHAUD, Ives. *Locke*. Tradução de Lucy Magalhães. Rio de Janeiro, Jorge Zahar, 1986.

MILTON, J. R. "Locke's Life and Times", in *The Cambridge Companion to Locke*. Editado por Vere Chappell. Cambridge, Cambridge University Press, 1995, pp. 5-25.

POLIN, Raymond. "Indivíduo e Comunidade". In QUIRINO, Célia Galvão e SOUZA, Maria Teresa Sadek R. *O Pensamento Político Clássico: Maquiavel, Hobbes, Locke, Montesquieu, Rousseau*. São Paulo, T. A. Queiroz, 1992, pp. 133-164.

REALE, Giovanni e ANTISERI, Dario. *História da Filosofia: do Humanismo a Kant*. São Paulo, Paulinas, 1990, vol. 2 (Coleção Filosofia).

ROUSSEAU, Jean-Jacques. *O Contrato Social*. Tradução de Antonio de Pádua Danesi. 3ª ed., São Paulo, Martins Fontes, 1996 (Clássicos).

_____. *Discurso sobre a Origem e os Fundamentos da Desigualdade entre os Homens*. Apresentação e comentários de Jean-François Braunstein. Tradução de Iracema Gomes Soares e Maria Cristina Roveri Nagle. Brasília, Ed. UnB, 1981.

SCHWARTZ, Bernard. *Os Grandes Direitos da Humanidade: The Bill of Rights*. Tradução de A. B. Pinheiro de Lemos. Rio de Janeiro, Forense Universitária, 1979.

WEFFORT, Francisco (Org.). *Os Clássicos da Política*, vol. 1. 2ª ed., São Paulo, Ática, 1991.

WOOTTON, David. *John Locke: Political Writings*. London, Penguin Books, 1993 (Penguin Classics).

YOLTON, Jonh W. *Dicionário Locke*. Tradução de Álvaro Cabral. Rio de Janeiro, Jorge Zahar, 1996.

Capítulo VIII
MONTESQUIEU: O DIÁLOGO NECESSÁRIO

ALEXANDRE JOSÉ PAIVA DA SILVA MELO

*Ao professor e amigo Rafael de Agapito,
sem cujos esclarecimentos este texto não seria possível.*

1. Introdução. 2. Montesquieu em seu tempo ou o homem e suas circunstâncias. 3. "O Espírito das Leis" – Notas sobre o método. 4. Formas de Governo. 5. Divisão de Poderes. 6. Finalização.

1. Introdução

Montesquieu escreveu muito ao longo da vida, mas basicamente três dos seus escritos são citados atualmente: *Cartas Persas* (1721), *Considerações sobre a Causa da Grandeza dos Romanos e de sua Decadência* (1734) e *O Espírito das Leis* (1748). O certo, contudo, é que a parcela de sua obra que persiste até hoje encontra-se principalmente em *O Espírito das Leis*. De fato, os atuais intérpretes e comentaristas de Montesquieu referem-se a *Cartas Persas* e a *Causa da Grandeza dos Romanos e de sua Decadência* sempre de forma subsidiária, sempre colhendo dados para entender *O Espírito das Leis*, a sua grande obra. Por isso, porque *O Espírito das Leis* contém a grande parcela da contribuição de Montesquieu para as instituições políticas e estatais do nosso tempo, focamo-nos nele.

O que pretendemos é pouco ambicioso: simplesmente compreender o significado da *divisão de poderes de Montesquieu* – a sua grande contribuição – e recordar a relevância dessas ideias para a estrutura político-estatal dos nossos tempos. Para tanto, começamos por localizar o nosso Autor em seu tempo, em uma aproximação às circunstâncias históricas de Montesquieu. Em seguida, tentamos compreender o método utilizado por Montesquieu, aproximando-nos de algumas das premissas que tornaram possível *O Espírito das Leis*. Depois, na parte do texto denominada *formas de governo*, prosseguimos com os aspectos principais de *O Espírito das Leis*, apresentando os conceitos de Montesquieu essenciais à compreensão da sua *divisão de poderes*. E, por fim, tratamos diretamente da *divisão de poderes*, sempre tendo em vista a necessidade de alcançar o seu significado essencial, aquilo que torna a *divisão de poderes* um elemento marcante da estrutura política e estatal do nosso mundo ocidental.

2. Montesquieu em seu tempo ou o homem e suas circunstâncias

Montesquieu antecedeu à Revolução Francesa. Ele nasceu em 1689, exatamente um século antes da Revolução; e morreu em 1755, trinta e quatro anos antes da tomada da Bastilha. Mas, quando os revolucionários fizeram editar a *Declaração dos Direitos dos Homens e do Cidadão*, por meio do artigo 16 – não há constituição sem garantia de direitos e sem *divisão de poderes* –, ficou claro que Montesquieu antecedeu não apenas cronologicamente à Revolução, mas também intelectualmente.

Houvesse vivido cem anos, Montesquieu teria sido um revolucionário? Bem, ele foi um nobre, e isso sugere que talvez tivesse procurado manter a França dividida em estamentos; mas a História nos mostra que houve nobres simpáticos à Revolução. Pensamos que Montesquieu dificilmente teria sido um revolucionário, mas por outras razões mais sofisticadas que simplesmente buscar uma negação automática entre nobreza e Revolução. É que Montesquieu foi um pensador e um moderado.

Mais que um ator político, Montesquieu foi um pensador. Ele teve formação humanista, estudou ciências jurídicas e, em 1714, aos vinte e cinto anos, era membro do Parlamento de Bordeaux. Dois anos depois, herdou de seu tio a Presidência deste parlamento, e pelos seguintes dez anos a exerceu. Em 1726, aos trinta e sete anos, renunciou à presidência do mesmo Parlamento, vendeu o cargo que ocupava e encerrou sua atuação naqueles órgãos que podiam funcionar como mecanismo de contenção ao poder real e que lhe abria a possibilidade de atuação política. Pois bem, a partir de 1726, durante os vinte e nove anos mais em que viveu, Montesquieu dedicou-se precipuamente às ideias. A maior parte da sua vida adulta, por sua própria opção, foi, portanto, dedicada ao mundo das ideias, não ao mundo das ações políticas diretas. E, de fato, foi como escritor e pensador, não como membro ou presidente do Parlamento de Bordeaux, que ele se notabilizou.

Era de se esperar de um homem que largou um assento na magistratura e se dedicou às ideias que não se convertesse em um revolucionário. No máximo, que fosse um pensador ou teórico da Revolução. Mas mesmo esse papel parece pouco adequado à figura de Montesquieu, pois se choca com o seu caráter moderado. *Cartas Persas*, que é o primeiro livro de Montesquieu e que foi escrito quando ele ainda era membro e presidente do Parlamento de Bordeaux, já permitia antever sua propensão às ações e pensamentos moderados.

Cartas Persas é uma obra de ficção escrita sob a forma de cartas emitidas por um persa em viagem pela Europa a seus parentes que ficaram na terra de origem. O conteúdo dessas cartas revela o estranhamento do jovem persa com a civilização europeia de então: é o estranhamento fruto da comparação dos próprios valores de um jovem membro de outra sociedade com a forma de viver da Europa do século XVIII. Os comentaristas de Montesquieu são taxativos: *Cartas Persas* é uma crítica bem humorada à civilização europeia de então.

E onde está a moderação? No seguinte: em *Cartas Persas*, Montesquieu fez um esforço para desprender-se de sua própria carga emocional, cultural, valorativa e política e tentar enxergar a sua Europa de um ponto de vista externo. Com isso, Montesquieu tornou relativas aquelas verdades em que ele foi criado, cresceu e se formou. Ora, radicalismo não costuma fazer se acompanhar do relativismo e da autocrítica. Ao contrário, é a moderação quem se faz amiga da autocrítica e do relativismo, porque a capacidade de admitir que existam outras verdades além das próprias verdades é que permite renunciar ao radicalismo e moderar os próprios pensamentos e ações.

É sempre muito difícil compreender as razões psicológicas das pessoas, sobretudo três séculos após a época em que existiram, mas isso não nos impede de especular sobre a moderação de Montesquieu.

Como já dissemos, Montesquieu foi um nobre, um aristocrata de província, e a França, à época em que ele viveu, não foi muito benevolente com a nobreza. É que Montesquieu nasceu e cresceu em pleno reinado de Luís XIV, o período mais duro da monarquia absolutista francesa, uma época em que os poderes da nobreza e do clero foram esvaziados e concentrados no rei, um período em que um membro da nobreza podia descobrir-se perseguido e prejudicado pela Casa Real, tempos em que convinha à nobreza a resignação. O fim do reinado de

Luís XIV coincidiu com o início da vida do magistrado Montesquieu: os dois últimos anos de Luís XIV (1638-1715) foram os dois primeiros anos de Montesquieu como membro do Parlamento de Bordeaux.

É certo que, nos momentos posteriores à morte de Luis XIV, o regime afrouxou-se um pouco, e a nobreza buscou reconquistar suas posições; mas, após três anos, o regente, duque de Orléans, voltou a tentar a via absolutista. Pois bem, os oito anos da regência do duque de Orléans coincidiram com os primeiros oito anos da década que Montesquieu viveu como presidente do Parlamento de Bordeaux. Só os dois últimos anos de Montesquieu é que corresponderam aos dois primeiros anos de Luís XV.

Ou seja, praticamente toda a vida do magistrado Montesquieu correspondeu a tempos em que a monarquia francesa ou era absolutista mesmo, ou tentava voltar a sê-lo. E naqueles momentos de terrenos políticos pantanosos, Montesquieu estava em pleno exercício de suas atividades no Parlamento; e estava do lado dos que tentavam reconquistar posições em detrimento da Casa Real. Para um nobre, sobretudo para um nobre que ocupava a sua posição, aqueles tempos podiam ser bem difíceis. Naquele contexto, a moderação podia ser muito útil a um nobre.

Mas, muito além desse cenário na política interna francesa, o certo é que os reinos da Europa viviam disputas acirradas. Eram disputas coloniais, desavenças de fundo econômico, intrigas na sucessão das casas reais, e tudo isso mesclado com razões religiosas – afinal a Europa não superou facilmente os traumas da Reforma protestante.

O certo é que a França e o católico Luís XIV estavam no centro de todo esse tumulto, e a paz com seus vizinhos e uma relativa calma externa só foram atingidas, no último ano do reinado de Luís XIV. No período seguinte, durante a regência do duque de Orléans, a França chegou a formar aliança com a sua antiga rival, a Inglaterra, e, após guerras em que estiveram em lados opostos, juntas atacaram a Espanha (1719). Mas essa aproximação não foi muito sólida: pouco mais de vinte anos depois (1742), já sob o comando de Luís XV, França e Inglaterra estavam novamente em lados absolutamente antagônicos por conta da invasão francesa a Praga.

Esse vai-e-vem nas relações entre França e Inglaterra nos dá uma ideia de quão movediço era o terreno. O ambiente interno e internacional foi marcado por disputas globais, questões em que o problema religioso esteve presente. E o que fez Montesquieu na sua vida pessoal? Casou-se, em 1715, com uma calvinista.

Não consta que Montesquieu tenha sido molestado por seu *parentesco com a Reforma*, até mesmo porque, durante a regência do duque de Orléans e as primeiras duas décadas do reinado de Luís XV, França e Inglaterra estiveram em relativa paz. Mas consta que Montesquieu foi alvo de suspeitas de ser um homem de duvidosa fé religiosa. Na verdade, Montesquieu nunca foi duramente perseguido, nem pela Casa Real, nem pela Igreja Católica, mas tampouco seus escritos foram ignorados pela Corte ou por Roma. Sabe-se, por exemplo, que Luís XV, por conta de *Cartas Persas*, opôs-se ao ingresso de Montesquieu na Academia Francesa, tendo removido mais tarde sua oposição. E também a Igreja notou Montesquieu: *O Espírito das Leis* foi relacionado no *Index*, aquela relação de livros ímpios, proibidos.

O que interessa é que a própria atividade de pensador livre e autônomo lhe demonstrava a utilidade prática da moderação. Talvez as lembranças dos transtornos causados por *Cartas Persas* – uma obra reconhecidamente irônica – tenham motivado Montesquieu a inserir no prefácio de *O Espírito das Leis* o aviso de que não pretendia ofender ninguém, e a esclarecer que não pretendia censurar o regime estabelecido em país algum. Na verdade, o prefácio de *O Espírito das Leis* contém um franco pedido de que leiam sua obra com olhares científicos, ao tempo em que é a advertência de que o Autor só deseja o bem dos povos, dos países e dos regimes. Montesquieu conhecia muito bem os riscos que corria. Até mesmo pela sua atividade intelectual, a moderação lhe convinha.

Os que comentam a vida de Montesquieu sempre ressaltam o lado moderado de sua personalidade e de sua obra. Isso é que nos faz crer que, se é certo que seus textos ajudaram a mudar o mundo e inspiraram as Revoluções Francesa e Americana, ele dificilmente teria sido um revolucionário. A razão: no plano político, sua moderação se traduzia na ideia de que as divergências precisam ser resolvidas pacificamente. É isso que nos faz pensar que Montesquieu dificilmente teria abraçado a Revolução, ou, pelo menos, que ele não teria sido um revolucionário nos moldes radicais e sanguinolentos em que a Revolução Francesa se processou.

Não deixa de parecer uma contradição afirmar que Montesquieu e suas ideias o afastariam da revolução e, ao mesmo tempo, começar o texto enunciando que ele a precedeu intelectualmente. Mas essa contradição é apenas aparente. O radicalismo, e não a moderação, deu o tom inicial à Revolução; e, conquanto os revolucionários tenham evocado a *divisão de poderes* de Montesquieu, não a aplicaram em sua essência.

De fato, a França só pôde ver plenamente implementada a teoria de Montesquieu no século XX.

Na verdade, a importância da *moderação* para a *divisão de poderes* não é meramente a de ser o fundamento psicológico do Autor da teoria. Ao contrário, Montesquieu elevou a *moderação* à posição de uma categoria central da sua teoria. A frequência com que a palavra *moderação* aparece ao longo de *O Espírito das Leis* não ocorre por mero acaso, mas porque há uma conexão direta entre *moderação* e *divisão de poderes*. Essa conexão é a chave para compreender a essência da teoria, e ela constitui a grande novidade na Teoria Política trazida à tona por Montesquieu. É em *O Espírito das Leis* que se encontra essa novidade. E, já que tratamos do prefácio, passemos logo ao principal de *O Espírito das Leis*.

3. "O Espírito das Leis" – Notas sobre o método[1]

Em *O Espírito das Leis*, Montesquieu fixa um objetivo preciso: compreender quais as relações que existem entre o direito – as leis positivas – e as várias instâncias da vida humana. Montesquieu pretende examinar, por exemplo, como o clima, a geografia, a economia ou a religião interferem na formação do direito; mas também pretende investigar as interferências produzidas pela forma de distribuição do poder político adotada em dado país sobre o direito produzido neste mesmo país. É assim que ele estuda, por exemplo, as relações entre um governo monárquico e as leis criminais[2] ou educacionais[3] produzidas sob este regime.

O próprio Montesquieu nos dá a explicação para o título do livro:[4] o espírito das leis é justamente o conjunto formado por essas distintas relações entre o direito e os vários componentes da vida humana. É esse *espírito* que Montesquieu pretende atingir. E é a partir daí que podemos fazer nossa primeira anotação importante: *O Espírito das Leis* é uma obra sobre *relações* existentes entre o direito e distintos objetos,

1. A análise do método de Montesquieu tomou como referências as ideias constantes na obra *Libertad y División de Poderes: el Contenido Esencial del Principio de la División de Poderes a partir del Pensamiento de Montesquieu* (Madrid, Tecnos, 1989), de autoria de Rafael de Agapito Serrano.
2. Livro VI, Capítulo VI. Todas as referências bibliográficas feitas em notas de rodapé no decorrer do texto se referem à obra *O Espírito das Leis*, de Montesquieu, publicada pela editora Martins Fontes, São Paulo, em 1993 (apresentação de Renato Janine Ribeiro e tradução de Cristina Murachco).
3. Livro IV, Capítulo II.
4. Livro I, Capítulo III.

e, portanto, é uma obra sobre a dinâmica do direito. Para Montesquieu, o direito *tende a mudar*, segundo *mudam* as variáveis da equação; para ele, o direito *poderá ser um* ou *poderá ser outro*, conforme sejam umas ou outras as variáveis da equação. Esta é a primeira anotação: Montesquieu estuda as relações do direito com as variáveis que cercam a vida humana, e o faz porque concebe o direito como dinâmico.

Na verdade, essa ideia expressa por Montesquieu de que o direito sofre múltiplas interferências de distintos fatores – que, inclusive, podem não ter qualquer relação com a vontade humana, como o clima[5] ou a topografia do território[6] – revela uma concepção sobre o direito e sobre o ser humano muito interessante para o seu tempo. Para Montesquieu, o homem não é senhor pleno de seu próprio destino, pois muitos fatores alheios à sua vontade interferem na vida humana; e o homem não é absolutamente livre para organizar a sociedade e para criar o direito como lhe aprouver, mas, pelo contrário, a vontade humana sofre influências dessas condicionantes externas.

Mas é necessário notar que Montesquieu não chega a afirmar que a vida em sociedade seja totalmente definida por uma inteligência completamente alheia ao homem. Montesquieu não pensa que tudo que diga respeito ao homem é objeto de um determinismo absoluto, nem que o homem é apenas um fantoche da história. É um clássico entre os comentaristas de Montesquieu a ideia de que, quando ele distingue os homens dos animais e das plantas,[7] revela que a inteligência e a vontade do homem podem dar forma à realidade parcialmente.

Para distinguir os homens das plantas e dos demais animais, Montesquieu começa por enunciar que o ser humano tem, ao mesmo tempo, um lado animal e um lado inteligente; e, então, examinando como homens, animais e plantas se comportam diante das leis que regem seu comportamento – quer tais leis sejam leis da natureza, quer sejam leis jurídicas –, procede à enunciação do critério básico de distinção. E o cerne da ideia está em que Montesquieu compreende que só o homem, devido à sua parcela inteligente, pode violar as leis de Deus e mudar as suas próprias leis humanas, enquanto os animais e as plantas não podem fazê-lo; ao mesmo tempo em que Montesquieu tem claro que o homem, devido à sua parcela animal, é também governado pelas leis da natureza, assim como o são os animais e as plantas. O importante mes-

---

5. Todo o Livro XIV.
6. Todo o Livro XVIII.
7. Livro I, Capítulo I.

mo é que Montesquieu, nessa tentativa de distinguir homens, animais e plantas, chega a um enunciado relevante: o de que o homem, por sua natureza mista – ser animal e ser inteligente –, sofre os condicionamentos próprios das leis da natureza, mas também tem certa margem de manobra para fazer valer sua inteligência e vontade. Em linguagem filosófica moderna, isso significa dizer que o homem é *relativamente indeterminado*; ou, como dissemos acima, a capacidade do homem de conformar a realidade é apenas parcial.

Interessa também notar que Montesquieu entende que, assim como o homem individualmente considerado é *relativamente indeterminado*, o homem em sociedade também o é. É por isso que Montesquieu estuda, por exemplo, a relação entre o clima ou a topografia e as leis dos países. Parece evidente que seu interesse pela relação entre o clima e as leis só pode existir, porque ele imagina que o clima produza interferências não apenas sobre os homens individualmente considerados, mas chega a ponto de atingir a coletividade mesma. Ou seja, também a coletividade é parcialmente indeterminada, vale dizer, também a coletividade tem um poder apenas parcial de interferir sobre a realidade, porque fatores alheios à sua vontade criam condicionamentos, impedimentos, propensões etc.

Mas, nessa mesma linha de raciocínio, há ainda um ponto muito interessante a ser observado, talvez o mais importante de todos os pontos relativos ao método de estudo de Montesquieu. É que, para Montesquieu, não são apenas os elementos naturais externos à vida humana – como o clima ou a topografia – que interferem nas nossas possibilidades de atuar inteligentemente. A própria maneira como a sociedade se encontra organizada em um dado momento histórico é também um fator que influencia a maneira de ser do homem e interfere nas suas decisões. Um bom exemplo de que, para Montesquieu, a forma como a sociedade se encontra organizada influencia os seres humanos individualmente considerados está nas suas considerações de como os diferentes regimes de governo – Monarquia, Despotismo e República – interferem no comportamento das mulheres.[8] Já um exemplo de como, para Montesquieu, a estrutura social concretamente existente interfere não apenas nos indivíduos considerados isoladamente, mas também sobre a coletividade mesma, está nos seus estudos sobre as relações existentes entre as leis de um país e o número de habitantes desse mesmo país.[9] E, se se preferir um exemplo menos vinculado ao lado animal do homem e mais

8. Livro VII, Capítulo IX.
9. Todo o Livro XXIII.

próximo do nosso lado inteligente, é suficiente examinar os estudos de Montesquieu a respeito das relações entre as leis e o comércio,[10] ou entre as leis e o uso da moeda.[11]

Ou seja, Montesquieu parte da ideia de que a forma como a coletividade está organizada, em um momento histórico em um país específico, interfere sobre as decisões que esta mesma coletividade toma, neste mesmo momento histórico, sobre os seus assuntos e sobre o seu futuro. Em outras palavras: uma coletividade não pode decidir sobre si mesma, sem ter que considerar a estrutura social concretamente existente. Hoje até nos parece evidente que um país decidirá fazer mais ou menos investimentos conforme seja mais ou menos rico, ou que decidirá investir mais ou menos em policiamento conforme seja o nível de criminalidade interna; mas, quando Montesquieu escreveu *O Espírito das Leis*, essa forma de abordar o problema pode ter representado uma grande novidade, uma ruptura.

É que as tentativas teóricas de explicar o Estado, a Sociedade e o Direito imediatamente anteriores a Montesquieu partiam de premissas diferentes, e, claro, chegavam a conclusões diferentes. Enquanto os *contratualistas* caracterizam-se pela ideia de que o homem preexiste à sociedade e ao Estado, e pela crença de que é por um ato de vontade que eles instituem a vida em comunidade – o contrato seria justamente esse ato de instituição da vida comum –, Montesquieu não entra nessa discussão de se o homem preexiste à sociedade ou não, e parte de um ponto de vista pragmático, o de considerar a própria sociedade como um dado da realidade sobre o qual o homem terá que atuar. Enquanto os *contratualistas* concebem que o homem, no momento de instituir a sociedade, atua quase que ilimitadamente, podendo organizar a vida em comum quase que de todas as formas imagináveis no plano lógico, Montesquieu concebe o ser humano sujeito a uma série de influências externas, muitas delas inclusive não humanas – clima, topografia etc. –, e limita as nossas possibilidades de agir, ao mesmo tempo em que revela certas propensões no nosso comportamento. Enquanto toda a teoria dos *contratualistas* parte de análises idealizadas do homem, da sociedade e do Estado, Montesquieu toma sempre referências concretas, referências localizáveis no tempo e no espaço.

Para Montesquieu, clima, economia, topografia territorial, religião etc., tudo isso interfere na organização social e na formação do direito; e também a vontade dos homens, sua inteligência e suas paixões,

10. Livros XX e XXI.
11. Todo o Livro XXII.

com seus erros e acertos, interferem. Mas – e essa foi a nossa primeira anotação sobre Montesquieu –, a vontade do homem não é a única variável da equação, e ele não é capaz de alterar absolutamente tudo em absolutamente todas e quaisquer das direções idealmente possíveis no plano lógico. Por outro lado – e esta é a segunda anotação sobre Montesquieu –, a própria organização social concretamente existente é um dos fatores que influenciam a conduta e as decisões do homem. Para Montesquieu, homem e sociedade são parcialmente indeterminados, e a própria sociedade concretamente existente tem que ser levada em consideração pelo homem, quando da tomada de decisões.[12] Compreender essas ideias é de uma importância incalculável!

É muito importante, primeiro, porque fixa o lugar que o homem ocupa na hora de dizer como serão direito e sociedade. Em síntese, a premissa que permeia o pensamento de Montesquieu é a de que o homem pode agir inteligentemente, muito embora o seu agir sofra certos constrangimentos e condicionamentos. O homem tem um papel ativo na conformação do direito e da sociedade, mas esse papel não é o de pleno senhor da história do mundo, justamente porque os condicionamentos lhe recortam certas possibilidades ou o tornam propenso a outras tantas. Foi por isso que, acima, dissemos que, para Montesquieu, o direito *tende a mudar* – ao invés de dizer que o direito *mudará necessariamente* – segundo mudem as variáveis da equação. O direito apenas tende a mudar, porque quem o mudará será o homem, segundo ele responda de uma outra forma às tendências que se apresentam. Não há determinismo, apenas propensões. O direito é dinâmico e quem detém a chave que aciona o mecanismo é o homem, mas não há plenipotência humana de conformar a sociedade e o direito segundo quaisquer das possibilidades presentes no plano lógico.

É muito importante, em segundo lugar, porque a chave para compreender o cerne da ideia de divisão de poderes encontra-se exatamente

12. Assim, por exemplo, após defender que uma democracia só se mantém, se houver uma distribuição equitativa das riquezas, Montesquieu diz: "Não se pode estabelecer em todas as democracias uma divisão igual da terra. Há circunstâncias em que tal medida seria impraticável, perigosa, atentando mesmo contra a constituição. Nem sempre se é obrigado a adotar os métodos extremados. Se se verifica que, numa democracia, esta partilha, que deve servir para manter os costumes, não é conveniente, cumpre recorrer a outros meios" (Livro V, Capítulo VII). Ou, ainda, o seguinte trecho: "É uma máxima fundamental que os resultados das distribuições feitas ao povo são tão prejudiciais, na democracia, quanto úteis no governo aristocrático. As primeiras fazem perder o espírito do cidadão, as segundas, a ele conduzem" (Livro V, Capítulo VIII).

na percepção de que o homem atua politicamente sempre a partir dos dados da realidade social concretamente existente em determinado momento histórico de um país. A ideia de divisão de poderes tem, pelo menos, três dimensões distintas – que examinaremos mais adiante –, e duas delas podem ser compreendidas sem essa percepção de que a própria sociedade existente é um fator de interferência nas decisões políticas, mas a terceira dimensão só se abrirá facilmente ao estudioso que compreender as ideias acima expostas. John Locke, por exemplo, não ignorou completamente a ideia de divisão de poderes – ele alcançou a ideia de que, no Estado, há poder Legislativo e Executivo –, mas, partindo das premissas *contratualistas* de que partiu, a sofisticação com que Montesquieu concebeu a divisão dos poderes do Estado não se abria a Locke.

Na verdade, Montesquieu mantém alguns pontos de contato com os *contratualistas*, porque, se é certo que ele adotou algumas premissas novas, é igualmente correto que ele tomou emprestadas certas premissas próprias dos *contratualistas*. Contudo, o que verdadeiramente interessa é notar suas ideias diferenciadas em relação aos *contratualistas*; e uma dessas ideias de Montesquieu é a de que os conflitos integram a essência da vida em sociedade. Isso verdadeiramente o coloca em uma posição diferenciada.

É que, enquanto os *contratualistas* pensam que os conflitos entre os seres humanos antecedem à entrada da vida em sociedade, antecedem a elaboração do contrato, e são a causa de sua elaboração, Montesquieu parte da ideia de que os conflitos só existem justamente por conta da convivência humana em sociedade.[13] É por isso que Montesquieu critica: Hobbes "não percebe que atribuímos aos homens, antes do estabelecimento da sociedade, o que só poderia acontecer-lhes após esse estabelecimento, fato que os leva a descobrir motivos para atacar e defender-se mutuamente".[14]

Mais interessante do que notar as diferenças entre as premissas de Montesquieu e os pensamentos dos *contratualistas* a respeito de quando surgem os conflitos é verificar as consequências de tais diferentes posições. É que, enquanto os *contratualistas* concebem o contrato como a solução dos conflitos previamente existentes e pensam que os conflitos surgidos após o contrato são deformações que precisam ser superadas, Montesquieu aceita que os conflitos são o dia-a-dia da humanidade.

13. "No seu estado natural, os homens nascem numa verdadeira igualdade, mas não podem permanecer nela. A sociedade faz com que a percam, e apenas retornam à igualdade pelas leis" (Livro VIII, Capítulo III).
14. Livro I, Capítulo II.

Assim, abre-se para ele a possibilidade de pensar uma fórmula para que tais conflitos sejam administrados, não simplesmente eliminados.

Este é o ponto relevante: Montesquieu renuncia à ficção do contrato e mantém seu foco no fato de que os conflitos são próprios da vida em sociedade, de maneira que ele se encontra na posição de pensar uma forma de administrar tais conflitos. E Montesquieu não deixará escapar essa oportunidade.

Pois bem, de tudo quanto se pode ler sobre o método de estudo de Montesquieu, acreditamos que o mais importante para compreender qual foi a sua contribuição para a Teoria Política e qual o significado de suas ideias são os três pontos acima apontados: 1) Montesquieu estuda as relações entre o direito e distintos elementos da vida humana, o que o leva a abordar o direito e a sociedade desde uma perspectiva dinâmica; 2) Montesquieu entende que os homens, unitária ou coletivamente considerados, são *relativamente indeterminados*, e entende que a própria estrutura social concretamente existente integra o conjunto de variáveis que influenciam as decisões humanas; e 3) Montesquieu pensa que os conflitos fazem parte da vida em sociedade e planeja mecanismos que possibilitem a administração de tais conflitos.

A grande obra de Montesquieu foi *O Espírito das Leis*, mas não só por sua importância para a Teoria Política e, posteriormente, para o Direito Constitucional. Também porque Montesquieu propõe uma análise a partir de pontos de vista e de concepções teóricas pouco usuais em sua época. Mas deixemos isso para trás e, sempre recordando os três pontos enunciados no parágrafo anterior, passemos ao essencial de *O Espírito das Leis*.

4. Formas de Governo

Iniciamos a descrição do método de Montesquieu pela observação de que *O Espírito das Leis* é uma obra sobre as *relações* existentes entre o direito e distintos aspectos da vida humana, e inclusive lembramos que Montesquieu estuda as relações entre a forma como o poder político está organizado em uma sociedade e as leis próprias deste país. Mas, na verdade, o estudo da *relação* entre *organização do poder político* e a *legislação* não é apenas um dos vários estudos desenvolvidos por Montesquieu, não é apenas um exemplo ou um caso entre vários, mas é o estudo principal desenvolvido na obra.

Não é por outro motivo que, superadas as introduções conceituais e metodológicas, Montesquieu passa logo à conceituação das formas de governo – república, monarquia e despotismo[15] – e a examinar as relações que as distintas formas de governo mantêm com as leis. Assim, o Livro Segundo de *O Espírito das Leis* é dedicado ao estudo da *natureza* das três formas de governo – os traços essenciais de cada forma de governo, os quais as diferenciam entre si; o conceito de cada forma de governo, enfim – e à análise da estrutura normativa e de poder que cada forma de governo exige. Pois bem, nesse momento inicial da obra, Montesquieu fixa alguns conceitos e ideias que já prenunciam a *divisão de poderes*. Vamos a eles, seguindo a sequência adotada por Montesquieu.

A *república* de Montesquieu é o governo de uma coletividade. Pode ser o governo de todos os que compõem o povo, caso em que a *república* assume a forma de *democracia*; ou pode ser o governo de um grupo hegemônico dentro da coletividade, o governo de uma parcela apenas, caso em que a *república* assume a forma de *aristocracia*. Já *monarquia* e *despotismo* têm em comum o fato de serem um governo de um só: o rei, na *monarquia*; o déspota, no *despotismo*. Montesquieu fixa, pois, inicialmente um critério quantitativo para conceituar e classificar suas formas de governo: *república*, governo de uma coletividade, mais ampla ou mais restrita, subdividida em *democracia* e *aristocracia*; e, em oposição à república, segundo este critério meramente quantitativo, estão a *monarquia* e o *despotismo*, ambas formas caracterizadas por serem o governo de um só.

Muito mais interessante que esse primeiro critério meramente quantitativo de classificação e conceituação das formas de governo é o critério utilizado por Montesquieu para distinguir a *monarquia* do *despotismo*. Na *monarquia*, o rei governa segundo leis, ao passo que no *despotismo* o déspota só obedece aos seus caprichos e vontades, e a nada mais. A importância desse critério é essencial, pois, por essa classificação, percebemos que Montesquieu concebe o poder do monarca como um poder de alguma forma limitado, e as leis é que possibilitam esse limite ao poder do monarca;[16] ao passo que ele entende que o poder do déspota é puramente arbitrário, e por isso prescinde de leis.[17]

15. Livro II, Capítulo I.
16. "A autoridade exorbitante conferida subitamente a um cidadão, numa república, constitui uma monarquia ou mais que uma monarquia. Nessas, as leis proveram a constituição ou a ela se acomodaram; o princípio de governo limita o poder do monarca, mas, numa república em que um cidadão se faz atribuir um poder exorbitante, o abuso desse poder é maior, pois as leis que não o proveram nada fizeram para limitá-lo" (Livro II, Capítulo III).
17. "Assim como, numa república, o poder do clero é perigoso, ele é conveniente numa monarquia, sobretudo nas que caminham para o despotismo. Onde

É curioso notar que Montesquieu não cuida de distinguir a *república* do *despotismo* segundo esse critério *poder regrado por leis* X *poder puramente arbitrário*. Mas a razão pela qual ele não faz tal diferenciação não está em que a república não seja um governo dotado de leis. Muito pelo contrário! Montesquieu coloca a existência de leis que regram o governo como o fenômeno que compõe a essência mesma ou a natureza do governo republicano. É por isso que ele, referindo-se à *democracia*, diz que "aqui é totalmente importante regulamentar *como, por quem, a quem, sobre o que* os sufrágios devem ser atribuídos, quanto é, numa monarquia, saber quem é o monarca e de que maneira deve governar".[18] É por essa mesma razão que, referindo-se agora à *aristocracia*, Montesquieu esclarece que certas pessoas "estabelecem as leis e as fazem executar".[19]

A razão pela qual Montesquieu não procede à comparação direta entre os conceitos de *república* e *despotismo* está em que não é necessário descer ao segundo critério de diferenciação – *poder regrado por leis* X *poder arbitrário* –, se o primeiro critério – *governo coletivo* X *governo de um só* – já fornece suficientes elementos de distinção. A *república* é um governo coletivo e é um governo regrado por leis, o *despotismo* é um governo de um só e é um governo não regrado por leis; mas basta enunciar a diferença do número de "donos do poder" para que se evite a confusão entre *república* e *despotismo*.

Já para distinguir *monarquia* de *despotismo* é necessário trazer o segundo critério de classificação, porque ambas as formas de governo têm em comum o fato de serem o governo de um só. Ocorre que Montesquieu não se limita a enunciar que a distinção reside na existência ou não de leis regrando o poder. Ele vai além e demonstra também a diferença no *modo* como uma e outra forma de governo atuam.

Para Montesquieu, o que caracteriza a *monarquia* é o fato de que o rei se vale de *intermediários* para exercer o poder. É neste fato que está a sua *natureza* ou essência. Para Montesquieu, a *forma* de ação da *monarquia* é a seguinte. O rei concentra o poder político e civil, e o exerce pessoalmente, adotando, ele mesmo, várias decisões. Mas o rei não atua diretamente sobre o conjunto do país, pois é necessário que essas deci-

---

estariam a Espanha e Portugal, desde a perda de suas leis, sem esse poder que, sozinho, contém o poder arbitrário? Barreira sempre útil quando não existem outras, pois, como o despotismo causa à natureza humana males horríveis, o próprio mal que o limita é um bem" (Livro II, Capítulo IV).

18. Livro II, Capítulo II.
19. Livro II, Capítulo III.

sões reais sejam implementadas, interpretadas, traduzidas por *poderes intermediários*, em um processo contínuo em que outros fatores além da mera vontade real entram em jogo e dão contorno preciso e concreto ao poder e à vontade reais. Ou seja, uma vez adotadas, as decisões reais só ganham concreção na vida dos indivíduos após passarem por um processo em que outros elementos vão sendo agregados. Vale a pena transcrever:

"Os poderes intermediários, subordinados e dependentes, constituem a natureza do governo monárquico, isto é, daquele em que uma só pessoa governa baseada em leis fundamentais. Dissemos os poderes intermediários, subordinados e dependentes; com efeito, na monarquia o príncipe é a fonte de todo poder político e civil. Essas leis fundamentais supõem necessariamente canais médios por onde o poder se manifesta, pois se no Estado apenas existe a vontade momentânea e arbitrária de uma só pessoa, nada pode ser fixo. Consequentemente, também não o poderá ser nenhuma lei fundamental."[20]

A contraposição do trecho acima ao que Montesquieu diz sobre o despotismo ajuda a compreender em que consiste a atuação desses *poderes intermediários*. Conforme Montesquieu conceitua o *despotismo*, o déspota, desinteressado no exercício do poder e concentrado apenas e tão somente no deleite dos prazeres da vida, entrega todo o exercício do poder a um vizir, que, por sua vez, o exerce sem quaisquer intermediários. Vejamos:

"Da natureza do poder despótico resulta que o único homem que o exerce, o faça também exercer por um só. Um homem cujos cinco sentidos dizem incessantemente que ele é tudo e os outros nada são, é naturalmente preguiçoso, ignorante e voluptuoso. Abandona então os negócios públicos. Entretanto, se os confiasse a diversos homens, haveria disputas entre eles; intrigar-se-ia para ser o primeiro escravo; o príncipe seria obrigado a cuidar da administração. Será, portanto, mais simples que ele o entregue a um vizir que teria, inicialmente, o mesmo poder que ele. O estabelecimento de um vizir é, neste Estado, uma lei fundamental."[21]

É evidente que há muito de imaginação no que Montesquieu diz, mas isso não nos impede de perceber a essência da ideia de *intermediação*. Ora, se no despotismo "apenas existe a vontade momentânea e arbitrária de uma só pessoa", que "só obedece aos seus caprichos e

20. Livro II, Capítulo IV.
21. Livro II, Capítulo V.

vontades", a qual é exercida por um único preposto seu; e se a oposição a esse regime é a monarquia, marcada pela existência de "canais médios por onde o poder se manifesta"; parece-nos certo concluir que a *intermediação* consiste exatamente em agregar outras vontades e outros juízos à vontade real originária.

Vale aqui lembrar o que dissemos acima sobre o método de Montesquieu. Ele parte da ideia de que as pretensões humanas de conformar a realidade e, por certo, os juízos políticos emitidos pelos homens sofrem interferências da forma como a vida humana, unitária e coletivamente considerada está concretamente organizada em dado momento histórico. Ora, isso significa claramente que a emissão de um juízo político consciente e a adoção de uma postura almejada sobre a organização da vida coletiva são necessariamente precedidas pela atividade lógica de examinar a realidade, avaliá-la, interpretá-la e julgá-la. Ou seja, há toda uma atividade cognoscitiva prévia.

É exatamente aí que encontramos o núcleo da ideia de *intermediação*: na *monarquia*, essa atividade cognoscitiva prévia é exercida em distintas etapas e por distintos agentes: pelo rei inicialmente, pelos *poderes intermediários* sucessivamente. Por outro lado e em oposição a esse sistema, toda a etapa cognoscitiva prévia, no *despotismo*, esgota--se em um só homem e se consome em um só momento. Dizer que há *intermediação* na *monarquia* significa, pois, dizer que a operação de conhecer da realidade e sobre ela emitir um juízo é, de certa forma, uma operação em que outros homens, ademais do rei, participam.

O importante é notar que, fazendo a diferenciação entre *despotismo* e *monarquia*, Montesquieu eleva à posição de critério de análise da vida política e estatal o elemento *conhecimento da realidade*. A operação lógica de conhecer da realidade é, pois, considerada por Montesquieu ao longo da sua teoria, e esse elemento passa a ocupar uma posição importante no seu pensamento.[22] Perceber esse detalhe é muito importante, porque, se o *conhecimento da realidade* já serviu de critério essencial para distinguir a *monarquia* do *despotismo*, será vital para compreender a *divisão de poderes* de Montesquieu.

Mas esse não é o único detalhe importante a perceber a partir da distinção entre *monarquia* e *despotismo*. Recapitulemos um pouco. Apontamos acima como Montesquieu distingue a *monarquia* do *des*-

---

22. Essa ideia nos foi transmitida oralmente, ao longo de várias sessões de orientação para elaboração de tese doutoral, pelo Dr. Rafael de Agapito Serrano, professor titular e decano da Faculdade de Direito da Universidade de Salamanca – Espanha.

potismo a partir do fato de que, naquela, o rei sofre regramentos legais, enquanto, neste, o déspota atua guiado apenas por sua vontade e arbítrio. Depois apontamos como, agregado a este elemento de diferenciação, Montesquieu acresce o fato de que a monarquia, por sua natureza, está dotada de *poderes intermediários*, ao passo em que o despotismo prescinde de qualquer intermediário. Por fim, percebemos que, por trás da *intermediação*, o que há verdadeiramente é a ideia de que outras pessoas se integram à operação lógica de conhecer da realidade e sobre ela emitir um juízo político.

Mas, além desses três aspectos, é igualmente interessante notar que, para Montesquieu, as leis que regram o poder real e que distinguem a *monarquia* do *despotismo* são exatamente as mesmas leis que possibilitam a *intermediação* na manifestação do poder político. Por isso Montesquieu diz, a respeito da *monarquia*, que "as leis fundamentais supõem necessariamente canais médios por onde o poder se manifesta"; e por isso o *despotismo*, que prescinde de intermediários, prescinde de leis de regramento do exercício do poder.[23]

Ou seja, há uma conexão lógica, uma relação necessária, entre a *forma de organizar* o Estado – prevendo-se, no caso da *monarquia*, níveis intermediários de exercício do poder político – e as *possibilidades de ação* dos homens. Repetimos: as leis que limitam de alguma forma o poder real *supõem necessariamente* níveis intermediários, e estes níveis intermediários nada mais são do que mecanismos que permitem a integração de outras vontades e juízos de outros homens ao processo de atuação e realização do poder real.

Certa forma de organizar o Estado conecta-se íntima, umbilical, necessária e indubitavelmente com os direitos ou prerrogativas dos homens. As formas de organização não existem no vazio, não existem no nada, mas servem a certos direitos ou prerrogativas dos homens. As formas de organização são mero *meio* para a realização dos *fins*, que são as prerrogativas e direitos dos homens; sem estes *fins*, aqueles *meios* não fazem qualquer sentido; sem aqueles *meios*, estes *fins* não podem ser atingidos. É por isso que, quando Montesquieu enuncia a importância da plena regulação do sufrágio em uma democracia, ele compara a importância da perfeita regulação do sufrágio com a *maneira*, ou o modo, como o monarca deve governar.[24] A *maneira* ou *modo* como o poder

---

23. "Nos Estados despóticos, onde não há leis fundamentais, não há também repositórios das leis" (Livro II, Capítulo IV).
24. Ver nota 18.

atua faz toda a diferença na vida do Estado, e, portanto, faz toda diferença para os homens mesmos desse país. Não é por outro motivo que, quando Montesquieu comenta como os privilégios dos clérigos podem ser úteis à contenção do poder do déspota, ele se refere ao mal que o despotismo produz sobre os homens – "(...) o despotismo causa à natureza humana males horríveis (...)".[25]

Essa ideia, implícita no pensamento de Montesquieu, de relação necessária entre as *formas de organização do Estado* e os *direitos ou prerrogativas dos homens*, é uma ideia perene em toda a obra, e está por trás de várias passagens relevantes do livro. Assim, por exemplo, no primeiro momento do texto em que Montesquieu se refere à *liberdade* dos homens e à Inglaterra, tal ideia aparece em posição nuclear. Vale a pena transcrever:

"Os ingleses, para favorecer a liberdade, suprimiram todos os poderes intermediários que compunham sua monarquia. Têm muita razão em conservar essa liberdade; se a perdessem seriam um dos povos mais escravizados da terra.

"Law, por ignorar tanto a constituição republicana como a monarquia, foi um dos maiores promotores do despotismo já visto na Europa. Além das transformações que promoveu, tão bruscas, inusitadas e espantosas, pretendia suprimir as posições intermediárias e dissolver os corpos políticos: dissolvia a monarquia por seus reembolsamentos quiméricos e parecia querer comprar a própria constituição."[26]

É extraordinária a clareza com que Montesquieu vê as coisas: para favorecer os homens – realizar a liberdade –, os ingleses fizeram alterações na forma como o Estado inglês estava organizado – eliminaram-se os poderes intermediários. Por ignorar o modo como o Estado inglês estava organizado – suprimir as posições intermediárias e também os corpos políticos –, Law oprimiu os ingleses e lhes retirou direitos – "Law (...)foi um dos maiores promotores do despotismo já visto na Europa".

Pois bem, essa ideia de necessária conexão entre os direitos dos indivíduos e as formas de organização do Estado está fortemente presente na *divisão de poderes* de Montesquieu; e é uma ideia central, muito importante para compreendê-la. Guardemos essa informação e sigamos na leitura de *O Espírito das Leis*, pois há outras ideias e conceitos igualmente relevantes.

25. Ver nota 17.
26. Livro II, Capítulo IV.

Um desses conceitos centrais é o de *moderação*, a que Montesquieu faz referência quando aborda o princípio da *aristocracia*, sem, contudo, oferecer maiores elementos que possibilitassem atingir a essência de tal ideia. Mas, se Montesquieu não o fez tratando do *princípio* da aristocracia, ele se desincumbiu dessa tarefa tratando do *princípio* do despotismo.

Antes, contudo, de irmos à *moderação* e aos *princípios*, cabe reproduzir a advertência que o próprio Montesquieu fez para que o leitor pudesse compreender a diferença entre *natureza* e *princípio* das formas de governo:

"Entre a natureza do governo e seu princípio, há esta diferença: sua natureza é o que o faz ser como é, e seu princípio é o que o faz agir. A primeira constitui sua estrutura particular, e a segunda, as paixões humanas que o movimentam."[27]

No que interessa, tem-se o seguinte: quando trata da *natureza* da formas de governo, Montesquieu delineia o conceito de cada uma; quando trata do *princípio*, Montesquieu esclarece como os governados têm que agir para que a forma de governo se mantenha. Cada forma de governo tem uma *natureza* específica e um *princípio* correlato, já que os *princípios* derivam diretamente das respectivas *naturezas* de cada uma das formas de governo existentes.[28]

Pois bem, isso esclarecido, Montesquieu passa a discorrer sobre o *princípio* de cada forma de governo, e o faz repetindo a mesma sequência adotada para abordar a sua natureza. Inicialmente, ele trata do princípio da *democracia*, em seguida do da *aristocracia*, posteriormente refere-se à *monarquia* e, por fim, esclarece qual o princípio do *despotismo*.

Já dissemos acima que, para Montesquieu, é da essência da *democracia* ser um governo em que a totalidade do povo seja o titular do poder político. Pois bem, daí deriva que a democracia só pode se manter se o motor da ação dos homens for o amor à igualdade existente entre eles. A ideia parece simples, mas nem por isso Montesquieu perde a oportunidade de criar uma categoria lógica a mais: a *virtude*. A maneira como Montesquieu introduz a palavra *virtude* no texto deve ter sido muito polêmica, porque foi necessário que, nas edições seguintes de *O Espírito das Leis*, ele esclarecesse o significado de *virtude*. Vejamos:

"Para a compreensão dos quatro primeiros livros desta obra, é preciso observar que o que chamo *virtude* na república é o amor à pátria,

27. Livro III, Capítulo I.
28. Livro III, Capítulo II.

isto é, o amor à igualdade. Não é absolutamente virtude moral, nem virtude cristã, é virtude política; e essa é a mola que faz mover o governo republicano, como a honra é a mola que faz mover a monarquia. Chamei, portanto, *virtude política* o amor à pátria e à igualdade. Os que não compreenderam isso fizeram-me dizer coisas absurdas e que seriam revoltantes em todos os países do mundo; pois, em todos os países do mundo, exige-se moral."[29]

A igualdade entre os homens deve, pois, ser o motor do agir dos indivíduos, para que a democracia exista.[30] Mas isso não é tudo. É que, já nessa passagem da obra, Montesquieu demonstra a íntima ligação entre *igualdade* e *lei*. Assim como a democracia não pode prescindir da *igualdade*, tampouco pode prescindir do respeito às leis. Uma vez mais, transcrevemos:

"É claro ainda que o monarca que por maus conselhos ou negligência deixar de mandar executar as leis pode facilmente reparar o mal: basta modificar o Conselho ou se corrigir dessa negligência. Entretanto, quando num governo popular as leis não mais são executadas, e como isso só pode ser consequência da corrupção da república, o Estado já está perdido."[31]

Parece, pois, evidente que Montesquieu compreende que a igualdade só pode existir e se manter por meio da lei, isto é, em um regime fundado na legalidade[32] e no cumprimento da lei. É por essa razão que, mais adiante, Montesquieu dedica uma parte da sua obra especificamente para dizer "Como as Leis estabelecem a Igualdade na Democracia".[33]

Mas ele não para por aí. Montesquieu vai além e agrega à equação a *liberdade*. É que ele vê uma conexão íntima também entre a *virtude* e a *liberdade*, isto é, entre a *igualdade* e a *liberdade*. Leiamos:

"Quando Sila quis devolver a Roma sua liberdade, essa não pôde mais recebê-la, pois não possuía mais do que um tênue resquício de virtude e, como a possuía cada vez menos, em vez de despertar após César, Tibério, Caio, Cláudio, Nero, Domiciano, tornou-se cada vez mais escrava; todos os golpes foram dirigidos contra os tiranos, mas nenhum contra a tirania."[34]

29. *O Espírito das Leis*, Advertência do Autor.
30. O amor pela república, numa democracia, é o amor pela democracia; o amor pela democracia é o amor pela igualdade (Livro V, Capítulo III).
31. Livro II, Capítulo III.
32. Ver nota 18.
33. Livro V, Capítulo V.
34. Livro II, Capítulo III.

Só quem tem virtude, isto é, amor à igualdade, pode ser livre. Ou: só se é livre, se se é igual. Ou: só há igualdade entre homens livres, e só homens livres podem ser iguais. No trecho imediatamente seguinte, Montesquieu detalha mais o pensamento, e revela como só se pode ser livre na lei, na mesma lei sem a qual não há igualdade. Vejamos:

"Os políticos gregos, que viviam no governo popular, só reconheciam uma força capaz de mantê-los: a força da virtude. Os políticos atuais só nos falam de manufaturas, de comércio, de finanças, de riquezas e até de luxo.

"Quando esta virtude desaparece, a ambição penetra o coração dos que podem acolhê-la e a avareza apodera-se de todos. Os desejos mudam de objeto: não mais se ama aos que se amava: era-se livre com as leis, quer-se ser livre contra elas; cada cidadão é como um escravo que fugiu da casa de seu senhor; chama-se *rigor* o que era *máxima*; chama--se *imposição* o que era *regra*; chama-se *temor* o que era *respeito*. A frugalidade agora é avareza e não desejo de possuir. Outrora, os bens dos particulares constituíam o tesouro público, mas, então, o tesouro torna-se patrimônio dos particulares. A república é um despojo, mas sua força não é mais do que o poder de alguns cidadãos e a licença de todos."

Antes havia virtude – a igualdade podia existir –, e "era-se livre com as leis"; quando a virtude desaparece – e a igualdade está ameaçada –, "quer-se ser livre contra" as leis. O estilo de Montesquieu não é nada direto, e, para os padrões do século XXI, talvez peque por excessivo rebuscamento, mas não parece haver dúvidas de que, no seu pensamento, *liberdade* e *igualdade* formam um dueto inseparável; e a lei é o instrumento de realização de ambas, de modo que esse sistema conceitual não pode prescindir do respeito e cumprimento à lei, porque nele todos estão submetidos às leis. Transcrevemos:

"Para que o governo monárquico ou despótico se mantenha ou se sustente não é necessária muita probidade. A força da lei, no primeiro, o braço do príncipe sempre levantado, no segundo, tudo regulamenta ou contém. Mas, num Estado popular, é preciso uma força a mais: a *Virtude*."[35]

Cabe aqui um esclarecimento. Quando Montesquieu se refere a que, na monarquia, a força da lei tudo regulamenta, ele não pretende dizer que a lei, por si só, seja capaz de manter em pleno funcionamento uma monarquia. Exatamente o contrário, o fato de que, em uma monarquia, o rei encontra-se acima das leis é o que torna desnecessário que

35. Livro III, Capítulo III.

haja *virtude* em uma monarquia. Apenas na democracia é que a virtude é indispensável, porque não há nada nem ninguém acima das leis; em uma democracia, apenas o extremo zelo em manter a igualdade e respeitar as leis é que é capaz de mantê-la viva e operante.

Guardemos, pois, essa ideia de que *liberdade* e *igualdade* formam um dueto que não pode prescindir da lei para realizar-se; e recordemos que a democracia é justamente a forma de governo em que esse conjunto conceitual é necessário. Isso assimilado, torna-se mais simples compreender o princípio da aristocracia, onde, pela primeira vez, a *moderação* surge.

Montesquieu, na busca do princípio da aristocracia, volta um pouco à natureza dessa forma de governo. Ele relembra que, sendo a aristocracia o governo de um grupo minoritário, não há igualdade entre todos os indivíduos. Na aristocracia, os homens se dividem em dois grupos de iguais entre si: nobreza e povo. E, entre esses dois grupos, há, evidente e naturalmente, uma relação de ascendência e, portanto, uma relação desigual: nobres têm ascendência sobre o povo. A partir dessa rememoração do que é a natureza da aristocracia, Montesquieu deduz qual o comportamento que os homens têm que ter para que ela se mantenha; e ele o faz analisando os dois tipos de homens da aristocracia: os nobres e os do povo.

Em uma aristocracia, os homens do povo, que são iguais entre si, precisam ter amor pela igualdade, precisam ter *virtude*, para que esta igualdade se mantenha. Mas, como, à diferença da democracia, há um grupo social mais forte e que lhe é superior com força de impor ao povo o cumprimento das leis, a *virtude* é menos necessária. Nas palavras de Montesquieu:

"A virtude é tão necessária no governo popular quanto na aristocracia. É verdade que aqui ela não é tão absolutamente requerida.

"O povo, que é para os nobres o que os súditos são para o monarca, é coibido por leis. Aqui o povo tem menos necessidade de virtude do que na democracia. Porém, como se coibirão os nobres? Os que devem mandar executar as leis contra seus colegas sentem imediatamente que agem contra eles próprios. Cumpre portanto que, neste corpo, haja virtude, pela natureza da constituição.

"O governo aristocrático possui, por si mesmo, uma certa força que a democracia não possui. Os nobres formam um corpo que, por sua prerrogativa e interesse particular, reprime o povo: basta que existam leis para que, a esse respeito, sejam executadas."[36]

36. Livro III, Capítulo IV.

A virtude é necessária na aristocracia, porque ambos os corpos que a caracterizam são internamente igualitários; mas, no seio do povo, ela é menos necessária, porque a nobreza pode impor aos do povo o cumprimento da lei. Mas não só no interior do povo é que a virtude é menos necessária. Também no interior da nobreza. Aliás, no interior da nobreza, uma virtude plena pode levar ao fim da aristocracia, porque a plenitude no amor à igualdade pode fazer com que os nobres se creiam iguais aos do povo. Assim, já que a virtude plena pode levar à destruição da aristocracia, é necessário temperá-la. Esse temperamento, essa virtude minimizada, é o que Montesquieu chama de *certa moderação*. Vale a transcrição:

"Ora, um corpo semelhante apenas pode reprimir-se de duas maneiras: ou por uma grande virtude que faz com que os nobres se achem de algum modo iguais a seu povo, coisa que pode formar uma grande república; ou por uma virtude menor, isto é, certa moderação que torna os nobres, pelo menos, iguais entre si, o que faz sua conservação.

"A *moderação* é portanto a alma desses governos. Refiro-me à que se baseia sobre a virtude e não à que decorre de uma covardia e preguiça da alma."[37]

Não conseguimos ver no trecho acima transcrito a precisa definição do que seja *moderação*. Mas resta claro que *virtude* e *moderação* mantêm uma relação, ou seja, que *igualdade* e *moderação* mantêm alguma relação conceitual. Mais do que isso: se lembrarmos que *igualdade* e *liberdade* formam um dueto essencial, parece-nos claro que *moderação* relaciona-se igualmente com a *liberdade*.

A precisa definição de *moderação* só aparece quando Montesquieu se refere ao despotismo, e é nesse momento que a relação entre *igualdade-liberdade* e *moderação* se revela mais claramente. Guardemos, contudo, o que interessa: a *virtude* é o princípio da aristocracia; a *moderação* surge como complementação à *virtude*, que, ou não precisa ser plena – entre os do povo –, ou não pode realizar-se plenamente – entre os nobres; e há uma relação entre *igualdade-liberdade* e *moderação*. Antes, contudo, de passarmos ao despotismo, sigamos a sequência traçada por Montesquieu e vejamos o princípio da monarquia.

Referindo-se à monarquia, Montesquieu recorda inicialmente o que disse a seu respeito quando tratou de sua natureza: a monarquia é o governo de um rei intermediado por corpos detentores de preeminências e preferências – de privilégios, enfim –, aí incluída a nobreza.

37. Livro III, Capítulo IV.

Assim, para que esta forma de governo se mantenha, é indispensável que os homens atuem buscando preferências em relação aos demais e distinções em seu favor, atuem buscando honra.[38] Ora, se a monarquia é um regime baseado nas distinções e nas diferenças entre os homens, é evidente que ela não pode depender da virtude – o amor à igualdade – para manter-se. Transcrevemos:

"Apresso-me e caminho a passos largos a fim de que não se creia que faço uma sátira do governo monárquico.[39] Não, se a ele falta uma mola,[40] possui outra: a Honra, isto é, o preconceito de cada pessoa e de cada condição ocupa o lugar da virtude política à qual já me referi e a representa em toda parte. Pode ela inspirar as mais belas ações; pode, ligada à força das leis, levar o governo aos seus objetivos como a própria virtude."[41]

Novamente, cabe aqui o esclarecimento que já fizemos acima. Quando Montesquieu se refere à "força da lei", ele não se refere a uma força autônoma da lei capaz de dirigir o comportamento dos homens virtuosos que, amantes da igualdade, da liberdade e da legalidade, a cumprem sem que sejam coagidos por uma força superior e externa à lei. Quando Montesquieu se refere à "força da lei", ele se refere exatamente à possibilidade que o rei sempre detém de forçar e garantir o cumprimento das leis, independentemente da *virtude* dos súditos.[42]

Pois bem, o que interessa é notar que é a busca dos homens por constituir distinções e preferências – a honra – que provê a sociedade monárquica daqueles corpos que intermedeiam o poder real.

Interessa notar, isso sim, a absoluta incompatibilidade entre monarquia e despotismo. É que Montesquieu vê no *medo* o princípio do despotismo. Só o *medo* é suficiente para sustentar uma forma de governo em que um só homem exerce o poder sem qualquer intermediação e unicamente segundo os seus caprichos e vontades. Vale a pena transcrever:

38. O governo monárquico supõe, como já dissemos, preeminências, categorias e mesmo uma nobreza de origem. A natureza da honra é exigir preferências e distinções; ela está, portanto, pela própria coisa, situada neste governo.
39. A razão dessa observação está em que Montesquieu havia dedicado o capítulo anterior à demonstração de "Como a Virtude não é o Princípio do Governo Monárquico".
40. Montesquieu se refere à virtude, dispensável na monarquia.
41. Livro III, Capítulo VI.
42. Ver notas 31 e 35.

"Tal como a virtude é necessária numa república e a honra necessária numa monarquia, o Medo é necessário num governo despótico; nesse governo, a virtude é totalmente desnecessária, e a honra, perigosa.

"Aqui, o imenso poder do príncipe passa inteiramente àqueles a quem ele confia, e pessoas capazes de cuidar muito de si mesmas seriam capazes de promover revoluções. Cumpre, portanto, que o medo aniquile todas as coragens e extinga até o menor sentimento de ambição.

"Um governo moderado pode, se o quiser, e sem se arriscar, distender suas molas, pois se mantém por suas leis e por sua própria força. Mas, quando, num governo despótico, o príncipe deixa, por um instante, de levantar o braço e quando não pode destruir imediatamente os que ocupam os postos mais importantes tudo está perdido, pois não mais existindo a mola do governo, que é o medo, o povo não mais possui protetor."[43]

Há três observações a fazer a respeito do trecho acima transcrito. A primeira é a de que a honra – as distinções e preferências – é incompatível com o despotismo, porque no despotismo não pode haver nem distinções nem as leis que as distinções requerem. As razões mais detalhadas dessa incompatibilidade são fornecidas pelo mesmo Montesquieu:

"A *honra* não constitui o princípio dos Estados despóticos; sendo todos os homens iguais, não se pode antepor uns aos outros; sendo todos os homens escravos, ninguém pode antepor-se a coisa alguma.

"Demais, como a honra possui suas leis e regulamentos, não poderia transigir; como depende muito de seu próprio capricho e não do de outra coisa, só pode ser encontrada nos Estados em que a constituição é fixa e que possuem leis certas.

"Como seria ela suportada pelo déspota? Ela vangloria-se de menosprezar a vida e o déspota só é poderoso porque pode suprimi-la. Como poderia ela tolerar o déspota? Tem regras determinadas e caprichos obstinados; o déspota não observa regulamento algum e seus caprichos destroem todos os demais."[44]

A segunda observação é a de que tampouco a virtude cabe nesse regime, já que a virtude pressupõe um regime de igualdade-liberdade e legalidade; enquanto, no despotismo, todos os homens são escravos, e o déspota só obedece aos seus caprichos e vontades.

43. Livro III, Capítulo IX.
44. Livro III, Capítulo VIII.

A terceira razão, a mais importante para compreender a *moderação*, é a de que Montesquieu contrapõe os regimes moderados ao despotismo. Apenas o despotismo está classificado como não moderado.[45] A partir dessa premissa, caberia investigar o que há na república e na monarquia que falta ao despotismo, mas fazer tal investigação nem se torna necessário, pois o próprio Montesquieu esclarece:

"A natureza do governo, nos Estados despóticos, exige uma extrema obediência, e a vontade do príncipe, uma vez conhecida, deve ter tão infalivelmente seu efeito quanto uma bola atirada contra outra deve ter o seu.

"Não há temperamento, modificação, acordos, termos, equivalentes, conferências, admoestações; não há nada igual ou melhor a ser proposto; o homem é uma criatura que obedece a outra que manda.

"Não mais pode expressar seus temores por um acontecimento futuro, nem atribuir seus malogros aos caprichos do acaso. O quinhão dos homens, tal como o dos animais, é o instinto, a obediência, o castigo.

"De nada vale colocar obstáculos tais como os sentimentos naturais, o respeito paterno, a ternura pelos filhos e pelas mulheres, as leis da honra o estado de saúde; recebeu-se ordem e isso basta."[46]

O que há no despotismo, que não há em nenhum outro regime, é a extrema obediência. Uma obediência tão cega, tão exigente com os homens, que não admite nenhuma sorte de ponderação ou receio. Essa obediência não para nem mesmo diante do acaso: o governado tem que superar quaisquer obstáculos que se oponham, mesmo que tais obstáculos sejam o acaso ou os sentimentos humanos mais comuns, como o medo da morte, para cumprir a ordem do déspota. Nada, absolutamente nada, pode interpor-se entre a ordem do déspota e o agir do homem. Como diz Montesquieu: "recebeu-se ordem e isso basta".

No despotismo, a vontade do déspota é absoluta. Ela é tão absoluta, que pode ocorrer de ela ter que proteger-se de si mesma. Vejamos:

"Na Pérsia, quando o rei condena alguém, não mais se pode falar--lhe, nem suplicar perdão. Se ele estava bêbado ou fora de si, a sentença deve ser executada do mesmo modo; sem isso, ele se contradiria e a

---

45. O inconveniente não surge quando o Estado passa de um governo moderado a outro governo moderado, como a república à monarquia, ou da monarquia à república, mas quando cai e se precipita do governo moderado ao despotismos (Livro VIII, Capítulo VIII).

46. Livro III, Capítulo X.

lei não pode contradizer-se. Esse modo de pensar existiu sempre nesse país: não podendo ser revogada a ordem que Assuero deu de exterminar os judeus, preferiu-se dar a eles a permissão para se defenderem."[47]

A característica marcante, essencial e insuperável do despotismo é esta: a única vontade que opera no sistema político é a do déspota, os homens estão desprovidos de qualquer possibilidade de agregar qualquer vontade, sentimento, juízo etc. Enfim, aos homens só lhes resta o instinto e a mais pura, cruel, absoluta, cega e dura obediência. Esse é o despotismo.

É nesse momento do estudo que convém lembrar o que dissemos acima sobre o método de Montesquieu. Para ele, o homem tem natureza mista, tem parcela animal e parcela inteligente. O homem, tal e como concebido por Montesquieu, sofre influências daquilo que já está dado; mas, ao mesmo tempo, detém sempre uma parcela de agir segundo a sua inteligência, vontade, juízo etc. Para referir-se a isso, a filosofia moderna diz do homem que ele é *relativamente indeterminado*.

Pois bem, o homem submetido ao despotismo é como os animais, ou seja, está desprovido da sua parcela inteligente, está desprovido da possibilidade de intervir sobre o dado, sobre o já existente, está impossibilitado de agregar ao processo político suas vontades, seus juízos, sua inteligência enfim. O homem, sob o despotismo, é *plenamente determinado*. Não lhe resta espaço ou margem de manobra para absolutamente nada.

Se na república a virtude é necessária, é porque é necessário que os homens queiram promover a igualdade-liberdade, é porque é necessário que os homens atuem, por vontade própria, em prol da igualdade--liberdade. Há, mais na democracia e menos na aristocracia, espaço para a atuação da inteligência dos governados. Na república, há condições para que o governado participe do *processo de conhecimento da realidade*, que antecede logicamente à ação do poder estatal. E o mesmo, já o dissemos quando tratamos da *intermediação*, ocorre na monarquia. Mas não é o que ocorre no despotismo, que, como já vimos, converte os homens, no que se refere à atuação política, a meros animais.

Não é por outro motivo que os *princípios* da república e da monarquia implicam sempre um agir ativo dos homens. Implicam sempre ações em prol da igualdade-liberdade-legalidade, na república; ou, na monarquia, em prol da construção e da afirmação das distinções entre os homens e em prol dos privilégios. Na república e na monarquia, os ho-

47. Livro III, Capítulo X.

mens têm que agir positivamente. No despotismo, não; no despotismo os homens têm que, por medo, só fazer o que se lhes é ordenado. A extrema obediência exigida pelo despotismo é a negação da inteligência humana. O que há no despotismo é obediência burra. O que há nos demais regimes é a possibilidade, maior ou menor, de o governado participar do processo de atuação do poder estatal, de fazer integrar ao agir estatal, em maior ou menor medida, as suas vontades e juízos, a sua inteligência afinal. No despotismo, só há uma vontade; nos demais regimes, há, em medidas variadas, vontades outras. O despotismo é unilateral, os demais regimes não o são.

Esta a marca do despotismo: o *unilateralismo*; e é exatamente o *unilateralismo* o que falta aos demais governos ou formas de governo. Se lembrarmos a plena oposição entre os regimes moderados e o despotismo, percebemos a correspondência: moderado é o regime em que não há *unilateralismo*, em que os governados, em certa medida, têm a possibilidade de integrar seus juízos ao agir estatal; não moderado ou despótico é o regime em que o *unilateralismo* impera, quer dizer, em que tudo se decide unicamente a partir das vontades e caprichos do déspota. *Moderação* e *unilateralismo* estão em oposição cabal, são categorias antitéticas.

Moderação aparece, assim, como a ação de ouvir o outro, de permitir que o *conhecimento sobre a realidade* elaborado pelo outro e o *juízo sobre esta realidade* emitido intimamente pelo outro integrem o processo de formação da vontade estatal, integrem, em alguma medida, o agir estatal. Aí está o núcleo da *moderação*: frear ou conter os próprios *conhecimentos* sobre a realidade e os próprios *juízos* emitidos sobre tal realidade, para dialogar com o outro, para de alguma forma interagir com os *conhecimentos* e *juízos* do outro. Vale a pena transcrever um trecho em que Montesquieu, fazendo uma viva defesa das instituições antigas, refere-se à *moderação*, em um sentido mais genérico, exatamente como autocontenção para conhecer o outro:

"Coisa alguma mantém mais os costumes do que uma extrema subordinação dos jovens aos anciãos. Ambos moderar-se-ão: os primeiros pelo respeito que sentirão pelos velhos e os segundos pelo respeito que sentirão por si próprios."[48]

Em outra passagem, falando da *moderação* nas aristocracias, Montesquieu dá outro exemplo que revela exatamente a essência de autocontenção:

48. Livro V, Capítulo VII.

"Em nossos dias os venezianos que, com relação a várias questões, se conduziram muito sabiamente, decidiram, numa disputa entre um nobre veneziano e um gentil-homem do continente, por uma precedência numa igreja, que, fora de Veneza, um nobre veneziano não possuía nenhuma preeminência sobre outro cidadão."⁴⁹

Vale a pena também lembrar o que dissemos sobre a vida de Montesquieu. Ele tinha todos os motivos para ser um *moderado* e para pedir *moderação*: integrava um corpo social, a nobreza, que enfrentava muitas dificuldades na França e que se viu ameaçada pela monarquia muito antes que a Revolução Francesa a aniquilasse. Não é de espantar que, no prefácio de *O Espírito das Leis*, Montesquieu tenha pedido para não ser julgado por frases isoladas, mas pelo conjunto da obra.⁵⁰ É de notar que ele não pede aprovação. Mas pede que a aprovação ou a condenação seja precedida do conhecimento da totalidade da obra. Ele pede, em outras palavras, para ser ouvido. Ele pede que o seu juiz haja com *moderação*.

A *moderação* é uma categoria essencial para compreender a *divisão de poderes*, e o próprio Montesquieu, antes de enunciá-la, já mostra a relação entre *moderação* e *divisão de poderes*. Transcrevemos:

"Nos Estados monárquicos e moderados, o poder é limitado pelo que constitui seus fundamentos; refiro-me à honra que reina com um monarca sobre o príncipe e sobre o povo."⁵¹

Onde há moderação, os poderes são limitados. É isso que importa notar, porque a *divisão de poderes* nada mais será do que o *mecanismo* construído para que os poderes sejam sempre limitados e a *moderação* tenha sempre vez.

Dissemos acima que o estudo do princípio do despotismo revelaria a ideia de *moderação*, ao mesmo tempo em que ajudaria a compreender a conexão entre *moderação* e *liberdade*. Cumpre desincumbir-se dessa tarefa neste momento.

Como já vimos, Montesquieu opõe o despotismo às demais formas de governo em razão do fato de que só o despotismo é um governo *não moderado*. Mas, à parte disso, Montesquieu também opõe o despotis-

---

49. Livro V, Capítulo VIII, 1ª nota de rodapé.
50. "Peço uma graça que receio não me seja concedida: de não julgar, pela leitura de um momento, um trabalho de vinte anos, de aprovar ou condenar o livro inteiro e não algumas frases. Se se quiser descobrir a intenção do autor, só a podemos descobrir na intenção da obra" ("Prefácio").
51. Livro III, Capítulo X.

mo às demais formas de governo a partir da constatação de que é só no despotismo que todos os homens são escravos.

Não conseguimos encontrar, em *O Espírito das Leis*, nenhuma passagem na qual Montesquieu afirme diretamente que, nas demais formas de governo, a escravidão esteja banida e os homens sejam livres. Nem seria correto pensar, por exemplo, que a liberdade usufruída em uma democracia é a mesma de que se goza em uma monarquia. Não há, em *O Espírito das Leis*, fundamentos para que se possa fazer tal afirmação. O mais correto seria pensar que Montesquieu vê, nos distintos governos, distintos níveis de liberdade. Mas não há dúvidas de que as referências de Montesquieu à escravidão como método de governo limitam-se sempre ao despotismo.[52]

De fato, democracia, aristocracia e monarquia têm em comum o fato de que os homens, em maior ou menor medida, usufruem certos níveis de liberdade. E isso é tão mais fácil de ser observado quando lembramos que nem república nem monarquia prescindem de leis, e quando lembramos que, tal como Montesquieu concebe a liberdade, a lei é o mecanismo de sua realização. Por outro lado, o despotismo reúne entre seus caracteres essenciais o fato de que nele não há leis fixas, pois tudo se submete à vontade e aos caprichos do déspota; ou seja, o despotismo é desprovido do *mecanismo* de realização da liberdade.

O que temos, pois, é o antagonismo *despotismo X demais formas de governo*, e, em perfeita correspondência com tal contraposição, temos as outras duas oposições: *unilateralismo X moderação* e *escravidão X liberdade*. Ou, de uma forma mais sintética: *despotismo-unilateralismo-escravidão X demais formas de governo-moderação-liberdade*. A ideia de *liberdade* forma uma parceria íntima com a de *moderação*, e, a toda evidência, há entre elas uma relação conceitual. Vamos a ela.

Se pensarmos que *moderação* implica que, durante a atuação do poder estatal, *abre-se caminho para* a ação cognoscitiva do *outro* e para os juízos daí derivados elaborados pelo outro, fica mais simples aproximar-se da ideia de *liberdade*. Como sabemos, a liberdade, em um sentido amplo e corriqueiro, significa sempre a possibilidade de agir. Livre é o homem que pode agir ou deixar de fazê-lo. Se precisarmos esta ideia geral tomando como referência o agir político no curso da realização do poder estatal, que foi afinal o critério utilizado por Montesquieu para atingir os *princípios* das formas de governo, *liberdade* adquire o sentido preciso de *possibilidade de conhecer da realidade e integrar os juízos daí derivados ao processo de realização do poder estatal*.

52. Ver, por exemplo, a nota 44.

No despotismo, todos os homens são escravos, e não há o menor espaço para suas vontades, juízos, sentimentos etc.; o homem se reduz a um animal, e só os seus instintos operam. No despotismo, os homens são escravos, porque não podem agir a partir do seu próprio conhecimento da realidade. Esse é o ponto!

Moderação e liberdade formam um dueto, são as duas faces de uma mesma moeda. Moderação é abrir espaço para o conhecimento e os juízos do outro sobre a realidade; liberdade é poder agir ocupando esse espaço, é poder integrar ao processo de realização do poder estatal os próprios conhecimentos e juízos sobre a realidade.

Pois bem, é justamente tratando da liberdade que Montesquieu, em todo o Livro XI e especialmente no Capítulo VI, constrói a sua divisão de poderes. Vamos a ela.

5. Divisão de Poderes

O Livro XI intitula-se "Das Leis que formam a Liberdade Política em sua Relação com a Constituição", e a grande maioria dos seus capítulos trata exatamente das distintas formas como, nos países analisados por Montesquieu, o poder político encontra-se organizado. Assim, por exemplo, os capítulos XII a XIX tratam unicamente da forma como, ao longo da história, Roma organizou o poder político. Por outro lado, o famoso Capítulo VI, que contém justamente a essência da divisão de poderes, trata "Da Constituição da Inglaterra" do século XVIII. A comparação entre o título que Montesquieu dá ao Livro XI e o conteúdo dos seus capítulos dá-nos a possibilidade de compreender a que Montesquieu se refere quando usa a palavra "constituição" no título do Livro XI: Montesquieu se refere à *forma como o poder político encontra-se organizado* em determinado país. Assim, parece-nos bastante acertado reler o título do Livro XI da seguinte forma: *Das Leis que formam a Liberdade Política em sua Relação com as Formas de Organização do Poder Político pelo Estado*.[53]

Não é por outro motivo, após precisar – Capítulo I – que o Livro XI trata exatamente da relação entre liberdade e *formas de organização do poder político pelo Estado*, que Montesquieu passa justamente a aproximar o leitor da ideia de liberdade. Nessa tarefa, Montesquieu

---

53. Vale aqui relembrar o que já dissemos acima: para Montesquieu, há uma correlação íntima e necessária entre as formas de organização do Estado e os direitos ou prerrogativas dos homens.

trata de esclarecer, já no Capítulo II, que *liberdade* é uma palavra que tem diferentes significados. Transcrevemos:

"Uns tomaram-na pela facilidade em depor aquele a quem outorgaram um poder tirânico; outros, pela faculdade de eleger aquele a quem deveriam obedecer; outros, pelo direito de se armar, e de exercer a violência; estes, pelo privilégio de só serem governados por um homem de sua nação, ou por suas próprias leis. Certo povo considerou, por muito tempo, como liberdade o hábito de usar barbas compridas."[54]

O que Montesquieu pretende com essa sucessão de exemplos não é concluir que *liberdade* é uma palavra cujo conteúdo essencial, por sua ampla variedade de significados possíveis, não pode ser atingido. Justo o contrário, ele parece preparar o leitor para a ideia de que *liberdade*, conquanto tenha um conteúdo essencial preciso, pode assumir ao longo da história distintos significados concretos dentre os vários significados possíveis compatíveis com o seu conteúdo essencial. Vejamos:

"Estes (Montesquieu refere-se aos homens que consideraram como liberdade usar barba) ligaram esse nome (liberdade) a uma forma de governo, excluindo as demais. Os que haviam experimentado o governo republicano situaram-na neste governo; os que haviam gozado o governo monárquico situaram-na na monarquia. Enfim, cada um chamou liberdade ao governo que se adequava aos seus costumes ou às suas inclinações (...)."

Para Montesquieu, *liberdade* admite várias formas de realização ao longo da história. Esse o sentido de que ele diga que se chama *liberdade àquilo que se ajusta aos costumes e inclinações*, que, como sabemos, variam ao longo da história; e esse também o sentido de que Montesquieu refira-se a que *certo povo considerou, por muito tempo*, que a liberdade consistia em usar barba. Interessa reter a conclusão de que, para Montesquieu, a *liberdade* pode manifestar-se de diversas formas ao longo da história; e mais, a conclusão de que o julgamento de se os homens gozam ou não de *liberdade* em dado momento histórico só pode ser realizado a partir da consideração das concretas circunstâncias históricas.[55]

Mas, além dessa percepção de que *liberdade* requer sempre concretização e interpretação históricas, os trechos acima transcritos permitem adentrar um pouco mais no conceito de *liberdade*. Tais citações permitem confirmar a ideia de que, para Montesquieu, *liberdade* está

---

54. Livro II, Capítulo II.
55. A respeito da igualdade, ver nota 12.

em completa antítese com *unilateralismo*. Na passagem em que Montesquieu diz que "cada um chamou liberdade ao governo que se adequava aos seus costumes ou às suas inclinações", isso se revela. Assim é, porque certamente a referência às comparações que os homens fazem entre a concreta realidade histórica e as suas próprias inclinações e costumes, tal e como eles as percebem, abre espaço para os próprios juízos emitidos pelos homens e, por consequência, afasta a ideia de *unilateralismo*. Mas, sobretudo na passagem em que Montesquieu fala de que "certo povo considerou, por muito tempo, como liberdade o hábito de usar barbas compridas", a antítese entre *liberdade* e *unilateralismo* se revela completa. É que, justamente nessa passagem da obra, Montesquieu remete o leitor à segunda nota de rodapé do Livro XI, e o conteúdo da nota não deixa dúvidas: "Os moscovitas não podiam suportar que o Czar Pedro os obrigasse a cortá-la (a barba longa)". Ou seja, os moscovitas entendiam que a liberdade estava em poder usar barbas longas, justamente porque o Czar os obrigava a barbear-se; ou, em outras palavras, porque uma vontade se impunha à sua própria. É evidente que é irrelevante para o sistema político que os homens usem barbas longas ou curtas, mas, quanto mais o Czar impusesse aos moscovitas a sua unilateral ideia de que usar barbas longas era algo mal ou errado, mais os moscovitas enxergavam nas barbas longas um símbolo da liberdade. *Unilateralismo* e *liberdade*, conceitos excludentes.[56-57]

Após esclarecer esses dois pontos, Montesquieu conceitua[58] *liberdade* ao longo dos Capítulo III e IV, e o seu conceito é preciso: liberdade é a possibilidade do homem de agir sempre fundado na lei, isto é, só sofrer as imposições legalmente previstas e não estar impedido de fazer coisas que a lei lhe permite. Vejamos:

"É verdade que nas democracias o povo parece fazer o que quer, mas a liberdade política não consiste nisso. Num Estado, isto é, numa sociedade em que há leis, a liberdade não pode consistir senão em poder

56. "A liberdade política, num cidadão, é esta tranquilidade de espírito que provém da opinião que cada um possui de sua segurança; e, para que se tenha esta liberdade, cumpre seja de tal modo que um cidadão não possa temer outro cidadão" (Livro XI, Capítulo VI).

57. "Os três poderes, nessas monarquias (as que conhecemos), não são divididos e calcados no modelo da constituição à qual nos referimos (Montesquieu se refere à constituição da Inglaterra). Cada um deles possui uma divisão particular, segundo a qual eles se aproximam mais ou menos da liberdade política e, se dela não se aproximassem, a monarquia degeneraria em despotismo" (Livro XI, Capítulo VII).

58. Ver nota 56.

fazer o que se deve querer e em não ser constrangido a fazer o que não se deve desejar.

"Deve-se ter sempre em mente o que é independência e o que é liberdade. A liberdade é o direito de fazer tudo o que as leis permitem; se um cidadão pudesse fazer tudo o que elas proíbem, não teria mais liberdade, porque os outros também teriam tal poder.[59]

"(...) Uma constituição pode ser de tal modo que ninguém será constrangido a fazer coisas que a lei não obriga e a não fazer as que a lei permite."[60]

Muito já se escreveu sobre esse conceito de lei de Montesquieu, e as críticas não foram poucas. Mas, independentemente de que tal conceito possa ser insuficiente, as críticas não atingem o essencial da ideia de Montesquieu: a *liberdade* não prescinde da *lei* para se realizar. Como diz Montesquieu, se todos pudessem agir contra a lei, a liberdade desapareceria; e a razão para essa afirmativa parece encontrar-se justamente na ideia de que, se qualquer pessoa pudesse violar a lei, em algum momento uma vontade de um homem se imporia unilateralmente à de outro.[61] Se todos pudessem violar as leis, nenhum dos homens teria a garantia de que não haveria *unilateralismo*, porque a lei limita as vontades de uns homens para que as vontades de outros possam realizar-se. Enfim, se a liberdade é a antítese do *unilateralismo* e se o *unilateralismo* não é capaz de conviver com as leis, parece certo que *lei* e *liberdade* se requerem mutuamente. Por isso Montesquieu diferencia a *liberdade* da *independência*,[62] que seria a possibilidade de que todo e qualquer querer humano pudesse ser realizado independentemente de encontrar respaldo nas leis.

Essas ideias de que liberdade e lei se imbricam mutuamente e de que liberdade e *unilateralismo* são incompatíveis conceitual e logicamente trazem ademais uma contribuição muito importante para compreender a *divisão de poderes*: a de que a *liberdade* tem necessariamente dimensão social, ou, o que é o mesmo, a de que *liberdade* só se realiza no meio social ou coletivo, a de que *liberdade* é necessariamente intersubjetiva. Montesquieu concebe *liberdade* como necessariamen-

---

59. Livro XI, Capítulo III.
60. Livro XI, Capítulo IV.
61. "Apesar de todos os Estados possuírem, em geral, um mesmo objetivo, que é manter-se, cada Estado possui, entretanto, um que lhe é particular. A expansão era o objetivo de Roma (...) a independência de cada indivíduo é o objetivo da leis da Polônia, e o que disso resulta é a opressão de todos" (Livro XI, Capítulo V).
62. Ver nota 59.

te referida à coletividade, nunca como uma instância capaz de definir--se *unicamente* desde o ponto de vista individual. Isso é assim, porque, se *liberdade* não é a supremacia da vontade pessoal de cada indivíduo unitariamente considerado – já que não se confunde com a independência –, então as vontades dos outros homens também são consideradas à hora de concretizar historicamente a ideia geral de liberdade. Esse diálogo entre as várias vontades individuais ocorre justamente por meio da lei.

Pois bem, assim "conceituada" a *liberdade*, Montesquieu dá o último passo, o passo decisivo, para enunciar a *divisão de poderes*. Ele volta à ideia de que *moderação* e *liberdade* se requerem necessariamente, daí que diga que só nos governos moderados é que há liberdade; ele agrega outro elemento ao raciocínio, qual seja o juízo de que os homens tendem a abusar do poder;[63] e, por fim, fazendo uso da ideia de que há uma necessária relação entre formas de organização do poder político e os direitos e prerrogativas dos homens, ele enuncia a sua *divisão de poderes*. Transcrevemos:

"A democracia e a aristocracia, por sua natureza, não são Estados livres. Encontra-se a liberdade política unicamente nos governos moderados. Porém, ela nem sempre existe nos Estados moderados: só existe nesses últimos quando não se abusa do poder; mas a experiência eterna mostra que todo homem que tem poder é tentado a abusar dele; vai até onde encontra limites. Quem o diria! A própria virtude tem necessidade de limites.

"Para que não possa abusar do poder é preciso que, pela disposição das coisas, o poder freie o poder. Uma constituição pode ser de tal modo que ninguém será constrangido a fazer coisas que a lei não obriga e a não fazer as que a lei permite."[64]

Vejamos o texto ponto a ponto.

Montesquieu começa por desqualificar democracia e aristocracia como governos necessária e intrinsecamente livres. Provavelmente ele se refere apenas à democracia e à aristocracia, porque os outros dois governos – monarquia e despotismo, fundados na honra e no medo – não produzem intuitivamente a ideia de que sejam essencialmente governos da liberdade. Apenas a democracia e aristocracia, em diferentes medi-

---

63. É de notar que Montesquieu só pode fazer tal enunciação, porque, como dissemos quando tratamos do seu método, Montesquieu faz suas análises e estudos sempre fundados no conhecimento da realidade histórica.
64. Livro XI, Capítulo IV.

das fundadas na igualdade, poderiam induzir o leitor a pensar que sejam governos naturalmente livres. Montesquieu diz que essencialmente não o são.[65] Democracia e aristocracia não são em essência governos livres, porque a liberdade requer sempre moderação; e, para Montesquieu, podem existir historicamente governos comandados por todo o povo ou por uma elite, que não sejam moderados. Montesquieu pensa que a virtude – o amor pela pátria e pela igualdade – pode, em dados momentos históricos, produzir interpretações da ideia de igualdade opressoras dos homens ou de alguns homens.[66] A sua ideia parece clara: na busca da realização da igualdade, é necessário que haja diálogo entre os diversos atores a respeito de como implementar historicamente a igualdade. Em outras palavras, simples e diretas, mas muito compreensíveis: não basta agir em nome da igualdade, é sempre necessário perguntar ao outro qual a sua ideia de igualdade. Ora, como já dissemos quando tratamos da moderação, a essência da moderação é justamente a autocontenção para que o diálogo possa fluir; e a outra face da ideia de moderação, como já dissemos, é a liberdade. Por isso Montesquieu diz que a própria virtude precisa ser limitada, porque o agir humano em direção à realização da igualdade só é harmônico com a liberdade, se tal agir não for unilateral, isto é, se tal agir for fundado no diálogo entre os distintos agentes. Uma virtude não limitada pode produzir democracia ou aristocracia não moderadas.

Mas, ainda seguindo Montesquieu, os Estados moderados podem não o ser para sempre, porque, quando se abusa do poder, a moderação desaparece.[67] Países que tenham alcançado produzir governos baseados no diálogo entre os distintos atores políticos podem perder esta capacidade, se os homens abusarem do poder, isto é, se os atores políticos passarem a atuar ultrapassando as suas possibilidades legais de agir. Se eles se excedem, eles constrangem outros homens "a fazer coisas que a lei não obriga e a não fazer as que a lei permite". O abuso de poder é a conduta antijurídica, mas, sobretudo, é a conduta marcada pela imposição unilateral das próprias vontades à vontade do outro.

65. Por outro lado, é de notar que há muitas passagens da obra em que Montesquieu vê moderação na Monarquia. Por exemplo, Livro V, Capítulo XVI.
66. Montesquieu já disse, em outro momento da obra (ver nota 12), que certas interpretações da igualdade podem produzir rupturas, ou seja, podem ser vistas como opressoras por certos grupos.
67. Montesquieu fornece, ao longo da obra, inúmeros exemplos de países cujo sistema político perdeu a moderação.

Ora, para Montesquieu, a observação histórica demonstra que os homens vão até onde encontram limites; então, é muito natural concluir que é necessário criar limites externos às vontades humanas. Esses limites consistirão justamente em arrumar de tal forma "as coisas", que as distintas vontades se oponham necessariamente e os poderes dos homens freiem-se mutuamente. Se se consegue arrumar "as coisas" de tal forma que os homens não possam impor suas vontades aos demais, então existirá diálogo entre os atores da vida social, o *unilateralismo* será banido da vida em coletividade, e a liberdade estará garantida. Quais são essas "coisas" que precisam ser arrumadas? E como será essa arrumação?

Lembremos que o objeto de estudo de Montesquieu são as relações entre o direito e os distintos aspectos da vida humana, e um dos seus objetos particulares é justamente aquele formado pelas relações entre a organização do poder político pelo Estado e o direito. Então, "as coisas" que precisam ser arrumadas de forma que o *unilateralismo* seja banido são as partes componentes do Estado. É por isso que Montesquieu passa a examinar como o Estado está formado.

Montesquieu então distingue e conceitua as três principais funções estatais: a legislativa, a judicial e a executiva. É interessante notar que os conceitos fornecidos por ele são puramente materiais, isto é, não mantêm qualquer relação com a estrutura ou órgão que desempenha as funções identificadas e conceituadas. Transcrevemos:

"Há, em cada Estado, três espécies de poderes: o poder legislativo, o poder executivo das coisas que dependem do direito das gentes, e o executivo das que dependem do direito civil.

"Pelo primeiro, o príncipe ou magistrado faz leis por certo tempo ou para sempre e corrige ou ab-roga as que estão feitas. Pelo segundo, faz a paz ou a guerra, envia ou recebe embaixadas, estabelece a segurança, previne invasões. Pelo terceiro, pune os crimes ou julga as querelas dos indivíduos. Chamaremos este último o poder de julgar e ou outro, simplesmente o poder executivo do Estado."[68]

Há, nesse momento da obra, uma novidade: a percepção de que a função judicial é conceitualmente distinta das outras duas. Mas não é na conceituação autônoma da função judicial que está a *divisão de poderes* de Montesquieu. A divisão aparece no momento seguinte, quando Montesquieu prescreve a necessidade de que as distintas funções estatais sejam exercidas por unidades decisórias distintas. Aí começa a resposta à pergunta "como serão arrumadas as coisas?".

---

68. Livro XI, Capítulo VI.

"Quando na mesma pessoa ou no mesmo corpo de magistratura o poder legislativo está reunido ao poder executivo, não existe liberdade, pois pode-se temer que o mesmo monarca ou o mesmo senado apenas estabeleçam leis tirânicas para executá-las tiranicamente.

"Não haverá também liberdade se o poder de julgar não estiver separado do poder legislativo e do executivo. Se estivesse ligado ao poder legislativo, o poder sobre a vida e a liberdade dos cidadãos seria arbitrário, pois o juiz seria legislador. Se estivesse ligado ao poder executivo, o juiz poderia ter a força de um opressor.

"Tudo seria perdido se o mesmo homem ou o mesmo corpo dos principais, ou dos nobres, ou do povo, exercesse esses três poderes: o de fazer leis, o de executar as resoluções públicas e o de julgar os crimes ou as divergências dos indivíduos."[69]

A ideia central está expressa no terceiro dos parágrafos transcritos acima: uma mesma unidade não pode exercer mais de uma função estatal. As razões são expressas pelo mesmo Montesquieu em linguagem cifrada, mas que permitem compreender a razão de fundo. Vamos a ela.

A razão porque as funções legislativa e executiva não podem ser exercidas por uma mesma unidade é evitar que o executor das leis faça e execute leis tirânicas, ou seja, é impedir que o executor-legislador faça leis fundamentadas apenas nos próprios juízos sobre a realidade[70] e, ao fim, faça realizar apenas sua própria vontade. O porquê de Montesquieu não querer confusão em uma mesma unidade decisória entre as funções executiva e legislativa é impedir que apenas os juízos e vontades do executor-legislador ocupem papel no sistema político; porque é evidente que, se ao executor incumbe também legislar, a legislação será totalmente condicionada pelo seu próprio conhecimento da realidade formado no momento de realizar alguma medida concreta.

Mais adiante, comentando a "aristocracia hereditária das repúblicas da Itália", Montesquieu valoriza mais uma vez o elemento *conhecimento da realidade*; e o faz sempre procurando identificar quem realiza a operação lógica de conhecer da realidade. Vejamos:

"Creio, efetivamente, que a pura aristocracia hereditária das repúblicas da Itália não corresponde exatamente ao despotismo da Ásia. A

---

69. Idem, ibidem.

70. Convém lembrar a ideia de que, para Montesquieu, a operação lógica de conhecer da realidade ocupa um papel central na sua teoria e funciona como critério de juízo do sistema político. Nessa passagem da obra, podemos vê-la com plenitude de efeitos.

multidão de magistrados algumas vezes suaviza a magistratura; nem sempre todos os nobres concorrem para os mesmos desígnios; formam-se diversos tribunais que se moderam."[71]

Parece claro: as repúblicas da Itália são diferenciadas do despotismo da Ásia, porque, ao contrário do despotismo clássico em que apenas um homem de tudo conhece e tudo decide, uma "multidão de magistrados" opera naquelas repúblicas. Ou seja, vários homens conhecem da realidade, sobre ela emitem um juízo e a partir dela formam um querer. Como nem sempre as vontades coincidem, o diálogo ou a moderação têm, em certa medida, vez.

Ainda mais adiante, já falando da configuração interna do órgão que deve exercer a função legislativa, Montesquieu usa justamente o critério *titularidade do conhecimento da realidade* para explicar a necessidade de que a função legislativa seja exercida pelo conjunto do povo; ao mesmo tempo em que prega as vantagens da representação política. Transcrevemos:

"Já que, num Estado livre, todo homem que supõe ter uma alma livre deve governar a si próprio, é necessário que o povo, no seu conjunto, possua o poder legislativo. Mas como isso é impossível nos grandes Estados, e sendo sujeito a muitos inconvenientes nos pequenos, é preciso que o povo, através de seus representantes, faça tudo o que pode fazer por si mesmo.

"Conhecemos muito melhor as necessidades de nossa cidade do que as das outras e julgamos melhor da capacidade dos nossos vizinhos do que da capacidade de outros compatriotas. Não é necessário, portanto, que os membros do corpo legislativo sejam escolhidos geralmente do corpo da nação; mas convém que, em cada localidade principal, os habitantes elejam entre si um representante.

"A grande vantagem dos representantes é que são capazes de discutir os negócios públicos. (...)."[72]

A razão central pela qual a função legislativa deve ser exercida por um colegiado que representa a coletividade do povo é clara: integrar as vontades e juízos de todos os homens livres do país à legislação, juízos

71. Livro XI, Capítulo VI. A continuação do parágrafo, que deixamos de transcrever porque já nos remete à divisão social do poder, assim diz: "Assim, em Veneza, ao Grande Conselho cabe a legislação; aos *pregadi*, a execução; aos *quaranties*, o poder de julgar. Mas o mal é que esses tribunais diferentes são formados por magistrados do mesmo corpo, o que quase faz com que componham um mesmo poder".

72. Livro XI, Capítulo VI.

e vontades certamente formados a partir do conhecimento da realidade. E o mesmo conhecimento da realidade que cada homem livre forma é a razão última que dá a forma ao mecanismo de escolha dos representantes. Como se fossem poucas as lições, Montesquieu ainda trata de explicar qual é a essência da atividade legislativa: a discussão dos assuntos públicos, isto é, o diálogo entre as distintas vontades e juízos.

A função legislativa requer, pois, diálogo entre as distintas vontades existentes no conjunto do povo. Só assim a possibilidade de *unilateralismo* será afastada. Por isso lei e liberdade andam necessariamente juntas: é no instante legislativo que ocorre o diálogo entre os múltiplos juízos e conhecimentos sobre a realidade. Em outro trecho, já tratando da configuração interna da unidade decisória que deve exercer a função executiva, Montesquieu ratifica essa ideia; ao mesmo tempo em que dá as últimas explicações do por que as funções legislativa e executiva não devem ser exercidas pela mesma unidade.

"O poder executivo deve permanecer nas mãos de um monarca, porque esta parte do governo, que quase sempre tem necessidade de uma ação momentânea (instantânea), é mais bem administrada por um do que por muitos; ao passo que o que depende do poder legislativo é, amiúde, mais bem-ordenado por muitos do que por um só."[73]

A função executiva deve ser exercida por um só, pois ela não requer discussões entre as distintas visões e juízos sobre a realidade, e já que, ao revés, exige justamente a adoção de medidas em cumprimento às decisões legislativas. Ou seja, a unidade decisória encarregada da função executiva, porque visa a outra sorte de atividades, não está estruturada para que, em seu interior, ocorram as discussões entre os distintos juízos sobre a realidade que devem redundar na lei. Essa a última razão porque função executiva e função legislativa não podem se confundir em uma mesma unidade decisória: a função legislativa requer uma unidade colegiada estruturada para dar vazão às discussões; a unidade executiva requer exatamente unicidade de comando e não realização de discussões já travadas na unidade legislativa. E tudo isso, no fim das contas, para que as vontades dos homens livres encontrem um caminho de diálogo e realização.

Mas, além da não confusão das funções executiva e legislativa em uma mesma unidade decisória, é indispensável que as funções legislativa e judicial sejam entregues a unidades distintas. As razões são as mesmas: o juiz e o legislador não podem se confundir, porque o legisla-

---

73. Idem, ibidem.

dor deve ser a unidade onde as discussões políticas ocorrem; enquanto o juiz, ao revés, não pode ser arbitrário, vale dizer, não pode sobrepor à vontade da coletividade expressa na lei a sua própria vontade. Enquanto o ato de legislar é, por natureza, aberto a toda sorte de discussão política, o ato de julgar deve ser politicamente neutro.[74] São atividades lógicas que conhecem da realidade fática existente de formas diferentes.

Interessa notar que, para Montesquieu, a vontade expressa na decisão judicial é, pois, a aplicação a uma desavença da vontade legalmente expressa pela coletividade por meio da lei; e a força da decisão judicial é, pois, a força da lei. É por esta razão que Montesquieu sustenta que as funções judicial e executiva não podem se reunir em uma mesma unidade: o juiz não pode ter a força de um opressor, mas as suas decisões devem estar legitimadas pela lei, vale dizer, não devem estar legitimadas pela possibilidade autônoma de agir própria da função executiva.

Tudo isso corresponde à primeira dimensão da *divisão de poderes* de Montesquieu: atribuir às distintas funções estatais a distintas unidades decisórias. Mas logo Montesquieu se dá conta da limitação dessa formulação, porque simplesmente mantendo a exclusividade das distintas funções estatais em favor das distintas unidades decisórias, logo haverá a possibilidade de que uma das unidades decisórias se imponha às demais. Montesquieu percebe que é necessário impedir o *unilateralismo* também entre as unidades decisórias do Estado. Assim, falando do tempo de permanência da unidade legislativa e do seu modo de convocação, Montesquieu vislumbra a possibilidade de que a unidade executiva seja subjugada pela legislativa.[75]

74. "Porém, se os tribunais não devem ser fixos, os julgamentos devem sê--lo a tal ponto que nunca sejam mais do que um texto exato da lei. Se fossem uma opinião particular do juiz, viver-se-ia na sociedade sem saber precisamente os compromissos que nela são assumidos" (idem, ibidem).
75. "Seria inútil que o corpo legislativo estivesse sempre reunido. Isto seria incômodo para os representantes e, além disso, ocuparia muito o poder executivo, que não pensaria em executar, mas em defender suas prerrogativas e seu direito de executar." E, mais adiante: "O corpo legislativo não deve convocar a si próprio, pois um corpo só é considerado como tendo vontade quando está reunido. E, se ele não se convocasse por unanimidade, não se poderia dizer qual parte representaria verdadeiramente o corpo legislativo: a que se reuniu ou a que não se reuniu. Pois se tivesse direito a prorrogar a si próprio, poderia acontecer que ele nunca se prorrogasse, o que seria perigoso no caso em que pretendesse atentar contra o poder executivo. Aliás, alguns períodos são mais convenientes do que outros para a assembleia do corpo legislativo; é necessário, portanto, que seja o poder executivo quem regulamente o momento da convocação e da duração dessas assembleias com relação às circunstâncias que conhece" (idem, ibidem).

A solução que Montesquieu oferece é a criação de mecanismos que forcem uma necessária relação entre as unidades estatais no desempenho de suas funções. Assim, por exemplo, o controle da unidade legislativa sobre a execução das leis,[76] as interferências do executivo na duração e no momento da reunião da unidade legislativa (ver nota 75), a realização de certos julgamentos por partes da própria unidade legislativa[77] e o poder, em favor da unidade executiva, de vetar as leis aprovadas pela unidade legislativa.[78]

A respeito do poder de veto, cabe, contudo, uma observação adicional. É que, na medida em que estabelece a necessidade do veto executivo à legislação, Montesquieu pressupõe a possibilidade de cisão da função legislativa do Estado. Ele entende o poder de veto como exercício, pela unidade executiva, de parcela da atividade legislativa,[79] que assim aparece sem sua unidade, cindida e distribuída entre duas unidades decisórias.

A compreensão de que as funções estatais podem ser cindidas e de que as parcelas podem ser entregues a distintas unidades decisórias abre a Montesquieu o significado do bicameralismo inglês: *divisão de poderes* dentro de uma mesma unidade decisória. Montesquieu percebe claramente que a coexistência das câmaras alta e baixa do parlamento britânico traduz exatamente a ideia de divisão de poderes, só que com

76. "Porém, se num Estado livre o poder legislativo não deve ter o direito de sustar o poder executivo, tem o direito e deve ter a faculdade de examinar de que maneira as leis que promulga devem ser executadas. Esta é a vantagem que este governo possui sobre o de Creta e o da Lacedemônia, onde os cosmos e os éforos não prestam contas de sua administração" (idem, ibidem).
77. "Apesar de que, em geral, o poder de julgar não deva estar ligado a nenhuma parte do legislativo, isso está sujeito a três exceções, baseadas no interesse particular de quem deve ser julgado" (idem, ibidem).
78. "Se o poder executivo não tem o direito de vetar os empreendimentos do corpo legislativo, este último seria despótico, porque, como pode atribuir a si próprio todo o poder que possa imaginar, destruiria todos os demais poderes" (idem, ibidem).
79. "O poder executivo, como dissemos, deve participar da legislação através do direito de veto, sem o que seria despojado de suas prerrogativas". E, mais adiante: "Se o monarca participasse da legislação pela faculdade de estatuir, não mais haveria liberdade. Porém, como é preciso que ele participe da legislação para se defender, cumpre que ele aí tome parte pela faculdade de impedir". E, ainda: "O poder executivo, fazendo parte do legislativo apenas pela sua faculdade de impedir, não poderia participar dos debates das questões públicas. Não é mesmo necessário que as propostas partam dele, porque, podendo sempre desaprovar as resoluções, pode rejeitar as decisões das proposições que desejaria não fossem feitas" (idem, ibidem).

a particularidade de tratar-se da aplicação da ideia à intimidade de uma unidade decisória do Estado. Vale a pena transcrever:

"Eis, assim, a constituição fundamental do governo de que falamos. O corpo legislativo sendo composto de duas partes, uma paralisará a outra por sua mútua faculdade de impedir. Todas as duas serão paralisadas pelo poder executivo, que o será, por sua vez, pelo poder legislativo.

"Estes três poderes deveriam formar uma pausa ou uma inação. Mas como, pelo movimento necessário das coisas, eles são obrigados a caminhar, serão forçados a caminhar de acordo."[80]

A necessidade de interação entre as distintas unidades decisórias do Estado e a cisão de uma dada função estatal, para que seja entregue a outra unidade decisória alheia à função cindida ou para que seja entregue a distintas partes da unidade decisória própria da função cindida, correspondem exatamente à segunda dimensão da ideia de *divisão de poderes* de Montesquieu. A interação entre as unidades decisórias e a possibilidade[81] de cisão das funções estatais jogam um importante papel na *divisão de poderes* de Montesquieu. Ambas também servem para impedir o *unilateralismo* e fazer dos homens seres livres.

Mas, além disso, interessa igualmente notar que o trecho acima transcrito contém a síntese da forma como "as coisas" devem ser arrumadas: de tal modo que as partes *tenham* que caminhar sempre unidas, de maneira que as possibilidades de obstrução não sirvam mais do que para forçar o diálogo e promover a composição entre as forças. Mas o estudo do bicameralismo inglês abre outra possibilidade para Montesquieu, a de estudar as relações entre os poderes e forças políticas socialmente existentes e arrumação interna das unidades decisórias do Estado.

É que Montesquieu não estuda o bicameralismo inglês abstraindo a realidade social em que ele está inserido. Aliás, o estudo de Montesquieu sobre toda a organização estatal inglesa não é uma análise em abstrato. Justamente ao contrário, Montesquieu estuda a organização interna do Estado inglês do século XVIII a partir do conhecimento de que, na Inglaterra do século XVIII, há, de um lado, "pessoas dignificadas pelo nascimento, pelas riquezas ou pelas honrarias"[82] e, de outro, pessoas que formam o povo.

80. Livro XI, Capítulo VI.
81. Possibilidade, aliás, quase inexplorada por Montesquieu no que se refere às funções executiva e judicial; possibilidade que, desenvolvida pelas futuras experiências constitucionais, encontra-se na base das descentralizações administrativas e dos múltiplos graus de jurisdição.
82. Livro XI, Capítulo VI.

De fato, no começo do Capítulo VI, Montesquieu conceitua as funções estatais, define a necessidade de que elas sejam outorgadas a unidades decisórias distintas e faz a defesa da representação política; e, até então, Montesquieu parece referir-se genericamente a todos os países.[83] Mas, exatamente antes de iniciar a descrição detalhada dos arranjos internos do Estado inglês no século XVIII,[84] Montesquieu faz uma observação genérica sobre a composição social dos países; e tal observação, sem dúvidas, é perfeitamente correspondente à Inglaterra do século XVIII. Vejamos:

"Num Estado, há sempre pessoas dignificadas pelo nascimento, pelas riquezas ou pelas honrarias; mas, se se confundissem com o povo e só tivessem, como os outros, um voto, a liberdade comum seria uma escravidão e não teriam nenhum interesse em defendê-la, porque a maioria das resoluções seria contra eles. A participação que tomam na legislação deve ser, portanto, proporcional às outras vantagens que têm no Estado, que acontecerá se formarem um corpo que tenha o direito de sustar as iniciativas do povo, tal como o povo tem o direito de sustar as deles.

"Deste modo, o poder legislativo será confiado tanto à nobreza como ao corpo escolhido para representar o povo, cada qual com suas assembleias e deliberações à parte e objetivos e interesses separados."[85]

Pois bem, o trecho acima transcrito é cheio de significados, todos muito interessantes e importantes. O primeiro a observar é que, quando Montesquieu passa a falar do bicameralismo, ele já está se referindo a um país em concreto, à Inglaterra certamente; e isso significa que o bicameralismo existe, e se justificativa, porque é necessário arrumar as forças socialmente existentes – ele se refere, neste momento, à nobreza e ao

---

83. Mas, mesmo parecendo fazer afirmações genéricas e de caráter abstrato, Montesquieu não deixa de referir-se muitas vezes às realidades de muitas localidades. Assim, no início do Livro XI, Capítulo VI, ele faz referência, por exemplo, à "maior parte dos reinos da Europa", às "repúblicas da Itália", ao "despotismo da Ásia", à Veneza, às "antigas repúblicas" etc.

84. É nosso dever observar que, embora Montesquieu não diga diretamente que se refere à Inglaterra e pareça fazer afirmações genéricas e abstratas relativas a todos os países, o título do Capítulo VI – "Da Constituição da Inglaterra" – e as frases dos trechos finais do Capítulo VI – "Não me cabe examinar se atualmente os ingleses gozam ou não dessa liberdade. É-me suficiente dizer que ela é estabelecida pelas leis, e eu nada mais procuro"– revelam que ele se refere precisamente à Inglaterra. Atualmente não parece haver dúvidas entre os mais responsáveis comentaristas de *O Espírito das Leis* a respeito desse ponto.

85. Livro XI, Capítulo VI.

povo – de maneira que um grupo social não possa impor suas próprias vontades e seus íntimos juízos ao outro. O que Montesquieu enxerga no bicameralismo inglês é a *exclusão do unilateralismo e a instituição da moderação e do diálogo entre nobreza e povo*, entre as forças sociais existentes na realidade social inglesa do século XVIII, enfim.

O Estado inglês do século XVIII, segundo Montesquieu, tem por objetivo direto a constituição da liberdade;[86] e, para Montesquieu, já o dissemos outras vezes, há uma relação entre as formas de organizar o Estado e os direitos e prerrogativas dos homens. Assim, toda a estrutura de divisão de poderes do Estado inglês só existe para realizar a liberdade dos homens no seio da sociedade historicamente existente.

As ideias de outorgar cada uma das funções estatais às distintas unidades decisórias do Estado e de as organizar de tal forma que tenham que interagir e se controlar mutuamente só existem para que possa existir, no seio da sociedade historicamente dada, liberdade geral. A ideia de arrumar as unidades decisórias do Estado da forma apontada por Montesquieu é impedir que haja, no seio da sociedade historicamente existente, *unilateralismo*. Só a exclusão do *unilateralismo* da vida social é que justifica a orgânica estatal proposta por Montesquieu. Foi por isso que, comentado a aristocracia hereditária das repúblicas da Itália,[87] Montesquieu notou que era insuficiente a mera distribuição das três funções estatais básicas a unidades decisórias distintas. Montesquieu observou que, embora houvesse a separação das funções e a atribuição de cada uma delas a uma unidade decisória distinta, o mal estava no fato de que "esses tribunais diferentes são formados por magistrados do mesmo corpo, o que quase faz com que componham um mesmo poder".[88]

A crítica de Montesquieu foi precisa: porque todas as funções estatais eram exercidas pelo mesmo corpo social, vale dizer, pela mesma força política socialmente existente, não podia haver liberdade geral; pois as demais parcelas da sociedade integrantes de outros corpos sociais não participavam, em nenhuma das instâncias decisórias, da operação lógica de conhecer da realidade e tomar uma decisão política sobre como atuar sobre essa mesma realidade.

A proposta de Montesquieu, portanto, é trazer o fim último da *moderação* – o diálogo – para o interior da sociedade existente histori-

---

86. Livro XI, Capítulo V.
87. Ver nota 71.
88. Ver nota 71.

camente. Porque ele não confia na autocontenção das forças políticas socialmente dadas, ele cria um sistema de arrumação do Estado em que o diálogo e a moderação ocorram necessariamente. O núcleo da ideia de *divisão de poderes* de Montesquieu está exatamente em arrumar as unidades decisórias do Estado de forma tal, que o diálogo entre as forças políticas socialmente existentes ocorra necessariamente. O que Montesquieu pretende com a sua *divisão de poderes* é a exclusão do *unilateralismo* da vida social. O que ele pretende é a liberdade geral.

Mas, como já dissemos acima, a liberdade, tal e como concebida por Montesquieu, tem necessariamente dimensão social e histórica. As ações dos homens sempre ocorrem no ambiente social, e, para que o poder agir não se confunda com a independência – cujos efeitos são nocivos para as relações humanas em sociedade –, a definição legal das possibilidades de agir de uns tem que considerar as possibilidades de ação dos demais. Ora, em uma sociedade de nobres e de povo, como a inglesa do século XVIII, a definição legal das possibilidades de ação dos homens do povo não pode simplesmente ignorar as possibilidades legais de ação já existentes em favor dos membros da nobreza; assim como tampouco a definição legal das possibilidades de agir dos nobres pode ignorar as possibilidades legais de ação já existentes em favor dos homens do povo.[89]

No instante legislativo, é necessário, pois, que haja um diálogo entre os grupos sociais em disputa política; e o conteúdo desse diálogo deve consistir justamente na confrontação entre as pretensões apresentadas pelos distintos grupos sociais com as possibilidades de ação legalmente já alcançados e existentes em favor de uns e de outros. Para que não haja *unilateralismo*, é necessário, através do diálogo entre as partes, buscar uma forma de realizar as pretensões apresentadas por uns sem que os outros se sintam excluídos do debate. Só assim uns e outros poderão defender as posições já alcançadas, ou, abrindo mão delas, conseguir legalmente outras possibilidades de ação que atendam a outros interesses. Essa é a utilidade, na Inglaterra do século XVIII, do fato de que os nobres e o povo, entrincheirados nas duas câmaras

---

89. Em passagens anteriores da obra, Montesquieu já havia feito essa referência à necessidade de compatibilizar as pretensões com o já existente. Assim, por exemplo, falando da igualdade na distribuição das terras, no Livro V, Capítulo V: "Alguns legisladores antigos, como Licurgo e Rômulo, dividiram igualmente as terras. Isso só poderia ter acontecido na fundação de uma república nova, ou, então, quando a lei antiga estava tão corrompida e os espíritos numa tal disposição que os pobres se consideravam obrigados a procurar semelhante solução e os ricos a ela resignar-se".

do parlamento, possam obstaculizar as pretensões uns dos outros. O segundo significado do trecho acima transcrito é justamente este: o mecanismo de *divisão de poderes* deve ser tal que os grupos sociais possam defender os níveis já existentes de realização da liberdade, ao passo em que deve possibilitar a realização das novas pretensões.

E qual o malefício de que assim não seja? O próprio Montesquieu responde: a consequência para aqueles grupos que não tenham como ser ouvidos no processo político é a perda do interesse em participar do jogo. Montesquieu não o diz diretamente, mas não pode haver dúvidas: a consequência é que tais grupos procurarão outras formas, alheias ao mecanismo estabelecido de exclusão do *unilateralismo*, para defender o já conquistado ou para realizar o pretendido. Essa sistemática leva necessariamente à adoção de decisões unilaterais e pode levar, em casos extremos, à guerra civil.

Ao menos que o que se deseja seja justamente a fragmentação do Estado ou a guerra civil, a consequência lógica só pode ser a de que a organização interna do Estado deva ser tal que desperte o interesse dos distintos grupos sociais em se integrarem-se Estado.[90] Ou seja, *a divisão de poderes* de Montesquieu é uma proposta de oferecer aos conflitos sociais um mecanismo de resolução pacífica.[91] Essa é a terceira significação do trecho acima transcrito.

A quarta significação é a de que tal mecanismo de resolução admite várias formas ou arranjos distintos segundo seja a relação de forças socialmente existente. Se, na Inglaterra do século XVIII, o legislativo deve ser bicameral, com uma câmara alta hereditária; na França do século XXI a estrutura de poder socialmente existente requer um legislativo unicameral; enquanto os Estados Unidos, federação que são, requerem um legislativo nacional bicameral eletivo.

Essa ideia está contida no trecho em que Montesquieu diz que "a participação que (os nobres) tomam na legislação deve ser, portanto,

90. É com base nessa necessidade de atrair os grupos sociais e os integrar ao Estado que Montesquieu tenta explicar o caráter hereditário da Câmara Alta inglesa: "O corpo dos nobres dever ser hereditário. Ele o é primeiramente por sua natureza e, além disso, cumpre que tenha interesse muito forte para conservar suas prerrogativas, odiosas por si mesmas, e que, num Estado livre, devem estar sempre ameaçadas" (Livro XI, Capítulo VI).
91. Por isso dissemos acima que Montesquieu vê os conflitos sociais como algo natural e próprio da vida em sociedade; e que o seu trabalho, ao invés de suplantar os conflitos a qualquer custo, consiste justamente em fornecer-lhes um caminho de resolução.

proporcional às outras vantagens que têm no Estado". É que Montesquieu é perfeitamente consciente de que as circunstâncias históricas são mutantes. Elas mudam por razões alheias à vontade do homem, mas também mudam pela ação do próprio homem. De toda forma, o certo é que a *participação que certos grupos sociais têm no Estado* pode alterar-se. A composição de forças existente em um dado momento histórico pode se alterar. Ora, se, para excluir o *unilateralismo*, há de se manter uma proporção entre posições já conquistadas por grupos sociais e a respectiva força no processo legislativo,[92] é natural concluir que um novo arranjo possa ser necessário. A organização estatal que, naquele momento inicial da divisão de forças sociais, garantia a exclusão do *unilateralismo*, o diálogo e a moderação, pode ser incapaz de assegurá-los no momento posterior ao novo arranjo de forças.

6. Finalização

Certamente um comentarista cuidadoso de Montesquieu poderia ver nesse trecho da obra outros muitos significados. Nós nos contentamos com as ideias aqui expostas. Interessa-nos apenas e tão somente relembrar a grande contribuição de Montesquieu à Ciência Política: a demonstração da necessidade de organizar o Estado de forma que essa construção seja um mecanismo de resolução pacífica dos conflitos sociais. Montesquieu quer fazer com que o diálogo ocorra necessariamente. Ele pretende impedir que alguns grupos políticos possam se impor a outros. Ele quer fazer possível que os homens possam levar ao jogo político seus próprios juízos sobre a realidade histórica, suas próprias ideias de como alterar a realidade, suas próprias vontades, seus mais profundos juízos e desejos. Para ele, tornar o diálogo necessário é a forma de fazer com que todos possam participar da atividade lógica de conhecer da realidade, emitir um juízo sobre ela e tomar uma decisão de como intervir sobre o historicamente dado. A resolução pacífica dos conflitos através da integração de todos ao Estado é, por fim, o objetivo maior de Montesquieu.

A sua *divisão de poderes* tem, por óbvio, uma importância vital para o Estado Constitucional, para o que se costuma chamar Estado Democrático de Direito. Não há Estado Constitucional, não há Democracia, sem *divisão de poderes*. Isso sim: entendida a *divisão de poderes*

---

92. Essa ideia de proporcionalidade, aplicado no sentido de proporção inversa, pode, por exemplo, explicar a existência de quorum qualificado – leis complementares – no processo legislativo.

não como certa e precisa forma de organizar os órgãos do Estado, mas como um princípio político-jurídico que prega que o Estado seja organizado, sempre considerando as circunstâncias históricas do concreto povo, de maneira a que o *unilateralismo* seja excluído da vida social.

Algumas partes do esquema traçado inicialmente por Montesquieu certamente compõem a essência da ideia de exclusão do *unilateralismo* e são igualmente essenciais na organização do Estado Constitucional dos nossos dias. Entre essas partes, incluímos a ideia de que o Legislativo deve ser um órgão colegiado para que todos os grupos em disputa política a ele se integrem, a ideia de que o Judiciário deve ser politicamente neutro, e, ainda, a de que o Executivo não pode reabrir a discussão política que produziu a lei a ser executada. Mas Montesquieu não pareceu pretender oferecer um esquema fechado de organização dos órgãos do Estado.

Boa parte das críticas feitas hoje em dia a Montesquieu decorre da incompreensão de que o essencial da *divisão de poderes* é a exclusão do *unilateralismo* da vida social, e não o preciso e concreto esquema de organização estatal proposto por Montesquieu. Ninguém pretende que, no Brasil de hoje, haja uma Câmara Alta hereditária formada por nobres!

Um simples exame da forma como o Estado brasileiro está organizado já demonstra a atualidade de Montesquieu e a correção do que dissemos. Porque a nossa constituição está cheia de órgãos não imaginados por Montesquieu – Ministério Público, Tribunais de Contas, Comissões Parlamentares Temáticas etc. –, mas o Princípio da Divisão de Poderes segue enunciado como um dos princípios fundamentais do Estado brasileiro. Se há imperfeições, antes de condenar a *divisão de poderes* ao ostracismo, devemos querer corrigi-las para adequar a organização estatal ao ideal de excluir o *unilateralismo*. Porque a opção à *divisão de poderes* é a opressão.

Entendemos e reconhecemos que as críticas feitas por alguns autores a Montesquieu são, na verdade, atos de inconformismo com a política que se processa no Brasil do século XXI. Porque, conhecedores da realidade brasileira e sabedores de que *divisão de poderes* significa exclusão do *unilateralismo* da vida social e integração de todos ao Estado e ao processo político, nenhum de nós brasileiros pode deixar de se perguntar: a *divisão de poderes* está plenamente implementada no Brasil do século XXI?

Capítulo IX
JEAN-JACQUES ROUSSEAU
– O ÁPICE DO REPUBLICANISMO

MARIA FÁTIMA SIMÕES FRANCISCO

"Entro na matéria sem demonstrar a importância de meu assunto. Perguntar-me-ão se sou príncipe ou legislador, para escrever sobre política. Respondo que não, e que por isso escrevo sobre política. Se fosse príncipe ou legislador, não perderia meu tempo, dizendo o que deve ser feito; haveria de fazê-lo, ou calar-me."

(Rousseau, *Do Contrato Social*)[1]

1. O ambiente cultural do Autor. 2. Alguns elementos da biografia e do pensamento do Autor. 3. Alguns elementos da teoria política do Autor.

Para sermos apresentados a Rousseau, filósofo célebre, embora pouco lido, precisamos recordar alguns fatos significativos ligados a seu nome. O mais importante deles talvez seja a influência que exerceu – mesmo à revelia de sua vontade, posto que já se encontrasse morto – sobre a Revolução Francesa. Os líderes políticos desse movimento tinham o *Contrato Social* de Rousseau como sua bíblia e tentaram fundamentar diretamente nele suas ações. O filósofo, junto com Voltaire, foi a grande inspiração ideológica dos que, no final do século XVIII, pretendiam pôr fim à estrutura de poder absolutista da França do Antigo Regime. Os ideais revolucionários de liberdade e igualdade, que dirigiam seus planos de ação, por sua vez, expandiram suas fronteiras para além dos limites franceses e chegaram a lugares distantes. Foi nessa medida, por exemplo, que a nossa própria Inconfidência Mineira recebeu influência da Revolução Francesa e de Rousseau.

1. Prefácio, p. 27.

Recordar como fato maior a ascendência do filósofo sobre a Revolução Francesa pode fazer alguns concluírem: "trata-se, então, de um pensador burguês". Faz-se assim necessário, inicialmente, alargar nossas concepções acerca desse movimento político e, ultrapassando talvez as lições recebidas na escola básica, lembrar que ele não se reduz a um mero movimento de classe, no caso a "burguesia", pois, no curso de sua duração, chegou a incluir, em certo momento, um forte movimento popular nas ruas de Paris e despertar nos líderes políticos mais radicais anseios de mudanças mais profundas. Com relação a Rousseau, em quem os revolucionários encontraram as bases intelectuais de que careciam para justificar as transformações propostas, embora seja comum a vontade de colocá-lo na fôrma de "pensador burguês", já que se prestou a ser usado ideologicamente por essa classe, na verdade ele se acomoda muito mal nesse molde. Justamente ao lerem Rousseau, então, esses revolucionários procederam ao que se pode perfeitamente chamar de "apropriação". À revelia do que queriam dizer de fato os textos do filósofo, por vezes, bastante difíceis e cifrados – como é exatamente o caso daquele que era mais lido pelos revolucionários, o *Contrato Social* –, eles o interpretavam conforme podiam e conforme interessava a seus propósitos. Fabricou-se assim uma figura pública, mítica, de Rousseau durante a revolução de 1789. Mas ela nem sempre bate com a que se encontra efetivamente nos textos. É isso que precisamos ter claro antes de qualquer coisa acerca desse filósofo. Desvencilhá-lo dessa leitura que o reduz a um pensador burguês. E para conhecer o verdadeiro Rousseau urge ir a seus textos, deixá-lo falar ele próprio. É justamente isso que pretendemos estimular o leitor a fazer: ao invés de buscar, para conhecer o filósofo, apenas intérpretes, eliminar as mediações e deixar-se conduzir pela própria letra do Autor. Nesse sentido, estaríamos incorrendo numa reparação, pois como viemos de dizer, Rousseau, embora muito conhecido – constando, inclusive, de vários currículos escolares, médios e superiores – é pouquíssimo lido.

Da frequentação a seus textos constatamos que seu pensamento político ultrapassa a mera discussão, feita pela burguesia revolucionária, acerca da ampliação de direitos políticos frente a um regime absolutista. O Autor nos propõe toda uma visão nova da ordem política e das relações políticas entre os homens. Não seria inapropriado dizer que representa, em termos de pensamento político, a modernidade. Ou, para ser mais preciso, "fecha" essa modernidade, que começa a ser tecida lá no Renascimento com autores como Maquiavel. Constitui o ápice do "republicanismo". Desde o século XV, a história do pensamento político está ocupada com a discussão das bases da autoridade política do chefe. Propunha-se desde o Renascimento que o monarca tinha direito a governar os súditos seja em razão de sua origem divina, de ter seu poder diretamente herdado de Deus. Seja em virtude de ser muito superior a seus súditos, tanto quanto o é o pastor em relação a seu rebanho ou o pai em relação a seus filhos. Ainda que a discussão nesses termos possa parecer a nós hoje conservadora, era à época bastante arrojada. Pois, punham-se em questão, questionavam-se, as bases sobre as quais o monarca pretendia ter direito a governar. Punha-se em discussão e buscava-se encontrar legitimidade em bases racionais para o poder político. A contribuição de Rousseau a essa discussão foi decisiva, razão pela qual constituiu o acabamento do projeto republicano. De fato, ele vai alterar em muito os termos do problema colocado pelos pensadores anteriores. Não se trata, para ele, de discutir as bases do poder do rei e sim as únicas bases possíveis para se ter nesse mundo um poder político legítimo. Tais bases só podem ser a ideia de "povo", de "poder consentido", de convenção, de "vontade geral". Ele deslocará o lugar tradicional da soberania – o rei – para o "povo". Somente este pode ser detentor de autoridade política, somente ele pode exercer o poder político. O governante, por sua vez, será nessa doutrina apenas mero funcionário da "vontade geral" que emana do povo. E eis que nos deparamos com nosso ideário político moderno, e realizamos a percepção de que somos hoje, em nosso vocabulário político, em nossas instituições políticas, tributários do pensamento político de Rousseau.

Não apenas para a história do pensamento e das práticas políticas que esse Autor deu uma contribuição decisiva. Teve ainda influência determinante na história da pedagogia. Seu *Emílio* constitui um marco na história das reflexões, e mesmo nas práticas, relativas à escola e à infância, tendo lançado as bases filosóficas da chamada "escola nova". Ainda hoje sua abordagem pedagógica é considerada atual. Autor de obras literárias, que também pretendeu ser – e, a bem da verdade, seu texto é tanto filosófico quanto literário –, ele igualmente marcou a história da literatura. Com a publicação de *Júlia ou a Nova Heloísa*, texto que gozou de pronto grande sucesso, propôs um novo rumo ao gênero do romance. Com seus *Devaneios de um Caminhante Solitário* lançou as bases para o romantismo do século XIX.

1. O ambiente cultural do Autor

O XVIII francês foi o "Século das Luzes". Protagonizada por pensadores de diferentes matizes teóricos, essa verdadeira revolução cultural se desenrolou movida pelo entusiasmo em relação aos poderes da razão humana, as "luzes". Tal entusiasmo advinha, de um lado, da constatação da enorme massa de progressos feitos até então pelos homens nas ciências e nas artes. De outro lado, os filósofos do Iluminismo acreditavam que o saber, sua produção e difusão, eram capazes de uma tarefa grandiosa: libertar o homem de todos os seus grilhões – o fanatismo, os preconceitos, a ignorância, as superstições, o obscurantismo –, e por esse meio torná-lo melhor e contribuir para a sua felicidade. Tão vivos e intensos eram o otimismo e a certeza dos efeitos do saber sobre os homens que, com o fito de promover mudanças profundas na sociedade e aperfeiçoá-la, arquitetaram o projeto de reunião e divulgação de todo o saber humano – as ciências, as artes e os ofícios – numa só obra, a *Enciclopédia*. Essa empresa monumental teve início em 1745 e tomou 25 anos de trabalho a seus editores – Diderot e D'Alembert –, materializando-se em 17 volumes de textos e 11 de ilustrações. Denominava-se *Enciclopédia ou Dicionário Raciocinado das Ciências, Artes e Ofícios*. Diferentes filósofos colaboraram como redatores de verbetes, juntamente com engenheiros, artesãos, parlamentares, teólogos. O próprio Rousseau escreveu verbetes sobre música e um texto, que se tornou importante para compreender seu pensamento, intitulado *Da Economia Política*. O que é fundamental ressaltar nessa empreitada da *Enciclopédia* são os princípios, inteiramente impregnados do Iluminismo, que a guiavam: a convicção de que o saber humano tudo pode e tudo deve penetrar e revolver. Nada deve resistir-lhe, nenhum domínio deve ficar resguardado da capacidade de compreensão crítica do homem. Nesse sentido, não se tratava de produzir, recensear ou difundir um saber qualquer, mas, sobretudo, um que fosse crítico, o único capaz de combater os males maiores da época, por nós já mencionados: o fanatismo, os preconceitos, a ignorância, as superstições e o obscurantismo. O objetivo dessa obra era, assim, o de servir de meio de instrução dos leitores e, ao mesmo tempo, formar opiniões e as bases ideológicas necessárias ao encaminhamento do projeto de reforma da sociedade e do reino. Os assuntos a que se dedicaram preferencialmente iluministas e enciclopedistas foram, de um lado, a religião, de outro, as bases da autoridade política e o absolutismo de Luís XV. Os editores da *Enciclopédia*, malgrado padecessem a censura e a perseguição do rei – Diderot chegando a ter sua prisão decretada em 1750 –, forjavam expedientes criativos para exercer a crítica à igreja católica e às instituições políticas do Estado déspota. Era, assim, o grande otimismo com os poderes da razão humana e com os progressos das ciências e das artes que unia pensadores de matizes tão diferentes num mesmo ambiente intelectual, a Ilustração.

Como se situa Rousseau em relação a esse cenário? Pode ele ser descrito como um iluminista, ao lado de Voltaire, Diderot, D'Alembert, Condorcet e Condillac, como fazem alguns manuais? Na verdade, não. Para sermos exatos, devemos reconhecer a diferença que se abre entre ele e a atmosfera intelectual que o rodeava. Seu primeiro texto, de modo exemplar, já nos permite entender em que reside o principal ponto de diferença. No ano de 1749, a Academia de Dijon propõe, para seu concurso literário anual, o seguinte tema de debate, ele mesmo impregnado do espírito iluminista: "o restabelecimento das ciências e das artes terá contribuído para aprimorar os costumes?" Rousseau, ao contrário do que responderiam os outros "homens de letras" do período e, ao contrário do que esperavam os membros da Academia, escreve um texto – o *Discurso sobre as Ciências e as Artes* – argumentando negativamente em relação à questão proposta. Para ele, o grande impulso dado aos saberes humanos a partir do Renascimento, ao invés de ter aprimorado os costumes, teve efeito inverso: serviu antes para sua corrupção. Num texto que ainda não tem a amplitude, profundidade e a força argumentativa do próximo texto – o *Discurso sobre a Origem e o Fundamento da Desigualdade entre os Homens* – o filósofo apresenta, em contraposição ao espírito do período, uma visão pessimista dos efeitos das ciências e das artes sobre os homens. Ao invés de o saber servir, como se esperaria, à utilidade e promoção do conjunto dos homens, ao bem geral, ele tem servido para nutrir a vaidade e o gosto pela distinção dos que o cultivam. Em lugar de aprimoramento moral e melhor cumprimento dos deveres, o efeito do progresso dos saberes foram os vícios do orgulho e da rivalidade. As ciências e as artes não realizaram a missão à qual estariam destinadas no entender do filósofo e mesmo na intenção dos iluministas: a de tornar os povos melhores e felizes. Eis então que o filósofo investe justamente contra a crença maior do Iluminismo: o aprimoramento da sociedade pelos progressos da razão. Ao final desse primeiro *Discurso*, o Autor condensa sua crítica à indiferença dos homens de ciências e das artes em relação à miséria humana e à sua incapacidade de utilizá-las para dar solução aos problemas dos povos: "enquanto o poder estiver sozinho de um lado e, de outro, sozinhas as luzes e a sabedoria, os sábios raramente pensarão grandes coisas, os príncipes raramente farão belas coisas e os povos continuarão a ser abjetos, corrompidos e infelizes" (1973, 359). Ali onde os contemporâneos iluministas, otimistas, veem uma promessa de promoção dos povos, é precisamente onde Rousseau, pessimista, enxerga impossibilidade. Nosso Autor abrirá então com esse primeiro *Discurso* a série de discordâncias que acumulará, ao longo da publicação de suas outras obras, com os "filósofos", até o rompimento com eles que se dá em 1758 com a publicação da Carta a D'Alembert sobre os Espetáculos em que abertamente se opõe à proposta de instalação de um teatro à francesa em Genebra, por grandes divergências sobre os sentidos dessa eventual instalação. Essas discordâncias, por sua vez, darão ensejo a polêmicas infindáveis em torno do nome de Rousseau e estarão na base de uma relação permanentemente conflituosa, que terá não apenas com os colegas intelectuais, mas com as autoridades civis e eclesiásticas de seu tempo, por exemplo, o Parlamento de Paris, a Igrejas Católica e Protestante, e o Conselho da Cidade de Genebra.

2. Alguns elementos da biografia e do pensamento do Autor

Eis a oportunidade para comentarmos alguns pontos do pensamento geral do Autor e de sua história de vida. Esta é descrita minuciosamente em sua extensa autobiografia: as *Confissões*. Se nem tudo ali é relato do ocorrido, conforme nos sugere o próprio Autor, podemos ainda assim encontrar informações importantes sobre o que marcou a sua história pessoal e fazer algumas conexões entre essa e os temas de seu pensamento. Diferentemente de outros filósofos, a biografia no caso de Rousseau assume uma importância considerável. Jean-Jacques Rousseau nasce a 28 de junho de 1712 e falece a 2 de julho de 1778. Filho de uma família da burguesia média de Genebra, composta de artesãos relojoeiros – classe culta e consciente de seus direitos políticos, a mãe falece por complicações do parto poucos dias após seu nascimento. Entregue aos cuidados de seu pai, permanece com ele até os 10 anos. Desse período marcam-no as leituras feitas a cada noite em companhia do pai desde precoce idade. O gosto pela leitura e pela reflexão e a maturidade delas consequente nascem dessa frequentação do pai. Também a admiração pela "pátria" – a república independente de Genebra – e a identificação com seus concidadãos emergem por influência do pai. O filósofo relata quão significativo foi, durante a meninice, presenciar o pai abraçando com emoção os conterrâneos nas ocasiões cívicas. Com certeza, o tema-chave – que viria a desenvolver ulteriormente em sua filosofia política – da "associação política" como efetiva união entre os cidadãos, como um só "corpo", uma "pessoa moral", recebe influência dessa primeira educação política do pequeno Jean-Jacques em sua cidade natal.

Quando tinha 10 anos de idade, o pai é obrigado a se afastar de Genebra e sua educação é confiada a um tio que o encaminha inicialmente ao pensionato de um pastor protestante e depois a diferentes oficinas com o propósito de propiciar-lhe a aprendizagem de um ofício. No entanto, ele não demonstra interesse senão pela leitura, ao que se dedica de maneira intensiva, inclusive alugando livros e esgotando bibliotecas. Encaminha, desse modo, sua formação de autodidata. Realiza também diferentes trabalhos: moço de recados, gravador, lacaio, regente de coro de meninos na igreja. Aos 16 anos deixa definitivamente a cidade natal e parte para o pensionato de Mme. De Warens, aristocrata que teve papel decisivo em sua vida, conforme seu próprio testemunho. Na casa dela recebe formação religiosa, abrigo e os valiosos meios de impulsionar sua formação. Dedica-se então aos estudos de música, que se tornaria para ele uma forte vocação, ao lado da literatura e da filosofia. Mais tarde, já em Paris, comporá duas óperas – *As Musas Galantes* e *O Adivinho da Aldeia* – a última delas tendo obtido grande sucesso após ser apresentada ao rei. Devota-se, ainda, a estudar tratados matemáticos, ensaios filosóficos, obras de educadores, a fazer experiências de física. Esses anos na casa de Mme. De Warens são descritos como de grande proveito intelectual. Permanece na companhia da venerada protetora de 1728 a 1741, salvo curtos períodos de afastamento. Aos 29 anos, parte para Lyon e tem uma experiência como preceptor de duas crianças de origem aristocrata por um ano, mas não considera que tenha sido bem-sucedido na atividade. Apesar de ter nos deixado a mais importante contribuição que a filosofia legou à área da educação, em extensão, profundidade e amplitude temática, paradoxalmente nosso Autor não teve quase nenhuma experiência prática enquanto educador, seja como professor, seja como pai – sendo bastante conhecido e explorado o fato do abandono dos filhos.

Em 1741 chega a Paris, cidade que abriga o centro da Revolução das Luzes na França. Aí a vida cultural se desenrola nos salões da aristocracia e nos cafés. Nos primeiros tempos, Rousseau ainda os frequenta, conhecendo grandes intelectuais do período e tornando-se amigo de um deles – Diderot – que viria ainda a editar a *Enciclopédia*. Começa pouco tempo depois a escrever e publicar suas principais obras. Sendo elas sempre profundamente críticas, seja às ideias mais caras aos iluministas, seja aos valores e crenças das duas classes sociais abastadas – a aristocracia e a burguesia francesas, tais obras são recebidas nesses meios, a cada vez, com imenso choque e, por consequência, despertam sistematicamente infindáveis polêmicas. A primeira grande delas, já vimos de mencionar, se deu com a apresentação de seu primeiro texto, o *Discurso sobre as Ciências e as Artes*, à Academia de Dijon, em 1749, em que recusa terminantemente a tese maior do Iluminismo, segundo a qual os progressos das ciências e as artes teriam aprimorado moralmente os povos. Tendo recebido o primeiro prêmio, para espanto dos salões e também do próprio Rousseau, o texto sai publicado e torna o Autor imediatamente célebre nos meios culturais. Seguem-se então várias peças refutatórias, a que o filósofo não deixa de responder. O fato de se tornar um sucesso, uma figura conhecida e polêmica, não é, entretanto, algo com o que o filósofo lidasse facilmente. Era pessoa profundamente tímida, razão pela qual deixava muitas vezes de atender às conveniências sociais. À medida que Rousseau publicava seus textos e as polêmicas e desencontros com o público se intensificavam, esse traço de personalidade se acentuou, aumentando, por conseguinte, sua reclusão. Começou então a preferir a vida solitária e junto à natureza àquela de Paris e suas reuniões sociais. A bem da verdade, não era, contudo, apenas a timidez que o tornava intolerante à vida dos salões e às conveniências sociais. Também suas próprias pesquisas filosóficas sobre a figura do "homem civilizado" – e os temas da polidez, das regras de etiqueta, da divisão entre ser e parecer imposta pela sociedade corrompida, da rivalidade, da vaidade, do triunfo do amor próprio e do individualismo, da consciência moral abafada – o conduziam a esse afastamento. Uma terceira razão para se manter a distância das reuniões sociais e das classes sociais que a frequentavam foi também a necessidade de independência intelectual e política. Desde que chegara a Paris, o filósofo sobrevivera à custa de alguns trabalhos – como secretário do banqueiro Dupin e do embaixador francês em Veneza, por exemplo, passando a depender da generosidade dos "grandes", ora, ocupando a residência de um deles, ora a de outro. A partir de certo momento, por volta de 1752, pouco depois da publicação do primeiro *Discurso*, Rousseau decide "reformar" sua vida e reduzir a dependência que limitava sua liberdade de pensamento. Foi com essa intenção que abandonou o trabalho como secretário de Dupin e passou a viver pobre, mas livre e capaz de dizer "grandes e úteis verdades". Até o final de sua vida sobreviveu como copista de partituras.

Em 1753, a Academia de Dijon lança novo tema de concurso. Ele vai inteiramente ao encontro das inquietações filosóficos do Autor. Desta vez, a Academia propunha uma questão que muito o surpreendeu, por sua ousadia e pela reflexão a respeito do *status quo* a que convidava: "Qual a fonte da desigualdade entre os homens? É ela autorizada pela lei natural?". Rousseau se pôs então e escrever um texto em que desenvolvia seu "sistema", de modo mais amplo e profundo do que fizera no primeiro *Discurso*. Denominou-o *Discurso sobre a Origem e os Fundamentos da Desigualdade entre os Homens*. O texto não ganha o prêmio da Academia, mas é reconhecido pelo Autor como muito superior. Trata-se de uma obra complexa. Nela, ele traça a história dos povos humanos desde a origem até o presente, demonstrando como a desigualdade é artificial e convencional. Nada tendo de natural, somente pode existir graças ao consentimento dos homens. Para prová-lo, descreve minuciosamente o homem em sua origem, o "homem da natureza", e o toma como medida de julgamento para as transformações sofridas pelo homem até o estágio presente, do "homem civilizado". Nessa comparação, esse último constitui a degeneração do primeiro, verdadeira monstruosidade, a decrepitude da espécie. Pois perdeu as disposições primitivas: a liberdade, a igualdade, a bondade e a felicidade, conceitos complexos que é preciso não reduzir à acepção comum dos termos. Não podemos analisar no espaço desse artigo esse denso texto do Autor. Sendo, entretanto, depois do *Emílio* e do *Contrato*, a obra mais importante do filósofo, sói-nos recomendá-la enfaticamente ao leitor, posto que fosse difícil compreender a filosofia de Rousseau sem se passar pelo segundo *Discurso*.

Novas polêmicas se seguiram à publicação desse texto. Enaltecendo o selvagem americano e rebaixando o europeu civilizado, ele feria a autoimagem favorável que a sociedade francesa, orgulhosa de seus progressos e refinamentos, fazia de si mesma. A crítica mais célebre e mesmo contundente que Rousseau recebeu foi a de Voltaire, que numa carta ácida e irônica o acusou de pretender transformar os homens em bichos e fazê-los andar de quatro, visto que procede a um grande elogio do homem natural.

Um outro marco da história do Autor foi a publicação do romance epistolar *Júlia ou a Nova Heloísa*, em 1761. Ao ser publicado, desfrutou de imenso sucesso, em Paris e também em Londres, ao ponto de os leitores o alugarem por hora aos bouquinistas. Propunha a estória intensamente dramática de um amor impossível. Arrancando lágrimas dos leitores, fazia-os, em grande número, escrever cartas ao Autor manifestando seus sentimentos pelos heróis do enredo. Essa obra nos traz pistas sobre a convivência na produção do Autor dessas duas dimensões do seu interesse: a filosofia e a literatura. Ao escrever os textos filosóficos, Rousseau deixa perceber sua preocupação com a literatura. O recurso a personagens imaginários – como o "homem natural" e "Emílio", o uso de um estilo intencionalmente carregado de apelo emocional ao leitor e de uma visão dramática das relações humanas são aspectos que ele traz para a filosofia a partir da literatura. Estes assumem um sentido específico e visam a um efeito próprio, que é preciso ter claros, sob o risco de não entendermos a intenção do Autor nem seu pensamento. Em resumo, podemos dizer que Rousseau não pretende apenas se dirigir à razão do leitor, como o faria um tratado tradicional de filosofia. Pretende também se dirigir à sua emoção, à sua imaginação, a seu "coração" (ou à sua sensibilidade moral). Isto é, pretende se dirigir à totalidade psíquica do leitor, atuar sobre o conjunto das faculdades que formam seu julgamento. Desse modo, podemos adentrar a seus textos prevenidos do que lá encontraremos, sobretudo nós, leitores contemporâneos pouco acostumados, e por isso avessos, a uma retórica sentimentalista, dramática e encantatória. Devemos, nesse sentido, ultrapassar essa barreira da forma do discurso e estar prontos para descobrir a profundidade de suas ideias.[2]

O auge das tensões entre Rousseau e seus leitores se deu, entretanto, em 1762, à época da publicação de suas duas obras principais: *Do Contrato Social* e *Emílio ou da Educação*. O Autor fazia questão que fossem publicadas conjuntamente, posto que as considerasse complementares entre si: o projeto, do *Contrato*, de uma sociedade política justa, só estaria concluído se complementado com o projeto, do *Emílio*, de formação do cidadão que viveria nessa sociedade. Pois, como insiste o Autor "não é suficiente dizer aos cidadãos que sejam bons, é preciso ensiná-los a ser" (1995, 34). Logo após seu aparecimento, a obras foram condenadas pelo Parlamento de Paris à fogueira em praça pública e seu Autor à prisão. Pouco depois, vieram as condenações do Conselho da Cidade de Genebra e a de *Emílio* pela Igreja Católica. O Autor, ameaçado de prisão optou então pelo exílio e iniciou uma peregrinação de seis anos por diferentes lugares da Europa. Em virtude do acúmulo das tensões, aos inúmeros ataques recebidos, inclusive por parte dos amigos, o filósofo, sentindo-se perseguido, passa a sofrer de sentimentos persecutórios.

Para não nos estendermos mais nessa singular história de vida – que assume em Rousseau, com certeza, a relevância que não tem em outros filósofos –, resta-nos acrescentar que, após uma trajetória plena de polêmicas, refutações, condenações e conflitos com a opinião públi-

---

2. Vejamos, nesse sentido, o que nos diz Luiz Roberto Salinas Fortes: "se alguma autoridade nos é necessária, fiquemos com a do grande filósofo Emmanuel Kant, que era admirador de Rousseau e o chamou de 'Newton da moral'. Kant dizia ser necessário lê-lo várias vezes, pois só depois de termos deixado de nos seduzir pela magia de seu belo estilo, é que podíamos de fato apreciar a profundidade de seus pensamentos" (1989, 11).

ca de seu século, o filósofo, já morto, tornou-se patrono da Revolução Francesa e declarado, em 1793, "herói nacional" pela autoridade revolucionária máxima.

3. Alguns elementos da teoria política do Autor

A filosofia política do Autor encontra-se desenvolvida num pequeno tratado intitulado *Do Contrato Social*, publicado em 1762, juntamente com *Emílio*. Na verdade, o filósofo o tinha pensado como parte de uma obra mais ampla – denominada *Instituições Políticas* – que ambicionava escrever, mas cujo projeto não conseguiu levar adiante. O texto acabou por marcar de modo profundo a história política subsequente, e o ponto de partida para tanto se deu quando se tornou, no final do século XVIII, a "bíblia" dos líderes da Revolução Francesa. Estes o liam ao pé da letra e o utilizavam como um programa político de ação contra as instituições políticas do Antigo Regime. Entretanto, ao fazerem do texto o projeto, a ser imediatamente implantado, de uma nova sociedade política, eles contrariavam o sentido que Rousseau pretendia para sua obra. O subtítulo do *Contrato*, "Princípios do Direito Político", pode nos dar pistas sobre como devemos tomar esse texto. Como entender esse subtítulo? Pela observação do Autor no resumo do *Contrato* que traz o Livro V do *Emílio*, ficamos sabendo que ele não tinha a intenção de fazer um estudo dos direitos políticos vigentes em diferentes sociedades da história, para chegar ao que seriam os "princípios do direito político positivo". Rousseau não está, no *Contrato*, preocupado propriamente com a prática da política, com os fatos políticos, com as instituições políticas existentes. Não que ele desdenhe tais objetos. Eles, na verdade, o ocupam em outros de seus textos, tais como *As Considerações sobre o Governo da Polônia*, o *Projeto de Constituição para a Córsega* e as *Cartas Escritas da Montanha*. No *Contrato*, contudo, ele tem o propósito deliberado de deixar de lado o plano dos fatos, o plano do que "é" para se voltar unicamente para o plano do que "deve--ser", para o plano do "direito". Nesse sentido, ele se ocupa da pesquisa de como poderiam ser a sociedade "justa" e a ordem política "legítima". Mas, eis um ponto para o qual toda atenção seria pouca: ele não quer, com essa investigação, construir um quadro ideal, uma utopia – os quais seriam, por definição, inalcançáveis e irrealizáveis na prática, e sim criar uma "escala" – um padrão de medida – que serviria para "julgar", "avaliar" as sociedades existentes. Pois, conforme o Autor, apenas podemos julgar as instituições políticas que temos ou tivemos na história, se soubermos como essas instituições deveriam ser. É justamente sobre esse ponto que Rousseau pretende nos alertar quando afirma no resumo do *Contrato* e do *Emílio* que "é preciso saber o que deve ser para bem julgar o que é" (1995, 647).[3] As investigações do *Contrato* não podem então simplesmente – como fizeram os líderes revolucionários de 1789 – ser usadas como o modelo, pronto para ser levado à prática, da sociedade justa. Se esses homens erraram em sua interpretação do *Contrato*, tal não foi sem alguma razão. Pois, esse texto, mormente em suas passagens-chave, acha-se escrito numa linguagem particularmente cifrada e difícil, o que poderia explicar tantas leituras equivocadas – e não apenas desses revolucionários – que temos sobre ele. Esse estilo do Autor na obra talvez indique que ele tinha o assunto como desafiador e pleno de dificuldades. Talvez também por essa razão tenha abandonado o projeto mais ambicioso, acalentado durante toda a vida, de tratar das *Instituições Políticas*. De toda forma, é preciso que tenhamos sempre presente, se é nosso propósito de estudar a filosofia política de Rousseau, a particularidade estilística do texto, a dificuldade que acarreta para o leitor e o trabalho de decifração que muitas vezes supõe. Essa atitude cautelosa diante do discurso do *Contrato* será, com certeza, a via mais segura para alcançar uma boa e fundamentada compreensão do texto.

Advertidos acerca da perspectiva correta com a qual devemos nos colocar diante desse texto e o que podemos esperar dele, vejamos algumas de suas principais ideias. No *Contrato* Rousseau está empenhado, sobretudo, em criar e fundamentar uma nova forma de autoridade política. Tradicionalmente essa autoridade estava concentrada no monarca. Para legitimar a autoridade do chefe, diferentes filósofos, de orientação contratualista e jusnaturalista, se esforçaram por elaborar modelos teóricos baseados no pacto de fundação da sociedade política. Esse pacto se dava entre o povo e o chefe. Por suas cláusulas, o primeiro concordava em obedecer ao último em troca de segurança, para sua vida ou para sua propriedade. Rompendo flagrantemente com esse modo tradicional de pensar a autoridade política, Rousseau inovará ao conceber o pacto de fundação da autoridade política ocorrendo não entre o chefe e o povo, mas entre os próprios homens. Desse pacto, por sua vez, em

---

3. E, ainda, que "antes de observar, é preciso estabelecer regras para as observações, é preciso fabricar uma escala para nela marcar as medidas que se tiram. Nossos princípios de direito são essa escala. Nossas medidas são as leis políticas de cada país" (1995, 648). Sobre esse ponto, veja-se o elucidativo artigo do Prof. Milton Meira do Nascimento (1988), "O *Contrato Social* – Entre a Escala e o Programa".

lugar de resultar a submissão do povo ao rei, resultará a constituição do próprio "povo". E mais: doravante, o conjunto dos cidadãos deverá assumir o comando dos destinos da sociedade, ficando o governante limitado à mera função de executor da vontade desse conjunto. A autoridade política máxima, a "soberania", será agora prerrogativa exclusiva da pessoa do "povo", não podendo ser alienada nem comunicada para outrem. É, portanto, o princípio da soberania popular que Rousseau pretende fundamentar no *Contrato*. Numa sociedade, seja ela qual for, de direito, a única autoridade concebível para decidir os rumos dessa comunidade é o próprio conjunto dos cidadãos. Nenhuma outra pessoa ou particular pode pretender ter essa autoridade. E a sociedade que não atribuir a seus cidadãos essa autoridade não será justa, nem será, no limite, uma verdadeira sociedade. Será tão somente um mero agregado de homens justapostos, um arremedo de sociedade. Vemos, então, que o propósito de Rousseau no *Contrato* é nada mais, nada menos que fundar as bases da democracia. Notemos, entretanto, que ele próprio não a denominou com esse termo, preferindo chamá-la por outros nomes, tais como: "república", "corpo político", "associação política" e "pátria". Podemos assim compreender a imensa fortuna crítica que teve esse texto de Rousseau e a grande repercussão que alcançou, seja em termos da história das ideias políticas, seja em termos da história das próprias práticas políticas.

Podemos, ainda, perceber que somos tributários de suas ideias e que vivemos ainda sob a égide delas. Por mais que se encontrem em nossos dias desgastados conceitos como os de "povo" e de "democracia" e ideias como a do governante mero executor da vontade do povo, esse ideário ainda é aquele sob o qual vivemos e que buscamos realizar em nossa vida coletiva. Retornar à fonte primeira desses termos e ideias assume o sentido de resgate de seus significados originais, com o que podemos melhor vislumbrar e guiar nossa própria ação política.

Já em suas primeiras linhas, o *Contrato* nos coloca diante do tema das pesquisas que ali se farão: "quero indagar se pode existir, na ordem civil, alguma regra de administração legítima e segura, tomando os homens como são e as leis como podem ser. Esforçar-me-ei sempre, nessa procura, para unir o que o direito permite ao que o interesse prescreve, a fim de que não fiquem separadas a justiça e a utilidade" (1973, 27). Um trecho denso e redigido em estilo compacto, bem ilustrativo do restante do *Contrato*. Sem podermos nos alongar demasiadamente nessa passagem-chave que já justificou muitos estudos, devemos destacar dela alguns elementos básicos. Ao buscar uma regra legítima de administração dos homens, o Autor não está à procura, como poderíamos pensar, da melhor forma de governo. O que a investigação busca, na verdade, é bem mais amplo e importante, ele interroga sobre a melhor forma de reunir os homens numa sociedade política e pergunta pela "regra" – o princípio, a norma – que pautará essa forma de reunião. Ao conviverem, os homens travam relações políticas, ou relações de poder. Se quiséssemos que as relações políticas entre os homens fossem as mais legítimas, as mais justas possíveis, como seriam elas? Ou ainda: como deveriam ser organizadas as relações políticas entre os homens numa sociedade para estar de acordo com o "direito", com o que "deve ser"? Dessa maneira, tal investigação deverá ter como uma de suas balizas a "justiça". Mas, se atentarmos ao trecho citado, vemos que uma outra baliza deverá também guiar a investigação: trata-se nessa busca de tomar os homens "tais como são", ou de tomá-los em sua natureza própria. Ou ainda: trata-se de levar em conta seu interesse, o que é útil para eles. Essa melhor forma de reunião dos homens numa sociedade política, que procuramos, deverá atender a essas duas exigências: a justiça e a utilidade.

Para sabermos como os homens são em sua natureza própria, devemos nos reportar ao *Discurso sobre a Origem da Desigualdade entre os Homens*. Antes de fazê-lo, passemos os olhos em outra passagem central do início do *Contrato*, que igualmente nos remete ao *Discurso*: "o homem nasce livre e por toda a parte se encontra a ferros (...) Como adveio tal mudança? (...) Que poderá legitimá-la? Creio poder resolver essa questão" (1973, 28). Nesse trecho, Rousseau faz referência à origem do homem, à sua condição de ser natural e à sua vida no estado de natureza, tal como se encontram tratadas no *Discurso*. A origem do homem é ainda capaz de nos esclarecer sobre qual é essa natureza própria do homem que precisa ser levada em conta para se buscar a melhor forma de reunião dos homens numa sociedade política. Em sua condição de membro da natureza, o homem, enquanto obra dela, é por excelência definível como um ser livre. Nenhuma outra qualidade exprime tão bem a sua natureza própria do que a sua liberdade. Ela é constitutiva dele. No contexto do mundo natural, ser livre para o homem quer dizer ser autossuficiente e, assim, independente de qualquer outro homem. De fato e a bem da verdade, ele é dependente da natureza – que permite sua autossuficiência –, mas, ao contrário do que ocorreria relativamente a um outro homem, essa dependência da natureza nada lhe custa, em nada sacrifica sua liberdade. Sendo livre e autárquico, o homem não precisa de seu semelhante. Prescindindo deste e não possuindo a tendência a conviver com ele, cada indivíduo humano vive de modo solitário e isolado. A insociabilidade é o segundo dado relevante a retermos dessa natureza própria do homem

Ocorre, entretanto, conforme nos apresenta a história dos povos humanos relatada no *Discurso*, que o homem não permanecerá para sempre nessa condição de ser do mundo natural. Em virtude de circunstâncias estranhas à sua vontade e ao seu poder, ele se verá em determinado momento obrigado a abandonar aquele mundo e passar a conviver com os semelhantes, ou seja, a formar com eles um outro mundo, o mundo social. Essa nova condição, a sociedade, trará para ele um elemento novo, até então desconhecido: a dependência dos semelhantes, pois o estado de sociedade se caracteriza, sobretudo, pela dependência mútua, esta inicialmente – mas não apenas – econômica, material. Em sociedade, não sendo mais autossuficiente, necessitará do auxílio dos demais para poder sobreviver. Não havendo para ele a possibilidade de retorno à vida na condição anterior, se verá compelido – a fim de sobreviver – a se associar aos outros e formar com eles a sociedade. É precisamente nesse ponto da história da humanidade narrada no *Discurso* que se coloca a situação referida no trecho reproduzido acima: embora tenha nascido livre, o homem, por precisar viver em sociedade com os semelhantes, "se encontra a ferros", isto é, dependente dos demais. Diante dessa situação o *Contrato* inquire: como fazer para tornar essa mudança legítima, isto é, de acordo com o direito, com a justiça, com o que "deve ser"? Em outra formulação: como fazer para conservar a liberdade – que é a essência definidora do homem – mesmo nessa nova condição de dependência dos semelhantes? Como viver em sociedade, em dependência, sem sacrificar a liberdade do homem? Será possível para o homem obter o que procura na vida em sociedade – a sobrevivência – sem alienar a sua natureza própria, a liberdade, ou seja, sem deixar de ser homem? Colocam-se aqui, portanto, duas exigências a serem satisfeitas por essa forma legítima de reunião dos homens numa sociedade política que buscamos: a da liberdade e a da dependência. Como conciliá-las?

É precisamente para resolver esse problema que Rousseau apresenta, no Capítulo 6 do Livro I do *Contrato*, o coração do tratado, a figura do "pacto social". Sendo o homem por natureza solitário e não inclinado a manter vínculo com seu semelhante, nenhuma forma de sociedade poderá ser dita natural. Toda ela será em consequência artificial, resultado da criação e da arte humanas. Tal criação ocorrerá por meio de um ato deliberado de associação entre os homens. Sendo estes, em sua essência, livres, o único ato concebível para ensejar tal associação será um contrato, uma convenção firmada entre os associados. Desse modo, todas as sociedades se originarão de um contrato firmado entre seus membros. Mesmo aquelas que não são justas, originaram-se de um contrato, o qual, embora firmado e validado por seus membros, não é justo, por não prever obrigações e vantagens iguais para as partes contratantes. Desse modo, o pacto do rico da segunda parte do *Discurso* (1973, 275) previa que os pobres ganhariam pela associação a garantia de sobrevivência, de defesa da vida. Os ricos, por sua vez, além dessa vantagem, teriam o direito adicional a conservar seus bens, doravante garantidos pelo Estado. Essa diferença inicial de vantagens sela o contrato do rico do *Discurso* como ilegítimo e está na origem de uma sociedade desigual e injusta, em que os ricos exercerão sua opressão sobre os pobres, para o que se valerão inclusive do auxílio do aparelho do Estado. Os pobres ganham com a fundação da sociedade a garantia de sobrevivência, mas não conservaram a liberdade. Portanto, o pacto do rico não consegue satisfazer as duas exigências referidas acima, a da conciliação entre dependência e liberdade. Parte dos que se associam para formar a sociedade, os pobres, embora ganhem garantia de sobrevivência, perdem a liberdade. Será possível pensar num pacto que não sacrifique a liberdade, que mantenha a totalidade dos homens tão livres quanto antes?

Eis então o elemento fundamental e singular ao pacto civil, o único pacto legítimo concebível para fundar uma sociedade: ele garante a liberdade para cada um dos homens que se associam. Isso é possível em virtude da condição enunciada pela única cláusula do contrato: a alienação de cada associado, sua pessoa e seus direitos, em favor da comunidade. Ei-la: a "alienação total de cada associado, com todos os seus direitos, à comunidade toda (...) cada um dando-se completamente, a condição é igual para todos" (1973, 38). Esse trecho central do *Contrato*, em estilo cifrado e pleno de conteúdo complexo, como não poderia deixar de ser, conduziu a muitas leituras equivocadas. Dar-se-á comunidade não quer dizer, como se chegou a pensar, o desaparecimento do indivíduo e o totalitarismo do todo, do Estado, da massa etc. Alienar seus direitos em favor da comunidade quer dizer, dentre outros sentidos, passar a reconhecer como direitos seus apenas e tão somente aqueles que serão conferidos pela comunidade. Se esta, por exemplo, houver por bem redistribuir as riquezas dos associados para melhor igualá-los e assim prevenir a dominação dos ricos sobre os pobres, ela terá toda autoridade para fazê-lo, posto que os seus fundadores no ato do contrato atribuíram a ela o sumo poder. Ela pode fazer o que bem quiser. Eis então outro sentido crucial dessa complexa cláusula: ela dá nascimento ao corpo coletivo, à pessoa moral que é a própria comunidade, a própria sociedade.[4] E mais, ela dá nascimento à soberania, à autoridade máxima do conjunto resultante, a comunidade. Tal soberania será exercida pela vontade da comunidade, denominada por Rousseau "vontade geral".

Dissemos acima que o pacto social é o único que conserva a liberdade do homem, que preserva sua liberdade no estado de dependência que é o de sociedade. Como, entretanto, poderá o indivíduo que firma esse pacto conservar sua liberdade se justamente ele deve alienar a si e a seus direitos em favor da comunidade e se pôr à inteira mercê da vontade dela? Se tudo alienou e apenas deve obedecer à vontade da comunidade, onde está sua liberdade? Na verdade, para resolver essa dificuldade falta-nos referir o último elemento essencial desse contrato: por efeito dele cada indivíduo será na comunidade não apenas "súdito", vale dizer, submetido à vontade dela, mas será também participante da autoridade soberana, com direito, portanto, a definir a vontade geral. Além de súdito, cada indivíduo será também "cidadão". Ao definir a vontade da comunidade a que se submeterá, é como se se submetesse à própria vontade. Ora, ser livre nada mais é, na definição de Rousseau, que obedecer à própria vontade e não à vontade de outrem. Fecha-se assim o círculo traçado pelo "pacto social": ele conseguiu preservar a liberdade constitutiva do homem no estado de dependência que é o de sociedade. A única sociedade que é, portanto, justa é aquela em que os homens são livres. O único modo de ser livre para cada homem é viver numa sociedade em que a autoridade máxima está não com o governante, mas com a própria comunidade, tendo direito a participar diretamente da elaboração da vontade dessa comunidade.

Eis, caro leitor, exposto em breves termos o projeto político de salvação da sociedade de Rousseau que encontramos no *Contrato Social*. Nosso resumo poderá agora permitir-lhe a ida ao próprio texto para aprofundar e melhor delinear as ideias do Autor. Esse retorno à filosofia política do século XVIII terá o sentido de fazer espírito vivo o que, à primeira vista, por distante e longínquo, poderia parecer letra morta. Tal visita às reflexões políticas do passado tem o poder de iluminar nossos tempos sombrios do presente e ainda pode nos permitir

---

4. "Imediatamente, esse ato de associação produz (...) um corpo moral e coletivo" (1973, 39).

alcançar a melhor decisão política a adotar em nossas ações e a melhor nos posicionarmos frente à luta contínua, contra a opressão e a miséria, a que somos chamados quotidianamente.

Bibliografia

ROUSSEAU, Jean-Jacques (1973). *Do Contrato Social*. Coleção Os Pensadores, São Paulo, Abril, pp. 7-152.
_____. (1973). *Discurso sobre as Ciências e as Artes*. Coleção Os Pensadores, São Paulo, Abril, pp. 329-360.
_____. (1973). *Discurso sobre a Origem e os Fundamentos da Desigualdade entre os Homens*. Coleção Os Pensadores, São Paulo, Abril, pp. 207-328.
_____. (1995). *Emilio ou da Educação*. Tradução de Sérgio Milliet. Ed. Bertrand Brasil.
NASCIMENTO, Milton Meira do (1988). "O *Contrato Social* – Entre a Escala e o Programa", *Revista Discurso*, n. 17, pp. 119-130.
SALINAS FORTES, Luiz Roberto (1976). *Rousseau: da Teoria à Prática*. São Paulo, Ática.
_____. (1989). *Rousseau, o Bom Selvagem*. São Paulo, FTD.

Capítulo X
MORAL, DIREITO E POLÍTICA NA FILOSOFIA DE KANT[1]

FLAMARION TAVARES LEITE

1. Vida e obras. 2. A filosofia crítica e o problema gnosiológico. 3. A filosofia prática. 4. A filosofia do direito. 5. Moral e direito. 6. A filosofia política.

1. Vida e obras

Immanuel Kant (1724-1804), conhecido como o filósofo das três Críticas – *Crítica da Razão Pura* (1781), *Crítica da Razão Prática* (1788) e *Crítica do Juízo* (1790) –, nasceu no dia 22 de abril de 1724, em Königsberg (Prússia oriental), na rua dos seleiros, onde seu pai exercia esse ofício. Filho de Johann Georg Kant, homem laborioso, honesto, que tinha horror à mentira, e de Anna Regina Reuter, mulher profundamente religiosa, que lhe ministrou sólida educação moral e, antes de morrer, o internou no Collegium Fridericianum, dirigido por Francisco Alberto Schultz, fervoroso adepto do pietismo,[2] Kant afirmava que seus antepassados provinham da Escócia e que seu pai escrevia o sobrenome com C (Cant), razão por que o filósofo decidiu adotar o K inicial, evitando que se pronunciasse *Tsant*.[3]

1. É convicção nossa que só se pode compreender a moral, o direito e a política em Kant, se considerarmos a sua teoria do conhecimento. Por isso, faremos neste estudo uma breve incursão pela epistemologia kantiana, que se encontra na *Crítica da Razão Pura*. Também entendemos que o direito e a política subordinam-se à moral.
2. O pietismo, que se desenvolveu especialmente na Alemanha na segunda metade do século XVII e cujo chefe foi Felipe Spener (1663-1727), pretendia voltar às teses originárias da Reforma Protestante, sobretudo a livre interpretação da Bíblia e a negação da teologia.
3. Cf. Borowski, Jachmann e Wasianski, *Kant Intime*, 1985, p. 35.

Kant permaneceu no Fridericianum pelo espaço de nove anos, de 1732 a 1740, ano em que ingressou na Universidade, onde foi profundamente influenciado por Martin Knutzen, conhecido por seus bem acolhidos escritos, pietista como Schultz e discípulo de Wolff, cujo método é um racionalismo sistemático, que se esforça por julgar tudo à mão de princípios – e não de sentimentos – e por deduzir logicamente cada proposição. Tal será a atitude de Kant.[4] Não por outro motivo, quando penetramos no frio castelo de mármore do pensamento kantiano, percebemos a argumentação estrita e o proceder científico de Wolff, o maior dos dogmáticos, nas palavras do metódico e pouco romântico professor Kant.

A Knutzen deveu Kant o conhecimento das obras de Newton, que constituíram a prova experimental da possibilidade de uma ciência *a priori* da natureza. É nesse período que Kant publica sua primeira obra – *Pensamentos sobre a Verdadeira Avaliação das Forças Vivas* (1747) –, em que procura conciliar as ideias de Descartes com as de Leibniz no tocante à medida da força de um corpo em movimento.

Após a morte do pai (1747), Kant, para ganhar a vida, torna-se preceptor, função que exerceu durante nove anos. Todavia, prossegue com seus estudos e, em 1755, publica *História Universal da Natureza e Teoria do Céu*, na qual trata do sistema e da origem mecânica do universo segundo os princípios de Newton, preludiando a teoria sobre a formação dos astros, que Laplace iria apresentar quarenta anos depois.

Em 1755, tendo obtido da Universidade a "promoção" – espécie de diploma de conclusão de curso –, graças a uma dissertação sobre o fogo, e a "habilitação" – que lhe dá direito a abrir um curso livre –, por uma dissertação sobre os primeiros princípios do conhecimento metafísico, Kant torna-se Docente Livre (*Privatdozent*), ou seja, dá cursos livres, financiados diretamente pelos próprios estudantes, ensinando matemática, lógica, moral, física, pirotecnia, teoria das fortificações, enciclopédia filosófica, teologia natural, antropologia, a doutrina do belo e do sublime.

No decurso desses anos (1755-1770) Kant lê Rousseau, de quem sofre profunda influência, sobretudo nas questões morais, tendo aprendido a não depreciar as inclinações naturais do homem. A ciência física *a priori* como fato, eis o que tinha encontrado em Newton; a moralidade como fato, eis o que Rousseau lhe fez ver.[5]

Em 1770, com a *Dissertação sobre a Forma e os Princípios do Mundo Sensível e do Mundo Inteligível*, Kant conquista o posto de Pro-

4. Cf. Georges Pascal, *O Pensamento de Kant*, 1985, p. 14.
5. Cf. Émile Boutroux, *Kant*, 1983, p. 14.

fessor Titular na Universidade de Königsberg. Desde então, preleciona lógica e metafísica, no curso público, e direito natural, moral, teologia natural, antropologia, geografia física, matemática, pedagogia, nos seus cursos privados. Após a *Dissertação de 1770*, Kant é absorvido pelo problema da crítica do conhecimento humano, mas levará mais de dez anos para dar forma à sua filosofia. Assim, em 1781, em Riga, faz publicar a *Crítica da Razão Pura*, um dos monumentos do espírito humano. Em 1788, surge a *Crítica da Razão Prática*. Com a publicação da *Crítica do Juízo* (1790), a filosofia kantiana pode considerar-se completa. Após essa data, duas grandes obras, que não irão modificar a linha geral do pensamento kantiano, serão publicadas: *A Religião Dentro dos Limites da Simples Razão* (1793) e *A Metafísica dos Costumes* (1797).[6]

A partir de 1790 suas forças começaram a declinar e em 1797 deixou a cátedra. Continuou a escrever e trabalhou até os últimos dias numa obra inacabada em que queria explicar a passagem da metafísica da ciência da natureza à física. Morreu num domingo, em 12 de fevereiro de 1804, às onze horas. A sua última frase foi: *"Es ist gut"* (está bem).

As obras de Kant podem ser classificadas, distinguindo-se três períodos:

(1) de 1755 a 1770. Neste período, as ideias pessoais de Kant ainda não haviam tomado forma. Comunga das ideias filosóficas predominantes na Alemanha, a saber, o racionalismo dogmático de Leibniz, tal como fora desenvolvido e divulgado por Wolff. Entretanto, como o próprio Kant declara no prefácio aos *Prolegômenos*, a leitura de Hume pôs fim a seu "sono dogmático".[7]

(2) de 1770 a 1790. É só em 1770 que se começa a divisar um primeiro esboço da filosofia kantiana. Com efeito, na *Dissertação de 1770* já se estabelece a distinção entre o mundo dos fenômenos e o mundo dos números, como resultado de uma concepção inteiramente original do espaço e do tempo.[8] Entre 1780 e 1790 vêm a lume as grandes obras de Kant, aquelas que caracterizam o criticismo: *Crítica da Razão Pura*, *Prolegômenos* (1783), *Fundamentação da Metafísica dos Costumes* (1785), *Crítica da Razão Prática*.

(3) de 1790 a 1800. A *Crítica do Juízo*, mantendo de pé as premissas fundamentais da filosofia kantiana, confirma a postura contra a metafísica dogmática contida nas *Crítica da Razão Pura* e *Crítica da*

---

6. Cf. Georges Pascal, ob. cit., p. 17.
7. *Prolegomena*, Bd. 5, p. 118.
8. Cf. Georges Pascal, ob. cit., p. 16.

Razão Prática, encerrando a obra crítica e estabelecendo uma doutrina de filosofia especulativa e moral. Após 1790, outras obras fundamentais, que não alterarão o fio condutor do pensamento kantiano, serão publicadas: *A Religião Dentro dos Limites da Simples Razão* (1793), *À Paz Perpétua* (1795), *A Metafísica dos Costumes* (1797), *Antropologia do Ponto Vista Pragmático* (1798), *Lógica* (1800).

2. A filosofia crítica e o problema gnosiológico

O criticismo kantiano é a confluência de duas direções fundamentais do pensamento filosófico: o racionalismo dogmático (Descartes – Spinoza – Leibniz – Wolff) e o empirismo cético (Bacon – Locke – Hume).[9] Para o racionalismo, o conhecimento seria produto de uma simples faculdade: a razão. Para o empirismo, o conhecimento derivaria de outra faculdade: a sensibilidade. Kant, que se educou sob a influência do racionalismo de Wolff, declara que o ceticismo de Hume o fez despertar do seu sono dogmático e deu às suas investigações no caminho da filosofia especulativa uma orientação totalmente diversa, impelindo-o a indagar sobre as condições e os limites do conhecimento humano, bem assim suas possibilidades.[10] Destarte, Kant diferencia a filosofia das ciências, pois, enquanto cada uma destas últimas tem objeto próprio, o objeto da filosofia é o conhecimento mesmo, a análise da ciência.[11] Por esta via, o criticismo permite chegar à conclusão de que o conhecimento é produto de uma faculdade complexa, o resultado de uma síntese da sensibilidade e do entendimento.[12] Para isto, começa por dizer que todo conhecimento implica uma relação – me-

9. Como sublinha Jonathan Bennett, essas duas tradições filosóficas juntam-se na filosofia kantiana não como uma mescla inconsistente, mas como uma síntese coerente de verdades extraídas de cada uma delas (cf. *La Crítica de la Razón Pura de Kant*, 2, *Dialéctica*, p. 21).

10. Prolegomena, Bd. 5, p. 118 (A 12, 13).

11. A filosofia moderna – especialmente a partir de Kant – conquistou seu objeto e método próprio, de tal modo que, ao mesmo tempo em que se constitui como conhecimento rigoroso, separou-se das ciências particulares, evitando toda superposição recíproca de métodos e objetos. Enquanto as ciências, na atitude dogmática, ocupam-se de seus objetos próprios, a filosofia ocupa-se das ciências mesmas e do conhecimento. Este é o segredo do ceticismo metódico de Descartes e depois do criticismo de Kant (cf. nosso "O *cogito* em Kant e Husserl", *Revista Brasileira de Filosofia*, p. 141).

12. Como observa Kant, existem dois troncos do conhecimento humano: a *sensibilidade* e o *entendimento*. Através da primeira se nos dão os objetos. Através da segunda, os pensamos (cf. *KrV*, Transzendentale Ästhetik, § 1, Bd. 3, p. 69) (B 33).

lhor: uma correlação – entre um sujeito e um objeto. Nessa relação, os dados objetivos não são captados por nossa mente tais quais são (a coisa em si), mas configurados pelo modo com que a sensibilidade e o entendimento os apreendem. Assim, a coisa em si, o *númeno*, o absoluto, é incognoscível. Só conhecemos o ser das coisas na medida em que se nos aparecem, isto é, enquanto *fenômeno*. Mas, como atuam no conhecimento dos fenômenos a sensibilidade e o entendimento do sujeito cognoscente? Aqui, Kant recorre a uma distinção fundamental, segundo a qual todo fenômeno, tudo quanto existe, inclusive o conhecimento, se integra por dois ingredientes: *matéria* e *forma*.[13] Aquilo que depende do próprio objeto constitui a matéria do conhecimento. O que depende do sujeito constitui a forma do conhecimento. Assim, temos uma primeira definição: *conhecer é dar forma a uma matéria dada*. A matéria é *a posteriori*. A forma é *a priori*. A matéria do conhecimento é variável de um objeto a outro, visto depender dele, do objeto. Por sua vez, a forma, sendo imposta ao objeto pelo sujeito, será reencontrada invariavelmente, em todos os objetos, por todos os sujeitos. Existem, pois, conhecimentos *a priori* e conhecimentos *a posteriori*. Todo objeto a ser conhecido *a priori* o será conforme as formas que o espírito lhe impõe no ato de conhecer.

Feita a distinção entre matéria e forma, Kant caracteriza as formas *a priori* do espírito. Por formas *a priori* devem-se entender os quadros universais e necessários através dos quais o espírito humano percebe o mundo. Assim sendo, distinguem-se, em nossa faculdade de conhecer, uma *receptividade* (a sensibilidade ou faculdade das intuições) e uma *espontaneidade* (o entendimento ou faculdade dos conceitos). O objeto, dado à sensibilidade, é pensado pelo entendimento e seus conceitos. Temos uma segunda definição: *conhecer é ligar em conceitos a multiplicidade sensível*.[14]

As formas *a priori* da sensibilidade ou intuições puras são o espaço e o tempo, que tornam exequível a parte passiva do conhecimento. As formas *a priori* do entendimento são as categorias, as quais possibilitam a parte ativa do conhecer: as operações lógicas, a formação de conceitos, com os quais se podem imaginar os objetos sem necessidade de captá-los concretamente. A intuição permite tomar contato com as coisas, porém só é possível dar conta de suas diferenças por meio de conceitos.

    13. Cf. Aftalión, Olano, e Vilanova, *Introducción al Derecho*, p. 839.
    14. *KrV*, Transzendentale Logik, Einleitung, I, Bd. 3, pp. 97-98 (B 74, 75). Cf. tb. Georges Pascal, *O Pensamento de Kant*, p. 40.

As formas da razão são as ideias. Enquanto os conceitos para valer como conhecimento devem estruturar-se sobre o material que fornecem as intuições, a razão tem uma tendência para ultrapassar os limites do conhecimento.[15] Ao transpor as fronteiras da sensibilidade e buscar o incondicionado, a razão penetra num mundo puramente inteligível. Estaremos no mundo das ideias, não no conhecimento de objetos; não em presença de fenômenos determinados, mas de númenos, acerca dos quais não se pode cogitar de experiência possível. No afã de buscar o incondicionado, a razão incorre em erros ou paralogismos e, no seu discurso dialético, em antinomias. Kant estuda as antinomias da razão pura na dialética transcendental, tornando-se patente no terceiro conflito das ideias transcendentais a causalidade por liberdade, de onde surgirá, fora dos limites da experiência, a ideia moral e concepção ética que se traduzirão na *Fundamentação da Metafísica dos Costumes* e na *Crítica da Razão Prática*. É com fulcro nestas obras que Kant produzirá *A Metafísica dos Costumes*. A terceira antinomia trata da oposição entre liberdade e necessidade da natureza, cuja solução abre o espaço de possibilidade para a reflexão prática. Isto porque Kant não pretende provar, aqui, a realidade de uma causalidade livre, mas demonstrar sua possibilidade. O exame da liberdade será objeto da *Crítica da Razão Prática*, através da realidade da obrigação moral.[16]

De fato, se a razão teórica, em sua dialética transcendental, nos faz vislumbrar o caminho de uma causalidade por liberdade, trata-se, com a razão prática, de penetrar o mundo moral – universo inteligível, distinto da natureza. É a liberdade que abre este cosmos, onde a razão, agora autodeterminante, é vontade produtora de seus próprios objetos – sem necessidade de vinculá-los aos sentidos – e de suas próprias leis, posto que autônoma.

Por isso, cabe distinguir as ideias da razão teórica ou cognoscitiva das ideias da razão prática ou atuante, que se refere à conduta, ao agir propriamente dito. As ideias da razão teórica não podem ser resolvidas no plano teórico, científico. Entretanto, se a metafísica, enquanto conhecimento teórico se não pode realizar, diversamente se dá quando se trata da filosofia prática, onde as ideias são princípios de ação, ocupando-se a razão dos princípios determinantes da vontade. É na razão prática – desdobrada em vontade e tendo a ideia de liberdade por fun-

---

15. Cf. Aftalión, Olano, e Vilanova, ob. cit., p. 842.
16. Cf. *KrV*, Transzendentale Dialetik, Dritte Antinomie, Bd. 4, pp. 427- 433 (B 472-479).

damento – que se vai situar, em germe, a concepção jurídica kantiana, desenvolvida mais tarde em *A Metafísica dos Costumes*.

3. *A filosofia prática*

De notar-se que ao entrar no campo da filosofia prática, Kant assinala que o homem não tem somente uma faculdade cognoscitiva, mas que a personalidade humana manifesta-se também no agir.[17] Dessa forma, aceitando a clássica distinção entre razão teórica e razão prática, e dando primazia a esta última, Kant observa que junto à faculdade cognoscitiva há no homem uma faculdade racional dirigida à ação, porquanto introduz a ordem nas suas inclinações e motivações. Com esta faculdade, dispõe o homem de um dado *a priori* (uma forma *a priori* da razão prática), de um valor absoluto, impossível de negar, a existência do *dever*, que é um *imperativo categórico*, cuja fórmula é: "Age apenas segundo uma máxima tal que possas ao mesmo tempo querer que ela se torne lei universal".[18] Esta é a fórmula básica do imperativo categórico. As fórmulas secundárias são: "Age como se a máxima de tua ação se devesse tornar, pela tua vontade, em lei universal da natureza",[19] "Age de tal maneira que uses a humanidade, tanto na tua pessoa como na pessoa de qualquer outro, sempre e simultaneamente como um fim e nunca simplesmente como meio",[20] "Todas as máximas, por legislação própria, devem concordar com a ideia de um reino possível dos fins como um reino da natureza".[21] Essas fórmulas evidenciam duas características do imperativo categórico: a universalidade e o caráter de necessidade que ele impõe à ação. Além disso, as três formulações secundárias representam maneiras de apresentar o princípio moral. Assim, os imperativos categóricos são os imperativos morais. Portanto, apenas aquele que age por puro dever, age moralmente. O imperativo categórico não teria sentido se o homem não fosse livre em seu agir. Com efeito, a comunicação entre a razão teórica e a prática efetiva-se através da lei da liberdade, consubstanciada na obrigação moral.

De outro lado, é princípio fundamental da moral kantiana o da autonomia da razão prática. Para que uma vontade possa querer por puro dever é necessário que não esteja submetida a uma lei estranha, mas que

---

17. Cf. Aftalión, Olano, e Vilanova, ob. cit., p. 847.
18. *Grundlegung*, Bd. 6, p. 512 (BA 52).
19. *Id*. (BA 52, 53).
20. *Id*. (BA 66, 67).
21. *Id*. (BA 80, 81).

seja legisladora de si mesma. Destarte, só obedecerá à própria lei, que é, por seu turno, lei universal. Com isso, a autonomia da vontade torna-se princípio de todas as leis morais e dos deveres que a elas se conformam. Como consequência, o direito participa da doutrina dos costumes. Isto porque o dever – tal como a obrigação – é conceito comum às duas partes da metafísica dos costumes. Assim, da autonomia da vontade provêm a legislação moral e a legislação jurídica, referindo-se esta última às ações externas, enquanto que a primeira diz respeito às ações internas do homem.

4. A filosofia do direito

Kant desenvolveu sua Filosofia do Direito em *A Metafísica dos Costumes* (*Die Metaphysik der Sitten*), obra dividida em duas partes – a *Doutrina do Direito* (*Rechtslehre*) e a *Doutrina da Virtude* (*Tugendlehre*) –, cada uma das quais é precedida por uma longa introdução, de difícil leitura e intelecção. Por outro lado, à obra em sua totalidade precedem um prólogo e uma introdução geral, onde são tratados temas nucleares para ambas as partes. Entrementes, permeando toda a obra e constituindo seu fio condutor está a célebre distinção entre moral e direito, que afetará, aliás, a divisão geral de ambas doutrinas.

Na realidade, o discurso sobre o móbil moral já se encontra na *Fundamentação* (*Grundlegung*) e na *Crítica da Razão Prática*. Entretanto, sua comparação com os móbeis jurídicos – para distinguir ambas as legislações – é tarefa pertinente à introdução geral à *Metafísica dos Costumes*.

Com efeito, é nesta última obra que Kant precisa as noções estabelecidas pela *Fundamentação*, onde distingue implicitamente a legalidade de uma ação de sua moralidade. Assim, quando um comerciante não aumenta os preços para um comprador inexperiente, não se afasta da legalidade que fixa o preço geral, mas isto não quer dizer que tenha agido por dever, isto é, moralmente. Pois pode muito bem ter tido a intenção egoística de não perder a clientela e, ainda que, neste caso, tenha agido conforme o dever, a sua ação não é moral: a conformidade ao dever não é dever. Todavia, Kant não trata, aqui, de diferenciar a moralidade da legalidade. Ele não tenciona mostrar mais do que a diferença entre a conduta determinada por uma inclinação empírica e aquela comandada pela vontade perfeitamente boa, cujo valor é absoluto e puro.[22]

22. *Grundlegung*, Bd. 6, p. 23 (BA 9, 10). Na *Fundamentação da Metafísica dos Costumes*, de 1785, Kant volta a falar de uma metafísica dos costumes, afirman-

Por seu turno, a *Metafísica dos Costumes* tem como fio condutor outra análise. Objetivando justificar a divisão bipartida desta obra, Kant distingue em toda legislação uma representação objetiva da ação a ser realizada e um princípio subjetivo de determinação do arbítrio à ação. Nessa traça, ele sublinha, explicitamente, o que diferencia a legalidade da moralidade: a *legalidade* é "a simples conformidade ou não conformidade de uma ação com a lei, sem tomar em consideração seus motivos. Porém, esta conformidade, na qual a ideia do dever derivada da lei é ao mesmo tempo o móbil da ação, é a *moralidade*".[23] Disso segue que os deveres decorrentes da legislação jurídica não podem ser mais que deveres externos, porquanto esta legislação não exige que a ideia destes deveres, que é interna, seja por si mesma o princípio determinante do arbítrio do agente; e como, sem dúvida, necessita de motivos apropriados a uma lei, tem de buscar os externos.[24] Resta claro que a legislação que estabelece que uma promessa, feita e aceita, seja cumprida não pertence à moral, mas ao direito. De outro lado, cumprir a promessa, ainda quando não haja coação a temer, é uma ação honrada (uma prova de virtude) e, portanto, moral. Pois a moral exige que eu cumpra a promessa feita em um contrato, ainda que a outra parte contratante não possa a isso me obrigar.[25]

Do exposto deflui que tanto para o direito como para a moral existem deveres. E, em ambos os casos, o dever não se define pelo seu conteúdo, mas pela sua forma. Agir por dever implica que não se leva em consideração as inclinações do sujeito nem o fim que se pretende alcançar. O dever, diz a *Doutrina do Direito*, é uma ação à qual alguém está obrigado. Assim, o dever é a *matéria* da obrigação.[26] Mas – acentua Kant – se toda "*obrigação* é a necessidade de uma ação livre sob um imperativo categórico da razão",[27] podemos estar obrigados ao dever

do: "No propósito, pois, de publicar um dia uma Metafísica dos Costumes, faço-a preceder desta *Fundamentação*". Note-se que pela data (1785) a *Fundamentação* é a primeira obra do projeto crítico em termos de filosofia moral. A filosofia jurídica, entretanto, tem início em 1786, com a recensão de Hufeland, sobre o *Princípio do Direito Natural*, prossegue com as duas últimas partes de *Teoria e Prática*, de 1793, com *À Paz Perpétua*, de 1795, culminando no opúsculo *Sobre um Pretenso Direito de Mentir por Humanidade*, de 1797. No contexto dessa preocupação com a filosofia moral e a filosofia jurídica situa-se *A Metafísica dos Costumes*, de 1797.
23. *Mds*, Einleitung, Bd. 7, p. 324 (AB 15). Cf. tb. Goyard-Fabre, *La Responsabilité Selon Kant*, p. 118.
24. *Ibid.*
25. *Ibid.*, p. 325 (AB 16, 17).
26. *Ibid.*, p. 328 (AB 21).
27. *Ibid.*, p. 327 (AB 19, 20).

de diversos modos. Isto porque há duas legislações da razão prática. Destarte, a obrigação moral de manter a promessa corresponde a um comando de agir que promana de uma pura legislação interior. A obrigação moral obriga *in foro interno*. A lei do dever moral é aquela que eu me dou a mim mesmo. Inversamente, a obrigação jurídica de manter a promessa feita em um contrato é um dever exterior.[28] Além disso, mesmo quando a legislação jurídica está conforme a minha consciência, ela obriga *in foro externo*, pois, à diferença do imperativo moral, ela não integra o motivo de agir à lei.

A divisão em uma doutrina do direito e outra da virtude deve-se a que a *liberdade*, cujas leis *a priori* se investigam, desdobra-se em *liberdade externa* (independência em relação a uma força exterior) e *liberdade interna* (independência com relação às impressões sensíveis).[29] Por outra parte, o *a priori*, segundo Kant, é por natureza formal – sem o que não seria universal –, devendo-se prescindir para sua formulação de todo conteúdo que seja contingente.

Dentro da metafísica dos costumes, a *metafísica do direito* – que vem a ser um sistema de leis jurídicas que promana da razão – equivale ao conceito tradicional do direito natural. Este, dado o novo papel da razão na filosofia de Kant, aparece como *direito racional* (*Vernunftrecht*), porquanto não se trata de extrair da natureza uma ordem da conduta humana, mas de desenvolver a atividade formalizadora da razão. O direito racional, *a priori*, é o objeto próprio da filosofia, ficando reservado aos juristas a consideração do direito positivo.

De outro lado, insurgindo-se contra o pensamento dos seus predecessores jusnaturalistas, Kant assinala que não cabe formular um "sistema metafísico" do direito, porque este, devido à multiplicidade de casos que apresenta a experiência (a qual, no que é pertinente à aplicabilidade, se não pode ignorar), não poderia evitar a introdução de ingredientes empíricos. A única coisa possível é "uma aproximação ao sistema, e não este mesmo". Daí que Kant prefira falar dos "princípios metafísicos do direito ou da doutrina do direito".[30]

Segue-se, de todo o considerado, que o conceito de direito não pode extrair-se, de acordo com Kant, da experiência, pois que esta só

28. *Ibid.*, p. 326 (AB 18).
29. A liberdade do arbítrio – diz Kant – é a independência de sua determinação por impulsos sensíveis. Tem-se aqui o conceito negativo da liberdade. O conceito positivo está relacionado com a faculdade da razão pura de ser por si mesma prática (*MdS*, Einleitung, Bd. 7, p. 318, AB 6, 7).
30. *MdS*, Vorrede, Bd. 7, p. 309 (AB III, IV).

indica o que em cada momento é de direito (*was Rechtens sei, quid sit juris*), isto é, o que prescrevem as leis em um tempo e em um lugar determinados, porém, nada diz acerca de um critério universal, com base no qual algo é justo ou injusto (*justum et injustum*).[31] Isso não significa que a experiência não conte: a lei moral obtém circunstancialmente da experiência a matéria para a sua aplicação, mas não obriga em virtude do seu conteúdo, senão em virtude de sua fórmula.

De outra parte, o conceito *a priori* do direito é elaborado em função da sua distinção em relação à moral, distinção que Kant recolhe de Thomasius,[32] aprofundando-a. Com efeito, como Thomasius, Kant considera a *coercibilidade* como nota essencial do direito, porém em sentido mais radical, já que faz referência não a um dado extrínseco, mas ao conceito mesmo do direito. Se este é a condição da liberdade na convivência, tudo o que se opõe ao mesmo deve ser eliminado em virtude do princípio de contradição.

Calha referir que a liberdade é o conceito que se erige em fulcro de toda construção jurídica kantiana, inobstante se não possa espaventar a convicção de que é a distinção entre moral e direito que serve de torso para a conceituação deste último, que se manifesta pelo constrangimento (coação) e caracteriza a objetividade.

Resta observar que a noção de liberdade já surge na *Crítica da Razão Pura*, mais especificamente na "Dialética Transcendental", onde, na terceira antinomia, fica demonstrada a possibilidade da existência de uma causalidade por liberdade e, de conseguinte, a passagem de um mundo fenomênico a um numênico, ou seja, ao universo das ideias.

De outra parte, a *Crítica da Razão Prática* juntamente com a *Grundlegung* (*Fundamentação*) vão constituir os fundamentos da moral e, por consequência, da própria liberdade.

Finalmente, temos que em *A Metafísica dos Costumes*, que não é outra coisa senão moral aplicada em suas duas vertentes – a *Rechtslehre* (Doutrina do Direito) e a *Tugendlehre* (Doutrina da Virtude) –, a noção de liberdade se explicita concretamente em sua aplicação aos homens enquanto seres racionais, originando o problema dos limites entre liberdade interna e liberdade externa que, em última instância, subsume-se na questão da coação e das fronteiras entre moral e direito.

31. *Rechtslehre*, Einleitung, § B, Bd. 7, p. 336 (AB 31, 32).
32. *Fundamenta Iuris Naturae et Gentium*, cap. V, §§ XXIX, XXXIV, XXXV, XXXVI.

5. Moral e direito

Já vimos que a filosofia jurídica kantiana se contém na primeira parte de *A Metafísica dos Costumes*. Chegados a este ponto e antes de discorrermos sobre moral e direito, entendemos pertinente explicitar o que seja *Metafísica dos Costumes*, segundo Kant.

Metafísica significa a forma de conhecimento racional puro, não derivado da experiência ou, na linguagem de Kant, conhecimento *a priori* ou de entendimento puro e de razão pura.[33]

Por *costumes* entende Kant as regras de conduta ou leis que disciplinam a ação do homem como ser livre, posto que pertencente ao mundo inteligível, adequadas suas ações à legislação moral.

Desta forma, *A Metafísica dos Costumes* é o estudo dos princípios racionais *a priori* da conduta humana, constituindo uma filosofia racional da prática. Só esta metafísica é propriamente moral, enquanto o estudo empírico dos costumes é objeto da antropologia pragmática, a qual consagrou Kant uma obra especial, que vem a ser a matéria de sua aplicação.[34]

O objeto, pois, de *A Metafísica dos Costumes* é o complexo de leis que regulam a conduta do homem como ser livre, racional – não pertencente ao mundo da natureza e submetido às suas leis.

Ao empreender a construção da filosofia racional da prática, mais exatamente da metafísica dos costumes, Kant depara-se com um problema que já preocupava a filosofia moral e jurídica jusnaturalista e que Thomasius nos *Fundamenta Iuris Naturae et Gentium*[35] colocou mais claramente: *o da distinção entre moral e direito. É certo que Kant aprofunda a distinção, dando-lhe outra fundamentação filosófica, assim como sistematização. Com verdade, a distinção thomasiana tomava por fundamento o critério de exterioridade ou interioridade da ação. Na doutrina kantiana tal critério passa a ser consequência, visto que o primeiro e verdadeiro critério de distinção entre moral e direito é o motivo (móbil) por que a legislação é obedecida. Temos, assim, o motivo absoluto do dever pelo dever no caso da legislação moral – que não pode ser senão interna – e um motivo empírico no caso da legislação jurídica (que é, portanto, externa).*

33. *Prolegomena*, § 1, Bd. 5, p. 124 (A 23, 24).
34. Trata-se da *Antropologia do Ponto de Vista Pragmático*, de 1798.
35. Cf. cap. V, § 30; cap. VI, §§ XXV, XL, XLI, XLII. Em Thomasius, direito, moral e costume social são condições de uma vida feliz, mas de diverso modo e conforme princípios diversos.

Por isso – embora Kant não o observe explicitamente a propósito do direito –, a vontade jurídica é *heterônoma*, ou seja, não encontra em si mesma a sua lei, mas a recebe do exterior, ao passo que a vontade moral é *autônoma*, determinada por si mesma, enquanto o sujeito encontra em si mesmo a lei do dever que o impele a agir.[36]

A esse propósito, faz notar Goyard-Fabre: "Reconhecer que a virtude é para ela mesma seu próprio fim e fundar o direito estrito sobre a possibilidade de uma coerção exterior resulta em distingui-los como autonomia e heteronomia".[37]

De se assinalar, entretanto, que a autonomia da vontade é o fundamento das duas legislações, sendo princípio supremo da metafísica dos costumes o imperativo categórico.[38]

Dentro da moral, assim entendida, Kant distingue o direito e a ética, sendo a moral o geral e comum, e o direito e a ética o particular e o diferencial nesta divisão fundamental. Aliás, o próprio Kant pontifica que o termo "ética" significava antigamente a doutrina dos costumes (*philosophia moralis*) em geral. Posteriormente, passou a designar apenas parte desta, a doutrina da virtude, ou seja, a doutrina dos deveres que não estão submetidos a leis externas, de tal modo que atualmente o sistema da doutrina universal dos deveres divide-se em sistema da *doutrina do direito* (*ius*), que é adequada para as leis externas, e sistema da *doutrina da virtude* (*ethica*), que não é adequada para tais leis.[39]

Temos, ainda, que o termo moral adquire sentido amplo quando da distinção entre as leis da natureza e as da liberdade, sendo estas últimas denominadas leis morais. Kant explicita que estas leis (morais) quando afetas a ações meramente externas e à sua conformidade com a lei chamam-se *jurídicas*; porém, se exigem também que estas mesmas (leis) devam ser os fundamentos de determinação das ações, elas são éticas e diz-se, portanto: a coincidência com as primeiras é a *legalidade*; a coincidência com as segundas é a *moralidade* da ação.[40]

Mais adiante, referindo-se aos móbiles, Kant afirma que a legislação que faz de uma ação um dever e desse dever um móbil é *ética*. Entretanto, a legislação que não inclui o móbil na lei e, portanto, admite também outro móbil distinto da ideia do dever é *jurídica*. Assim, à mera

36. *Grundlegung*, Bd. 6, p. 66 (BA 74, 75).
37. *Kant et le Problème du Droit*, p. 68.
38. *MdS*, Einleitung, Bd. 7, p. 332 (AB 26, 27).
39. *Tugendlehre*, Einleitung, Bd. 7, p. 508 (A 1, 2).
40. *MdS*, Einleitung, Bd. 7, p. 318 (AB 6, 7).

concordância ou discrepância de uma ação com a lei, sem levar em conta os móbiles da mesma, se chama *legalidade* (conformidade com a lei); mas, àquela na qual a ideia do dever segundo a lei é o móbil da ação se denomina *moralidade* (eticidade).[41]

Como se vê, a distinção entre o direito e a moral, em Kant, localiza-se, num primeiro momento lógico, na diferença do móbil, sendo importante assinalar que no plano jurídico há *legalidade*, isto é, a conformidade da ação com a lei, ainda que o móbil seja patológico. Pois, como diz Kant, facilmente percebe-se que os móbiles distintos da ideia do dever têm de ser extraídos dos fundamentos *patológicos* da determinação do arbítrio.[42] Por sua vez, o plano ético requer a *moralidade*, sendo a simples conformidade com a lei insuficiente, haja vista a exigência de que o móbil da ação seja o respeito pela lei.

Num segundo momento, Kant considera as ações do ponto de vista da sua exterioridade ou interioridade. Já vimos que as leis morais quando afetas a ações meramente externas chamam-se jurídicas; porém, se constituem os fundamentos de determinação das ações, são éticas. A distinção é significativa, porquanto sendo as leis morais as leis da liberdade, temos que a liberdade a que se referem as leis jurídicas é a do exercício externo do arbítrio. Todavia a liberdade a que se referem as leis éticas pode se dar tanto no exercício externo como no interno do arbítrio, na medida em que é determinado pelas leis da razão.[43]

Prosseguindo, Kant sustenta que os deveres nascidos da legislação jurídica só podem ser externos, posto que esta legislação não exige que a ideia deste dever – que é interior – seja, por si mesma, fundamento de determinação do arbítrio do agente e, ademais, considerando que ela necessita de um móbil adequado para a lei, somente pode ligar a ela móbiles externos. Inversamente, a legislação ética converte em deveres ações internas, sem excluir as externas, o que equivale a dizer que é afeta ao que é dever em geral. Por isso, acentua Kant, a legislação ética – que inclui em sua lei o móbil interno da ação – não pode ser externa, ainda que admita como móbiles deveres provindos de outra legislação, isto é, de uma legislação externa, *enquanto deveres*.[44]

Disso deflui que todos os deveres, simplesmente por serem deveres, pertencem à ética. Apesar disso, sua *legislação* nem sempre está

41. *Ibid.*, p. 324 (AB 15).
42. *Ibid.*
43. *Ibid.*, p. 318 (AB 6, 7).
44. *Ibid.*, p. 324 (AB 15).

contida na ética. Assim, por exemplo, a ética manda que se cumpra o compromisso firmado em um contrato, porém toma da doutrina do direito, como dados, a lei (*pacta sunt servanda*) e o dever a ela correspondente. Portanto, a legislação que dispõe devam ser cumpridas as promessas não reside na ética, mas no *Ius*.[45] Esta mesma distinção já se encontra nas *Lições de Ética*.[46]

Kant introduz na distinção entre moral (ética em sentido estrito) e direito outro elemento diferenciador: a coação.

De fato, diz Kant que a ética ensina apenas que, ainda quando suprimido o móbil que a legislação jurídica une com aquele dever, isto é a coação externa, a só ideia do dever basta como móbil. Porque – aduz – se assim não fosse, e a legislação não fosse jurídica, nem autêntico dever jurídico o que surge dela, classificaríamos a fidelidade à promessa em um contrato como ação de benevolência, o que não pode ocorrer. Cumprir as promessas não é um dever de virtude, mas um dever jurídico, a cujo cumprimento podemos ser coagidos.[47]

Daí que a doutrina do direito e a doutrina da virtude (ética) se distingam não tanto por seus diferentes deveres mas pela diferença de legislação que liga um ou outro móbil com a lei.[48] A consequência é que existem deveres diretamente éticos e indiretamente éticos. Isto porque a ética tem seus deveres peculiares (benevolência, deveres para consigo mesmo), mas também deveres comuns com o direito. Claro fica que os deveres jurídicos enquanto deveres e concernentes à legislação exterior são indiretamente éticos. Como asseveramos acima, cumprir o que foi prometido em um contrato é um dever jurídico, haja vista que podemos ser obrigados por uma coerção externa a efetivá-lo. Mas se a coação não pode ser exercida permanece o dever ético do cumprimento. Aqui a distinção se dá em que a ética não tem um modo exterior de obrigar como o direito – inobstante possa ter com ele deveres comuns.

Essa questão explicita-se mais se atentarmos, conforme já assinalado, para o fato de que o sistema da doutrina universal dos deveres se divide em sistema da doutrina do direito (*ius*), que é adequada para as leis externas, e sistema da doutrina da virtude (*ética*), que não é adequada para tais leis.[49]

45. *Ibid.*, p. 325 (AB 16, 17).
46. Cf. *Lecciones de Ética, Philosophia Practica Universalis*, p. 87.
47. *MdS*, Einleitung, Bd. 7, p. 325 (AB 16, 17).
48. *Ibid.*
49. *Tugendlehre*, Einleitung, Bd. 7, p. 508 (A 1, 2).

6. A filosofia política

A filosofia política de Kant encontra-se no âmbito da sua filosofia prática,[50] tendo por fundamento a Filosofia do Direito e, consequentemente, subordinando-se à moral.[51] Isto porque o princípio do direito não pode ser distinguido do imperativo categórico. Para clarificarmos essa asserção, faz-se necessário remontar a noções ínsitas à Doutrina do Direito (*Rechtslehre*).

Vimos que o direito, regulando a relação dos livres-arbítrios, deve garantir a liberdade de cada um. Para isso, há de constituir-se em legislação universal, pois a garantia da liberdade de cada um implica a garantia da liberdade de todos. Com isso, a lei da liberdade determina a união de todos em uma sociedade – na qual seja possível a garantia dos limites dessa liberdade pela coação – regida por uma Constituição civil, como expressão de uma vontade pública. Deste modo, Kant estabelece uma esfera de ação inviolável para o indivíduo, mas, ao mesmo tempo, prescreve uma obediência incondicional à Constituição civil, em "uma sociedade na qual *liberdade sob leis exteriores* encontra-se unida no mais alto grau a um poder irresistível, ou seja, uma *Constituição civil perfeitamente justa*".[52] Tal Constituição promana do conceito de direito; realizá-la é um dever "(*o maior problema para a espécie humana, a cuja solução a natureza a obriga, é alcançar uma sociedade civil que administre universalmente o direito*)".[53]

Para compreendermos o que pretende Kant, lembremo-nos de que ele apresenta a divisão dos direitos como *preceitos* em *natural* (que se baseia em princípios *a priori*) e *positivo* (que procede da vontade do legislador).[54] Adiante, encontraremos: "A divisão suprema do direito natural não pode ser a divisão em direito *natural* e social (como sucede às vezes), mas a divisão em direito natural e *civil*: o primeiro denomina-se *direito privado* e o segundo *direito público*. Porque ao *estado de natureza* não se contrapõe o estado social, porém o civil, visto como naquele pode haver sociedade, só que não é civil (que assegura o meu e

---

50. A filosofia prática de Kant abrange a moral, o direito e a política.
51. A nosso ver, Kant revoga a separação entre ética e política, efetuada por Maquiavel.
52. *Idee*, Bd. 9, p. 39 (A 395).
53. *Ibid*.
54. Kant apresenta a divisão geral dos direitos, caracterizando-os como *preceitos* (*Lehren*) e como *faculdades* (*Vermögen*). As faculdades de obrigar a outros se classificam em direito *inato* e direito *adquirido*. Ver nosso *Manual de Filosofia Geral e Jurídica*, 3ª ed., 2011, p. 148.

o teu mediante leis públicas); daí que o direito no primeiro caso chama-se privado".[55] Claro fica que o direito positivo (público) existe apenas quando o Estado é constituído. O direito natural (privado) é anterior ao Estado.[56]

Sobreleva notar que Kant separa o direito privado do direito público, colocando-os em *status* distintos. Ao fazer isto, Kant vê-se obrigado a encontrar uma fórmula que garanta o valor jurídico do direito privado. Com efeito, se, como assinalamos, ao direito está vinculada a coação, como falar dela onde não existe ainda um poder superior aos indivíduos? Kant resolve o problema afirmando que o estado de natureza é um estado jurídico, mas *provisório*; o estado civil é um estado jurídico *peremptório*.[57] O estado de natureza é *provisório* porque nele existem os institutos do direito privado, mas não podem ser garantidos, porquanto não existe uma autoridade constituída; inversamente, o estado civil é *peremptório* porque nele os institutos de direito privado, assim como de direito público podem ser assegurados pela existência de um poder comum. "Dizendo que o estado de natureza é provisório, Kant quer dizer que segundo a sua mesma Constituição, ou seja, pela falta de uma coação organizada e, portanto, de uma garantia comum das respectivas liberdades externas dos indivíduos singulares, não está destinado a durar. É um estado cujo destino é levar ao estado civil, o que somente pode durar uma vez organizado o poder coercitivo."[58] Resta observar que, para Kant, o Estado não é instituído para anular o direito natural, mas para tornar possível seu exercício mediante a coação organizada. O direito positivo e o direito natural não são antitéticos, pois mantêm uma relação de integração. A diferença entre eles não é substancial, mas formal. De tal sorte que, quando Kant assinala "como provisório o estado de natureza e como peremptório o estado civil, indica claramente que a

---

55. *Rechtslehre*, p. 350 (AB 52).

56. A legitimação do Estado é dada por sua tarefa de garantir o meu e o teu, que o eram apenas provisoriamente no estado de natureza. Esse Estado não é histórico, mas uma ideia da razão e, como o direito nele existente promana da vontade do legislador, não há em Kant nem jusnaturalismo nem juspositivismo, mas um direito racional ou um jusracionalismo, que tem como referência a natureza racional do homem, fundadora das leis que deverão comandar o direito e a política. Abordamos filosoficamente a questão, procurando deixar claro que a distinção entre direito natural e positivo conduz à diferenciação entre um direito pré-estatal e um direito estatal.

57. *Rechtslehre*, § 9, p. 366, 367 (AB 74, 75, 76); § I5, p. 375 (AB 87, 88).

58. Cf. Norberto Bobbio, *Direito e Estado no Pensamento de Emanuel Kant*, p. 88.

modificação, ainda que importante, não é substancial, mas formal. Seria possível dizer-se que, após a constituição do estado civil, o direito torna-se *formalmente público*, ainda que continue sendo substancialmente privado, ou seja, natural. É possível falar-se também, segundo esta concepção, de uma verdadeira recepção do direito privado, entendido como direito natural, no direito estatal, e finalmente do direito positivo como *direito natural + coação*".[59] Desta forma, consignamos que todo o sistema da filosofia jurídica de Kant tem como fulcro o direito natural considerado como único direito inato: a liberdade, "este direito único, originário, próprio de cada homem, pelo simples fato de ser homem".[60] Assim, o conceito kantiano do direito repousa sobre a ideia de liberdade. Contudo, é inobscurecível que o conceito de liberdade por si só não basta para constituir o conceito concreto de direito. Se por sua função ideal o estado aponta para a esfera da liberdade, por sua existência efetiva e sua realização histórica move-se, pelo contrário, dentro da órbita da coação. O conceito de coação leva em si a premissa e a preparação necessárias para o conceito de *direito*. Com efeito, segundo Kant, o que distingue o dever moral do dever jurídico é precisamente o fato de que enquanto o primeiro não se preocupa apenas com a conduta mesma, mas também e sobretudo com sua máxima e móbil subjetivos, o dever jurídico prescinde de semelhantes considerações para julgar somente a conduta como tal, em sua existência e realização objetivas.

A articulação do direito privado com o público, determinada pelo dever de defender a liberdade externa dos indivíduos mediante leis, é o fio condutor das três formas do direito público, já contempladas em *Gemeinspruch* e na *Paz Perpétua*: o direito político, o das gentes e o cosmopolita. O direito político da *Rechtslehre* (Doutrina do Direito) enfrenta temas similares aos que o *Gemeinspruch* aborda na sua segunda parte, onde Kant pretende distanciar-se de Hobbes no que se refere aos fins do Estado. Os tópicos do contratualismo entram em cena para mostrar que o veto da razão prático-moral (*não deve haver guerra*) obriga os homens a selar um pacto de união civil e ingressar num Estado em que pode ser garantido, peremptoriamente, o meu e o teu, sem necessidade de defender o próprio direito mediante a guerra.[61] O dever de selar o pacto de união civil[62] está contemplado na classificação que

59. *Ibid.*, p. 120.
60. *Rechtslehre*, p. 345 (AB 45).
61. Cf. Adela Cortina Orts, *Estudio Preliminar*, LIII.
62. A ideia de um *pactum unionis civilis* seria a ideia de um procedimento que pretende garantir a justiça das leis a que se aplica, semelhantemente ao imperativo

Kant apresenta dos deveres jurídicos.⁶³ Trata-se de assegurar a cada um o que já lhe pertencia no estado de natureza, cuja noção nos séculos XVII e XVIII pode se alinhar com a concepção hobbesiana do estado de guerra de todos contra todos,⁶⁴ com a concepção lockeana de um estado primitivo pacífico,⁶⁵ ou com a posição intermediária de Pufendorf,⁶⁶ para quem é um estado de insegurança e temor mútuos. Kant parece aproximar-se de Pufendorf ao entender que o traço principal do estado de natureza é a ausência de lei.⁶⁷ A passagem para o estado civil, que se dá através do contrato, implica uma mudança na forma, mas não na matéria da posse, que já estava assegurada provisoriamente pelo direito natural. Assim, é necessário clarificar a ideia de contrato (*contractus originarius* ou *pactum sociale*). Parece não restar dúvidas sobre seu *status* – histórico ou racional -, porquanto Kant assinala que não se trata de um fato, mas uma *mera ideia* da razão que tem, todavia, realidade prática, qual seja, a de obrigar a todo legislador que expeça suas leis como se estas *pudessem* haver emanado da vontade unida de todo um povo, e a que considere cada súdito, na medida em que este queira ser cidadão, como se este houvesse expressado seu acordo com uma tal vontade.⁶⁸ A ideia de contrato serve como modelo de perfeição para sistematizar a experiência, não estando destinado a constituí-la, mas a regulá-la,⁶⁹

moral. Não é estranho que as atuais teorias morais procedimentais pretendam ser herdeiras do contratualismo kantiano, na medida em que a noção de imparcialidade constitui o núcleo de uma razão prática, que se expressa na moral, no direito e na política (cf. Adela Cortina Orts, ob. cit., LXV; cf. também *Gemeinspruch*, Segunda Parte, *Contra Hobbes*).

63. Quando se refere aos deveres jurídicos, estabelecendo sua divisão geral em internos e externos, Kant recorre às fórmulas clássicas de Ulpiano (*honeste vivere, alterum non laedere, suum cuique tribuere*), dando-lhes o sentido que, segundo ele, originalmente tiveram. O *pactum unionis civilis* está ligado aos deveres jurídicos. À terceira fórmula de Ulpiano Kant dá este sentido: "Entra em um estado no qual possa assegurar-se a cada um o que é seu frente aos demais" (*Rechtslehre*, p. 344, AB 43, 44). A interpretação kantiana das regras de Ulpiano ressalta que o seu significado deve encerrar-se em um imperativo categórico. Ver nosso *Manual de Filosofia Geral e Jurídica*, cit., p. 147.

64. Cf. *Leviatã*, Cap. XIII.

65. Cf. *Segundo Tratado do Governo*, Cap. II.

66. Cf. *De Iure Naturae et Gentium*, II, 7, *apud* Guido Fassò, *Historia de la Filosofia del Derecho*, 2.

67. "É verdade que o estado de natureza [...] era, isso sim, um estado desprovido de Direito (*status iustitia vacuus*) [...]" (*Rechtslehre*, § 44).

68. *Gemeinspruch*, Segunda Parte, Conclusão.

69. Sobre princípios constitutivos e reguladores, ver nosso *10 Lições sobre Kant*, pp. 124-125, nota 156.

o que é reforçado pelas *Reflexionen*: "O contrato social é a regra e não a origem da constituição estatal. O contrato social não é o *principium* da fundamentação do Estado, mas o da administração do Estado e contém o ideal da legislação, do governo e da justiça pública".[70] Por isso, fala-se do contrato social como uma quarta formulação (acrescida às três fórmulas secundárias da *Grundlegung*) do imperativo categórico, que afeta diretamente o soberano.[71] A filosofia moral de Kant culmina, pois, com a política, que é a *doutrina executora do direito*.[72]

Abreviaturas usadas

Bd	Band (tomo, volume)
Gemeinspruch	Über den Gemeinspruch: Das mag in der theorie richtig sein, taugt aber nicht für die Praxis (Sobre o ditado: talvez isto seja correto em teoria, mas não serve para a prática)
Grundlegung	Grundlegung zur Metaphysik der Sitten (*Fundamentação da Metafísica dos Costumes*)
Idee	Idee zu einer allgemeinen Geschichte in weltbürgerlicher Absicht (*Ideia de uma História Universal do Ponto de Vista Cosmopolita*)
KpV	Kritik der praktischen Vernunft (*Crítica da Razão Prática*)
KrV	Kritik der reinen Vernunft (*Crítica da Razão Pura*)
KU	Kritik der Urteilskraft (*Crítica da Faculdade do Juízo*)
MdS	Die Metaphysik der Sitten (*A Metafísica dos Costumes*)
Prolegomena	Prolegomena zu einer jeden künftigen Metaphysik, die als Wissenschaft wird auftreten können (*Prolegômenos a toda Metafísica Futura que Queira Apresentar-se como Ciência*)
Rechtslehre	Metaphysische Anfangsgründe der Rechtslehre (*Princípios Metafísicos da Doutrina do Direito*)
Tugendlehre	Metaphysische Anfangsgründe der Tugendlehre (*Princípios Metafísicos da Doutrina da Virtude*)
ZeF	Zum ewigen Frieden. Ein philosophischer Entwurf (*À Paz Perpétua. Um Projeto Filosófico*)

70. *Reflexionen zur Rechtsphilosophie*, n. 7734, *apud* Adela Cortina Orts, cit., LXIII.
71. Cf. A. Philonenko, *Théorie et Praxis dans la Pensée Moral et Politique de Kant et de Fichte en 1793*, Paris, 1968, pp. 52-53, *apud* Adela Cortina Orts, cit., LXIII.
72. *ZeF*, Bd. 9, B 69, 70, 71, 72. Cf. *A Paz Perpétua e outros Opúsculos*, Apêndice I, 2008, p. 163, que traduz: *teoria do direito aplicado*.

Bibliografia

AFTALIÓN, Enrique R., OLANO, Fernando García, e VILANOVA, José. *Introducción al Derecho*. Buenos Aires: Cooperadora de Derecho y Ciencias Sociales, 1972.

BENNETT, Jonathan. *La Crítica de la Razón Pura de Kant*, 2: *La Dialéctica*. Madrid: Alianza, 1981.

BOBBIO, Norberto. *Direito e Estado no Pensamento de Emanuel Kant*. Brasília: UnB, 1984.

BOROWSKI, L. E., JACHMANN, R. B., e WASIANKI, E. A. *Kant Intime*. Paris: Bernard Grasset, 1985.

BOUTROUX, Émile. *Kant*. Lisboa: Inquérito, 1983.

CORTINA ORTS, Adela. *Estudio Preliminar a la Metafísica de las Costumbres*. Madri: Editorial Tecnos, 1989.

FASSÒ, Guido. *Historia de la Filosofía del Derecho*. Madrid: Pirámide, 1982.

GOYARD-FABRE, Simone. *Kant et le Problème du Droit*. Paris: Librairie Philosophique J. Vrin, 1975.

_____. *La Responsabilité Selon Kant*. Archives de Philosophie du Droit. Paris: Sirey, 1977.

GRÓCIO, Hugo. *Del Derecho de la Guerra y de la Paz*. t. I. Madrid: 1955.

_____. *O Direito da Guerra e da Paz*. 2 vols. Ijuí/RS: UNIJUÍ, 2005.

HESSEN, Johannes. *Teoria do Conhecimento*. Coimbra: Arménio Amado, 1980.

HOBBES, Thomas. *Leviatã*. Coleção "Os Pensadores", vol. XIV. São Paulo: Abril Cultural, 1974.

KANT, Immanuel. *A Paz Perpétua e outros Opúsculos*. Lisboa: Edições 70, 2008.

_____. *Werke in Zehn Bänden*. Darmstadt, hrsg. Von Wilhelm Weischedel, Wissenschaftliche Buchgesellschaft, 1956: Band 3: *Kritik der reinen Vernunft*, Erster Teil. 4: *Kritik der reinen Vernunft*, Zweiter Teil. 5: *Prolegomena. Logik*. 6: *Grundlegung zur Metaphysik der Sitten. Kritk der praktischen Vernunft*. 7: *Die Metaphysik der Sitten. Die Religion innerhalb der Grenzer der blossen Vernunft*. 8: *Kritik der Urteilskraft*. 9: *Idee zu einer allgemeinen Geschichte in weltbürgerlicher Absicht. Beantwortung der Frage: Was ist Aufkärung? Über den Gemeinspruch: Das mag in der Theorie richtg sein, taugt aber nicht für die Praxis. Zum ewigen Frieden. Ein philophischer Entwurf.*

_____. *Die Metaphysik der Sitten*. Suhrkamp Taschenbuch Wissenschaft, 190, Bd. 8, 5 Aufl., hrsg. Von W. Weischedel, 1982.

_____. *Lecciones de Ética*. Barcelona: Crítica, 1988.

_____. *Anthropologie du Point de Vue Pragmatique*. Paris: Librairie Philosophique J. Vrin, 1970.

_____. *Opuscules sur l'Histoire*. Paris: Flammarion, 1990.

_____. *Grundlegung zur Metaphysik der sitten*, hrsg. Von Karl Vorländer, Der philosophischen Bibliotek, Bd. 41, Hamburg, 1965.

_____. *Métaphysique des Moeurs*. Paris: Librairie Philosophique J. Vrin, 1979.

_____. *La Metafísica de las Costumbres*. Madrid: Tecnos, 1989.

_____. *A Metafísica dos Costumes*. Lisboa: Fundação Calouste Gulbenkian, 2005.

LEITE, Flamarion Tavares. "A responsabilidade em Kant e Lévinas". *Nomos*, Revista dos Mestrados, Fortaleza, vols. 9-10, 1991.

_____. "O *cogito* em Kant e Husserl". *Revista Brasileira de Filosofia*, vol. XXXIX, fasc. 166, São Paulo, 1992.

_____. *O Conceito de Direito em Kant*. São Paulo: Ícone, 1996.

_____. *Os Nervos do Poder: uma Visão Cibernética do Direito*. São Paulo: Max Limonad, 2001.

_____. "Complexidades Desvendadas" (entrevista). In *Filosofia, Ciência e Vida*, n. 12. São Paulo: Escala, 2007.

_____. *Manual de Filosofia Geral e Jurídica: das Origens a Kant*. 3ª ed. Rio de Janeiro: Forense, 2011.

_____. *10 Lições sobre Kant*. 5ª ed. Petrópolis/RJ: Vozes, 2011.

LOCKE, John. *Dois Tratados sobre o Governo*. São Paulo: Abril Cultural, 1978.

PASCAL, Georges. *O Pensamento de Kant*. Petrópolis: Vozes, 1985.

THOMASIUS, Christian. *Fundamenta Iuris Naturae et Gentium*. Trad. esp. Salvador Rus Rufino y Ma. Asunción Sánchez Manzano. Madrid: Tecnos, 1994.

Capítulo XI
ALÉXIS DE TOCQUEVILLE:
UM ENFOQUE HISTÓRICO

FRANCISCO BILAC MOREIRA PINTO FILHO

1. Explicação. 2. Família. 3. Ambiente europeu. 4. A economia francesa antes de Tocqueville. 5. Traços da situação francesa à época de Tocqueville. 6. Liberalismo aristocrático. 7. Viagem à América. 8. A desigualdade virtuosa. 9. Atomismo democrático. Materialismo. 10. O problema da democracia e o socialismo. 11. Igualdades diferentes. Liberdade?

1. Explicação

Aléxis de Tocqueville foi magistrado, político, escritor, filósofo, sociólogo e historiador. Homem público polivalente, com uma percepção aguda da vida política de seu país. Foi biografado e analisado por diversos escritores. Encarna um liberalismo conservador que ainda esparge forças sobre muitos liberais de nossos tempos.

Era um pensador *avant-garde*. Percebeu como seu povo estava despreparado para o novo regime que violentamente se instaurara em 1789. Seu povo não desataria as amarras de séculos de monarquia centralizada. Este povo quis a igualdade, mas tolheu a liberdade. Espalhou pelo mundo a quimera de princípios que em seu próprio território eram desrespeitados.

O terror e o regime bonapartista foram os principais atores da incongruência de 1789. Nesse caldo de despreparo do povo francês para a democracia, Tocqueville vai analisar e concluir, principalmente em suas três majestosas obras,[1] por que o povo francês não conseguia desvencilhar-se de um passado monárquico e abraçar a república igualitária.

---

1. *Democracia na América*, *Lembranças de 1848* e *O Antigo Regime e a Revolução*. As edições consultadas de suas obras: *A Democracia na América – Leis e*

A presente contribuição à nossa obra é dirigida a uma análise centrada na história francesa, com um exame crítico sobre a dicotomia que tanto o atormentou – liberdade e igualdade.

Focamos, nas três obras citadas, mais uma vez dentro de um concerto histórico-analítico-sociológico, a análise desses princípios.

O objetivo não foi o ineditismo. Nossa intenção é apenas colocar o leitor ciente da real situação do Reino francês. O exame do ambiente, da época e dos homens que governaram a França nos ajuda a entender a tendência descritiva e analítica das obras de Tocqueville.[2]

Se o leitor procura uma análise pormenorizada das obras de Tocqueville e de suas ideias, nossa contribuição não lhe satisfará. Se o objetivo é conhecer o momento pelo qual Tocqueville passou e viveu, e a França do século XIX, talvez possa ter algum contentamento.

2. *Família*

Nosso Aléxis de Tocqueville nasceu na Paris napoleônica em 1805, filho de Hervé de Tocqueville e Louise-Madeleine Le Peletier de Rosanbo. Seu pai exerceu alguns cargos políticos durante o período napoleônico e na Restauração.[3] Hervé de Tocqueville nasceu em 1772 e aos treze anos de idade se tornou órfão. Foi educado pelo abade de Lesueur e aos quinze anos já era tenente no Regimento de Vexin.

Sua carreira foi interrompida pela eclosão da Revolução. O pai de Tocqueville foi autor de uma autobiografia, *Memórias*, da qual se tem registro que apenas os capítulos dedicados à descrição do período

Costumes, vol. I, 2ª ed., São Paulo, Martins Fontes, 2005; *A Democracia na América – Sentimentos e Opiniões*, vol. II, 1ª ed., 2ª tir., São Paulo, Martins Fontes, 2004; *Lembranças de 1848*, São Paulo, Companhia das Letras, 1991; *O Antigo Regime e a Revolução*, Lisboa, Editorial Fragmentos, 1989.

2. Um enfoque mais minudente sobre as obras de Tocqueville, em seus aspectos sociológico e filosófico pode ser encontrado em um excelente trabalho escrito por Marcelo Gantus Jasmin (*Aléxis de Tocqueville – A Historiografia como Ciência da Política*, 2005).

3. Em 1804, ele foi nomeado prefeito de *Verneuil-sur-Seine*. Apesar de agraciado pela era napoleônica com este cargo, Hervé de Tocqueville sempre se demonstrou hostil ao regime bonapartista. Era na essência um legitimista e durante o exercício do cargo manteve conversações secretas com o Conde de Artois, irmão de Luís XVI, para preparar o retorno dos Bourbons. Juntamente com um de seus filhos, Hipólito de Tocqueville, Hervé se inscreveu na cavalaria francesa para participar das manifestações pelo retorno dos Bourbons. Em decorrência de sua fidelidade aos legitimistas, em 18 de junho de 1814, ele foi nomeado prefeito de *Maine-et-Loire*.

revolucionário foram publicados, em especial a época do Terror. Foi simpático ao movimento no início, mas acabou se decepcionando com a ação dos robespierristas.

Ao contrário do resto de sua família, que se exilou em Bruxelas, Hervé esteve na cidade apenas durante um mês e retornou para fazer parte da guarda constitucional que protegia o rei quando cativo no Palácio Real em Paris.[4] Após a execução do Rei, seu preceptor, o Abade de Lesueur, arranjou-lhe um casamento com Louise-Madeleine Le Peletier de Rosanbo. A mãe de Aléxis era neta do político de Estado francês Malesherbes, *Chrétien Guillaume de Lamoignon de Malesherbes*, um nobre iluminado que tentou verter suas luzes aos reinados de Luís XV e Luís XVI, mas foi freado pela cegueira radical da nobreza que via nos éditos reais um desafio aos seus direitos centenários.

O pai de Tocqueville foi muito bem acolhido na sua nova família. Malesherbes, durante o reinado dos Luíses (XV e XVI), no momento da Grande Revolução e nos anos posteriores, foi um político de importância inegável. Defendia uma abertura maior da Monarquia absoluta a algumas regras mais transparentes e justas, mas foi desde o início combatido por seus próprios colegas, membros do Parlamento de Paris.[5]

Malesherbes descendia de uma família pertencente à nobreza de robe, a nobreza encarregada dos procedimentos judiciais do Reino. Seu pai, *Guilherme II de Lamoignon*, e ele próprio, ocuparam vários cargos de destaque durante o reinado de Luís XV (1715–1774).

Com a morte de Luís XV e a ascensão de Luís XVI, Malesherbes deixou o Parlamento de Paris instado por seu grande amigo Turgot, conselheiro das finanças do Reino, que desejara compartilhar com Malesherbes a administração. Malesherbes aceitou o encargo com relutância e passou a ocupar a Casa do Rei (*Maison du Roi*), uma espécie de Casa Civil e Ministério do Interior que tratava de assuntos administrativos do Reino e ficava responsável pela administração de Paris e províncias. Era um homem culto, que lia e se relacionava com os novos enciclopedistas que surgiram a partir da metade do século XVIII. Muitas de suas ideias eram reflexo dos pensamentos desses enciclopedistas e dentro do coletivo nobiliárquico era reconhecido como um homem ponderado de ideias avançadas.

Não suportou os revezes e as tentativas que o Parlamento de Paris e muitos nobres, inclusive da própria família real, empreendiam para

---

4. Hoje onde se encontra o Museu do Louvre.

5. Quando o Rei Luís XVI assumiu o trono, em 1774, o Parlamento de Paris foi reaberto e Malesherbes tornou-se presidente da *Cours des Aides*.

refrear a modernização do reinado de Luís XVI. Ele, e depois Turgot, renunciaram a seus cargos e se foram.

Com a chegada da Grande Revolução (1789), Malesherbes exilou-se em suas propriedades. Só retornou à vida de Paris quando o rei foi preso e a República proclamada. Destemido, ofereceu-se para ser advogado do rei. Tiveram excelentes colóquios durante o cativeiro de Luís XVI e o rei sempre demonstrou gratidão por sua coragem e por tê-lo perdoado pelos erros cometidos no início de seu reinado. Malesherbes jamais demonstrou remorso por não ter sido compreendido quando ainda acreditava que a Monarquia poderia ter sido salva. A condenação à morte era evidente e o rei e Malesherbes encenaram convicções para uma assembleia hostil e, sobretudo, para que as consciências radicais e os livros de história maquiassem um julgamento justo para a cabeça coroada.

A guilhotina sobre a cabeça de um Bourbon não foi suficiente aos sanguinários. Em 1794 levaram Malesherbes, sua filha e um neto também para a guilhotina.

O pai de Tocqueville, Hervé de Tocqueville, juntamente com sua mulher, foram presos logo após as execuções dos Malesherbes. Era a época do terror feroz dos sanguinários robespierristas. Alega-se que a prisão do pai de Tocqueville foi única e exclusivamente em razão de seu parentesco com Malesherbes.

Seus pais foram salvos pelo 9 Thermidor (27 de julho de 1794), quando ocorreu uma reação à sistematização sanguinária que fora imposta por Robespierre e seu Comitê de Segurança Pública. A Convenção Nacional determinou a prisão de Robespierre e de seus seguidores, que daí a pouco seguiriam os mesmos destinos das cabeças coroadas rumo à guilhotina, mas deste ponto em diante a Revolução começa a se exaltar menos e dar respaldo aos mais moderados.

Em outro ato da Convenção Nacional, as prisões de Paris foram esvaziadas. Ali se encontravam muitos vagabundos, alguns deputados anti-robespierristas e, sobretudo, muitos nobres, vítimas da perseguição do terror. Este ato da Convenção salvou os pais de Tocqueville do mesmo destino de tantos outros nobres: a morte pela guilhotina.

São as lembranças deste ambiente conturbado que vão marcar o início da formação do jovem Aléxis. O sofrimento de seus ascendentes e de toda a classe a que pertencia marcaria as ideias de Tocqueville por toda a sua vida. Até mesmo pouco antes de morrer, ele lutou para tentar compreender e explicar a Grande Revolução de 1789, com a publicação de seu clássico *O Antigo Regime e a Revolução*, em 1856. Tocqueville morreria em 1859.

3. Ambiente europeu

Para se entender melhor as ideias de Tocqueville e até mesmo o momento culminante a que chegou o Reino francês, é importante que conheçamos alguns fatos pretéritos e a organização social e econômica europeia, sobretudo a francesa.

A mudança que se deu no sistema de produção de riquezas do mundo se explica pela vagarosa revolução que se iniciava nas terras inglesas e, posteriormente, no próprio Reino francês, o que caracterizou a modificação do modo de produção dos gêneros básicos que a população europeia usufruía.

O que conhecemos como Revolução Industrial, que alguns historiadores delimitam como início os idos de 1750, começou um pouco antes e seu marco em um ano preciso não é possível. Foi uma revolução vagarosa que foi adquirindo força com o passar das décadas e encontrou em solo inglês um ambiente mais propício para o seu desenvolvimento, já que muitas das amarras e desentendimentos entre as classes feudais inglesas já haviam sido quase completamente resolvidos com a Revolução Gloriosa de 1688-1689. Além do que, os nobres ingleses eram os grandes contribuintes de tributos do Reino, ao contrário do que se passava na França, c foram impelidos desde muito cedo a melhorar sua produtividade agrícola para poder sobreviver.

O ambiente propício se inicia antes, por volta do século XVI. O velho costume feudal que os servos tinham de pastorear suas rezes nas terras comuns dos senhores começava a se modificar. Por algum processo que não tem uma única explicação, neste século os proprietários ingleses começam a cercar com mais intensidade suas terras e impedir que os antigos servos pastoreassem suas rezes e cultivassem suas lavouras.[6] Como consequência deste movimento, por terem à disposição mais terras, os proprietários ingleses passam a produzir mais e acumular capital.

---

6. "Na Inglaterra o movimento conhecido como 'Cercamento' começou no século XII e tomou forças no período de 1450-1640, quando o propósito dos proprietários era aumentar a oferta das terras aráveis. Uma nova onda de 'Cercamento' ocorreu no período de 1750 a 1860, na esteira do desenvolvimento de uma agricultura de eficiência. Ao final do século XIX o processo de 'Cercamento' nas terras comuns na Inglaterra estava completo" ("Enclosure", *Encyclopædia Britannica*, acesso em 4.3.2012, in *www.britannica.com/eb/article-9032595*).

O movimento de acumulação de terras tem duas consequências bem conhecidas por nós. O primeiro é a crescente migração de muitos camponeses e homens livres para as novas colônias americanas. O outro é o aumento populacional das cidades do Reino.

A maior riqueza permitiu que o homem inglês não se limitasse a ilhas de subsistência. Os proprietários rurais passam a produzir para si e para outros mercados. Essa disseminação de mercadorias agrícolas pelo Reino ajudou no aumento populacional das cidades. Não era mais preciso pertencer ou ter relação com um nobre para comer e se vestir. Bastava ter dinheiro, que os itens de necessidade básica podiam ser encontrados nos mercados das cidades inglesas.

A acumulação de terras pelos nobres senhores induz à busca por uma maior produtividade. Nas grandes propriedades rurais inglesas surgem os primeiros inventos que traçariam um novo rumo de produtividade na produção.[7]

O aumento populacional nas cidades obrigou também os citadinos a investir em invenções domésticas que permitissem a alimentação e manutenção de toda a casa. A Revolução Industrial começa com uma revolução doméstica.

A Revolução Industrial não foi abrupta. Ela é fruto de um longo processo que culminará na produção em série dos bens. Mas alguns fatores, em especial, permitiram que os ingleses tivessem a vanguarda. O crescimento da população urbana forçou a elevação no suprimento de alimentos dirigidos às cidades; criou-se um mercado doméstico em expansão tanto para a agricultura quanto para a indústria, que acabou encorajando a criação de novas máquinas e estradas; a migração dos huguenotes perseguidos no continente que acabaram por trazer suas riquezas para o solo inglês;[8] e a queda do gabinete de Walpole (1742) que deslanchou o início de várias guerras que teriam a participação dos ingleses.[9]

7. "Foi principalmente nas fazendas extensas que a tecnologia agrícola avançou. A motivação do lucro aproveitou muitas terras incultas, disciplinou o trabalho para uma maior eficiência, estimulou a invenção de novas ferramentas e métodos, promoveu experiências na criação de animais e favoreceu o trabalho de drenagem dos pântanos, de contenção da erosão e limpeza das matas. Entre 1696 e 1795 cerca de 800 mil hectares foram incorporados à área cultivada da Inglaterra e do país de Gales" (Will Durant, *História da Civilização Ocidental, a Era de Voltaire*, vol. IX, p. 42).

8. A primeira máquina de fiar foi criada por um descendente de huguenote em 1738.

9. Há um período de grande paz para o Reino inglês marcado pelo governo de Robert Walpole, que vai de 1721 a 1742, com a sua dispensa. Já no governo seguinte de Henry Pelham, amigo e indicado ao Rei pelo próprio Walpole, a Ingla-

A nova realidade da produção em série de mercadorias e a produção em excesso dos gêneros alimentícios faz surgir no horizonte a figura do burguês, aquele que vai organizar a produção e a comercialização dos produtos. Ele será responsável pela contratação da mão-de-obra, sua qualificação, a compra da matéria-prima, a compra e a manutenção da máquina que produz e, por fim, a comercialização do produto. O burguês cresce em importância na sociedade. Ele começa a ser ouvido e a emitir opiniões.

Forma-se assim na cidade, aos poucos, o que conheceríamos posteriormente como burguesia; homens que exploravam seu próprio negócio. Alguns migraram do campo e mudaram seus modos de vida feudais para a produção de mercadorias nas cidades, mas a maioria era constituída pelos próprios citadinos que viram no movimento uma forma de sobreviver e enriquecer.

Ao lado da burguesia começa a crescer a classe que trabalha para ela. O camponês que veio do campo passa a trabalhar na cidade e precisa se alimentar, se vestir, ter um teto e ter condições de sobreviver. As condições iniciais de trabalho na Inglaterra do século XVIII eram as piores possíveis.[10] Daí surgem as contestações e os movimentos de organização dos trabalhadores por melhores condições de trabalho.

Nesse caldo nutritivo de máquinas e homens vão surgir as primeiras ideias de contestação ao domínio da nova classe – a burguesia –, e na França, ainda muito feudal, surgirão as primeiras contestações à desigualdade entre os homens. Por que nobres e servos? Por que alguns pagavam tributos e outros não? Por que alguns tinham terras e outros não conseguiam ter?

Essas questões formaram o ambiente de contrariedades e altercações da classe que se formava nas cidades europeias. Por serem numerosos, entenderam que deveriam ser ouvidos e deveriam ter voz. Não

terra volta a interferir nos assuntos do continente e participa da Guerra da Sucessão austríaca (1740-1748).

10. "O dia normal de trabalho era de 11 a 13 horas, seis dias por semana; esse longo período era interrompido por uma hora e meia para refeições; mas aqueles que se demorassem indevidamente fazendo suas refeições eram multados de um quarto do pagamento de uma diária. Os empregadores queixavam-se de que seus trabalhadores interrompiam o trabalho para comparecerem a feiras, lutas de boxe, enforcamentos ou festas religiosas. Para se protegerem contra estas e outras irregularidades, os empregadores gostavam de ter uma reserva de trabalhadores desempregados na vizinhança a quem podiam recorrer nas emergências ou em tempo de demanda acelerada" (ob. cit., p. 49).

demoraria muito para que, além de serem ouvidos, eles quisessem também começar a decidir os seus próprios rumos.

Para entender um pouco dessa mentalidade reivindicadora é importante que lancemos mão da história, sobretudo da história que o próprio Tocqueville vai analisar: o passado próximo da França, antes de nosso Autor começar a participar da vida pública do Reino.

4. A economia francesa antes de Tocqueville

Nos primórdios deste movimento, que depois veio a se caracterizar como Revolução Industrial, a França ainda era um Reino feudal. No início do século XVIII, a França tinha cerca de dezenove milhões de camponeses. Havia entre esses, uma minoria que era proprietária de terras, mas a maioria trabalhava em terras senhorias, reais ou eclesiais.

Os camponeses tinham direito ao livre trabalho nas terras de seus senhores, mas o que lhes restava era muito pouco. Do que colhiam, deveriam pagar o arrendamento ao senhor, o décimo (*la dîme*), que era um tributo dirigido à Igreja, a *taille royal* e a necessidade de se preservar um terço das sementes para serem plantadas na safra seguinte.[11]

As terras francesas eram divididas entre proprietários, nobres e o rei. O rei era o maior proprietário. No século XVII acredita-se que a Casa Real possuía mais de sessenta por cento das terras disponíveis. Os proprietários não nobres eram a classe que mais crescia em importância no século. Procuravam desenvolver suas técnicas de agricultura e sua real intenção era, em pouco tempo, adquirir uma titulação nobiliárquica ou servir ao rei, de alguma forma, com o mesmo objetivo. Abaixo da classe de proprietários não nobres existia ainda outra de proprietários de pequenas porções de terra constituída por ex-camponeses (os *free-*

---

11. O *Décimo* tem suas origens em passagens bíblicas (*Gênesis*, XIV, 20 e XXVIII, 22). Sua origem é o século IV d.C. Ele variava por todo o Reino francês em percentual, mas, segundo as regras da tradição, era o primeiro tributo a ser pago pelo camponês até mesmo antes do tributo real. A *Taille royal* tem sua origem no século IX quando era cobrada pelos senhores feudais em troca de proteção aos seus servos. Mas como tributo estatal foi instituída em 1439, em decorrência da Guerra dos Cem Anos. Os Estados Gerais reunidos em Orleáns em novembro daquele ano permitiriam que o Rei Carlos VII passasse a cobrar este novo tributo todos os anos. A *Taille royal* variava de província a província e, além disso, era arbitrária. A autoridade fiscal ou quem ela indicasse podia determinar o percentual a ser cobrado da população da comuna. O tributo só será abolido na Grande Revolução (Fonte: *Enciclopédia Wikipedia*, verbetes: "Dîme" e "Taille (impôt)" – *http://fr.wikipedia.org/wiki/D%C3%AEme* e *http://fr.wikipedia.org/wiki/Taille_%28imp%C3%B4t%29*; acessados em 29.2.2012).

men). Esses, além de suas próprias terras, arrendavam aos nobres outras terras improdutivas e, por sua vez, também arrendavam a proprietários mais pobres as suas próprias terras. Ainda neste século existia o mecanismo de juramento e fidelidade a um senhor.

A agricultura francesa, ao contrário da inglesa, não se modificou muito no século que antecedeu o nascimento de Tocqueville. Permanecia a mentalidade conservadora entre os nobres rurais e pequenos proprietários. Alguns traços de industrialismo surgiam vagarosamente nas cidades. No campo, os proprietários, com o pouco capital que acumulavam, dirigiam-no à aquisição de mais terras. Essas terras nem sempre podiam ser cultivadas em decorrência das técnicas pouco desenvolvidas com que ainda trabalhavam.

O sistema fiscal francês era quase completamente baseado na coleta de impostos sobre as terras rurais e a comercialização de seus produtos. Com técnicas pouco desenvolvidas, e na eventualidade de condições climáticas adversas, as colheitas eram ruins e o preço dos produtos subia muito. Muitas vezes esses períodos eram aproveitados por grandes proprietários mal-intencionados para reterem mais estoque de seus produtos à espera da alta de preços.

Numa população de maioria pobre, "comer" era o objetivo essencial de suas vidas. Com a alta de preços, os recursos dos mais pobres eram dirigidos da compra de manufaturas para a compra dos itens de subsistência. Isto também afetava a arrecadação do Reino, já que aos poucos a indústria incipiente começava a pagar seus tributos.

No declínio arrecadatório, o Reino francês vertia seus tentáculos sobre a parte mais frágil. Os pequenos proprietários eram instados a pagar mais impostos e os sistemas de fiscalização e arrecadação eram acirrados para tirar dos recalcitrantes o que pudessem pagar. Como era comum, os proprietários nobres pagavam bastante menos impostos que os pequenos proprietários, quando efetivamente fosse o caso de pagarem. Esta política de desigualdade tributária, aliada ao monopólio de grandes proprietários que conseguiam reter seus estoques aguardando as altas de preços, acabava por indispor fortemente a classe trabalhadora agrícola contra as autoridades reais.

Outros fenômenos que se verificam na França no século XVIII, por volta dos anos de 1730-1750, são o aumento populacional e o incremento na idade média de vida do francês, apesar de uma mortalidade infantil ainda significativa.[12] Esta sobrevida maior do súdito ocasiona

12. André Bourde, "Dilemmes de l'Ancien Régime", *Histoire de la France des Origines à nos Jours*, pp. 478-479.

complicações no direito sucessório, já que mais filhos dos camponeses e dos pequenos proprietários tendem a desejar ter suas próprias terras, e o que era insuficiente para um, passa a ser miserável para três ou quatro. Neste período vigoram salários muito baixos para o campesinato, desemprego e formação de quadrilhas de ladrões pelos *chemins* franceses.

É característico deste período também o surgimento da Escola Fisiocrata que acreditava primordialmente que a riqueza das nações vinha do setor primário, agrícola e pecuário, e não do mercantilismo já solidificado em várias nações europeias.[13] Este enfoque fisiocrata estimulava as autoridades fiscais a verterem seus esforços sobre o setor primário para efeitos de arrecadação. Era outro fator que corroborava a insatisfação do camponês e do pequeno proprietário, pois se sentiam os provedores de uma nação rica, onde muitos nobres nada pagavam.

A sede do Reino pela arrecadação aumenta com as alianças feitas por Luís XV com a Casa de Áustria. Há muitas décadas seu bisavô apoiara os pequenos reinados prussianos contra o crescente poder Habsburgo, mas Luís XV e seus asseclas deram uma guinada nas relações internacionais francesas e se aliaram aos austríacos para lutar contra a Inglaterra e os prussianos. A conhecida Guerra dos Sete Anos ocasionou vários desastres para a França, sobretudo em gastos com armamentos e deslocamento de tropas para ajudar um aliado que já demonstrava decadência e perda de vigor. Com o Tratado de Paris de 1763, a França perde suas colônias na América do Norte e no oeste da Índia. O rei desagrada seus súditos com guerras perdidas e aumento de tributos.

5. Traços da situação francesa à época de Tocqueville

A Revolução havia terminado com a maioria dos privilégios que os grandes proprietários, os nobres e a Igreja tinham em relação ao pagamento de impostos. Ela terminara com os tributos medievais que vimos antes, além de ter posto fim também ao sistema de ligas (*jurandes*).[14]

13. Os maiores fisiocratas do século XVIII foram Richard Cantillon, um banqueiro irlandês que vivia na França e editou sua obra sobre a riqueza provinda da natureza, *Essai sur la Nature du Commerce en Général* (1756). Teve como seguidores dois franceses Jean Vincent e François Quesnay. A Escola fisiocrata se opunha aos mercantilistas que acreditavam que as rendas do Reino deveriam vir de um comércio exterior forte e de uma acumulação de metais preciosos que dessem lastro às moedas nacionais.

14. Toda a atividade comercial era organizada por grandes associações de profissionais, as *guildas*. Qualquer artesão e comerciante só podia exercer suas

Durante o final da monarquia e a era revolucionária mais radical, as finanças francesas estavam completamente desordenadas. A expropriação de terras eclesiais e de muitos nobres permitiu ao governo revolucionário conseguir dinheiro para manter seu aparato e preparar um exército, já que a aliança das potências estrangeiras para invasão do território francês era iminente.

Obviamente que, além do próprio Reino francês, muitos atravessadores fizeram fortunas com o confisco e posterior venda das propriedades das classes mais afetadas. Muitos intermediavam as vendas, outros simplesmente se apropriavam do que o nobre ou o membro eclesiástico haviam deixado para trás na fuga para o exterior. Desta forma, surgem alguns empreendimentos industriosos e mesmo alguns novos grandes proprietários que haviam se apoderado de terras esquecidas.

Durante o reinado de Luís XVI e a era revolucionária, a principal atividade industrial francesa era a indústria têxtil. Essa indústria representava a maior parte do produto nacional francês, depois dos produtos agrícolas. Em algumas regiões francesas, a revolução trouxe instabilidade e uma queda na produção. Na região de Valenciennois a produção cai em um terço e não se recupera senão após vinte anos. A produção de linho cai em 35% de 1789 a 1810.[15]

Todas as hostilidades declaradas contra o Reino, depois República francesa, fazem com que as importações sejam dificultadas, quando não proibidas. Faz-se na Europa uma coalizão anti-francesa. As medidas de retaliação, por sua vez, obrigam os muitos industriais franceses a serem criativos e a substituírem as matérias-primas importadas por similares franceses.[16]

O esforço de guerra permitiu que muitos industriais tivessem esperança de recuperação. O fato de uma nova filosofia política podia significar, como dissemos, a troca de fortunas antigas por novos proprie-

---

atividades se fosse autorizado pela associação a que pertencia. No início de seu reinado, Luís XVI, num plano apresentado por seu Controlador-Geral de Finanças, M. Turgot, aboliu as *jurandes*, mas as resistências foram tão grandes que, após a queda de Turgot, o sistema foi restabelecido, embora com modificações. Ele foi definitivamente abolido em 1791.

15. Denis Woronoff, "L'industrialisation de la France de 1789 à 1815 – Un Essai de Bilan", *Revue Économique*, vol. 40, n. 6, pp. 1.047-1.060, ano 1989.

16. Alguns números são contraditórios à situação geral: a produção de ferro era de 65.000 toneladas em 1789 e passa a 100.000 toneladas em 1809 e recua em 1810-1811 para 75.000 toneladas. A produção de carvão, na região de Anzin, era de 300.000 toneladas em 1789 e cai para 65.000 toneladas em 1794. Dobra em 1795 e chega a 248.000 toneladas em 1799 (ob. cit., pp. 1.050-1.051).

tários, e nem sempre o maior beneficiário foi o Reino francês, quem, primariamente, havia "confiscado" os bens dos nobres e da Igreja. Em muitos casos, nobres proprietários que há gerações eram industriais, foram tratados como se fossem apenas da classe rural e sofreram expropriações.[17]

A formação de focos industriais já começara no início do reinado de Luís XVI. A necessidade de abastecimento desta mão-de-obra faz com que se verta a centros determinados a migração da população rural. Nada tão representativo como estava ocorrendo na Inglaterra, mas já se notava o crescimento urbano.

Em algumas cidades começam a se formar bairros exclusivos de trabalhadores que vinham do campo apenas para trabalhar nas novas indústrias. Para esses trabalhadores ainda se tratava de uma nova realidade. Não estavam acostumados a reclamar ou reivindicar direitos. Apesar de todo o movimento revolucionário, muitas províncias francesas haviam apoiado o rei até o último momento, e quando este fora julgado, muitos representantes desejaram a sua deposição e não a sua morte. Identificava-se claramente uma boa dose de conservadorismo nas classes rurais, seja de pequenos proprietários, seja de camponeses.

O relacionamento era cordial entre as classes, mesmo porque a economia francesa ainda era eminentemente agrícola e o maior rancor da população dos campos era contra os nobres e grandes proprietários rurais.

O Reino francês, à época da Revolução, era dos mais populosos da Europa, contava com 28 milhões de habitantes. Estima-se que a França representava um quinto da população europeia, excluída a Rússia. Espanha tinha 12 milhões, Grã-Bretanha, 9 milhões e o segundo Reino europeu era o Império Austro-Húngaro, com 21 milhões.

Paris, contudo, não era a capital mais populosa, tinha cerca de 500 mil habitantes. Londres a superava, já atingia 800 mil súditos; Moscou não chegava a 300 mil, Viena 250 mil e Madrid 150 mil.[18]

A possibilidade de se trabalhar na cidade, para um senhor diferente daquele a que seus pais, avós e bisavós sempre estiveram ligados, não deixava de ser um alento para a dura vida que levavam.

17. Algumas famílias que exploravam o ramo da siderurgia, os Wendel, os Dietrich, foram afetadas pela revolução e depois, no período napoleônico, conseguiram recuperar suas propriedades. Algumas famílias nobres, como os Rochet, na Franche-Comté, e os Combescot, em Perigórd, passaram incólumes pelo período revolucionário (ob. cit., p. 1.055).

18. Paul Bairoch, "L'Économie Française dans le Contexte Européen à la Fin du XVIIIème Siècle", *Revue Économique*, vol. 40, n. 6, p. 941, ano 1989.

Apesar do bom ambiente de entendimento entre a nova classe e os industriais, como ressalta Denis Woronof, a Grande Revolução trouxe à classe trabalhadora uma percepção de classe que tinha "força" e poderia reivindicar direitos, já que lhes reconheceram "cidadania". Apesar desta consciência, ambas as classes souberam estabelecer laços firmes que as vinculavam num esforço comum. Durante mais de cinquenta anos, a partir da Grande Revolução, a relação entre ambos será harmoniosa.

Com o advento das guerras e a crescente demanda por braços guerreiros, ocorria o fenômeno contrário ao que era de se esperar de um Reino que espargia sua migração para as cidades em busca de trabalho. Muitas funções nas novas indústrias eram bastante disputadas pelos patrões e os salários correspondentes sofrem alta perceptível, além de melhores condições de trabalho durante o período das *French Wars*.[19]

Nesta época, nem mesmo com a instauração do Diretório, depois Império e ainda a Restauração, não se fala em consciência "social" da classe trabalhadora. As ideias marxistas são contemporâneas a Tocqueville, mas a principal preocupação de nosso Autor é a democracia enquanto sistema social-democrático e não apenas político. Embora reconhecesse a força da classe operária, como habitantes dos subúrbios e daqueles que vinham de cidades circunvizinhas nas agitações parisienses de 1830 e 1848, ele tem ideia de que o maior princípio tangível nessas demonstrações era o da igualdade. Em suas *Lembranças de 1848*, ele vai relatar os distúrbios em Paris, em junho daquele ano, quando mais de cem mil operários desempregados se uniram na cidade para protestar contra a nova República e reivindicar empregos e pão.

Não se pode ocultar a ocorrência de greves em regiões localizadas. Alguma consciência de luta começa a se formar. Denis Woronoff nos traz notícia de greves durante o período do Diretório em Anzin (1795), em usinas siderúrgicas em Dauphiné, Arège e Nivernais.[20]

Com o esforço de guerra napoleônico e um estado eminentemente militarista, os ânimos contestadores se arrefecem. Era necessário manter a ordem para se poder lutar no exterior. Os sintomas econômicos, apesar da diminuição das exportações francesas, também confirmam

19. Denis Woronoff, "L' Industrialisation de la France de 1789 à 1815...", cit., p. 1.056.
20. Idem, ibidem, pp. 1.056-1.057. Há greves por compra de protetores de ouvidos, pela nomeação pelos próprios operários de seus chefes de atelier. Nas siderurgias, já há a reivindicação de folgas em dias de feriados religiosos.

uma época de estabilidade em decorrência do incremento do mercado interno.[21]

Alguns mercados europeus se abrem às mercadorias francesas em decorrência da ocupação das tropas, outros, pelo contrário, se fecham. A Rússia é um deles, que fecha completamente seu comércio com o império francês a partir de 1810. Alguns estados alemães, ainda que súditos de Napoleão, impunham barreiras alfandegárias.

Há o fenômeno do contrabando. Produtos de várias economias europeias entram no Reino francês na clandestinidade. Os maiores exportadores clandestinos são a Península Itálica e a Inglaterra. Contudo, pelo fato de serem clandestinos, não chegam ao francês a preços módicos. O Império francês também prejudica seus contendores. Napoleão vai incentivar as rotas que trazem produtos do Oriente, sobretudo a rota entre a Salônia e as províncias Ilírias para importação de algodão e exportação dos produtos manufaturados franceses. Este ato acaba por prejudicar os entrepostos de Belgrado, Peste e Viena. Com o Bloqueio Continental, ele procurava impedir o crescimento inglês e sacrificar sua economia até que houvesse a possibilidade de um acordo de paz.

Esses atos imperiais não impedem que os ingleses larguem na frente e desrespeitem a todo o momento o bloqueio napoleônico. A produção industrial inglesa dobra de 1789 a 1815, enquanto o Império francês luta para manter os níveis econômicos de Luís XVI. Tendo em vista o caráter econômico, para analisarmos a França de Tocqueville como potência industrial formadora de uma consciência liberal, o traço positivo econômico que se nota é a construção de um mercado comum entre o Império e os Reinos ocupados (*Zollverein*) e o crescimento do poder de compra dos agricultores franceses pelo incremento do comércio interno.

6. Liberalismo aristocrático

Os traços econômicos de que dispusemos são fortes indicativos de como todos esses avanços e retrocessos econômicos do Reino francês vão influenciar os pensamentos de cientistas franceses e europeus. Com Tocqueville, Burke, Stuart Mill e Jacob Burckhardt vai se formar uma reação liberal conservadora à Grande Revolução. Este movimento

---

21. As exportações de produtos franceses na década que vai de 1781 a 1790 eram de 450 milhões de francos. No período de 1803 a 1812 este número cai para 355 milhões (Louis Bergeron, "L'Empire", in *Histoire de la France des Origines à nos Jours*, p. 573).

é imprescindível para a crescente economia industrial, o que os marxistas depois chamariam de *Capitalismo*. É importante como contrapeso à consciência da grande classe operária que se formava em todas as cidades europeias para refrear seus ânimos, ou pelo menos para contrapor o pensamento dos cientistas sociais-marxistas que vão reivindicar mais revoluções.

O que caracteriza esses pensadores é o desdém que nutrem pelas massas citadinas e pela formação de uma burguesia industriosa. Há o receio de que o materialismo leve a ciência à mediocridade e ao triunfo do individualismo. Esses escritores aristocratas liberais veem o século XVIII como o início da Modernidade e o fim da era de que seus bisavós, avós e pais fizeram parte: a era aristocrática. O Iluminismo e a Grande Revolução já prenunciam as linhas de uma luta por um novo sistema social, político e ideológico. Nesse momento floresce por toda a Europa a classe média, identificada como *classe burguesa* pelos pensadores sociais, que vai dominar todo o século XIX e procurar dominar a cena econômica, política e social para frear os ímpetos da classe que para ela trabalhava: o novo campesinato, o operariado urbano.

Nas ideias desses pensadores percebe-se também o receio pelo Estado centralizado. O seu fortalecimento vinha desde o século XVII e se confirma no século XIX. Eram homens que vieram de uma tradição de economia diversificada e dividida entre os vários burgos que as nações aglomeravam. Os coletores de impostos, quando os importunavam, eram bem mais cordiais em suas cobranças do que o eram naturalmente em relação aos camponeses que compunham os seus burgos. A centralização estatal vai aprimorar o sistema arrecadatório, além de incluir nele as classes que não pagavam tributo. Isto reforça a atitude estatal. Surge certo dirigismo econômico, que não se percebia na economia feudal. Estavam seriamente feridos muitos valores caros a esses pensadores: a liberdade, a individualidade e a diversidade.[22]

Surge o problema de como manter esses valores numa sociedade não só aversa como crescentemente hostil. Enxergavam que a maneira de tornar a nova classe mais participativa e compreensiva à sua nova realidade era por meio da educação. Era preciso que a classe social que se formava entendesse seu lugar e aceitasse sua condição. A preocupação em educar denota traços de humanismo que vão caracterizá-los como cientistas modernos, ao contrário de alguns outros que negavam todas as conquistas revolucionárias. O Humanismo presente nesses pensado-

22. Alan S. Kahan, *Aristocratic Liberalism*, p. 5.

res tem origem clássica e tem base também em conquistas da Revolução Francesa e do Iluminismo.[23]

Para Tocqueville, a obra revolucionária durará pelo menos até o Segundo Império, com Napoleão III, mas a obra da Modernidade começa antes. A ascensão da Monarquia absoluta nos séculos XVII e XVIII era um indicativo de que a Modernidade chegara. Para o nosso Autor a centralização estatal com o Estado absoluto já fora o primeiro golpe da Modernidade: a instauração de uma nova sociedade. Passava-se da desigualdade do feudalismo para a igualdade da democracia.

Era um fenômeno europeu, mas, por ser a França o Reino mais populoso da Europa e ter um campesinato representativo, essas novas ideias fermentaram a cabeça de uma classe que estava começando a pensar e a agir em seu próprio interesse: a classe industriosa, a burguesia.

A centralização representa uma volta ao Império dos Romanos, pelo menos do ponto de vista militar e administrativo. O Estado centralizado vai estender seus braços por todos os setores da vida do cidadão e vai lhe prometer, aos poucos, melhores condições de vida e de trabalho. Os reis absolutistas não percebem o fato de que, quando diminuíram os direitos de seus nobres, eles também estavam dando proeminência à classe que sempre trabalhara para esses senhores. Há uma reunião entre rei e povo. A nobreza fica deslocada, destroem-se os laços de "diferenciação" que existiam entre a nobreza e os seus vassalos. A sociedade de "ordens" vai sendo minada vagarosamente.[24]

Segundo Alan S. Kahn: "De acordo com os aristocratas liberais, o balanceamento sociocultural do Antigo Regime foi aos poucos enfraquecendo e acabou destruindo todos os laços que ligavam os indivíduos na sociedade estratificada. O resultado foi sua destruição e o engrande-

23. Idem, ibidem.
24. Os *États-généraux* no Reino francês eram a reunião das três classes que compunham a estratificação social: Nobreza, Igreja e Terceiro Estado. Neste se incluíam camponeses, pequenos proprietários e comerciantes. Embora a existência dos *Estados-Gerais* na França datem do século XIII, eles sempre tiveram caráter consultivo ao Rei. Eram sempre chamados à sede do Reino os nobres que representavam seus burgos. Não havia frequência determinada para sua convocação. Eram geralmente convocados em épocas de guerra ou para discussões sobre o aumento de tributos, como ocorreu com a Guerra dos Cem Anos (séculos XIV e XV), as guerras religiosas do século XV e a imposição da *Taille*. A última vez que foram convocados, antes da Grande Revolução, havia sido na menoridade de Luís XIII, quando se percebeu a inabilidade de as três ordens se entenderem. A partir de então, serão 175 anos sem se reunirem.

cimento da paixão pela unidade, pela uniformidade e pela eliminação dos privilégios e das classes diferentes dentro da sociedade".[25]

Para os pensadores aristocráticos, a sociedade de classes já estava destruída bem antes da Revolução. Especialmente nas décadas posteriores a 1750, no reinado de Luís XV na França. A transição para a democracia era inexorável; o mundo feudal antigo estava destruído. O mundo europeu caminhava para aceitar uma sociedade sem classes, com direitos iguais. Este caminhar inexorável vem justamente do momento em que rei e nobreza perdem suas afinidades, não compreenderam que eram um complemento do outro. Ao início, foi o Estado Absoluto que debilitou os direitos nobiliárquicos, ao final, o golpe de misericórdia foi dado justamente pela resistência da classe nobre em perder o que restava de seus privilégios.[26]

A Democracia conquistava não apenas a mente dos mais interessados na igualdade de condições e tratamentos; conquistava também a intelectualidade europeia. Muitos intelectuais, ainda que descendentes de classes nobres, haviam assimilado as ideias de Voltaire e Rousseau. A Democracia não era exigida apenas em termos políticos, administrativos e sociais, seus princípios eram desejados também pela ciência, pela intelectualidade. A disseminação do pensamento não ficara restrita apenas aos "amigos do rei", muitos cidadãos que haviam tido oportunidade de ter mais alguns anos de estudo fundavam jornais, associações, academias literárias. A iniciativa de obras e realizações que eram adstritas à classe nobre, naquele momento, podiam ser de iniciativa de qualquer cidadão.

Há um movimento de aversão a tudo o que se relacionasse ao regime deposto. Há repulsa a todo o conhecimento herdado das eras medie-

25. *Aristocratic Liberalism*, p. 16.
26. Na história recente francesa, os piores desentendimentos entre a nobreza e o Rei se iniciam no reinado de Luís XV. O Rei assinara tratados de amizade e cooperação com a Áustria que divergiam das tradições históricas do Reino, que sempre trataram os austríacos como inimigos. Assim, envolveu-se em uma série de guerras inconclusivas e prejudiciais ao Reino e era um amante contumaz. Seu desprezo pela autoridade dos nobres evidenciou-se mais ao final de seu reinado, quando por um ato de força quis retirar do Parlamento (havia vários pelo Reino) a autoridade de vetar a legislação real. Seu bisavô, Luís XIV, suspendera esse direito, mas na menoridade de Luís XV ele fora recuperado. Os Parlamentos, sobretudo o de Paris, fizeram políticas abertas de oposição aos éditos reais e houve confrontos e prisões de muitos nobres. Todo esse clima desbotará no reinado de seu neto, Luís XVI, que restaura o poder dos Parlamentos, mas quando desejou fazer reformas, especialmente a tributária (abolição da corveia) e a comercial (abolição das *jurandes*), sofreu fortes resistências.

vais. O que imperava era a razão que florira no século XVIII. No século XIX essa razão significará apenas progresso. Há repugnância por tudo o que a Igreja fazia ou preconizava. Muitas igrejas, nos períodos revolucionários, são incendiadas ou destruídas. Muito da memória do velho Reino francês que estava guardada em igrejas e mosteiros foi perdido. Tudo o que fosse história europeia era desprezado. Formava-se uma nova mentalidade que seria aberta ao avanço da ciência. Não se podia mais ter crendices, nem fé. O homem e a ciência seriam os propulsores de uma nova Europa.[27]

Esse novo homem nascera em 1789? Para esses liberais aristocratas não. Os liberais acreditavam que, independente da Revolução, a deposição do Antigo Regime aconteceria e a sua principal causa seria a centralização, a perda de autonomia e individualidade das classes. A Grande Revolução teria sido um fato determinado pela crise financeira do Reino francês, mas mais cedo ou mais tarde as estruturas nobiliárquicas pereceriam.

Mas se a grande obra foi feita pela Revolução de 1789, por que ocorreram 1830 e 1848? A Revolução de 1789 guardava em si, num mesmo momento, renovação e continuidade. *Renovação* pela aversão ao histórico de privilégios de algumas classes e prevalência dos princípios da liberdade e da igualdade para as novas classes que se formavam. *Continuidade* pela crescente centralização do Estado francês que começa com o Absolutismo e completa a sua obra justamente no movimento revolucionário. O Estado centralizado francês se aperfeiçoa com a aliança que fará com a classe industriosa (burguesia) para alimentar seus exércitos e sua máquina administrativa.

O campesinato e o operariado urbano não teriam completado a sua obra com 1789. Foi-lhes reconhecida a igualdade perante os demais cidadãos franceses e desta forma podiam galgar posições e ter um futuro diverso de seus pais e avós. Não havia mais a estratificação e podiam almejar funções privadas e públicas. Porém, para uma maioria, essa liberdade de movimento e reivindicação não significou melhora em sua

---

27. "The eighteenth century's anti-historical tendency was based on reason, and its belief in reason rested on beliefs about the goodness of human nature. Thus the anti-historical and the rise of optimism about humanity were related. Both ideas grew up in the new democratic social state and at the same time fostered it. Whereas aristocratic nations, with their inherently restricted social mobility, tended to have overly limited ideas of human perfectibility, democratic ones tended to have overly generous beliefs about human nature" (Alan S. Kahan, *Aristocratic Liberalism*, cit., p. 19).

condição financeira. Eram livres, mas continuavam ligados a um senhor, agora não mais o feudal, mas o industrial. Dependiam dele para comer e sobreviver.

7. Viagem à América

A família de Tocqueville fazia parte da velha nobreza francesa. Foram salvos pela reação termidoriana e jazeram em felicidade com a queda de Napoleão e a Restauração dos Bourbons em 1814.

Com a morte de Luís XVI na guilhotina, em janeiro de 1793, e o falecimento de seu filho, Luís XVII, em junho de 1795, o Conde de *Provence*, irmão mais velho de Luís XVI, passaria a ser o novo rei dos legitimistas, sob o nome de Luís XVIII. O Conde residira por quase toda a Europa em busca de refúgio das tropas napoleônicas. A cada nova aliança que Napoleão conseguia ou a cada nova nação que subjugava, ele era obrigado a se mudar. Muitos reis europeus o mantiveram com recursos de seus reinos. Durante diversas ocasiões esteve em dificuldades e era sempre salvo por agrados das cabeças coroadas da Europa.

O tzar, o rei inglês, os príncipes prussianos, o rei sueco, todos lhe receberam e deram guarida. Com os avanços napoleônicos, sobretudo os ingleses, começaram a ouvir os lamentos de outro irmão de Luís XVI, o Conde de Artois, mais tarde Rei Carlos X, e passaram, com sua ajuda, a incentivar as reações monarquistas, especialmente na Vendeia.

Com a invasão de Paris pelas tropas aliadas em março de 1814, Talleyrrand, que até então servia a Napoleão, soube prenunciar o seu próprio futuro e instou Luís XVIII a aceitar algumas conquistas revolucionárias e reinar sob uma monarquia constitucional.

Luís XVIII vai inaugurar uma era de governo parlamentar sob a tutela dos Bourbons, mas seu irmão, o Conde Artois, dirigia a reação conservadora contra as conquistas revolucionárias e não deu tréguas ao rei. Os monarquistas mais acirrados, conhecidos como "Ultras", começaram a tomar conta da cena política do Reino a partir de 1820. Em setembro de 1824, Luís XVIII falece e é sucedido pelo irmão, o Rei Carlos X.

O chefe do partido radical tornara-se rei. Era esperado que moderasse seu comportamento, mas assim não agiu. Sonhava com a restauração da principiologia do direito divino dos reis e com a derrocada dos princípios democráticos. Indenizou muitos dos antigos nobres proprietários que haviam perdido suas terras para a revolução. Ignorava as reações populares e ignorava as vozes que vinham do Parlamento. Reinou despoticamente até a sua queda na Revolução de Julho de 1830, quando seu primo, Luís Felipe, Duque de Orléans, foi nomeado Comandante Geral do Reino, e depois, instado pelos liberais na Assembleia Nacional, aceitou a posição de Rei dos franceses.

Essa reviravolta de cabeças coroadas deixou os familiares de Tocqueville em dúvida sobre a legitimidade do novo rei. Como haviam apoiado os Bourbons, embora os Orléans fossem da mesma família, aquela unção de um príncipe de sangue à chefia do Reino era ultrajante para os conservadores que haviam apoiado a família real no exílio.

Não obstante, Tocqueville teve de jurar fidelidade ao novo rei. Aquilo lhe fizera mal.[28] Com um amigo, *Gustave de Beaumont*, ele parte para a América logo após a instauração da nova Monarquia. Tocqueville acreditava que a América poderia trazer muitas lições ao seu Reino. Essa viagem, para ele e para o amigo, significava uma renovação e a visão de que no futuro, se dali tirassem alguma obra sobre o sistema penitenciário americano, poderiam conseguir notoriedade entre os seus e sair do anonimato em que se encontravam.

Cinco anos depois, publica os dois primeiros volumes de sua *Democracia na América*. Ele centra esses primeiros volumes sobre as instituições americanas, mas acaba analisando os costumes e tradições americanas e reportando como eles favoreceriam a instauração do princípio da igualdade. Tocqueville seria o primeiro escritor moderno a encerrar o princípio democrático, a igualdade, como um princípio norteador de todos os aspectos da vida social dos cidadãos. Ao contrário de seus colegas historicamente anteriores que vislumbravam o homem como centro de seus estudos, Tocqueville verá no sistema social e político instaurado pelo princípio da igualdade o foco de seu estudo.

Tocqueville sente que deve tentar explicar por que um princípio político, o da igualdade, estava tão entranhado na sociedade americana e isso acabaria por afetar todo o funcionamento das instituições políticas da nação. O estado social da igualdade é a causa para que o regime tenha suas próprias características.[29] Nosso Autor não despreza a força divina na consecução da igualdade.

28. "Eu desprezo o novo Rei, acredito que é duvidoso seu direito ao trono, no entanto eu o apoiarei com todas as minhas forças, mas penso que aqueles que o apoiaram não tardarão a ser seus mestres ou mesmo seus inimigos" (carta a Charles Stöffels, 26 de outubro de 1830).

29. Marvin Zetterbaum, "Aléxis de Tocqueville", in *Historia de la Filosofia Política*, p. 716.

Examinando o protestantismo dos americanos, afirma que eles não podem viver sem o embasamento de uma religião e que devem resguardar uma boa imagem de Deus, sob pena de se entregarem à desordem e à impotência. Contudo, os americanos, pelo tipo de vida dedicada ao individualismo e ao comércio, têm pouco tempo para cuidar dos estudos das relações dos humanos com Deus ou com a natureza. Estes estudos seriam bem feitos, se o fossem ainda que por uma minoria, mas mesmo essa minoria tem muitos afazeres cotidianos para se dedicar ao estudo das relações do homem com Deus. Tocqueville receia a perda da religiosidade pela sociedade americana.[30-31]

Tocqueville observa o trabalho dos pastores e missionários. Afirma que mantinham uma distância salutar dos negócios cotidianos de seus fiéis, dedicando-se mais à propagação da fé, mas eles não descuidavam de pregar que a salvação não estava apenas no futuro dos céus e sim no trabalho do presente. Embora a indústria do homem fosse encarada como um valor secundário em termos religiosos, a religião dos americanos valoriza o sucesso de seus fiéis à frente de seus negócios. Aí está grande parte da diferenciação que Tocqueville faz entre as velhas reli-

30. "Quando a religião é destruída num povo, a dúvida se apodera das porções mais elevadas da inteligência e paralisa parcialmente todas as demais. Cada qual se habitua a ter noções confusas e mutáveis sobre as matérias que mais interessam a seus semelhantes e a ele mesmo; as pessoas defendem mal suas opiniões ou as abandonam e, como perdem a esperança de conseguir, por si sós, resolver os maiores problemas que o destino humano apresenta, reduzem-se vilmente a não mais pensar no assunto. (...) Quanto a mim, duvido que o homem possa suportar ao mesmo tempo uma completa independência religiosa e uma inteira liberdade política; e sou levado a pensar que, se ele não tem fé, tem de servir e, se for livre, tem que crer" (Aléxis de Tocqueville, *A Democracia na América – Sentimentos e Opiniões*, vol. II, p. 25).

31. Em termos de religião, a época em que Tocqueville esteve na América é conhecida como "Segundo Grande Despertar" (*Second Great Awakening*). Esse Grande Despertar tem origem no século XVII com o movimento que foi conhecido como "Revitalismo" ou "Revivalismo" (*Revivalism*). Em algumas partes da Europa, sobretudo Inglaterra e principados prussianos, houve protestos de puritanos contra o ritualismo e o sacramentalismo das Igrejas a que pertenciam. Na Inglaterra, esses "revitalistas" foram conhecidos como anabaptistas e muitos deles migraram para a América fugindo das perseguições. O objetivo do Revitalismo era revigorar em seus seguidores as noções espirituais da religião que seguiam e dizer um basta ao excesso de tradições. O Primeiro Grande Despertar ocorreu, em solo americano, pelos idos de 1720-1750 e seu líder foi Jonathan Edwards. O Segundo Despertar se inicia em 1795 e termina por volta de 1835. Preconizava avanços na religião americana como a emancipação feminina, a formação de novos ministros e o trabalho missionário. Era uma revolução silenciosa, pois se produzia por meio de encontros em pequenas e grandes cidades americanas.

giões europeias, sobretudo o catolicismo e o anglicanismo, e as novas religiões americanas.

Ao fazer a ligação da Providência Divina com o destino humano, contudo, Tocqueville não incute à raça humana o determinismo. O homem possui o que nenhum animal sobre a face da terra experimenta: o livre arbítrio. O homem não tem capacidade de determinar a igualdade ao nascer, mas, durante a vida, é o seu livre arbítrio que determinará se ele será escravo ou senhor, se viverá na miséria ou na grandeza.

A igualdade da democracia passa a ser uma condição da vida da qual o homem não consegue se libertar, mas ele permanece senhor de sua própria fortuna. Pelos seus méritos pode alcançar o que antes os homens alcançavam pelo nascimento. O homem da igualdade pode lograr o bem-estar com o seu próprio trabalho ainda que tenha nascido menos favorecido pela Providência.

Tocqueville vê na Declaração de Independência dos americanos a declaração literal de que os homens nascem iguais. Esse iniciar sob os auspícios da igualdade vem negar o pretérito monárquico inglês, baseado nas tradições e no nascimento. Os homens de Estado, na colônia, só podiam alçar-se aos cargos da administração se tivessem ligações com a casa reinante ou com os administradores indicados pelo rei. Com a constituição da nova Nação, os americanos buscaram negar esse privilégio e procuraram construir uma nova ordem: a de que os homens nascem iguais e podem reivindicar suas participações na administração do Estado pelos seus próprios méritos e não mais pelo seu nascimento. Para Tocqueville, na nação americana a verdade mais evidente é que os direitos à vida, à liberdade e a busca da felicidade são direitos universais que derivam de uma verdade fundamental: o princípio da igualdade.[32]

O intelecto dos homens pode diferenciá-los. No Antigo Regime, a capacidade intelectual caminhava naturalmente com a classe nobre, pois era a classe que tinha mais tempo para se dedicar ao conhecimento das ciências. A penetração do princípio igualitário permite, no entanto, que homens de outras classes também se dediquem ao culto científico, embora Tocqueville reconheça que as classes mais abastadas continuarão a ter mais tempo para o conhecimento do que as demais classes. Ainda assim, a força da igualdade permitirá que os homens de outra classe possam negar o adágio de que os mais sábios devem sempre governar.

Depois da publicação dos primeiros dois volumes, Tocqueville recebe muitos elogios de acadêmicos franceses, sobretudo do pensador e

32. Marvin Zetterbaum, "Aléxis de Tocqueville", cit., p. 717.

deputado Pierre-Paul Royer-Collard, que simpatizara com a Revolução, mas era um moderado e acabaria servindo ao governo da Restauração.³³ Royer-Collard considerava Tocqueville o Montesquieu do século XIX e o incentivou a continuar a sua obra. De fato, quando publica seus volumes seguintes, Tocqueville se torna mais filosófico e abstrato e menos sociólogo, menos analítico.

Quando publicou os demais volumes, em 1840, a obra de Tocqueville não despertou o mesmo interesse que os dois primeiros volumes haviam despertado. O povo francês havia se interessado muito mais pela obra original, já que havia uma avidez pelo conhecimento do modo de vida dos americanos e de suas instituições.³⁴

Em *Democracia na América*, o interesse de Tocqueville é mostrar a democracia *não* como um sistema político, de governo popular ou representativo. A democracia descoberta na América se baseia na igualdade dos homens. Ela é reconhecida como um princípio social que aos poucos afetará todas as esferas da vida do homem moderno. Os homens nascem iguais e assim devem ser tratados. Essa ideia é tão forte que ela penetrará nas consciências de gerações e permitirá que os homens se enxerguem cada vez menos diferentes e portadores dos mesmos direitos.

8. A desigualdade virtuosa

Apesar de toda a conceituação democrática e da inexorabilidade do princípio democrático, não podemos nos esquecer que Tocqueville foi criado como um nobre. Pertenceu a uma família legitimista que seguiu

33. Pierre-Paul Royer-Collard era advogado desde 1787 e apoiou a Revolução Francesa nos primeiros estágios. Com a queda dos Girondinos, em 1793, ele se retirou para suas propriedades em Sompuis. Sua carreira como deputado foi prejudicada pela anulação do Conselho dos Quinhentos em 1797, por Napoleão. A partir deste momento, Royer-Collard passou a colaborar com o gabinete secreto que Luís XVIII mantinha na França. Durante dez anos ele se dedicou ao ensino da Filosofia, tornando-se professor de História da Filosofia na Universidade de Paris, em 1811. Serviu posteriormente em vários cargos na Restauração de Luís XVIII. Em março de 1830 apresentou o protesto de 221 deputados contra a nomeação do príncipe *Jules de Polignac* como primeiro-ministro. Após a Revolução de 1830, permaneceu na Câmara, mas, como bom legitimista, não apoiara o regime de Luís Felipe e, aos poucos, foi abandonando a vida política (Pierre-Paul Royer-Collard, *Encyclopædia Britannica*, 2006, acesso em 29.2.2012, in *www.britannica.com/eb/article-9064299*).

34. Jean Claude Lamberti, "Tocqueville", *Nouvelle Histoire des Idées Politiques*, p. 218.

a sorte dos Bourbons. Percebem-se nas argumentações de Tocqueville as grandes virtudes que ele reconhece no modo de vida aristocrático. A desigualdade pelo nascimento permite ao homem menos preocupações com o seu próprio sustento. O sustento da família, de sua propriedade, fica relegado aos seus camponeses, mais tarde operários. São esses que têm de se preocupar em gerar a pecúnia da sobrevivência. Ao nobre é permitida a dedicação aos estudos, à arte, ao conhecimento. Dessa dedicação saiu até aquele momento nos Reinos europeus a classe que governa. Tocqueville reconhece em sua classe a superioridade em decorrência de que o ócio lhe proporcionava cuidar mais do espírito do que da matéria. A democracia obriga o homem comum a procurar incessantemente seu próprio sustento, não lhe permitindo dedicar-se às ciências. Há um evidente menosprezo pelo crescente individualismo que se formava nas sociedades democráticas: "Es como si deberíamos decir que no puede comprender la revolución democrática nadie que sea insensible a las cualidades que Tocqueville atribuye a un estado aristocrático de la sociedad; una cierta elevación del espíritu y desdén a las ventajas mundanas, poderosas convicciones y una honorable devoción, hábitos refinados y modales embellecidos, el cultivo de las artes y de las ciencias teóricas, un amor a la poesía, la belleza y la gloria, la capacidad de emprender grandes empresas de valor perenne".[35]

Tocqueville acredita também que a tendência da nova classe industriosa era se tornar aristocrática. Vimos na parte que tratamos dos "Traços da situação francesa", que muitos nobres, antes mesmo da revolução e os que a ela sobreviveram, dirigiram suas finanças para as novas indústrias que iniciavam. Como aponta Denis Woronoff, num apanhado eleitoral feito à época de Napoleão, a maior parte dos votantes era ainda de homens ligados à terra, à indústria agrícola. Percebem-se poucos industriais votando e muitos dos que votavam o faziam porque tinham aplicado parte de suas finanças para a compra de terras. As autoridades do Reino ainda não reconheciam, para efeitos eleitorais, as fortunas mobiliárias.[36]

35. Idem, ibidem, p. 719.
36. "Poupart de Neuflize et Oberkampf décorés par Napoléon, est-ce la reconnaissance – au-delà de la personne de ces deux grands entrepreneurs – du rôle des fabricants dans le corps social, la manifestation d'une sorte de légitimité industrielle? Un premier élément de réponse pourrait être trouvé dans la composition de cette élite politique et sociale que sont les membres des collèges électoraux des départements. Dans ce rassemblement de notables, les industriels sont peu présents ou s'ils le sont, c'est grâce à l'importance de leurs revenus fonciers. En effet, le crible censitaire valorise ce type de revenus, au détriment de la richesse mobilière" (Denis Woronoff, "L'Industrialisation de la France de 1789 à 1815...", cit., p. 1.059).

No capítulo "Como a aristocracia poderia originar-se da indústria" (vol. II, capítulo XX), Tocqueville enuncia por que o operário tendia à mediocridade, já que devia se dedicar a um mesmo ofício todos os dias e durante muitos anos de sua vida – *fazendo cabeças de alfinetes* –, enquanto isso, seu patrão, que podia ter uma visão maior de seus negócios, podia diversificar seus afazeres e devotar parte de seu tempo para cultuar os valores que eram da classe nobre: a arte, a cultura, a ciência.[37]

É compreensível que a mentalidade não se alterara abruptamente. Se muitos nobres procuraram dirigir suas fortunas para a indústria, muitos industriais que não pertenciam à classe nobre procuravam por meio de sociedade ou até mesmo de casamentos de seus descendentes se associar às famílias nobres. Era forte a ideia de pertencer à classe que governara e decidira os destinos franceses por tantos séculos. Além do que, é preciso reconhecer que a classe industrial e até mesmo o que restava da nobreza, não tinha a percepção tocquevilliana de que o modo de produção e a vida social mudariam completamente com a nova mentalidade que se instalava no Reino. Para eles, sem qualquer nostalgia, a Grande Revolução fora um momento conturbado, revolucionário, cujos valores o Império e a Restauração tratariam de sepultar ou pelo menos de colocar no devido abstraimento.

A teorização de Tocqueville demonstra que a desigualdade como princípio de uma nação aristocrática não se baseava apenas na desigualdade natural pelo nascimento. Ela se empreendeu como uma desigualdade hierárquica que se formou no âmago histórico da Europa, surge na transição da Alta para a Baixa Idade Média quando no seio de conflitos entre os nobres senhores, os vencedores se tornaram nobres, as casas governantes da Europa, e os vencidos se tornaram servos.[38]

37. "À medida que o princípio da divisão do trabalho recebe uma aplicação mais completa, o operário se torna mais fraco, mais bitolado e mais dependente. A arte faz progressos, o artesão retrocede. Por outro lado, à medida que fica mais manifesto que os produtos de uma indústria são tão mais feitos e tão mais baratos quanto mais vasta a manufatura e maior o capital, homens muito ricos e muito esclarecidos se apresentam para explorar indústrias que, até então, tinham sido entregues a artesãos ignorantes ou inábeis. A grandeza dos esforços necessários e a imensidão dos resultados os atraem. Assim, portanto, ao mesmo tempo que rebaixa sem cessar a classe dos operários, a ciência industrial eleva a dos patrões" (Aléxis de Tocqueville, *A Democracia na América – Sentimentos e Opiniões*, vol. II, p. 196).

38. Marcelo Gantus Jasmin, *Aléxis de Tocqueville – A Historiografia como Ciência da Política*, p. 43.

Marcelo Gantus Jasmin discorre que a crença na formação de uma classe aristocrática, para Tocqueville, fundava-se na complementaridade entre as ordens existentes no mundo medieval. Cada uma das ordens – *guerreiros, camponeses e eclesiásticos* – dependiam mutuamente uns dos outros. As funções de uma complementavam as funções de outra e reciprocamente. Alude à teoria católica das três ordens (*a Santíssima Trindade*) para discorrer sobre a interdependência entre elas. Essa convicção de que, apesar de desiguais, eram complementares, dava à sociedade medieval (aristocrática) a ideia de coesão social.

Essa coesão desaparece com a democracia.

O que torna o Estado democrático viável não é simplesmente a igualdade e a liberdade e sim a centralização burocrática nos diversos mecanismos de arrecadar tributos, distribui-los e partilhar o resultado dessa coleta com obras estruturais e manutenção da burocracia. Na era de Tocqueville, qualquer direito que se aventurasse a se assemelhar a um "direito social" seria ilusório. A centralização mantém o Estado organizado e preparado, geralmente para novas guerras, mas o seu principal objetivo nunca foi o bem-estar do súdito. A conotação de bem-estar social vai surgir como uma reação ao marxismo que preconizava a coletivização dos modos de produção e o igualitarismo. Neste momento em que vive Tocqueville, a noção de democracia apesar de abrangente e forte, tem pronunciados vieses ilusórios, sobretudo para os camponeses e pequenos proprietários que acreditavam em transformações milagrosas pelo simples fato de ter ocorrido a Revolução.

A desigualdade hierárquica era permanente e cristalizada pela transmissão familiar.[39] Mas se ela era o cerne da sociedade medieval, a igualdade como centro do regime democrático não deveria, em tese, permitir que existissem desigualdades numa democracia madura. Mas a desigualdade democrática não se baseia mais em valores permanentes. Neste ponto, seria mais virtuoso o regime democrático, pois sua desigualdade baseia-se na capacidade do próprio súdito em diferenciar-se dos demais pelos seus próprios valores (meritocracia). Pelo seu esforço próprio, pelo seu trabalho, ele se diferenciava, mas essa dessemelhança não era permanente; ela tinha conotação temporária, revogável, individual, ocasional, temporária.[40] O súdito que nascesse servo podia morrer industrial ou até mesmo nobre, e por que não?

39. Idem, ibidem, p. 44.
40. Michael Burrage, *apud* Marcelo Gantus Jasmin, *Aléxis de Tocqueville...*, cit., p. 44.

9. Atomismo democrático. Materialismo

No mundo medieval havia um sistema legal que preconizava a diferença entre as classes, mas ao mesmo tempo o nobre ou eclesiástico era responsável pelo bem-estar de seus servos ou dos homens livres que trabalhavam em suas terras. Havia uma fidelidade recíproca: o servo trabalhava para o senhor e este lhe recompensava pelo trabalho cedendo-lhe terras para explorar ou até mesmo algumas rendas que possuía. Se este servo ou homem livre tornava-se digno de seu senhor por anos de trabalho e fidelidade, ficava a critério de seu senhor a sua elevação a um cargo mais elevado para administração do burgo – se homem livre fosse –, ou tornava-se homem livre, se servo fosse.[41]

No regime democrático todos esses laços de fidelidade se rompem. Os nobres não têm mais obrigação para com seus servos e camponeses, nem esses com relação àqueles. Os homens ficam jogados à própria sorte. As classes desaparecem, o homem, nobre ou camponês, depende agora de sua própria indústria. As propriedades se dividem e não há mais propriedades que pagam tributos e outras que não. Todas elas agora pagam seus impostos ao grande Estado francês.

O homem passa a ser livre para conquistar seus desejos, seja na vida pública ou na vida privada. O edificar-se depende do próprio homem.

Na igualdade, todos os homens se assemelham e nenhum deve ao outro a sua vida. A preocupação de Tocqueville é que, se decaem os laços de fidelidade, a democracia deveria criar outros laços artificiais que ligassem os homens para que construíssem juntos o futuro. Como não acreditam mais em juramentos, nem nas promessas da Igreja, os homens devem testar todas as fortunas e os infortúnios de suas vidas

41. Alguns atos de reconhecimento hierárquico no mundo medieval eram centenários, mas data do século XII a descrição de alguns deles. O primeiro deles era o ato de *Respeito* (*Hommage*) quando o súdito ajoelhava-se e colocava suas mãos entre as mãos de seu senhor e se postava à sua disposição e sob a sua proteção. O segundo ato era o *Juramento* de *Fidelidade* (*Oath of fidelity*) quando o súdito jurava fidelidade ao seu senhor e lhe beijava a face. O terceiro ato era o da *Investidura* (*Investiture*), quando o súdito recebia de seu senhor um objeto de estimação ou marca característica de sua nobreza. Havia entre senhor e servo uma relação familiar. Se o nobre morresse deixando um herdeiro, o servo tinha o dever de cuidar deste herdeiro até que se tornasse o seu senhor e reiterasse o juramento que fizera ao pai. Caso morresse o servo, cabia ao senhor estender a sua proteção à viúva e a seus filhos. O senhor devia proteger seus súditos na guerra e na paz. Um homem sem-senhor era um homem jogado ao mundo, que podia ser perigoso para ele próprio como para os demais, já que não tinha nenhum compromisso.

por si próprios. Toma corpo a racionalidade, uma racionalidade que determina que o homem deixe de crer em imagens e crenças; ele deve ser seu próprio senhor. Estava instaurado o individualismo humano. O homem se fecha em si e faz suas próprias descobertas.

Se a democracia reconhece os homens como livres, ao mesmo tempo ela os isola uns dos outros, transformando-os em multiplicidade de indivíduos, torna crescente o individualismo e os conduz à servidão.[42]

Retomam corpo na sociedade democrática os princípios de Descartes. O homem deve ser a sua própria experiência. Deve acreditar em suas intuições e no que consegue ver. Ninguém deve ser dono de verdades absolutas. A teoria cartesiana aprofunda mais a ligação das novas relações democráticas com o individualismo. Surge o problema da democracia.

Nesse movimento centrípeto, o homem se fecha em si e deixa de se preocupar com os assuntos da sociedade geral. Não se importa com os assuntos públicos. Pode-se ver que o princípio democrático que alimenta o individualismo obriga o homem a preocupar-se com os próprios negócios e esquecer a complexa vida em sociedade. A democracia, neste ponto, mediocriza a esfera pública de poder.

O homem está dedicado aos seus próprios negócios. Ele procura o seu bem-estar. Ele procura a acumulação de riquezas. Apenas por meio da acumulação ele conseguirá se diferenciar dos demais. A nova classe surge da quantidade de ouro que possui e não do nascimento. Mas, ao dedicar-se a si próprio, o homem deixa de ter tempo para o ócio produtivo, para o cultivo das artes e das ciências. Nas palavras de Marvin Zetterbaum: "Cuando el individualismo va unido a la igualdad de condiciones, se despierta una sed insaciable de las comodidades materiales de este mundo. En una sociedad carente de los tradicionales frenos y obligaciones – para con el país, para con los señores, para con la Iglesia –, los hombres se esfuerzan por satisfacer sus deseos – inmediatamente sentidos, inmediatamente inteligibles – para mejorar sus condiciones de vida".[43]

Se cada homem busca a própria satisfação e acumulação de sua riqueza, coloca-se outro problema da democracia: não haverá bens suficientes para todos! Se não haverá, como se resolve a questão da acumulação? Tocqueville, na afirmação de Marvin Zetterbaum, neste ponto é contraditório. Afirma inicialmente que o desejo do homem pelos bens

42. Robert Legros, *O Advento da Democracia*, 1ª ed., Lisboa, Instituto Piaget, 2001, p. 61.
43. Marvin Zetterbaum, "Aléxis de Tocqueville", cit., p. 720.

materiais se manterá dentro de limites. Atingido o que o homem pensara em possuir, ele se contentará e estancará seu desejo pela acumulação. De outro modo afirma que, ao contrário do que dissera, a busca do bem-estar pelo homem não terá limites. Ele buscará sempre mais. Nessa busca ele não medirá consequências para conseguir o que deseja. Surge assim o problema de que não haverá riquezas para todos. "Si esto es así, no puede haber solución técnica al problema del bienestar: los deseos de los hombres aumentan con aquello que los alimenta; jamás podrá haber bastante para todos".[44]

Na busca pela riqueza, Tocqueville vai reconhecer o valor da nova mentalidade mercantil: a atividade comercial. Para a satisfação do bem-estar do homem, a maneira mais rápida de consegui-lo é por meio da atividade comercial. Tocqueville chama-a de a mais nobre das ocupações. Assim, os homens mais capazes intelectualmente desviar-se-ão das atividades públicas para as atividades comerciais. O comércio ganhará com isso e o homem também, pois na atividade comercial ele pode demonstrar suas distintas capacidades e se liberta dos freios e da vulgaridade da vida pública.

Tocqueville prenuncia a formação de uma nova aristocracia. Se houver concentração da riqueza e ela não for suficiente para muitos, o que ocorrerá é a formação de uma nova classe aristocrática. A porta de entrada para essa nova classe será a atividade comercial. No entanto, ele é otimista. Ele crê que, com a acumulação de riquezas, se desenvolverá um espírito de compaixão e de camaradagem da parte daqueles que mais possuem. Os homens, ao fazerem suas condições de vida iguais, cobrarão de si próprios uma maior consciência em razão da semelhança mútua, e esta semelhança desperta sentimentos de simpatia para com o próximo. Basta estar na mesma classe para que o homem sinta o que o outro está sentindo. A revolução democrática revelará a bondade natural do homem.[45]

10. O problema da democracia e o socialismo

O receio de nosso Autor é que o princípio da igualdade alije da esfera pública as melhores cabeças da sociedade que poderiam contribuir para uma preocupação maior com a formação social e o bem-estar da sociedade. Os homens que deixarem de se interessar pelo materialismo

44. Idem, ibidem, p. 721.
45. Idem, ibidem, p. 722.

e se dedicaram ao poder podem se tornar tiranos. Por isso, o princípio da igualdade é tão congruente com a liberdade quanto com a tirania.[46] O apego que o homem democrático tem pela igualdade supera qualquer outro valor, inclusive o da liberdade. O princípio da liberdade exige vigilância permanente por parte dos que sofrem as agruras do poder. A liberdade é difícil de conquistar e fácil de perder. A não formação de uma sociedade educada e formada para entender o princípio democrático pode levá-la, involuntariamente, a desejar e aceitar o governo de tiranos. Como alerta Legros, se a sociedade é baseada na principiologia da igualdade, de onde tirará essa sociedade o fundamento da posição política que ordena, que mantém a ordem?

A sua resposta, a qual corroboramos, é que o poder exercido em uma sociedade democrática não vem simplesmente para manter a ordem. Ele, o regime democrático, já perdeu a naturalidade das diferenças que obrigavam uns homens a obedecer a outros. O que a democracia deve fazer, além de impor um sistema normativo também democrático, é lutar para a diminuição das desigualdades, pois elas perduram mesmo que não seja esse o desejo dos que comandam.

A formação de uma classe política que não via o bem público em primeiro lugar e sua predisposição a negociar sua sobrevivência com um governo tirano é o mote de seu livro *Lembranças de 1848*. Tocqueville faz uma análise das crises vividas pelo regime de Luís Felipe, com a conflagração de fevereiro, maio e junho de 1848. Tocqueville faz uma análise da situação política e social da França. Reconhece a formação da classe operária e vê os malefícios do desemprego que assolava Paris e as regiões vizinhas. Forma-se no seio popular a vontade cada vez maior de um Estado mais participante. É o exórdio da reivindicação de um Estado Social.[47]

46. "Por que é que uns podem legitimamente dirigir os outros quando todos se consideram autônomos enquanto homens? Como pode um poder coercitivo se impor como legítimo quando todos os cidadãos se reconhecem uns aos outros como semelhantes enquanto homens, se querem autônomos enquanto homens e desejam tornar-se independentes uns dos outros? Por outras palavras: em que sentido é que uma hierarquia política pode fundar-se num princípio de igualdade?" (Robert Legros, ob. cit., pp. 69-70).

47. "Encontrei em Paris 100 mil operários armados, arregimentados, sem trabalho, morrendo de fome, mas com o espírito repleto de teorias vãs e de esperanças quiméricas. Vi a sociedade partida em duas: os que nada possuíam, unidos em uma cobiça comum, e os que possuíam alguma coisa, em uma angústia comum. Já não havia laços nem simpatias entre as duas grandes classes, mas por toda a parte a ideia de uma luta inevitável e próxima" (Aléxis de Tocqueville, *Lembranças de 1848*, p. 116).

Luís Felipe cai em fevereiro, mas a Segunda República instaurada vai enfrentar sérios problemas com os trabalhadores parisienses em maio, e depois em junho do mesmo ano. Tocqueville, que aclamara o princípio igualitário como o centro das futuras gerações, não admite a prevalência do caráter social que as reivindicações de junho estampam. A democracia social de muitos representantes na Assembleia e as reivindicações populares farão com que Tocqueville negue a prevalência deste tipo democrático. Neste momento, Tocqueville reconhece a força do socialismo entranhada na reivindicação dos operários parisienses. A igualdade que ele tanto admirara, e tornara inexorável em sua penetração, agora lhe impunha alguns medos dos quais não conseguia se livrar. Nosso Autor participa ativamente, como deputado, de todos os acontecimentos de 1848.

Muitos de seus conceitos propostos na obra *A Democracia na América*, além de serem paradoxais, serão revistos nos movimentos revolucionários de 1848. Não foram revistos expressamente pelo Autor, mas na narrativa que conduz sobre a queda do Rei Luís Felipe, Tocqueville reconhece a migração rural para Paris e a formação de um proletariado urbano significativo.[48] Sua obra *Lembranças de 1848* é uma descrição de todos os acontecimentos revolucionários daquele ano e ali ele demonstra todo o temor que a classe operária de Paris o fizera passar. Neste momento, sua ideia de que, aos poucos, no regime democrático, a maioria de pobres seria substituída por uma grande classe média cai por terra. Sua teorização preconizara essa substituição por uma pujante classe média que teria interesses muito próximos ao da classe mais abastada, já que também seria proprietária e lutaria pelo direito à

---

48. "A Revolução Industrial que, há trinta anos, fez de Paris a primeira cidade manufatureira da França e atraiu a seus muros uma nova população de operários, a quem as obras das fortificações acrescentaram todo um povo de agricultores agora sem trabalho; o ardor dos gozos materiais que, sob o aguilhão do governo, excitava cada vez mais essa multidão; a inquietação democrática da inveja que a minava surdamente; as teorias econômicas e políticas que surgiam e que tendiam a fazer crer que as misérias humanas eram obra das leis e não da Providência, e que a pobreza podia ser suprimida mudando-se a base da sociedade; o desprezo que se devotava à classe governante, sobretudo aos homens que a encabeçavam, desprezo tão geral e profundo que paralisou a resistência daqueles a quem mais interessava a manutenção do poder que se derrubava; a centralização que reduziu toda a operação revolucionária a apoderar-se de Paris e a pôr a mão sobre a máquina administrativa montada; a mobilidade enfim de todas as coisas, instituições, ideias, costumes e homens em uma sociedade movediça, que fora sacudida por sete grandes revoluções em menos de sessenta anos, não se considerando a afinidade de pequenos abalos secundários; estas foram as causas gerais sem as quais a Revolução de Fevereiro teria sido impossível" (Aléxis de Tocqueville, *A Democracia na América*, cit., pp. 84-85).

propriedade. Como explicar essa substituição quando, em fevereiro de 1848, ele encontra cem mil operários com fome e desempregados?

No movimento de fevereiro de 1848 há uma clara arregimentação das classes mais populares por parte dos deputados socialistas, republicanos e montanheses. Muitos deputados defenderão as reivindicações desse populacho na Assembleia. A real intenção de alguns talvez fosse a de apenas derrubar o gabinete, outros mais radicais desejavam a proclamação da Segunda República. O que é fato era que havia uma classe média pujante e expressiva. O campo francês tinha bastante força no sufrágio e estava sempre desconfiando dos movimentos revolucionários ocorridos na capital. No entanto, estava patente que os pobres não haviam sido substituídos em sua maioria por uma classe média. Os operários de Paris eram os pobres que Tocqueville acreditava que se encantariam pela igualdade. Eles foram para Paris atrás de pão e emprego, e não encontraram nem um nem outro.

Tocqueville representava o voto conservador republicano. Tem votações expressivas nas eleições de 1848 e 1849. Ele teme o surgimento da figura de Luís Napoleão, mais tarde Napoleão III. Luís Napoleão era filho do irmão de Napoleão, Luís, Rei da Holanda, com Hortênsia, filha de Josephina de Beauharnais, primeira mulher de Napoleão I. Ele fora um agitador, associando-se aos carbonaros, e tentara uma insurreição contra o Rei Luís Felipe e fora preso, julgado e condenado. Em junho de 1848 retorna e é bem votado como deputado à nova Assembleia em eleições parciais que ocorreram em vários departamentos franceses. Devido à oposição ao seu nome no seio da Assembleia, Luís Napoleão acaba renunciando ao cargo e em setembro do mesmo ano ele é reeleito deputado. Em dezembro de 1848 concorre com Louis Cavagnac à presidência da República e consegue derrotar o general.

A França de 1848 não é mais a França da *Democracia na América*. Embora nessa última obra, Tocqueville tenha se mirado nas instituições norte-americanas, na segunda parte de seu livro, como vimos, ele dará um caráter mais filosófico à análise do princípio democrático e sua penetração. Por que falhara sua análise de uma pujante nova classe, se ele próprio diz que não haverá recursos para todos? Tocqueville errava e acerta com suas próprias reflexões. As conflagrações daquela Paris de 1848 demonstraram que a classe que se revoltara em 1789 não fora atendida. O camponês se torna operário na cidade, mas, se antes passava fome pelos desígnios da natureza (estiagem, más colheitas, enchentes), agora a sua desgraça tinha um culpado tangível: era a classe governante que estava repleta de homens que representavam a nova nobreza, a burguesia.

Sua obra *Lembranças* é do ano de sua morte. Em 1859 Marx já havia publicado seu *18 de Brumário de Luís Napoleão* (1852), um relato do golpe do presidente que se torna imperador dos franceses. Não há registro na obra de Tocqueville de suas leituras de Marx, mesmo porque a obra fora publicada em alemão e os primeiros registros de sua tradução para o francês são dos anos setenta do século XIX. Mas é neste volume das *Lembranças* que Tocqueville toma consciência de que a nova classe agia da mesma forma que agira a Aristocracia do Antigo Regime. Se não havia mais a divisão pelo nascimento, o pagamento de impostos apenas pelo campesinato, agora havia a interação entre os negócios da nova classe e o Estado. A nova classe também ocupava o poder na França e as leis promulgadas seguiam o seu interesse. Na afirmação de Fernand Braudel, na edição francesa e na brasileira do livro de Tocqueville, "(...) *como explicar a Monarquia de Julho, em outras palavras, as sequências da Revolução de 1830 senão pelo advento e 'triunfo da classe média', de 'seu espírito ativo, industrioso, frequentemente desonesto?' Assim, ela não só se tornou a única dirigente da sociedade, mas também converteu-se em sua arrendatária. Alojou-se em todos os cargos, aumentou prodigiosamente seu número e habituou-se a viver quase tanto do Tesouro Público quanto de sua própria indústria*".[49]

Não se resume a isso, mas parece que o regime democrático altera os nomes, mas mantém as desigualdades que eram inerentes ao regime aristocrático. O nobre é substituído pelo industrial e pelo comerciante. Esses, agora, ditam o *modus operandi* de condução do sistema normativo. Agirão eles em prol de uma igualdade em que não acreditam? Logicamente que não. Mas há uma composição político-partidária, os socialistas e mais tarde, socialistas reais ou marxistas. Esses exigirão a tão proclamada (e impossível) igualdade.

Se não é admitida mais a diferença em decorrência do nascimento ou do pertencimento (político, parental, religioso, militar, escolar, econômico) que delimitavam na aristocracia os limites e poderes de cada um dos componentes daquela sociedade,[50] no regime democrático, os novos políticos, os mais autênticos, vão reivindicar a soberania completa. Não querem apenas a igualdade formal, querem transformá-la em igualdade real, ainda que contrariem as forças naturais que diferenciam os homens.

49. Fernand Braudel, Prefácio à edição de Aléxis de Tocqueville, *Lembranças de 1848*, cit., pp. 21 e 22.

50. Robert Legros, ob. cit., p. 70.

Não atingirão seus objetivos se não vincularem essa necessidade democrática a um rigoroso e compulsivo sistema normativo que vincula todos a respeitarem a todos como iguais. Essa tirania da igualdade incomodava Tocqueville e continua incomodando a muitos pensadores que creem que a democracia não foi um avanço tão concreto como nosso biografado imaginava. Ela, democracia, também formou em seu seio, seus próprios estamentos, suas próprias diferenciações.

O camponês mudou de nome e de situação. São, agora, trabalhadores. Alguns conseguem alcançar alguma desigualdade em relação aos seus semelhantes, a partir da labuta contínua como trabalhador ou pequeno comerciante. O trabalhador que não atingiu essa condição, continua servo como antes. Submete-se às vicissitudes da vida como se submetia o camponês ao seu nobre. Mas desta feita, o sistema normativo lhes retirou-lhe a "pertença". O novo trabalhador tem direitos, mas como sucumbiram os pactos de honra, só consegue fazer valê-los por meio da imposição soberana do brutal sistema normativo que rege a vida do homem moderno. Nem sempre ele consegue sua emancipação.

O camponês ainda tinha o consolo da proteção; o trabalhador se socorre, formalmente no Estado, mas esse, está demonstrado, falhou em sua tarefa de protegê-lo.

11. Igualdades diferentes. Liberdade?

As obras dos grandes homens são escritas por intuição para tentar explicar a percepção que tiveram dos problemas de seu tempo. As questões dos tempos de Marx e Tocqueville são as mesmas. O primeiro, um revolucionário, o segundo, um conservador agonizado. Marx se mostra escandalizado pela constatação de que o enriquecimento da indústria dos países europeus, o enriquecimento de uma classe industriosa não terá significado um melhor bem-estar às classes trabalhadoras. Não consegue compreender por que não há uma divisão mais equânime dos recursos.

A incompreensão das mazelas do novo sistema está no centro geral de sua obra como parte de sua própria interpretação da história humana. As condições locais e econômicas da sociedade que Marx analisa vão levá-lo a interpretar tudo ao seu redor, tendo como centro a contradição do novo sistema econômico.

Tocqueville também não consegue fugir dessa centralização às suas condições de nascimento e às condições da economia francesa de sua época. Tocqueville se torna histórico, tanto quanto Marx, porque apresenta o problema que fustigara a sua classe: a instauração da democracia em todos os setores da vida social da França. O problema de Marx é a contradição do novo sistema; o de Tocqueville é a sua instauração. Logicamente ele também percebe a contradição, mesmo porque preconizara a formação de uma grande classe média, o que não ocorreu. Sua contradição, no entanto, é sobretudo entre a liberdade e a igualdade. Se uma sociedade for completamente igualitária, ela conseguirá ser livre?

Pelo fato de que essa nova classe industriosa alijara a sua classe (aristocrática) do poder, unira-se ao campesinato e apoderara-se do Estado, para Tocqueville a grande questão do mundo ocidental seria a explicação não só da formação dessa nova classe, como também de um novo modo de comportamento da sociedade. A democracia conseguiria fazer os homens, não importa o seu grau de riqueza, iguais e livres?

A igualdade para Tocqueville era a igualdade abstrata da lei, do reconhecimento do Estado de que todos nascem iguais. Tocqueville entende por Democracia um estado social e não um modo de governo ou um regime político. A revolução que a democracia produz é a revolução social e tende ao desenvolvimento gradual e progressivo do princípio da igualdade.[51] A igualdade de Marx é a igualdade econômica. O materialismo e a desigualdade causadas são o seu centro.

Por isso, para Tocqueville, o advento democrático não significa a igualdade econômica. Tocqueville afirma que nas eras democráticas o homem era o próprio senhor do homem. Ele deve buscar a sua satisfação e o seu sustento com suas próprias forças. O paternalismo nobiliárquico ruiu. Se o novo homem não consegue atingir o grau de satisfação ou riqueza que deseja, ou mesmo que seja o mínimo para o seu sustento, a culpa não pode ser dirigida unicamente ao novo sistema, mas sim à carência meritória desse novo homem. Embora ele compreenda que a nova classe industriosa houvera tomado conta do poder e legislava em causa própria, o infortúnio humano, na obra de Tocqueville, está ligado ao próprio fracasso diante das novas condições que a democracia impõe aos homens.

De uma forma mais contundente, até mesmo para o regime industrioso que vai se desenvolver durante o século XIX, a visão marxista imperou. A igualdade que a democracia deveria proporcionar não era apenas formal. O sistema normativo, o Estado, era responsável por ga-

51. Raymond Aron, "Idées Politiques et vision Historique de Tocqueville", *Revue Française de Science Politique*, vol. 10, n. 3, p. 512, 1960.

rantir a igualdade real. Para Marx, essa necessidade da igualdade real marca uma profunda valorização do materialismo. O homem, com isso, vai perder suas crenças, suas tradições, suas possibilidades de transcendentalismo. O homem material da era democrática-industrial só poder ser chamado de homem se obtiver sucesso no campo material. Não era esse o enfoque de Tocqueville.

A desigualdade faz parte de seu discurso, já que ele reconhece que não há riquezas para todos, e nos episódios da Paris de 1848 ficara bastante claro que a desigualdade era tão grande que causava o mesmo alvoroço de 1789. Contudo, a sua preocupação é com a liberdade dos homens. Como os homens podem ser livres sob a democracia? Se não havia mais um senhor ou um rei para proteger o súdito, como ele pode ser livre? A liberdade deve estar sob os auspícios da lei. É a lei que protege a todos contra a tirania, contra os poderosos.

É essa liberdade que protege a propriedade e, eventualmente, a minoria contra a tirania da maioria.

Os súditos ou cidadãos que vivem sob pálio democrático devem, eles próprios, formar o sistema legal que os regerá. Por isso a necessidade da participação da nova classe industriosa na feitura das leis. Ela saberá proteger os seus direitos: direito à propriedade, direito à produção.

Reger esses direitos é a chave mestra da liberdade. O que importa igualmente é evitar a extrema centralização do Estado. A centralização traz a burocratização e o surgimento de uma classe pública que vive dos recursos do Estado. O cidadão deve estar atento ao aumento estatal, porque é isto que pode ferir de morte as leis que ele pretendeu fazer para se proteger. O aperfeiçoamento estatal pode matar a liberdade do homem.

O que pode causar a assunção do poder pela centralização é o desinteresse do homem pelos assuntos públicos. O homem dedicado unicamente aos seus próprios negócios esquece-se da esfera pública do poder. Tocqueville, como aristocrata que era, não tinha aversão ao princípio da igualdade, o que mais o incomodava era que o homem desinteressado pudesse se tornar servil ao poder. *"Ele temia que a preocupação exclusiva com o bem-estar disseminasse entre os homens, focados apenas em seus pequenos negócios, um espírito de baixeza"*.[52]

Por que a igualdade pode ser compreendida e adotada por algumas sociedades com mais facilidade do que por outras? *Na América, não é a virtude que é grande, mas é a tentação que é pequena, e ao final das*

52. Idem, ibidem, p. 514.

contas isso dá no mesmo. Tocqueville, com essa frase, tenta dar razão a Montesquieu quando este compara a virtude greco-romano à virtude dos norte-americanos. No entanto, Tocqueville analisava uma sociedade já bastante diferente da que o fizera Montesquieu. As sociedades francesa e americana eram bem mais complexas que os modelos citados por Montesquieu para demonstrar as virtudes dos antigos. Não havia como regredir e resgatar esses traços virtuosos na nova sociedade que se criara.

Tocqueville era historiador e sociólogo. Ele analisara, precipuamente, duas sociedades: a francesa e a norte-americana. E como elas diferiam! Desde a formação até os valores e costumes. A América se formara de um território virgem, sem vizinhos potentes. Suas maiores ameaças eram os indígenas, que foram dominados com facilidade, e seus pais, ingleses, de quem se livraram já no século anterior. Os americanos se fizeram por si próprios. Na formação de suas mentalidades havia pouco Estado e mais individualidade. Cada americano deveria cuidar de si próprio e de sua família. Quanto mais se expandissem para o oeste, menos Estado havia.

Esse *modus vivendi* torna o homem mais vigoroso, mais independente e mais cioso de sua liberdade. A França era feudal, aristocrática e monarquista. A França, desde muito cedo, foi obrigada a ter uma maior centralização para combater os seus vizinhos que muitas vezes foram mais fortes do que ela. Um estado bélico não tem outra saída senão se centralizar e agrupar forças. O súdito francês, desde cedo, cedeu seus direitos ao Estado francês em prol de segurança. Para ele, maior valor que a liberdade é a própria vida.

Uma sociedade bélica e centralizada precisa de organização, estratificação. O Estado tutela o súdito e este lhe cede direitos e esta é a principiologia da subserviência do homem num Estado centralizado tal como a França e diversos outros países europeus.

O norte-americano demanda liberdade; o francês quer proteção. A América tem um histórico de continuidade. A sua grande ruptura, se falássemos em alguma, foi a luta pela libertação do despotismo inglês. A França, a República ou as repúblicas francesas, pelo contrário, têm um histórico de rupturas e retomadas. A cada ruptura e a cada retomada alguns princípios são esquecidos e outros retomados com mais vigor do que seria necessário. Este destempero de interpretações causa os radicalismos. No radicalismo, os mais oportunistas, e não os mais preparados – já que esses estão cuidando de seus próprios negócios –, é que tomam o poder.

A França está em sua V República. Apesar de se mostrarem nostálgicos de um passado reluzente e de se considerarem o berço da liberdade, os franceses continuam demandando proteção. Preferem-na a qualquer escorço libertário. Para a democracia, Tocqueville foi prudente ao analisar ambas as sociedades: os americanos estavam bastante melhor preparados para aceitá-la do que os franceses. Ele realmente conhecia os franceses. As repúblicas até hoje lhes confundem os conceitos. Confundem Democracia e Igualdade com estatismo e assistencialismo.

As repúblicas lhes conferiram muitos direitos na esteira da afirmação do Estado Social que Tocqueville previra. Agora, e mais do que nunca, eles estão preferindo a proteção estatal a um ânimo de liberdade. Não querem concorrentes e querem se fechar. Disseram sim à União Europeia, mas não querem respeitar as mínimas regras de convivência. Conseguiram assimilar algumas lições da Globalização, mas não conseguem compreender como na era pós-industrial a produtividade é mais valiosa do que a mera produção de um bom artigo de luxo. Querem a liberdade à sua maneira. Sonham com Napoleão e suas glórias, mas o que eles têm efetivamente é um Estado grandioso que já não consegue proteger seu cidadão como havia prometido. É chegado o tempo da involução do igualitarismo e do assistencialismo.

Tocqueville tinha razão quando temia que o homem prescindisse de sua liberdade em prol da igualdade. O que ele não podia prever era que o francês e muitos povos, especialmente os ocidentais, prescindiram de sua liberdade em prol da igualdade. Essa igualdade real jamais se concretizou. A democracia, como a aristocracia, tem seus próprios estamentos, suas classes dirigentes e suas regras. Há sim uma preocupação com o bem-estar social, mas ele fica cada vez mais difícil de ser atingido.

A produção de riquezas que a democracia proporcionou não permite a divisão por todos. É indispensável uma involução no estado democrático social para que o próprio Estado, grande propalador de promessas não cumpridas, possa satisfazer o mínimo que a igualdade reivindica.

Bibliografia

ARON, Raymond. "Idées Politiques et Vision Historique de Tocqueville", *Revue Française de Science Politique*, vol. 10, n. 3, ano 1960.

BAIROCH, Paul. "L'Économie Française dans le Contexte Européen à la Fin du XVIIIème Siècle", *Revue Économique*, vol. 40, n. 6, ano 1989.

BERGERON, Louis. "L'Empire", in *Histoire de la France des Origines à nos Jours*. Paris, Larousse, 1995.

BOURDE, André. "Dilemmes de l'Ancien Régime", in *Histoire de la France des Origines à nos Jours*. Paris, Larousse, 1995.

DURANT, Will. *História da Civilização Ocidental, a Era de Voltaire*, vol. IX. 2ª ed., Rio de Janeiro, Record, 1993.

ENCYCLOPÆDIA BRITANNICA. Encyclopædia Britannica Premium Service, 2012.

ENCICLOPÉDIA WIKIPEDIA. Verbetes: *"Dîme e Taille (impôt)"*, in http://fr.wikipedia.org/wiki/D%C3%AEme e http://fr.wikipedia.org/wiki/Taille_%28imp%C3%B4t%29; acessados em 27.2.2012.

JASMIN, Marcelo Gantus. *Aléxis de Tocqueville – A Historiografia como Ciência da Política*. 2ª ed., Belo Horizonte, Editora UFMG, 2005.

KAHAN, Alan S. *Aristocratic Liberalism*. 2ª ed., New Brunswick, Transaction Publishers, 2001.

LAMBERTI, Jean Claude. "Tocqueville", in *Nouvelle Histoire des Idées Politiques*. Sob a direção de Pascal Ory. Paris, Hachette, 1987.

LEGROS, Robert. *O Advento da Democracia*. 1ª ed., Lisboa, Instituto Piaget, 2001.

TOCQUEVILLE, Aléxis de. *A Democracia na América – Leis e Costumes*, vol. I. 2ª ed., São Paulo, Martins Fontes, 2005.

_____. *A Democracia na América – Sentimentos e Opiniões*, vol. II. 1ª ed., 2ª tir., São Paulo, Martins Fontes, 2004.

_____. *Lembranças de 1848*. 1ª ed. brasileira, São Paulo, Companhia das Letras, 1991.

_____. *O Antigo Regime e a Revolução*. 1ª ed. portuguesa, Lisboa, Editorial Fragmentos, 1989.

WORONOFF, Denis. "L'Industrialisation de la France de 1789 à 1815 – Un Essai de Bilan", *Revue Économique*, vol. 40, n. 6, ano 1989.

ZETTERBAUM, Marvin. "Aléxis de Tocqueville", in *Historia de la Filosofía Política*. 1ª ed. espanhola, 4ª reimp., México, Fundo de Cultura Económica, 2004.

Capítulo XII
SOCIALISMO E CIÊNCIA DA HISTÓRIA EM KARL MARX

JORGE FERNANDO HERMIDA

*Dedico este ensaio a meu filho, Gabriel Hermida (Gaby),
Meu Pequeno Grande Príncipe.*

1. Introdução. 2. Karl Marx, a política e a sociedade de seu tempo. 3. Os tópicos selecionados: 3.1 O caráter teórico, político e histórico do "Manifesto" e a emergência do socialismo moderno: 3.1.1 Bases históricas do socialismo; 3.1.2 O surgimento do socialismo moderno; 3.2 Uma nova forma de conceber a História: 3.2.1 Reflexões finais – A teoria marxista e a Filosofia Política.

1. Introdução

A América Latina vive hoje um momento histórico, no mínimo, paradoxal. As eleições nacionais para a Presidência da República, ocorridas na Argentina (2007), Bolívia (2006), Brasil (2006), Chile (2006), Uruguai (2004) e Venezuela (2000), conduziram ao poder partidos políticos e presidentes com compromissos, princípios e valores solidários com o socialismo. Se não poderíamos definir esses governos exatamente como sendo socialistas, no mínimo eles aderem, do ponto de vista político e programático, a princípios socialistas. A essas experiências políticas – que apresentam a emergência revitalizada do socialismo – temos que somar a experiência cubana, que vem ocorrendo desde janeiro de 1959, tão polêmica, burocrática e problemática quanto admirável e emblemática.

De acordo com Flávio Aguiar (2006), a América Latina tem se tornado um espaço diversificado e protagonista da retomada histórica do compromisso e dos valores solidários ao socialismo – ainda que não haja uma revolução socialista em curso, os acontecimentos políticos ocorridos caminham nessa direção. As experiências políticas latino-americanas têm a virtude de colocar na ordem do dia a temática do socialismo, associada a princípios republicanos e democráticos. Mas para concretizar seus nobres propósitos e objetivos, os governos eleitos deverão superar problemas herdados de governos anteriores. Dentre os mais comuns possíveis de serem detectados nos países da região, temos: o abandono de projetos nacionais – fundados na base da expansão industrial, com muitas empresas sob controle estatal – em detrimento de modelos de estados mínimos com economias abertas para o mercado internacional; o predomínio de diretrizes políticas externas (isto é, as políticas do Tesouro Americano e do Fundo Monetário Internacional) definindo as políticas nacionais; a receptividade política dos partidos políticos a imposições das elites dominantes; acordos e protocolos de empréstimos com instituições financeiras internacionais a serem honrados, em situações completamente desvantajosas; a abertura dos mercados ao fluxo de capitais internacionais; a adoção de políticas neoliberais extremas; e o monetarismo influindo no resto das políticas públicas, principalmente nas políticas sociais.

A experiência política latino-americana, inovadora, deriva da mal sucedida experiência socialista ocorrida no século XX, e tenta superar aquilo que faltou às repúblicas democráticas surgidas no leste europeu e na ex-União de Repúblicas Socialistas Soviéticas (URSS), que, apesar do seu nome, não souberam honrar sua existência como socialistas. Como afirma Aguiar (2006), "O socialismo do século XX não conseguiu integrar avanço social, planejamento econômico, com liberdade e democracia, e por isso ruiu na maioria dos países em que se implantou, depois de reproduzir muitas vezes as piores qualidades autoritárias das sociedades em que ele medrou".

Para Paul Singer (1998), o fracasso histórico da tentativa de "construir" o socialismo através do planejamento centralizado da economia e da estilização dos meios de produção, de cima para baixo, revitalizou a hipótese de que o socialismo e seus modos de produção teriam que ser desenvolvidos sob a hegemonia do capitalismo. Segundo o Autor, "O fracasso do *socialismo realmente existente* revelou que o socialismo sem aspas terá de ser construído pela livre iniciativa dos trabalhadores em competição e contraposição ao modo de produção capitalista, *dentro da mesma formação social*" (Singer, 1998, p. 9).

As experiências, diversas e distintas, não surgiram nem emergiram do acaso e por acaso; elas são produto de décadas de luta de partidos políticos e movimentos sociais, que se propuseram a lutar contra a estagnação econômica, o desemprego, a desigualdade social e as injustiças que caracterizam a formação social capitalista.

Embora a realidade política latino-americana apresente em vários países a emergência de princípios e valores solidários com o socialismo, a situação política regional contrasta com o que, em nível internacional, se percebe em termos geopolíticos: o indiscutível domínio do império americano, aplicando sua perversa lógica de agredir a natureza e a sociedade humana em nome de sua ideologia, da mais-valia e da reprodução do capital. Na sua configuração atual, percebe-se no imperialismo a existência de elementos pertencentes a sua fase clássica – tais como a ocupação territorial; os processos de acumulação capitalistas em escala mundial; domínio econômico e político dos países capitalistas desenvolvidos em detrimento dos países subdesenvolvidos ou em vias de desenvolvimento; e a opressão dos povos subjugados pelo domínio do capital ao ponto de eliminar a questão nacional –, associados a novas características, tais como a superação de algumas questões territoriais – a mundialização do capital e o monopólio da informação (materiais) e o reforço de suas faces simbólicas e virtuais (imateriais). Esses novos elementos materiais e imateriais dotaram o império de um poder supranacional mais incisivo, que lhe permite desenvolver um domínio global para cumprir incondicionalmente os interesses da classe dominante norte-americana.

E qual é a ideologia que orienta este processo à dominação social imperialista? A ideologia neoliberal, que, ao ser adotada pelas classes dominantes e o *status quo*, passa a ser o patrão absoluto do processo de transformação social. Fazem parte de sua lógica a economia neoclássica, a racionalidade tecnocrática, o "fim da história" e sua contrapartida – a "morte do marxismo", categorias advindas da "visão eurocêntrica" do conhecimento (em especial, a naturalização das relações coloniais de dominação e a ideia de raça), o etnocentrismo, o relativismo, o irracionalismo e a fragmentação do conhecimento, a linearidade histórica, o evolucionismo, a homogeneidade/continuidade, uma visão positivista da realidade e do conhecimento, a perda de privacidade, um estado de provisoriedade permanente, a exaltação do indivíduo como dono e patrão de seu próprio destino (para mim, isto não é mais do que uma ilusão), a glorificação do individualismo socialmente indiferente, uma exaltação das virtudes do mercado, a inexistência de utopias, a superexploração dos recursos naturais e a consequente destruição ecológica do planeta, a alienação e transplante cultural e, no mundo acadêmico e universitário, um lamentável vazio teórico. Enfim, niilismo pós-moderno e tecnocratismo neoliberal alimentam a fragmentação e a reificação das manifestações teóricas e das relações sociais burguesas, fetichistas, colocando em vigência a antiga consigna *socialismo ou barbárie*.

Ao tratar das "virtudes" da economia ultraliberal atualmente dominante na maior parte do mundo, Viviane Forrester explicitou as seguintes considerações: "Para este regime, não se trata de organizar uma sociedade, de estabelecer suas formas de poder, mas de colocar em marcha uma ideia fixa, que poderíamos mesmo chamar de 'maníaca': a obsessão em abrir caminhos à corrida sem obstáculos ao lucro; um lucro cada vez mais abstrato, mas virtual. Obsessão de ver o planeta tornar-se um terreno entregue a uma pulsão, afinal de contas muito humana, mas que não esperávamos que viesse a ser – ou mesmo que pudesse vir a ser – o elemento único, soberano, a meta final da aventura planetária: esse gosto pela acumulação, essa neurose do proveito, essa isca do lucro, do ganho em estado puro, pronta para todas as devastações, abarcando o conjunto do território, ou melhor, o espaço em seu todo, não limitado a suas configurações geográficas" (Forrester, 2001, pp. 6-7).

Este amplo conjunto de categorias que caracterizam o atual momento social, explicitadas nos textos de grandes cientistas sociais contemporâneos (Borón, 1998; Forrester, 2001; Meszáros, 2002; Milliband, 1995; Quijano, 2000; e Wallerstein, 1998), não faz mais do que comprovar o poder que sustenta esta ideologia colocada a serviço do império e do grande capital. De acordo com Borón (1998), a ideologia neoliberal recriou nas nossas sociedades um clima cultural que despreza e hostiliza a reflexão filosófico-política, e tudo aquilo que seja coletivismo (partidos políticos, movimentos sociais, sindicatos etc.), inclusive tradições teóricas ancoradas em mais de dois mil e quinhentos anos de reflexão.

O clima cultural descrito por Borón coincide com as análises desenvolvidas por Reginaldo C. de Moraes, professor da Universidade Estadual de Campinas (UNICAMP): ao analisar características da ideologia dominante – que ele denomina como cruzada neoliberal – o que mais se destaca é sua vitória moral. Palavras como desigualdade, desemprego, lucro, capital, mais-valia – que em épocas próximas poucos se animavam a defender e utilizar nos seus discursos e raciocínios lógicos (elas eram consideradas "más palavras"), passaram a ser aceitas nos diálogos cotidianos de políticos, economistas, sem levar em consideração o peso e as consequências sociais que cada uma dessas categorias representa. Por exemplo, o desemprego – também chamado nestes tempos pelos economistas de "exército de mão-de-obra de reserva" –

passou a ser estrutural (pois é lógica sua existência dentro do sistema), e a desigualdade, o lucro, o capital e a mais-valia passaram a ser características inerentes a cada indivíduo singular – aquele que é pobre é pobre porque não soube triunfar na sua vida. Fundada no dogma da autorregulação da chamada economia de mercado, a ideologia neoliberal dia a dia demonstra sua incapacidade em administrar e estabelecer uma ordem naquilo que ela quer impor.

Este desolador quadro se completa com a crise que existe hoje no campo das Ciências Sociais e também da Filosofia Política. A vitória moral da cruzada neoliberal acabou recriando no interior da ciência e das instituições universitárias um novo clima cultural. Isto é, a indiscutível hegemonia ideológico-política do neoliberalismo, associada à sensibilidade pós-moderna, acabou desencadeando o rechaço de todas aquelas correntes de pensamento herdadas da tradição da Ilustração. Com isto, o universo social passa a ser fragmentado e devidamente analisado por estruturas disciplinárias ultraespecializadas, o particular passa a ocupar o lugar do universal, o tempo e o espaço passaram a ser variáveis físicas invariáveis dentro das quais se localiza o universo social, a neutralidade fictícia foi generalizada e foram criadas barreiras artificiais entre a natureza e os seres humanos.

O clima ideológico contemporâneo trata com fastio e desprezo qualquer esforço de compreensão do movimento da sociedade no seu conjunto, a partir de uma teoria social, principalmente na Filosofia Política. Em contrapartida, processos ultraespecializantes, fragmentários, saberes separados, compartimentalizados, contribuindo para recriar o mundo a sua imagem e semelhança. Cumpre (à Filosofia Política) neste momento de decadência uma dupla função: por um lado, "(...) gerar discursos tendentes a reafirmar a hegemonia das classes dominantes consagrando a sociedade capitalista e a democracia liberal como a culminação do processo histórico, ao neoliberalismo como a 'única alternativa', e ao 'pensamento único' como o único pensamento possível" e, por outro lado, "(...) cooptar e integrar à hegemonia do capital a intelectuais originariamente vinculados (...) aos partidos e organizações das classes e camadas subalternas, conseguindo deste modo uma estratégica vitória no campo ideológico" (Borón, 1998). São justamente esses cientistas sociais, que, por uma absoluta falta de consciência filosófica e crítica, são avassalados pelos novos modismos da vida acadêmica, e terminam optando por rever constantemente o pensamento dos autores do passado, esquecendo, deste modo, que são os clássicos os verdadeiros arquitetos do mundo político em que vivemos na atualidade.

Dentre os clássicos que podem ser definidos como arquitetos do mundo político contemporâneo, temos Karl Marx. Sabe-se que a obra de Marx foi, e continua sendo, uma vital fonte de inspiração para as Ciências Sociais. Baseando-se nos seus postulados ontológicos, gnosiológicos e axiológicos, são muitos os cientistas sociais que apoiam-se neste marco teórico para fazer ciência e filosofia política. Quando não se adere ao marxismo, seus postulados no mínimo são utilizados e referenciados, ora criticando-os e negando-os diretamente, ora pretendendo superá-los; o fato é que o marxismo não tem nestes tempos como passar despercebido.[1]

O objetivo deste trabalho é abordar e destacar alguns tópicos relevantes da obra marxiana, visando a contribuir criticamente para a compreensão de diversas problemáticas sociais e políticas contemporâneas. Também se procura colaborar estrategicamente na construção coletiva de caminhos que ajudem a enfrentar o capitalismo que, embora esteja passando por uma profunda crise estrutural, apresenta-se renovado e cheio de contradições neste início de milênio.

O presente ensaio está organizado da seguinte maneira: em primeiro lugar, tratar-se-á das circunstâncias históricas que acompanharam a vida de Karl Marx e que motivaram a emergência de seu pensamento. Nesta parte serão descritos fatos históricos e sociais, o panorama histórico que circundava o Autor, bem como elementos biográficos que permitam aos leitores compreender algo acerca de sua personalidade, ideologia, pré-compreensões, etc. Neste item, o objetivo é entender as características do tempo histórico que, articuladas, permitiram a emergência de seu pensamento. A compreensão do tempo histórico que caracterizou a vida em sociedade na época de Marx conduzirá à elucidação do tempo lógico que permitiu a emergência e a definição do pensamento marxiano.

Uma vez que os condicionantes históricos foram citados, o ensaio segue com a abordagem dos tópicos da obra marxiana selecionados – socialismo e ciência da história. Para atingir esse objetivo, foi escolhido o *Manifesto do Partido Comunista*. Uma obra com rasgos proféticos, como a de Karl Marx, encontra no *Manifesto* uma de suas formulações mais marcantes, pois se trata de um documento que apresenta num esboço a maior parte das dimensões que articulam o pensamento marxiano, tão complexo, ambicioso e às vezes contraditório.

1. Valendo-me de uma máxima de Dom Quixote de la Mancha, eu diria *"Ladran Sancho! Señal que cabalgamos..."*.

O conteúdo do *Manifesto* inovou definitivamente o ideário socialista e constitui a base do socialismo moderno. Enquanto texto fundante de um novo paradigma científico, o Manifesto desencadeou na época uma revolução teórica no terreno das Ciências Sociais, que teve significativas contribuições no surgimento de uma nova Teoria da História. O texto selecionado também acolhe nas suas páginas um desdobramento de temas e traços que permitem dar conta da pluriarticulação das diversas dimensões do pensamento de Marx numa elaboração que reúne análises econômicas (numa espécie de crítica de determinadas categorias da economia política), teoria política da emancipação e pressupostos antropológicos.

A explicitação dos tópicos selecionados da obra marxiana, atrelados a suas circunstâncias históricas, coloca em pauta a unidade entre o lógico e o tempo histórico – uma premissa metodológica indispensável para o conhecimento da história, do pensamento, de seu desenvolvimento e da estrutura do objeto.

Finalmente este ensaio se encerra com a apresentação das reflexões finais, que procuram problematizar a questão do socialismo, a relação que existe entre teoria marxista e Filosofia Política, como também enunciar alguns desafios sociohistóricos que caracterizam a Filosofia Política na atual conjuntura.

2. *Karl Marx, a política e a sociedade de seu tempo*

Escrever sobre Karl Heinrich Marx, a política e a sociedade de seu tempo, é fazê-lo do cientista social que mais influiu sobre o pensamento filosófico e social da história da humanidade. Nasceu na cidade de Tréveris, na Prússia Renana, em 5 de maio de 1818. Descendente de uma longa linhagem de rabinos, seu pai, Hirschel Marx, intelectual iluminista, só concordou ser batizado como protestante para assim poder exercer o ofício de advogado na sua cidade. Sua mãe, também descendente de rabinos judeus, jamais se preocupou em exercer uma influência doutrinária sobre seus descendentes. Os pais de Marx constituíam um casal harmonioso e isso contribuiu de forma substancial para a formação de sua personalidade. Esse contexto motivou em Marx um aguçado sentimento de justiça e princípios humanitários.

Filho de uma família de classe média e culta – porém não revolucionária –, Marx matriculou-se na Faculdade de Direito aos 17 anos. Estudante de Jurisprudência em Bonn, precocemente se entregou com paixão ao estudo da história e da filosofia. Fiel ao Romantismo que predominava na época, fica noivo de Jenny von Westphalen, filha do Barão de Westphalen, figura destacada da sociedade.

Um ano depois foi para a Universidade de Berlim, mais importante que a de Bonn, e aí passa intensos quatro anos que lhe servem para deixar de lado o romantismo a favor do hegelianismo, que era a corrente filosófica predominante na época. Em 1841 termina seus estudos universitários e defende uma tese de doutoramento, intitulada *Sobre a Diferença entre as Filosofias da Natureza de Demócrito e de Epicuro* (*Über die Differenz der Demokritischen und Epikureischen Naturphilosophie*).[2] Pelas suas concepções, ainda era um idealista hegeliano. Foi em Berlim que Marx associou-se aos hegelianos de esquerda, que se esforçavam por encontrar na obra de Hegel interpretações ateias e revolucionárias. As ideias dos hegelianos de esquerda progrediam rapidamente na Alemanha; um de seus mais célebres representantes era Ludwig Feuerbach, que a partir de 1836 começa a criticar a teologia e orientar-se para o materialismo.

Terminados seus estudos, Marx se trasladou a Bonn com a intenção de ser professor. Quando estava prestes a assumir sua cátedra de Filosofia, em 1842, o movimento político produzido depois da morte de Guilherme III imprimiu um novo rumo para sua vida: a burguesia liberal renana (que simpatizava com a causa dos hegelianos de esquerda) havia fundado na cidade de Colônia a *Gazeta Renana* (*Rheinische Zeitung*) e Marx, que havia criticado duramente os debates da Dieta provincial renana com grande repercussão, foi indicado para dirigir o periódico. Os críticos artigos que tratavam de questões econômicas levaram o governo a censurar e fechar o jornal. Esse fato levou Marx a emigrar para França. Como seus trabalhos de jornalista lhe demonstraram que conhecia pouco de economia política, a partir deste momento Marx começa a dedicar-se com esmero ao estudo desta ciência.

Em 1843 Marx casou-se com Jenny von Westphalen, amiga de infância, com quem ele se havia comprometido quando ainda era estudante. Em outono desse ano, ele se muda para Paris com o objetivo de editar no estrangeiro uma revista junto com Arnold Ruge (1802-1880), também hegeliano de esquerda, os *Anais Franco-Alemães* (*Deutsch--franzosische Jahrbücher*). A revista, que tinha como objetivo realizar uma ponte entre os socialistas franceses e os hegelianos radicais alemães, teve vida curta; saiu somente um fascículo. As dificuldades em

2. Publicada no Brasil sob o título *Diferença entre as Filosofias da Natureza em Demócrito e Epicuro*, São Paulo, Global, 1979.

difundir clandestinamente a revista na Alemanha, associadas às discrepâncias surgidas entre Marx e Ruge, fizeram com que a publicação fosse suspensa. Nos *Anais*, Marx já começa a manifestar sua essência revolucionária, pois, em seus textos, apela à crítica implacável de todo o existente. Durante seus primeiros meses de estadia em Paris, Marx tornou-se comunista e começa a redigir ideias numa série de escritos. Os escritos ficaram mais tarde conhecidos como *Manuscritos Econômicos e Filosóficos* (*Ökonomisch-Philosophischen Manuskripte*), e neles seu Autor começava a delinear características que definiriam uma sociedade como sendo comunista.

Em setembro de 1844 conhece Friedrich Engels (1820-1895), de quem se torna amigo íntimo. Juntos passam a fazer parte da febril vida política da época, ingressando em grupos revolucionários e, manifestando-se contra as diversas doutrinas do socialismo pequeno-burguês, anunciam a teoria do socialismo proletário e revolucionário, o comunismo. Desta forma, iniciava-se uma parceria que iria durar o resto de suas vidas. Marx e Engels foram rigorosamente contemporâneos. Tiveram a mesma origem intelectual: o Romantismo alemão, o hegelianismo de esquerda e o democratismo radical. Viveram num ambiente social, cultural e político semelhante – mesmo tendo diferentes condições financeiras. Transitaram para o materialismo ao mesmo tempo e por caminhos muito parecidos e juntos realizaram uma prática revolucionária de mais de quatro décadas. A convivência intelectual e a permanente troca de opiniões em todos os temas e nas suas principais obras levaram à produção conjunta de textos basilares para o surgimento e o amadurecimento do marxismo: *A Sagrada Família* (*Die Heilige Familie*), *A Ideologia Alemã* (*Die Deutsche Ideologie*), *Manifesto do Partido Comunista* (*Das Kommunistische Manifest*), um artigo em defesa da Polônia, publicado em *Der Volkstaat* em março de 1875, e, excetuando o livro I, a reelaboração conjunta de *O Capital* (*Das Kapital*).

A mando do governo prussiano, Marx foi expulso da capital francesa como revolucionário perigoso e transferiu-se junto com Engels para Bruxelas, onde iria passar os próximos três anos. Nessa cidade, Marx se dedicou ao estudo intensivo da história e nessa época foram esboçadas as primeiras linhas de uma teoria que veio a ser conhecida mais tarde como concepção materialista da história. A concepção materialista da história foi esboçada num trabalho que foi escrito com a colaboração de Engels e teve como título *A Ideologia Alemã* (*Die Deutsche Ideologie*). Em Bruxelas, Marx e Engels se filiam a uma sociedade secreta de propaganda, A Liga dos Comunistas; sediada em Londres, reunia trabalhadores alemães emigrados. Depois de uma destacada participação no II Congresso desta sociedade, realizado em Londres no final de 1847, Marx e Engels foram indicados para escrever um manifesto que expressasse as concepções da organização. Foi assim que redigiram o famoso *Manifesto do Partido Comunista* (*Das Kommunistische Manifest*), que aparece em fevereiro de 1848, pouco antes que uma onda de revoluções varresse a Europa. A obra descreve brilhantemente uma nova concepção de mundo – o materialismo, uma teoria sobre luta de classes e a emergência do proletariado como criador de uma nova sociedade, a sociedade comunista.

Em princípios de 1848, Marx é expulso de Bruxelas; ele se transferiu novamente para Paris, e em seguida para Alemanha, onde funda, na cidade de Colônia, a *Nova Gazeta Renana* (*Neue Rheinische Zeitung*). Após a onda revolucionária de 1848, a contrarrevolução triunfante fez com que Marx tivesse que comparecer perante os tribunais e, mais tarde, em 16 de maio de 1849, fosse expulso da Alemanha. Marx se mudou para Paris, e, depois da manifestação de 13 de junho de 1849, foi novamente expulso. Decide então ir para Londres, cidade na qual iria passar o resto de sua vida.

A vida de imigrante de Marx em Londres foi extremamente dura. Ele viveu situações limitadíssimas, com uma família que se multiplicava com rapidez. As condições de sua moradia eram, na maioria das vezes, catastróficas. Numa ocasião, até a mobília de sua casa foi penhorada. Como as doenças perseguiam os Marx, apenas alguns filhos sobreviveram aos primeiros anos. A miséria asfixiava sua família e se não tivesse aceitado a ajuda financeira de Engels, dificilmente ele e os seus sobreviveriam. Marx complementava a renda com artigos escritos para o jornal norte-americano *New York Daily Tribune*. Escreveu artigos e editoriais sobre temas europeus e asiáticos, até que explodiu a Guerra de Secessão. Heranças recebidas em fins da década de 1850 tornaram um pouco melhor a situação financeira da família.

Mantendo-se à margem dos círculos de imigrantes e concentrado nos seus estudos de Economia Política, Marx desenvolveu sua teoria materialista numa série de trabalhos históricos, dentre os quais se destacavam *As Lutas de Classe na França de 1848 a 1850* (*Die Klassenkämpfe in Frankreich 1848-1850*) e *O Dezoito Brumário de Luís Bonaparte* (*Der Achtzehnten Brumaire des Louis Bonaparte*). Nessa época também consagrou grande parte do seu tempo para estudar a fundo os ricos tesouros que encerrava a Biblioteca do Museu Britânico em matéria de Economia Política.

Longos anos de estudo da Economia Política deram lugar à redação de um gigantesco manuscrito, que nos anos de 1857-1858 tinha mais de oitocentas páginas. O manuscrito, conhecido como *Contribuição à Crítica da Economia Política* (*Grundrisse der Kritik der politischen Ökonomie*), só foi publicado depois de sua morte, em Moscou, em 1941. A obra contém a primeira exposição sistemática da teoria do valor de Marx, incluindo a teoria do dinheiro. Em 1867 aparece o primeiro livro de *O Capital* (*Das Kapital*), obra na qual expõe as bases de suas ideias econômico-socialistas, de sua crítica ao modo de produção capitalista (teoria do valor, do trabalho e de suas concepções de mais-valia e exploração) e de sua crítica à sociedade existente. No Prólogo à primeira edição, Marx afirma que sua obra constitui a continuação de um trabalho publicado em 1859 (as *Contribuições* ou *Grundrisse*), e que nela estuda o modo de produção capitalista e as relações de produção e de troca que lhes corresponde. A obra continuaria com a análise da circulação do capital (vol. II), e das diversas formas que reveste o seu desenvolvimento (vol. III). O segundo e o terceiro livros de *Das Kapital* estavam inacabados quando da publicação do seu primeiro volume; Marx trabalhou neles pelo resto de sua vida.

À época da elaboração de *Das Kapital*, o movimento obreiro de diversos países veio a fortalecer-se de tal maneira que Marx começou a acreditar na criação de algo longamente desejado: uma associação de trabalhadores que alcançasse países mais adiantados da Europa e América, e que haveria de personificar o caráter internacional da causa proletária. Num ato popular celebrado a favor da Polônia (que havia sido novamente invadida e derrotada pela Rússia) no Saint Martin's Hall de Londres, em 28 de setembro de 1864, Marx expôs a ideia que foi acolhida com entusiasmo pelos presentes. Desta forma, era criada a Primeira Internacional, para cujo Conselho Geral ele foi eleito. Ainda que os sindicalistas ingleses que participavam da liderança da Internacional não concordassem com as aspirações políticas de longo prazo de Marx, os interesses deles por questões internacionais, como a luta da Polônia contra a Rússia, o movimento de unificação da Itália e a guerra civil norte-americana, indicavam o ressurgimento do movimento operário britânico depois de um longo período de inatividade na década de 1850.

A Primeira Internacional unificou o movimento obreiro de diferentes países, adicionando ao mesmo diversas formas de socialismo não proletário e pré-marxista (Mazzini, Proudhon, Bakunin, a direita lassalleana da Alemanha, dentre outras). No aspecto estritamente interno, Marx lutou nos congressos anuais da Internacional incansavelmente contra a ala dos anarquistas, chefiados por Bakunin. Ele redigiu quase todos seus documentos, desde o Manifesto Inaugural de 1864 até o manifesto sobre a guerra civil na França, de 1871. Nos seus anos de existência, a Internacional fortaleceu o movimento dos trabalhadores ingleses. A Lei da Reforma de 1867, associada à melhoria das condições da organização sindical, conduziram seus líderes a acreditar que uma estratégia reformista bastaria para alcançar metas.

A Comuna de Paris foi colocada em cena na realidade social europeia, num momento em que por todos os lados parecia estar imobilizada, sob pena de levar o proletariado a uma derrota totalmente esmagadora e regressiva, que iria brecar o movimento em direção ao socialismo por várias décadas. Para piorar, a vaidade pessoal de algumas figuras políticas, que procuravam entrar em cena para concretizar intenções individualistas, pouco ou nada tinham a ver com a verdadeira situação da Internacional. A queda da Comuna de Paris – que durou dois meses –, não resultou de uma ação planejada e tampouco foi liderada por nenhum líder ou grupo político – colocou a Internacional numa situação insustentável. A queda da Comuna foi refletida num dos mais famosos folhetos redigidos por Marx: *A Guerra Civil na França (Der Bürgerkrieg in Frankreich)*.

Em setembro de 1872 celebra-se o Congresso de Haia da Internacional, do qual participaram sessenta e cinco delegados representando quinze organizações nacionais. Dirigindo os trabalhos do Congresso, Marx e Engels travaram tensos debates contra toda classe de sectarismo pequeno-burguês no movimento obreiro. A atuação dos anarquistas foi censurada e seus representantes expulsos da Internacional. Os acordos aprovados no congresso alicerçaram o surgimento de futuros partidos políticos da classe trabalhadora, com existência própria em distintos países. A Primeira Internacional cumpria, desta forma, a missão histórica de desdobrar-se por meio da criação de partidos obreiros e socialistas de massa, dentro de cada Estado nacional. A transferência do Conselho Geral da Internacional para a cidade de Nova York, em 1872, levou-a a um rápido declínio. Depois da participação do Congresso de Haia, Marx volta a ter tempo e sossego para retomar seus trabalhos teóricos, investindo muito na intenção de entregar para a imprensa o segundo tomo de *Das Kapital*.

A última década de existência de Marx caracterizou-se por ser um período no qual sua saúde entrou em franco declínio. Sofria de transtornos hepáticos e era vítima de intensas dores de cabeça que o levavam à insônia. Contrariava ordens médicas para seguir trabalhando de noite, mas o ritmo de sua produção não era o mesmo de antes. Passa apenas a ler e a receber em sua casa militantes comunistas de todo o mundo. Em 2 de dezembro de 1881 sofre um grande golpe, pois morre sua esposa e companheira, Jenny von Westphalen, e, em 1883, também morria sua filha mais querida, que levava o nome de sua mãe.

Acometido por doenças, em 14 de março de 1883 morria Karl Marx. Ele foi enterrado junto à sua mulher, no cemitério londrino de Highgate, no setor reservado às pessoas banidas e rejeitadas pela Igreja Anglicana. Na beira de sua tumba, seu amigo Engels proferiu aquilo que iria ser sua última oração pública frente a seu amigo. Apesar das tristes condições materiais e sociais que acompanharam Marx nos seus últimos anos, seu legado tornou-se imortal.

Marx foi um dos mais célebres pensadores produzidos pela humanidade. Sabe-se da grande contribuição da obra de Karl Marx para o desenvolvimento das Ciências Sociais. O estudo do conjunto da obra permite detectar duas fases: uma primeira, que vai até 1843, conhecida também como a fase juvenil do pensamento marxiano, e outra, que, associando os esforços e conquistas produzidas até 1848, permite o pleno desenvolvimento da fase madura.

A fase juvenil do pensamento marxiano – ou fase "pré-marxiana", que se situa entre o aparecimento de sua tese doutoral sobre a diferença entre as filosofias de Demócrito e Epicuro (1841) e a publicação de seus artigos na *Gazeta Renana*, Marx está inserido no universo teórico do hegelianismo alemão, junto aos jovens hegelianos de esquerda, dentre os quais se destacavam Bruno Bauer, L. Feuerbach, Max Stiner e Arnold Ruge. Apesar de existir numerosos estudos que indicam sua pertença, não se pode reduzir o pensamento do jovem Marx ao idealismo de Hegel. Se Marx, na sua tese de doutorado, era um pensador idealista, não há dúvidas de que mesmo na sua tese ele desenvolve uma crítica superior àquela que vinham desenvolvendo os neo-hegelianos. Isso fica demonstrado quando nos artigos publicados na *Gazeta Renana*, Marx é um Autor de afiliação kantiana-fichtenana, que rechaça a subsunção do indivíduo ao Estado hegeliano. Para ele, o Estado não precede ontologicamente os indivíduos; ao contrário, o Estado é o estado da natureza humana.

A fase madura do pensamento marxiano ocorre com a ruptura do seu itinerário intelectual, ocorrida em 1843, quando passa a criticar a filosofia especulativa e se volta para o estudo da Economia Política. Seu rompimento com o hegelianismo de esquerda resulta na fundação do materialismo histórico. O período compreendido entre os anos 1843 e 1845, quando ele morava na França, influiu a vida de Marx. Lá percorreu os lugares históricos da Revolução Francesa e sua impressão foi tão forte que ele passou a ler pensadores franceses. As leituras levaram Marx a descobrir a luta de classes que a burguesia realizou contra a nobreza; que o Iluminismo por si só não ocasiona uma revolução; que a alta burguesia que estava no poder não tinha mais nada de revolucionária; e que o impulso libertador, necessário para mudar o *status quo* vigente, viria de uma outra classe social, a dos trabalhadores assalariados.

3. Os tópicos selecionados

Feitas as considerações preliminares, passarei a destacar dois dos principais tópicos da obra que se apresentaram como inovadores na época e que, pela sua vigência e/ou atualidade, contribuem para uma melhor compreensão de diversas problemáticas contemporâneas. Eles são:

1) o caráter teórico, político e histórico dos escritos, que, rompendo com as principais tradições socialistas da época, conduziram ao aparecimento do socialismo moderno, científico e revolucionário; e,

2) o valor das ideias escritas no *Manifesto*, que explicitam a emergência de um novo paradigma teórico nas ciências sociais, em especial na ciência da história.

3.1 O caráter teórico, político e histórico do Manifesto e a emergência do socialismo moderno

O *Manifesto Comunista* de Marx e Engels, redigido no ano de 1848, é basicamente um documento político. Escrito sob encomenda de uma organização política – A Liga dos Comunistas[3] – que na época estava investindo com todas suas forças numa revolução presumivelmente próxima, a obra está dirigida àqueles que deveriam ser seus protagonistas: a classe proletária.[4]

---

3. Conforme se descreve no prefácio à edição inglesa de 1888, a Liga dos Comunistas foi, de início, uma associação secreta de operários alemães, tornando-se internacional mais tarde. No Congresso da Liga, realizado em Londres em novembro de 1847, foi encomendado a Marx e Engels um programa teórico e prático do partido, para fins publicitários.

4. Cabe lembrar aqui que em 1848 uma explosão revolucionária varreu a toda Europa. Embora tenha alterado o mapa político europeu, não se desencadeou na época a ansiada emancipação do proletariado. Na verdade, a revolução capitalista

Como documento, o *Manifesto* não é só um texto político; ele é dotado de um considerável conteúdo teórico. Prova disso, é que seu teor, além de convidar à ação (orientando a vanguarda operária num processo revolucionário que estava em curso), propõe os meios e as estratégias para atingir seus objetivos: criticar o sistema social vigente – o capitalismo – e traçar alternativas sociais que conduzam à emancipação humana e à transformação do mundo (Sánchez Vázquez, 1998, p. 29). Assim sendo, seu conteúdo inovou definitivamente o ideário socialista e constitui a base do socialismo moderno.

A natureza teórico-política do *Manifesto* fica evidente quando o projeto socialista é apresentado como um programa essencialmente histórico-político, rompendo com as numerosas especulações filosóficas e com a tradição de variadas correntes do pensamento socialista utópico da época. Isso explica também o fato dele não se ter chamado *Manifesto Socialista*, e sim *Comunista*. Na opinião de Marx e Engels, o setor da classe trabalhadora que clamava por mudanças radicais e pela reconstrução radical da sociedade denominava-se comunista: "Em 1847 o socialismo significava um movimento burguês, e o comunismo, um movimento da classe trabalhadora"[5] (Sánchez Vázquez, 1998, p. 137). Nesse sentido, o novo socialismo marxiano acabou abandonando as estratégias reformistas de ordem ética e moral que o acompanhavam até então, como passaremos a comentar em seguida.

Na época da elaboração do *Manifesto Comunista*, os socialistas agrupavam-se em diferentes correntes de pensamento que, no entanto, compartilhavam da ideia de que era necessário abolir do capitalismo práticas que conduziram à miséria social importantes camadas da população. Paradoxalmente, essas diferentes correntes de pensamento apoiadas no capital e no lucro nem questionavam mudar a ordem social vigente.

Se se pretendesse oferecer uma definição em termos históricos e não normativos sobre o que era o socialismo pré-marxiano da Europa

triunfante começa a rejeitar todas as formas de controle social e político anteriores e conduz a classe operária a um dos mais brutais processos de proletarização e exploração nunca antes visto. Exemplo disso são as afirmações encontradas no prefácio à edição inglesa de 1888, elaborado por Engels, como: "A derrota da insurreição parisiense de junho de 1849 – a primeira grande batalha entre o proletariado e a burguesia – colocou novamente em um segundo plano as aspirações sociais e políticas do operariado europeu. (...) Onde quer que o movimento proletário independente manifestasse sinais de vida, era logo impiedosamente esmagado".
5. Para um melhor tratamento do tema, consultar o Prefácio à edição inglesa de 1888 e o da edição alemã de 1890.

na primeira metade do século XIX, o resultado seria extremamente impreciso. Como foi apontado no parágrafo anterior, as ideias que inter--relacionavam tais termos emergiram sob a influência conjunta da revolução industrial e da revolução francesa e se concretizaram no combate à concentração incontrolada da riqueza. Esta, juntamente com a competição desenfreada entre as forças produtivas, era responsável pela miséria e crises crescentes que assolavam em especial a classe operária.

Pairava também a ideia de que o sistema vigente deveria ser superado por um outro, no qual a organização da produção e a distribuição dos produtos seriam realizadas sob condições igualitárias. É nesse ponto, contudo, que os socialistas divergiam quanto aos seus programas, em múltiplos aspectos. Enquanto alguns apelavam à defesa dos interesses operários em nível internacional, outros não pretendiam tratar desse assunto além do horizonte nacional; enquanto alguns se limitavam a imaginar uma sociedade perfeita, outros investiam no estudo do curso da evolução dos modos de produção com o fim de identificar leis naturais que assegurassem o surgimento de uma sociedade socialista, sendo um dos pontos mais polêmicos e importantes aquele referente ao lugar e destino que deveria ocupar a propriedade privada (Kolakowski, 1985).

3.1.1 Bases históricas do socialismo

Embora seja de público conhecimento que o movimento socialista moderno tenha como marco inicial a publicação, em 1848, do *Manifesto Comunista*, suas raízes históricas podem ser localizadas pelo menos duzentos anos antes. Os historiadores convergem na ideia de que na Guerra Civil inglesa de 1642-1652 surgiu um movimento conhecido como "os Cavadores" que, representado por Gerrard Winstanley, defendeu ideias e princípios bem semelhantes aos princípios e ideias fundamentais do socialismo que conhecemos nos dias de hoje.

Quem utilizou pela primeira vez o termo socialismo para referir--se a problemas sociais foi Pierre Lebroux, discípulo de Saint-Simon, num artigo publicado no jornal *Le Globe* em 1832. Nessa época, o termo também começou a ser utilizado pelos seguidores de Owen na Inglaterra. No entanto, o primeiro envolvimento social dos socialistas após a revolução de 1789 ocorreu na conspiração de Gracchus Babeuf, debelada em 1796, que conduziu seu mentor a julgamento e posterior fuzilamento.

Inspirado na filosofia de Rousseau e dos utopistas do Iluminismo francês e considerando-se sucessor de Robespièrre, Babeuf e seus seguidores elaboraram a premissa básica de que a causa perpétua da escravidão dos povos não era outra senão a desigualdade social. Na opinião deles, na sociedade do futuro a riqueza deveria estar distribuída igualitariamente entre todos os homens, independentemente do trabalho ou da tarefa realizada. As referências ligadas à igualdade também se apoiavam na abolição da propriedade privada. Porém, as ideias dos utopistas não eram específicas de classe. Suas categorias, apoiadas na retórica, distinguiam os ricos dos pobres, o povo dos tiranos e a crítica econômica era o fundamento principal para a compreensão da sociedade. Como revolucionários, eles pertenciam à tradição anarquista.

O fundador do moderno socialismo teórico propriamente dito foi Claude Henri – Conde de Saint-Simon (1760-1825). Ele concebia o socialismo como o resultado de um processo histórico, pois acreditava que o futuro das comunidades poderia ser deduzido a partir da compreensão das tendências históricas do passado. Na opinião de Saint-Simon, toda mudança política se devia à evolução dos modos de produção, que condicionavam as mudanças de outra natureza. A linha divisória mais importante era aquela que se estabelecia entre os produtores e os que simplesmente consumiam mercadorias e o fruto dos trabalhos dos outros. A sociedade do futuro, que atingiria um patamar de grande concentração industrial, seria dirigida pelos produtores de riquezas, que eram os que planejavam e satisfaziam as necessidades civis da população. Neste estágio de desenvolvimento, a propriedade privada mudaria sua natureza, subordinando-se ao bem geral, pois o interesse privado deveria servir à comunidade e não se opor a ela, podendo chegar a eliminar a pobreza do proletariado.

Em Saint-Simon a ciência ocupava lugar transcendente, pois era considerada um poderoso instrumento para o progresso social; os problemas político-econômicos eram analisados sob uma ótica internacional e na maioria das vezes tudo era orientado e interpretado seguindo princípios religiosos. Para Kolakowski (1985), das doutrinas pré-marxistas existentes, as de Saint-Simon foram as mais divulgadas, introduzindo com força ideias socialistas nas classes mais avançadas.

Diferentemente da maioria dos socialistas de sua época, Robert Owen (1771-1858) foi um industrial que esteve em estreito contato com a classe operária e que viveu num país que sofreu dramaticamente os efeitos prejudiciais da industrialização e da mecanização, advindas da Revolução Industrial em andamento. A partir de 1800, Owen começou a desenvolver experimentalmente projetos sociais e filantrópicos com o fim de resgatar seus trabalhadores e famílias da pobreza, da degradação e da corrupção. Dentre as medidas que mais impacto positivo causaram, temos: a redução das jornadas de trabalho a dez horas, e a negativa de empregar crianças menores de dez anos; a introdução da educação primária gratuita e de condições de trabalho relativamente higiênicas com a finalidade de diminuir o alcoolismo e o roubo entre a classe operária.

Para surpresa de todos, sob essas bases, Owen conseguiu melhores resultados na produção e no comércio do que aqueles empresários que insistiam em desenvolver o trabalho de seres humanos e de crianças sob condições subumanas utilizando métodos escravistas e tratando as pessoas como verdadeiros animais.[6]

Na Inglaterra, tornou-se conhecido pela forma de como geria suas fábricas em New Lanark, que tinham dentre os principais objetivos acabar com o desemprego que sucedeu ao fim das Guerras Napoleônicas.

Através da publicação de ensaios e propostas de emendas de leis no Parlamento, Owen tentou convencer empresários de sua época da necessidade de realizar uma reforma, com o fim de evitar os horrores da industrialização. Foi assim que, com enorme dificuldade, conseguiu aprovar a Lei de Indústrias em 1819, limitando as horas de trabalho das crianças na indústria têxtil. Posteriormente, as atividades filantrópicas deram lugar a uma ativa militância nos sindicatos e cooperativas operárias, atividades estas que empurraram Owen ao exílio na América do Norte entre 1824 e 1829. De lá voltou à Inglaterra para continuar lutando junto aos trabalhadores pela construção da utopia socialista, apoiada na melhoria das condições de trabalho, na família e na educação (Kolakowski, 1985).

Embora apoiadas numa vasta experiência prática (sobre a qual chegou a montar organizações comunistas de produção agrícola e industrial), as doutrinas de Owen se assemelhavam às outras doutrinas socialistas francesas da época, pois giravam em torno da convicção de que o socialismo era um descobrimento ímpar, enviado dos céus, que seria aceito pelas classes sociais por meio da sua simples aclamação. Assim sendo, Owen demonstrava estar em sintonia com os pensamentos dominantes do começo do século XIX, uma vez que as fórmulas elaboradas se inseriam perfeitamente na tradição ilustrada. No entanto, o movimento operário inglês – valendo-se das ideias de Owen – transformou-se numa força sistemática que conduziu, no final do século, à conquista de importantes mudanças sociais na Inglaterra.

6. Sabe-se que, na época, crianças de seis anos tinham uma jornada de trabalho diário de catorze a dezesseis horas e eram obrigadas a realizar trabalhos forçados.

Outro influente socialista do início do século XIX foi François--Charles Fourier (1772-1837), que se caracterizou por descrever com preciosismo o paraíso e a utopia socialistas. Suas doutrinas inspiraram--se na crise, especulação e miséria que castigavam a classe operária e que eram decorrentes de um crasso erro no sistema de divisão do trabalho e do intercâmbio de mercadorias que contrariavam a ordem natural estabelecida por Deus. Assim sendo, as sociedades do futuro estariam organizadas em povoados denominados por ele de "falanstérios", onde a satisfação das paixões serviria a fins construtivos. Aqui o trabalho não era forçoso, e sim estímulo e fonte de prazer; os direitos das mulheres igualavam-se aos dos homens e a vida e a educação seriam comunitárias e sustentadas pela riqueza pública. A extravagância e ingenuidade de sua proposta utópica fez com que ele fosse considerado um louco, pois pretendia dar explicação aos problemas do homem por meio da cosmologia e da teologia especulativas. Não obstante, acertou nas críticas aos progressos técnicos que, na época, conduziam o proletariado à submissão e pobreza absolutas.

Na opinião de Tom Bottomore (1998), Claude Henry de Rouvroy, Conde de Saint Simon (1760-1825), François-Charles Fourier (1772-1837) e Robert Owen (1771-1858) são três pensadores dos quais derivam as principais correntes do pensamento socialista pré-marxista. Também eles são identificados como "socialistas utópicos" – expressão que passou a ser empregada para designar a primeira fase histórica do socialismo, ocorrida entre as Guerras Napoleônicas e as Revoluções de 1848. A designação desses pensadores como utópicos tornou-se comum no final da década de 1830 e o termo se consolidou na historiografia socialista a partir da obra *Do Socialismo Utópico ao Socialismo Científico*, de Friedrich Engels. Para Bottomore (1998), o que definia o caráter utópico de suas propostas era a crença na possibilidade de uma transformação social total, através da superação da propriedade privada, do individualismo e da competição, sem reconhecer a necessidade da luta de classes e o papel revolucionário do proletariado.

O pensamento desses socialistas utópicos detém algumas particularidades. Por exemplo, se para Saint Simon e Fourier as teorias iluministas são consideradas responsáveis pelos desastres ocorridos com a Revolução Francesa, para Owen o Iluminismo ocupa um lugar central e suas teorizações procuram dar-lhe continuidade. Outra particularidade reside na existência de pressupostos comuns, tais como: a ambição que tinham as três teorias em construir uma nova ciência da natureza humana; a valorização da esfera moral e ideológica como base determinante do comportamento humano; a procura da harmonia social; e, por último, o reconhecimento das teorias moral, religiosa e política preexistentes como o principal obstáculo à realização da harmonia social (Bottomore, 1998).

Marx não poupou críticas aos socialistas utópicos. No Manifesto, ele considerou sua significação inversamente proporcional a seu desenvolvimento histórico; na opinião dele, na medida em que se configurava a luta de classes, eles procuravam embotá-la e mediar posições; se eles eram revolucionários, seus discípulos formaram sempre seitas reacionárias; sonharam realizar suas utopias sociais – instituição de falanstérios, fundação de colônias etc. – apelando sempre à filantropia dos corações e bolsos burgueses; e também os considerava contrários ao movimento político dos operários.

Ainda um último iluminista que introduz ideias socialistas e que merece ser citado, dada a incoerência e contradições de seus escritos, é Pierre Joseph Proudhon (1809-1865). Dentre suas obras, encontra-se *Philosophie de la Misère* (1846), que mereceu avassaladoras réplicas da parte de Marx em *Misère de la Philosophie* (1847). Dedicou-se intensamente à vida política como representante das esquerdas na Assembleia Constituinte, fato que o levou várias vezes à cadeia. Sendo socialista utópico, acreditava na harmonia social natural e nos inalienáveis direitos dos homens – orientados pela vontade de Deus –, sistematicamente violados pela competitividade, desigualdade e exploração do sistema social vigente. Suas teses apoiavam-se numa série de categorias, dentre as quais se destacaram: condições sociais reais, forças produtivas, trabalho produtivo e atividade intelectual, concebida esta última como fruto do trabalho. Foi quem criou a expressão "socialismo científico". Seus poucos conhecimentos em economia, as interpretações errôneas da filosofia hegeliana e o caráter caótico e incoerente de seus escritos conduziram Proudhon à concepção de uma proposta socialista moralista, reacionária e pequeno-burguesa, mas que exerceu significativa influência no sindicalismo francês e na Primeira Internacional, e muitos de seus seguidores participaram ativamente da Comuna de Paris.

3.1.2 O surgimento do socialismo moderno

Partindo das considerações supracitadas, podemos afirmar que os escritos encontrados no *Manifesto* rompem com a tradição dos pensadores esquerdistas e socialistas utópicos da época. O novo socialismo que emerge de suas páginas acaba abandonando as estratégias reformistas de ordem ética e moral que o caracterizavam até então, assumindo uma clara postura revolucionária. Em Marx e Engels, o ponto de partida não é a pobreza, e sim a desumanização; o gérmen do socialismo no seio da sociedade capitalista localiza-se na consciência que os indivíduos adquirem de suas relações. Partindo para a crítica das relações dominantes da sociedade burguesa, eles ressaltam o papel central do proletariado[7] como sujeito de uma história que precisa ser mudada e reconstruída. E para que isso aconteça, o proletariado tem que tomar a iniciativa histórica própria sendo ele o principal veículo para desencadear a revolução social necessária.

Abandonando a filosofia especulativa e partindo para uma interpretação histórico-materialista, os manuscritos localizam o motor da história nas próprias contradições da realidade social; assim sendo, cabe aos trabalhadores a tarefa política de se emanciparem da sociedade e do trabalho alienado, da propriedade privada, da objetivação e desumanização dos homens (Fernandes, 1989).

Diferentemente do que pensava a ampla maioria de seus antecessores, para Marx e Engels o socialismo não era algo ideal, abstrato, para o que se podia fazer representações, e sim um produto das leis do desenvolvimento do capitalismo. Para eles, o socialismo era, isto sim, a própria negação do capitalismo, que desenvolveria sua identidade positiva por meio de um longo processo revolucionário no qual o proletariado ocuparia o protagonismo de transformar a sociedade e assim superar as limitações que as caracterizam. Concluindo, "a moderna sociedade burguesa, saída do declínio da sociedade feudal, não aboliu os opositores de classes. Apenas pôs novas classes, novas condições de opressão, novas configurações de luta, no lugar das antigas".

Também é possível identificar uma espécie de transição para o comunismo, através de uma série de passos que, caso fossem atingidos, revolucionariam os modos de produção dominantes. No *Manifesto* ela se apresenta flexível, e tem como marcos fundamentais a batalha pela democracia, a supremacia do proletariado como classe dominante (no *Manifesto* podemos ler que "Assim, tal como anteriormente uma parte da nobreza se passou para a burguesia, também agora uma parte da bur-

---

7. Numa nota de rodapé inserida por Engels à edição inglesa de 1888, pode-se ler o seguinte: "Por burguesia entende-se a classe dos Capitalistas modernos, proprietários dos meios de produção social e empregadores de trabalho assalariado. Por proletariado, a classe dos trabalhadores assalariados modernos, os quais, não tendo meios próprios de produção, estão reduzidos a vender a sua força de trabalho (*labour-power*) para poderem viver".

guesia se passa para o proletariado, e nomeadamente uma parte dos ideólogos burgueses que conseguiram elevar-se a um entendimento teórico do movimento histórico todo") e a tomada do poder político – mesmo tendo que apelar à derrubada violenta da burguesia para consolidar um processo revolucionário.

A conjunção entre doutrina e programa, a unidade entre teoria e prática, a compreensão dos fenômenos à luz da história e a ideia de que a classe operária é a verdadeira classe revolucionária atingem no *Manifesto* sua maturidade, depois de um longo percurso de amadurecimento de formulações prévias desenvolvidas por Marx em obras anteriores, tais como *A Ideologia Alemã* (1843), *Introdução à Crítica do Direito de Hegel* (1843) e *Miséria da Filosofia* (1846), e também por Engels em *A Situação da Classe Trabalhadora na Inglaterra* (1845).

No entanto, é necessário fazer aqui algumas considerações: como documento histórico, o *Manifesto* é uma obra datada e pertencente à sua época. Ao fazer uma leitura atenta do texto, percebe-se que ele teve a grande virtude de expor, de forma clara, sucinta e profunda, a descrição do tempo histórico no qual a obra foi concebida. Como consequência, os escritos exibem uma visão eurocêntrica, e por isso os comentários fazem referência permanente à sociedade europeia. Os próprios Autores se encarregam de aclarar seus propósitos já no Prefácio à edição alemã de 1872, com a seguinte sentença: "Segundo o próprio Manifesto, a aplicação prática dos princípios dependerá, em todos os lugares e em todas as épocas, das condições históricas vigentes e por isso não se deve atribuir importância demasiada às medidas revolucionárias propostas no final da seção II" (Marx e Engels, 1998, p. 125). E no Prefácio à edição inglesa de 1888, os propósitos aparecem explicitados de maneira mais contundente: "Porém, o Manifesto tornou-se um documento histórico que não nos cabe mais alterar" (Marx e Engels, 1998, p. 133). Ambas as citações demonstram a essência crítica e dialética do pensamento dos redatores do *Manifesto*, deixando evidente que o documento, desde suas origens, nunca teve a pretensão de ser uma doutrina fechada e rigorosamente dogmática. Não obstante, a obra contribuiu para que, com o transcurso do tempo, o marxismo se consolidasse como um movimento político e social de destacada influência prática, tornando-se desta forma um texto programático clássico e norteador do movimento operário moderno.[8]

O viés ético e o impulso moral que inspiram o *Manifesto* de Marx e Engels, associados à sua cientificidade, à crítica da ordem social exis-

---

8. No presente trabalho considero como "clássicas" aquelas obras que, pela sua originalidade, teor e qualidade, souberam transcender aos embates do tempo.

tente e à compreensão das leis da lógica capitalista, em especial a questão da exploração capitalista (que parece ter se agudizado mais com o passar do tempo), dotam o conteúdo do texto de certo ar de atualidade, mesmo tendo sido escrito há longos cento cinquenta e seis anos atrás (Borón, 2000).

Cabe aqui ressaltar que se o caráter teórico, político e histórico dos escritos, associado a rupturas que fez com as principais tradições socialistas da época fizeram do *Manifesto* um texto central na obra de Marx – pois ele conduziu ao aparecimento do socialismo moderno, científico e revolucionário –, um outro texto fundamental para compreender a questão do socialismo é a *Crítica ao Programa de Gotha* (1875). Nesse texto, Marx faz uma severa crítica ao programa adotado pelo congresso realizado em Gotha de 22 a 27 de maio de 1875. Na ocasião, reuniram-se duas agremiações operárias alemãs existentes – o Partido Operário Social-Democrata (os eisenaquianos), e a União Geral dos Operários Alemães (organização lassalleana) –, para formar uma organização única, o Partido Socialista Operário, mais tarde denominado Partido Social-Democrata da Alemanha.

O implacável rigor crítico de Marx, que se opôs ao programa de Gotha e também às tendências denunciadas por Lassalle, seus princípios econômicos e sua tática, fizeram com que o programa fosse abandonado no Congresso do Partido Social-Democrata da Alemanha, realizado em outubro de 1980 na cidade de Halle – o primeiro após a derrogação da lei contra os socialistas. Ele havia se tornado inaceitável, inclusive pelos seus próprios autores.

Na sua *Crítica ao Programa de Gotha* (1875), Marx reafirma as categorias elaboradas no *Manifesto* de 1848. Por exemplo, se no *Manifesto* ele afirma que "De todas as classes que na hora atual se opõem à burguesia, só o proletariado é uma classe verdadeiramente revolucionária. As outras classes enfraquecem e desaparecem com a grande indústria; o proletariado, pelo contrário, é o seu produto mais autêntico", na *Crítica* ressalta ainda mais o papel revolucionário do proletariado. Se a burguesia "(...) é considerada aqui como uma classe revolucionária – enquanto agente da grande indústria – em relação aos feudais e às classes médias decididos a manter todas as suas posições sociais, que são produto de modos de produção caducos. Feudais e classes médias não formam portanto com a burguesia uma mesma massa reacionária" o papel do proletariado é definido em oposição a ela: "(...) o proletariado é revolucionário frente à burguesia porque, resultante ele próprio da grande indústria, tende a despojar a produção do seu caráter capitalista, que a burguesia procura perpetuar".

Na *Crítica ao Programa de Gotha*, Marx distingue duas fases na sociedade comunista. Na primeira fase, a sociedade desenvolve suas bases contendo os estigmas da sociedade que lhe engendrou. "Do que aqui se trata é de uma sociedade comunista não como se desenvolveu sobre as bases que lhe são próprias, mas, pelo contrário, tal como acaba de sair da sociedade capitalista; uma sociedade que, por consequência, em todos os aspectos, econômico, moral, intelectual, apresenta ainda os estigmas da antiga sociedade que a engendrou". Ao conter as marcas de sua origem, seus valores e direitos continuam a ser inspirados pelo direito burguês, um direito baseado na desigualdade – uma mesma unidade de medida aplicada para todos os desiguais, já que o que os indivíduos recebem é produto do seu trabalho: "O direito do produtor é proporcional ao trabalho que forneceu; a igualdade consiste aqui no emprego do trabalho como unidade de medida comum". Mas o próprio desenvolvimento das forças produtivas da sociedade contribuirá para superar os limites impostos pelo passado, já que "Com igualdade de trabalho e, por conseguinte, igualdade de participação no fundo social de consumo, há portanto uns que efetivamente recebem mais que os outros, uns que são mais ricos que os outros, etc. Para evitar todos estes inconvenientes, o direito deveria ser não igual, mas desigual".

Na segunda fase da sociedade comunista, "(...) quando tiver desaparecido a escravizante subordinação dos indivíduos à divisão do trabalho e, com ela, a oposição entre o trabalho intelectual e o trabalho manual", uma atitude completamente diferente em relação ao trabalho prevalecerá. Quando as forças produtivas tiverem aumentado a produção de riquezas, e a riqueza – coletiva – brote com abundância, o horizonte do direito burguês será ultrapassado para que passe a prevalecer o seguinte princípio: "De cada um segundo sua capacidade, a cada um segundo suas necessidades". Quer dizer, se na primeira fase, a fase inferior do comunismo, a sociedade socialista ainda não tem alicerces próprios – pois ainda há classes sociais, divisão do trabalho por profissões, distribuição da riqueza de acordo com a quantidade de trabalho proporcionado individualmente e existe ainda a subordinação escravizada do indivíduo à divisão do trabalho, na segunda fase do comunismo essa subordinação é superada, o trabalho manual e trabalho intelectual deixam de ser antitéticos e a abundância de bens produzidos passa a ser distribuídos segundo capacidades e necessidades.

A *Crítica ao Programa de Gotha* foi publicada em 1891, oito anos após a morte do seu Autor. A relevância da obra e de seus conteúdos no contexto do marxismo não foi reconhecida, até que Vladimir Ilitch Lenine foi procurar na *Crítica* fundamentos para poder escrever um dos seus livros mais célebres, intitulado *O Estado e a Revolução*, de 1917.

3.2 Uma nova forma de conceber a História

O outro tópico selecionado dos manuscritos remete à inauguração de uma nova forma de conceber a história. Na qualidade de texto fundante de um novo paradigma científico, o *Manifesto* desencadeou na época uma revolução teórica no terreno das Ciências Sociais que teve significativas contribuições no surgimento de uma nova Teoria da História. A obra apresenta uma teoria original em franca ruptura com os pensamentos dominantes na academia e na intelectualidade da época.

Introduzindo avanços de disciplinas que na época se apresentavam como aparentemente díspares (a Economia, a Política e a Sociologia), Marx e Engels renovam a História e inauguram sua concepção materialista. Dotado de um impressionante poder de análise e de síntese, o *Manifesto* apresenta em poucas páginas "a súmula do mundo moderno", um "pequeno esboço de história universal" (Musse, 1998).

A História se apresenta como um desenvolvimento simultâneo de dois processos que merecem níveis diferenciados de abstração: um deles, que se apoia na luta do homem pelo domínio da natureza; um outro processo simultâneo é o da luta entre os homens pela apropriação do excedente social, isto é, a "história da luta de classes" (Arcary, 1998). Assim sendo, a luta de classes passa a ser a força motriz da História e o proletariado vem a ser o protagonista principal das transformações revolucionárias que conduzirão à superação do capitalismo e à construção do socialismo, pois "(...) toda a história tem sido a história da luta de classes, da luta entre explorados e exploradores, entre as classes dominadas e as dominantes nos vários estágios da evolução social; que essa luta, porém, atingiu um ponto em que a classe oprimida e explorada (o proletariado) não pode mais libertar-se da classe que explora e oprime (a burguesia) sem que, ao mesmo tempo, liberte para sempre toda a sociedade da exploração, da opressão e da luta de classes (...)" (Marx e Engels, 1998, p. 128).

A luta de classes, que se sucede no transcurso da História – basta observar, na Roma Antiga, os embates entre os patrícios, os guerreiros, os plebeus e os escravos; ou, na Idade Média, as lutas entre os servos, os vassalos, os mestres, os senhores, os companheiros e os aprendizes –, não conseguiu abolir os antagonismos, conforme se verifica hoje na sociedade burguesa, mas "(...) apenas estabeleceu novas classes, novas condições de opressão, novas formas de luta em lugar das velhas" (Marx e Engels, 1998, p. 144).

No *Manifesto*, o capitalismo não é estático, e sim dinâmico e revolucionário. Ele não é uma questão nacional, pois emerge em todo o território europeu. Além de ser uma forma de produzir, ele é concebido também como base de relações sociais. Dessas relações emergiu um novo tipo de produção, isto é, a produção industrial, baseada no desenvolvimento das forças produtivas e numa intensa divisão do trabalho. Da combinação entre ambos temos como resultado a submissão das relações sociais a esse sistema produtivo, cabendo ao proletariado gerar, através do trabalho, infinitas riquezas.

Longe de se marcarem por uma concepção historicista, os manuscritos instauraram a dialética para a História, onde processo e verdade, presente e passado, pensar e agir, conformam um eixo temático comum. Criticando com extrema agudeza o liberalismo de sua época, seus Autores demonstram como o próprio indivíduo fazia parte da História: que as sociedades forjam os homens é certo, mas eles também têm a possibilidade de transformá-la. Ao tomarem o homem como centro do processo, as possibilidades da realização histórica eram infinitas, pois a análise da história não aparece cristalizada nem como uma referência fechada que impede a construção de novas e inimaginadas possibilidades de concretização do social.

Na primeira metade do século XIX era comum tentar explicar os fatos por meio da Economia Política, que expunha abertamente seus princípios do valor e da formação do mercado, reduzindo a História a uma visão a-histórica – um mero processo de produção de mercadorias –, sem pretender explicar como se chegou a esse estágio e a natureza de problemas e polêmicas suscitadas na época, como por exemplo a questão da propriedade privada. Marx e Engels se empenharam em compreender cientificamente as leis da transformação e desenvolvimento dos processos históricos, buscando explicar o desenvolvimento histórico por etapas. Os Autores discutem a História e o desenvolvimento socioeconômico da sociedade numa perspectiva de longo prazo, tomando a própria burguesia moderna produto de um longo processo de desenvolvimento e de uma série de revoluções nos modos de produção. Em toda época histórica, a produção econômica e a estrutura da sociedade necessariamente dela decorrente constituem a base política e intelectual da época (Engels, 1883, in Reis Filho, 1998).

O novo método introduz conceitos que não só passam a ser fundamentais para a consolidação do materialismo histórico na época – tais conceitos passam a ser categorias essenciais da análise do capitalismo e do papel histórico da burguesia e do proletariado, mas que também são vitais para a compreensão das significativas mudanças que vêm ocorrendo no atual ordenamento sociopolítico mundial a inícios do século XXI. Prova de que esses conteúdos passam a ser fundamentais até mesmo na análise do capitalismo é o fato de que termos como modo de produção (capitalista), classe (burguesia e proletariado), crises, estado, trabalho, partidos, formas de luta, desenvolvimento das forças produtivas etc., passaram a ser empregados por megaespeculadores, neoliberais e conservadores de toda natureza.

A partir da interpretação do trabalho como origem da riqueza e receptor ao mesmo tempo da miséria, Marx explica a divisão da sociedade moderna em classes antagônicas (burguesia e proletariado). A teoria da propriedade privada como consequência do trabalho alienado está associada à visão do homem como motor da sociedade e sujeito da história.

Marx vincula comunismo e emancipação de forma que sirva para medir o alcance e os limites de uma teoria comunista concreta. De todos os poderes que criam empecilho no desenvolvimento do homem, destaca-se o papel da propriedade privada; o comunismo adquire um papel histórico fundamental, e é entendido como sua superação positiva.

Por último, da leitura do conjunto do *Manifesto* emerge uma das contribuições de Marx e Engels, que passa a caracterizar significativamente a nova concepção de História. Refiro-me à noção de totalidade. Para interpretar a realidade da época, os Autores realizam um esforço de síntese das múltiplas determinações que caracterizavam o mundo europeu de meados do século XIX. Esse esforço era bem diferente daquele realizado pelos liberais da época, quando eles pretendiam reduzir tudo a explicações advindas da Economia Política. Assim sendo, no pensamento histórico nenhum fato social poderia ser explicado a partir de um único significado. Os fatos sociais adquirem uma nova dimensão explicativa, pois na tentativa de superar essa visão reducionista, a economia, a sociologia, a política e a história confluem harmoniosamente, encontrando-se e influenciando-se mutuamente, sempre à procura da verdade objetiva. Essa ideia inovadora que emerge dos escritos será aprofundada por Marx em obras posteriores.

3.2.1 Reflexões finais – A teoria marxista e a Filosofia Política

Uma vez que os objetivos que motivaram a realização deste ensaio foram atingidos, passarei a esboçar algumas breves reflexões finais. Ciente de que a compreensão das problemáticas políticas e sociais contemporâneas passa pela construção coletiva de caminhos que ajudem a superar as contradições existentes, meu esforço de reflexão teórica ora realizado neste ensaio pretende somar forças junto àqueles que acreditam que a realidade pode ser diferente. Chegamos a um momento em que é necessário optar, tomar posições bem definidas e passar a defendê-las; não adianta silenciar, pois toda posição neutra não faz mais do que contribuir com a manutenção da atual ordem de injustiças vigente. Aliás, a esse respeito Gramsci diz que: "Pela própria concepção de mundo, pertencemos sempre a um determinado grupo, precisamente o de todos os elementos sociais que partilham de um mesmo modo de pensar e de agir. Somos conformistas de algum conformismo, somos sempre homens-massa ou homens-coletivos. O problema é o seguinte: qual é o tipo histórico de conformismo e do homem-massa do qual fazemos parte?" (Gramsci, 1991, p. 12).

O processo histórico do qual fazemos parte hoje recoloca na ordem do dia uma antiga consigna socialista: *socialismo ou barbárie*. Cada dia fica mais evidente que a sociedade capitalista não tem mais como se sobrepor aos problemas que ela mesma cria e que é incapaz de resolver. Nesse sentido, concordo com Saviani, quando ele afirma: "A solução desses problemas implica, pois, a transformação das relações sociais vigentes, a construção de uma nova sociedade, o que recoloca em evidência, agora de forma radical, a questão do socialismo" (Saviani, 1991, p. 103).

A superação dos problemas do capitalismo implica na superação do próprio capitalismo como um todo. Diante da barbárie desencadeada, passa a ser vital a adoção de transformações de caráter orgânico que respondam às necessidades de desenvolvimento da humanidade. Não interessa mais a manutenção da estrutura vigente geradora de desigualdades e de injustiças cada vez maiores, e sim a superação dessa estrutura e das concepções burguesas de liberdade, trabalho, propriedade, direito e educação.

As mudanças políticas ocorridas nos países de América Latina demonstram a manifesta vontade que existe no povo de querer superar as desigualdades e injustiças vigentes. Ao ser questionado sobre o assunto no Fórum Social Mundial na Venezuela, em janeiro de 2006, o cientista político egípcio Samir Amín afirmou o seguinte: "Os avanços das esquerdas na América Latina, inclusive com as recentes vitórias eleitorais, são extremamente positivos e animadores. Indicam que o imperialismo e o neoliberalismo não são invencíveis, que é possível construir alternativas à lógica do mercado capitalista. Mas não dá para se iludir e subestimar as forças do império. Estes são apenas os primeiros passos (...)".

O socialismo e, em consequência, a teoria marxista, têm muito a contribuir para a superação da estrutura vigente, geradora de desigualdades e injustiças, para superar a barbárie e responder às necessidades de desenvolvimento da humanidade. Temos que ter suficiente senso crítico para perceber que, apesar do fracasso do socialismo real nos países do Leste Europeu e na União Soviética, nada impede a possibilidade de poder vir a ocorrer uma revolução socialista.

Para Borón (2000), duas razões (ou hipóteses) alimentam essa possibilidade. A primeira diz respeito a que as causas profundas que produziram as revoluções socialistas ainda continuam vigentes, e isso ajuda a que a utopia socialista se alimente das promessas mal cumpridas do capitalismo e de sua impossibilidade estrutural para atingir o bem-estar da maioria da população. Produto das promessas mal cumpridas, temos a universalização da pobreza, o aumento da desigualdade social, a emergência do racismo e dos nacionalismos, a degradação e subvalorização do trabalho humano e do meio ambiente, e uma desigual distribuição da renda e da riqueza, tanto nos países capitalistas centrais quanto nos países capitalistas periféricos, associados e dependentes. A outra hipótese faz referência a que nada impede que novas revoltas possam vir a ocorrer no futuro. Para sustentar esta ideia, Borón (2000) dá uma olhada no ocorrido com as diversas tentativas revolucionárias socialistas do século XX, e com as capitalistas, ocorridas ao longo da história. A história das revoluções burguesas é uma boa lição de como os processos revolucionários são demorados. Por exemplo, a primeira revolução burguesa, ocorrida na Inglaterra em 1688, foi produto de quase dois séculos de tentativas fracassadas ou mal sucedidas – para não dizer derrotas humilhantes. E este exemplo conduz à seguinte reflexão: por que supor que as revoluções anticapitalistas teriam se esgotado no seu "primeiro ciclo"? Por que desapareceria essa possibilidade na história?

Tome-se como exemplo o ocorrido com a ex-União de Repúblicas Socialistas Soviéticas. John Roemer (citado por Borón, 2000), afirma que o fracasso da experiência socialista ocupou um período de tempo muito pequeno na história da humanidade. Portanto, isso não impede que objetivos de longo prazo do socialismo – tais como a construção de uma sociedade sem classes, não possam vir no futuro a concretizar-se. Para o Autor, não se pode confundir o fracasso de um experimento socialista particular com o destino final do projeto socialista. Deve-se lembrar que mesmo sendo uma experiência mal sucedida, a experiência soviética influiu sobremaneira na realidade geopolítica mundial no século XX: partidos socialistas e comunistas foram criados em quase todos os países; organizou a luta antifascista nos anos trinta e quarenta; contribuiu na luta anticolonialista dos anos de pós-guerra; sua presença influiu para a emergência do *welfare state* nos países capitalistas centrais, dentre outros tantos acontecimentos sociais e políticos.

A associação que existe entre o fracasso do socialismo real e a morte do marxismo ainda é muito forte e se apresenta como um assunto polêmico, e que gera controvérsias. No entanto, é exatamente neste assunto que os críticos mais radicais do marxismo se apoiam para negar nossa luta, pois, como é sabido, tem-se associado erroneamente marxismo com o socialismo real. Quando falo de socialismo não faço referências ao socialismo real[9] – levado a cabo na Europa ao longo do século XX, em seguida à morte de Lênin, e sim ao socialismo idealizado por Marx e Engels no *Manifesto Comunista*. Tais críticos, entretanto, não percebem que o desmoronamento desses regimes no Leste Europeu, ao

9. Entendo como "socialismo real" o regime político denominado socialista e surgido no Leste europeu e na União Soviética após a morte de Lênin, caracterizado por ser um sistema socioeconômico que não conseguiu superar a sociedade capitalista e tampouco soube eliminar as categorias do mercado. Como consequência, permaneceram nesse sistema todas as categorias fundamentais do capitalismo: salário, preço e lucro (considerado o ganho da empresa). Na opinião de Ianni (1992), as características que definiam esse sistema eram:
    1) sistema de partido único, que detinha o domínio do poder político e econômico;
    2) o Estado exerce completo controle da vida pública;
    3) os meios de produção eram de propriedade estatal;
    4) comitês de planejamento estatal decidiam todos os detalhes do processo produtivo e da distribuição de mercadorias;
    5) a sociedade era organizada através do sistema *nomenklatura*, que determinava posição, obrigações e privilégios dos operários;
    6) a cultura era dominada pela ideologia oficial, deformando e vulgarizando ideias de Marx e de Lênin;
    7) os problemas de bem-estar social eram resolvidos através de políticas de pleno emprego e de preços subsidiados.
    Para um melhor tratamento do tema, ver Ianni (1992); Netto (1995) e Kurz (1993).

invés de significarem a superação de Marx, constitui um indicador de sua atualidade.

Feitas as considerações vinculada à questão do socialismo, passo agora a tratar do significado e da importância da Filosofia Política e daquilo que ainda tem a oferecer o marxismo para o desenvolvimento desse campo de conhecimento.

Em que o marxismo pode contribuir para a superação do dogmatismo, dos modismos acadêmicos, do sectarismo e da esterilidade prática da teoria como instrumento de transformação social? Que tipo de Filosofia Política e de Ciências Sociais precisamos e devemos construir agora? Qual é o papel que cabe à teoria marxista?

Tomemos como ponto de partida para as respostas o que neste ensaio se entende por Filosofia Política. Coincido plenamente com as ideias explicitadas por Atilio Borón (2001), quando o Autor considera que a Filosofia Política é uma tradição de discurso, mas não qualquer uma. Trata-se de uma tradição de discurso que procura não só conhecer, mas, também, transformar a realidade, em função de ideais que sirvam para atingir e chegar até a "boa sociedade". Para o Autor, debates em torno do tema da "boa sociedade" sempre existiram e continuarão existindo no futuro: "(...) desde la *polis* perfecta diseñada por Platón en *La República* hasta la prefiguración de la sociedad comunista, esbozada en grandes trazos por Marx y Engels en la segunda mitad del siglo XIX, pasando por *la Ciudad de Dios* de San Agustín, la supremacía del Papado consagrada por Santo Tomás de Aquino, los contradictorios perfiles de la *Utopía* de Tomás Moro, el monstruoso *Leviatán* de Hobbes, y así sucesivamente" (Borón, 2001, p. 3).

As considerações supracitadas adquirem ainda mais validade, quando, nestes últimos tempos, o modismo intelectual concebe para a Filosofia Política a etérea tarefa de imaginar "infinitos jogos de linguagem", "redescrições pragmáticas", uma atitude contemplativa e um sujeito epistêmico do qual podem emergir raciocínios que pouco podem ter ou não relação com o real. Nesta perspectiva, as reflexões vinculadas com a "boa sociedade" se desmancham na "etérea irrealidade do discurso". Ao perder por completo seu viés crítico, a Filosofia Política corre o risco de converter-se numa prática teórica inofensiva, carente de rigor lógico e científico, vindo a contribuir para o discurso daqueles que, desde o *establishment*, ficam eufóricos diante da cega constatação de que a história (aquela concebida por Francis Fukuyama, claro!) chegou ao seu fim (Borón, 2001).

O marxismo tem muito para contribuir para a superação dessas visões fragmentárias e limitadas de Filosofia Política. Aliás, a reconstrução da Filosofia Política depende, em grande medida, da capacidade que ela tenha de absorver as contribuições teóricas fundamentais presentes no *corpus* da teoria marxista. Na opinião de Borón (2001), o marxismo pode dotar a Filosofia Política de três elementos essenciais, a saber: a) de uma visão de totalidade; b) de uma visão de complexidade e de historicidade do social; e, c) da necessária relação entre teoria e práxis.

As significativas contribuições da teoria marxista para o desenvolvimento da Filosofia Política ajudam a reconhecer que a crise das ciências sociais de hoje deve ser reconsiderada, pois o que verdadeiramente precisa ser reconhecida é a crise do paradigma positivista das ciências sociais. A Filosofia Política, numa perspectiva marxista, precisa levar em consideração a complexidade da dinâmica social. Precisa aceitar as tensões existentes entre o universal e o particular e também incluir a utopia como um de seus tantos objetivos de estudo. Reconheceria a realidade social como sendo contraditória e em permanente transformação; no final de contas, "(...) o concreto é concreto porque é a síntese de múltiplas determinações, portanto, unidade do diverso" (Marx, 1972, p. 101). Também deveria incorporar experiências grupais como sendo fundamentais para alcançar o conhecimento objetivo dos processos sociais. A partir da perspectiva sociohistórica, poderia compreender a complexidade e a historicidade do social; reconheceria o tempo lógico e o tempo histórico como duas faces complementares, isto é, como dois lados de uma mesma moeda; que, alimentada pelas contradições, possa não só conhecer, mas também transformar a realidade.

Segundo Zemelman (2003), é preciso potencializar nossa consciência, para poder abrir os pensamentos para a complexidade e variedade do real. É essa potencialização da consciência que favorece o desenvolvimento crítico do pensamento, a partir da recuperação das categorias do conhecimento que permitam transcender a situação atual, ancorada num paradigma econômico que, para garantir a lógica dominante, mutila os aspectos políticos, filosóficos e lógico-epistemológicos do pensamento. Assim poderemos transcender o que hoje se coloca como inevitável, isto é, o capitalismo, sua ideologia predominante – o neoliberalismo, e a falsa relação que existe hoje entre democracia e capitalismo.

A teoria marxista e suas tradições fundamentais poderão superar o divórcio que existe entre teoria e prática e uma multiplicidade de falsos dualismos. Somente assim poder-se-á deixar de "interpretar o mundo" quando, diante da consigna *socialismo ou barbárie*, a tarefa fundamental – e, porque não, utópica – que nos resta é *transformá-lo*.

Bibliografia

AGUIAR, F. (2006). "Um outro Socialismo É Possível", *Revista Carta Maior*. Fevereiro de 2006. Disponível em *http://cartamaior.uol.com.br/templates/coluna*; acesso em 16.2.2006.

ALMEIDA, J.; CANCELLI, V. (1998). *150 Anos do Manifesto Comunista*. São Paulo, Xamã.

ANDES – SN (1999). *Cadernos de Textos*. 18º Congresso Nacional. Brasília, Adufc.

ARCARY, V. (1998). "Viva Marx", in ALMEIDA, J. e CANCELLI, V. (1998). *150 Anos do Manifesto Comunista*. São Paulo, Fundação Perseu Abramo.

BOITO Jr.; TOLEDO, C.; RANIERI, J. e TRÓPIA, P. (Orgs.) (2002). *A Obra Teórica de Marx: Atualidade, Problemas e Interpretações*. 2ª ed., São Paulo, Xamã.

BORÓN, A. (1998). "Epílogo: ¿Una teoría social para el siglo XXI?". Trabalho apresentado no *XIV Congreso Mundial de la Asociación Internacional de Sociología*. Montreal, Canadá. Disponível em *http://campus.clacso.edu.ar*; acesso em 14.2.2006.

_____. (2000). "El Manifiesto Comunista Hoy: Permanencias, Obsolescencias, Ausencias", in BORÓN, A. *En Publicación: tras el Búho de Minerva. Mercado contra Democracia en el Capitalismo de Fin de Siglo*. Buenos Aires, CLACSO, Consejo Latinoamericano de Ciencias Sociales.

_____. (2001). *Teoría y Filosofía Política. La Tradición Clásica y las Nuevas Fronteras*. Buenos Aires, CLACSO.

BOTTOMORE, T. (1998). *Dicionário do Pensamento Marxista*. 6ª reimp., Rio de Janeiro, Jorge Zahar Editor.

ENGELS, F. (2000). *Carlos Marx*. Alemanha, Marxists Internet Archive. Disponível em *www.marxists.org*; acesso em 14.2.2006.

_____. (2000). *Discurso ante la Tumba de Marx*. Alemanha, Marxists Internet Archive. Disponível em *http://www.marxists.org*; acesso em 14.2.2006.

_____, e MARX, K. (1998). *Manifesto do Partido Comunista*. In ALMEIDA J.; CANCELLI, V. *150 Anos do Manifesto Comunista*. São Paulo, Xamã.

FERNANDES, F. (1989). *Marx e Engels*. São Paulo, Ática.

FONTES, V. (1998). "O Manifesto Comunista e o Pensamento Histórico", in REIS FILHO, D. (1998). *O Manifesto Comunista 150 Anos Depois*. São Paulo, Fundação Perseu Abramo.

FORRESTER, V. (2001). *Uma Estranha Ditadura*. São Paulo, Editora UNESP.

GRAMSCI, A. (1991). *Concepção Dialética da História*. 4ª ed., Rio de Janeiro, Civilização Brasileira.

IANNI, O. (1992). *A Sociedade Global*. Rio de Janeiro, Civilização Brasileira.

KOLAKOWSKI, L. (1985). *Las Principales Corrientes del Marxismo*, t. I – "Los Fundadores". Madrid, Editora Alianza Universidad.

KONDER, L. (1988). *O Que É a Dialética?* 2ª reimp. da 27ª ed., São Paulo, Brasiliense.

KURZ, Robert (1993). *O Retorno de "Potemkin"*. São Paulo, Paz e Terra.

LÊNIN, V. I. (2000). *Carlos Marx. Breve Esbozo Biográfico, con una Exposición del Marxismo*. Puerto Rico, Marxists Internet Archive. Disponível em www.marxists.org; acesso em 14.2.2006.

MARX, K. *Crítica ao Programa de Gotha*. Disponível em www.marxists.org; acesso em 14.2.2006.

_____. (1973). *Grundrisse*. Madrid, Siglo XXI.

_____, e ENGELS, F. (1998). *Manifesto do Partido Comunista*. In ALMEIDA J.; CANCELLI, V. *150 Anos do Manifesto Comunista*. São Paulo, Xamã.

MESZÁROS, I. (2002). *Para além do Capital. Rumo a uma Teoria da Transição*. São Paulo, Boitempo Editorial.

MILLIBAND, R. (1995). "A Plausibilidade do Socialismo", in SADER, E. (Org.). *O Mundo Depois da Queda*. São Paulo, Paz e Terra.

MORAES, R. "Neoliberalismo: o que é e para onde leva", *Cadernos em Tempo*. Textos de apoio da edição n. 300-301.

MUSSE, R. (1998). "Esboço de História Universal", *Suplemento Mais!*, São Paulo, *Jornal Folha de S. Paulo*.

NETTO, J. P. (1995). *Crise do Socialismo e Ofensiva Neoliberal*. São Paulo, Cortez.

QUIJANO, A. (2000). "Colonialidad del poder. Eurocentrismo y América Latina", in LANDER, E. (Org.). *La Colonialidad del Saber: Eurocentrismo y Ciencias Sociales. Perspectivas Latino-Americanas*. Buenos Aires, CLACSO.

REIS FILHO, D. (1998). *O Manifesto Comunista 150 Anos depois*. São Paulo, Editora Fundação Perseu Abramo.

SÁNCHEZ VÁZQUEZ, A. (1998). "Significado Histórico e Atualidade do Manifesto Comunista", in REIS FILHO, D. (1998). *O Manifesto Comunista 150 Anos Depois*. São Paulo, Fundação Perseu Abramo.

SAVIANI, D. (1991). *Educação e Questões da Atualidade*. São Paulo, Cortez.

SINGER, P. (1998). *Uma Utopia Militante*. Rio de Janeiro, Vozes.

VAISMAN, E. (2002). "A Obra de Juventude e da maturidade. Ruptura ou continuidade?", in BOITO Jr.; TOLEDO, C.; RANIERI, J. e TRÓPIA, P. (Orgs.). *A Obra Teórica de Marx: Atualidade, Problemas e Interpretações*. 2ª ed., São Paulo, Xamã.

WALLERSTEIN, I. (Coord.) (1998). *Para Abrir las Ciencias Sociales. Informe de la Comisión Gulbenkian para la Estructuración de las Ciencias Sociales*. México, Siglo XXI.

ZEMELMANN, H. (2003). *Conocimiento y Ciencias Sociales. Algunas Lecciones sobre Problemas Epistemológicos*. México, Colección Reflexiones.

Capítulo XIII
O DESBRAVADOR DA DUPLA: FRIEDRICH ENGELS E O MARXISMO POLÍTICO E INTERNACIONALISTA

Osvaldo Coggiola

"Em todos os filósofos, é precisamente o 'sistema' o perecível, pela simples razão de que surge de um eterno desejo do espírito humano: o de superar todas as contradições."
(Friedrich Engels)

Numa carta pessoal, Karl Marx dissera ao seu velho companheiro de lutas e ideias, Friedrich Engels, que ele (Marx) sempre "seguira o seu rastro". Marx, sabidamente, era avesso a elogios fáceis, ou a qualquer demagogia. Havia algo de profundo, de balanço de uma trajetória, na afirmação daquele que, no final do século XX, veio a ser considerado "o maior pensador do milênio", segundo enquete da BBC inglesa. A função de Engels, na histórica "dupla", teria sido, portanto, essencial para a formulação do depois chamado "marxismo", e não complementar, como comumente chega-se a pensar.[1] Foi Engels, afinal, quem introduziu Marx no mundo do movimento operário (inglês),[2] e dos círculos revolucionários comunistas (na Europa).

1. Perry Anderson afirmou: "Vem sendo moda depreciar a contribuição relativa de Engels na criação do materialismo histórico. Àqueles que se acham ainda inclinados a aceitar esta difundida noção, é necessário dizer calma e incisivamente: os juízos históricos de Engels são quase sempre superiores aos de Marx. Ele possuía um conhecimento mais profundo da história europeia e uma compreensão mais segura das suas estruturas sucessivas e relevantes" (*Linhagens do Estado Absolutista*, p. 23).
2. Desde 1842, Engels (devido a obrigações familiares) se instalou no palco do maior movimento operário da época: a Inglaterra, onde atuava o movimento da "Carta" (dos direitos dos trabalhadores), com base nos operários e artesãos, popularmente conhecido como "cartismo".

Sem Friedrich Engels, não teria existido o marxismo. Esta assertiva não se refere apenas ao valor específico da chamada "contribuição" de Engels para a formulação da nova doutrina social do proletariado: seria obviamente ridículo falar na "contribuição" de Marx para o marxismo. Que o próprio Engels tenha relativizado o seu papel histórico (por exemplo, na muito citada frase "perto de Marx nunca passei de segundo violino", incluída, no entanto, numa carta de caráter pessoal a Conrad Schmidt) contribuiu menos para fazer acreditar o contrário, do que a análise opondo um Engels "mecanicista" a um Marx "dialético".[3]

Pelas suas incursões no campo das relações homem-natureza (em *Dialética da Natureza*), ou no campo dos estágios iniciais da História da sociedade humana (em *A Origem da Família, da Propriedade Privada e do Estado*), Engels foi sempre considerado como o formulador das bases de uma antropologia materialista (ou marxista), cujos pressupostos se renovam constantemente, inclusive nos debates da biologia contemporânea. No que diz respeito às ciências naturais, Engels disse, em *Dialética da Natureza*, que "linhas rígidas e rápidas são incompatíveis com a teoria da evolução (...) o velho método metafísico não serve mais para um estágio da visão da natureza em que todas as diferenças são fundidas em degraus intermediários, e todos os opostos se penetram mutuamente por ligações imediatas. A dialética, que dessa forma não

3. Disse Engels, no seu *Ludwig Feuerbach e o Fim da Filosofia Clássica Alemã*: "Recentemente mencionaram muitas vezes o papel que tive na elaboração desta teoria, por isso não posso furtar-me a dizer aqui as poucas palavras necessárias a esclarecer as coisas. Não posso negar que antes e durante a minha colaboração de quarenta anos com Marx tive uma certa participação independente, tanto na fundação, quanto na elaboração da teoria. Mas a maior parte das ideias diretrizes fundamentais, particularmente no campo econômico e histórico, e especialmente a sua clara formulação definitiva pertencem a Marx. A contribuição que dei – exceto para uma ou outra ciência especial – poderia ter sido trazida por Marx mesmo sem mim. Ao contrário, o que Marx fez eu não estaria em condições de fazer. Marx estava mais acima, via mais longe, tinha uma visão mais ampla e mais rápida que todos nós. Marx era um gênio, nós, no máximo, tínhamos talento. Sem ele, a teoria estaria muito longe de ser o que é. É com razão, portanto, que ela leva o seu nome". As razões da "divisão do trabalho" foram explicadas por Engels num texto de 1887, *A Questão do Alojamento*: "Em consequência da divisão do trabalho existente entre Marx e mim, tocou-me a tarefa de apresentar nossos pontos de vista na imprensa periódica, portanto especialmente na luta contra as opiniões adversas; de modo que sobrasse tempo a Marx para a elaboração de sua obra maior". Marx e Engels, ou "o grupo Marx-Engels" (como foi posteriormente chamado) constituía uma unidade política, na qual a divisão de tarefas esteve a serviço da penetração das suas ideias na vanguarda e nas massas, uma unidade, portanto, que foi o embrião político do desenvolvimento ulterior dos partidos operários e revolucionários.

conhece linhas rígidas e rápidas, nenhuma validez universal e incondicional (...) e reconcilia os opostos, é o único método de pensamento apropriado no mais alto grau a este estágio".

A realidade era o objetivo do conhecimento; a "natureza" não poderia ficar fora do universo de pesquisa. Engels se lançou à tarefa de desvendá-la nos seus lineamentos filosóficos. Se na natureza vigem as leis da dialética, elas deviam se refletir no conteúdo das ciências. E para descobrir as leis da natureza, a utilização da dialética seria não só proveitosa quanto essencial. Mas antes era necessário demonstrar o caráter dialético dos sistemas científicos, nos seus princípios e fundamentos. O grande problema estava no dualismo entre filosofia e ciência, como apontava o próprio Engels.

A *Dialética da Natureza* começou a ser elaborada a partir de 1873, não obstante Engels já estivesse engajado no estudo das ciências naturais havia muito tempo. Apesar de se ter dedicado à redação do livro por treze anos, Engels não conseguiu terminá-lo. Contudo, recolheu muitos dados e escreveu muitos capítulos até à morte de Marx, em 1883. Depois, a responsabilidade de substituir seu amigo e companheiro não lhe deu mais tempo para se dedicar à obra: a *Dialética da Natureza* se tornou no grande livro inacabado do século XIX (*Dialectics of Nature*). Suas ideias centrais, no entanto, aparecem na obra de Engels, o *Anti-Dühring*, que marcou uma nova etapa no desenvolvimento do marxismo. Segundo o historiador da social-democracia alemã, Gary P. Steenson: "A publicação do *Anti-Dühring* sinaliza o começo de uma escola de pensamento marxista no país de nascimento do mestre. No contexto da história do marxismo, a significação do *Anti-Dühring* vincula-se à extensão com que Engels ligou a obra de Marx a uma concepção do mundo abrangente, e alicerçada no desenvolvimento das ciências naturais da sua época".[4]

Um dos biólogos mais destacados dos tempos recentes, Stephen Jay Gould, destacou o "brilhante resultado" que antecipou "uma fonte que sem dúvida surpreenderá a maioria dos leitores":[5] Friedrich Engels, em seu ensaio sobre *O Papel do Trabalho na Transição do Macaco ao Homem*, publicado *postmortem* em 1896, considerava três pontos essenciais na evolução humana: ele fala, tem um cérebro grande e a postura ereta. Argumentava que o primeiro passo devia ter sido descer das árvores, com a subsequente evolução da postura ereta por nossos ancestrais terrestres.

4. Gary P. Steenson, *Not One Man! Not One Penny!*, pp. 193-194.
5. S. J. Gould, *Darwin e os Grandes Enigmas da Vida*.

Estes macacos, quando se moviam no nível do chão, começaram a adquirir o hábito de usar suas mãos e de adotar uma postura mais e mais ereta. Este foi um passo decisivo na transição do macaco ao homem. A postura ereta libera as mãos para fabricar ferramentas (*trabalho*, na terminologia de Engels). O crescimento da inteligência e a fala vieram depois. Consequentemente, "as mãos não são somente um órgão de trabalho, são também um produto do trabalho. Só pelo trabalho, pela adaptação a cada nova operação... pelo sempre renovado emprego destas melhorias herdadas em novas, mais e mais complicadas operações, alcançou a mão humana o alto grau de perfeição que a capacitou a tornar realidade as pinturas de Rafael, as estátuas de Thowaldsen, a música de Paganini".

Gould sublinha que a importância do trabalho de Engels consistia não exatamente em sua conclusão substantiva, mas em sua incisiva análise política da razão pela qual a ciência ocidental é tão comprometida com a afirmação apriorística da primazia cerebral. Quando os humanos aprenderam a manejar seu próprio entorno material, disse Engels, outras habilidades foram somadas à primitiva caça-agricultura: fiação, olaria, navegação, artes e ciência, lei e política e, por último, "a reflexão fantástica das coisas humanas na mente humana: a religião". Quando a riqueza foi acumulada, pequenos grupos de homens alcançaram poder e obrigaram outros homens a trabalhar para eles. O trabalho, a fonte de toda riqueza e a força motriz da evolução humana, assumiu o mesmo *status* desvalorizado daqueles que trabalhavam para os governantes. A partir do momento que os poderosos governavam suas vontades, as ações do cérebro apareciam como se tivessem poder por elas mesmas. A filosofia profissional prosseguiu ilusoriamente um ideal imaculado de liberdade. Os filósofos descansaram em um patronato estatal-religioso.

Ainda se Platão não tivesse trabalhado conscientemente para reforçar os privilégios dos governantes com uma filosofia supostamente abstrata, sua própria classe deu vida a uma ênfase no pensamento como o primado, o dominante e em particular mais importante que o trabalho por ele supervisionado. Esta tradição idealista dominou a filosofia até os dias de Darwin. E sua influência foi tão subterrânea e persuasiva, que cientistas tão materialistas quanto Darwin caíram sob seu influxo. Um prejuízo deve ser reconhecido antes de ser combatido. A primazia do cérebro parecia tão óbvia e natural que foi aceita como dada antes de ser reconhecida como um prejuízo social profundamente assentado, relativo à posição de classe dos pensadores e de seus patrões.

Engels escrevia, no texto referido: "Todo o mérito em virtude do avanço veloz da civilização foi inscrito na mente, o desenvolvimento e a atividade do cérebro. Os homens se acostumaram a explicar suas ações a partir do seu pensamento, ao invés de buscá-las em suas necessidades. (...) E assim foi ganhando importância no decurso do tempo este olhar idealista sobre o mundo que, especialmente desde a queda do antigo mundo, dominou as mentes dos homens. Todavia, governa-as a tal ponto que ainda os mais materialistas dos cientistas naturalistas da escola de Darwin são incapazes de formar uma ideia clara da origem do homem, pois sob esta influência ideológica eles não reconhecem o papel que nele tange o trabalho". A ênfase em uma definição antropológica do homem a partir do trabalho marca o seu caráter humano concreto, seu desenvolvimento histórico, e não deve ser confundida com uma caracterização genérica e abstrata do trabalho, que o designa como um "modo de atividade", cuja essência seria a busca de um resultado no menor tempo possível.

Mais decisivo, intelectualmente, foi Engels ter sido o primeiro Autor de uma *Crítica da Economia Política*, em 1843, opúsculo que Marx chegou a qualificar de "genial". Foi Engels, então, quem orientou Marx para o caminho da economia, para dar sequência à obra crítica de Marx, começada como uma crítica, sucessivamente, da filosofia, da religião e da política (do Estado), o que resultaria na *magnum opus* do pensador revolucionário alemão (*O Capital*). Sem ter a formação teórico-acadêmica de Marx (Marx era doutor em filosofia, enquanto Engels não frequentou a universidade, salvo na qualidade do que hoje se chama de "ouvinte"), Engels teria tido uma visão mais espontaneamente abrangente e profunda da realidade do seu tempo, o que evitou a Marx seguir outros caminhos ou, provavelmente, demorar muito mais em achar aqueles que finalmente o levaram a construir a obra político--intelectual mais influente da contemporaneidade.

No ano-chave de 1844, em que a história testemunhou a revolta dos *canuts* (tecelões) de Lyon, sob a bandeira de *viver trabalhando ou morrer combatendo*, Engels, morando na Inglaterra industrial, redigia *A Situação da Classe Trabalhadora na Inglaterra*, enquanto Marx redigia os seus *Manuscritos Econômico-Filosóficos*, em que a questão fundamental posta em destaque não era a relação entre operário e meio de produção, mas entre o operário e o seu produto (a "alienação", categoria hegeliana, materialisticamente formulada por Marx como depauperação material e antropológica do ser humano).

É correta, portanto, a afirmação de Gareth Stedman Jones, de que "coube a Engels a indicação do tipo de luta de classe gerada pela indústria moderna". Isto fazendo, Engels rompia com a sua base filosófico-política imediatamente anterior, o "comunismo filosófico" de Moses Hess, para quem o comunismo seria resultado da vitória dos princípios comunitários e de unidade sobre o egoísmo e a fragmentação, não o produto de uma guerra entre as classes, com seu futuro inserido no destino de uma classe determinada (ainda influenciado pelas ideias de Hess, Engels recusara, em 1843, a sua adesão à "Federação dos Justos", embora convidado pelos seus dirigentes, os operários alemães Bauer, Schapper e Moll). "1844" deveria ser uma data-chave para o marxismo não apenas, como se aceita habitualmente, por celebrar a ruptura de Marx com Feuerbach, mas também por marcar a ruptura de Engels com Hess.

Engels notara que, paralelamente aos grandes construtores de sistemas sociais, em voga na Europa de meados do século XIX, uma outra tendência se desenvolveu, diretamente ligada aos movimentos populares. Era a tendência radical das revoluções democráticas, conhecida pelas suas propostas igualitárias. Essas propostas foram paulatinamente sendo designadas pelo termo "comunismo". Karl Marx veria nesta tendência "o partido comunista verdadeiramente atuante".

Engels rastreou as origens dessa tendência nos primeiros grandes levantes contra a aristocracia, "na época da Reforma e das guerras camponesas na Alemanha, a tendência dos anabatistas e de Thomas Münzer; na Grande Revolução inglesa, os *levellers*; e, na grande Revolução Francesa, Babeuf. E esses levantes revolucionários de uma classe incipiente são acompanhados, por seu turno, pelas correspondentes manifestações teóricas: nos séculos XVI e XVII surgem as descrições utópicas de um regime ideal de sociedade; no século XVIII, teorias já declaradamente comunistas, como as de Morelly e Mably. A reivindicação da igualdade não se limitava aos direitos políticos: estendia-se também às condições sociais de vida de cada indivíduo; já não se tinha em mira abolir apenas os privilégios de classe, mas acabar com as próprias diferenças de classe".

O papel de Engels foi decisivo e *central* na ruptura que a luta de classes provocou na "esquerda hegeliana" (à qual pertenciam Marx e Engels), pois como lembra Gareth Stedman Jones, "(Engels) forneceu os componentes brutos que sublinhavam de forma dramática a insuficiência da teoria anterior e que constituíram boa parte das proposições para as quais se voltava a nova teoria [devido à] sua capacidade de *transmitir elementos teóricos e práticos desenvolvidos no interior do movimento operário, de forma a torná-los parte intrínseca da estrutura da nova teoria*" (destaque nosso). Mas isto teve também uma consequência decisiva para a "nova teoria", a do deslocamento do seu eixo para a anatomia da sociedade burguesa, contida na economia política: "Foi o primeiro na esquerda filosófica alemã a deslocar o debate sobre a economia política, elucidando as conexões entre a propriedade privada, a economia política e as modernas condições sociais no processo de transição para o comunismo".[6]

Antes de começar a sua elaboração sistemática com Marx, Engels já se dirigia por seu próprio caminho em direção daquilo que seria o núcleo do sistema marxista: a dialética materialista, ou a "inversão" da dialética hegeliana, destituída de seu lado conservador e idealista. Já em 1841 (Engels nascera em 1820) quando se integrou, em Berlim, aos "jovens hegelianos", rompendo com a *Jovem Alemanha*, Engels não tomou sem críticas a defesa de Hegel contra o reacionarismo filosófico de Schelling, encarregado pelo Estado prussiano de atacar a dialética hegeliana desde a cátedra universitária (e combatido por isso pelos "jovens hegelianos", ou pela "esquerda hegeliana", como foram chamados retrospectivamente). Num artigo denominado *Schelling e Hegel*, Engels atentou contra a fraqueza da dialética do último: "Os princípios repousam sempre sobre a independência e o livre-pensamento, ao passo que as conclusões, sem dúvida, são frequentemente tímidas e mesmo conservadoras (...) só é verdadeira a liberdade que, em si mesma, contém a necessidade".[7] Estão aí já esboçados os princípios de uma dialética revolucionária e materialista.

É perfeitamente possível, então, afirmar que "se poderia, sem fazer um paradoxo excessivo, sustentar que Engels possuía títulos pelo menos iguais aos de Marx para dar seu próprio nome à teoria que elaboraram conjuntamente. (...) Dos dois amigos, Engels foi o primeiro em vários caminhos, o da aproximação com Feuerbach, o da crítica da economia política, o da crítica da religião, o da análise de classe, o do conhecimento dos mecanismos internos do capitalismo ou o do aprendizado das ciências exatas e naturais".[8] O próprio Marx reconheceu, como citado inicialmente, numa carta a Engels do 4 de julho de 1864: "Você sabe que: 1) tudo me ocorre tarde; 2) eu caminho sempre sobre as tuas traças".

6. Jones, "Retrato de Engels", cit., pp. 396 e 413.
7. *Apud* J. P. Netto, *Engels*, p. 31.
8. Georges Labica, "Engelsisme", cit., p. 321.

Até iniciarem a sua colaboração orgânica em 1845, e apesar da frieza do seu encontro inicial em 1842, Marx e Engels seguiram caminhos paralelos que objetivamente se aproximavam. Marx tinha começado desde bem antes o caminho que o levaria a criticar, não só a dialética hegeliana, mas também a sua crítica feuerbachiana (base filosófica da "esquerda hegeliana", crítica visível na sua frase dessa fase: "O homem não foi criado para as sutilezas filosóficas, mas para a ação").

Do seu lado, Engels procurava a sua *filosofia da ação* seguindo, inicialmente, o caminho de Moses Hess, o qual "chegou a convencer-se de que tinha chegado o momento da filosofia alemã renunciar e venerar a razão num pedestal solitário. Na sua tentativa de criar uma filosofia da ação, achou que devia unir o espírito de Spinoza com o de Saint--Simon. No mesmo momento em que Feuerbach enfrentava os jovens hegelianos com o problema da espécie humana, Hess punha em contato a ala esquerda do movimento com a sociologia francesa". Numa carta de novembro de 1843, Engels reconhece em Moses Hess o introdutor do comunismo na esquerda hegeliana. Isto porque "por revolucionário que fosse o efeito de Feuerbach no campo da filosofia alemã, este solitário era incapaz de perceber a necessidade do problema da ação ou da sua natureza. Onde ele falhava, Hess preenchia a brecha. Culpava a filosofia hegeliana de esquivar-se da tarefa de deduzir o futuro do passado e do presente, para proceder a influenciar na sua formação. Esta é uma ideia tipicamente saint-simoniana, que ulteriormente seria a pedra basal no sistema de Marx e Engels".

Ao mesmo tempo em que assimilava essas ideias, Engels preparava a sua superação por meio da observação das lutas políticas e sociais na Inglaterra, onde tinha se estabelecido para trabalhar numa filial da firma comercial da sua família: "Teve que reconhecer que, na Inglaterra, o progresso dependia, não do choque de princípios, mas do choque de interesses". Em *A Situação da Classe Trabalhadora na Inglaterra*, redigido em 1844, já se encontra a ideia básica do materialismo histórico, embora "ainda longe de transformar esse caso particular numa filosofia da história".[9]

Foi Engels quem insistiu nos mecanismos histórico-económicos que se encontravam na base da emergência da modernidade capitalista: "A descoberta da América deveu-se à sede de ouro que anteriormente tinha lançado os portugueses para a África, porque a indústria europeia, enormemente desenvolvida nos séculos XIV e XV, e o comércio cor-

9. Gustav Mayer, *Engels*, pp. 30-31 e 37.

respondente, reclamavam mais meios de troca do que podia fornecer a Alemanha, a grande produtora de prata entre 1450 e 1550".[10]

E não é um paradoxo que fosse o próprio Engels, no final de sua trajetória, quem alertara para o perigo de uma análise econômico-reducionista da História, e para as próprias limitações do "método científico" que formulara junto a Marx. Num texto pouco anterior à sua morte, Engels reconheceu que "na história contemporânea corrente, seremos forçados com muita frequência a considerar este fator, o mais decisivo, como um fator constante, a considerar como dada para todo o período e como invariável a situação econômica na qual nos encontramos no início do período em questão, ou a não considerar mais que aquelas trocas operadas nesta situação, que por derivar de acontecimentos patentes sejam também patentes e claros. Por essa razão, aqui o método materialista tenderá, com muita frequência, a se limitar a reduzir os conflitos políticos às lutas de interesses das classes sociais e frações de classes existentes, determinadas pelo desenvolvimento econômico, e a manifestar que os partidos políticos são a expressão política mais ou menos adequada destas mesmas classes e frações de classes".

Concluindo em que: "Falta dizer que *esta subestimação inevitável das mudanças que operam ao mesmo tempo na situação econômica – verdadeira base de todos os acontecimentos que se investigam – tem que ser necessariamente uma fonte de erros*" (destaque nosso).[11]

Em carta anterior a Bloch, de 21 de setembro de 1890, Engels já tinha advertido contra qualquer uso simplificador e reducionista do materialismo histórico: "Segundo a concepção materialista da história, o fator que em *última instância* determina a história é a produção e a reprodução da vida real. Nem Marx nem eu nunca afirmamos mais do que isto. Se alguém tergiversa dizendo que o fator econômico é o *único* determinante, transformará aquela tese em uma frase vazia, abstrata, absurda".

Entre esta base econômica e a superestrutura política e ideológica se dá uma interação. Nesta interação o fator econômico é preeminente: "É um jogo mútuo de ações e reações entre todos esses fatores, no qual, através de toda a multiplicidade infinita de causalidades (isto é, de coisas e acontecimentos cuja conexão interna é tão remota ou tão difícil de provar, que podemos considerá-la como inexistente, não fazer caso

---

10. Carta de Friedrich Engels a Conrad Schmidt, 27 de outubro de 1890 (incluída em: *Karl Marx e Friedrich Engels, Selected Correspondance*).
11. Karl Marx e Friedrich Engels, *Obras Escogidas*, vol. I, p. 114.

dela), acaba sempre impondo-se como necessidade o movimento econômico. De outro modo, aplicar a teoria a uma época histórica qualquer seria mais fácil que resolver uma simples equação de primeiro grau".

Engels havia revelado assim os diferentes elementos da concepção materialista da história e, grosso modo, as relações existentes entre eles.

Bo Gustafsson sintetizou em cinco pontos a análise de Engels sobre as relações base-estrutura no processo histórico, análise mais complexa do que aquela encontrada nos fragmentos de Marx a respeito:

1. "Que os distintos elementos da superestrutura – estado, direito, ideologias – se desenvolveram a partir do desenvolvimento da base econômica, a partir desta, e simultaneamente, junto com ela;

2. "Que a superestrutura depende da base: a longo prazo esta determina o desenvolvimento daquela;

3. "Que apesar de sua dependência com respeito à base, a superestrutura possui uma autonomia relativa, condicionada, porque se desenvolve a partir da base, mas se singulariza e cria suas próprias estruturas características que obedecem a leis específicas;

4. "Que a base e a superestrutura deverão se influenciar mutuamente porque, por um lado, se encontram em uma dependência recíproca e por outro possuem, não obstante, certa independência uma em relação à outra;

5. "Que a autonomia relativa da superestrutura pode ser tão grande, sob certas condições, que pode converter-se temporariamente ou parcialmente no fator primário e determinante de todo o desenvolvimento".[12]

A revolução proletária, por sua vez, não fora concebida no *Manifesto Comunista* de Marx e Engels (mas principalmente de Marx,[13] embora Engels o precedera, aqui também, na tentativa, com seu opúsculo

---

12. Bo Gustafsson, *Marxismo y Revisionismo*, p. 58.
13. Engels o reconheceu posteriormente, na sua *Contribuição para a História da Liga dos Comunistas*: "A ideia fundamental do Manifesto, a saber, que a produção econômica e a estrutura social fatalmente determinada pela primeira constituem o fundamento da história política e intelectual de uma dada época histórica; que, portanto, toda a história, desde a desagregação da comunidade rural primitiva, tem sido a história da luta de classes, isto é, da luta entre explorados e exploradores, entre as classes submetidas e as classes dominantes de cada nível da evolução social; que esta luta atingiu agora um grau no qual a classe explorada e oprimida (o proletariado) não pode se libertar do jugo da classe que a explora e oprime (a burguesia) sem libertar ao mesmo tempo e para sempre a sociedade por inteiro da exploração, da opressão e da luta de classes, esta ideia fundamental, digo, pertence inteiramente a Marx".

Princípios do Comunismo), sem a mediação da *política*, o que é surpreendentemente ignorado em algumas análises mais recentes do texto (confusão vinculada à simplificação de que foi objeto seu título: o texto foi publicado originalmente como *Manifesto do Partido Comunista*). O *Manifesto* foi publicado quando explodiam as revoluções de 1848, e é importante lê-lo junto ao balanço feito por Marx desse período revolucionário, nos artigos jornalísticos na *Nova Gazeta do Reno* e, em especial, n'*A Luta de Classes na França (1848-1850)*, em que diversos conceitos políticos foram precisados à luz da experiência histórica. Surge ali a crítica do proudhonismo, do socialismo reformista (ou "republicano") e, em especial, da democracia revolucionária, o que levou Marx à elaboração do conceito de "ditadura do proletariado" como mediação *política* necessária entre o capitalismo e a consolidação de uma sociedade socialista.

As bases fundamentais da teoria marxista foram postas conjuntamente por Marx e Engels no período imediatamente anterior e posterior às revoluções de 1848. O período de ruptura com o grupo filosófico dos "jovens hegelianos", com Feuerbach e com o "comunismo filosófico" de Moses Hess, e de entroncamento com as organizações do proletariado revolucionário, foi culminado com o *Manifesto Comunista*, publicado em 1848, onde era colocado o objetivo da "elevação do proletariado à classe dominante", simultaneamente ponto de ruptura com o socialismo filosófico e filantrópico anterior (o "socialismo utópico") e ponto de partida para uma nova organização política da classe operária, a doravante chamada Liga dos Comunistas, em substituição à "Federação dos Justos". Depois da derrota da revolução, o balanço de Marx e Engels, exposto em trabalhos como *As Lutas de Classes na França 1848-1850* e *O 18 Brumário de Luis Bonaparte*, encontrou sua melhor expressão sintética e política na *Circular à Liga dos Comunistas* de 1850.

Na *Circular*, verdadeiro balanço da grande experiência revolucionária vivida por Marx e Engels, a revolução europeia de 1848,[14] Marx chegava a desconfiar dos "democratas pequeno-burgueses" que, numa futura (e próxima) revolução, quereriam detê-la no estágio em que seus estreitos interesses de classe fossem satisfeitos, propondo a fórmula

14. Engels, nascido em 1820, teve uma participação direta na revolução de 1848 na Alemanha, inclusive como líder militar. Marx, nascido em 1818, dirigiu a *Nova Gazeta do Reno*, e foi uma das principais lideranças revolucionárias na Alemanha. A sua militância lhe custou o exílio, primeiro da Alemanha e depois da Bélgica, até estabelecer-se definitivamente na Inglaterra, onde a colaboração com seu amigo tornou-se estreita e definitiva.

de "revolução em permanência" (ou "permanente", fórmula também contida n'*A Luta de Classes na França*): em carta a Engels, Marx caracterizou a *Circular* como um "plano de guerra contra a democracia" (entendendo por "democracia" uma corrente política, com sua correspondente base de classe, pequeno-burguesa).

Mais de quatro décadas depois, Engels afirmaria que o erro da *Circular* fora de ritmo (a iminência de uma revolução) devido a que o capitalismo continha ainda importantes possibilidades de um amplo desenvolvimento das forças produtivas, mas não de método. A impossibilidade, já a essa altura, de uma revolução burguesa, o caráter proletário de 1848, fora reafirmado por Engels no seu prefácio de 1893 à edição italiana do *Manifesto*: "Por toda a parte a revolução de então foi obra da classe operária; foi esta que levantou as barricadas e que pagou com a vida. Mas só os operários de Paris tinham a intenção bem definida de, derrubando o governo, derrubar o regime da burguesia. Mas, embora profundamente conscientes do antagonismo fatal que existia entre a sua própria classe e a burguesia, nem o progresso econômico do país nem o desenvolvimento intelectual das massas operárias francesas, contudo, tinham atingido ainda o grau que teria tornado possível uma reconstrução social. Em última análise, portanto, os frutos da revolução foram colhidos pela classe capitalista. Nos outros países, na Itália, na Alemanha, na Áustria, os operários, desde o princípio, não fizeram mais do que levar a burguesia ao poder".[15]

O texto de Engels, *Revolução e Contrarrevolução na Alemanha*,[16] elevou-se, pela sua força e riqueza, pela profundidade de sua análise da estrutura e conjuntura das classes sociais e da economia, dos partidos e forças em luta, ao mesmo nível de *O Dezoito Brumário de Luis Bonaparte*, de Marx.[17] Na passagem do encerramento do texto, Engels se refere à dissolução da inoperante Assembleia Nacional ou Parlamento

---

15. Todas as citações do *Manifesto Comunista* são extraídas da tradução de Álvaro Pina, incluída na edição de Osvaldo Coggiola (organização e introdução), citada na bibliografia.

16. Friedrich Engels, *Revolução e Contrarrevolução na Alemanha*.

17. Até o século XX, ninguém notou que os artigos sobre a Alemanha no *New York Daily Tribune* (reunidos depois no volume *Revolução e Contrarrevolução na Alemanha*) não pertenciam a seu signatário Marx, mas a Engels (foi necessária uma descoberta documental para estabelecer esse fato). Georges Labica estreitou singularmente essa "divisão do trabalho", atribuindo a Marx "a parte econômica e, de fato, apenas a redação de *O Capital*, enquanto (Engels) cobre literalmente os domínios mais diversos, da filosofia até a física e a história das ciências, passando pela antropologia e a teoria do Estado". Como se *As Lutas de Classes na França*,

alemão: "A sua convocação tinha sido a primeira prova de que tinha havido efetivamente uma revolução na Alemanha. (...) Eleito sob a influência da classe capitalista por uma população rural desmembrada e dispersa, na maioria, mal acordando do mutismo feudal, este Parlamento serviu para trazer para a arena política, num só órgão, todos os grandes nomes populares de 1820-1848, e depois para os arruinar totalmente. Todas as celebridades do liberalismo da classe média estavam aí reunidas; a burguesia esperava maravilhas; colheu vergonha para si própria e para os seus representantes. (...) O liberalismo político, o regime da burguesia, tanto sob uma forma de governo monárquica como republicana, é para sempre impossível na Alemanha".

No prefácio que escreveu à edição de 1874 de seu livro sobre a guerra dos camponeses na Alemanha, Engels afirmava que "a desgraça da burguesia alemã consiste em que, seguindo o costume favorito alemão, chegou demasiado tarde. (...) Desse modo, à Prússia correspondeu o peculiar destino de culminar no final deste século, e na forma agradável do bonapartismo, sua revolução burguesa, que se iniciou em 1808-1813, e que deu um passo à frente em 1848. E se tudo caminha bem, se o mundo permanece quieto e tranquilo e nós chegamos à velhice, talvez em 1900 vejamos que o governo prussiano acabou realmente com todas as instituições feudais e que a Prússia alcançou por fim a situação em que se encontrava a França em 1792".[18]

Engels constatava que, em 1848, como no começo do século XVI, com Lutero, a Alemanha só conseguiu se igualar à Europa, e até mesmo se colocar em sua dianteira, no plano do espírito, do pensamento religioso e filosófico. Engels via, lúcida e corretamente, que o processo de modernização da Prússia iniciava-se, em 1808-1813, como resposta às invasões napoleônicas, aprofundando-se, a partir de 1848, como resposta à revolução desse mesmo ano, culminando na unificação em 1870. E, nos três momentos, a transformação se fez sempre "por cima", pelas mãos do Estado, não da revolução.

Depois de apresentar um resumo da Revolução de 1848, de mostrar que, nela, apesar de ter sido uma revolução burguesa fracassada, "a burguesia tinha obtido uma parte – modesta é certa – do poder político, mas cada êxito político era explorado na perspectiva de um desenvolvimento industrial";[19] depois, portanto, de mostrar como a Alemanha

o *18 Brumário de Luís Bonaparte* ou *A Guerra Civil na França* não fossem obra de Marx...
18. Friedrich Engels, *La Guerra de los Campesinos en Alemania*.
19. Idem, *Violência e Economia na Instauração do Novo Império Alemão*.

ingressara, apesar de tudo, no caminho da transformação capitalista, Engels, ao entrar no problema da unificação do país, exigido por esse mesmo desenvolvimento capitalista, perguntava-se: "Mas como unir as forças de toda a nação? Três vias se apresentavam após o malogro das tentativas de 1848 – que embora muitas vezes nebulosas contribuíram não obstante para dissipar algumas nuvens". Depois de tecer considerações sobre as duas primeiras vias, "a abertamente revolucionária" (como a unificação italiana, que Engels, equivocadamente, considerava como tendo "enveredado por esse caminho") e "a unificação sob a égide da Áustria", detém-se sobre a terceira, "a unificação sob a égide da Prússia". Com esta última, a que efetivamente se verificou, descemos, afirma Engels, "do domínio da especulação para o terreno mais sólido, embora bastante sórdido, da política realista que foi praticada".

Ao examinar o processo real histórico da unificação alemã, Engels afirmou que "Bismarck realizou a vontade da burguesia alemã (...) contra a vontade desta. Os burgueses alemães continuavam a mover-se na sua famosa contradição: por um lado, reivindicavam o poder político para si sós (...) por outro lado, reclamavam uma transformação revolucionária das estruturas da Alemanha – o que só era possível com o recurso à violência, logo com uma verdadeira ditadura. Ora, desde 1848, a burguesia, em todos os momentos decisivos, deu sempre a prova de que não possuía nem a sombra da energia necessária para realizar uma dessas tarefas, quanto mais as duas. Nas condições alemãs de 1871, Bismarck estava efetivamente votado a conduzir uma política de tergiversação entre as diversas classes. (...) A única coisa que importava era saber que objetivo prosseguia a sua política. Se, qualquer que fosse o seu ritmo, ela se dirigisse, conscientemente e resolutamente, para o reinado final da burguesia, estaria em harmonia com a evolução histórica – até ao ponto, evidentemente, que esta fosse compatível com a existência de classes possuidoras. Se a sua política se propunha à conservação do velho Estado prussiano e a prussificação gradual da Alemanha, era reacionária e acabaria por fracassar". Basta apenas mencionar o rumo seguido pela Alemanha até a derrota na I Guerra Mundial, para notar como a história deu plena razão a Engels.[20]

As divergências políticas e ideológicas no interior do proletariado (que justificavam e tornavam necessária a organização dos comunistas em *partido político* diferenciado) não eram um processo puramente ideológico, mas o reflexo, direto ou indireto, das constantes pressões e

---

20. Modesto Florenzano, "Engels Historiador da Alemanha e o Conceito de Revolução Burguesa", in Osvaldo Coggiola (Org.). *Marx e Engels na História*.

mudanças que o próprio proletariado experimentava. Essas divergências tinham, portanto, uma raiz social. Qualquer polêmica "marxista" que não as desvendasse seria incompleta e "idealista", por considerar as ideias em si mesmas, desvinculadas da sua base material, ou seja, social e de classe.

Esse foi, justamente, o método de Marx e Engels na parte III do *Manifesto Comunista*, consagrado à crítica da "literatura socialista e comunista" existente. A "constituição do proletariado em classe", e sua consequência, a "conquista do poder político", seriam o arremate de uma luta de ideias em que estas expressariam, primeiro, e acelerariam, depois, processos sociais objetivos.

O outro aspecto a ser levado em conta é a maturidade das condições objetivas para a revolução proletária. O *Manifesto* refere-se a elas como responsáveis (pela sua ausência) do fracasso do "socialismo e comunismo crítico-utópico", que "fracassaram necessariamente não só por causa do estado embrionário do próprio proletariado, como devido à ausência das condições materiais de sua emancipação, condições que apenas surgem como produto da época burguesa". Grande parte da obra ulterior de Marx e Engels pode ser vista como uma pesquisa acerca da maturidade dessas "condições materiais", de suas causas acelerantes e contrarrestantes, ou seja, do desenvolvimento dos antagonismos de classe nos países capitalistas, e da expansão mundial do novo modo de produção.

Como lembrou Denise Avenas,[21] Marx e Engels elaboraram a teoria da revolução proletária num período "intermediário", ou seja, num momento em que o desenvolvimento das forças produtivas e o grau de radicalização da oposição das classes burguesa e proletária *não mais* permitiam a revolução burguesa, e *ainda não* possibilitavam a revolução proletária. Marx e Engels tinham plena consciência dessa situação, e explicam dessa forma a razão do conservadorismo da burguesia alemã em 1848, que procurou se associar à nobreza feudal para se proteger da ameaça *proletária* de uma revolução nacional *burguesa*. Mas passar-se-ia muito tempo ainda antes que Trotsky pudesse tirar dessa oposição dialética do *não mais* e *ainda não*, as devidas implicações teóricas, intuídas por Engels no final de sua vida.

Foi por conta da enorme influência exercida, pessoalmente e por meio dos seus textos, por Engels, na camada dirigente dos partidos operários que conformaram a Segunda Internacional, que diversos autores

21. Denise Avenas, *Teoria e Política no Pensamento de Trotsky*.

responsabilizaram-no posteriormente por ter sentado as bases da degeneração reformista daquela. O extremo foi atingido pelos próprios dirigentes social-democratas alemães, que exibiram textos de Engels em apoio à Alemanha no início da guerra franco-prussiana de 1870, para justificar seu apoio aos créditos de guerra solicitados pelo Kaiser nas vésperas da guerra de 1914-1918, que consumou a falência da social--democracia alemã e da Segunda Internacional. Não somente omitiram o apoio dado por Engels à França a partir do surgimento da Comuna de Paris, como chegaram ao cúmulo de destruir, nos papéis pessoais deixados por Engels, um plano militar por ele mesmo elaborado, de defesa de Paris contra o iminente ataque do exército prussiano de Bismarck.

Toda a operação pretensamente destinada a fazer de Engels um "pai do reformismo" baseou-se numa omissão, mutilação ou destruição de textos semelhante à empreendida ulteriormente pelo stalinismo com relação à Revolução de Outubro, e atendendo às mesmas necessidades desta última empresa: preservar os interesses de uma burocracia.

Isso é paradoxal, não só pelo conhecido fato de ter sido Engels quem mais insistiu no caráter de *classe* de todo Estado (inclusive o mais "democrático"), mas também pela constatação de que foi Engels, antes de Marx e com independência deste, quem primeiro chegou a essa conclusão: "Enquanto Marx afirmava a subordinação do Estado à sociedade civil [na sua *Crítica da Filosofia do Direito de Hegel*] Engels elabora, embora não de forma teoricamente generalizada, uma proposição igualmente importante: o caráter de classe do Estado".[22]

A imagem de um Engels partidário da transição pacífica ao socialismo, através do sufrágio universal, foi introduzida pela social-democracia alemã. Segundo Francisco Weffort, qualificar as "democracias modernas" de burguesas seria produto de "leituras mal digeridas de Marx", as quais produziram noções erradas, como "a ideia de democracia como forma, por excelência, da dominação burguesa (...) muita gente preferiu esquecer que isso que era verdade para a Europa do jovem Marx, vai deixando de sê-lo para a Europa de Engels. Quem tiver dúvidas, leia o célebre prefácio de Engels ao ensaio de Marx sobre *As Lutas de Classe na França*".[23]

Trata-se da *Introdução* de Engels (1895) à citada obra de Marx, publicada com mutilações pela social-democracia alemã, para apresentar Engels apoiando uma via não revolucionária, parlamentar, de transição

22. Jones, "Engels and the End...", cit., p. 405.
23. Francisco C. Weffort, *Porque Democracia?*, p. 37.

ao socialismo. Engels protestou vivamente e exigiu a sua publicação por inteiro.

Quem se der ao trabalho de constatá-lo, vai achar nesse prefácio que Engels elogia a inteligente utilização do sufrágio universal pelo partido operário alemão, que "aumenta, pelo crescimento regularmente verificado e extremamente rápido do número de votos, a certeza dos operários na vitória (...) fornece-nos um critério superior a qualquer outro para calcular o alcance de nossa atuação", permite ao partido operário levar sua propaganda a todas as camadas dos explorados, oferece-lhe uma tribuna de alcance nacional e internacional etc., mas *nada* de que o sufrágio universal tivesse mudado a natureza social do Estado e do regime político (os "fundamentos sociais" – burgueses – do regime, ou seja, a *raiz de classe* do Estado) caso no qual seria equivalente a uma revolução social. Ao contrário, o sufrágio universal mostrava que "as instituições estatais, nas quais se organiza o *domínio político da burguesia*, ainda oferecem possibilidades novas de *utilização* que permitem à classe operária *combatê-las*" (destaque nosso). Ao que parece, Engels não só considerava que as instituições estatais (*uma* das quais é o Parlamento) continuavam organizando o domínio político da burguesia, mas que o proletariado devia *combatê-las* (todas), utilizando-as quando fosse possível.

Engels chamou a república democrático-burguesa de "forma lógica do domínio burguês".[24] "Lógico" não é sinônimo de *normal*: o livre-câmbio entre países é a forma lógica da circulação de mercadorias, o que não impede que as crises próprias do capitalismo desatem vagas de protecionismo. "A república democrática, a mais elevada das formas de Estado, que nas condições sociais modernas vai aparecendo como uma necessidade cada vez mais incontornável, não mais reconhece oficialmente as diferenças de fortuna. Nela, a riqueza exerce seu poder de modo indireto, embora mais seguro. De um lado, sob a forma direta de corrupção dos funcionários de Estado e, na América vamos encontrar o exemplo clássico disso; de outro lado, sob a forma da aliança entre o governo e a Bolsa".

A lógica econômica do capital coincide com o seu *optimum* político, mas "a república democrática não é imprescindível para essa fraternal união entre Bolsa e governo". Na república "é diretamente através do sufrágio universal que a classe possuidora domina. Enquanto a classe oprimida – o proletariado – não está madura para promover ela

24. Friedrich Engels, Carta a Bernstein, 24 de março de 1884.

mesma a sua emancipação, a maioria dos seus membros considera a ordem social existente como a única possível e, politicamente, forma a cauda da classe capitalista, sua ala de extrema esquerda".

Na Comuna de Paris, de 1871, o proletariado, à cabeça das massas populares, não se limitou a apossar-se do Estado existente: ele o *destruiu*, opondo-lhe uma *nova* organização democrática da sociedade. Na medida em que continuava sendo um Estado, a Comuna não deixava de ser uma ditadura de classe mas, pela primeira vez, tratava-se de uma ditadura da *maioria* sobre a *minoria* (de exploradores). Daí a conclusão de Engels: "Olhai para a Comuna de Paris: eis aí a *ditadura do proletariado*".[25] A própria natureza social dessa ditadura – a de ser a primeira na história da sociedade de classes, uma ditadura da maioria em favor da maioria – determinava a sua tendência a abolir-se a si própria, suprimindo todos os antagonismos de classe e, de passagem, o próprio Estado. "A Comuna já não era um Estado no verdadeiro sentido da palavra".[26] As funções estatais eram reabsorvidas pela sociedade, o poder público "perdia seu caráter político".

De modo análogo ao *Capital*, em que Marx via no desenvolvimento do comércio exterior um fator contrarrestante da queda tendencial da taxa de lucro, ele e Engels viam no comércio (e na emigração) com a Rússia e a América não capitalista um fator de abrandamento dos antagonismos classistas na Europa capitalista: "Ambos países proviam a Europa de matérias-primas sendo ao mesmo tempo mercado para a venda de seus produtos industriais. De uma maneira ou de outra, eram, portanto, pilares da ordem europeia vigente".

A expansão mundial do capital, por sua vez, tinha um efeito deletério sobre a troca comercial entre o berço histórico do capitalismo e as regiões periféricas como fator de estabilidade da Europa, assim como sobre a possibilidade de que a Rússia e a América jogassem o papel de polícia internacional. Três décadas e meia depois do *Manifesto*, Marx e Engels assim escreviam no prefácio à sua primeira edição russa (de 1882): "Que diferença hoje! Foi justamente a imigração europeia que possibilitou à América do Norte a produção agrícola em proporções gigantescas, cuja concorrência está abalando os alicerces da propriedade rural europeia – a grande como a pequena. Ao mesmo tempo, deu aos Estados Unidos a oportunidade de explorar seus imensos recursos

25. Friedrich Engels, "Introdução à Guerra Civil na França", in Karl Marx e Friedrich Engels, *Textos*, vol. 3, p. 167.
26. Carta de Engels a Bebel, 28 de março de 1875.

industriais, com tal energia e em tais proporções que, dentro em breve, arruinarão o monopólio industrial da Europa ocidental, especialmente o da Inglaterra. Essas duas circunstâncias repercutem de maneira revolucionária na própria América do Norte. Pouco a pouco, a pequena e a média propriedade rural, a base do regime político em sua totalidade, sucumbe diante da competição das fazendas gigantescas; ao mesmo tempo formam-se, pela primeira vez nas regiões industriais, um numeroso proletariado e uma concentração fabulosa de capitais. E a Rússia? Durante a revolução de 1848-49, os príncipes e a burguesia europeus viam na intervenção russa a única maneira de escapar do proletariado que despertava. O czar foi proclamado chefe da reação europeia. Hoje ele é, em Gatchina, prisioneiro de guerra da revolução e a Rússia forma a vanguarda da ação revolucionária na Europa".

Pela extensão da sua vida, e a abrangência geral de sua visão dos problemas do seu tempo, coube a Engels formular, de modo mais claro que Marx, os *problemas políticos internacionais* derivados da expansão mundial do capital. Assim como o intercâmbio comercial com as regiões periféricas tinha sido, no século XIX, um pilar da ordem europeia, os superbenefícios monopolistas cumpririam, no século XX, um papel semelhante ao permitir à burguesia dos países imperialistas a elevação artificial do nível de vida de uma camada da classe operária metropolitana (a "aristocracia operária"), pondo um obstáculo ao desenvolvimento revolucionário. Aqui, também, o fenômeno já tinha sido embrionariamente captado por Engels, como revela uma carta de Engels a Marx na última fase da vida deste: "O proletariado inglês está-se tornando cada vez mais burguês; de modo que, ao que parece, esta nação mais burguesa que todas as demais tende a ter, em última instância, tanto uma aristocracia operária, como uma burguesia. Certamente, isto se explica até certo ponto no caso de uma nação que explora o mundo inteiro".[27]

Não se tratou de uma observação incidental ou superficial, pois ela foi comprovada pela pesquisa histórica: "No que se refere ao século XIX britânico, o conceito (de aristocracia operária) apoia-se sobre bases econômicas e políticas sólidas".[28] Mas Engels ainda "afirmava que esta aristocracia operária se tornara possível graças ao monopólio industrial da Inglaterra e que, portanto, desapareceria ou se confundiria

27. Karl Marx e Friedrich Engels, *Selected Correspondence*, p. 115.
28. Eric J. Hobsbawm, "La Aristocracia Obrera en la Gran Bretaña del siglo XIX", *Trabajadores*, p. 316.

com o resto do proletariado com o fim daquele monopólio".[29] Depois, sobre a base da sua teoria do imperialismo, Lênin avançou uma hipótese para explicar porque, longe de desaparecer, a categoria em questão estendia-se, com o desenvolvimento do capital monopolista, a outros países europeus.

Foi exatamente Engels quem, vinculando a expansão da conquista colonial com a especulação financeira e o novo papel da Bolsa de Valores ("a Bolsa modifica a distribuição no sentido da centralização, acelera enormemente a concentração de capitais e, nesse sentido, é tão revolucionária quanto a máquina a vapor") adiantou os temas fundamentais para uma teoria do imperialismo capitalista, assim como para o papel da expansão mundial do capital na sua sobrevivência nas metrópoles: "A ausência de crises a partir de 1868 baseia-se na extensão do mercado mundial, que redistribui o capital supérfluo inglês e europeu em investimentos e circulação no mundo todo em diversos ramos de inversão. Por isso uma crise por superespeculação nas estradas de ferro, bancos, ou em investimentos especiais na América ou nos negócios da Índia seria impossível, enquanto crises pequenas, como a da Argentina, de três anos a esta parte viraram possíveis. Mas isto tudo demonstra que se prepara uma crise gigantesca".

Em uma carta crítica a Kautsky, Engels sublinhou a necessidade de "identificar na conquista colonial o interesse da especulação na Bolsa". O uso do termo "imperialismo" tornou-se corrente no último quartel do século XIX, para descrever tanto o processo quanto a conclusão da partilha do "mundo colonial" pelas potências europeias.[30] Baseava-se numa analogia formal com os impérios precedentes da história da Europa. Já nas suas "considerações suplementares" ao Livro III d'*O Capital*, Engels procurou situar o fenômeno no contexto do desenvolvimento histórico geral do capitalismo: "A colonização é hoje uma efetiva filial da Bolsa, no interesse da qual as potências europeias partilharam a África, entregue diretamente como botim às suas companhias".[31]

29. Idem, "Lênin e a Aristocracia Operária", *Revolucionários*, p. 127.
30. Hobson iniciou seu clássico estudo a respeito, publicado em 1902, com as palavras seguintes: "Temos o objetivo de precisar o significado de uma palavra que está na boca de todos, usada para designar o mais importante movimento existente na política do mundo ocidental contemporâneo" (John Atkinson Hobson, *L'Imperialismo*, p. 55).
31. Para um resumo histórico da política mundial no período em que o imperialismo se afirma, ver: André Ribard, *Imperialismo e Socialismo*. Para uma história econômica do "fenômeno" imperialista, ver: Tony Smith, *Los Modelos del Impe-*

Na verdade, não só o monopólio encontra-se antecipado n'*O Capital*, mas também a base para a análise dos superbenefícios obtidos pelo capital monopolista da exploração das nações atrasadas, baseada nos diversos níveis de desenvolvimento das forças produtivas: "Conforme a produção capitalista se desenvolve em um país, a intensidade e a produtividade do trabalho dentro dele vai remontando-se sobre o nível internacional. Por conseguinte, as diversas mercadorias da mesma classe produzidas em países distintos durante o mesmo tempo de trabalho têm valores internacionais distintos expressos em preços distintos, quer dizer, em somas de dinheiro que variam segundo os valores internacionais... De acordo com isto, o valor relativo do dinheiro será menor nos países em que impere um regime progressivo de produção capitalista do que naqueles em que impere um regime capitalista de produção mais atrasado. Daqui se segue igualmente que o salário nominal, o equivalente de força de trabalho expresso em dinheiro, tem que ser também maior nos primeiros países que nos segundos: o que não quer dizer, de modo algum, que este critério seja também aplicável ao salário real. Mas ainda prescindindo destas diferenças relativas em relação ao valor relativo do dinheiro nos diferentes países, encontramos com frequência que o salário diário, semanal, etc., é maior nos primeiros países do que nos segundos, enquanto que o preço relativo do trabalho, isto é, o preço do trabalho em relação tanto com a mais-valia como com o valor do produto, é maior nos segundos países do que nos primeiros".[32]

Engels também tratou brevemente dessas tendências no *Anti-Dühring* e no resumo dessa obra, *Do Socialismo Utópico ao Socialismo Científico*, na qual as sociedades anônimas foram caracterizadas como o ponto mais alto da organização capitalista da produção, ou seja, como a antessala da socialização dos meios de produção. Tudo com uma conclusão central que, bem interpretada, antecipava já na década de 1890 a etapa de tensão mundial que conduziria à I Guerra Mundial (e sua consequência mais importante, a Revolução de Outubro): "É ainda a magnífica ironia da História: à produção capitalista só resta agora conquistar a China, e quando finalmente o realiza, torna-se impossível fazê-lo na sua própria pátria".[33] No mundo do trabalho, a entrada num período

---

rialismo. *Estados Unidos, Gran Bretaña y el Mundo tardíamente Industrializado desde 1815*.

32. Karl Marx, *O Capital*, vol. I.
33. *Apud* Franco Andreucci, *Socialdemocrazia e Imperialismo. I Marxisti Tedeschi e la Politica Mondiale 1884-1914*, pp. 105-108. Marx já tinha afirmado que "as ferrovias nasceram inicialmente como o *couronnement de l'oeuvre* nos países

de declínio histórico do capital teria consequências decisivas, inclusive para os trabalhadores metropolitanos. Qualquer luta que se limitasse a "melhoras" na condição dos trabalhadores não conseguiria inverter a tendência ou, nas palavras de Engels na *Crítica do Programa de Erfurt*, "a organização dos trabalhadores, sua sempre crescente resistência, possivelmente opere como muro de contenção ao aumento da miséria, mas o que aumenta com certeza é a insegurança da existência". As condições de trabalho, ou seja, de vida, se tornariam mais penosas.

O contencioso entre marxismo e anarquismo foi um dos elementos que reacenderam o debate sobre a autonomia da classe operária no mundo da produção material. Em polêmica com os anarquistas italianos, em seu texto *Da Autoridade*, Engels dissociou a questão da propriedade coletiva dos meios de produção (axioma básico de um modo de produção socialista ou comunista) da direção do processo de trabalho. Os operários deveriam ser os legítimos donos das fábricas, mas não necessariamente comandá-las diretamente em cada local, em assembleias democráticas e morosas. Argumentou que as condições da moderna indústria exigiam autoridade e disciplina. Mas de onde esta emanaria? Do Estado? Do partido? Do sindicato? De conselhos? Foi entre 1880 e 1914 que as primeiras respostas foram testadas, porque pela primeira vez cresciam as organizações de diversos tipos e, principalmente, as ações da classe operária.

Maximilien Rubel fez notar que a maioria dos mais de duzentos artigos publicados no *New York Daily Tribune* sob a assinatura de Marx foram, na verdade, redigidos por seu companheiro Engels. Tratava-se de uma generosa contribuição material concedida pelo filho do industrial de Barmen ao amigo e camarada de letras e de lutas, já que tal colaboração jornalística era remunerada. Mas era também uma forma de desonerar Marx do enfrentamento das questões imediatas apresentadas pela vida internacional, permitindo que o mesmo se dedicasse fundamentalmente à elaboração de sua principal obra, *O Capital*.

Foi Engels, antes de Marx, quem primeiro deslocou sua atenção para o estudo da "problemática nacional", ao redigir nos anos 1848-

em que a indústria moderna estava mais desenvolvida: Inglaterra, EUA, Bélgica, França etc. E assim a chamo nem tanto no sentido que [as ferrovias] foram [junto aos navios transoceânicos a vapor e ao telégrafo] os meios de comunicação adequados ao moderno modo de produção, mas, sobretudo, no sentido em que foram a base de imensas sociedades por ações, pontos de partida de outras sociedades, em primeiro lugar a banca. Em resumo, deram impulsão insuspeita à concentração de capital e, portanto, à aceleração e à ampliação em enorme escala da atividade cosmopolita do capital de crédito".

1849, nas páginas da *Neue Rheinische Zeitung*, uma série de artigos abordando a situação das populações eslavas submetidas ao domínio austro-húngaro, embora tais elaborações tenham gerado o conceito extremamente polêmico de "povos sem história", aplicado por ele às nacionalidades que, ao longo de sua história, não haviam experimentado à organização de um Estado nacional. A afirmação de que a reivindicação de soberania por parte dos eslavos do sul seria uma demanda reacionária teve um forte impacto ulterior na teoria marxista. Pomo da discórdia na Segunda Internacional, as proposições de Engels sobre a questão colonial, e as reflexões do jovem Engels sobre os chamados "povos sem história" foram, ao longo da história, os principais suportes das críticas dirigidas ao possível etnocentrismo e evolucionismo dos formuladores do marxismo clássico.

Nas lutas nacionais de meados do século XIX, Marx e Engels apoiaram a destruição dos impérios multinacionais e a constituição das grandes nacionalidades (Inglaterra, França, Itália, Alemanha, Hungria e Polônia). Rejeitaram em bloco as aspirações nacionais dos povos eslavos do Império Austro-Húngaro e do Império Russo (com exceção, claro está, da Polônia). Este posicionamento não foi confirmado pela história, em especial no caso da Tchecoslováquia, que conheceria um importante desenvolvimento capitalista e nacional. No mais importante trabalho crítico a respeito, Roman Rosdolsky sustentou que "essa concepção [que remonta a Hegel] era insustentável e estava em contradição com a concepção materialista da história que o próprio Engels contribuiu a criar, pois, em vez de derivar a essência das lutas entre nacionalidades e dos movimentos nacionais das condições materiais de vida e das relações de classe [continuamente mudadas] dos povos, encontrava sua *ultima ratio* no conceito de 'viabilidade nacional', com ressonâncias metafísicas e que não explica absolutamente nada".[34]

O Autor citado pôs isso em contato com o erro, admitido por Marx e Engels, a respeito das possibilidades de expansão do desenvolvimento capitalista depois das revoluções de 1848, ou seja, que Marx e Engels acreditavam fosse mais rápido o ritmo histórico da passagem do período de conclusão da formação das nações para o período da unificação daquelas através da revolução socialista. Para Miklós Molnar, no entanto, a posição inicial de Marx e Engels "repousa notadamente na teoria das grandes unidades nacionais, capazes de preencher um papel pro-

34. Roman Rodolsky, *Friedrich Engels y el Problema de los Pueblos "Sin História"*, p. 127.

gressivo na história".³⁵ Na segunda metade do século XIX, as posições marxistas pendem claramente na direção da luta pela independência das nações oprimidas, como no caso da Irlanda, ou na fundação da Primeira Internacional (1864) que fez da independência da Polônia um divisor de águas de princípios com a democracia burguesa e pequeno-burguesa, em nome do movimento operário.

Toda a concepção, que Marx mais tarde corroboraria, acerca da situação dos povos eslavos da Europa centro-oriental, foi derivada da posição de Engels. Foi na trilha aberta por Engels que Marx se solidarizou com as reivindicações nacionais polonesas, entendendo ser esta a única reivindicação à soberania nacional pertinente naquela região. Tal reconhecimento radicava não apenas da experiência de organização de um Estado nacional anteriormente vivenciada pelos poloneses, mas também do impacto que a restauração do referido Estado provocaria sobre o "sistema de poder" europeu de então. A ideia da existência de uma "ordem mundial", que subordinava as situações nacionais, derivava-se diretamente do papel do mercado mundial na dinâmica do capitalismo: se o mercado mundial não se limitava à soma das economias nacionais, a "ordem mundial" não consistiria só nos acordos entre os diversos Estados nacionais.

Na questão das colônias e das populações não europeias, não foi menos controvertida a posição adotada por Marx e Engels. Ao mesmo tempo cm que denunciavam as mazelas provocadas pela ação colonizadora dos ingleses na Índia e na China, enfatizavam o efeito, em última análise progressista, que a introdução das relações capitalistas poderia provocar sobre aquelas formações sociais, tradicionalmente lidas como demonstração do eurocentrismo, e até do "racismo" subjacente à consciência dos dois teóricos alemães. A tese de que inexistiria uma reflexão marxista sobre os temas da contemporaneidade internacional carece de fundamento, e não resiste à confrontação com a copiosa produção que Marx e Engels dedicaram ao assunto.

Por outro lado, a extensa produção de Engels acerca dos assuntos militares desqualifica a crítica de Raymond Aron à possibilidade de formulação de uma teoria marxista das relações internacionais. Para o sociólogo francês seria impossível uma teoria das relações internacionais que não contivesse, como pressuposto, uma teoria da guerra. Para Aron, o marxismo não possuiria uma teoria da guerra, apenas uma teoria da

35. Miklós Molnár, *Marx, Engels et la Politique Internationale*, p. 81.

revolução.³⁶ Ora, Engels manifestava um interesse excepcional pela análise dos temas militares. O volume de sua produção intelectual acerca do assunto, o reconhecimento que lhe foi concedido por veículos de informação como a *Pall Mall Gazette* e a *American Cyclopedia*, situam seu nome entre os principais especialistas em questões militares na segunda metade do século XIX. Engels chegou a elaborar, como já apontado, um plano de defesa militar da Comuna, depois de ter estudado a guerra franco-prussiana, guerra que precedeu à Comuna de Paris.³⁷

Engels, portanto, antecipou os pontos nodais do marxismo: a crítica da economia política, a análise das lutas sociais como lutas de classes, a natureza de classe do Estado. Desenvolveu, mais do que o próprio Marx, o âmbito da dialética, transformando-a em ciência dos processos universais. Participou da Revolução de 1848 como combatente, e organizou núcleos proletários na Alemanha e em outros países, antes e depois dela. Foi organizador da Primeira Internacional (Associação Internacional dos Trabalhadores) em 1864, e redator das suas principais resoluções. Sua obra jornalística é reconhecida pelos especialistas como um dos maiores afrescos de interpretação histórica do século XIX. Foi dirigente e espírito indiscutível da Internacional Socialista (Segunda Internacional) quando da sua fundação em 1889. Publicou os volumes dois e três de *O Capital*, depois da morte de Marx, não somente decifrando a caligrafia incompreensível deste, mas também reordenando por inteiro os volumosos manuscritos e reinterpretando e reconstruindo todo o processo teórico de Marx, ao ponto de diversos economistas afirmarem ser uma injustiça que os três volumes da obra completa não levem também a assinatura de Engels.

Engels definiu a dialética em contraste à metafísica, como "a ciência das interconexões". Ele condensa essas formas de interconexão em três leis: a lei da transformação da quantidade em qualidade, a lei da interpenetração dos opostos, e a lei da negação da negação. Mas, como ele enfatiza em *Ludwig Feuerbach e o Fim da Filosofia Clássica Alemã*, "já não é mais uma questão de inventar interconexões, mas sim de descobri-las nos fatos". Em *Dialética da Natureza*, Engels diz que o erro de Hegel "reside no fato de estas leis estarem impostas à natureza e à historia como leis do pensamento, e não deduzidas das mesmas. Esta é a fonte de todo o seu tratamento forçado e até mesmo forjado (...) se invertermos a coisa, tudo se torna simples e as leis dialéticas que

36. Cf. Raymond Aron, *Guerra e Paz entre as Nações*.
37. Friedrich Engels, *Note sulla Guerra Franco-Prussiana del 1870/71*.

aparecem de uma forma tão misteriosa na filosofia idealista, imediatamente ficam simples e claras como a luz do dia". Ou, como disse no *Anti-Dühring*, elas revelam "um processo que ocorre todo dia e a toda hora, que qualquer criança pode compreender".

Resumindo, a dialética, como ele a descreve em *Feuerbach*, é aquele "grande pensamento básico de que o mundo não deve ser compreendido como um complexo de coisas já prontas, mas como um complexo de processos, onde o aparentemente estável, assim como a imagem que temos dele, os conceitos, sofrem um processo ininterrupto de vir a ser e deixar de ser, onde, apesar de tudo parecer acidental, há um desenvolvimento fundamental que se impõe no final". Ou: tudo que é sólido se desmancha no ar.

É notável que o homem que universalizou a dialética como ninguém o tentara no passado fosse acusado de ser antidialético. De acordo com Gareth Stedman Jones: "Podemos entender porque Engels atribuiu tanto poder à dialética, mesmo que os seus conceitos formais não sejam muito usados em *O Capital*: a dialética é o espelho da própria história, e a história é tudo. A dialética de Hegel destrói a rigidez dos conceitos do entendimento, as distinções imóveis feita pela mente – ou/ou, causa/efeito, e assim por diante. A história, da mesma maneira, não conhece estados fixos; tudo vem a ser e se desfaz, tudo está em movimento, pertença ele ao mundo natural ou ao mundo humano. O erro de Hegel foi imaginar que isso fosse um processo do pensamento, e projetá-lo meio arbitrariamente no mundo; mas de fato esse é o processo do próprio mundo, e a única coisa que o pensamento faz é refleti-lo, ou melhor, como o pensamento também faz parte do processo, ele apenas o leva à consciência".[38]

Com Friedrich Engels, a dialética materialista tornou-se teoria da política revolucionária internacional. Se Marx, ora "maior pensador do milênio", pôde considerá-lo como seu precursor, não há nenhum motivo para que nós não possamos também fazê-lo.

Bibliografia

ANDERSON, Perry. *Linhagens do Estado Absolutista*. Porto, Afrontamento, 1984.
ANDREUCCI, Franco. *Socialdemocrazia e Imperialismo. I Marxisti Tedeschi e la Politica Mondiale 1884-1914*. Roma, Editori Riuniti, 1988.
ARON, Raymond. *Guerra e Paz entre as Nações*. Brasília, Ed. UnB, 1986.

38. Jones, "Engels and the End...", cit.

AVENAS, Denise. *Teoria e Política no Pensamento de Trotsky*. Lisboa, Delfos, 1973.

BERLIN, Isaiah. *Karl Marx*. São Paulo, Siciliano, 1991.

BOTTIGELLI, Emilio. *A Gênese do Socialismo Científico*. Lisboa, Estampa, 1971.

COGGIOLA, Osvaldo (Org. e introd.). *Manifesto Comunista*. São Paulo, Boitempo, 1998.

_____. *Engels. O Segundo Violino*. São Paulo, Xamã, 1995.

COUTINHO, Carlos N. *A Democracia como Valor Universal*. São Paulo, Ciências Humanas, 1980.

ENGELS, Friedrich. *A Origem da Família, da Propriedade Privada e do Estado*. Rio de Janeiro, Vitória, 1964.

_____. *Dialectics of Nature*. Moscou, Progress Publisher, 1966.

_____. "Introdução à Guerra Civil na França". In MARX, Karl e ENGELS, Friedrich. *Textos*, vol. 3. São Paulo, Alfa-Omega.

_____. *La Guerra de los Campesinos en Alemania*. Buenos Aires, Claridad, 1971.

_____. *Note sulla Guerra Franco-Prussiana del 1870/71*. Milão, Lotta Comunista, 1996.

_____. *Revolução e Contrarrevolução na Alemanha*. Lisboa, Avante, 1981.

_____. *Violência e Economia na Instauração do Novo Império Alemão*. Porto, Escorpião, 1974.

FLORENZANO, Modesto. "Engels Historiador da Alemanha e o Conceito de Revolução Burguesa". In COGGIOLA, Osvaldo (Org.). *Marx e Engels na História*. São Paulo, Xamã-FFLCH/USP, 1996.

GALLISSOT, René. "Nación y Nacionalidad en los Debates del Movimiento Obrero". In HOBSBAWM, E. J. (Org.). *História del Marxismo*, vol. 6. Barcelona, Bruguera, 1981.

GERRATANA, Valentino. *Investigaciones sobre la Historia del Marxismo*. Barcelona, Grijalbo, 1975.

GOULD, Stephen Jay. *Darwin e os Grandes Enigmas da Vida*. São Paulo, Martins Fontes, 1992.

GUSTAFSSON, Bo. *Marxismo y Revisionismo*. Barcelona, Grijalbo, 1978.

HAUPT, Georges. *L'Historien et le Mouvement Social*. Paris, Maspéro, 1980.

HOBSBAWM, Eric J. "La Aristocracia Obrera en la Gran Bretaña del Siglo XIX", in *Trabajadores*. Barcelona, Crítica, 1979.

_____. "Lênin e a Aristocracia Operária", in *Revolucionários*. Rio de Janeiro, Paz e Terra, 1982.

HOBSON, John Atkinson. *L'Imperialismo*. Roma, Newton & Compton, 1996.

HODGE, Donald C. "Engels' Contribution to Marxism". *The Socialist Register*. Nova York, 1965.

JONES, Gareth Stedman. "Engels and the End of Classical German Philosophy", *New Left Review*, n. 79, London, novembro 1977.

_____. "Retrato de Engels". In HOBSBAWM, Eric J. *História do Marxismo*, vol. 1. Rio de Janeiro, Paz e Terra, 1979.

KORSCH, Karl. *Marxisme et Philosophie*. Paris, Minuit, 1964.

LABICA, Georges. "Engelsisme", *Dictionnaire Critique du Marxisme*. Paris, PUF, 1982.

_____. *Les Thèses sur Feuerbach*. Paris, PUF, 1987.

LEFEBVRE, Henri. *Problèmes Actuels du Marxisme*. Paris, PUF, 1960.

LEVRERO, Renato. *Nación, Metrópoli y Colonias en Marx y Engels*. Barcelona, Anagrama, 1975.

LICHTEIM, George. *El Marxismo. Un Estudio Histórico y Crítico*. Barcelona, Anagrama, 1964.

LUXEMBURGO, Rosa. "Reforma o Revolución Social", *Obras Escogidas*, t. II. Bogotá, Pluma, 1979.

MÁRMORA, Leopoldo. *El Concepto Socialista de Nación*. México, Siglo XXI, 1986.

MARX, Karl. *O Capital*, vol. I. Rio de Janeiro, Civilização Brasileira, 1968.

MARX, Karl e ENGELS, Friedrich. *Selected Correspondence*. Londres, 1934.

_____. *Obras Escogidas*. Moscou, Lenguas Extranjeras, s/d.

MAYER, Gustav. *Engels*. Buenos Aires, Peuser, 1946.

MCLELLAN, David. *As Ideias de Engels*. São Paulo, Cultrix, 1979.

MEHRING, Franz. *Sobre el Materialismo Histórico*. México, Pasado y Presente, 1976.

MOLNÁR, Miklós. *Marx, Engels et la Politique Internationale*. Paris, Gallimard, 1975.

NETTO, J. P. *Engels*. São Paulo, Ática, 1981.

PRESTIPINO, Giuseppe. *El Pensamiento Filosófico de Engels. Naturaleza y sociedad en la perspectiva teórica marxista*. México, Siglo XXI, 1977.

RIAVANÓV, David. *Marx et Engels*. Paris, Anthropos, 1970.

RIBARD, André. *Imperialismo e Socialismo*. Torino, Giulio Einaudi, 1953.

RODOLSKY, Roman. *Friedrich Engels y el Problema de los Pueblos "Sin Historia"*. México, Siglo XXI (Cuadernos Pasado y Presente n. 88), 1980.

SMITH, Tony. *Los Modelos del Imperialismo. Estados Unidos, Gran Bretaña y el Mundo Tardíamente Industrializado desde 1815*. México, Fondo de Cultura Económica, 1984.

SIGMANN, Jean. *1848. Las Revoluciones Románticas y Democráticas de Europa*. Madrid, Siglo XXI, 1985.

STEENSON, Gary P. *Not One Man! Not One Penny!* Pittsburgh, University of Pittsburgh Press, 1981.

TOSEL, André. "La Elaboración de la Filosofía Marxista por Engels y Lenin". In BELAVAL, Yves. *Las Filosofías Nacionales. Siglos XIX e XX*. México, Siglo XXI, 1986.

VRANICKI, Predrag. *Storia del Marxismo*. Roma, Editori Riuniti, 1973.

WEFFORT, Francisco C. *Porque Democracia?* São Paulo, Brasiliense, 1984.

Capítulo XIV
ESTADO E SOCIEDADE CIVIL EM GRAMSCI: ENTRE COERÇÃO E CONSENTIMENTO

ENOQUE FEITOSA

1. Introdução: 1.1 Breve esboço biográfico; 1.2 A obra gramsciana. 2. Resistência política e as certezas da história: o contexto de desenvolvimento das formulações de Gramsci enquanto intelectual partidário. 3. Hegemonia e bloco histórico como expressão da luta política. 4. Consensos e dissensos na articulação Estado/Sociedade civil: a tensão entre coerção e consentimento. 5. Conclusão: a atualidade das ideias de Gramsci enquanto interpretação e elaboração da teoria marxista.

1. Introdução

Não é nossa pretensão aqui traçar um completo painel pessoal e literário de Gramsci, apenas ressaltar alguns elementos biográficos e bibliográficos que nos ajudem a situar o homem e sua obra no contexto e nas condições sociais de seu próprio tempo, embora tal não reduza a análise que se fará a seguir a uma perspectiva estritamente filológica e/ou historicista.[1]

Feitas essas abordagens iniciais, e após inserir nosso autor-tema em sua época e circunstâncias, passaremos a discorrer sobre a visão acerca do mesmo; para tanto, tentaremos superar a pretensão inicial de ser apenas um guia de leitura ou um despertar o leitor para conhecer sua obra. Mas o que se quer, principalmente, é demonstrar como, apesar de toda inovação e adequação do pensamento marxista à realidade italiana, ele se manteve coerente em relação às questões fundamentais

1. Valemo-nos, para traçar este breve perfil biográfico, das seguintes obras: Richard Hyman, "Gramsci" (verbete), in Tom Bottomore (Org.), *Dicionário do Pensamento Marxista*, pp. 165-169; I. Sobolev (Org.), *A Internacional Comunista*, *passim*.

da filosofia da práxis em seus diversos planos, quer teóricos, políticos, ideológicos e no terreno organizativo.

1.1 Breve esboço biográfico

Antonio Gramsci nasceu em Ales, um pequeno povoado pobre, situado na Ilha da Sardenha (situada no Mar Mediterrâneo, pouco abaixo do centro e já na direção do sul da Itália), em 22 de janeiro de 1891. Filho de funcionário público e de uma dona de casa, teve uma infância dura, o que veio a refletir de forma permanente em sua saúde, marcada por doenças e extrema fragilidade. Seu avô tinha sido coronel da polícia, mas a carreira de seu pai como pequeno funcionário foi arruinada quando de sua prisão por corrupção. Desde tal momento a família passou a conviver com períodos de grande carência material.

Cursou o primário em Ghilarza, onde se revelou um aluno aplicado e interessado por disciplinas das humanidades e pela matemática. Com pouco mais de dez anos e com o curso primário terminado, teve de começar a ajudar seu pai, a fim de obter recursos para custear seus próprios estudos, prosseguindo seu aprendizado em Lussurgiu para, em seguida, entrar, em 1907, no Liceu de Cagliari, ao sul da Sardenha.

Aí então começa a interessar-se por problemas históricos e políticos, especialmente os de sua terra natal, avançando posteriormente seus interesses para a complexa questão nacional na Itália. Nesse primeiro período, suas reflexões – ao contrário do que se poderia esperar do futuro intelectual – são bem específicas, não se propondo sequer a uma compreensão mais ampla dos problemas europeus.

Após os estudos secundários, entra, em 1911, na Universidade de Turim, como bolsista ao Curso de Letras. É no período da graduação que se aproxima do PSI, inicialmente como simpatizante e posteriormente como destacado militante, com atuação na imprensa partidária.

As responsabilidades orgânicas levam-no a desistir da bolsa e, em seguida, a abandonar o curso, por volta de 1915.

Ainda com a saúde debilitada, pelo intenso ritmo de atividade, já em 1916 realiza várias conferências nos chamados círculos socialistas de Turim. Desde então, demonstra afinidade pelas correntes materialistas em filosofia e, ao mesmo tempo, pelo idealismo e historicismo de Benedetto Croce, influência esta que vai caracterizar um permanente diálogo em toda sua trajetória intelectual.

Em 1919, junto com outros dirigentes socialistas, Togliatti entre eles, funda o *L'Ordine Nuovo*, em cujo frontispício inscreveu-se "Semanário de Cultura Socialista". A criação do *Ordine* se deveu, em boa parte, à tremenda influência que os acontecimentos de 1917, na Rússia, tiveram em todo movimento socialista mundial, contribuindo para o seu aprofundamento numa perspectiva comunista.

O jornal adquire de imediato um crescente prestígio, particularmente entre os setores avançados do operariado de Turim e mais ainda a partir do momento em que abre discussões sobre o papel e as tarefas dos conselhos de fábrica então criados no interior das mesmas, seguindo o modelo russo dos *soviets*.

E é sob influência da Revolução Russa e sua repercussão no mundo, após as discussões do Congresso do PSI, em novembro de 1919 e janeiro de 1920, que se constitui o PCI. Em 1920, o então Partido Socialista era membro da III Internacional, mas fracassou na condução das mobilizações na Itália dadas a falta de unidade ideológica e orgânica no interior de sua direção. De tal forma que se cria no partido uma cisão profunda quanto à apreciação da situação italiana.

Daí que já no Congresso de Livorno, em 1921, os delegados ligados a Palmiro Togilatti, bem como o próprio Gramsci, encabeçando os membros da esquerda do PSI, retiram-se do Congresso e fundam o Partido Comunista Italiano, que de imediato recebe o *status* de membro da III Internacional.[2]

Já no Congresso de fundação do PC, Gramsci é eleito para sua primeira direção central. E, posteriormente, no segundo Congresso do partido, Gramsci foi escolhido representante do PCI junto à Comissão executiva da Internacional.

Com o acirramento da luta de classes na Itália e a ascensão dos fascistas ao poder, o PCI entra numa situação de semiclandestinidade. Ainda assim, em tais condições, Gramsci elege-se deputado por Veneza e retorna à Itália após dois anos de atuação no exterior. Mesmo com imunidade parlamentar, viria a ser preso em 1926, por ordem de Mussolini, quando o fascismo consuma sua ditadura sobre o país, ficando detido em Turi, na região da Puglia.

No seu julgamento, o Ministério Público defende "a necessidade do Estado Italiano calar essa voz por pelo menos vinte anos". E, não por coincidência, Gramsci foi condenado exatamente a uma pena

---

2. I. Sobolev, cit., pp. 63, 68, 85, 108, 137-138. Togliatti não participou do Congresso de Livorno e Gramsci foi eleito para o Comitê Central sob reservas de setores esquerdistas da organização. Ver Maria-Antonieta Macchiochi, *A Favor de Gramsci*, pp. 31-37.

de 20 anos e seis meses, só obtendo liberdade condicional em 1934, após recusar várias tentativas de acordo empreendidas pelo regime de Mussolini, que tinha consciência do desgaste que sofria pela prisão do dirigente do PCI. Os quase dez anos em condições precárias de aprisionamento arruinariam para sempre a sua já débil saúde. Assim, morre em 1937, em Roma, vítima de derrame cerebral, consequência daquelas duras condições do encarceramento.

1.2 A obra gramsciana[3]

A herança teórica de Gramsci, como a de todo pensador que se torna clássico, é reivindicada por um tão amplo quanto diversificado leque de leituras: desde os que o situam como um dos predecessores do que se convencionou chamar de "*marxismo ocidental*" e até como pai intelectual do que veio a ser a expressão mais destacada do reformismo moderno, o eurocomunismo.

Há várias explicações para tantas interpretações de um mesmo autor e, embora não nos afastemos da principal, ou seja, o reflexo das lutas sociais no campo das ideias – pelo que correntes que não se reivindicam comunistas se autodenominarem gramscianas –, não subestimamos o entendimento pelo qual a obra do revolucionário italiano é complexa no sentido de uma leitura sistemática, em razão, principalmente, das condições em que foi elaborada.

3. A obra de Gramsci pode ser situada em dois períodos, o primeiro deles com Gramsci ainda livre e intitulado, na tradução portuguesa, *Escritos Políticos* (Rio de Janeiro, ECB, 2003), que consta de dois volumes, o um abrangendo o período de 1910-1920 e o dois que vai de 1921-1926, quando Gramsci é preso. A partir daí seus escritos são colhidos a partir de duas fontes: *Os Cadernos do Cárcere* (Rio de Janeiro, ECB, 2004), compreendendo seis volumes, nos quais Gramsci aborda desde a filosofia de Croce, passando pelo papel dos intelectuais, notas sobre Estado e política, temas de cultura, o *risorgimento* italiano e questões de literatura. A obra de Gramsci tem edições mais antigas no Brasil, praticamente com a mesma organização dessa última citada, porém não abrangendo a totalidade dos cadernos e com outros títulos: *Concepção Dialética da História*, *Os Intelectuais e a Organização da Cultura, Maquiavel, a Política e o Estado Moderno* e *Literatura e Vida Nacional*, todos editados pela Civilização Brasileira, entre os anos de 1960 e 1970. A outra parte do que se publicou de Gramsci, além dos cadernos, resultado de suas reflexões no cárcere, foi aquilo que de sua correspondência, com diversos interlocutores, durante sua prisão, fora possível resgatar (*Cartas do Cárcere*, Rio de Janeiro, Civilização Brasileira). Todas essas traduções foram feitas a partir da edição dos *Quaderni del Carcere*, organizada por Valentino Gerratana (Torino, Einaudi, 1975, 4 vols.).

Gramsci enfrentou a dificuldade típica dos teóricos que abrem um determinado campo novo de investigação – e da qual nem Marx nem Lênin puderam escapar – qual seja, a necessidade de formular ideias novas valendo-se de terminologia herdada do conhecimento a ser superado. E, da mesma forma que Marx elaborou novas categorias a partir da linguagem de que dispunha, de Hegel, por exemplo, e Lênin, que teve de se debruçar sobre Plekanov, Gramsci aplica a teoria de Marx à realidade italiana a partir da crítica e do uso do aparato conceitual, entre outros, de Maquiavel e de Croce.[4]

A tal problema, já de grande porte, não olvidemos a circunstância agravante de Gramsci ter escrito a maioria de suas obras de dentro da prisão e sob rígida censura, o que o obriga, adicionalmente, a uma linguagem elíptica, somado à aridez de umas questões e a falta de clareza ou amplo domínio em outras.

Ademais, a tensão entre a experiência de ter se formado no interior de uma cultura camponesa e a vivência adulta numa cidade industrial marcou, agudamente, toda experiência posterior de Gramsci, especialmente no que diz respeito ao fato de que a revolução italiana exigiria, para a construção do socialismo, a constituição de um bloco de forças de caráter nacional-popular, uma aliança entre operários, camponeses e camadas médias e ainda a resolução de desigualdades regionais.[5]

A necessidade de a classe operária superar qualquer corporativismo e ir além de seus interesses imediatos em melhorar sua situação – muitas vezes satisfatória – nos quadros da sociedade burguesa, eram alguns dos referenciais de Gramsci, e na esteira das formulações de Lênin e da III Internacional.[6]

Outro tema recorrente nas suas formulações dizia respeito ao papel da cultura, dos intelectuais e da ideologia, para que, sob a hegemonia

4. Perry Anderson, "As Antinomias de Antonio Gramsci", *Crítica Marxista*, n. 1, pp. 7-8; e, do mesmo autor, *Considerações sobre o Marxismo Ocidental*, p. 73.
5. Aqui a origem, em Gramsci, de textos sobre a chamada "Questão meridional", na Itália. Ver, acerca do tema da formação do bloco agrário do *mezzogiorno*: "Alcuni Temi della Questione Meridionale", in *La Costruzione del Partito Comunista (1923-1926)*, pp. 137-158.
6. Anderson, "As Antinomias...", cit., pp. 7-74 e Vladimir I. Lênin, "Primeiro Esboço das Teses sobre a Questão Agrária (para o II Congresso da Internacional Comunista)", in *Lenine e a III Internacional*, p. 52. Aqui, é de se destacar que, numa carta de 1926, dirigida ao PCUS, Gramsci resgata textualmente esse raciocínio de Lênin – embora não cite a origem da ideia. Ver: Gramsci, "Carta al Comité Central del Partido Comunista Soviético". Baixado de: *www.marxists.org/espanol/gramsci/oct1926.htm*; acesso em 21.5.2003; pp. 5 de 6.

da classe operária, se consolidassem os objetivos da cada etapa da revolução.

Gramsci, na sua atividade jornalística, avaliou a Revolução de Outubro, na Rússia, como um evento de vital importância histórica e política para as forças progressistas, entre outros méritos, pelo fato de invalidar leituras economicistas de Marx, pelas quais a revolução, num determinado país, só seria possível após o pleno desenvolvimento das relações capitalistas de produção, com o que se identificava plenamente com a tese desenvolvida em Lênin, de que revoluções podem emergir num determinado país atrasado desde que ele se constitua no elo mais fraco da corrente imperialista.[7]

Por outro lado, sua ideia acerca do caráter socialista da mudança social define-se, em sua obra, pelo referencial do crescente papel dos explorados no controle democrático da atividade estatal,[8] ou seja, na disputa pelo poder, o que o levou a aprofundar o conceito de hegemonia e de bloco histórico.

A relação entre sociedade civil e sociedade política, isto é, o Estado, como expressão da dicotomia coerção/consentimento nos dará os elementos para discorrer acerca da atualidade de Gramsci enquanto intérprete e aplicador criativo das ideias centrais do marxismo-leninismo.

Diga-se que parte do aparato conceitual com o qual Gramsci trabalhou não é totalmente de criação sua, embora deva se ressaltar as inovações que ele promoveu em alguns deles: a ideia de hegemonia já se encontra em vários textos fundadores do marxismo,[9] embora nem sempre na acepção em que Gramsci a trabalhou.

As relações entre Estado e Sociedade Civil foram abordadas bem antes por Hegel e Marx.[10] Gramsci, não obstante, não apenas aprofunda

7. V. I. Lênin, "O Imperialismo, Fase Superior do Capitalismo", in *Obras Escolhidas*, vol. 1, pp. 579-671.
8. Richard Hyman, "Gramsci" (verbete)", in *Dicionário do Pensamento Marxista*, cit., p. 166.
9. Ver, por exemplo: *Que fazer?* (1902), *Duas Táticas da Social-Democracia na Revolução Democrática* (1905), *O Estado e a Revolução* (1918), *Uma Grande Iniciativa* (1919), escritas por Lênin (todas obras em V. I. Lênin, *Obras Escolhidas* (3 vols.), bem como em textos e resoluções da III Internacional, especialmente, *Lenine e a III Internacional*).
10. G. F. W. Hegel, *Princípios da Filosofia do Direito*; Karl Marx, *Crítica da Filosofia do Direito de Hegel*. Mas, como assinalamos em escrito de nossa autoria, os prenúncios das relações entre Estado e Sociedade Civil, remontam à *Política* de Aristóteles. Ver Enoque Feitosa, *Direito e Humanismo no Jovem Marx*, especial-

o conceito de hegemonia, como instrumento do exercício de liderança sobre o conjunto de setores e classes que compõem um bloco histórico, como também – e, em nosso ver, tal contribuição ainda não foi suficientemente percebida pelos teóricos do direito e da sociologia jurídica – entenderá o exercício do poder político não apenas como expressão da dominação aberta dos "de cima" e que exercem o comando, mas também por uma parcela de consentimento dos "de baixo", ou seja, o exercício puro da violência aberta não explicaria a manutenção do *status quo*.

Mas, antes de passarmos à gênese e evolução de tais categorias, mister se faz examinarmos como se equilibrou, em Gramsci, a resistência política – dado que formulou suas ideias centrais em condições adversas –, com a certeza e, por incrível que pareça, o otimismo num desenlaçar da história, sem confundi-la com um fatalismo que, de resto, paralisaria toda ação política.

2. Resistência política e as certezas da história: *o contexto de desenvolvimento das formulações de Gramsci enquanto intelectual partidário*

Embora tenha tido uma vida relativamente curta, o que nos permite afirmar que boa parte de suas formulações não pôde ser plenamente desenvolvida e com a circunstância agravante de que a desenvolveu, em parte, sob condições de rígida censura, há que se reconhecer que – talvez até premido pelo sentido da luta contra o tempo –, Gramsci viveu intensamente a sua época.

Esse período, marcado de forma indelével pela ascensão das lutas operárias em todo mundo, especialmente pela vitória da revolução russa, não foi indiferente aos italianos.

Ademais, não subestimemos que uma concepção cujo eixo central encontrava-se na visão dos humanos como totalidade seria herdeira quase que natural do programa iluminista pelo qual o ser social em sua racionalidade e plena capacidade de conhecer, dominar e transformar a realidade, tudo poderia contra as forças que, por assim dizer, tentavam entravar a reconciliação do homem consigo mesmo.

Tal época, caracterizada além da Revolução Russa, pela Primeira Grande Guerra, por levantes populares em toda Europa, formação de

mente o capítulo que trata das relações entre Estado e a chamada, por Marx, esfera dos interesses egoísticos.

grandes partidos representativos dos sujeitos históricos até então sem voz, mas também pela consolidação do fascismo e do nazismo na Europa, pela grande depressão americana, introduziram novos e explosivos elementos para a compreensão daquele período. E Gramsci se propôs a levar adiante tal tarefa. Pensamos que o fez de forma positiva.

As características essenciais daquele período, tais como a emergência da luta social e a dimensão global que adquiriu tal embate, permitem ao estudioso daqueles fatos – hoje beneficiado por um olhar retrospectivo – perceber o sentido e o alcance de tal fenômeno, que acabou por aglutinar a humanidade num imenso trabalho de revolucionar a vida. E não apenas as guerras totais, então catastróficas, mas fundamentalmente, as "filhas" destas, as revoluções culturais, sociais, econômicas e políticas, que fizeram do século XX um século breve marcado por grandes tensões e que combinou guerras e massacres com imensas conquistas humanas.[11]

A leitura de Gramsci para tal período foi intensamente influenciada pela tese leninista da dualidade de poderes, pela qual uma crise revolucionária consiste fundamentalmente na circunstância de que os de cima já não podem mandar como antes e os de baixo já não mais aceitam submeter-se como antes o faziam, o que resultou na sintética afirmação pela qual a revolução caracteriza-se pelo fato de que o velho morre e o novo ainda tem dificuldades de nascer.[12]

Na interpretação de tal realidade, não olvidemos a complexa mistura, em Gramsci, entre um contexto de resistência política à ascensão do fascismo e a certeza histórica que o norteava da inevitável derrocada

11. Eric J. Hobsbawn, *A Era dos Extremos*, pp. 49-55.
12. Gramsci, *Quaderni del Cárcere*, vol. 3, p. 311. Notemos que a teoria leninista da revolução – adotada inteiramente por Gramsci – envolve elementos objetivos e subjetivos: a) a impossibilidade das classes dominantes de manter invariável sua dominação e crise na cúpula e na sua política, o que origina uma "brecha" pela qual irrompe o descontentamento dos "de baixo", já que para haver uma revolução não basta que os de baixo não queiram, mas também que os de cima não possam viver como dantes; b) um agravamento acima do habitual da miséria das massas; c) intensificação considerável – por causa de tal contexto – das atividades dos dominados, que em tempos de paz se deixam espoliar tranquilamente, mas que em épocas turbulentas são levados a uma ação histórica independente; d) a existência orgânica do fator subjetivo – o partido – que canalize e dirija tal movimento. Para Lênin, sem tais requisitos – os três primeiros, objetivos – e que se dão independentemente da vontade das forças em litígio, a mudança é impossível e é a esse conjunto de fatores que chama de situação revolucionária. Para um exame mais profundo de tal ideia ver: V. I. Lênin, "A Bancarrota da II Internacional (1915)", in *Obras Completas*, t. 16, pp. 218-219.

de uma forma de dominação das massas. Foi assim que, *pari passu* à assimilação de uma teoria da revolução, ele também fizesse, como efetivamente já o tinha feito quando da fundação do PCI, o aprofundamento da discussão acerca do papel e das funções que o "príncipe moderno", isto é, o partido que reivindica a representação política dos explorados, deva ter na luta social, bem como que funções cumprem no seio de tal agremiação os intelectuais orgânicos, isto é, os revolucionários.

O que Gramsci desenvolve, de forma original, é a adequação das ideias de Marx e Lênin à realidade italiana, mas dando um passo adiante em tal assimilação, o que resulta em imprimir-lhes desdobramentos com um olhar próprio e bastante original.

Para ele, o moderno príncipe já não é uma pessoa real, um indivíduo isolado, e sim uma representação social. Tal forma só pode se expressar de modo orgânico, elemento complexo nascido da própria sociedade, isto é de sua prática social e política, na qual já se encontre fundada a concretização de uma vontade coletiva reconhecida e fundamentada parcialmente na ação,[13] com o que mostra o valor do elemento teórico na constituição da organização dos revolucionários.[14]

Gramsci não subestima as resistências que podem ser criadas no ato de uma incorporação afirmativa do maquiavelismo a um modo de reflexão dos setores progressistas: ele mesmo reconhece num dos trechos dos *Cadernos* que uma concepção mais adequada do *Príncipe* aos nossos tempos deriva, ainda que de forma subordinada, de uma avaliação mais historicista dos chamados antimaquiavélicos. Para ele, não se trata de antimaquiavélicos, lembra, mas de políticos que exprimem exigências de seu tempo e aponta Jean Bodin (1530-1596), deputado dos Estados Gerais de Blois, em 1576, como o exemplo mais característico.[15]

13. Gramsci, *Maquiavel, a Política e o Estado Moderno*, p. 6.
14. A teoria do partido revolucionário remonta, na literatura marxista, a obra intitulada *Que fazer?*, de Lênin, embora haja, já em Marx, muitas referências ao tema. Ver V. I. Lênin, *Que fazer?*, pp. 125-140. Por sua vez, Engels já afirmava, em 1889, que: "Marx e eu temos defendido, desde 1847, que a classe operária forme um partido distinto dos demais e que se considere como partido de classe", in K Marx e F. Engels, *Obras Completas*, t. 37, p. 275.
15. Gramsci, *Maquiavel...*, cit., p. 16. Jean Bodin será tema de um dos ensaios seguintes. A Gramsci parece que classificar Bodin como antimaquiavélico seria algo extrínseco e superficial visto que Bodin funda a ciência política na França num terreno muito mais avançado e complexo do que aquele que Maquiavel veio a elaborar suas teorias na Itália. E conclui: na França, Maquiavel servia à reação, portanto era correto ser polemicamente antimaquiavélico!

Na sua *Miscelânea de Notas*, uma delas intitulada de "História e 'Progresso'", mostra a relação que desenvolvemos, neste item 2, entre a resistência empreendida por ele e sua visão otimista da história. Na nota referida, Gramsci lembra que a história alcançou um determinado estádio onde parece ser anti-histórico todo movimento que surge em contraste com o estádio presente, na medida em que tende a reproduzir uma etapa precedente. Corretamente ele lembra que tal entendimento resulta do fato de não se perceber a história como história das classes.

Ou, em outros termos: uma classe atinge uma dada fase e organiza o Estado em conformidade ao espaço que conquistou. Seria reacionária, pergunta ele, uma classe dominada quando se insurge contra tal realidade?[16]

Ainda que abordando o conflito entre formas unitárias e federais de Estado, entendemos que a tese de Gramsci não é específica a tal questão e é extensiva à compreensão enquanto totalidade que busca compreender a si mesma.

Por isso, a função organizativa, política e ideológica do príncipe moderno, isto é do partido apto à conduzir uma transformação social, para que convirja resistência política com a certeza num desenlace positivo da história dependeria de uma fusão essencial entre o movimento real das massas e a intelectualidade revolucionária[17] – já que seria, ao ver de Gramsci, reacionária uma teoria que, em função de tal certeza, pregasse o indiferentismo político. E aqui, de novo, a teoria do pensador italiano encontra-se com a tradição do pensamento marxista.

Acerca do papel do partido enquanto organizador coletivo, ele lembrava que não se trata, dado a permanência do fato de que existem dirigentes e dirigidos, de governantes e governados, resta sempre a questão de como dirigir de modo mais eficaz – ou seja, visando certos fins.[18] Ele prosseguia, afirmando que ao se formarem os intelectuais

16. Idem, ibidem, pp. 187-188.
17. V. I. Lênin, *Que fazer?*, pp. 37-53. Aqui, Lênin se apoia em Kautski, para afirmar incisivamente: "a consciência socialista é algo introduzido de fora" [*von aussen hineingetragen*] (p. 49), para ressaltar o papel do que Gramsci formulou como "intelectuais orgânicos" e o russo como "intelectuais revolucionários" – ver os trechos, na obra citada, acerca da "organização dos operários e organização dos revolucionários".
18. Aqui, a nosso ver, um viés claramente utilitarista/pragmático em Gramsci, com o que, ressalto, alguns estudiosos de grande qualidade não concordam e, inclusive, polemizam com a possibilidade de tal proximidade. Ver, por exemplo, Giovanni Semeraro, "(Neo)Marxismo e (Neo)Pragmatismo em Embate no século

orgânicos do moderno príncipe, o fundamental é saber se pretende que exista *ad eternum* a divisão entre governantes e governados ou se não seria o caso de buscar as condições nas quais a necessidade de tal divisão seja extinta.

Por isso – e dado que num mesmo grupo social existe a divisão entre governantes e governados – isto é, entre dirigentes e dirigidos –, far-se-ia necessário a fixação de alguns princípios irrenunciáveis, já que é comum a crença pela qual, estabelecido o princípio de tal autoridade, a obediência devesse ocorrer sem a necessidade de demonstrações de racionalidade e que fosse a mesma indiscutível, com que a nova sociedade nada teria – em seu projeto de criar seres plenos – de diversa com a forma anterior de organização, que travava a autonomia e a iniciativa dos seus componentes.

Gramsci, mesmo nas duras condições de resistir a uma forma partidária fascista de poder, não perdeu de vista que a forma partidária de organização seria a forma mais adequada ao próprio aperfeiçoamento dos que dirigem e da própria capacidade de direção.

Portanto, ainda que se apresentem sob denominações as mais diversas, inclusive a de partidos dos sem-partido ou dos antipartido, na realidade até os mais ferrenhamente individualistas são homens de partido (e acrescenta, não sem uma certa dose de ironia: esses, pretendiam ser chefes de partido, ou pela "graça de deus ou pela imbecilidade de seus seguidores").[19]

Para alguns,[20] o ponto de partida de todas formulações de Gramsci foi, portanto, o estudo das funções políticas e sociais dos intelectuais.

Tal papel ele buscou compreender, antes de tudo, na luta pela unificação da sua Itália natal e mais ainda na construção da resistência política e ainda antes na construção de uma "ordem nova", em sua pátria e, dada a sua concepção internacionalista, em outros países.

Num dos *Cadernos*, ele começa interrogando-nos – e se interrogando – se os intelectuais constituem um grupo social diferenciado ou cada grupo social não possuiria sua categoria especializada de intelectuais?

E, em seguida, formula acerca do surgimento de um tipo específico e moderno de intelectual, o intelectual orgânico: cada grupo social,

XXI", in *Quarto Colóquio Internacional Marx/Engels*; disponível em *www.unicamp.br/cemarx/*; acesso em 19.12.2005.
    19. *Maquiavel...*, cit., pp.18-20.
    20. É esta, claramente, a tese defendida por Richard Hyman, "Gramsci" (verbete), cit., p. 165.

nascendo do terreno originário de uma função precisa no mundo da produção, cria para si, de um modo preestabelecido, isto é, de forma não espontânea, uma ou mais camadas de intelectuais que confere a tal grupo homogeneidade e consciência do próprio papel, não apenas no campo econômico, mas – o que é essencial – no terreno social, político e no campo ideológico.[21]

Mas supera qualquer concepção elitista quanto à atividade intelectual ao lembrar que deve se superar o preconceito de que tal atividade – especialmente no campo da filosofia – seja difícil por ser típica de uma categoria de profissionais especializados. Todos os homens são intelectuais e filósofos, lembra, dentro dos limites do elemento espontâneo de tal atividade, pois: a) exercemos atividade filosófica e intelectual no uso da linguagem e das noções que lhe são peculiares; b) no aproveitamento do saber do senso-comum e em regras que chamamos de "bom-senso"; c) no uso da teia de crenças, opiniões e modo de agir típicos de cada grupo social e que demandam um mínimo de atividade reflexiva.

Todos somos filósofos – e, portanto, intelectuais – ainda que nem sempre nos damos conta disso, dado que compartilhamos sempre de uma dada concepção de mundo – e completa: todos fritamos ovos, embora isso não torne a todos cozinheiros especializados.[22]

É com essa concepção de fusão entre a atividade intelectual e o movimento real, que faz a história, que o filósofo italiano empreende sua resistência ao fascismo, morrendo aos 46 anos, bastante debilitado, mas sem perder o sentido de perspectiva quanto ao caráter progressista da luta que empreendia,[23] e deixando um legado intelectual que merece ser estudado na sua vinculação entre teoria e prática.

Será a problemática a ser abordada nas seções que se seguem, ao nos acercarmos dos problemas da formação do bloco histórico: o equilíbrio entre coerção e consentimento ou, em outros termos, hegemonia e dominação, no qual são sintetizados a luta política no mundo moderno, e o terreno onde tal disputa se dá – na articulação entre Estado como so-

---

21. Gramsci, *Os Intelectuais e a Organização da Cultura*, pp. 3-12.
22. Idem, *El Materialismo Histórico y la Filosofía de Benedetto Croce*, pp. 7-10. No Brasil editado sob o título: *Concepção Dialética da História*, pp. 11-14.
23. Em 29 de maio de 1943, numa de suas *Cartas do Cárcere*, ele – de forma um tanto antipragmática, frisava: "a conduta segundo a qual só preocupa o momento imediato e não o futuro, em que se suscitam sentimentos de otimismo efêmero sem penar que estes poderão ser destruídos pela férrea realidade, parece-me repugnante e extremamente perigosa" (cf. Gramsci, *Cartas do Cárcere*, p. 348, carta n. 187).

ciedade política e a sociedade civil, esfera até então analisada por Marx como o espaço dos interesses egoísticos dos burgueses e cidadãos.[24]

3. Hegemonia e bloco histórico como expressão da luta política

O problema da hegemonia e a constituição de um bloco histórico para exercê-la e ainda as tarefas dos intelectuais em tal articulação constituem-se na problemática central dos *Cadernos* escritos por Gramsci. Abordar como se combinam essas três preocupações é do que trataremos doravante.

O termo hegemonia tem uma trajetória complexa, tanto na tradição marxista, como fora dela, especialmente na ciência política. Não é nosso objetivo, aqui, fazer um completo apanhado de todos esses sentidos do vocábulo, o que fugiria ao tema do presente artigo, mas situar o termo como foi desenvolvido no interior do marxismo e, em especial, como Gramsci o trabalhou.

O conceito de hegemonia deriva do grego *eghestai*, que significa *conduzir* e do verbo *eghemoneuo*, que significa *ser guia*. *Eghemonia*, no grego antigo, era a designação para o comando supremo das forças armadas. Trata-se, portanto, de um termo de origem militar. Na Guerra do Peloponeso, referia-se a cidade *eghemon* para designar aquela que dirigia a aliança das cidades gregas em luta.[25]

Já se observou que qualquer definição de hegemonia é complicada devido ao uso da palavra em duas acepções principais e opostas: a) ora significando domínio; e b) ora significando liderança, o que implica na noção paralela de "consentimento".

Para as finalidades da presente exposição nos valeremos da segunda acepção, mais usual na tradição marxista, embora a primeira tenha sido usada intensamente, do que são exemplos alguns dos escritos de Mao Tse Tung, especialmente onde examina questões sobre a política hegemônica das grandes potências.[26]

Como já assinalamos na primeira parte deste artigo, o termo hegemonia já era usado na Rússia tanto pelos bolcheviques, liderados por Lênin, quanto por seus oponentes no interior do então denominado Partido Operário Social Democrata russo. O termo servia para indicar

---

24. Marx, *Crítica da Filosofia...*, cit., 3ª parte.
25. Macciocchi, ob. cit., p. 182.
26. Mao Tsé Tung, "Sobre a contradição", in *Obras Escolhidas*.

a liderança exercida pela classe operária, junto às demais classes, na etapa democrática da revolução.[27]

Tal como encaramos o conceito de hegemonia, hoje, podemos dizer que devemos seu aperfeiçoamento e ampla divulgação à atividade teórica de Gramsci.

Nos escritos anteriores a 1926, ou seja, os do seu período de liberdade, o termo hegemonia, quando aparece, é apreendido no mesmo sentido da tradição russa, ou seja, sistema de alianças que a classe operária deveria construir para pôr abaixo o Estado burguês, servindo de posição avançada para a construção do Estado socialista.[28]

Nos *Cadernos*, Gramsci avança na reelaboração do termo para usá-lo com o objetivo de tentar explicar os modos e métodos pelo qual uma dada classe conquista e estabiliza a sua dominação, de modo que se vale da comparação entre os exemplos da revolução francesa e do renascimento italiano e examina as diferenças entre o amplo consenso constituído entre os franceses e a base limitada que se formou no processo italiano.[29]

Assim, por hegemonia, entende Gramsci, a teia de relações institucionais e crenças organizadas pelas forças que detêm o poder numa dada sociedade, através de seus intelectuais orgânicos – isto é, daqueles que têm um papel organizativo, ou seja, formador, nas sociedades concretas nas quais atuam.

O Estado – e a expressão positiva de seu poder, o direito – se caracterizaria então pela junção de dois elementos: coerção e consentimento. Ao primeiro elemento corresponderia a função de dominação e ao segundo corresponderia a função de hegemonia.

Os momentos da coerção e do consentimento são bem diferenciados por Gramsci: numa de suas cartas, dirigidas do cárcere – carta que reforça um elemento de sua atividade teórica enquanto diálogo permanente com a obra de Croce –, Gramsci lembra, com precisão que em sua atividade histórica-política, Croce acentua unicamente aquele momento que na atividade política se chama de hegemonia, do consenso, para distingui-lo do momento da força, da coerção, da intervenção legislativa e estatal.[30]

27. Anderson, "As Antinomias...", cit., pp. 16-18.
28. Anne Sassoon, "Hegemonia", in Tom Bottomore (Org.), *Dicionário do Pensamento Marxista*, pp. 177-178.
29. Gramsci, *Maquiavel...*, cit., pp. 113-128.
30. Gramsci, *Cartas do Cárcere*, pp. 286-287. A carta é datada de 2 de maio de 1932 – e numerada pelos editores italianos da obra de Gramsci como a carta n.

Tal discussão remete-nos mais uma vez à origem russa, politicamente falando, do termo *hegemonia*: um dos estudiosos dos mais autorizados de Gramsci, Hugues Portelli, referindo-se a outro estudioso de peso, Luciano Gruppi, lembra que quando Gramsci se apoia em Lênin para formular o conceito de hegemonia, trata-o como ditadura do proletariado, inclusive nos textos sobre a questão meridional na Itália.[31]

Posteriormente, como lembra ainda Portelli, ao aplicar a ideia de hegemonia ao estudo das formas de funcionamento do próprio Estado burguês, Gramsci anota que as classes não mantêm seu domínio nem sempre pela aplicação da força e da violência abertas, mas também por, muitas vezes, ir além de seus interesses específicos, exercendo liderança e fazendo concessões, ainda que limitadas, a parceiros de seu bloco social de forças – ou fora dele – o que Gramsci chama – ao primeiro elemento dessa equação – de "bloco histórico". Isto significa que a base social de qualquer política de hegemonia se deve a uma classe que é fundamental para tal exercício durante todo um período histórico considerado.[32]

Do exposto, deduz-se que o *bloco histórico* representa uma base social de consentimento a uma certa ordem social na qual a hegemonia de uma dada classe sobre outras (ou sobre frações de classe que estão sob sua órbita política), constituída pelos intelectuais dotados de tal função social, é calcado no que ele chamou de "teia de ralações sociais, institucionais e ideológicas".

O *bloco histórico* – como se pode depreender claramente das formulações de Gramsci –, para desempenhar suas tarefas, há de ter um caráter nacional e popular, cuja definição se encontra num dos cadernos em que trata de questões de literárias, mas cujos problemas a que remete não são exclusivamente culturais.

Ele, em defesa da questão nacional, lembra que em muitos idiomas, nacional e popular são palavras sinônimas, ou quase, e cita o exemplo

149 –, tendo sido enviada por Gramsci à sua cunhada Tatiana Schuct, uma de suas principais interlocutoras, no período.
31. Hugues Portelli, *Gramsci e o Bloco Histórico*, pp. 61-65. A mesma posição de Gramsci, em reconhecer a contribuição de Lênin ao conceito de hegemonia, foi igualmente sustentado por Stalin no texto *O Fundamento do Leninismo* – originalmente uma palestra ministrada por Stalin na Universidade Sverdlov, no início de abril de 1924 (cf. Josif Stalin, *Os Fundamentos do Leninismo*, pp. 41-51 e 75-88). Que a afirmação de Stalin acerca do papel de Lênin em tal debate tenha influenciado Gramsci, acerca da importância daquele para a problemática relação entre a hegemonia do proletariado e a construção do poder da classe operária, é algo destacado também por Bobbio em sua obra *Gramsci e a Cultura Contemporânea*.
32. Portelli, *Gramsci...*, cit., pp. 74-76.

do francês, onde o termo "popular" é uma elaboração política em cima da palavra "nacional" e que o liga à ideia de soberania, de modo que soberania nacional e soberania popular acabam por ter igual valor.[33] Entretanto, não se pode deixar de levar em conta que o conceito de bloco histórico, em Gramsci, é – repetindo o óbvio, histórico, isto é situado na vida social, no tempo e no espaço – além de uma categoria analítica. Não deve ser reduzido, portanto, a um de seus elementos externos que são as políticas de alianças.

Por isso, situamos noutro plano metodológico a concepção de bloco histórico, vista sob o viés de uma das questões centrais da teoria marxista, a das relações entre base e superestrutura e mesmo as relações entre teoria e prática, se pensado o marxismo como filosofia da práxis.[34]

Gramsci, seguindo Engels nas cartas a Stakenburg e a Bloch,[35] rejeita as concepções meramente reflexionistas de tal relação. Para ele, não existe uma força estrutural que se mova e mova o universo da superestrutura jurídico-política de modo unilateral. Entre uma e outra, as relações não são do tipo causa-efeito, mas um leque de efeitos recíprocos que devem sempre ser examinados de forma contextual e histórica.

É por isso que, nos *Cadernos*, Gramsci taxa de abstrata a distinção entre a estrutura e seus reflexos nas atitudes, ideias e aparato ideológico chamado, no jargão marxista, de superestrutura.

Ao criticar a leitura simplista e mecânica que Bukharin empreende na sua obra sobre o materialismo histórico,[36] Gramsci observa que deve ser rejeitada toda a pretensão de expor qualquer alteração da política ou

33. Gramsci, *Literatura e Vida Nacional*, pp. 104-107.
34. Adolfo Sánchez Vázquez, *Filosofia da Práxis*, pp. 46-51, especialmente os trechos voltados a criticar a concepção de filosofia da práxis como nova versão do pragmatismo, e ainda as relações entre teoria e práxis no pensamento de Gramsci. A obra citada foi tese de doutoramento em filosofia, apresentada pelo autor à Universidade Nacional Autônoma do México – UNAM.
35. Engels, "Carta à Stakenburg", in *Marx e Engels: Escritos sobre Literatura e Arte*, pp. 46-48 e "Carta a Joseph Bloch em 22 de setembro de 1890", in *Obras Escogidas en Tres Tomos*, vol. 3, p. 235.
36. A obra referida é de autoria Nicolai Bukharin – até os anos de 1920, dirigente do PCUS – e intitulava-se *Teoria do Materialismo Histórico: Manual Popular de Sociologia Marxista*, criticada de forma profunda por Gramsci (ver Gramsci, *Concepção Dialética da História*, pp. 142 e ss.), o que reforça nossa opinião pela qual, nas questões essenciais sobre ideologia, política e organização, Gramsci situou-se nas posições mais identificadas ao marxismo-leninismo, ao contrário do que pretendem seus intérpretes, digamos, "renovadores".

da ideologia como expressão imediata da estrutura e que tal visão deve ser recusada pelo seu infantilismo primitivo. O jurídico, o político, o ideológico são momentos, cada qual com uma especificidade própria e dialeticamente configurada, mas nunca na condição fundante das relações materiais de existência.[37]

De fato, tal relação não é identificada de forma estática e a cada momento: a estrutura entendida como algo com existência fixa e apartada do processo histórico seria algo, mesmo que hipoteticamente existente, destituído de qualquer valor cognitivo. E ainda que objetivamente identificável, ela adquire sentido se entendida como movimento no interior da história e não como algo à parte e diverso da mesma.[38] Por isso que a política deve levar em conta as tendências e o desenvolvimento da base estrutural, o que não implica que tudo vá se realizar – o que tornaria a atividade humana destituída de sentido no tocante ao desenvolvimento da sociedade.

Em Gramsci, a ideia de hegemonia contrapõe-se, em vários níveis, à de dominação. A inovação trazida pelo dirigente italiano consiste em sistematizar a ideia do poder como a soma dos elementos coerção e consentimento.

Dessa forma, o elemento "força/coerção", na vida social, se expressaria pela presença do Estado, através do exercício da dominação e da violência. Entretanto, não podemos ignorar que – por razões óbvias – um poder que dependesse sempre e unicamente da força para existir estaria permanentemente submetido a uma situação de crise aberta, como abordamos anteriormente, na discussão do conceito de situação revolucionária.

Para evitar tal estiolamento é que o poder se vale do segundo elemento, percebido de forma aguda por Gramsci, que é o "consentimento", exercido através da hegemonia, isto é, do convencimento e, por isso mesmo, tendo como via central de sua obtenção o espaço da sociedade civil.

Aqui, e já adiantando o próximo ponto deste ensaio, Gramsci trabalha com uma categoria problemática e polissêmica, não apenas na tradição marxista, que é a ideia de sociedade civil enquanto espaço claramente distinto da esfera estatal.

37. Karl-Heinz Efken, *A Teoria da Ideologia em Antonio Gramsci*, p. 36.
38. Renato Zangheri, "Bloco histórico", in *Vocabulário Gramsciano*, in www.gramsci.org/arquiv52.htm, acesso em 16.9.2003.

Tal conceito foi já intuído em Aristóteles,[39] para quem Estado e sociedade seriam termos que se equivaleriam, ainda que reconhecesse implicitamente alguma distinção entre as duas esferas, ao afirmar que enquanto a família é comunidade constituída por natureza, a primeira comunidade derivada da união de tais famílias e que se desenvolveu para atender necessidades não cotidianas, seria a aldeia, cujo conjunto viria a constituir a *polis*, distinguindo assim uma esfera pública na atividade do cidadão, a *polis*, da sua esfera privada, a administração do lar, a *oikos*.

Em seguida, adquire várias conotações a depender do autor que a aborda, tendo sido objeto de estudos de autores que vão desde Rousseau[40] – para quem a origem da sociedade civil das desigualdades dela decorrente, reside na propriedade privada: "o primeiro indivíduo que tendo cercado uma porção de terra, teve a ideia de dizer 'isso é meu' e encontrou quem acreditasse, foi o verdadeiro inventor da sociedade civil" –, Locke,[41] Hegel,[42] Hobbes[43] e como não poderia deixar de ser, Marx,[44] principalmente na polêmica que trava com seu mestre, acerca da filosofia do direito.

Assim, em Hegel, temos a afirmação do conceito de sociedade civil [*die bürgerliche Gesellschaft*, isto é sociedade civil ou burguesa] enquanto esfera autônoma, arena de interesses particulares e de divisionismo, portanto, com imenso potencial autodestrutivo. Seria ela precedida pelo Estado ou sociedade política, única forma onde os interesses universais podem prevalecer. Já Marx e Engels tomam o conceito do mestre, mas invertem a precedência entre Estado e sociedade civil na medida em que, para eles, é na própria sociedade, na qual se instalou um conflito distributivo em função da acumulação privada dos bens, que se encontra a gênese do Estado.[45] Mas, se acautelam em não assumir a

39. *Política*, pp. 88, 119, 175, 193.
40. J. J. Rousseau, *Do Contrato Social*, pp. 32, 35-36, 42, 49 e *Discurso sobre a Origem e os Fundamentos da Desigualdade entre os Homens*, p. 87, vol. 2.
41. John Locke, *Segundo Tratado sobre o Governo*, pp. 69-70, 109 e Norberto Bobbio, *Direito e Estado no Pensamento de Emanuel Kant*, pp. 59-64.
42. G. F. Hegel, *Princípios da Filosofia do Direito*, especialmente o § 181, pp. 168-169.
43. Thomas Hobbes, *Do Cidadão*, pp. 87 e ss.
44. Karl. Marx, *A Questão Judaica*, pp. 23-27; *Crítica da Filosofia...*, cit., pp. 10-14; *Manuscritos Econômico-Filosóficos*, pp. 160 e ss. Sobre tais questões, em Marx, ver também: Enoque Feitosa, *Direito e Humanismo em Marx*, pp. 103-129.
45. Engels, *A Origem da Família, da Propriedade Privada e do Estado*, *passim*.

ideia do pacto primitivo, típica das posições contratualistas, visto que tal modelo tomaria como pressuposto algo que estaria obrigado a explicar.

Gramsci, embora trabalhe com o conceito e suas relações com o Estado, o faz num enfoque absolutamente diverso – tanto do ponto de vista metodológico quanto no esforço de uma aplicação criadora à realidade italiana.

Se esfera do homem egoísta, se espaço de articulação que se daria independentemente do *Leviatã*, se um pouco de ambos os desenvolvimentos, é do que trataremos no próximo ponto e de como Gramsci contribuiu numa concepção contemporânea do problema.

4. Consensos e dissensos na articulação Estado/Sociedade civil: a tensão entre coerção e consentimento

Embora comumente seja considerada uma herança da tradição marxista – a qual teria sido formulada a partir de Hegel[46] – e mais especialmente da produção de Marx até 1845, e sendo depois aprofundada por outros autores, dentre os quais destaca-se Gramsci, do conceito de sociedade civil, como vimos logo acima, já se valiam outros autores, bem antes dos aqui citados.

Em sua acepção mais original, a sociedade civil não apresentava nenhuma autonomia perante o Estado.

E seria essa a diferença específica que Gramsci intenta localizar, entendendo a sociedade civil – para nos valermos da filosofia de Aristóteles – como gênero próximo do Estado, mas determinando e trabalhando suas distinções particulares especialmente como lugar de construção do consentimento – e que a faziam um campo dotado de autonomia relativa perante o fator dominação.

Gramsci, embora siga utilizando tal expressão para referir-se à esfera privada, traça um desenho da sociedade civil já diverso do elaborado por Marx. Para o italiano, a sociedade civil não seria apenas uma esfera das necessidades individuais, de natureza fragmentária e conflitante, mas também um espaço organizativo onde se construiria uma teia de relações sociais e onde a hegemonia, ou seja, o aspecto de consentimento nas relações sociais seria organizado.

---

46. Paolo Becchi, "Las Nuevas Fuentes para el Estudio de la Filosofía del Derecho de Hegel", *Doxa – Cuadernos de Filosofía del Derecho*, n. 8 pp. 221 e ss. e, do mesmo autor, "Distinciones acerca del Concepto Hegeliano de Sociedad Civil", *Doxa – Cuadernos de Filosofía del Derecho*, n. 14, pp. 382 e ss. Ambos artigos disponíveis em *www.cervantesvirtual.com/portaldoxa* e acessados em 14.6.2003.

Ele nota que, nos países de desenvolvimento mais avançado, a sociedade civil transformou-se numa estrutura muito complexa e, em geral, resistente às irrupções catastróficas dos elementos econômicos imediatos, tais como crises e depressões. E fazendo uma analogia entre a luta social no interior da sociedade civil com os conceitos de guerra de movimento e guerra de posição, chama atenção para a necessidade de estudar quais elementos corresponderiam, na sociedade civil, aos sistemas de defesa da guerra de posição.[47]

E distingue, numa formação social contemporânea, a relação entre Estado, sociedade civil e o moderno príncipe, isto é, o partido: "em linguagem moderna, a tradução do 'Príncipe' poderia ser o partido político". Mas este não reina e nem governa em sentido jurídico. Detém poder de fato, exerce função hegemônica e mediadora de interesses diversos, no interior da sociedade civil.

E em Gramsci, a sociedade civil se entrelaça de forma tal com a sociedade política que todos os cidadãos "sentem" que o príncipe moderno reina e governa. E, num desdobramento teórico que interessa ao direito, conclui: sob tal realidade, que se movimenta e modifica incessantemente, não se pode criar um direito constitucional tradicional e sim um sistema de princípios que afirme como objetivo do Estado a sua própria extinção, o seu desaparecimento e a absorção da sociedade política pela sociedade civil.[48]

Mas, embora defendendo um espaço de autonomia para a sociedade civil e embora nele reconhecesse um espaço de disputa no qual os que já ocupam o poder estatal partem com posições privilegiadas, Gramsci – até por isso – não perdia de vista a questão da conquista do Estado e sua subordinação aos interesses coletivos.

---

47. Gramsci, *Maquiavel...*, cit., pp. 67-75. Aqui uma pequena digressão em reforço à nossa tese pela qual Gramsci, no essencial, sempre se alinhou no campo do marxismo-leninismo: ele faz uma incisiva crítica a Trotsky (no trecho, dado as razões da censura, na prisão, chamado de Bronstein – sobrenome de Trotsky). "Bronstein, que aparece como ocidentalista, era, ao contrário, um cosmopolita, isto é, superficialmente nacional e superficialmente europeu. Ilich [Lênin], ao contrário, era profundamente nacional e profundamente europeu". E prossegue: "Bronstein recorda nas suas *Memórias* terem lhe dito que sua teoria se revelara boa quinze anos depois. Na verdade, sua teoria como tal não fora boa quinze anos e nem depois". Em seguida Gramsci traça um paralelo cruel: "da mesma forma que se prevê que uma menina de quatro anos será mãe e quando isso ocorre, vinte anos depois, se diz: 'eu acertei' esquecendo-se porém que quando a menina tinha quatro anos se tentara estuprá-la, certo de que tal a tornaria mãe".
48. Gramsci, *Maquiavel...*, cit., pp. 97-102.

Num dos cadernos, em que discute o conceito de *homo oeconomicus*, ele lembra que tal conceito é uma abstração da atividade econômica de uma dada sociedade e que entre a estrutura econômica e o Estado, com seus instrumentos de coerção, está a sociedade civil e que esta deve ser radical e amplamente transformada.

Em Gramsci, a ampliação do conceito de Estado, no sentido de cumprir as tarefas de coerção e disputar a direção das atividades concernentes à obtenção do consentimento, isto é, o exercício da hegemonia, não deve ser identificada, como tentou fazer as leituras deformantes do marxismo que se expressaram fundamentalmente no chamado "eurocomunismo", numa visão de estado autônomo[49] e/ou árbitro entre classes e frações de classe.

Assim, o Estado é, em Gramsci, o instrumento para adequar a sociedade civil à estrutura econômica, mas o Estado deve ter a força de realizar tal intento ou, em outros termos, o Estado deve ser dirigido pelas classes, ou bloco de classes, que forem hegemônicas no tocante às modificações ocorridas na estrutura econômica e isto se dá porque a atitude passiva de esperar que apenas através da persuasão a sociedade civil venha a se adequar a nova estrutura é apenas uma retórica de caráter econômico ou, no dizer de Gramsci, um moralismo vazio e desprovido de finalidade.[50]

Fica claro, então, que na formulação gramsciana sobre o problema das relações entre coerção e consentimento na articulação Estado/Sociedade civil, as distinções entre este e aquele conceito assumem um caráter meramente metodológico e operativo, pois até a política liberal do *laissez-faire*, como lembra Gramsci, são estabelecidas pelo próprio aparelho estatal.

Visto de tal forma, definir-se-ia um sistema de poder hegemônico pelo grau de consentimento obtido junto às massas populares e por uma consequente redução do grau de coerção necessária a fazer valer determinadas políticas.[51] Fora de tal teorização, nos veríamos na absurda contradição insanável de entender a funcionalidade do poder unicamente pela coerção, violência aberta ou pela ameaça de sua aplicação, o que deixaria a sociedade em tensão e estado de crise permanente, com o que as funções governativas jamais se estabilizariam. A formulação dessa nova acepção do termo hegemonia permite dar conta dos mecanismos

---

49. Christine Buci-Glucksmann, *Gramsci y el Estado*, p. 60.
50. Gramsci, *Concepção Dialética da História*, pp. 305-306.
51. Anderson, *Considerações...*, cit., pp. 104-105.

de funcionamento das sociedades modernas, mas não apenas, na medida em que sugere uma das – dentre outras – formas do poder popular ser exercido no curso de transformações de caráter revolucionário.

Ou seja, o exame do conjunto da reflexão teórica de Gramsci já demonstra, desde os escritos pré-carcerários, a percepção bastante presente segundo a qual a força das classes dominantes, numa dada sociedade, não se apoia tão somente no controle da atividade econômica,[52] mas também – e com importância tal – num complexo de iniciativas políticas, culturais e morais, com a finalidade de construir coesão em torno das iniciativas dos de cima.

Assim, a supremacia de um grupo social determinado se manifesta de duas formas: ou como dominação ou como direção intelectual, política e moral. É disso que trata o conceito de hegemonia e seu reflexo na relação entre Estado e sociedade civil, como expressões do dualismo entre coerção-força-dominação-violência X consentimento-hegemonia.

Por isso, nele, a sociedade civil é apresentada como contrapeso ao Estado ou em equilíbrio com ele e o exercício da hegemonia distribuído entre as duas esferas – sociedade política e sociedade civil, muito embora em uma de suas variantes conceituais o estado passe a incluir a sociedade política e a sociedade civil.[53]

5. Conclusão: a atualidade das ideias de Gramsci enquanto interpretação e elaboração da teoria marxista

Não se trata, aqui, de negar qualquer originalidade ao pensamento de Gramsci. Ao contrário. O que buscamos foi resgatar algo que os conservadores e neorreformadores tentam encobrir: as profundas raízes do ideário de Gramsci situam-se na tradição revolucionária ou, no dizer de Anderson, na primeira e segunda geração do pensamento marxista. O imenso mérito de Gramsci foi a capacidade de processar tal reelaboração e adaptá-la à realidade italiana.[54]

52. Giovani Semeraro, "O Marxismo de Gramsci", in *A Obra Teórica de Marx: Atualidade, Problemas e Interpretações*, pp. 173-189.
53. Anderson, *Considerações...*, cit., pp. 31-34.
54. Não é à toa que um estudioso do porte e do rigor de Althusser, numa época em que Gramsci não era ainda incensado por todos que, através dele – anões em ombros de um gigante – queriam desqualificar o marxismo, assinalou, a propósito do estudo da superestrutura, que: "a teoria das superestruturas permanece um domínio teórico reconhecido em seus contornos, mas pouco conhecido em seus detalhes.

Ou seja, o fio condutor de nossa exposição-apresentação de Gramsci foi tecido sempre no sentido de mostrar a relação entre a sua obra teórica e a primeira e segunda gerações do marxismo (incluindo Marx e Engels na primeira geração, embora aqui em desacordo com o genial filósofo que gostava de afirmar "quanto a mim, não sou marxista").

Os acontecimentos posteriores ao fim da União Soviética e o abandono de toda teoria marxista, dada como imprestável tanto para a ação prática e até mesmo como simples instrumental de análise da realidade, levou também Gramsci de rodo, junto com toda a melhor tradição marxista. Evidenciou-se, assim que, o uso de sua teoria por setores resistentes ao conjunto da concepção fundada por Marx não significava nenhuma adesão ao marxismo, mas sim usar as ideias de Gramsci para tentar atingir o próprio núcleo do pensamento e da prática fundada pelo filósofo de Trier.

Ocorre que a sobrevida dos apologistas do fim da história foi razoavelmente curta e a maré vazante praticamente encerrou-se com a crise do chamado neoliberalismo e das políticas formuladas pelo consenso de Washington. Assim, perderam qualquer consistência as mais diversas tentativas de "domesticar" o pensamento de Gramsci e fazer dele um autor desvinculado do marxismo.

Também não é o caso de sacralizar nem Gramsci e nem seu pensamento. Não buscamos erigir a figura de um herói positivo isento de erros. Gramsci os cometeu, especialmente quanto a uma correta apreciação do caráter da luta interna que foi travada no interior do partido soviético, logo após a morte de Lênin, da qual a famosa carta de 1926 é a expressão mais conhecida e que se tornou bandeira das leituras de viés reformista, que tentaram erigir como uma diferença fundamental entre Gramsci e a direção política que veio a suceder Lênin.

Mas tais equívocos parciais são imensamente menores que os acertos teóricos e a firmeza demonstrada no enfrentamento ao fascismo. Os reformistas utilizam Gramsci para, através dele, resistir ao maior empreendimento humano desde a Revolução Francesa: a construção do socialismo, ou seja, negando-se a assumir as posições conservadoras que defendem, esconde-se atrás das apreciações gramscianas para –

Quem, desde Marx e Lênin, tentou verdadeiramente sua exploração? Só conheço Gramsci". E prossegue: "Gramsci é de outra estatura. Os desenvolvimentos dos seus *Cadernos do Cárcere* tocam em problemas fundamentais. Ali se encontram pontos de vista absolutamente originais e geniais, a exemplo do conceito de hegemonia, notável exemplo de esboço de solução teórica aos problemas de interpretação do econômico e do político" (Louis Althusser, *A Favor de Marx*, p. 100).

valendo-se da autoridade e do prestígio granjeado pelo pensador italiano – conferir autoridade às posições carentes de qualquer sustentação teórica ou empírica. Equivocar-se não é um problema para nenhum revolucionário. Como observou Lênin, Marx e Engels equivocaram-se com frequência quanto à proximidade da revolução, mas tais erros dos gigantes que elevaram os explorados acima de seus interesses pequenos e cotidianos são mil vezes mais nobres e historicamente mais valiosos que a tosca sabedoria do liberalismo oficial que chama de esterilidade a estratégia de transformação da sociedade.[55] A questão é observar que o problema fundamental não é um revolucionário ter a revolução sempre à vista, mas perdê-la de vista.[56]

Bibliografia

6.1 Obras de Gramsci

GRAMSCI, Antonio. *Maquiavel, a Política e o Estado Moderno*. Rio de Janeiro, Civilização Brasileira, 1968.

_____. *Literatura e Vida Nacional*. Rio de Janeiro, Civilização Brasileira, 1968.

_____. "Alcuni Temi della Questione Meridionale", in *La Costruzione del Partito Comunista (1923-1926)*. Roma, Einaudi, 1971.

_____. *El Materialismo Histórico y la Filosofía de Benedetto Croce*. Buenos Aires, Nueva Vision, 1973.

_____. *Pasado y Presente*. Buenos Aires, Granica, 1974.

_____. *El Risorgimento*. Buenos Aires, Granica, 1974.

_____. *Quaderni del Carcere*. In Valentino Gerratana (a cura di). 4 vols., Torino, Einaudi, 1975.

_____. *Os Intelectuais e a Organização da Cultura*. Rio de Janeiro, Civilização Brasileira, 1979.

_____. *Concepção Dialética da História*. Rio de Janeiro, Civilização Brasileira, 1981.

_____. *Cartas do Cárcere*. Rio de Janeiro, Civilização Brasileira, 1981.

_____. "Carta al Comité Central del Partido Comunista Soviético", in *www.marxists.org/espanol/gramsci/oct1926.htm*. Acesso em 21 de maio de 2003.

_____. *Cadernos do Cárcere*. 6 vols., Rio de Janeiro, Civilização Brasileira, 2004.

_____. *Escritos Políticos: 1910-1926*. 2 vols., Rio de Janeiro, Civilização Brasileira, 2005.

55. VV. AA. *A Teoria Leninista da Revolução Socialista*.
56. Cláudio Campos, *Nosso Caminho*, p. 7.

6.2 Demais obras citadas

ALTHUSSER, Louis. *A Favor de Marx*. Rio de Janeiro, Jorge Zahar, 1979.

ANDERSON, Perry. "As Antinomias de Antonio Gramsci", *Crítica Marxista*, n. 1. São Paulo, Joruês, 1986, pp. 7-74.

_____. *Considerações sobre o Marxismo Ocidental*. Porto, Afrontamento, 1989.

ARISTÓTELES. *Política*. São Paulo, EMC, 2004.

BECCHI, PAOLO. "Las Nuevas Fuentes para el Estudio de la Filosofía del Derecho de Hegel", *Doxa – Cuadernos de Filosofía del Derecho*, n. 8. Alicante, UA, 1990.

_____. "Distinciones acerca del Concepto Hegeliano de Sociedad Civil", *Doxa – Cuadernos de Filosofía del Derecho*, n. 14. Alicante, UA, 1993. Acessado de: *www.cervantesvirtual.com/portaldoxa*, em 14 de junho de 2003.

BOBBIO, Norberto. *Direito e Estado no Pensamento de Emanuel Kant*. São Paulo, Mandarim, 2000.

BOTTOMORE, Tom (Org.). *Dicionário do Pensamento Marxista*. Rio de Janeiro, JZE, 2001.

BUCI-GLUCKSMANN, Christine. *Gramsci y el Estado: para una Lectura Teórico-Política de los Cuadernos de la Cárcel*. Barcelona, Anagrama, 1976.

CAMPOS, Cláudio. *Nosso Caminho*. São Paulo, Ed. Outubro, 1983.

EFKEN, Karl-Heinz. *A Teoria da Ideologia em Antonio Gramsci*. Dissertação de Mestrado. Recife, UFPE/CFCH /DEPFILO, 1993.

ENGELS, Friedrich. *A Origem da Família, da Propriedade Privada e do Estado*. Rio de Janeiro, Civilização Brasileira, 1987.

_____. "Carta a Joseph Bloch em 22.9.1890", in *Obras Escogidas en Tres Tomos*, vol. 3. Moscú, Progreso, 1974.

_____. "Carta à Stakenburg", in *Marx e Engels: Escritos sobre Literatura e Arte*. São Paulo, Global, 1979.

FEITOSA, Enoque. *Direito e Humanismo em Marx*. Dissertação de Mestrado. Recife, UFPE/CCJ/PPGD, 2003.

HEGEL, G. W. *Princípios da Filosofia do Direito*. São Paulo, Ícone, 1991.

HOBBES, Thomas. *Do Cidadão*. São Paulo, EMC, 2004.

HOBSBAWN, Eric J. *A Era dos Extremos*. São Paulo, Cia. das Letras, 1994.

LOCKE, John. *Segundo Tratado sobre o Governo*. São Paulo, EMC, 2002.

MARX, Karl. *Crítica da Filosofia do Direito de Hegel*. São Paulo, Edições Vitória, 1951.

_____. *A Questão Judaica*. São Paulo, Moraes, 1991.

_____. *Manuscritos Econômico-Filosóficos*. São Paulo, MC, 2002.

MACCIOCCHI, Maria-Antonieta. *A Favor de Gramsci*. Rio de Janeiro, Paz e Terra, 1976.

PORTELLI, Hugues. *Gramsci e o Bloco Histórico*. Rio de Janeiro, Paz e Terra, 1977.

ROUSSEAU, J. J. *Discurso sobre a Origem e os Fundamentos da Desigualdade entre os Homens*. São Paulo, Nova Cultural, 1999.

_____. *Do Contrato Social*. São Paulo, EMC, 2001.

SÁNCHEZ VÁZQUEZ, Adolfo. *Filosofia da Práxis*. Rio de Janeiro, Paz e Terra, 1977.

SEMERARO, Giovanni. "Da Sociedade de Massa à Sociedade Civil: a Concepção de Subjetividade em Gramsci", *Educação & Sociedade*, n. 66, ano XX, abril/1999.

_____. "O Marxismo de Gramsci", in *A Obra Teórica de Marx: Atualidade, Problemas e Interpretações*. São Paulo, Campinas, UNICAMP/IFCH/CEMARX, Xamã Editorial, 2000.

_____. "(Neo)Marxismo e (Neo)Pragmatismo em Embate no século XXI", *Anais do 4º Colóquio Internacional Marx e Engels*. Campinas, UNICAMP, 2005 (CDROM).

SOBOLEV, I. (Org.). *A Internacional Comunista*, vols. 1-3. Lisboa, Avante, 1976.

STALIN, Josif. *Os Fundamentos do Leninismo*. São Paulo, Global, 1987.

TSÉ TUNG, Mao. "Sobre a Contradição", in *Obras Escolhidas*. Pequim, Edições em línguas estrangeiras, 1975.

ULIÁNOV [LÊNIN], Vladimir I. *Que fazer?* Rio de Janeiro, Editorial Vitória, 1955.

_____. "Primeiro Esboço das Teses sobre a Questão Agrária (para o II Congresso da Internacional Comunista)", in *Lenine e a III Internacional*. Lisboa, Estampa, 1971.

_____. *Duas Táticas da Social-Democracia na Revolução Democrática*. São Paulo, Livramento, 1975.

_____. "A Bancarrota da II Internacional. (1915)", in *Obras Completas*, t. 16. Moscou, Edições Progresso, 1975.

_____. "O Imperialismo, Fase Superior do Capitalismo", in *Obras Escolhidas*, vol. 1. São Paulo, Alfa-Ômega, 1979.

_____. "O Estado e a Revolução", in *Obras Escolhidas*, vol. 2. São Paulo, Alfa-Ômega, 1980.

VV.AA. *A Teoria Leninista da Revolução Socialista*. Moscou, Progresso, 1979.

ZANGHERI, Renato. "Bloco Histórico", in *Vocabulário Gramsciano*. Acessado de: *www.gramsci.org/arquiv52.htm*, em 16 de setembro de 2003.

Capítulo XV
HANNAH ARENDT:
O TERROR COMO FORMA DE GOVERNO

LUCIANO ALBINO

1. Conceitos fundamentais. 2. Para uma leitura de "Origens do Totalitarismo": 2.1 Os judeus como grupo transeuropeu; 2.2 Imperialismo e o surgimento de regimes totalitários; 2.3 A massa como base de legitimidade política; 2.4 Terror como ideologia. 3. A atualidade do pensamento de Hannah Arendt.

O que prepara os homens para o domínio totalitário no mundo não totalitário é o fato de que a solidão, que já foi uma experiência fronteiriça, sofrida geralmente em certas condições sociais marginais como a velhice, passou a ser, em nosso século, a experiência diária de massas cada vez maiores.[1]

Hannah Arendt nasceu em 14 de outubro de 1906, em Hannover, Alemanha, numa rica família judia. Sua formação intelectual é diretamente influenciada por dois grandes filósofos alemães da época, inicialmente M. Heidegger, na Universidade de Marburg e depois, K. Jaspers, orientador de sua tese de doutorado em 1929, sobre Santo Agostinho, na Universidade de Heidelberg.

A ascensão dos nazistas ao poder, em 1933, e a consequente perseguição aos judeus influenciaram de forma decisiva tanto no engajamento político quanto na produção intelectual de Hannah Arendt, de tal modo que sua obra pode ser definida como referência reflexiva de cunho político-filosófico. Nesse ano, teve que migrar para Paris onde residiu até 1941, quando Hitler invadiu a França, obrigando-a a fugir, em caráter definitivo aos Estados Unidos, onde viveu até a morte em 1975.

---

1. Hannah Arendt, *Origens do Totalitarismo*, p. 530.

Trabalhou nesse país em organizações judaicas e iniciou a atividade acadêmica como docente, em 1963, na Universidade de Chicago, porém, dedicou a maior parte de sua carreira como professora, na New Scholl for Social Research, onde produziu até sua morte.

1. Conceitos fundamentais

O Estado moderno, segundo Max Weber, consiste no processo de monopólio do uso da força física ou de sua exclusividade mediante um corpo de instituições burocráticas. Nesses termos, controla os aparelhos de repressão que são usados em situações consideradas, por ele, oportunas, para inibir movimentos de desintegração ou conspiratórios, tornando-se, portanto, agente político essencial à garantia da sociabilidade e ao estabelecimento do *status quo*.

As funções políticas relativas à manutenção da ordem ou da desordem, nas mais diversas áreas – saúde, educação, segurança etc. – derivam da autoridade do Estado que, em última instância, pode usar a força como meio coativo, ou melhor, legitima-se neste parâmetro. No contexto democrático representativo, votar significa delegar a outros a função de ordenamento público segundo uma referência constitucional, mesmo que, se necessário, pelo poder de polícia. Num certo sentido, o voto é a autorização do uso da violência do Estado sobre a Sociedade ou, em outras palavras, este uso define a própria relação, autoritária ou não, de um sobre o outro.

A formação de regimes autoritários nas primeiras décadas do século XX, na Europa, demonstrou como a relação entre vontade da maioria e instrumentos repressores definiu um cenário político baseado no medo e no terror.

Hannah Arendt incrementa a concepção weberiana de Estado, pois este não é apenas o monopólio do uso da força, mas, principalmente, a difusão ordenada do medo generalizado e reproduzido por instituições específicas, dotadas de agentes burocráticos que reproduzem impessoalmente as orientações de seu ofício, seja matar, torturar ou mesmo exterminar em massa. *A banalidade do mal*.

Assim, ela analisa sob a ótica da política os sentimentos de terror e medo, que são costumeiramente tratados como sentimentos individuais. Refugiados de guerra, por exemplo, desprovidos de raízes porque não pertencem mais a lugar nenhum, estão à mercê ou reféns de toda forma de intimidação e horror. Em resumo, o medo impede a ação política, o debate e a própria condição humana de levar à frente suas indignações ou possibilidades de mudança política da realidade. *O terror neutraliza a esfera política.*

A obra de Hannah Arendt representa um marco na produção intelectual do século XX, com maior destaque à filosofia política. Seu trabalho é um exemplo de investimento reflexivo sobre o contexto social que a cercava, ao conceber o pensar filosófico e a própria compreensão a partir do referencial político. Para ela, portanto, compreender significa suportar conscientemente o peso dos acontecimentos, sem evitá-los por meio de analogias e generalizações que os legitimam como eventos naturais ou místicos – extra-humanos. Trata-se da *dimensão histórica e política da realidade.*

Historicamente, o cenário filosófico foi sobremaneira demarcado pelo universo masculino. Pensar a filosofia a partir do contexto grego antigo, por exemplo, é estabelecer uma relação direta entre a mesma e a formação do espaço público, restrito àqueles reconhecidos como cidadãos, ou seja, aos sujeitos políticos livres e iguais, excluindo deste grupo estrangeiros, escravos e também as mulheres. No âmbito moderno, mesmo sob outros aspectos, constata-se notoriamente uma variedade de impedimentos e discriminações no tocante à participação da mulher não só no mundo da política, mas também, em outros setores da sociedade. Hannah Arendt foge à regra e ganha reconhecido destaque nesse espaço, tanto em função de sua postura erudita, quanto pelo envolvimento político sobre o totalitarismo. Como mulher e judia, sentiu na pele a perseguição nazista, ao fugir para a França e depois, em caráter definitivo, para os Estados Unidos. Viveu o *Estado totalitário e o monopólio do terror.*

A ação humana, para além do ato de trabalhar e garantir a subsistência, concebida como um fazer política, decorre antes de qualquer coisa, da consolidação de um espaço público e do consequente reconhecimento de direitos e obrigações mútuas. Sem essa referência coletiva é impossível pensar ou garantir a cidadania, muito menos a ação política ordenada. Como fica, portanto, a situação das minorias perseguidas e massacradas sistematicamente? Ou, mais especificamente, em que medida o terror por que passou o povo judeu durante a Segunda Guerra foi usado como projeto político nazista? Para Hannah Arendt, privar o homem da ação política é inviabilizar sua própria condição humana. A liberdade, portanto, só se efetiva num espaço onde os homens se percebem como iguais mediante regras de convivência comuns.

A complexidade de seu pensamento dá margem à produção de análises férteis, não só sobre aspectos peculiares da época em que foram escritos, como também, a questões contemporâneas. Neste sentido, a obra de Hannah Arendt ganha dimensões clássicas porque é atual.

Este trabalho objetiva revisitar o pensamento político de Hannah Arendt e divulgá-lo, nas melhores das intenções, como um poderoso instrumento compreensivo a questões relativas ao contexto contemporâneo, num momento em que o medo e o uso da força se infiltram e transitam indefinidamente no cotidiano, como sentimento e solução presentes nas mais diversas situações.

2. Para uma leitura de "Origens do Totalitarismo"

2.1 Os judeus como grupo transeuropeu

O papel dos judeus no cenário da política mundial, especialmente no tocante à sua rede transeuropeia de relações, foi o elemento central de inspiração ao antissemitismo enquanto ideologia nazista. Não por acaso, a definição de um inimigo de caráter não nacional se tornou pretexto tanto para o avanço expansionista do Estado alemão, quanto para a conquista das massas pela argumentação do uso do terror sobre minorias, principalmente, sobre os judeus. Ao contrário do que muitos imaginam, o antissemitismo moderno não se intensifica com o nacionalismo exacerbado e a xenofobia, até porque, no contexto histórico pré-Segunda Guerra Mundial, os Estados-nacionais entram em crise. A orientação nazista não era de cunho meramente local, inversamente, propunha-se ao domínio mais amplo e à contundente condenação do provincianismo do Estado.

Era notório, na Europa, a habilidade dos judeus em negociar no mercado financeiro, mais ainda no contexto histórico peculiar da formação dos Estados-nações. Empréstimos relativos a todo tipo de investimento – expansão marítima ou a guerras –, passaram, necessariamente, por redes de financiamento orientadas por judeus ou, mais precisamente, pela capacidade que os mesmos tinham para juntar montantes de dinheiro a esse fim. Valores religiosos e familiares, assim como o forte referencial identitário de uma nação sem Estado, caracterizam os judeus como um povo que se constrói e se percebe para além de bases territoriais delimitadas. Dessa forma, o Estado-nação não é referência à construção de identidade, uma vez que os laços de parentesco e demais relações de afinidade religiosa definem significativamente o processo de socialização judaica.

A guerra entre dois principados e o resultante acordo de paz, mediado por imposições econômicas dos vencedores sobre os vencidos, era frequentemente conduzido por judeus dos dois lados do conflito, que tinham a função tanto de financiá-las, como de pôr termo. Até o início do século XX, a função social da guerra na Europa ocidental não era exterminar o oponente, mas sim, impor condições de exploração, o que necessitava, portanto, de um grupo transnacional de interlocução.

O necessário desenvolvimento do Estado, como força política e econômica independente, encontra respaldo e combustível nas finanças administradas por judeus, os quais se interessaram em participar ativamente da expansão dos negócios estatais. Neste sentido, a consolidação dos Estados-nações, no século XVII, está condicionada às linhas de crédito de um grupo particular, nem aristocrata, nem burguês, mas sim, judeu, visivelmente localizado entre classes e que se destacava na administração das transações financeiras dos monarcas. A combinação de fortunas direcionadas a bancos particulares garantira a abertura de linhas de créditos e a captação de dinheiro influenciando favoravelmente a expansão europeia.

As Revoluções Burguesas, ocorridas no século XVIII, com especial destaque à Francesa, demarcam o colapso feudal europeu e o surgimento do conceito de igualdade. Num certo sentido, não se admitia mais a coexistência de duas nações num mesmo Estado, da mesma maneira que se atava à ideia de cidadania como horizonte. O desenvolvimento do Estado-nação, nestes termos, representou, no século XIX, a concessão de igualdade de direitos aos judeus, dando início a uma nova página na sua relação com a sociedade.

2.2 Imperialismo e o surgimento de regimes totalitários

A mentalidade imperialista de caráter concorrencial e competitivo, do século XIX, inviabilizou relações de solidariedade intereuropeias e desmantelou a estrutura montada pelas comunidades judaicas como grupo de posição exclusiva nos negócios do Estado, este agora, como principal agente político. Com exceção de poucos banqueiros que continuaram a desempenhar o papel de consultor financeiro e administrativo, assim como o de mediadores transnacionais, os judeus – como rede econômica organizada – entram em decadência de modo concomitante ao colapso do Estado-nação nos anos que antecedem a Primeira Guerra Mundial, e não se encontram mais no poder ou ocupando postos importantes no cenário político nos anos subsequentes à mesma.

Os judeus atuam nas primeiras décadas do século XX, em sua maioria, como profissionais liberais ou de mão-de-obra especializada, educada, qualificando-os ao pertencimento numa sociedade de direitos. Essa tentativa de garantir a igualdade intensifica as diferenças, aumenta a ambivalência e a consequente discriminação.

Quando Hitler chega ao poder, os judeus não ocupavam mais as principais posições nos bancos alemães e a própria ascensão do nazismo na Europa está associada à decadência do poder supranacional, que por séculos foi desempenhado pelos judeus como elemento de conexão entre os Estados. Tomar o povo judeu como foco de terror não foi algo improvisado ou por acaso, mas sim, uma escolha que serviu sob medida para objetivos ideológicos, pois o estabelecimento do totalitarismo só é possível graças ao uso do medo segundo a aprovação de muitos/da maioria como estratégia de controle. A persuasão das massas não foi elaborada a partir da escolha arbitrária de uma vítima, ao contrário, a questão judaica é, antes de qualquer coisa, política, e os nazistas perceberam claramente a importância política dos judeus no âmbito transnacional. O antissemitismo moderno faz parte de uma etapa ou peculiaridade do desenvolvimento do Estado, mais ainda, no tocante ao uso de dispositivos ideológicos que por meio da legitimidade de massas redefiniu as bases políticas do próprio Estado e da expansão imperialista.

Quando a guerra passa a ser ideológica, pressupondo o aniquilamento final do oponente, grupos não nacionais como os judeus perdem o scu valor e passam a ser vistos como aqueles que não possuem raízes em nenhum país e que só pensam em interesses particulares. Nesse novo contexto bélico, o terror é usado como instrumento político, não apenas ao extermínio e amedrontamento do outro, mas principalmente, como forma de controlar massas obedientes à espera de sedução.

Os movimentos totalitários constatados na Europa, a partir da terceira década do século XX, têm como características comuns o poder de grandes ditadores legitimados por multidões. A maioria autoriza o uso da força e do mal como ferramenta política contra o inimigo merecedor apenas de intolerância.

Hitler e Stálin são ícones desse contexto histórico, assemelhando--se ainda mais pelo uso da propaganda como forma de acomodar, pela comunicação, os interesses e motivações recíprocas entre os que mandam e aqueles que obedecem. Em outras palavras, ao invés de pensar em termos de enganador e enganados, é mais interessante analisar o totalitarismo como a relação indissociável entre ditador e uma maioria empolgada pela demagogia sedutora, convencidos a se apoiarem um no outro e estabelecerem o mal como referência de força e reconhecimento de respeito.

É sempre oportuno lembrar o modo legal como os nazistas ocuparam posições de comando na Alemanha em decorrência do apoio majoritário da população, mais ainda, pela força numérica daqueles que emergem como fenômeno político chamado *massa*. A confiança das massas é condição mais que necessária à manutenção da liderança e o crédito por esta conferido aos nazistas ocorreu em grande medida pela maneira como a propaganda difundiu o mal como atrativo mórbido.

É interessante perceber, a partir dessa orientação, como o totalitarismo não surge com a tomada do poder pelo golpe de um ditador apaixonado, mas, sobretudo, por meio da institucionalização de mecanismos de controle baseados no tripé: polícia, propaganda e terror, entre os quais o medo transita e transcende como mote. O antissemitismo moderno está intimamente ligado ao desenvolvimento do Estado-nação, no sentido de se posicionar como foco da empreitada nazista à concretização de seu projeto totalitário e conquistador. Substancializa-se como uma máquina de assassinos que matam impiedosamente ou de maneira desapaixonada, tal qual instrumentos eficientes e cumpridores positivos de ordens programadas, preestabelecidas, tornando *banal*, por assim dizer, atitudes que à luz do bom senso parecem tão cruéis, mas que transbordam inadvertidamente de um baú de maldades.

A legitimidade do poder totalitário, como já foi mencionado, deriva das massas, não de classes sociais. A massa é o grande número de pessoas neutras e indiferentes em relação à política, que não possuem vínculo com partidos, nem votam. Os nazistas focalizaram sua propaganda nesse conjunto de pessoas alheias ao debate político, as quais não eram percebidas de forma destacada pelas propagandas dos partidos tradicionais.

2.3 A massa como base de legitimidade política

O surgimento de regimes totalitários apoiados nas massas é um evento histórico interessante para se analisar criticamente a democracia moderna, especialmente no tocante às ideias de participação representativa e à importância das massas sobre o debate e o envolvimento ativo na vida política. A democracia só funciona com participação, como espaço público institucionalizado de conflito, no qual sujeitos políticos organizados em agremiações, submetidos à aprovação da maioria, lutam pelo poder segundo os princípios da igualdade perante a lei e da liberdade de expressão. Já as massas, no mesmo raciocínio, são consideradas entidades amorfas guiadas segundo o prazer de ilusões temporárias. O totalitarismo demonstrou, portanto, como essa visão de massa é equivocada, tanto quanto é ilusório o poder definitivo que grupos de representação exercem sobre a sociedade como um todo. A apatia característica das massas é apenas a ponta do iceberg ou o resultado sintomático de uma sociedade individualizada pelo processo competitivo de consumo, próprio do caráter burguês, que paulatinamente transforma o distanciamento da política em hostilidade e oposição às instituições democráticas. Neste sentido, a perspectiva democrática baseada numa sociedade organizada politicamente em classes sociais, que se fazem representar em grupos como sindicatos e partidos, entra em colapso ou é contraposta por outra, notadamente guiada pela insatisfação generalizada em relação à política e à vida pública, assim como, aterrorizada pelo desemprego e pela inflação que assolavam a Alemanha do pós--Primeira Guerra Mundial. A falta de esperança é a gestação de superstições, e estas são o principal argumento demagógico que conduz tanto ao progresso quanto à ruína.

Quando as massas se identificam com algum tipo de orientação política que as incitam e se apresenta como meio para redimi-la das desilusões, a apatia que lhe é própria se transforma em fanatismo. Os movimentos totalitários surgem sobre o solo fértil de uma sociedade atomizada e individualizada que passa a legitimar, por aclamação, *heróis* que vão extraí-la do penoso estado de sofrimento e insignificância.

2.4 Terror como ideologia

O terror é mais do que o uso de instrumentos de difusão de medo e dor, convertendo-se numa *nova forma de governo* ao construir novas instituições sobre antigas formas tradicionais da política. Transformar classes em massas, desmantelar o sistema partidário e substituí-lo pelo movimento de massas; transferir o poder do exército para a polícia; e direcionar a política externa à conquista e ao domínio mundial, são elementos sintomáticos do projeto totalitário.

A prática do terror assume a forma política, ideológica. Em linhas gerais, um projeto não limitado apenas a momentos particulares da Alemanha nazista de Hitler ou ao contexto soviético de Stálin, pois enquanto modelo, e não somente evento passado, tem marcas bem registradas que o anuncia inequivocamente, como governo arbitrário em que o medo é o princípio da ação. Delimitar as características do totalitarismo e entender sua dinâmica ilumina a compreensão, inclusive, de delírios contemporâneos, principalmente aqueles derivados do uso da violência e do terror.

O terror neutraliza a ação política dos homens e libera os grupos repressores a transitarem sem impedimentos. Não há nada mais importante para os movimentos totalitários do que a delimitação de um inimigo sobre o qual todas as garras arbitrárias se seguram, no caso alemão em particular, os judeus foram selecionados propositadamente como a base concreta sobre a qual a águia nazista repousou e teceu o ninho para suas empreitadas transnacionais.

3. A atualidade do pensamento de Hannah Arendt

A análise de Hannah Arendt sobre os movimentos totalitários demonstra que o terror não é apenas difusão generalizada do medo, mas, sobretudo, uma forma de governo, ou melhor, instrumento político utilizado segundo a aprovação das massas sobre vítimas devidamente escolhidas. O medo é uma arma ideológica, pois se transforma num poderoso expediente de neutralizar a participação e a crítica, tão necessárias à democracia.

Hitler e os demais nazistas, não enganaram, simplesmente, o povo alemão. A partir do pensamento político de Hannah Arendt, pode-se afirmar que o discurso totalitário se fertilizou numa sociedade particular, num contexto no qual as massas se tornaram a principal fonte de legitimidade do poder.

A sociedade de massas não surgiu por acaso, é fruto de causas sociais específicas, notadamente definidas pelo Imperialismo do século XIX ou o processo de individualização decorrente de relações cada vez mais alimentadas pela concorrência competitiva e a primazia de interesses individuais. Indivíduos atomizados ou circunscritos no universo privado são a consequência da radicalização dos ideais capitalistas. Em outros termos, o desenvolvimento do Imperialismo conduziu a formas totalitárias de governo, exatamente porque todas as atividades humanas se resumem ou se restringem ao esforço do trabalho, impedindo que o homem perceba sua dimensão de criador de seu próprio mundo. Passa a ser mais uma ferramenta apolítica que se resume a trabalhar – não é mais *homo faber*, mas *animal laborans*.

Para Arendt, mais do que isolamento há solidão. Isolamento se refere à impotência política, enquanto que a solidão se refere à vida como um todo. Os regimes totalitários não se limitam apenas em inviabilizar o homem do campo político, vai além, destrói a vida privada pela solidão, porque é abandonado em todos os sentidos, instituindo o sentimento de não pertencimento ao mundo. Homens isolados são impotentes, enquanto que homens solitários perdem seu eu, sua própria *condição humana*.

Solidão não significa estar só, mas sim, abandono, que se intensifica ainda mais com a presença de outros, abandono inclusive de seus próprios pensamentos. Esse sentimento não só fundamenta o domínio, como, também, produz seus carrascos, homens instrumentalizados, como máquinas, que executam o terror. Em resumo, o totalitarismo se manifesta pela combinação de solidão e vigilância, cada vez mais intensos sobre os indivíduos que perdem a confiança em qualquer coisa.

Hannah Arendt alerta para o perigo da solidão organizada. Se antes esse sentimento se referia a fases da vida como a velhice, agora pode assumir a forma política em que os homens perderam a confiança em si mesmos.

Em termos contemporâneos, o medo está cada vez mais presente em todas as relações humanas. Sequestro, assalto, "bala perdida", tortura, assassinato e tantas outras formas de terror fazem parte do cotidiano como coisa que se naturaliza ou não tem jeito. Neste sentido, cabe questionar, à luz do pensamento de Hannah Arendt, se esta onda de terror não possui um caráter ideológico.

O Estado contemporâneo, com seus aparelhos de repressão, é impotente contra os grupos violentos ou se apoia no medo generalizado como argumento que impede um maior controle social sobre si mesmo? Em outras palavras, não estaria o Estado, no atual contexto histórico, usando como antes, no totalitarismo, o medo e o terror como ideologia?

O crescimento de massas alheias ao debate político e a difusão do medo generalizado caracterizaram o totalitarismo do início do século XX. Embora pareçam coisas do passado, estes fenômenos estão bastante em evidência, ainda mais nos últimos anos, embora com algumas variações.

No contexto nazista ou stalinista, constatava-se o monopólio do terror pelo Estado, seja pelos aparelhos de repressão como a polícia, seja pela propaganda oficial, direcionados a vítimas devidamente selecionadas. Em termos atuais, embora as minorias ainda continuem sofrendo perseguição, pode-se afirmar que a vítima da violência não possui uma cara definida. A qualquer hora ou em qualquer lugar comportamentos violentos podem acontecer indiscriminadamente. Resumindo, o terror é difundido também por grupos armados, pelo crime organizado, a partir de tentáculos eficientes de proteção e vigilância, e o Estado, mesmo atuando como defensor da segurança pública, utiliza o medo como escudo para inibir ou desfocalizar o debate político.

O medo é um atrativo mórbido, já dizia Arendt, que atrai o interesse das massas e inspira levantes autoritários ou o surgimento de *salvadores da pátria*. Fora da política, da reflexão e do debate, a forma de encará-lo se dá pelo transe, pela embriaguez momentânea, conduzindo o homem à impressão de uma segurança ilusória.

A atualidade do pensamento de Hannah Arendt é evidente, não só porque aborda temas como o medo e o terror, os quais se apresentam como os principais a serem analisados no nosso tempo, mas, principalmente, pela sua postura frente à realidade – concebendo-a como o campo da política por excelência –, a ser suportada pelo pensador: este deve sentir na pele os acontecimentos como que resistindo a tentativas generalizantes ou de lugar comum.

A sociedade atual, portanto, de pretensões democráticas e liberais, não está imune aos elementos do totalitarismo, mas, ao contrário, vem historicamente, a partir de formas mais sutis, instituindo o medo como uma de suas características mais marcantes.

Bibliografia

ARENDT, Hannah. *Origens do Totalitarismo*. São Paulo, Companhia das Letras, 1989.

_____. *Responsabilidade e Julgamento*. São Paulo, Companhia das Letras, 2004.

_____. *A Condição Humana*. 10ª ed., Rio de Janeiro, Forense Universitária, 2005.

Capítulo XVI
RAYMOND ARON
(PARIS, 14 MARÇO 1905 – 17 OUTUBRO 1983):
O COMPROMISSO COM A POLÍTICA

ANA MONTOIA

1. Uma obra no longo século XX: o diálogo com o tempo. 2. Força, potência e poder: a política interestados. 3. As religiões seculares: análise dos totalitarismos. 4. O fundamento do político: uma aposta democrática. 5. Impasses democráticos. 6. Os regimes constitucional--pluralistas. 7. Uma fenomenologia da ação política.

1. Uma obra no longo século XX: o diálogo com o tempo

A obra de Raymond Aron pode certamente ser definida como a obra de um observador comprometido com os homens de seu tempo, esse "longo século XX" do qual compartilhou os anos de chumbo e as promessas de renascimento. Seu trabalho, imenso, atravessou de fato os temas do século: as relações internacionais que moldaram o mundo da Guerra Fria, a instalação das repúblicas constitucionais, sobretudo essa IV República Francesa, da reconstrução pós-1945, que contribuiu para fundar os movimentos libertários da década de 1960, de um lado e do outro do Muro, o fenômeno totalitário, que demarcou posições (também entre as esquerdas) e definiu inimizades, e, sobretudo, os avatares que moldaram as democracias na segunda metade do século. Difícil, é verdade, classificar o pensador: alguns sublinham o teórico das relações internacionais, outros, sua filosofia da história, outros ainda o sociólogo; há quem desconfie de seu ecletismo, designando-o mais como um "comentador", dos textos e dos eventos, que propriamente um pensador original. Filósofo demais, dizem uns; filósofo de menos, retrucam outros...

Aluno da prestigiosa *École Normale Supérieure* da Rua d'Ulm, em Paris, Aron aliou-se, nos primeiros anos de juventude, ao socialismo herdeiro de Jean Jaurès. Simpatias de curta duração, porém. Batera-se, no exílio inglês, pela resistência ao invasor alemão, defendeu a causa da independência argelina, fustigou o movimento de Maio de 1968, comprometeu-se no apoio à guerra no Vietnã e engajou-se vigorosamente na defesa da República. Adepto do gaullismo dos anos de 1960,[1] ficou mais conhecido como intelectual renomado e polêmico, o expoente francês das teses políticas liberais.

Filho de antiga família judaica da Alsácia-Lorena (nasceu em 1905), Aron começou sua carreira pela estadia iniciática na Alemanha no início da década de 1930, candidato à preparação de tese doutoral sobre a filosofia da história alemã. Instalou-se em Berlim, por dois anos funcionário do *Institut* francês. Durante um ano e meio, foi incorporado ao *Lektorät* da Universidade de Colônia. Tönnies, Weber, Sombart, Simmel, Dilthey, Rickert, a escola histórica alemã acompanhavam-no.[2] E Marx, desde então. Estadia de suma importância no percurso desse pensador: foi ali que frequentou o neokantismo, que marca sua aproximação a Weber, como ainda a fenomenologia, a de Husserl (e a visão fenomenológica da sociedade, tal qual exposta pelo sociólogo alemão Vierkandt), em que alguns reconhecerão a filiação epistemológica mais importante na filosofia da história que propugna Aron.

Foi ali também que leu Clausewitz, o que lhe permitiu entender que a derrota de Hitler à presidência do Reich, vencido pelo velho marechal Hindenburg, não significava muita coisa nem devia servir para tranquilizar os espíritos. Em 1933, em Berlim há quatro anos, não lhe passa despercebido que a república alemã e seu nacionalismo fomentam naqueles anos uma ditadura em germe: no início de 1929, eram 12 os deputados hitleristas. Pouco tempo depois, somavam 107 no *Reichstag*. O ressentimento e a fúria das massas soam premonitórios. Em 1932, persuadido de que a guerra acontecerá, Aron anotava que não há mais modo de governar a Alemanha de maneira democrática.

1. Embora sua filiação ao partido de De Gaulle tenha sido efêmera e o próprio general tenha afirmado inúmeras vezes que Aron jamais fora gaullista.
2. *La Sociologie Allemande Contemporaine* foi editado em 1935, quando de sua volta a Paris. Logo depois, duas outras obras, ambas publicadas em 1938, contemplarão o estudo da filosofia da história alemã: *Introduction à la Philosophie de l'Histoire*. *Essai sur les Limites de l'Objectivité Historique* e *Essai sur une Théorie de l'Histoire dans l'Allemagne Contemporaine. La Philosophie Critique de l'Histoire*.

Ao jovem francês mergulhado nos livros, o mundo, de fato, esta Cidade dos Homens, cara ao mestre Leo Strauss (a quem Aron deve imensamente, mas de quem se afasta politicamente, e também intelectualmente, mais preocupado, nosso Autor, com o sentido *social*, e não *filosoficamente essencial*, dos homens e de suas criações), parece mais interessante que todas as filosofias. Um "espectador engajado": assim Raymond Aron definia a si próprio já na década de 1930, epíteto que não hesita em retomar ainda em 1981.[3]

Em Londres desde 1939, engajado nas formações militares das Forças Francesas Livres, Aron não deixou de dar crédito às posições que viam no Tratado de Versalhes uma humilhação que lançara os alemães, desde a derrota na Primeira Guerra, na sede irrefreável de reparação. Mas Aron não compartilhava do espírito que marcou a geração anterior à sua: não era, como nunca será, um pacifista. Os males a serem evitados com a guerra, dizia, são piores que a própria guerra. O pacifismo do respeitado filósofo Alain é cego ao ímpeto nacionalista e à ameaça feroz contida na chegada de Hitler ao poder. Uma posição é necessária, adverte, e a guerra, ao contrário da filosofia, não é a arte da delicadeza.

France Libre, a revista editada por Aron e Labarthe, na Inglaterra, era a referência dos resistentes. Labarthe apoiava aqueles que sombreiam De Gaulle, e Aron acompanhou-o. Em artigo de 1943, Aron apontava para o renascimento do bonapartismo naqueles tempos de guerra, essa versão francesa do cesarismo popular, pois que "escamoteia a soberania do povo da qual pretende emanar". A crítica tinha alvo certo: dirigia-se diretamente a De Gaulle. A aprovação incondicional do general – e o culto da personalidade que provocou no imediato pós- -guerra –, homem cheio das ambições pessoais, não agradavam ao jovem editor, que reprovava a utilização do mito do herói nacional, nutrido pelas referências à Resistência: a velha tecla do patriotismo ferido, sempre repisada, não lhe parecia de bom augúrio. Os gaullistas não esquecerão o desafeto, muito embora Aron tenha visivelmente mudado rápido de opinião. Não compreendera a envergadura histórica de De Gaulle, afirmará nas *Memórias*, e já em 1947, com a fundação do efêmero *Rassemblement pour le Peuple Français* (RPF), aliava-se aos princípios da IVª República francesa.

De fato, Aron participou, em tempo minúsculo – e numa tarefa minúscula, é verdade – do gabinete do amigo André Malraux. E se Mal-

3. Entrevista de 1981, editada como *Le Spectateur Engagé*. A mesma expressão nas *Memórias*, publicadas um pouco antes de sua morte em 1983.

raux, o literato, pôde ser ministro, por que Aron não se candidataria a percorrer ele também a *via crucis* dos intelectuais a caminho do poder? Maquiavel, sabe bem o propugnador de um "maquiavelismo moderado" nas ações dos governantes, só escreveu sobre a política depois de se ocupar dos assuntos de Estado... Próximo e amigo de muitos do governo da reconstrução, no pós-1945, a Aron poderia ter cabido a missão, sempre cobiçada, de conselheiro de Estado. Aron adora a polêmica e não se furtaria a intervir na realidade da coisa pública. Cria-se, é verdade, o Kissinger francês.[4] Méritos, aliás, não lhe faltavam: inteligência analítica, compreensão da economia, domínio das relações internacionais e da história, tinha tudo para se transformar em mentor intelectual da nova república francesa. Tudo, salvo os modos, dirá um amigo...

As circunstâncias afastaram Aron da *Realpolitik*. Certa ocasião, um dos ministros do governo De Gaulle, diante de suas ponderações sempre críticas, perguntou-lhe: "O que faria se estivesse em meu lugar?" Aron recorreu a Maquiavel para responder: pode ser que o intelectual, do "cimo das montanhas", confortável e altaneira posição, possa melhor compreender a "planície da política". Mas lá chegando, ao lugar do poder, são os mesmos métodos que despreza que deverá praticar. A advertência já estava em Platão... Porque Aron sabe que se os intelectuais cobiçam ser conselheiros dos Príncipes podem muito rápido se transformar em nefastos profetas confidentes da Providência...

A questão proposta pelo homem público servirá doravante de fio condutor às reflexões de Aron: a política é a arte do desejável, certamente, mas "o desejável é possível?" Eis a questão mais essencial – e a mais espinhosa – do fenômeno político.

No jornalismo sempre (*France Libre*, primeiro, na *RPF* e em *Combat* um período, depois em *L'Express* e no *Figaro* por longos e longos anos), Raymond Aron defendeu causas de poucos adeptos. A criação da OTAN, por exemplo. A defesa da Hungria, em 1956. A crítica sem peias do Movimento de Maio de 68, que julgou irresponsável (duas posições, aliás, que compartilha com Hannah Arendt). O apoio declarado à Guerra no Vietnã, ao passo que defendera a independência da Argélia, das maiores feridas, ao lado da descolonização da Indochina (sobre a qual Aron manteve um silêncio incômodo), enfrentadas pela República francesa após a guerra. Em 1957, sustentou um ponto de vista então pouco compartilhado: se não se quiser intensificar a guerra, dizia, é preciso

---

[4]. Aluno de Aron nos Estados Unidos, Henry Kissinger, conselheiro e ministro dos governos norte-americanos, de Nixon em especial, foi o negociador da paz no Vietnã e da aproximação com a China.

negociar com a Frente de Libertação Nacional, dominada pelo exército argelino.[5] Em 1961, iniciadas as negociações rumo à independência da antiga colônia francesa na África, escreveu um pequeno artigo, "Adieu au gaullisme", de apoio ao general, que lhe rendeu a antipatia do próprio. A tese, de fato, não agradou nem à direita nem à esquerda, François Mauriac ataca-o em *L'Express*, Sartre e Merleau-Ponty em *Temps Modernes*, e Michel Debré proclama a absoluta soberania da França na Argélia.

A política do século XX foi séria demais e trágica demais, dizia Aron, para que as amizades resistissem às divergências. Tempo em que as adesões, as práticas políticas (e as discordâncias que encerram), dividiam também as águas do cenário intelectual. O clima que envolvia esse gênero de disputa, o tipo de adesão e de compromisso solicitados se expressa numa frase, pronunciada nos acontecimentos de Maio de 68, mas ainda infortunadamente em vigor: "melhor pensar errado com Sartre", clamava-se então, "que certo ao lado de Aron"... Mordaz, insolente por vezes, Aron não deixou porém de apoiar seus inimigos, quando a ocasião se apresentava, nem de fustigar os próximos.

Neste campo, justamente, o da inimizade, estabeleceu-se o que alguns consideram um dos maiores diálogos políticos do século XX: Jean-Paul Sartre (1905-1980), de um lado da barricada, Raymond Aron (1905-1983) de outro, os "irmãos-inimigos", como é comum entre os homens de letras, representam essa espécie de sociabilidade intelectual cuja clivagem passa pelas preferências políticas de opositores, de fato, em questões de fundo.

Vejamos um instante se este tipo de aproximação permite esclarecer algo das ideias políticas de um tempo.[6] Sartre e Aron podem, de fato, ser irmanados na mesma trajetória: nasceram no mesmo ano, filhos ambos de famílias intelectualizadas e financeiramente estáveis da

---

5. *La Tragédie Algérienne*, 1957.
6. É o que tentou Jean-François Sirinelli (*Sartre e Aron: Deux Intellectuels dans le Siècle*, 1996). De outro escopo, o trabalho de Nicolas Baverez, *Aron, un Moraliste au Temps des Idéologies*, 1993, referência incontornável para os que querem entender o percurso intelectual de Aron no "século das ideologias". É surpreendente, aliás, quão rala é a bibliografia concernindo à obra do pensador francês, extraordinariamente diversificada e verdadeiramente interdisciplinar. Afora o texto de Baverez, os artigos esparsos publicados, sobretudo, em revistas norte-americanas e italianas e o reconhecido trabalho de Robert Colquhoun, *Raymond Aron*, de 1986, existem duas outras análises do conjunto da obra aroniana: Daniel Mahoney, *Liberal Political Science of Raymond Aron* (Rowman & Littlefield, 1992) e Brian Anderson, *Raymond Aron* (Rowman & Littlefield, 1998). Nenhum desses livros conhece tradução em português.

burguesia francesa, frequentaram a mesma escola, ocuparam-se os dois da filosofia alemã, Sartre aluno de Husserl e de Heidegger, filiação fenomenológica cheia de percalços teóricos, do existencialismo ao marxismo, e Aron dedicado à escola histórica alemã (sobretudo à tradição da *Verstehen* [*compreensão*] de Dilthey e Weber) e também à fenomenologia husserliana e seus desdobramentos sociológicos.

Irmãos, também, na atividade de "publicista" a que se viram compelidos ao longo da vida: Sartre, editor da revista *Les Temps Modernes*, com Albert Camus e Maurice Merleau-Ponty, prontos a agitadas polêmicas, na década de 1950, em torno dos posicionamentos – diversos entre si, diga-se – diante do totalitarismo soviético. Aron, por sua vez, em uma nota redigida no fim da vida, em que resume sua carreira, nem menciona o jornalismo, insistindo em designar a si mesmo como um professor. Vários volumes, porém, reeditam seus inúmeros artigos de circunstância publicados ao longo das décadas.[7] Professor em Bordeaux antes da guerra, no *Institut d'Études Politiques* de Paris e na *École Nationale d'Administration* depois de 1945, na Sorbonne quase a vida inteira, na *École Pratique des Hautes Études* por mais de uma década e no Collège de France, o panteão acadêmico francês, a partir de 1970, e ainda nos departamentos de Relações Internacionais de Columbia e Harvard, nos Estados Unidos, os talentos do publicista não eram desprezíveis na sala de aula do mesmo modo que a erudição do professor nutria seus artigos na imprensa. Também Sartre, como é sabido, embora não tivesse vínculos com as instituições universitárias francesas, antes um escritor, teatrólogo e romancista, vivendo de seus livros e ensaios, reunia à sua volta uma coorte de discípulos e adeptos.

Engajados, ambos, vê-se. Mas em paragens bastante distintas. Para entender o que estava em jogo, seria preciso entender também o ambiente político em que se formaram os dois homens. A primeira metade do século, que os acolheu jovens, conhecera duas guerras mundiais, ensejara sensibilidades pacifistas e os regimes totalitários instalaram-se no entretempo com seu cortejo de horrores, exigindo de cada um posições requisitadas com radicalidade, da Resistência ao nazismo, à denúncia dos crimes soviéticos e ao processo de descolonização levado por guerras de independência nacionais. Ainda assim, com o fim da guerra sem vencidos nem vencedores de fato, 1945 viu emergir a instalação do regime democrático no bojo da difícil reconstrução europeia

---

7. *Leçons sur l'Histoire*, 1989; *Chroniques de Guerre. La France Libre 1940-1945*, 1990; *Les Articles de Politique Internationale dans "Le Figaro"*, I, II e III, 1990/1994/1997, todos editados postumamente.

do pós-Guerra. As questões, contudo, mal começavam. Na França, o gaullismo introduzira, com incrível apoio popular, mesmo na volta do general ao poder por um golpe de estado em 1958, uma política interna liberal, vivendo da memória da resistência, do crescimento econômico e da instalação dos princípios republicanos do Estado do Bem-Estar Social, marcada, porém, por acirrada luta colonial na política externa e por graves divergências no que toca à valorização do regime democrático e de sua forma representativa.

Essa mesma república que Aron ajudou a fundar no pós-guerra nem sempre se mobilizou em torno de princípios valorosos: a França que assinara (e inspirara) a Carta dos Direitos do Homem de 1948 manteve, ao longo do século, uma ambígua posição no que se refere ao antissemitismo. A questão é complexa e o momento, na história da França e do mundo, trágico. Não se presta, é o que quer dizer Aron em artigo de 1981, a ataques ligeiros. Se o pensamento racista e o antissemitismo foi tão francês quanto alemão, como demonstram inúmeros trabalhos bastante sérios, importa, dizia Aron, bem definir isso que se entende um tanto apressadamente como a "ideologia" nacional. Muitos dos franceses amargaram meses de prisão ou se aliaram aos resistentes nos *maquis*. Se a crítica de suas ações, ou de seus textos, é legítima, ainda assim ela exige comedimento intelectual e moral, além de perspectiva histórica. Uma visão organicista do elo social, a defesa de uma espécie de patriotismo carnal de tonalidade comunitária, a detestação da democracia representativa, individualista e ligada ao capitalismo, e da República burguesa e liberal, podem ser compartilhados à esquerda e à direita, adverte Aron. Nada disso é novo, menos ainda especificamente francês. Multiforme, indiscernível, a "ideologia" não explica o fato de que os franceses votaram pela República e pela democracia parlamentar. O problema, eis o que ataca Aron, é que a democracia que tanto se prega, pode tornar-se muito facilmente inquisitória, ou alimentar uma espécie de histeria, bem próxima do desvio totalitário. A mesma República que instalou os direitos civis no coração da escola pública lançou contra a Argélia uma guerra sem descanso e não afastou de seu substrato profundo um antissemitismo larvar. O cerne do argumento de Aron pode ser resumido como princípio teórico e como defesa incondicional do pluralismo constitucional, base distintiva do procedimento democrático.

Segue-se o Vietnã, e as guerrilhas na América do Sul e Central. Antes disso, a denúncia dos expurgos e do gulag soviético, algo a que não se podia mais fingir a inexistência depois do relatório Kruschev de 1956, como o fizeram os adeptos da "mentira de boas intenções".

E, claro, Maio de 68, a mobilização dos estudantes, as ocupações de fábricas, o movimento libertário. Por trás dos apelos antirracionalistas da *revolução inacessível*, como denominou o movimento num pequeno texto, Aron reconhece as influências do romantismo alemão e localiza o nascimento da Nova Esquerda, conglomerado de diversos grupos, do trotskismo ao movimento hippie, do socialismo utópico pré-marxista aos anarquistas e aos maoístas. Para ele, Maio de 68 foi antes de tudo um carnaval.[8] Eis um momento em que a reflexão é vencida pelo homem de ação: Aron, o analista do Estado contemporâneo por excelência, não soube, está claro, prever em sua amplitude a profunda metamorfose que o movimento de 68 operou sobre o Estado liberal e sobre os rumos democráticos, que hoje saltam aos olhos.

Aron, entre a inquirição epistemológica, sempre acurada, a ciência da sociedade (e sua consciência) e a teoria política, fez do problema de fundo – essencialmente político em sua interrogação sobre a ordem do desejável e do detestável – o cerne de sua interrogação: em que consiste o poder? Maneira de levar adiante um programa inteiro, para o homem de decoro que foi Aron: este de *compreender sua época o mais honestamente possível*.[9]

2. Força, potência e poder: a política interessados

É em geral admitido seccionar a obra de Raymond Aron entre aqueles trabalhos relativos à filosofia da história, aqueles outros sociológicos, outros, ainda, tratando propriamente da teoria política e, por fim, seus estudos destinados à compreensão das relações entre Estados. O recorte, porém, tem algo de profundamente arbitrário. O próprio Aron escolhera, para a aula inaugural proferida no final da década de 1970 no *Collège de France*, debruçar-se autobiograficamente sobre aquilo que chamou a "condição histórica do sociólogo".[10] A política,

8. *La Révolution Introuvable. Réflexions sur les Évènements de Mai*, 1968.
9. O *Centre de Recherches Politiques Raymond Aron*, vinculado à *École de Hautes Études en Sciences Sociales* (EHESS) de Paris, desde 1992, abriga o fundo documental relativo à obra de Aron, inclusive o conjunto de seus manuscritos. Resultado da fusão de dois outros grupos, o *Institut Raymond Aron*, dirigido por François Furet, e aquele animado por Claude Lefort durante duas décadas, o Centro Raymond Aron reúne hoje pesquisadores da história política da Revolução Francesa e do século XIX, da história do sujeito e da filosofia moral, da sociologia e da filosofia das instituições, e dos fundamentos da democracia moderna, além de manter ativos os programas doutorais de ensino.
10. Traduzido no Brasil pela Editora da Universidade de Brasília, 1981.

afirmou então, é um subsistema da sociedade que, em qualquer época, forma uma totalidade. E o "fato social total", completou, é objeto da ciência sociológica. A questão é que, para Aron, o problema do político, nas sociedades industriais modernas, não se resume a um fator autônomo determinante qualquer, mas ele é o próprio tipo geral que permite *compreender* essa sociedade: eis um fio contínuo que conduz todas as suas interrogações, que já fora tramado em seus primeiros trabalhos e em que se pode discernir uma certa filosofia da história. Assim, sua "teoria associal das relações internacionais" configura mais uma inquirição sobre a natureza do poder, nisto tipicamente aroniana – à medida que implica uma praxeologia, ou uma *teoria da prática*, ou da *ação* – que exatamente um compartimentado e pouco rigoroso "campo" de pesquisa.

O que não quer dizer que Aron tenha deixado de fazer do estudo das relações internacionais o alvo de uma sistemática análise das *constelações* e das *conjunturas* em que se movem os Estados no mundo contemporâneo. Significa, ao contrário, que uma teoria da política externa das nações só adquire sentido, para Aron, quando ela interroga seus *fundamentos*, isto é, a natureza dos Estados e de suas relações nessa "sociedade associal", em que o direito é entregue à interpretação de cada ator e inexiste uma instância detentora do monopólio da violência legítima.

Comentador engajado das atualidades internacionais a partir do final da década de 1940,[11] Raymond Aron fora atraído pelo estudo das relações interestados, para ele fundamentais, já desde 1932. Da observação da história, uma tese então se perfila, que Aron não abandonará jamais: a rivalidade entre Estados de fato é permanente e por isso mesmo precisa ser dominada por uma vontade política comum que permita um equilíbrio mais ou menos estável. O que não quer dizer, sublinhará com ênfase, o fim do conflito, mas seu jugulamento, sempre provisório.

Fiel à concepção weberiana que expunha em sua filosofia da história, Aron reconhece que não é possível apreender o conjunto da realidade "social". Disso resulta que uma *teoria pura* das relações internacionais, ao modo de uma teoria geral da economia, é projeto de fato inexequível (como o é, aliás, o de uma teoria da política interna aos Estados): antes analisar nas relações interestados sua essência, a conduta diplomático-

---

11. *De l'Armistice à l'Insurrection Nationale* e *L'Âge des Empires et l'Avenir de la France*, ambos de 1945; *Le Grand Schisme*, 1948; *Les Guerres en Chaîne*, 1951; *La Coexistence Pacifique*, em colaboração com Houtisse e Souvarine, de 1953, além dos artigos regulares que mantém nas colunas do *Figaro* desde 1947.

-estratégica a que são levados pela política internacional. Trata-se, afirmará em *Paz e Guerra entre as Nações*, de estabelecer a "relação entre unidades políticas em que cada uma reivindica o direito de fazer justiça por si mesma e de ser senhora absoluta na decisão de combater ou de não combater".[12] Desde então, Aron insiste, ao contrário de seus pares, em interrogar a *natureza* das relações internacionais. Nesse sentido, se uma teoria é possível, ela não ultrapassa os limites de um estudo objetivo das condições nas quais se desenrola a política externa dos Estados. Contudo, apta mesmo a desvendar a natureza humana e social, que constituem as condições estruturais da belicosidade, uma teoria pode "dissipar as ilusões daqueles que esperam, modificando *uma* variável (número de homens, estatuto da propriedade, regime político), pôr fim ao reino das guerras", como afirma em artigo de 1967.[13] Aquilo que denomina uma "teoria associal das relações internacionais", capaz de "esclarecer os dados constantes da sociedade internacional", não se presta porém a garantir, como desejariam as almas nobres ou os espíritos frívolos, nem moralidade, nem eficácia, muito menos a paz perpétua.

Entendamos bem: de fato, o sistema de relações interestados, na obra de Raymond Aron, já desde os anos de 1940, preocupado com a compreensão do novo contexto originado da guerra, transformou-se em um campo específico de estudos, com arcabouço próprio, teórico e metodológico, que se compreende no princípio de legitimidade e de legalidade do recurso à força armada por parte dos atores internacionais. Em artigo de 1954, enuncia seis pontos bem precisos – verdadeiro programa de método, que recusa as explicações unilaterais – como passos necessários à compreensão do universo interestados: 1. determinação do campo da atividade diplomática, e de seus limites; 2. relações de força ou esquemas de equilíbrio; 3. técnicas de relações entre Estados, pacíficas e belicosas, ou a arte da diplomacia e da guerra; 4. reconhecimento, ou não reconhecimento, recíproco dos Estados; 5. relações entre a política externa e interna; 6. sentidos e finalidades da política externa.[14]

Significativamente, a noção de *força* aí encontra um espaço bastante circunscrito. "Designação abstrata de um fenômeno fundamental

---

12. Traduzido no Brasil em 2002, Brasília/São Paulo, Editora da UnB e Imprensa Oficial do Estado.
13. "O que é uma Teoria das Relações Internacionais", publicado em *Estudos Políticos*, edição brasileira da Universidade de Brasília. Ver também no mesmo volume, *Macht, Power, Puissance. Prose Démocratique ou Poésie Démoniaque* (1964).
14. Publicado em *Polémiques*, 1955.

da história humana", a força, a potência ou o poder (voltaremos adiante às ambiguidades que encerra essa sinonímia), podem ser definidos genericamente como "a capacidade que possui o Estado de modificar a vontade de grupos ou de indivíduos incluídos em sua esfera". Mas, no que se refere ao poder *inter*estados, a definição não basta e é preciso admitir o caráter "escorregadio" do conceito. O que é, afinal, uma potência do ponto de vista das relações internacionais? Qual a natureza – e a extensão – da potência dos Estados no jogo de forças que fazem as guerras? A política internacional, dizia Morgenthau, como toda política, é uma luta pelo poder. Eis uma terrível ambiguidade, retruca Aron: ponto de partida e também objetivo final de todo ator na cena internacional, a potência, ou a força, transforma-se ainda em meio. Não se corrige a ambiguidade, adverte o filósofo, apelando à noção de poder como à capacidade de "controle de um homem sobre a mente e as ações de outros homens". Porque se esse é o traço específico, seguindo Weber, de toda e qualquer associação humana – e *não* de toda política, frise-se –, como haveria de se transformar em elemento distintivo de um campo de interrogações próprias, as relações internacionais?

A dificuldade é dupla: não apenas a noção é pouco operativa ao que se destina como ainda carrega o malefício de não permitir distingui-la claramente da dominação política, própria do universo estatal, a quem cabe o uso legítimo da força *também* nas relações interiores aos Estados. Se a força, a potência de um Estado, possui uma tríplice natureza, ao mesmo tempo princípio, finalidade e meio da política externa, então é preciso melhor investigar a natureza do fenômeno. Primeiro, lembra Aron, potência e força não se confundem. Potência (*macht*, no alemão, *power* no inglês) é capacidade, possibilidade, no sentido em que dizemos a "potencialidade" de uma vontade passar à ação, por exemplo, e não pode ser medida em absoluto, extremamente dependente que é de contextos, ao passo que força é dispêndio de energia visando a sobrepor a vontades outras a sua própria *à medida que* lhe permite a violência dos meios que emprega. A força, diz Aron, é a capacidade de produzir ou de destruir: um explosivo contém uma força mensurável – independente, aliás, de ser ou não detonado – como uma maré, o vento, um tremor de terra.

Em *Paz e Guerra entre as Nações*, de 1962, virá a sistematização mais completa concernindo à análise das relações internacionais. Desta vez, é o conceito de *potência* a verdadeira viga-mestra de todo o edifício: toda potência encontra outra potência que freia seus movimentos. Nenhuma novidade epistemológica: a ideia de "balance of power" era já há muito uma noção-chave na análise das relações entre os Estados. E os próprios fundadores da disciplina fizeram do conceito, pouco unívoco, aliás, a pedra de toque de suas construções teóricas. Contemporâneo, ele próprio da escola realista norte-americana (Morgenthau, Carr, Kennan), que fazia da força o conceito fundamental de qualquer teoria das relações interestados (e mesmo de toda teoria política, como em Anthony Downs ou Talcott Parsons), a conclusão de Aron, porém, recusando-se a tomar a noção como ponto de partida das elaborações conceituais necessárias ao entendimento das relações entre Estados, levará de fato a validar mais uma teoria dos *"meios* da potência", em franca linhagem maquiaveliana, que propriamente uma concepção energética do poder – esta em que a violência é admitida como "normal": com efeito, a crítica conceitual aplicada à abordagem realista que conduz a uma doutrina racional da ação explica-se por uma outra, bem específica, visando a compreender a inteligibilidade de um subsistema social e a refutar a pretensão de propor um modelo geral das relações internacionais fortemente ancorado sobre a noção de força. O objetivo é claro: alertar contra toda abordagem monoconceitual, aí incluída aquela em voga, fazendo da noção de potência o conceito-chave das interpretações. Realismo, diz Aron, não se confunde com relações de força, que suporiam a aniquilação do inimigo, pois é da natureza mesma das relações entre Estados, continua, não recusar ao inimigo o direito à existência. Daí que as relações internacionais sejam marcadas por traços que lhes são de fato específicos: ausência de tribunal e de polícia, direito do recurso à violência, pluralidade de centros de decisões autônomos, alternância entre a paz e a guerra.[15] Em outras palavras: a sociedade internacional, ao contrário do Estado moderno, define-se, para Aron, pela ausência de uma instância que detenha o monopólio da violência legítima, algo bem próximo a um estado de natureza hobbesiano.

Tudo isso não quer dizer, está claro, que Aron tenha abandonado o conceito de poder/potência em sua teoria associal das relações internacionais. Ela é mesmo, para o filósofo, à condição de bem entendê-lo, o conceito fundamental da teoria política. Designa o potencial de mando, de influência ou de coerção, a capacidade de obter submissão ou conformidade, que um indivíduo ou uma unidade política são suscetíveis de exercer sobre os demais. "Não é ilegítimo", afirmava, "reter o conceito de potência como o conceito fundamental, original de toda ordem

15. Tanto que o próprio Aron indicava, em artigo de 1967, que se "um dia (...) se instaurar, na sociedade internacional, um monopólio da violência legítima, diremos simplesmente que o campo específico das relações inter-estatais desapareceu".

política". O que não se deve negligenciar, contudo, é o fato de que falar em poder como fundamento da ordem política dissimula, no caso das relações internacionais, o essencial, o uso da força: "os membros de uma comunidade obedecem às leis e submetem seus conflitos a regras, enquanto os Estados, que limitam, pelas obrigações às quais subscrevem, sua liberdade de ação, sempre se reservaram, até hoje, o direito de recorrer à força armada e de definir eles próprios o que entendem por 'honra', 'interesses vitais', 'legítima defesa'".

Nos artigos escritos depois da década de 1970, Aron corrobora – com os exemplos da história – suas intuições iniciais, vindas certamente de Weber: o poder, noção vaga em demasia, não pode ser o fator primordial da análise das relações internacionais. Exige, como vimos rapidamente, que se distinga claramente a potência de um Estado da força e dos recursos que pode mobilizar no confronto internacional das nações. A força tampouco pode se transformar em objetivo da política externa, que muitas vezes se localiza na neutralidade, ou na maximização da capacidade mobilizadora em permanência, como no caso totalitário. Um chefe pode propor como fim último do Estado sua potência (negativa, a segurança defensiva, ou positiva, a força propriamente dita, ofensiva), sua glória, ou mesmo a religião ou a ideologia que encerra. Para Aron, não se deve perder de vista que os Estados visam, acima de tudo, ao espaço, aos homens e às almas. Numa palavra, a potência, ou o poder, de um Estado, ao contrário da pura força, pode obedecer a uma infinidade de objetivos, não pode ser quantificada de maneira rigorosa, é sempre relacional e relativa e jamais suscetível de explicação. Não poderia, portanto, ser o conceito fundamental a partir do qual edificar modelos sistemáticos de explicação das relações internacionais: como meio, não é mensurável, como fim revela uma pluralidade.

O que caracteriza a ação externa dos Estados, e determina sua real potência, ao contrário, é a multiplicidade ou a indeterminação dos fins, justapostos ao imperativo do cálculo das forças, necessário para assegurar a sobrevivência e a segurança de cada unidade em um conjunto que não é nem uma comunidade nem uma verdadeira sociedade, pois que nessa relação não há poder central nem tampouco valores comuns. A potência, justamente, de uma pessoa ou de uma coletividade, não pode ser aquilatada, nem rigorosamente medida, pela diversidade de fins a que se entrega e dos meios que mobiliza – ou que *pode* mobilizar. O poder de um indivíduo é certamente sua capacidade de agir pela força, mas também, e acima de tudo, a capacidade de influir sobre a conduta ou os sentimentos dos outros indivíduos. Daí deriva uma outra distinção, entre a potência ofensiva e aquela defensiva de um Estado, o que amplia de modo consistente o conceito: se a potência é, no cenário internacional, "a capacidade de uma unidade política impor sua vontade a outrem", ela se lê também "na capacidade de uma unidade não se deixar impor a vontade de outros". O que significa que a potência política não é um dado absoluto, mas uma relação humana. O conceito encontra seu verdadeiro significado no fato de os homens exercerem tal poder essencialmente sobre seus semelhantes. A potência, portanto, não se resume à consideração das forças disponíveis, puro "power".

É dessa "relativa indeterminação" da ação diplomático-estratégica que provém a impossibilidade, de fato, de estabelecer uma "teoria global" do fenômeno das relações externas de um Estado. Fundamental, pois, distinguir a potência em tempos de guerra e a potência em tempos de paz. São os determinantes, mais que a força que emprega, que podem orientar a compreensão da política externa de um Estado. Aron isola três elementos fundamentais para a compreensão das relações internacionais: 1. o *meio*, isto é, o espaço que ocupam as unidades políticas, o território; 2. os *recursos*, ou os materiais disponíveis e o saber técnico que permitem que os recursos se transformem em armas, mas também o número de homens de que dispõe a unidade política e a arte de transformá-los em soldados (nem sempre identificado, portanto, com o desenvolvimento industrial; bom exemplo foi a guerrilha vietnamita e a argelina); 3. a *ação coletiva*, tanto no engajamento tático de que é capaz quanto no nível diplomático-estratégico das ações, o que engloba a organização do exército, a disciplina dos combatentes, a qualidade do comando civil e militar – na guerra e na paz, frise-se –, a solidariedade dos cidadãos, a boa e a má sorte etc. Três elementos, sublinhe-se mais uma vez, bastante dependentes da história e difíceis de serem transformados em dados previsíveis e mensuráveis.

A reflexão sobre a potência, enfim, não é, para Aron, um fim em si mesmo. Permite, ao delimitar sua abordagem teórica, devedora de Clausewitz, o teórico da estratégia e da guerra (*Penser la Guerre: Clausewitz*, 1976), de Maquiavel (a questão dos "meios legítimos" que comportam o recurso à força), devedora também da tradição crítica kantiana (o problema da "paz universal", aspiração a uma moral da lei mundial capaz de se substituir à moral do combate e da força) avançar uma ética lida em Tucídides: aquela da prudência. Em termos práticos e da atualidade do seu tempo, nem o idealismo ingênuo dos que propugnaram a paz pelo direito e pelo desarmamento, nem o realismo nefasto que insiste em que a paz virá da aniquilação do inimigo. Talvez prudente demais, diríamos hoje, confiante demais na aptidão dos Estados em dominarem a belicosidade.

A era dos impérios impusera os elementos pelos quais se definiria o mundo, concentrando nas mãos de alguns poucos Estados a potência internacional: os recursos naturais, o volume da população e o parque industrial. Muito mudou, desde então, e a evolução das últimas décadas, depois do fim da guerra fria, transformou grandemente a tipologia daquilo que comanda hoje a potência de um Estado, refazendo por completo os grandes desafios da política internacional: o incremento da interdependência econômica, a emergência de atores transnacionais ao lado do desenvolvimento do nacionalismo em Estados frágeis, a expansão da tecnologia... Há, sobretudo, os fatores imateriais: a coesão nacional, a difusão além das fronteiras nacionais do que se pode chamar a "cultura", a capacidade de influenciar instituições internacionais no que diz respeito às decisões de equilíbrio geopolítico. Todos, elementos que não deixaram de apontar os críticos como deficitários na análise efetuada por Aron em *Paz e Guerra*, já desde Oran Young, que lhe recriminava a tendência a discutir mais em termos fenomenológicos que propriamente teóricos o problema das relações interestados, ou de Marcel Merle incomodado com as lacunas da análise aroniana, sobretudo a interdependência econômica expressa nas relações Norte-Sul.

Mas não é tanto a pertinência histórica, nem a capacidade preditiva das teses que propugnou Aron no campo da política externa do século XX, do qual foi certamente dos mais atuantes analistas e espectadores, que mais importa. Nem incomoda que elas sejam mais um "comentário político de primeira grandeza" que obra teórica, como se disse. Mas nelas se lê, certamente, uma reflexão acabada, e pessimista, sobre as causas da guerra, seu lugar na natureza humana e seus efeitos sobre a sociedade moderna. Nos escritos de Aron, filosofia, história, economia e política internacional mesclam-se de tal modo que seu mérito está em que tais teses têm um alcance que ultrapassa de muito os problemas próprios de uma teoria das relações internacionais. É, muito particularmente, a uma reflexão sobre o poder que se entrega Aron, de *Pensar a Guerra: Clausewitz* ao texto inacabado referido aos *Últimos Anos do Século*, publicado postumamente em 1984. E é essa reflexão que faz a originalidade e a importância de seus escritos.

3. As religiões seculares: análise dos totalitarismos

Duas grandes preocupações atravessam a obra aroniana no pré--guerra: o futuro dos impérios, que abririam a via, como vimos, a seus estudos sobre a política externa dos Estados, e aquilo que denominou as "religiões seculares" do século XX.

É ao *Tratado de Sociologia Geral* de Vilfredo Pareto (1916) que Aron deve a noção. Do pensador italiano, Aron recolherá, porém, os temas (sua conhecida teoria das elites, a recusa do primado da economia e, sobretudo, a teoria e a crítica das ideologias na explicação dos laços societários) e não propriamente as conclusões. Para Pareto, a necessidade de crenças é um "resíduo" moderno, e as diferentes religiões, os mitos e as ideologias, suas derivações. Algo, sem dúvida, parecido com o que Le Bon, no século XIX, designara como as "forças místicas" (o que Pareto entenderá como "ações não lógicas", predominantes nas condutas humanas e, por isso, objeto da ciência sociológica), que movem a psicologia das massas: "o esforço para superpor à diversidade natural das convicções uma crença dogmática capaz de impor um conformismo político e moral", uma "ortodoxia intelectual", repetirá Aron em *L'Homme Contre les Tyrans* (1944).

Por religiões seculares,[16] Aron entende aquelas "doutrinas que ocupam na alma de nossos contemporâneos o lugar da fé adormecida e situam, na terra, e no longínquo mundo futuro, sob a forma de uma ordem social a ser criada, a salvação da humanidade". O termo, certamente, é impróprio, antes um derivado da acepção paretiana, recuperado por falta de nomenclatura mais adequada. Mas, no cenário histórico que bem conhece Aron, a noção parece descrever sociologicamente essas doutrinas morais e filosóficas que emprestam um "verniz lógico" aos regimes totalitários, prontos, todos, a combater as democracias liberais, brandindo, como derivações de resíduos imemoriais, os grandes mitos de enorme força persuasiva no século XX, a revolução, a classe, a raça. Se a ideia das religiões seculares, para Aron, permite explicar o desenvolvimento desses regimes, seu impacto se compreende, contudo, por um motivo mais de fundo; não se reduz, insiste Aron, à experiência histórica, nem pode ser inteiramente compreendido pela psicologia coletiva e nem mesmo pela sociologia. Trata-se, mais fundamentalmente, da *incapacidade da democracia a resistir ao deslizamento das convicções partidárias em direção ao fanatismo*, impotência, diga-se, capaz de destruir a própria democracia.

O próprio Aron reconhece, em suas *Memórias*, o lugar que ocupa a noção em suas reflexões desde 1936-1937. De fato, o vocabulário de

16. Título do artigo publicado em *France Libre*, em 1944, "L'Avenir des Religions Séculières", depois reeditado em *Chroniques de Guerre*.

Aron indica a maneira retórica pela qual se refere às atitudes políticas engajadas, que trata por assunto de crença, fé, convicção salvadora...[17] A ideia parece aplicar-se aos regimes totalitários, elite intelectual e massas, comunismo e fascismo confundidos...

Se o tema é claramente exposto nos escritos durante e imediatamente depois da guerra, ele já fora esboçado, como interrogação, desde 1933: "o fascismo é a verdade política do século XX, a imagem do seu futuro, nosso destino", indagava Aron ainda na Alemanha, "ou uma revolta vitoriosa de escravos, um rude esforço para fazer reviver formas sociais desaparecidas?". Logo após a guerra, em artigo de fevereiro de 1946, Aron considerava que "as forças profundas que favoreceram o surgimento do III Reich ainda agitam as sociedades do século XX". Mas sobra, evidentemente, uma pergunta: Aron refere-se particularmente aos regimes totalitários que conheceram a história ou sua reflexão indica o perigo larvar engendrado pelas democracias? A resposta virá claríssima, em *Machiavélisme et Tyrannies...*: "a ameaça dos Césares surgiu [com Hitler] e ela não desaparecerá com o nacional-socialismo", alusão, certamente, à experiência soviética, mas indício, ainda, dos paradoxos democráticos que o mundo do pós-guerra, otimista com a vitória sobre a barbárie alemã, tendia a negligenciar. O perigo, de fato, anunciado nos textos de Aron desde os anos de 1940, paira como uma lâmina cortante sobre as democracias vitoriosas: diz respeito à inadequação dos homens à sociedade industrial (tanto democrática quanto totalitária). Aí se originam as causas mais longínquas e mais fundamentais das tiranias modernas, ou das religiões seculares. E daí se entende todo o programa estabelecido por Aron, e seu particular interesse pela compreensão das sociedades industriais, às quais dedicou vários de seus cursos. O que não permite concluir, está claro, pela perfeita simetria entre democracias liberais e império soviético. No caso do totalitarismo soviético, conjugam-se cinco elementos: a) partido monopolista; b) ideologia de Estado; c) monopólio dos meios de comunicação; d) controle estatal das atividades sociais; e) aparelho repressivo instituinte do terror. Quanto às democracias liberais, voltaremos adiante

17. "Dois tipos de homens, opostos, mas no fundo fraternos, devastam a política de nosso tempo. Uns creem em um homem, em um movimento, em uma doutrina. Para eles, fora da Igreja não há salvação. Outros só acreditam na força. A única realidade é a luta entre facções para a tomada do Estado. As ideologias são apenas suas máscaras ou justificações (...). Os primeiros fornecem de preferência as tropas; os segundos, os chefes dos movimentos autoritários" ("Garantias de la liberté", *Chroniques de Guerre*, apud Rémy Freymond, apresentação de *Machiavel et les Tyrannies Modernes*, Editions de Fallois, 1993).

a elas, seu traço distintivo é o fato de constituírem regimes constitucional-pluralistas, o que indica uma radical diferença de natureza, e não de grau, entre os dois modos de organizar o elo social.

A *polis*, pensava Aron, é sempre potencialmente perecível. E o problema é que "a ideia democrática jamais possuirá uma força de atração comparável àquela que exerce sobre uma minoria o credo comunista, *porque em sua essência a democracia não é religiosa*".[18] Eis a fragilidade das democracias, pensa Aron, sempre confrontadas às duplas tentações pendulares, entre o individualismo e as paixões coletivas. A ideia bem se aplica a nossos dias, pós-queda do Muro, em que nem as utopias igualitárias, nem as reivindicações tutelares, nem os fanatismos sangrentos desapareceram, muito ao contrário, provam-no as "guerras santas" e o vigoroso processo de juridicização das condutas em marcha nos Estados democráticos. Não podendo apoiar-se em referências que lhes são exteriores, a natureza mesma das comunidades políticas modernas carrega o pesado fardo de precisar afrontar internamente seus contrários, autoridade e liberdade, legitimidade e eficácia, pluralismos de toda sorte (inclusive moral) e uma racionalidade tensionada entre as defesas das "pequenas diferenças", o frio cálculo de interesses particularistas e o cosmopolitismo universalista.

Contra os "humanistas", cristãos ou não, Aron não crê no autodepaupério dos totalitarismos: as democracias, sustenta, não podem dispensar meios eficazes, próprios à política, de combaterem o mal. Sua política "realista", em 1932, exprimia uma "vontade espiritual lúcida", que só pode pretender à eficácia "à condição de exprimir as necessidades do momento e, sem piedade para com as crenças fáceis, indicar a estrada que sugere a realidade". Nem o cinismo dos meios violentos, nem a hipocrisia pacifista podem garantir os valores de uma organização política e social legitimamente aceitável por todos os homens. "Aceitar esta política sem ilusões não é trair, é pensar até o fim nossa condição", dizia na *Carta Aberta de um Jovem Francês*... É este equilíbrio social ameaçado que cabe às elites e aos atores responsáveis da democracia favorecer. O que está em pauta, inicialmente, é a construção de uma teoria dos regimes totalitários: as "tiranias modernas", fundadas na força dos leões, reconstituem como "ideologias" o ancestral mito religioso da redenção da humanidade, mobilizando, com a astúcia das raposas, a cooptação e o consentimento dos governados. Não seria demais, afirma, insistir sobre a necessidade de uma espécie de maquiave-

18. *L'Âge des Empires*, 1945, destaques meus.

lismo, arte ainda imprescindível aos governantes modernos, moderado porém pelos rigores constitucionais exigidos dos regimes pluralistas, completará mais tarde.

De fato, no início dos anos de 1940, Aron ensaiava seu primeiro escrito sobre o "maquiavelismo moderno". Eis tentativa precoce, na França, de pensar o fenômeno totalitário a partir da obra do florentino, em descompasso de tempo, é verdade, com o que já se fazia nos Estados Unidos e na Inglaterra, além da própria Itália.[19] E em torno de Maquiavel concentram-se os primeiros quatro grandes textos políticos de Aron, interrompidos pela invasão alemã da França, reunidos postumamente em *Machiavel et les Tyrannies Modernes*, dos raros estudos no deserto francês sobre o fenômeno totalitário a indagar o problema soviético, redigidos entre 1939 e 1940.

Os estudos detêm-se longamente sobre a *técnica* do poder totalitário, isto é, a maneira pela qual o poder é exercido: golpe de Estado conduzindo ao poder um partido de doutrina justificadora; depuração da administração estatal; exclusão de outros partidos; estrito controle da cultura; economia dirigida. Do teórico das "guerras justas", Aron retira, certamente, a preocupação com a eficácia da ação política: "uma boa política define-se por sua eficácia, não por sua virtude", escrevia em 1933. Dez anos depois, viria a noção de maquiavelismo moderado, que considera a garantia da sobrevivência democrática,[20] nova versão de sua antiga concepção de "realismo político". Um maquiavelismo, entenda-se, todo temperado da noção de bem público (um *Príncipe*, portanto, lido em pêndulo com os *Discorsi*), este que insistem os escritos posteriores a 1939 de Aron, fundados sobre o tema do poder ou da independência da comunidade política, o que explica também seu interesse pelas relações internacionais à mesma época: uma comunida-

19. O próprio termo – totalitarismo – foi forjado na Itália do início da década de 1920, para designar o regime fascista, nem exatamente uma ditadura, nem antiga tirania, nem despotismo, mas um "sistema" político-partidário que implica o uso da força, o controle das listas eleitorais, o crescimento do terror e, sobretudo, uma visão de mundo expressa no objetivo de moldar, segundo o próprio Mussolini, desde 1923, um *Stato de Feroce Voluntà Totalitaria*. Dez anos depois, Goebbels, o ministro nazista da Propaganda, declarava que seu Partido sempre "aspirara ao Estado totalitário penetrando todas as esferas da vida pública". E Lênin justificara os campos de concentração soviéticos, bem anteriores aos nazistas, como "aparelhos regulares do poder", exercício do "terror vermelho e proletário", dispositivos destinados a depurar a sociedade soviética de seus inimigos. Ver D. Colas, *La Pensée Politique*, Larousse, 1992.

20. "Démocratie et Enthousiasme", in *Chroniques de Guerre*.

de só é inteiramente livre quando e se torna eficaz sua política externa. Há um uso legítimo e justo da violência, preconizava o Autor da *Arte da Guerra*. Mas a guerra, pergunta Aron, estabelecida fora das fronteiras nacionais, não legitimaria também o poder tirânico no interior da nação? O quadro poderia ser aplicado, historicamente, à Alemanha e à Itália, mas a coisa não parecia tão evidente para a União Soviética do período que vai de 1933 a 1944. Se ali um tipo de "imperialismo ideológico" manifesta-se, Aron enxerga, também na política de Stalin, um certo conservadorismo pacífico. Por essa época, Aron não crê, erroneamente aliás, no expansionismo soviético. O argumento é simples: o caráter debilmente plebiscitário (e, portanto, debilmente democrático) do regime não conduziria esse gênero de tirania à guerra externa. A força dos fatos obrigará Aron a reconhecer, em 1945, que a pretensão à universalidade do comunismo constituiria um risco nada negligenciável no equilíbrio internacional das forças políticas.

Aron é grandemente devedor, desde a década de 1930, das teses de Élie Halévy.[21] Para este (como também para Marcel Mauss, em 1936), a URSS stalinista, a Itália de Mussolini e o Reich hitlerista convergem em pontos essenciais: o controle estatal da economia, a censura, o confisco do poder por um punhado de homens identificados à *nação* ou à *classe* em nome de uma ideologia, que conduzem a contrapor fé e terror às democracias as quais combatem. Aron está de fato inclinado a opor, tal Halévy, democracia a totalitarismo. Mas o que importa, para Aron, é o problema da *origem democrática de certas tiranias*, particularmente resultado do primeiro conflito mundial, que impôs o papel do Estado sobre a economia, mobilizando isso que Halévy denominou a "organização do entusiasmo".

Aron, porém, tenderá, na segunda metade da década de 1930, a pensar como fenômenos distintos comunismo e fascismo, porque "o comunismo é a transposição, a caricatura de uma religião salvadora, e os fascistas não conhecem a Humanidade". Considerando que, ao contrário do nazismo, exaltador da força, o comunismo funda-se num ideal

21. Secretário do *Centro de Documentação Social* em 1934, espécie de "braço", em Paris, da embaixada francesa na Alemanha, responsável pelo acolhimento (um tanto tíbio, é verdade) dos pensadores da Escola de Frankfurt na França, Aron ali organizou, em conjunto com Élie Halévy, uma série de conferências sobre o tema das ideologias nacionais. Em 1936, uma apresentação de Halévy na Sociedade Francesa de Filosofia provocou viva polêmica e Aron endossou, no essencial, as teses defendidas por Halévy em *L'Ère des Tyrannies. Études sur le Socialisme et la Guerre*, publicado em 1938. A resenha de Aron, "Le Socialisme et la Guerre", de 1939, foi publicada posteriormente em *Machiavel et les Tyrannies Modernes*.

humanitário,[22] esta posição de Aron será revista mais tarde, para enfim definir os totalitarismos (incluído o sovietismo) como regimes "ideocráticos", retomando a expressão do poeta lituano exilado Czeslaw Milosz e reaproximando-o de modo convincente das teses de Halévy.

Para entender a originalidade de Aron, é preciso recorrer aos estudos existentes na França e fora dela, anteriores a 1939, sobre o totalitarismo (e não apenas sobre o nazismo, de fato mais comuns).[23] Hans Kohn estabelecera, em 1935, um quadro comparativo entre o nazismo e o comunismo. Para ele, o comunismo é uma ditadura racional internacionalista e provisória e o nazismo uma ditadura carismática, nacionalista e permanente, ambas apelando ao ideal de liberdade. Também E. Alexander e C. J. Hayes retomaram, na década de 1940, as análises comparativas das duas ideologias e dos dois regimes.[24] Se as constatações de Aron, já desde essa época, vão ao encontro das teses de Hayes (centralismo burocrático, ascensão das massas, crises da religião e da democracia), suas conclusões são bem diferentes, como diferem também daquelas de Hannah Arendt, embora reconheça na obra, mais tardia, da Autora judia um profundo interesse. Para Aron, embora os totalitarismos do século XX sejam um fenômeno radicalmente novo, o espírito profundo das tiranias neles persiste, ainda que as *técnicas de destruição massiva das populações* e a *solução final* de 1942 fossem desconhecidas daqueles regimes tradicionais.[25]

22. Essa análise será um pouco matizada em 1936, contestando a vulgata de direita que afirmava que "o fascismo tem uma doutrina, mas não é uma doutrina, porque a elite está acima de qualquer doutrina".
23. Para uma resenha analítica desses estudos, ver Pierre Ayçoberry, *La Question Nazi: les Interprétations du National-Socialisme*, Paris, Seuil, 1979; A. Gisselbrecht, *Quelques Interprétations du Phénomène Nazi en France entre 1933 e 1939*, Paris, CNRS, 1976; e D. Colas, *Lénine et le Léninisme*, PUF, 1982. Para a análise conceitual do fenômeno totalitário, cf. os trabalhos de C. Lefort, *Un Homme en trop. Réflexions sur l'Archipel du Goulag*, 1975; *Eléments d'une Critique de la Bureaucratie*, 1979; e, mais recente, *La Complication. Retour sur le Communisme*, 1999; e aquele de J.-P. Faye, o primoroso *Langages Totalitaires*, Paris, Hermann, 1973.
24. C. J. Hayes, "The Novelty of Totalitarianism in the History of Western Civilizations", in *Proceedings of the American Philosophical Society*, 1940. E, de Hans Kohn, "The Communist and Fascist Dictatorship: a Comparative Study", in *Dictatorship in the Modern World*, Minneapolis, 1935.
25. De fato, a questão judaica, propriamente, pelos anos 1940, não parece interessar de perto Aron. Posição que evidentemente será obrigado a rever a partir de 1945. As análises de Aron assemelham-se em certo sentido àquelas de Simone Weil de 1939, em que a autora pensava poder tratar o Império romano como o primeiro regime totalitário, isto é, a barbárie (e o terror, seu corolário) pode ser considerada

Pouco depois, os trabalhos consagrados dos alemães exilados nos Estados Unidos, Emil Lederer (*State of the Masses*, de 1940) e Franz Neumann (*Behemoth*, 1942), um próximo de Theodor Adorno, entendem que se o regime hitlerista assemelha-se a uma ditadura clássica, a um poder carismático pessoal, de tipo intencionalista, o *totalitarismo* nazista, contudo, funcionaria pela disputa do poder de fato entre a burocracia estatal, o exército, a indústria e o partido. Neumann demora-se sobre as técnicas do pensamento constitucional antidemocrático, mobilizadas contra o Estado de direito social propugnado pelos socialistas. Os nazistas definem seu Estado como um *nationaler Rechtsstaat* a serviço do *Volk*, a comunidade racial alemã, o que os aproxima, de certo modo, à tradição ocidental da soberania representada pelo Estado. Mas as exigências das teses expansionistas farão com que a guerra, e não o aparato estatal, pensava Neumann em 1942, fosse a realização da política totalitária. Por outro lado, as relações entre o Partido e o Estado não eram as mesmas no caso fascista, comunista e nazista: na Itália, o partido via-se incorporado ao Estado, na URSS o partido controlava a totalidade do aparelho estatal,[26] ao passo que na Alemanha hitlerista quatro grupos compactos disputavam entre si a hegemonia (o partido, os S.S., a burocracia e a indústria). Adorno, no posfácio de 1967 a *Behemot*, sublinhava que o totalitarismo era uma forma específica de dominação em que o Direito e, quiçá, o Estado, inexistem, abrindo a via a uma vontade política forjada pela concorrência feroz de *lobbies* sociais, cuja expressão foi o terror. O problema na análise de Neumann é que, escrevendo no início da década de 1940, não percebera que ao lado da violência policial, o regime investia no genocídio, obedecendo a uma lógica própria do extermínio.

Os anos de 1950 trazem novas contribuições, como era de se esperar, à análise do fenômeno. Carl J. Friedrich[27] propõe então uma caracterização do totalitarismo envolvendo seis fatores conjugados: uma ideologia oficial, organizada em torno de temas milenaristas, à qual todos devem aderir; um partido único de massas, centralizado de modo fortemente hierárquico, de chefe único, superior à administração

"um caráter permanente e universal da natureza humana, que se desenvolve mais, ou menos, conforme as circunstâncias o permitem, mais, ou menos".
26. Trotsky, em texto inacabado, insistia nesse poder do Um na URSS stalinista, amalgamando sociedade, partido e Estado: "o Estado totalitário vai muito além do cesaro-papismo, pois ele abarca a economia inteira do país. De modo diverso do Rei-Sol, Stalin poderia dizer: 'A Sociedade, sou eu'". *Stalin* (1940).
27. *Totalitarian Dictatorship and Autocracy*, 1956.

estatal, e reunindo uma parcela relativamente débil da população; um monopólio estrito, nas mãos do partido, dos meios de combate armado; o mesmo monopólio dos meios de comunicação de massa; controle centralizado e direção do conjunto da economia e, finalmente, um sistema de poder policial terrorista investido contra aqueles arbitrariamente designados como "inimigos objetivos" do regime.

Hannah Arendt, por sua vez, desenvolverá sua teoria do totalitarismo marcando sua radical singularidade com relação a todos os outros regimes autoritários ou tirânicos. Não se confunde, portanto, com os despotismos ou as tiranias até então conhecidas. Não é um regime obedecendo a princípios, como indicara a classificação de Montesquieu. Toda sua essência é irracional e está contida na *ideologia*, encarnada na propaganda e no terror. Resultado, pensa Arendt, do desenvolvimento da sociedade de massas, em que indivíduos atomizados buscam enquadrar-se em movimentos que exigem adesão incondicional. Desencadeia a violência do impensável – os campos de concentração –, destruindo a personalidade jurídica, suprimindo a pessoa moral e aniquilando o indivíduo. Nesse sentido, são regimes sem princípios, o "mal absoluto", pois obedecem apenas à lógica de seu próprio movimento e não produzem mais que a demência, a coletivização forçada, os expurgos e o genocídio.[28]

Aron reconheceu a pertinência e a importância da obra de Arendt, um dos poucos intelectuais, aliás, se não o único, a dar acolhida na França ao monumental *Origens do Totalitarismo*. Arendt e Aron, ambos filósofos, ambos oriundos de famílias judias integradas, ambos exilados, parecem esboçar um programa em comum, este de refletir sobre a condição histórica do homem a partir das "grandes guerras conduzidas em nome da ideologia", próximos na análise propriamente societária do nazismo, e dos totalitarismos em geral. Os resultados desse enorme projeto, contudo, diferem sensivelmente. Em três pontos as críticas de Aron o separam de Arendt: do ponto de vista histórico, a definição essencialista do totalitarismo erige como norma o que foram comportamentos extremos ligados à personalidade dos ditadores, seja o culto do líder hitlerista seja o terror de massa stalinista. Depois, insiste Aron, é preciso introduzir na análise do fenômeno seus conteúdos sociológicos

---

28. As análises de Friedrich (1953) e de Hannah Arendt (1951), de certo modo, dividirão as águas da crítica aos totalitarismos: a variante liberal (como a de Leonard Schapiro), a que se filia Aron e a percuciente análise de Claude Lefort (próximo a Arendt e introdutor do livro de A. Soljenitsyn na França) da burocracia soviética como uma "egocracia".

e institucionais, as sequelas do primeiro conflito mundial e da crise econômica de 1929 e os disfuncionamentos, sobretudo, das sociedades industriais. Há ainda um outro plano da crítica, mais propriamente conceitual: a noção de totalitarismo, na obra da filósofa, tem antes um valor descritivo que propriamente teórico, pensa Aron. Um regime político que prescinde de princípio, diz ele, não é um regime, mas uma construção artificiosa, explicável na intersecção da racionalidade instrumental das sociedades industriais e do "ódio obsessivo" que alimenta.

Ambos os autores, vê-se, recusam qualquer determinismo histórico na compreensão do fenômeno totalitário. Aron, porém, devedor do modelo weberiano da compreensão sociológica e também da fenomenologia husserliana, que limita, tal Max Weber, o princípio de causalidade, insistiu nos aspectos próprios às estruturas estatais. Da patologia de um regime personalista, Aron passa a uma leitura um tanto funcionalista (a "revolução" nazista corresponderia a uma mudança da elite governante, por oposição à natureza conservadora das democracias) para chegar, enfim, a uma teoria do maquiavelismo moderno, que identifica aos totalitarismos do século XX: conjunção de burocracia e fanatismo, racionalidade e desrazão. Se a racionalização é um traço característico das sociedades modernas, como não poderia deixar de entender o weberiano Aron, então a conclusão se impõe: os totalitarismos são o modo contemporâneo das tiranias, fenômeno, esse, contudo perene. Nem essencialista, nem historicista, a tese introduz o temível problema da liberdade, que a recente abertura dos arquivos soviéticos vieram, aliás, corroborar: o problema, como o demonstrou François Furet, é que o "homem novo" comunista, além de desumanizado, foi também dessocializado.

Debrucemo-nos ainda um instante sobre a análise de Aron, bem anteriores a todos esses estudos. Aron não se opõe, de fato, ao conceito de "totalitarismo". Segue, nisso, a categorização dos pré-requisitos capazes de bem definir o conceito, tal qual proposta por Friedrich. Mas restringe o totalitarismo a períodos específicos da história da União Soviética (1934-1938 e 1948-1952) e aos últimos anos do III Reich. Não há uma gradação, advertia, que leva dos regimes autoritários e unipartidários que conheceu a história ao totalitarismo moderno. Entre as sociedades que se organizam como um regime de partidos monopólicos e os Estados totalitários, a diferença é imensa.

Aron retém, primeiro, o que considera o caráter atípico desses regimes, seja Hitler, Mussolini, Lênin ou Stalin: a obsessão pela legalidade, o que o faz adiantar uma hipótese no mínimo surpreendente, referida à "origem e natureza democráticas da doutrina justificadora do nazismo".[29] Embora seja evidente que a prática democrática tenha completamente desaparecido dos métodos nazistas, há algo de paradoxal em seus métodos: o regime continuará, por muito tempo, insistindo em manter as aparências, entretecendo o mito das condições legais da fundação do *Reich de mil anos* e seu caráter plebiscitário que, nunca é demais frisar, alçou-o ao poder. Trata-se, para Aron, de indagar a razão pela qual os partidos totalitários, em democracia, triunfaram sobre aqueles democráticos, como se viu com surpresa na Alemanha e, sobretudo, de saber "como, e por que, os regimes totalitários têm uma necessidade trágica de alguma forma institucionalizada de representatividade",[30] confiscando para isso procedimentos democráticos. Isso que Aron chamou o "cesarismo plebiscitário", parecia-lhe, na passagem do ano de 1939-1940, o nó central do problema, imenso. A questão já era bem antiga e vem em linha direta da problemática lançada por Benjamin Constant, na virada do período revolucionário: trata-se do mesmo confisco da soberania popular denunciado pelo constituinte, em nome, justamente, dessa soberania.

Outra questão, desenvolvida largamente por Aron em 1939-1940, era então ainda embaraçosa: pode-se assimilar o sovietismo a um sistema totalitário? O Partido Comunista Francês, à época clandestino, mantinha íntimas relações com Moscou e a União Soviética incorporava-se junto aos aliados das democracias. Stalin fazia apelo, na Praça Vermelha, ao "patriotismo" das forças profundas da nação e clamava ao sacrifício do povo soviético diante do inimigo nazista. "Por causa de Hitler", dirá Aron em suas *Memórias*, "inclinávamos, Malraux e eu, mesmo a despeito de Stalin, a alinhar os soviéticos do bom lado da barricada". Aron lembra certa autocensura, imposta pelos eventos e pela geopolítica, que o fez excessivamente indulgente diante da experiência soviética no início dos anos de 1940. O que ainda não explica, evidentemente, as adesões da hora, nem a questão propriamente teórica. Tampouco a história, diga-se: o pacto germano-soviético fora assinado em agosto de 1939, num exemplo de cinismo pragmático que marcará a política internacional do século XX. Humanitária e terrorista, idealista e cínica, comunhão das massas e conspiração das elites, guerra e paz, eis em marcha a história do maquiavelismo moderno, expresso de for-

29. *Les Désillusions du Progrès*, 1969.
30. *Apud* Ghita Ionescu, "Aron, um Clássico Moderno" (1975), in Anthony de Crespigny e Kenneth Minogue, *Filosofia Política Contemporânea*, Brasília, Editora da UnB, 1982.

ma lapidar na figura do próprio Stalin, arauto das virtudes e usuário de todos os vícios, máxima, aliás, de todo tirano.

Ainda leitor de Pareto, Aron crê poder discernir, na prática totalitária, também um aspecto econômico, intransponível: a democracia relaciona-se à economia de mercado capitalista, e o sovietismo, ou os totalitarismos em geral, à burocracia gerencial estatal da produção. Uma diferença entre nazismo e sovietismo então se impõe: o primeiro é mais secular, o segundo mais religioso. E é aí que se explica a mais original e a mais rica das contribuições de Aron à análise do funcionamento dos regimes totalitários: essa espécie de culto à personalidade, no caso nazista, transforma-se em uma sociodiceia, no caso do regime inspirado pelo pensamento político marxista. Algo que será retomado, na década de 1970, pelas análises de Lesek Kolakowski,[31] insistindo na definição do totalitarismo como aquela fusão monolítica entre sociedade civil e Estado, regime cesaro-papista-mamonista, pretendendo instalar uma *umma* secularizada,[32] cujos resultados se leem cruelmente após o fim do comunismo soviético: total ausência de cultura cívica, desprezo pelo direito, substituído pelo primado da força e da violência, transferência da ideologia do expurgo de classe à "depuração étnica" e "nacional"... Daí que o culto à personalidade do *Príncipe*, esta marca totalitária por excelência, não seja um fenômeno fortuito, nem síndrome da patologia do sistema, antes um de seus registros "normais", a indicar, talvez, não tanto o dramático acidente histórico do século XX, mas os paradoxos próprios à modernidade expostos nas guerras totais e na mobilização geral das populações na frente de batalha ideológica e militar que entende fundar um mundo novo em nome da classe, da nação, da raça, da religião...

Mas voltemos ao "maquiavelismo moderado" propugnado por Aron. Aron desenvolve a noção, em 1943, como já dito, em plena guerra, e não voltará mais a ela. Autoriza-nos, pois, a supor que o conceito é próprio aos extremos e não se vincula à racionalidade estritamente política. De fato, é de maneira bastante circunscrita que Aron preconiza, nas democracias, essa espécie de *virtù* belicosa, moderada é certo, do soberano diante das ameaças que pesam contra o regime. Como fazer, eis a questão, do maquiavelismo o arsenal também das democracias e das repúblicas?

31. "The Myth of Human Self-Identity: Unity of Civil Society and Political Society in Socialist Though", in Hampshire e Kolakowski (ed.), *The Socialist Ideal*, London, 1977.

32. A comparação encontra-se em Ernest Gellner, *A Sociedade Civil e seus Rivais* (1994), traduzido pela Zahar em 1996.

Se Maquiavel não morreu depois da Segunda Guerra Mundial (generais e presidentes continuam a reivindicar sua política de força, e os episódios recentes no Oriente Médio bastam para demonstrar sua atualidade), isto não quer dizer que Aron tenha feito do florentino, de fato, um mentor também das democracias. Nem poderia, adverte: as democracias são pouco suscetíveis ao maquiavelismo, porque *fundamentalmente conservadoras*, e não admitem o fora-da-norma do jogo político, base dos meios maquiavélicos, garantia de manutenção do poder, uma *raggione di Stato* não necessariamente e nem sempre confundida com o interesse geral, nem tampouco com a virtude igualitária republicana, aquele princípio que faz a lei das leis, como queria Montesquieu, e que move o regime.

Aron é cauteloso: nunca, nem mesmo contra o inimigo, é lícito empregar meios não democráticos. São aos anticomunistas que visa, no texto de 1946, *A Era dos Impérios*: é assim, insistindo sobre o necessário uso da força, afirma Aron, que se chega à autoridade nefasta de um chefe absoluto. É assim, continua, que se revigora o princípio, o medo, que rege as tiranias, antigas e modernas, esse reino "da massa entregue a seus cegos instintos". Qualquer espiral que responda à força com mais força é uma espiral perniciosa. Como responder, então, às tiranias modernas, ameaça sempre permanente?

Mais uma vez é o cinismo dos realistas que combate Aron, como é a hipocrisia dos "engajados" que ataca. Seu debate com Maritain é elucidativo deste ponto: para o filósofo cristão, coube a Maquiavel a nefasta antinomia entre a política e a moral. A primeira, obra dos realistas, a segunda dos idealistas. A primeira, retrucará Aron, obra dos cínicos e a segunda, retrato do conformismo hipócrita das boas almas. É nesse contexto que Aron mobiliza a noção de um "maquiavelismo moderado": a situação da democracia pelos meados dos anos de 1940 exige, pensa ele, que se empregue o maquiavelismo moderado contra o maquiavelismo absoluto das tiranias modernas. São elas demonstrações da patologia moderna, indagava mais uma vez Aron em 1954, e seriam suscetíveis de renascer numa espécie de desumanização permanente das sociedades humanas? O fato é que o totalitarismo, depois da queda do Muro, desapareceu. Mas também as causas que os originaram?

A resposta de Aron não pode ser de mais atualidade e vem provocando aqueles que se debruçam sobre a difícil tarefa de estabelecer e definir um programa democrático: é só resolvendo, no interior desses regimes pluralistas, seus próprios dilemas (políticos, é certo, mas também econômicos e sociais, adverte Aron) e ancorando seus argumentos em instituições sólidas, que as democracias podem fazer do *cálculo político* sua verdadeira arma. Há ainda o dilema de ordem moral que ronda as democracias, regime que não conhece heróis: onde assentar o Bem, se cada qual se revela apático diante da coisa pública, mais pronto a defender seus próprios interesses individuais que a bem soldar o laço que une o indivíduo a seus semelhantes?

É certo que a noção de "religião secular", tal qual desenvolvida pelo teórico do político que foi Aron, se bem refere às crenças escatológicas, à busca da salvação pela história à custa de sacrifícios até a imolação de massa que caracterizou tristemente o século XX, não lhe permitiu compreender por completo o fenômeno que designou por era das ideologias. Essas últimas constituíram de fato um rompimento com a explicação religiosa, para melhor subordinar a inteligibilidade da ação humana à solução de compromisso entre um passado inexoravelmente determinante e um futuro radicalmente indeterminado, produção aterradora do humano-social no tempo. Por isso, os princípios democráticos se exprimem não pela fusão dos cidadãos particulares no espaço coletivo, mas antes por sua paradoxal separação e inconsciência quanto ao modo de funcionamento do social. Daí, talvez, a fragilidade e a riqueza, a um só tempo, do pensamento de Raymond Aron, devedor que é dos argumentos liberais, no que concerne a compreensão do fenômeno democrático.

4. O fundamento do político: uma aposta democrática

Concordam, praticamente todos os autores, que a política é o exercício do poder. Qual grupo social ignora de fato o fenômeno? Em todo agrupamento social encontramos um sistema político, isto é, uma "trama persistente de relações humanas que implica uma medida significativa de poder, de dominação e de autoridade". Mas, se toda relação política diz respeito ao poder, é porque esta noção mesma, insistem alguns, encontra-se em todas as sociedades e não se pode, esclareçamos logo, fazer da forma Estado, historicamente datada, uma resposta suficiente ao problema. Nenhum domínio, é verdade, escapa à atividade política. Mas nem toda atividade é política, como observou Max Weber, inclusive aquelas referidas à manutenção da ordem ou à distribuição da justiça. O poder, então, mais do que propõe a análise formal das instituições, corresponde a um fenômeno social mais ou menos constante.

Estamos, então, autorizados a afirmar que se "tudo é poder" também "tudo é político"? Nada mais enganoso. O poder é antes um instrumento que um fundamento do político. A versão subjetiva dessa noção pode ser encontrada em Maquiavel, para quem o poder é o apetite – e a *virtù* – do homem político. Toda política, objetivamente, traduz-se por uma luta pelo monopólio da força, sua *ultima ratio*, embora não se limite a ela. Então, como definir o fenômeno?

Fiquemos com Weber: é político um grupo legítimo de dominação cujas ordens são executadas em um *território* dado por uma *organização administrativa* que dispõe do monopólio da ameaça e do recurso à *violência física*. Aron, junto com Weber, é verdade (mas se uma filiação é necessária, é esclarecedor lembrar Montesquieu, Tocqueville e Constant), e contra Marx, insiste na compreensão do político como o "fenômeno social total", nem setor, nem instância, nem esfera à parte, infra ou suprassocial, mas "a característica maior, mais importante, da coletividade, pois é ela a condição de toda cooperação entre os homens". "Composição de planos de ação parcialmente contraditórios e parcialmente compatíveis", a definição poderia lembrar a noção habermasiana de consenso. De fato, Aron estipula claramente que toda *policy* encontra outras políticas, outros planos, outros ordenamentos possíveis da existência em comum, socialidades, pois, que fazem a essência do humano. Mas, em Aron, é o *"modo de exercício* da autoridade que explica o político". Ou, ainda mais claro, "a política é por essência o regime da comunidade, isto é, o modo de organização do mando considerado como característico do modo de organização da coletividade inteira". Absoluto primado do político sobre o social, que não tem nada a ver com uma determinação lateral e arbitrária do todo, ideia, diz Aron, não apenas historicamente, mas também sociologicamente, falsa.

Regimes políticos, pensa Aron, não são dados aprioristicos, mas, articulando dimensões diversas, são sempre construídos pela ação dos homens na história. A política continua a ser, para Aron, "a arte das escolhas sem retorno, em conjunturas imprevistas, e conforme um conhecimento incompleto".[33] O real não é racional, quer dizer Aron. Mas isso não o levou a nenhum relativismo negador da verdade intrínseca das coisas. O pensamento crítico de Aron desenrola-se no campo do razoável, limitando o princípio de causalidade sem jamais destruí-lo. Isto significa que o fenômeno fundamental de toda coletividade é aquele referente à organização da autoridade: diz-me quem manda, direi apenas que és homem. Diz-me como organizas e legitimas a obediência, direi de fato quem és, eis uma maneira de entender o que quer dizer Aron.

33. *L'Opium des Intellectuels*, 1955.

Impossível não lembrar mais uma vez Maquiavel e a ênfase que concedeu o Autor florentino ao espaço público em que se aloja a autoridade, espaço e esfera fundante da revolução política moderna: se é um leão ou uma raposa quem governa, saberemos do elo (o medo ou o interesse) que mantém os homens reunidos. A política, portanto, ou a sociabilidade, ou o modo de existência comum, não se identifica *teoricamente* falando à luta, mas à busca daquilo que justifica, legitima e autoriza a autoridade. Nos termos do próprio Aron, a coisa é ainda mais clara: "aquele que não percebe o aspecto da luta pelo poder é um ingênuo; mas aquele que só identifica este aspecto é um falso realista". Aron, um liberal leitor apurado de Marx,[34] parece ter entendido que, desde a crítica ao jacobinismo, o pensamento liberal abandonara a ideia de criar, do nada, um homem novo, antes conformando-se com seus vícios, que fazem a virtude do ser-em-comum. Um liberal, também, atento à advertência de Tocqueville, para quem a "suave tirania das maiorias" engendra uma espécie de despotismo tutelar. De fato, o problema é flagrante, para nós, herdeiros da década de 70: não teria Tocqueville razão em registrar a desresponsabilização e a vitimização que rondam o fenômeno democrático contemporâneo?

5. Impasses democráticos

Aron empreendera, pelo início dos anos de 1960, o estudo comparativo das duas economias mundiais, a ocidental e a soviética. Assemelham-se ambas pelo fato de serem sociedades industriais e por repousarem, ambas, sobre uma mesma organização do trabalho, fundada sobre grandes empresas, acumulação do capital, subordinação do trabalha-

34. Em 1962, à margem do texto de preparação de suas aulas na Sorbonne, Aron anotava: "faz hoje 31 anos que comecei a estudar o marxismo". De fato, desde os anos passados na Alemanha, em plena crise econômica dos anos 30, afeito à sensibilidade socialista, buscava em *O Capital* material para o seu próprio projeto de dedicar-se à compreensão da história e da sociedade. Embora se considerasse um herdeiro de Montesquieu e Constant, o próprio Aron define sua obra como uma "reflexão sobre o século XX, à luz do marxismo". Mas qual, afinal, o marxismo *de* Marx? A melhor maneira de responder à questão parecia-lhe ser abandonar o "maldito sofista", o economista-profeta, e dedicar-se ao mais rico e mais apaixonante "filósofo crítico". Sua própria conversão à sociologia, dirá, dependeu fundamentalmente da leitura de Marx: "meu projeto", afirma, "era resgatar o essencial das especulações filosóficas do jovem Marx, apanhar as grandes linhas da economia, tal como apresentadas por ele na *Crítica*, nos *Grundrisse* e em *O Capital*, e tirar dessas duas partes os diversos Marx possíveis e as características do revolucionário-profeta" (*Memórias*, 1983, edição brasileira Nova Fronteira, 1986).

dor direto ao cálculo econômico... A mesma tensão na repartição dos ganhos de produtividade atravessa-as.[35] O que as distingue, prossegue Aron, é, evidentemente, a propriedade dos meios de produção, privada ou coletiva, e o modo de regulação e gerência da produção da riqueza, o plano ou o mercado. Portanto, é do lado da natureza *política* do fenômeno societário, pensava Aron, que se deve buscar a compreensão do que opõem essas sociedades modernas: regimes pluralistas, de um lado, sistemas de partido único, de outro. Propugna então um método, capaz de bem conduzir os estudos políticos: 1. deve-se considerar o sistema político à luz de um sistema social particular; 2. o sistema político – ou o exercício do poder – depende de grupos sociais, de seus interesses, rivalidades, ambições e desejos, em permanente competição; 3. toda análise política deve incluir a administração do Estado ou sua burocracia; e 4. o sistema político depende invariavelmente de seu ambiente histórico.[36]

A partir de 1969, a questão crucial, no "feio e duro panorama dos Estados europeus", parecia a Aron aquela de saber como uma parte das reformas reclamadas pelos movimentos de 68 poderia ser assimilada pela democracia ou, em outras palavras, como esta pôde integrar elementos socializantes na construção do Estado-providência, como bem demonstrado por Adam Przerworski. Outro fenômeno, porém, se estabeleceu, que Aron, estranhamente, não compreendeu: 68 revelou-se como um potente acelerador da burocratização *também da sociedade*. Crítico obcecado da absorção da sociedade pelo Estado – característica dos regimes totalitários –, sua vista foi curta para perceber o fenômeno contrário: a absorção do Estado, confundido com a simples administração da coisa pública, por uma sociedade em si mesma despolitizada, ou opaca à inteligibilidade de seu próprio funcionamento. Aderindo à necessidade de reformas internas na democracia (na escola, por exemplo), Aron não percebeu o que estava se gestando em profundidade naquele momento e que reconfiguraria os rumos das democracias contemporâneas. Problema, aliás, que enfrenta todo liberal: sem ocultar a dimensão *positiva* da liberdade, expressa, por exemplo, na ação social do Estado liberal, Aron insistirá no seu caráter *negativo* (mote, aliás, de seu

---

35. *Dezoito Lições sobre a Sociedade Industrial* (1962), primeira edição brasileira pela Martins Fontes, 1981.

36. *Démocratie et Totalitarisme* (1965), terceiro volume de uma série com vistas à reflexão sobre o futuro das sociedades industriais e das relações entre a economia e a sociologia, iniciada com *Dezoito Lições*... e seguindo com *Les Nouvelles Leçons sur les Sociétés Industrielles, la Lutte de Classes*, de 1964.

combate político), ao modo de Isaiah Berlin: cabe não permitir que o Estado invada e coíba as liberdades individuais. Nada vago, admitimos, nos anos de chumbo que dividiram os engajamentos contra os regimes autoritários e contra o totalitarismo. Mas vago demais, sabemos, por incapaz de dar conta das profundas transformações que se produziram nas décadas posteriores a 1970: o que se trata agora não é mais de admitir – ou de não admitir – a ação do Estado, mas ainda, e sempre, de compreender seus limites, ali onde a natureza mesma da democracia liberal corre o risco de se demitir de seus próprios princípios e de sua própria legibilidade.

O que não quer dizer que Aron não tenha enfrentado o problema. Este que já se chamou o mais precioso dos marxistas e o mais crítico dos liberais encontrou em Marx tanto quanto em Tocqueville verdadeiramente seus duplos. O otimismo brilhante e sectário de um, o comedimento melancólico de outro, *formaram* e *moldaram* o pensamento de Raymond Aron. Vejamos.

Numa das mais enigmáticas de suas afirmações, Marx sustentara que a democracia está "de um certo ponto de vista, para todas as outras formas políticas, como o cristianismo para todas as outras religiões. O cristianismo é a *essência* da religião, o homem deificado sob forma de religião particular. Do mesmo modo, a democracia é a *essência* de toda constituição política, o homem socializado, como constituição política *particular*". O homem sendo sua própria medida, afirma Marx, a democracia é o "enigma resolvido de todas as constituições políticas".

Não é nada simples entender o que quer dizer Marx no entrecho. Pode-se aventar uma solução: nas democracias, o homem chega à verdade sobre si mesmo porque se reconhece mestre e possuidor de todas as instituições das quais foi até hoje alienado. O homem da sociedade civil burguesa, ao contrário, submetido ao mercado, não abandona sua particularidade. Cidadão, porém, como quer Hegel, ou Rousseau, participa da universalidade do Estado e dá corpo à vontade geral. Para Marx, a dualidade do privado e do público corresponde, de certa maneira, à dualidade do profano e do sagrado e se originam, ambos, da alienação do homem diante de sua humanidade. Trata-se, pois, pensa Marx, de liberar o homem de todas as amarras, estas a que o constrange o capital e que têm por resultado sua alienação social, religiosa e política: eis conformada a comunidade na concretude do trabalho vivo, que abandonará tanto a anarquia dos egoísmos, a luta de todos contra todos, mas ainda também o religioso que o projeta, alienadamente, num transcendente ilusório: "O comunismo se diferencia de todos os movimentos passados porque (...), pela primeira vez, trata todas as pressuposições naturais como criações dos homens passados, despoja-as de seu caráter natural e submete-as ao poder dos indivíduos unidos".

Mas outra solução para a enigmática frase marxista é ainda possível: o desenvolvimento das forças produtivas, a distribuição dos recursos necessários a uma existência decente e, finalmente, a diminuição da duração do trabalho, tal qual exposto no tomo III de *O Capital*, e também em textos de circunstância do militante da I Internacional, permitem afirmar que, para Marx, é fora, e além, do trabalho, isto é, fora e além da *societas*, que começa o reino da liberdade, espaço inconteste da *universitas*. A empreitada não pode ser mais desmesurada nessa espiral de contrários que se opõem, assimilando a política à totalidade social transparente a si mesma... São as aporias do determinismo histórico, das quais deriva a impossibilidade de conciliar a liberdade humana com um sentido qualquer da história, que ataca Aron. Mas nada, em Marx, pode ser lido como uma fatalidade escapando à marca humana: passíveis, agora, porque liberados de todos os elos que (des)atam, de se tornarem mestres da natureza e artífices de sua sociabilidade, os homens fazem sua própria história num mundo des-historicizado, posto que resolvido todo conflito. Prometeu e Lúcifer a um só tempo, investe o prudente Aron, eis uma sociedade *aggiornada* no tempo e eis a lógica autorreprodutora das tiranias e das guerras totais. Desprezando a dialética entre "liberdades formais" e "liberdades reais", pensa Aron, Marx deixou de ver, nas primeiras (enunciadas nos direitos universais do homem e do cidadão), a proteção contra a autoridade sem freios do Estado sobre o conjunto da sociedade, capaz de suprimir por completo a esfera privada das relações, fundada na confiança, e de destruir o foro íntimo e subjetivo, ali onde se aloja a resistência quando tudo o mais foi relegado ao mais aterrador silêncio. São elas, pensa Aron, as liberdades formais, que garantem, contra si mesmas, aliás, as democracias.

Acontece que Aron sabe perfeitamente que as democracias tornaram impossível esperar pela virtude de seus cidadãos. Por isso, as três partes de *O Ópio dos Intelectuais*[37] alinhavam o programa intelectual aroniano: combater esse laço mal tecido entre liberdade e revolução e, sobretudo, o elo, que lhe parece inexorável e nefasto, entre utopia humanitária e institucionalização da violência.[38] São esses mistérios – compreender o fenômeno político com o auxílio dessa poesia demoníaca

37. "Mitos políticos", "Idolatria da história" e "A alienação dos intelectuais".
38. *Introduction à la Philosophie Politique: Démocratie et Révolution* (publicado postumamente em 1997).

com que se diz o poder – que conduzem Aron a debruçar-se, quase sem interregnos, sobre os escritos marxistas: "continuo", afirmava, "quase a contragosto, a ter mais interesse nos mistérios de *O Capital* que na prosa límpida e triste de *A Democracia na América*".[39] Porque o enigma apresentado no pensamento de Marx contém o próprio enigma do funcionamento paradoxal das democracias: sem um princípio transcendente a mover o corpo político, é de suas próprias tensões internas que retiram sua força, ao mesmo tempo que são delas que derivam seus riscos.

Foi nos *Essais sur les Libertés*, de 1965, que Aron aproximou Marx a Tocqueville. Para ambos, a liberdade é um bem, o valor supremo do elo político. Mas o significado que cada autor concede à ideia diverge por completo. Tocqueville, indicando mais hipóteses prováveis que rumos seguros, enxergando na democracia um fenômeno de sociedade, sugere dois desenvolvimentos políticos possíveis, o liberalismo ou o despotismo de massas, esse fenômeno novo, que Tocqueville não conhece e reluta em nomear. Eis o recurso do liberal Aron: porque Aron é um liberal de uma espécie rara, um democrata de tradição republicana, Tocqueville lhe serve perfeitamente como um duplo de si mesmo, exatamente como a genialidade da análise de Marx pode ecoar no pensamento aroniano. O Autor de *A democracia na América* afirmava que as sociedades modernas são irresistivelmente democráticas. Tocqueville designa com isso um *estado de sociedade* e não uma *forma de governo*. O segundo volume da obra, diz Aron, indica "uma espécie de tipo ideal, a sociedade democrática, a partir do qual deduz algumas das tendências da sociedade futura". Oposta à aristocracia, a democracia abole a tradição e os bens outrora julgados comuns, para conceder ao trabalho a atividade mais honrosa. O que faz com que riqueza e poder tendam a se dissociar, aliás. Há membros, portanto, mas não corpos, nas sociedades modernas. E se há membros do corpo político, estes são os indivíduos. Por isso, também, o trabalho, o comércio, a indústria, o desejo do ganho, o bem-estar, a busca da felicidade, o individualismo, não contradizem o princípio democrático, antes o configuram. Se, mesmo despóticas, segundo Tocqueville, as sociedades modernas *são* democráticas, é porque a ideia moderna de democracia é igualitária. Por isso, a liberdade moderna caracteriza-se pelo "direito [do indivíduo] igual e imprescritível a viver independente de seus semelhantes, em tudo que só diz respeito a si mesmo e a regrar como bem entende seu próprio destino". É o que opõe o *freedom to*, cuja expressão é a independência

---

39. *Etapas do Pensamento Sociológico* (1967), editado em português pela Martins Fontes e pela Editora da UnB em 1982.

radical de cada um, indeterminada, mas também positiva, fonte originária dos direitos fundamentais do indivíduo, ao *freedom from*, que reconhece antes a interdependência dos membros das coletividades políticas e dela faz derivar *deveres*, cujo propulsor é, modernamente, o Estado. A primeira forma de liberdade – a liberdade/independência – Montesquieu a teria chamado de ausência, ou limitação, do arbitrário. Na América, diz o aristocrata Tocqueville – e este o ponto central do argumento –, as instituições livres nasceram com a própria sociedade e tiveram por fundamento não a honra e o privilégio aristocráticos, mas o espírito religioso da ascese e do mérito. Submetido às leis, o cidadão obedece a um poder que ele respeita, cujo detentor não é senão provisório.[40] Mas, se antes de ser cidadão, responsável pela coisa pública, é, como diríamos hoje, consumidor preocupado com seu bem-estar, então o cidadão se degrada em súdito e a liberdade em tutela. A obediência transforma-se em servidão quando o poder só conserva como princípio o conformismo das massas, oriundo de um profundo oportunismo, e quando a liberdade corrompe-se em nome da segurança do indivíduo. Eis a originalidade, diz Aron, a análise da "democracia do *welfare state* ou do emburguesamento generalizado", concomitantemente política e sociológica, da percepção tocquevilleana.

Assim, com Tocqueville, Aron enfrentará aquilo que considera o problema fundamental das democracias modernas: o amor pela República exige um princípio virtuoso que seja eficiente e responda pela coesão na Cidade dos Homens. Este o trabalho do sociólogo Tocqueville, insiste Aron: primeiro, define a sociedade moderna pela *igualização de condições*, não pela indústria (Comte), nem pelo capitalismo (Marx), mas por seu caráter democrático. Segue-se que a política não se subordina à economia, o que permite escapar das profecias e também

---

40. Vale a pena citar longamente Tocqueville: "Os americanos não formam um povo virtuoso e, no entanto, são livres. Isto não prova de modo algum que a virtude, como pensava Montesquieu, não seja essencial à existência da República. Não se deve tomar a ideia de Montesquieu num sentido estreito. O que quis dizer este grande homem é que as Repúblicas não podem subsistir senão pela *ação da sociedade sobre si mesma*. O que ele entende por virtude é o poder moral que exerce cada indivíduo sobre si mesmo e que o impede de violar o direito dos outros. Quando o triunfo do homem sobre as tentações é o resultado da fragilidade da tentação e de um cálculo de interesse pessoal, não constitui a virtude aos olhos do moralista; mas cabe na ideia de Montesquieu que falava do efeito bem mais que de sua causa. Na América, não é a virtude que é grande, mas a tentação que é pequena, o que dá no mesmo. Não é o desinteresse que é grande, é o interesse que é bem entendido, o que também é quase o mesmo. Montesquieu tinha, portanto, razão quando ele falava da virtude antiga e o que ele diz dos gregos e dos romanos aplica-se aos americanos".

da compreensão de uma "sociedade de corpos" transmutada do princípio hierárquico do *Ancien Régime* ao regime de classes das sociedades modernas. Se a estratificação existe (introduzindo inclusive uma nova servidão, como aponta *A Democracia na América*, retomando o velho *topos*, para melhor desmontá-lo, da dialética mestre/escravo) e perdura nesta sociedade do bem-estar (tanto nos processos de racionalização da produção e da administração quanto nas hierarquias funcionais), ela tem uma envergadura bem outra, resumida no novo fenômeno político, o da representação, que torna a soberania moderna, do ponto de vista conceitual, radicalmente distinta da forma antiga: o detentor formal da soberania, nestas sociedades modernas, não se identifica mais diretamente com seu detentor real ou, em outras palavras, aquele que é de fato soberano, o homem-social, não governa mais efetivamente.

Tocqueville, que pertence, diz Aron, à tradição dos filósofos políticos clássicos, isto é, aqueles autores que "não teriam podido analisar os regimes sem simultaneamente julgá-los", deixa aos homens a responsabilidade pela escolha, *no interior do mundo democrático*, entre liberdade e despotismo (é o que se pode ler nas *Lembranças*, uma reflexão a respeito de 1848), ao passo que em Marx o homem estaria condenado a padecer desta contradição ou a acelerar seu desenvolvimento resolvendo, na revolta, o enigma do encontro do homem com seu ser social.

6. Os regimes constitucional-pluralistas

Não seria possível entender o pensamento político de Raymond Aron sem bem apreciar o conceito de liberdade que o move. Como todo liberal, Aron insiste na importância de distinguir entre o poder *político*, incarnado pelo Estado, e o poder, ou a potência, social. O que não quer dizer que Aron, contra outros liberais, propugne o livre funcionamento das forças do mercado, nem tampouco, contra a vertente "comunitarista", diríamos hoje, que enxergue uma virtude qualquer demiúrgica nas identidades construídas na sociedade civil. A lei, pensa Aron, é em si mesma um elemento opressivo, e assim deve ser, se pretende ser eficaz. Hobbes não está muito longe...

Aron, o defensor das chamadas liberdades "formais" (os direitos do indivíduo) não negará a ideia de que às liberdades, sempre plurais, quando lhes falta assento social (as liberdades "reais", expressas em direitos e deveres coletivos), são uma quimera vazia de sentido. Por isso mesmo, as liberdades conquistadas a partir do século XIX, e postas em letra na Declaração Universal de 1948, tingiram a democracia de sua tonalidade socializante. A democracia define-se para Aron, de modo radicalmente oposto àquela evolução proposta por Marshall, como a perfeita síntese entre as liberdades formais e os direitos sociais. Mas esses últimos devem, prossegue Aron – e este é o ponto nevrálgico da tese –, subordinar-se àqueles ditos formais, propriamente políticos, arcabouço mesmo das sociedades democráticas.

É preciso bem entender este arcabouço. A preeminência dos direitos sociais e econômicos sobre aqueles diretamente individuais – os direitos privados das pessoas – conduz à absorção da sociedade no Estado e, em última instância (se a expressão cara a Althusser não parecesse ridícula a Aron), ao totalitarismo. É desta concepção dos *direitos* que deriva o peso das instituições representativas na obra do liberal Aron, estudadas no papel primordial do parlamento nas democracias, no estabelecimento da coisa pública e publicizada, nos recursos que oferecem às minorias políticas e no controle das normas eleitorais.

Mas, em que consiste exatamente a reflexão e a adesão de Aron aos princípios teóricos liberais? Suas simpatias keynesianas (afirmadas reiteradamente), sua recusa do "economicismo", sua confiança declarada na intervenção do Estado-Providência na regulação das sociedades individualistas, afastam-no, por exemplo, do austríaco Frederick Hayek, a quem considerava dogmático. Um liberal raro, que tem a ousadia de interrogar até o fim os males da democracia e cujos princípios estão profundamente marcados por uma visão estritamente constitucional e pluralista das sociedades modernas.[41] De certo modo, isto contra o qual tanto combateu, era ao mesmo tempo ainda aquilo que o homem fascinado pelo fenômeno político (a maior das artes, dizia) mais defendia: o Estado e sua força. Aron bem discerniu, com isso, o problema do exercício das liberdades em nossas sociedades modernas: outrora todo contido no pertencimento e na apropriação coletiva da soberania por seres primitivamente independentes e igualmente livres, a cidadania, nos regimes marcados pelo pluralismo (pluralidade de esferas, privadas e públicas, pluralidade de grupos sociais, pluralidade de partidos...), implicou em conjugar, nas democracias contemporâneas, uma crescente radicalidade reivindicativa e uma profunda despolitização, sempre preservando, de modo paradoxal, essa instância mais geral representada pelo Estado.

41. É o que diz a apresentação de Freymond, já citada: "O liberalismo profundo dessa concepção tornou-se, *a posteriori*, um potente indício da evolução futura da filosofia aroniana".

Mas, afinal, de onde viemos? Herdeiros do liberalismo ou das ambições marxistas? De ambos, parece ser a resposta que encontra Aron: os direitos sociais e econômicos incluídos entre os direitos inalienáveis do homem demonstram certamente a importância dos movimentos operários do século XIX e sua capacidade em pressionar pela inclusão democrática. Mais importante, porém, é que nossas sociedades acreditam com força no *progresso* e em sua capacidade de dominar e prever o futuro, porque, como o determinou a carta do Atlântico, "nenhuma condição social pode mais ser considerada independente da vontade racional dos homens". A fórmula, de tonalidade marxista, atesta, mais que tudo, a *fé comum* e a *ilusão universal* das sociedades modernas. Uma conclusão é certa: as sociedades modernas são essencialmente democráticas, isto é, tendem a alargar o campo da cidadania, são mais abertas à extensão do bem-estar, pautam-se pelos direitos subjetivos da pessoa e pelos procedimentos constitucionais e, nelas, liberdades formais e liberdades reais tornaram-se menos imperfeitamente realizadas. Mas isso não faz, está claro, dessas sociedades a "realização" histórica das teorias liberais.

A percuciente análise que empreende Raymond Aron do problema representativo, cerne e *modus operandi* do Estado moderno, indica que ainda merecem reflexão os limites estabelecidos, no funcionamento democrático, entre as esferas de ação do Estado e aquelas propriamente societárias. Ao longo das décadas de 1960 e 1970, Aron definia os regimes ocidentais (aos quais não se resumiam as sociedades industriais modernas, nelas incluída a sociedade soviética)[42] como regimes constitucional-pluralistas, isto é, regimes cujas garantias constitucionais são estendidas ao sistema competitivo multipartidário e ao funcionamento legal das oposições de modo a assegurar a competitividade em termos do exercício do poder. Por sua *natureza*, esses regimes funcionam no estrito respeito da lei, à medida que "tendem a uma regulamentação pacífica dos conflitos e a uma renovação regular de suas elites".

Aron recolhe três aspectos, isto que define como uma dialética das relações sociais capaz de apreender a natureza da sociedade moder-

42. Também "na União Soviética, nos países da Europa oriental desde 1945 e na China, desenvolveu-se uma sociedade que pode ser chamada industrial porque, no que diz respeito à organização da produção, apresenta múltiplas e óbvias similaridades com as sociedades ocidentais. Porém, o paralelismo de forças produtivas não exclui nem a diversidade das relações de produção e de estratificação social nem a oposição radical das ideologias e das formas políticas (...)" (*Les Sociologues et les Institutions Représentatives*, 1960, traduzido e publicado em *Estudos Políticos*, 1985).

na, que atravessam em profundidade nossos dias contemporâneos: 1. a dialética da igualdade e da hierarquia, isto é, a persistência da subordinação no interior das sociedades igualitárias; 2. a dialética da personalidade e da socialização, isto é, a permanente revolta do particular diante da moralidade dos costumes, diante da "massa"; 3. a dialética, enfim, visível tanto nas relações internacionais quanto no campo das lutas internas às nações – e de que o problema da representação é o ponto mais estridente – da universalidade e do particularismo. A definição que dá Aron das democracias ocidentais como regimes constitucional-pluralistas obriga a pensar de par, e historicamente, o problema sociológico (as sociedades pluralistas) e o problema do direito (a norma jurídica), um reverberando sobre o outro e, ao mesmo tempo, constituindo um fenômeno político absolutamente novo. Por outro lado, denominá-las "liberais" indica que, em apenas algumas sociedades, o pluralismo econômico, social e político é garantido pela Constituição e que, em apenas algumas dessas sociedades, essas de forma particularmente heterogêneas e interdependentes, o pluralismo significa a pressão e o regateio de "todas" as forças sociais, de "toda" a sociedade sobre o conjunto do processo social.

Em jogo, evidentemente, a lisura da competição partidária, que garante, de um lado, a participação efetiva de todo cidadão na vida política e, de outro, insere, pelo sufrágio universal, o indivíduo no corpo político, na gestão simbólica do Estado. Mas aí, neste simbólico, reside todo o problema. Regido pelos mecanismos da sociedade industrial, o Estado, nas democracias, tende a privilegiar o papel do funcionário, mais que do legislador, pondo em risco os direitos individuais e criando essa casta especial de burocratas especializados, os homens políticos. O que pode, evidentemente, dar razão a Tocqueville: por um lado, a autonomização e a transformação do Estado em administrador e gestor, mais que porta-voz de um programa, abre campo à destruição das vontades particulares dos indivíduos transformados em cidadãos; por outro – e os dois fenômenos caminham de par – a tirania desloca-se à sociedade, mais que provém do Estado.[43] Por uma surda fatalidade, a expansão da esfera estatal, nessas sociedades que erigem o indivíduo como seu mestre – e os direitos da pessoa que o definem –, parece carregar, paradoxalmente, seu enfraquecimento. A conclusão é, de fato, tocquevilleana: a dissociação dos indivíduos no concerto político permite afirmar que o Estado é hoje *radicalmente neutro* diante de uma sociedade civil autoinstituída em sua *irredutível pluralidade.*

43. *Essai sur les Libertés*, 1965.

7. Uma fenomenologia da ação política

Aron enfrentou um problema de fundo a que seus cursos sempre buscaram resposta: toda sociologia pressupõe uma filosofia. Mas a filosofia, prossegue, é propriamente incapaz de pensar as sociedades modernas. Desde Montesquieu, abandonou-se a antiga questão que indagava do "melhor regime" (e, com ela, a do regime justo). É porque, diz Aron, abandonou-se em definitivo, entrados na era da história – ou da técnica –, o problema da natureza humana. Falar em natureza pressupõe pensar uma finalidade intrínseca à espécie, uma vocação, um destino e uma sociabilidade humanas. Montesquieu bem demonstrou que a classificação das *sociedades* só pode ser estabelecida a partir do *princípio* que rege cada regime (virtude, honra e medo) – base cujos alicerces tinham já sido lançados por Hobbes (fora do Estado, nem indivíduo, nem sociedade) e discutidos na outra vertente da teoria contratualista que pode ser lida em Spinoza.

Retomemos a crítica de Aron ao pensamento político liberal, e ao sociologismo. Bastar-se em assimilar a política ao poder, como faz Parsons ou Marx, por exemplo, é ignorar o fato e o problema das instituições representativas e o campo dos possíveis que encerra, campo da pluralidade, por definição, dos interesses. Aron tampouco pode aceitar as teses dos novos jusnaturalistas, do gênero de Maurice Cranston ou de John Rawls, e suas condições exigentes da expressão de faculdades morais, racionais e razoáveis, compartilháveis e perfectíveis. Ignoram, todas essas teses, e toda esta história, o problema do fundamento do mundo social, isto é, ignoram a questão da gênese, da origem, do moto ordenador da reunião humana. Se o idealismo kantiano pode ser aí recolhido, não é menos verdade que se pode também ler na obra aroniana o programa de uma fenomenologia da ação política.

Alguns comentadores, aliás, verão nas "influências" díspares que conforma o pensamento de Aron justamente o ecletismo que o impediu, em próprio, de fazer obra de filósofo. Mas o "pensamento em migalhas", a diversidade dos temas tratados, o trabalho incansável do publicista, dizem outros, revelam que seus escritos são fundantes porque significam um itinerário que leva direto ao cerne da análise do fenômeno político, a sua própria essência. E é essa essência propriamente filosófica que Aron recolhe, por exemplo, nos textos maquiavelianos, onde encontra uma teoria geral da *ação política*, fundada nas paixões próprias à natureza humana, mas acrescida de uma teoria dos *meios* – uma teoria geral de governo. E dos meios, à *intenção* – isto é, uma teoria da publicidade como discurso justificatório do poder. "Seguir as consequências de uma doutrina" no mundo da história, "encontrar nos autores resposta a algumas questões que parecem essenciais", "medir a distância entre o que os homens pensaram e aquilo que finalmente realizaram": muito mais próximo de Élie Halévy que de Leo Strauss, um programa inteiro se delineia na obra aroniana, que faz do político o cerne de suas interrogações na exata medida que interroga as mutações de ordem simbólica que permitem compreender a *forma* e o *sentido* das sociedades democráticas.

Polemista sem freios, Aron foi alvo de severas críticas da *intelligentsia* de esquerda. Mas, depois da queda do Muro, seu pensamento parece voltar com força. Mais do que uma espécie qualquer de "regeneração" desse pensador difícil de ser catalogado, é o seu liberalismo crítico do liberalismo que parece justificar sua frequentação mais recente. Talvez porque Aron, como afirma Ghita Ionescu, seja um "clássico moderno", desses pensadores que compartilha com seus contemporâneos do pós-Auschwitz do "pessimismo da inteligência", pouco propício à crença ingênua no progresso, sem deixar, porém, de tecer uma teoria da modernidade que é uma espécie de aposta otimista na busca da verdade. Um pouco o que escreveu em suas *Memórias*, num outro vocabulário: a sociedade civil – e o indivíduo que a sustenta – vem sendo afeiçoada pelo progresso. Igualitárias, sem dúvida – esta a lição de Tocqueville e a lição do século XX –, estas sociedades modernas vivem em permanentes tensões bastante aflitivas, que não podem ser resolvidas com nenhuma apologia do consenso, nem no elogio da liberdade dos antigos.

Aron nada deve aos românticos, malgrado sua formação na filosofia da história alemã. Tampouco foi um nostálgico. Foram as aproximações das "tempestades históricas", como afirmou em 1970, que o marcaram indelevelmente. Eis um pensamento que nutre simpatia pelo seu, e pelo nosso, tempo. Porque, mesmo sem acreditar que a história siga um imperativo qualquer razoável ou os desejos dos homens de boa vontade, Aron acredita, porém, que a questão dos velhos mestres pode nos esclarecer quanto às trágicas limitações da liberdade humana, princípio de nossa dignidade e de nossas esperanças, esse que nos faz *metafisicamente* democráticos.

Capítulo XVII
FOUCAULT:
DA ARQUEOLOGIA À BIOPOLÍTICA

ERNESTO PIMENTEL FILHO
EDSON PEIXOTO VASCONCELOS

1. Introdução. 2. A escrita de Foucault como narrativa do nosso tempo. 3. A "Microfísica do Poder". 4. A biopolítica. 5. Conclusão.

1. Introdução

A importância da obra de Michel Foucault para a atualidade torna-se cada vez mais evidente. Seus escritos deslocaram as teorias clássicas sobre o poder, a política e o Estado. Paul-Michel Foucault (*1926 †1984) figura como um dos grandes pensadores da contemporaneidade, no tocante a esse campo temático. Em sua formação escolar encontramos o diploma de estudos superiores (*licence*) em Filosofia e em Psicologia, mas seu pensamento tem-se enraizado em várias disciplinas: Filosofia, Sociologia, História, Medicina Social, Psicologia, Pedagogia, Direito, entre outras.

Alguns pesquisadores dividem a obra foucaultiana em três períodos.[1] Cada um deles é distinto entre si, mas possuem aproximações e se articulam, já que são "marcas" que demonstram as apreensões do Autor em seu percurso intelectual. Os três momentos da obra de Foucault estão divididos da seguinte forma: (a) *arqueologia do saber*; (b) *genealogia do poder*; e (c) *genealogia da moral*.

Em 1969, quando fez publicar *Arqueologia do Saber*, já era o Autor de obras reconhecidas e amplamente lidas, como: *História da Lou-*

---

1. Pesquisadores como Salma Tannus Muchail (2004) e Roberto Machado (1979 e 1988) destacam-se no tema das traduções e publicações do Autor no Brasil. Ambos apoiam a divisão do trabalho do filósofo em três momentos.

cura (1961), *Nascimento da Clínica* (1963) e *As Palavras e as Coisas* (1966). Neste último livro, Foucault definira sua concepção genealógica. Ela não se funda numa história das opiniões, mas no jogo das opiniões que marcam discursos por vezes vistos como contraditórios. A descontinuidade num nível não consciente da história já era uma característica da interpretação de Michel Foucault, em busca de reconstituir o sistema geral de pensamento (Foucault, 1987, p. 90). Ora, encontrava-se numa temática tão larga – comum às abordagens estruturalistas – um aspecto novo e revolucionário.

"As regularidades são tácitas. Não são compromissos explícitos e não podem ser defendidas por ninguém como se formassem um todo consistente. No nível 'profundo', não existem heróis e o discurso é anônimo. Portanto, a mudança de um tal sistema de possibilidade para um outro não pode ser o resultado de uma percepção consciente de dificuldades internas ou de alguma decisão ou ação coletiva. Algumas mudanças históricas podem ser, em certos aspectos, deliberadas. Mas, ao nível arqueológico, onde as *espécies* de escolhas deliberadas são determinadas, não se decide sobre a mudança. Em particular, uma regularidade arqueológica não é mantida por pontos de vista equivocados ou por anuência mistificada; nesse sentido difere de uma ideologia; não é mantida *porque* seja ideologicamente funcional. Por essas razões, a profunda regularidade histórica não é necessária, embora a profunda mudança histórica seja não deliberada" (Rajchman, 1987, p. 42).

Se Foucault havia estudado naquelas pesquisas os saberes e a linguagem, passou a investigar, em seguida, as relações microfísicas da história. Iniciada cronologicamente em 1970, a nova fase refletiu a condução de Foucault para um outro campo de estudos: o poder e a política. A mudança foi percebida após a eleição de Foucault, em abril de 1970, para assumir a cadeira de história dos sistemas de pensamento no *Collège de France*, onde elaborou uma série de cursos sobre a sociedade ocidental (Defert, 2002). Neste ponto, os historiadores ofereciam a Foucault uma vanguarda importante. No esteio de uma proclamação da longa duração, surgia uma história granular, que se preocupava com o acontecimento enquanto jogo de regularidades e descontinuidades, posto que o acontecimento aparecia em séries. Assim, Foucault convidava os filósofos a encarar os desafios epistemológicos de uma nova materialidade na ordem do discurso, um materialismo do incorpóreo, o discurso como evidência de si mesmo, tanto de sua consciência quanto de seu acaso (Foucault, 1971, pp. 56 e ss.).

Viu-se com clareza o filósofo enunciar o termo *microfísica do poder*, no livro *Vigiar e Punir* (1975). A genealogia do poder é uma noção que foi desenhada a partir das análises sobre a sociedade europeia ocidental entre os séculos XVII e XIX, mas que encontra também ressonância em outros espaços, como os Estados Unidos e, eventualmente, o Leste Europeu. Isto conferiu autoridade a Foucault para tratar do tema do poder celular e seus aspectos matriciais em todo o Ocidente. Esses fluxos regionais abrangentes são cabíveis, na medida em que diversas técnicas e instituições estudadas por Foucault circulavam não apenas no oeste da Europa, mas em todo o Ocidente do globo.

Da história do nascimento da prisão derivaram noções fundamentais sobre a política do corpo e a compreensão das condutas que sobre ele se operam constantemente em sociedade. "Vigilância panóptica, sanção normalizadora vão articular-se em seguida a uma nova modalidade de poder, o poder sobre a vida, que Foucault chama de biopoder. Este se aplica aos vivos, à população e à vida e se articula ao discurso racista e à luta das raças" ("Apresentação" de Manoel Barros da Motta em Foucault, 2003, p. VIII).

Portanto, é a partir da década de 1970 que Foucault irá articular um outro plano de trabalho, para além das suas pesquisas sobre a linguagem e as ciências humanas. Trata-se de um plano de estudos que deixará de ser a arqueologia do conhecimento e das articulações feitas no interior da discursividade, passando a potencializar a compreensão dos mecanismos de sujeição e controle. Não deixou de destacar a articulação entre esses mecanismos de poder e suas imbricações com as formas de saber científico. Empreende no *Collège de France* uma análise dos poderes: os saberes visados enquanto poderes e a descrição do poder nas instituições supostamente não políticas, nas práticas discursivas (Falcon, 1997, p. 75).

No curso intitulado de *Em Defesa da Sociedade*, Foucault demonstra como os discursos de guerra podem ser criados nesse campo de batalha que é a história. É nesse mesmo curso que surge a provocação de um embate no qual a interferência das ideias e ideologias não é percebida; espaço onde as ressonâncias modernas têm outra forma; nos quais as características são preservadas nas bordas, expulsas da cena, na medida do desenvolvimento de novos organismos, no caso especial, o Estado moderno. Um conflito em que o nível de ressonância é outro. Nesse sentido, o embate toma outro rumo: ele se torna muito mais imprevisível, sem o referencial, sem armas válidas num território posto.

Vigilância, inspeção, cristianismo, medicina, justiça e psiquiatria: sobre a vida se exercem controles. O biopoder foi tratado nos cursos *Os Anormais* (1974-1975) e *Em Defesa da Sociedade* (1975-1976); no primeiro volume de *História da Sexualidade*, intitulado *Vontade de Saber* (1976), e no curso *Naissance de la Biopolitique* (1978-1979).

2. A escrita de Foucault como narrativa do nosso tempo

Embora Foucault tenha escrito seus trabalhos com engajamento e militância, ele era um "intelectual sem reforma ou revolução para recomendar" (Rajchman, 1987, p. 46). Aos 20 anos, via-se "pouco à vontade com seu físico e sua inclinação sexual" (Defert, 2002, p. 4). Tentou, algumas vezes, o suicídio como escreve Daniel Defert na sua "cronologia", sobre o ano de 1950: "Junho, dia 17, nova tentativa de suicídio". Em 1947, ele fizera psicoterapia para escapar de uma depressão. Começou sua carreira como um jovem esquerdista, leitor de Hegel, e chegou a participar do Partido Comunista Francês (PCF) entre 1950 e 1952. Parece que a convivência em meio aos camaradas era incômoda e que o partido não teve simpatia por um estudo seu acerca de Descartes, precipitando sua saída. Como era próximo do professor da Escola Normal, Louis Althusser, recebeu dele o consentimento para sair da *célula*.[2]

Sua geração foi impactada pelo fenômeno do nazismo, do totalitarismo soviético e pela tomada de consciência sobre o fracasso da política colonialista francesa na África. O nazismo e o fascismo possuem evidentes conexões com o cientificismo evolucionista, que pregou uma sociedade corporativa e disciplinar. Mas depois de meados dos anos de 1950, na França e em toda a Europa ocidental, se descobriu que não era apenas o nacional-socialismo que havia praticado atos de tortura, perseguição e morticínio. Isto veio a tirar o chão dos mais comprometidos militantes do PCF. Desde seus inícios com Lênin e mais ainda com Stalin, o socialismo marxista havia sucumbido a uma forma de culto da personalidade e de coação brutal massiva, que estava longe de caracterizar uma sociedade justa e igualitária. Os escritos de Michel Foucault, embora não sejam antimarxistas, nasceram sob o impacto daquelas descobertas e revelações que emergiram em fins dos anos cinquenta, advindas do reconhecimento público da política totalitária no Império do Leste. Também exerceu impacto no escritor a guerra da

---

2. *Célula*: pequena unidade de militantes pelo qual se filiavam os partidários comunistas àquela época; a célula era a base da organização, que nacionalmente tinha seu Comitê Central.

Argélia (1954-1962), quando a violência do civilizacionismo gaullista mostrou-se importante no debate público.

O trabalho intelectual de Foucault foi grandemente influenciado pelas lições tomadas a partir dos movimentos de Maio de 1968, já que trouxeram à tona diversas inquietações, típicas da Europa do pós-Guerra, marcada pela estabilidade e o conservadorismo. Essas inquietações diferem, na sua raiz, da problemática operária, do subdesenvolvimento ou da miséria, realidades presentes em outros contextos. Elas impulsionaram Foucault a "ir mais longe", no tocante ao questionamento do domínio sobre o corpo e a sexualidade. Ele compreende sua crítica como extensiva a toda à sociedade ocidental na sua inteireza, independente de seus valores e práticas estarem situados no Leste ou no Oeste, nas democracias ou nos regimes socialistas, nas sociedades estatizantes ou nas sociedades de mercado. Estudou instituições que se tornaram "uma forma de enquadramento geral da maior parte das sociedades modernas, sejam capitalistas, sejam socialistas"[3] (Calderon, 2003).

Os temas da liberdade e do pensamento libertário influenciaram a forma de Foucault pensar o Ocidente. Ele deu continuidade à reflexão sobre a liberdade de forma única e paradoxal, tendo sido um "filósofo da liberdade numa era pós-revolucionária" (Rajchman, 1987, p. 46). A liberdade não está na consciência de si, nem na apreensão da verdade ou da realidade das coisas. Foucault foge destas questões e simplesmente não as estuda. A objetividade do conhecimento não faz parte do campo de reflexão de sua filosofia. A liberdade consiste na rebeldia contra as formas e métodos que nos impõem uma definição *a priori*, nos transforma em série e em categoria. Ele tinha um compromisso com uma liberdade não voluntarista e anti-humanista dentro da história. Essa liberdade não era utópica – não poderia ser para um Autor que proclamou a ciência dos espaços marginais, a heterotopia. A descontinuidade é a maior expressão teórica da liberdade em sua obra, já que a mudança histórica não ocorre por uma necessidade ou contradição interna.

Propôs em *Nietzsche, a Genealogia e a História* (Foucault, 1979) o que chamou de "história perspectiva" ou "história efetiva". Esta reflexão busca contrapor-se à história dos historiadores. Como não temos vidas totais ou conceitos universais capazes de descrever a história, esta não existe, muito embora não haja nada que exista do qual não possa-

---

3. No original, na voz de Michel Foucault: "une forme d'encadrement générale de la plupart des sociétés modernes, qu'elles soient capitalistes ou qu'elles soient socialistes".

mos escrever a sua história. Para ele, a História com "h" maiúsculo "seria construída fora do tempo, um ponto de apoio, que pretende tudo julgar segundo determinada objetividade, supondo verdades eternas, almas que não morrem, consciências idênticas a si mesmas" (Foucault, 1979, p. 26). Foucault queria uma forma de narrativa histórica que não tivesse vergonha de ser um saber parcial, preliminar. Essa narrativa não visaria ao conforto da verdade, nem muito menos à demarcação das origens; apenas uma narrativa ciente dos seus limites e das jurisdições interpretativas. É tendo ciência desses espaços, do campo onde firma seus passos, da posição de onde olha os confrontos, que o historiador pode fazer uma genealogia da história.

Ao evitar simular um discreto aniquilamento diante do que ele olha, ao evitar submeter os movimentos da história a procedimentos nomológicos, o olhar perspectivo sabe tanto de onde olha quanto o que olha. "O sentimento histórico dá ao saber a possibilidade de fazer, no movimento de seu conhecimento, sua genealogia" (Foucault, 1979, p. 30). A história perspectiva tem o ponto de vista voltado para as práticas, para o momento dos confrontos, partindo sempre de quem olha, sendo o referencial o próprio sinônimo para uma genealogia da história.

Foucault não pôs em questão a existência da crítica: ela existe e deve ser exercida em nome da revolta, que não é outra coisa senão uma tradução para a liberdade. O futuro deve ser encarado como uma possibilidade, mais do que como um sonho de sociedade perfeita e de progresso na história. A escrita sobre o passado em Foucault não visa à sua explicação, mas visa a demonstrar a invenção, a construção ou o movimento de reconfiguração de novos planos institucionais e discursivos, ou seja, a instalação de novas relações de poder. O passado traz alternativas, mas ele não as projeta no futuro; ele apenas narra sua existência no tempo a fim de confrontá-las com o presente.

3. A *"Microfísica do Poder"*

Como se desenvolve o poder, afinal? Há algo que chamamos convenientemente de "poder" e que usamos como uma entidade universal e explicativa do mundo, um Leviatã que vai além do Estado, tomando conta da mídia, da política, da economia. Será que precisamos disso? Precisamos de práticas que nos façam acreditar em verdades inquestionáveis?

Foucault não fala de "o Poder". Não quer lançar uma análise sobre o Estado, nem muito menos acerca dos grupos político-ideológicos que o compõem. O poder não é compreendido por ele como tendo um alcance global que se transforme em regra geral, nem muito menos em lei. O poder não é entendido como sendo exercido exclusivamente por grupos ou castas, ou mesmo classes, que usam estas armas para dominar o outro lado da trincheira, o subjugado, o dominado, o proletário. Para estudar o poder se precisa deixar de lado a soberania do Estado, o controle institucional feito pelos seus aparelhos, isso seria nada mais do que a sua face mais exterior, suas formas terminais.

"Dizendo poder, não quero significar 'o Poder', como conjunto de instituições e aparelhos garantidores da sujeição dos cidadãos em um Estado determinado. Também não entendo poder como modo de sujeição que, por oposição à violência, tenha a forma da regra. Enfim, não o entendo como um sistema geral de dominação exercida por um elemento ou grupo sobre outro e cujos efeitos, por derivações sucessivas, atravessem o corpo social inteiro. A análise em termos de poder não deve postular, como dados iniciais, a soberania do Estado, a forma da lei ou a unidade global de uma dominação; estas são apenas e, antes de mais nada, suas formas terminais" (Foucault, 2001, p. 88).

Nessa compreensão, observamos focos múltiplos que impedem a existência de um núcleo central. Trata-se de poder sem regência a ditar seu fluxo e direção. Poder como regime que foge a sentidos preestabelecidos, poder que se lança a partir de múltiplos sentidos:

"Parece-me que se deve compreender o poder, primeiro, como a multiplicidade de correlações de forças imanentes ao domínio onde se exercem e constitutivas de sua organização; o jogo que, através de lutas e afrontamentos incessantes as transforma, reforça, inverte; os apoios que tais correlações de forças encontram umas nas outras, formando cadeias ou sistemas ou, ao contrário, as defasagens e contradições que as isolam entre si; enfim as estratégias em que se originam e cujo esboço geral ou cristalização institucional toma corpo nos aparelhos estatais, na formulação da lei, nas hegemonias sociais. A condição de possibilidade do poder, em todo o caso, o ponto de vista que permite tornar seu exercício inteligível até em seus efeitos mais 'periféricos' e também enseja empregar seus mecanismos como chave de inteligibilidade do campo social, não deve ser procurada na existência primeira de um ponto central, num foco único de soberania de onde partiriam formas derivadas e descendentes; é suporte o suporte móvel das correlações de força que, devido à sua desigualdade, induzem continuamente estados de poder, mas sempre localizados e instáveis" (Foucault, 2001, pp. 88-89).

Correlações que se escalonam e hierarquizam, mas também se contradizem e se fragmentam. O poder é um antileviatã, um contra-

-ataque, com outras armas e instrumentos, que se move de um jeito sofisticado, flutuando, rastejando, enfim, circulando. É a partir da interpretação foucaultiana dos movimentos e das relações imbricadas no meio social, histórico e filosófico que a noção de poder toma uma tonalidade diferente da que é demonstrada na teoria clássica. O poder não pode ser concebido como um objeto, o poder não pode ser uma coisa, um objeto de desejo, a aspiração que se pretende alcançar. Isso por uma questão bastante relevante: o poder não existe como sendo um objeto, ou a materialização de um desejo. Esse ser chamado poder não existe, e a coisificação pode ser a armadilha mais eficaz que pode ser construída discursivamente.

O poder não é uma coisa, não favorece a um só grupo, suas armas podem servir de ataque e também de contra-ataque; é um regime de correlações de forças que circulam, sem possuir um caminho de fluxo, sem simetria aparente. "O poder está em toda parte; não porque englobe tudo e sim porque provém de todos os lugares" (Foucault, 2001, p. 89). Foucault reitera seu nominalismo ao afirmar que "o poder não é uma instituição, uma estrutura, uma lei universal: é o nome dado a uma situação estratégica complexa numa sociedade determinada" (Foucault, 2001, p. 89).

Na realidade, o campo onde se pode avaliar com intensidade o objetivo de iniciativas, confrontos, invasões, saques, enfim, dos roubos e ganhos no tempo dos acontecimentos, das buscas, da segurança aparente, são a partir das relações de poder que podemos confrontar e analisar. Essas relações modificam o contexto já referido de poder: como esse não existe sendo um objeto material ou mesmo imaterial, as relações de poder perpassam e permanecem em todos os aspectos, da esfera mais simples até as mais complexas. Elas convocam todos os acusados a falar; demonstram sem cortes e sem retoques, todos os discursos recolhidos ao mais profundo dos sentimentos, ou seja, mostram que o poder circula, que não se encontra paralisado em nenhum lugar. As relações de poder trazem à tona a percepção da circularidade que essas relações formam no meio social. Estas perpassam o Estado, o atravessam, estão dentro como também estão fora do Estado e nunca favorecem a só um. A problemática dos agentes históricos, dos personagens, grupos ou classes sociais está ausente.

As relações microfísicas do poder acontecem ao mesmo tempo, quando se manifesta também um contrapoder, o contra-ataque em maior ou menor intensidade de força. É essa correlação de forças que faz as relações de poder não terem um núcleo gerador do qual emanariam todas as investidas e ataques, que faz também haver uma descontinuidade no tempo:

"Ora, o estudo desta microfísica supõe que o poder nela exercido não seja concebido como uma propriedade, mas como uma estratégia, que seus efeitos de dominação não sejam atribuídos a uma 'apropriação', mas a disposições, a manobras, a táticas, a técnicas, a funcionamentos; que se desvende nele antes uma rede de relações sempre tensas, sempre em atividade, que um privilégio que se pudesse deter; que lhe seja dado como modelo antes da batalha perpétua que o contrato que faz uma cessão ou a conquista que se apodera de um domínio. Temos em suma que admitir que esse poder se exerce mais que se possui, que não é o 'privilégio' adquirido ou conservado da classe dominante, mas o efeito de conjunto de suas posições estratégicas – efeito manifestado e às vezes reconduzido pela posição dos que são dominados" (Foucault, 1991, p. 29).

No traçar desses esboços, fica claro o papel das relações de poder, isso considerando os pressupostos dominação-repressão presentes na sociedade civil, na qual a guerra perdura com um papel preponderante. Podemos dizer então que temos duas análises do poder na sociedade ocidental: a primeira se pode classificar como sendo a análise jurídica do poder, ou análise "economicista". Análise esta, inicialmente feita com os chamados contratualistas, no século XVIII e continuada no século XIX. Na segunda, temos a crítica ao poder feita por meio dos mecanismos de dominação-repressão, análise inspirada nos escritos de Nietzsche. Analítica que inverte o aforismo de Clausewitz, a conhecida máxima que declara que "a guerra é a política por outros meios". Nesse aforismo, o conflito bélico seria a última consequência, o regime de forças só entraria em choque a partir do esvaziamento dos discursos políticos. Levando em consideração o esquema dominação-repressão, ou guerra-repressão, a lógica do aforismo clausewitziano é invertida.

A guerra deixa seu papel de última consequência e se mostra invertida em seus pressupostos básicos. "Ela deixa de ser um fim em si mesma e se incorpora a política, se ainda quisermos fazer essa divisão entre guerra e política" (Foucault, 2001, p. 97). Isso causa um direcionamento para o segundo esquema exemplificado acima. Considerando que as lutas, as relações de força que permeiam a sociedade são confrontadas no campo da dominação e da repressão, podemos dizer que a guerra propriamente dita não se encerra com a tomada do armistício, o conflito não termina na rendição de um dos lados, nem podemos analisá-la entre os perdedores e os que ganharam a guerra. Nesta conjuntura, o conflito permanece, mesmo enquanto a paz reina absoluta. A chamada "pseudopaz" que obscurece as cicatrizes e o sangue dos confrontos, uma paz translúcida que esconde as astúcias da dominação, que tenta encobrir os atos da guerra. A paz civil que focaliza a repressão, que empacota quem transgride.

Portanto, deve-se usar o modelo estratégico ao invés do modelo do direito. O modelo estratégico considera a positividade do poder, enquanto a lei e a soberania operam no nível da repressão e da interdição. E por que essa escolha entre um modelo estratégico, em contrapartida ao modelo do direito? Utilizar o modelo estratégico não seria uma escolha qualquer, não é algo feito ao bel-prazer do genealogista, mas porque é efetivamente um dos traços fundamentais das sociedades ocidentais. Ele acontece pelo fato de que as correlações de força "por muito tempo tinham encontrado sua principal forma de expressão na guerra, em todas as formas de guerra", mas passaram a investir "pouco a pouco, na ordem do poder político" (Foucault, 2001, p. 97).

É só a partir da vocação de dominação-repressão, ou, se preferirmos, guerra-repressão, que se tem analisado as relações de força. Investigando seus caminhos, em seus mais leves desvios, dissecando cada parte, separando, catalogando, classificando e selecionando o corpo desse ser, convenientemente chamado de sociedade, é possível analisar o poder a partir de sua ascendência, suas táticas e estratégias específicas.

4. A biopolítica

"Veremos, mais tarde, que tais mecanismos de poder, por um lado ao menos, são aqueles que tomaram em mãos, a partir do século XVIII, a vida do homem, na qualidade de corpo vivo" (Foucault, 2001, p. 86). Uma tomada do homem biológico pelo poder. Para falar disso é importante voltar-se para a soberania política clássica na tentativa de compreender o que se passa então. Na teoria clássica de soberania o rei tinha o poder de vida e de morte com relação aos súditos.

Em *Vigiar e Punir*, Foucault abordou o tema em termos de economia da punição no suplício:

"O suplício penal não corresponde a qualquer punição corporal; é uma produção diferenciada de sofrimentos, um ritual organizado para a marcação das vítimas e a manifestação do poder que pune; não é absolutamente a exasperação de uma justiça que, esquecendo seus princípios, perdesse todo o controle. Nos 'excessos' dos suplícios, se investe toda a economia do poder" (Foucault, 1991, p. 35).

Este direito de punir com a morte se colocava como fundamental para o exercício da soberania clássica. Mas o que seria ter o poder de vida e de morte? Falar que na soberania política o soberano tem o poder de vida e de morte significa dizer que ele pode tanto fazer morrer quanto deixar viver, que nada nessa relação há de natural. Nem a morte, nem muito menos a vida são termos comuns e naturais. No limite, quem decide entre a vida e a morte é o soberano. Portanto, percebendo mais de perto, o súdito está na posição de neutro em relação ao poder (Foucault, 1999, p. 286).

Não há *a priori* a escolha pela vida e aí se pode encontrar a contradição no exercício do poder soberano. Se o soberano tem o direito de vida e de morte, para seu exercício, o desequilíbrio entre deixar morrer e deixar viver é fundamental. Desta forma, a prática do poder não se exerce de maneira equilibrada, muito pelo contrário. O soberano possui o poder sobre a vida por ter antes o direito de exercer o poder sobre a morte. Em outras palavras, é porque o soberano pode matar que ele tem o poder sobre a vida. Então, o exercício soberano coloca-se a partir do *direito de fazer morrer ou deixar viver*.

Mas é no século XIX que se instala uma nova forma de exercer o poder: ela vem a completar essa arte do direito soberano de fazer morrer e deixar viver, penetrando-lhe e ao mesmo tempo modificando-a. A relação de poder que se instala quer inverter o fazer morrer e deixar viver do direito clássico. Agora se trata de querer *fazer viver e deixar morrer* (Foucault, 1999, p. 287). Esta ideia não surge do nada. Os filósofos no século XVII e XVIII já esboçam a defesa da vida em contrapartida com a morte:

"O protesto contra os suplícios é encontrado em toda parte na segunda metade do século XVIII: entre os filósofos e teóricos do direito; entre juristas, magistrados, parlamentares; nos *cahiers de doléances* e entre os legisladores das assembleias. É preciso punir de outro modo: eliminar essa confrontação física entre soberano e condenado; esse conflito frontal entre a vingança do príncipe e a cólera contida no povo, por intermédio do supliciado e do carrasco. O suplício tornou-se rapidamente intolerável. Revoltante, visto na perspectiva da vítima, reduzida ao desespero e da qual ainda se espera que bendiga 'o céu e seus juízes por quem parece abandonada'. Perigoso de qualquer modo, pelo apoio que nele encontram, uma contra a outra, a violência do rei e do povo. Como se o poder soberano não visse, nessa emulação de atrocidades, um desafio que ele mesmo lança e que poderá ser aceito um dia: acostumado a 'ver correr sangue', o povo aprende rápido que 'só pode se vingar com sangue'. Nessas cerimônias que são objeto de tantas investidas adversas, percebem-se o choque e a desproporção entre a justiça armada e a cólera do povo ameaçado" (Foucault, 1991, p. 69). Deveria se viver num mundo onde as leis universais fossem seguidas, e seria desejável pela natureza uma sociedade civil governada por leis e um estado cosmopolita. A guerra era o propósito da natureza, para um novo ordenamento entre os estados ou internamente a eles. Os conflitos seriam tentativas de reordenamento, ou de reconstrução dos desejos da natureza, que em algum ponto foi solapada.

Na noção de contrato social fala-se do direito da preservação da vida como sendo um dos direitos fundamentais. Justificar a existência de um soberano tem como principal motivo o perigo e a necessidade. Portanto, é para poder viver que se constitui um soberano. Estas são as articulações: elas propõem pensar como a vida ganha cada vez mais importância no campo da política. O caminho tomado por Foucault não segue a Teoria Política, mas os mecanismos, as técnicas e as tecnologias de poder, postas num dado momento. Essas novas técnicas são outras formas de se exercer o poder. Elas são construídas nos séculos XVII e XVIII, mas terão um campo de aplicação já nas primeiras décadas do século XIX.

Ao discutir a passagem da personagem histórica da "feiticeira" para a "possuída", no curso de 1974 e 1975, Foucault analisa notadamente o cristianismo católico e suas formas de combate à "convulsão", a qual era tida como a onipotência do demônio no corpo da possuída. Ao longo da segunda metade do século XVII, a Igreja buscou mecanismos anticonvulsivos, ou seja, formas de excluir do campo o fenômeno convulsivo. A medicina entra em ação e rouba à Igreja Católica as operações de consciência e penitência aplicadas à convulsão, mas o pedido de socorro parte do próprio cristianismo, que não deseja mais tratar dos casos convulsivos como manifestações negativas.

Haverá uma tendência a substituir a convulsão pela aparição da virgem que traz aspectos positivos, já que a visão produz e aproxima os cristãos da benevolência do poder católico, expressão virtual contida na imagem de Nossa Senhora. A presença da medicina se torna evidente e crescente no século XVIII e XIX. "A Igreja desqualifica a convulsão ou deixa a medicina desqualificá-la" (Foucault, 2001, p. 284). Nas mãos da medicina, a convulsão se tornará a primeira doença psiquiátrica, um protótipo da loucura (Foucault, 2001, pp. 282-283). Foucault recusa-se a analisar estes eventos a partir da história das mentalidades e propõe, em seu curso de 1975, "um estudo histórico das tecnologias de poder"

(Foucault, 2001, p. 286). O corpo é visado: "no âmago, no núcleo, no centro de todos esses distúrbios carnais ligados às novas direções espirituais, o que vamos encontrar vai ser o corpo, o corpo vigiado do adolescente, o corpo do masturbador" (Foucault, 2001, p. 287).

Eis uma definição de Foucault para a biopolítica no estudo da transição da feitiçaria para a possessão:

"Creio que é fazendo a história das relações entre o corpo e os mecanismos de poder que o investem que podemos chegar a compreender como e por que, nessa época, esses novos fenômenos da possessão apareceram, tomando o lugar dos fenômenos um pouco anteriores da feitiçaria. A possessão faz parte, em seu aparecimento, em seu desenvolvimento e nos mecanismos que a suportam, da história política do corpo" (Foucault, 2001, p. 271).

Essas novas tecnologias de poder se expandem. É um poder que se direciona à vida, à vida dos homens, ao homem-espécie, colocado como ser vivo, fixado como organismo. Nos cursos ministrados por Foucault no *Collège de France* durante os anos 70, a *microfísica do poder*, como modo de análise, deu lugar à *biopolítica* da espécie humana, como tema de investigação. Em *Vigiar e Punir* já fora possível ler:

"Não se deveria dizer que a alma é uma ilusão, ou um efeito ideológico, mas afirmar que ela existe, que tem uma realidade, que é produzida permanentemente, em torno, na superfície, no interior do corpo em funcionamento de um poder que se exerce sobre os que são punidos – de uma maneira mais geral sobre os que são vigiados, treinados e corrigidos, sobre os loucos, as crianças, os escolares, os colonizados, sobre os que são fixados a um aparelho de produção e controlados durante toda a existência. Realidade histórica dessa alma, que, diferentemente da alma representada pela teologia cristã, não nasce faltosa e merecedora de castigo, mas nasce antes de procedimentos de punição, de vigilância, de castigo e de coação. Esta alma real e incorpórea não é absolutamente substância; é o elemento no qual se articulam os efeitos de um certo tipo de poder e referência de um saber, a engrenagem pela qual as relações de poder dão lugar a um saber possível, e o saber reconduz e reforça os efeitos de poder" (Foucault, 2001, p. 31).

A alma-corpo dessa realidade que se instalou progressivamente no modo de vida ocidental produziu diversas técnicas e conceitos. Ali Foucault cita como exemplo alguns termos (psique, subjetividade, personalidade e consciência) desta alma forjada na história da política do corpo. O humanismo e suas aspirações morais, presentes nos saberes científicos e operantes nas inúmeras instituições das sociedades disciplinares do Ocidente europeu, teriam sido os grandes responsáveis por essa rede de dominação moderna; rede celular que criou uma alma e adestrou os corpos. Alguns questionamentos relevantes: quais objetos esta biopolítica da espécie humana pretende atingir? Quais os processos da vida que ela quer alcançar? Essa nova tecnologia não se resume ao homem como corpo, ela se dirige aos fenômenos mais globais, mais gerais. Vai afetar os processos ligados à vida, como o nascimento, a morte, a doença, a produção, o casamento. Nesse sentido, não será a individualização que se coloca, mas a massificação; não o homem-corpo, mas o homem-ser vivo. Processos como os de natalidade, mortalidade e de longevidade se articulam a uma série de outros de ordem política e econômica, eles serão os principais campos de saber e alvos dessa biopolítica. É então que se lança mão de incrementos para a melhor captação destes processos.

Nós destacamos, entre esses processos, a produção da estatística que será de fundamental importância. Sobretudo, no que toca à medição dos fenômenos da natalidade. Mas não só o problema da natalidade será tocado. A morbidade fará parte do esquema da biopolítica, não a morte que vem como que partir a vida de maneira monstruosa, mas a morte que se prolonga, que se instala permanentemente sobre a vida. Sairíamos da epidemia como fenômeno brutal sobre a vida para a doença como fator global (Foucault, 1999, pp. 290-291). A própria história da sexualidade é uma problemática que fugiu à soberania e à lei, havendo assim uma tecnologia do sexo que agiu na positividade ao invés da interdição. Antes de interditar, a sociedade cristã abre as portas para sexualizar o corpo. E a sexualização constitui um grande tema para se compreender o biopoder no homem ocidental do século XIX.

Foucault desloca inteiramente o tema da repressão e da interdição ao sexo, pondo em seu lugar a produção do sexo pelo poder:
"A Psychopathia sexualis de Heinrich Kaan, em 1946, pode servir de indicador: datam desses anos a relativa autonomização do sexo com relação ao corpo, o aparecimento correlativo de uma medicina, de uma 'ortopedia' específicas do sexo, em suma, a abertura desse grande domínio médico-psicológico das 'perversões', que viria tomar o lugar das velhas categorias morais da devassidão e da extravagância. Na mesma época, a análise da hereditariedade colocava o sexo (as relações sexuais, as doenças venéreas, as alianças matrimoniais, as perversões) em posição de 'responsabilidade biológica' com relação à espécie; não somente o sexo podia ser afetado por suas próprias doenças mas, se não

fosse controlado, podia transmitir doenças ou criá-las para as gerações futuras; ele aparecia, assim, na origem de todo um capital patológico da espécie. Daí o projeto médico, mas também político, de organizar uma gestão estatal dos casamentos, nascimentos e sobrevivências; o sexo e sua fecundidade devem ser administrados. A medicina das perversões e os programas de eugenia foram, na tecnologia do sexo, as duas grandes inovações da segunda metade do século XIX" (Foucault, 2001, pp. 111-112).

A preocupação da espécie humana com o seu "meio"; os humanos como seres vivos e o seu meio de existência, de forma a problematizar esse "meio" como criação da população: a biopolítica vai extrair o seu saber para se localizar e definir o campo de intervenção do seu poder.

5. Conclusão

Não é possível encontrar em Foucault senão uma teoria da produção do realismo e uma valorização dos acontecimentos que se deslocam na direção da emergência de tudo aquilo consideramos como certo ou errado, verdadeiro ou fantasioso: "A problemática de todos estes empreendimentos a respeito da loucura, da doença, da delinquência, da sexualidade e disto que falo a vocês no momento, está posta em mostrar como a agregação, série de práticas – regime de verdade forma um dispositivo de saber-poder que marca efetivamente no real o que não existe e o submete legitimamente na distribuição do verdadeiro e do falso" (Foucault, 2004, p. 22).

Michel Foucault abordou temas que dizem respeito à formação do Ocidente e, no tocante ao poder, analisou as realidades situadas entre os séculos XVII e XIX. O *Collège de France* foi apoio e *locus* de divulgação dos estudos sobre poder e biopolítica, o que não significa que as linhas de estudo da arqueologia do saber tenham sido esquecidas. A temática dos saberes científicos permaneceu presente em suas pesquisas até o fim da vida. O corpo é o eixo central de sua reflexão após 1970. Ao fim de seu trajeto resta o corpo, o corpo vigiado, as relações entre o corpo e os mecanismos de poder, os quais se direcionam à vida. Refutou a história das mentalidades, tão famosa à época, posto que fosse o modelo de construção historiográfica da Escola dos Annales. Elaborou noções fundamentais para compreender a história das tecnologias de poder agindo sobre corpo e no interior da alma, definição própria do que seria a biopolítica. Na contemporaneidade se encara o homem biológico e seu meio na relação com o Estado e a política.

Bibliografia

DEFERT, Daniel (2002). "Cronologia". In FOUCAULT, Michel. *Problematização do Sujeito: Psicologia, Psiquiatria e Psicanálise (Ditos & Escritos, I)*. 2ª ed., Rio de Janeiro, Forense Universitária.

FALCON, Francisco (1997). "História e Poder". In CARDOSO, Ciro Flamarion e VAINFAS, Ronaldo (Orgs.). *Domínios da História – Ensaios de Teoria e Metodologia*. Rio de Janeiro, Campus.

FOUCAULT, Michel (1971). *L'Ordre du Discours*. Paris, Gallimard.

_____ (1979). *Microfísica do Poder*. Rio de Janeiro, Graal.

_____ (1987). *As Palavras e as Coisas: uma Arquelogia das Ciências Humanas*. 4ª ed., São Paulo, Martins Fontes.

_____ (1991). *Vigiar e Punir: Nascimento da Prisão*. 9ª ed., Petrópolis, Vozes.

_____ (1999). *Em Defesa da Sociedade: Curso no Collège de France (1975-1976)*. São Paulo, Martins Fontes.

_____ (2001). *Os Anormais: Curso no Collège de France (1974-1975)*. São Paulo, Martins Fontes (2ª tir., 2002).

_____ (2001). *História da Sexualidade I: a Vontade de Saber*. 14ª ed., Rio de Janeiro, Graal.

_____ (2003). *Estratégia, Poder-Saber (Ditos & Escritos, IV)*. Rio de Janeiro, Forense Universitária.

MACHADO, Roberto (1988). *Ciência e Saber: a Trajetória da Arqueologia de Michel Foucault*. Rio de Janeiro, Graal.

RAJCHMAN, John (1987). *Foucault: a Liberdade da Filosofia*. Rio de Janeiro, Jorge Zahar Editor.

Periódico

MUCHAIL, Salma Tannus (2004). "Um Filósofo que Praticou Histórias", *Cult, Revista Brasileira de Cultura*, n. 81. São Paulo, abr.-jun./2004.

Vídeo

CALDERON, Philippe (Diretor) (2003). *Foucault par lui même*. ARTE France & BFC Productions. France.

Capítulo XVIII
CARL SCHMITT
E O ANTAGONISMO POLÍTICO

AGASSIZ ALMEIDA FILHO

*Dedico este texto ao nascimento de Tibério Agassiz.
Que seu futuro encontre um Brasil convertido
em verdadeiro Estado Democrático de Direito.*

1. Carl Schmitt: um autor maldito? 2. O mundo à sua volta. 3. O pensamento político de Carl Schmitt: aproximação geral: 3.1 Antagonismo amigo/inimigo; 3.2 Unidade política e formação do Estado; 3.3 Democracia da identidade; 3.4 Estado de Direito e Política. 4. Duas breves conclusões.

1. Carl Schmitt: um autor maldito?

O que é um autor maldito? Seria exagero atribuir a Carl Schmitt essa condição? Quais as consequências da demonização que às vezes recai sobre as ideias políticas? Essas indagações têm em comum a preocupação com o maniqueísmo que não raramente caracteriza a Política teórica e prática. Nessa linha, a Queda do Muro de Berlim e o desmantelamento do socialismo real, surpreendentes eventos deste último final de século, vêm contribuindo para a consagração de um persistente pensamento único. É como se o fenômeno humano pudesse reduzir-se a um caminho de mão única na construção da convivência. A era do Estado Democrático de Direito, a Política republicana de que nos fala o constitucionalismo, o primado dos direitos fundamentais, essa nova realidade exige dos homens antigos compromissos: mais tolerância e empenho na construção de um Estado de Direito materialmente fundado. Nesse mundo novo, os heróis não são mais necessários. É chegado o momento dos homens comuns e do seu bom-senso, do fim dos preconceitos e das maldições de toda ordem.

Mas o avançar do processo histórico tem seu ritmo. As pessoas e os velhos hábitos resistem bravamente às tentativas de mudança. Há pouco tempo, tive notícias do diálogo de dois alunos de Direito com alguns professores de Filosofia Política. Os estudantes participavam de um grupo de estudos que tinha como objeto a obra de Carl Schmitt. Indagados sobre a importância de se analisar algumas das categorias do pensamento schmittiano, os professores responderam que não perdiam tempo com autores totalitários e antissemitas. De fato, não se pode negar o caráter totalitário das ideias políticas de Carl Schmitt. Seu antissemitismo, por outro lado, talvez não tenha raízes tão profundas. Mas isso não importa de momento. Será que alguns dos conceitos schmittianos, dedicados, por exemplo, à crítica da Modernidade e à superação do liberalismo clássico, não merecem sequer a análise destrutiva dos autores mais exaltados? Apesar do geral interesse que sua obra vem suscitando nas últimas décadas, parece que em certos setores Carl Schmitt ainda continua sendo um autor maldito.

Em linhas gerais, o autor maldito é aquele sobre o qual recai o preconceito teórico. Normalmente, a sua obra é condenada *de antemão*, em virtude de algumas condições pessoais do autor, de atos condenáveis – à luz das circunstâncias de quem o lê – que ele tenha praticado, a exemplo da indiferença moral de suas categorias conceituais,[1] ou mesmo por causa de divergências teóricas e ideológicas que existem em relação ao seu pensamento. O mais grave dessa "maldição intelectual" é que ela impede a construção de uma crítica acertada do pensamento político, além de ser fonte de esterilidade intelectual e ponto de partida para a construção das verdades absolutas. Também cabe recordar que normalmente a figura do autor maldito não se separa da sua obra. Por isso, é comum que a maldição intelectual sobreviva à existência do autor, como a história e as ideias sobrevivem à existência dos homens. Trata-se de algo que já se repetiu muitas vezes na história (Maquiavel, Nietzsche, Marx, Heidegger etc.). Pode-se dizer, assim, que essa demonização não é patrimônio de nenhuma tendência teórica; não é privativa de democratas, conservadores, anarquistas ou fanáticos religiosos. Ela pode se manifestar em todos os quadrantes da análise política, aparecendo como uma grave pré-compreensão do universo político-conceitual.

---

1. Manuel Fernández Escalante, "Schmitt en Cuarentena (o el Odiado Semántico-Político)", in *Estudios sobre Carl Schmitt*, p. 90.

2. O mundo à sua volta

Quanto do que ocorre à nossa volta influencia a forma como pensamos, como agimos, como sentimos, enfim, o modo como compreendemos o mundo de que fazemos parte? É claro que não se pode determinar objetivamente a influência exata das circunstâncias na formação da personalidade ou na construção de um sistema teórico. Por outro lado, sabemos que de certo modo o homem também é fruto do mundo que o cerca. Essa constatação, tão comum para certos setores da Filosofia e para o estudo do comportamento humano, pode assumir tonalidades quase dramáticas quando pensamos em termos políticos. Parece que a relação da Política com o domínio e com a definição da organização da convivência exalta os ânimos das pessoas, mergulha no mais íntimo dos nossos interesses e ideais, gerando situações de conflito e disputa pelo poder que em muitos aspectos se aproximam do antagonismo amigo/inimigo analisado por Carl Schmitt. Se a lógica política tende para os excessos e para o enfrentamento ideológico, é especialmente verdade que os anos da Alemanha schmittiana – período em que ele constrói as bases de sua obra (1919-1950) – são dos mais atribulados do século XX. E "ninguém escolhe seus temas, porque ninguém escolhe a sua época".[2]

Os sentimentos da infância, a perspectiva da juventude, o papel da religião, as pressões familiares, pais autoritários ou condescendentes, tudo isso faz parte de um conjunto de elementos que estão na base da compreensão da Política (ou da sua dimensão subjetiva). Afinal, quando raciocinamos de acordo com critérios políticos – organização da convivência promovida pelo poder –, nossos valores e padrões ideológicos, a impressão que temos sobre as pessoas, sobre o Estado, a sociedade, o regime político, entre outros fatores, assumem um papel de acentuada relevância. A elaboração do pensamento político precisa levar em conta a função que se deseja atribuir a todas essas magnitudes da vida em comunidade. Para tanto, também é necessário enfrentar a compreensão da liberdade e da igualdade, o valor intrínseco do ser humano, a força da história na luta dos povos, as consequências da submissão internacional; é preciso analisar os casos de exceção política e os radicalismos de todas as espécies, e esse processo passa um pouco pelas experiências e visões de cada um acerca das pessoas e da vida das sociedades.

Infância e juventude. Carl Schmitt nasce no ano de 1888. Na pequena cidade de Plettenberg, situada na região protestante da Vestfália,

---

2. Manuel Fraga Iribarne, "Carl Schmitt: el Hombre y la Obra", *Revista de Estudios Políticos*, n. 122, p. 14.

eram tempos de radicalismo religioso e diáspora católica. "A situação dos católicos alemães não era fácil, acuados entre a ameaça das forças secularizadoras, as pressões do protestantismo hegemônico" e a força do nacionalismo que se espalhava pelo país.[3] Filho de camponeses católicos – alguns de seus tios eram sacerdotes –, Schmitt vive a sua infância e mesmo os anos de juventude como membro de uma minoria, num universo povoado por certo sectarismo, no qual era necessário fazer (ou nascer em) uma opção, estar com um grupo social ou contra ele: ser católico ou protestante. São os anos da tomada de consciência do mundo, período de construção do eu, da descoberta do outro, das diferenças e rivalidades entre os indivíduos. É quando surge a consciência das primeiras perplexidades. Montserrat Herrero chega mesmo a dizer que, no ambiente natal, Schmitt "cristaliza a sua primeira atitude de inimizade, que permanecerá ao longo de toda a sua vida: o sentimento antiprotestante".[4]

Em 1907, fugindo à tradição de que os alemães de origem modesta não iam para a universidade, Carl Schmitt muda-se para Berlim com o fim de estudar Direito. Na capital alemã, havia grande efervescência intelectual, clima de experimentação teórica e artística; cubismo, romantismo, niilismo, modernistas e neokantianos, todas essas tendências transformavam Berlim num grande caleidoscópio cultural. Schmitt teve acesso às várias tendências da época. Mas essa não é uma fase de mera formação. Trata-se de uma verdadeira revolução espiritual, ponto de partida, segundo Joseph Bendersky,[5] para a originalidade que mais tarde Schmitt demonstraria em seus estudos jurídicos e políticos. A breve permanência em Berlim – apenas dois semestres – não diminuiu o impacto que o ambiente causou sobre ele. "Neste momento, definiram-se novas inimizades (...): o subjetivismo romântico, o darwinismo, o panteísmo, o progressismo otimista e o niilismo".[6] Schmitt se transfere para Munique e finalmente para Estrasburgo, centro do pensamento antipositivista e neokantiano, formando-se, em 1910, com um trabalho sobre os delitos e as espécies delitivas.

A República de Weimar (1919-1933). É nos anos de Weimar que Schmitt escreve algumas das suas obras mais importantes: *Romantismo Político* (1919), *A Ditadura* (1921), *Teologia Política* (1922), *Sobre*

---

3. Pedro Carlos González Cuevas, "Carl Schmitt en España", in *Estudios sobre Carl Schmitt*, p. 185.
4. Montserrat Herrero López, *El Nomos y lo Político*, p. 23.
5. Joseph W. Bendersky, *Carl Schmitt*, p. 35.
6. Montserrat Herrero López, *El Nomos y lo Político*, p. 24.

o *Parlamentarismo* (1923), *O Conceito do Político* (1927), *Teoria da Constituição* (1928), *O Defensor da Constituição* (1931) e *Legalidade e Legitimidade* (1932). Nessa fase, marcada pela separação de sua primeira mulher e pelo casamento com Duschka Todorovitsch – mãe de sua única filha, Anima Louise –, ele dedica-se à vida universitária. Em 1921, foi nomeado professor de Direito Público da Universidade de Greifswald, onde permaneceu por menos de um semestre, transferindo-se depois para a Universidade de Bonn, ocupando a vaga deixada por Rudolf Smend na Faculdade de Direito. Poucos anos depois, em 1928, parte para Berlim com a finalidade de suceder Hugo Preuss na Escola de Administração e Negócios. Foi nessa época que Schmitt conheceu Johannes Popitz, Ernst Jünger, Walter Benjamin e Hans Kelsen.

Durante a República de Weimar, fixou-se "a obsessão de Schmitt pela possibilidade de crise e fragmentação do Estado alemão".[7] Como se sabe, Carl Schmitt é um Autor dividido entre a decadência do Estado Liberal, o acirramento político que levou a Alemanha à Primeira Guerra Mundial e as consequências da contenda para o povo alemão. Esse período da história é palco de um sem número de acontecimentos que tiveram graves consequências políticas: revolução popular e proclamação da república, implantação de um regime parlamentar baseado na soberania popular, pacto entre ideologias políticas enfrentadas, reparações e humilhações de guerra, tentativas de golpes da direita e da esquerda, hiperinflação, desemprego estrutural, demagogia política, surgimento da propaganda e dos meios de comunicação de massa etc. Inspirado por todos esses fatores, "o autor de Plettenberg situa-se entre os juristas de Weimar como um pensador que compreende o destino alemão como o epílogo contínuo de uma tragédia nacional. Sua forma de ver as coisas parece apontar para um fatalismo político que empurra a Alemanha em direção a um inevitável antagonismo amigo/inimigo".[8] Na prática, a República de Weimar era uma espécie de grande caos convivencial, terreno fértil para a análise de um pensador que toma o existencial como ponto de partida do fenômeno político.

Nacional-socialismo e ostracismo em Plettenberg. De acordo com Habermas, "Carl Schmitt padecia claramente de uma patológica incapacidade para reconhecer as proporções do ocorrido (durante a ditadura nacional-socialista) e o próprio papel que ele havia desempenhado em

7. Ronaldo Porto Macedo Júnior, *Carl Schmitt e a Fundamentação do Direito*, p. 27.
8. Agassiz Almeida Filho, *Fundamentos do Direito Constitucional*, p. 22.

tudo isso".⁹ Esse ponto de vista – que não deixa de ser equivocado – parece encontrar um Carl Schmitt afastado da práxis, incapaz de entender os vários níveis de enfrentamento e radicalização de que são capazes os grupos políticos na sua luta pelo poder. Aparentemente, a crítica habermasiana prende-se à figura humana de Carl Schmitt, deixando de lado a teoria do antagonismo político, a democracia da identidade, a exclusão do diferente, os vários postulados teóricos de quem possivelmente tenha sido o pensador autoritário mais criativo do século XX. Talvez Habermas esperasse de Carl Schmitt uma condenação moral do nacional-socialismo. Mas como mesclar moral e Política no caso de um autor que parte da realidade e do pessimismo antropológico para a construção do seu pensamento político?

As graves consequências ou as "proporções do ocorrido" de que nos fala Habermas são prova do determinismo que move as ideias de Carl Schmitt sobre o domínio político: o autoritarismo político é o único caminho. O homem pensado em termos schmittianos tende para o conflito; e o máximo conflito, aquele que pode conduzir aos níveis mais intensos de radicalização e disputa, é o conflito político. Em certa medida, portanto, não se pode negar a proximidade das ideias de Carl Schmitt com o nacional-socialismo ou com qualquer outro regime político de corte autoritário. Por isso, talvez fosse interessante perguntar diretamente a Habermas: Como um Autor que olha para a Política com a perspectiva de um realista, como alguém que defende o enfrentamento entre amigos e inimigos e o exclusivismo da democracia da identidade pode admitir que errou na presença dos desastres do nacional-socialismo? A tragédia nazista demonstra que a Política às vezes se afasta dos marcos racionais e das tradições da Modernidade. O autoritarismo, vale a pena ressaltar, é algo que de uma forma ou de outra está sempre a espreitar a complexa natureza humana.

Ao contrário do que se pensa, a relação de Carl Schmitt com o nacional-socialismo não chegou a aprofundar-se. Schmitt não foi o ideólogo do movimento, nunca encontrou-se com Hitler, além de ter sido fortemente hostilizado pelo partido após 1936. De fato, Schmitt filiou-se ao Partido Nacional-Socialista em 1933 – mais por oportunismo do que por identidade pessoal – e realizou vários projetos legislativos para o regime; também era ligado a figuras como Göring, além de ter conseguido permanecer como professor da Universidade de Berlim até o fim da Segunda Guerra Mundial. Contudo, apesar das muitas tenta-

9. Jürgen Habermas, *Más allá del Estado Nacional*, p. 131.

tivas para tornar-se homem de confiança do partido, sua proximidade com o regime de Hitler não passava de uma fantasia. Schmitt "nunca deixou de ser suspeito para quase todos os hierarcas nazistas: seu catolicismo, a amizade com personalidades judias, sua firmeza na ciência. No verão de 1936, o Serviço de Segurança do Estado instaura sindicância contra Schmitt e começa uma investigação sobre a sua pessoa e atividades (...); a carreira de Carl Schmitt no regime nacional-socialista havia terminado".[10]

Com o fim da guerra, Schmitt foi preso em um campo de concentração em Berlim. Transferido para Nuremberg em 1947, foi julgado inocente de envolvimento ativo com o nacional-socialismo. "Anos depois, Schmitt teve oportunidade de narrar suas experiências carcerárias, autodefinindo-se como vítima 'dos modernos métodos de criminalização', característicos dos princípios da 'guerra justa' unilateralmente definidos pelos vencedores da contenda".[11] Passou os últimos anos de sua longa vida em Plettenberg, numa espécie de exílio intelectual quebrado apenas por breves viagens e pelas visitas que recebia em sua casa. Num mundo traumatizado pelo autoritarismo que imperou no século XX, não havia lugar para Carl Schmitt. As tendências democráticas e a descolonização, a busca incessante da dignidade humana, os ventos da liberdade política, todos esses eventos embalaram o tumultuado crepúsculo do milênio. Schmitt morre em 1985. Mas seu legado teórico permanece. Sempre que a democracia e o Estado de Direito forem atropelados pela decisão do mais forte, sempre que alguém ou algum grupo político tentar impor a sua vontade, viverá a ideia de que, em nome do poder, às vezes os homens optam por enfrentar-se como amigos e inimigos.

3. O pensamento político de Carl Schmitt: aproximação geral

Qual a importância do pensamento político de Carl Schmitt para as sociedades pós-industriais? Dito de outra maneira, as conclusões do Autor alemão sobre a democracia, o Direito e o enfrentamento político apresentam algum tipo de força explicativa em relação ao Estado e à sociedade do mundo global? Carl Schmitt foi apenas um pensador a serviço do totalitarismo centro-europeu da primeira metade do século XX ou será que suas ideias sobre o fenômeno político ainda podem ter alguma valia para uma adequada compreensão da nossa convulsionada práxis convivencial?

10. Montsserat Herrero López, *El Nomos y lo Político*, p. 2.
11. Pedro Carlos González Cuevas, *La Tradición Bloqueada*, p. 205.

Pensar a Política é algo tão complexo quanto pensar a própria natureza humana. É mergulhar no conviver, na vida em comunidade, no universo das dissociações humanas; é dedicar-se, em última medida, a compreender os mecanismos que procuram conciliar o individual e o coletivo. Num sentido clássico, de bases aristotélicas, pode-se dizer que a Política guarda "relação com os modos de organização do espaço público",[12] o que dá origem a uma estreita conexão com o processo de tomada e exercício do poder. Se pensarmos nos esforços de Aristóteles para entender a Política da sua época, é fácil concluir que a complexidade do fenômeno político tanto se manifesta na práxis como no mundo das ideias. Em ambos os casos, como se sabe, a influência da realidade histórica – a historicidade do político – se impõe com força determinante. No contexto da convivência, a Política é parte do processo histórico; em termos teóricos, também, pois até mesmo as formulações políticas mais abstratas são criadas por pensadores influenciados por suas próprias circunstâncias.

Aristóteles tem razão ao afirmar que "o homem é por natureza um animal social".[13] Afinal, é pelo fato de o homem viver na *polis* e a *polis* viver no homem que a natureza humana consegue realizar-se por completo.[14] A dependência da Política e do pensamento político em relação à vida concreta dos povos, portanto, é algo que precisa ser enfrentado como parte da própria dinâmica social. A luta pelo poder – para conquistá-lo ou para nele permanecer – e a construção de um espaço comum de convivência integram a evolução cultural humana; representam uma espécie de conquista comunitária que identifica o próprio homem. Por isso, não se pode buscar o sentido último da Política sem esbarrar na experiência histórica e nas expectativas criadas em torno do comportamento das sociedades. Em linhas gerais, é dessa constatação que parte Carl Schmitt para a construção de um sistema teórico capaz de identificar o fenômeno político em sua manifestação real.[15] Afinal, ele é um teórico da ação política,[16] que parte de marcos existenciais – ou da leitura que faz deles – concretos para elaborar as suas teorias

12. Eduardo C. B. Bittar, *Doutrinas e Filosofias Políticas*, p. 27.
13. Aristóteles, *Política*, p. 15.
14. Giovanni Sartori, *Elementos de Teoría Política*, p. 233.
15. Cf. Carlos Ruiz Miguel, "Carl Schmitt: Teoría Política y Catolicismo", in *Estudios sobre Carl Schmitt*, p. 382.
16. Arturo Enrique Sampay, *Carl Schmitt y la Crisis de la Ciencia Jurídica*, p. 9.

sobre o antagonismo amigo/inimigo e a lógica competitiva por trás do fenômeno político.

3.1 Antagonismo amigo/inimigo

Qual a relação que existe entre o conceito de Política em Carl Schmitt e o antagonismo amigo/inimigo? Antes de tudo, é importante recordar que Schmitt procura definir o fenômeno político através da identificação de "categorias especificadamente políticas".[17] Na verdade, ele busca um critério capaz de definir a Política por meio de uma "série de distinções próprias e últimas, às quais se possa reconduzir tudo quanto seja ação política em um sentido específico".[18] A Política se manifesta por meio de um critério de diferenciação – avesso à qualquer ideia de conciliação ou harmonia comunitária – que distingue o comportamento político de todos os outros fenômenos sociais. Para Schmitt, a Política se identifica pela diferenciação, fonte primeira de uma situação convivencial extrema que não permite contemporizações. Essa ideia de Política pressupõe uma série de distinções entre os grupos que existem no universo sociopolítico. Trata-se de distinções *próprias* porque elas só ocorrem no âmbito político; são *últimas* em virtude de a Política ou enfrentamento que dela decorre serem o último recurso para que os membros da comunidade política superem as suas divergências inconciliáveis.

Essas distinções políticas – e com isso fica respondida a indagação do parágrafo anterior – giram em torno do antagonismo amigo/inimigo. Para Carl Schmitt, esse antagonismo pode ser visto como um conflito entre certos grupos políticos que pretendem obter hegemonia política e impor a sua visão da convivência aos demais. Assim, de acordo com a ótica schmittiana a compreensão da Política ou a criação de um critério capaz de identificá-la passam pelo enfrentamento coletivo que inevitavelmente cria grupos de amigos e de inimigos no universo comunitário. Mas por que o político encontra seu critério diferenciador nessa dualidade? Antes de qualquer coisa, é importante sublinhar que a Política pode ser vista como uma espécie de espaço de convivência (a *polis* do mundo antigo) dentro do qual os seres humanos procuram sua realização coletiva. Na tentativa de ordenar esse espaço de convivência segundo perspectivas específicas – visões de grupos, ideologias, projetos de domínio etc. –, o fenômeno político é algo que também se qualifica pela disputa em torno da tomada e do exercício do poder. No

17. Carl Schmitt, *El Concepto de lo Político*, p. 56.
18. Idem, ibidem.

final das contas, a necessidade de ordenar o espaço de convivência segundo específicos padrões ideológicos ou de outra ordem figura como excelente fonte de disputa no contexto sociopolítico.

Com base nisso, podemos concluir que a Política se diferencia de outros fenômenos comunitários em razão da inevitável disputa que sempre vai existir entre certos grupos para determinar o caminho a ser seguido pela ordenação do convívio social. Para Carl Schmitt, é importante sublinhar, não se trata de qualquer disputa política. O antagonismo entre amigos e inimigos tem lugar porque ele representa o nível máximo de enfrentamento que pode vir a existir entre os membros da comunidade política. Todas as demais divergências podem ser objeto de harmonização e equilíbrio. Dito de outra maneira, as diferenças não políticas podem conviver entre si na práxis sem que isso pressuponha a hegemonia de um grupo sobre os demais. Numa convivência realmente baseada na liberdade de credo e culto, por exemplo, as diferenças religiosas jamais poderão desencadear o antagonismo (de último nível) entre amigos e inimigos. O mesmo não de pode aplicar na hipótese de os membros da comunidade política considerarem a imposição de uma dada religião como algo fundamental para a ordenação da vida em comunidade. Neste caso, o enfrentamento religioso pode converter-se em enfrentamento (político) de amigos contra inimigos.

Quem são os amigos e os inimigos para Carl Schmitt? De acordo com ele, "os conceitos de amigo e inimigo devem tomar-se (...) em seu sentido concreto e existencial, não como metáforas ou símbolos; também não se deve confundi-los ou debilitá-los em nome de ideias econômicas, morais ou de qualquer outro tipo; mas, sobretudo, não se deve reduzi-los a uma instância psicológica privada e individualista, tomando-os como expressão de sentimentos ou tendências privadas".[19] A distinção entre amigos e inimigos leva em conta critérios de natureza política, elementos de diferenciação que não partem dos sentimentos pessoais por trás dos vínculos tradicionais de amizade ou inimizade. O inimigo político é apenas "o outro, o estranho, e, para determinar a sua essência, é preciso apenas que ele seja existencialmente distinto e estranho em um sentido particularmente forte".[20] Já os amigos são aqueles que se identificam em virtude de uma visão comum acerca do modo como se deve estruturar a vida social.

A dualidade amigo/inimigo não é necessariamente composta por dois blocos. O grupo de amigos pode conviver com um sem número

---

19. Idem, ibidem, p. 58.
20. Idem, ibidem, p. 57.

de grupos inimigos, que na prática vão se identificar com todas aquelas opções políticas que venham a discrepar da opção política do grupo de amigos. Mas é necessário que o grupo de inimigos, ou seja, o conjunto de indivíduos que pensam politicamente de outro modo, transforme essas diferenças em algo realmente dotado de natureza política. "Todo antagonismo ou oposição religiosa – escreve Schmitt –, moral e econômica, étnica ou de qualquer classe se transforma em oposição política na medida em que ganha força suficiente ao ponto de agrupar de um modo efetivo os homens em amigos e inimigos".[21] O antagonismo político pressupõe a impossibilidade de harmonização das diferentes opções políticas. "Em último extremo – continua o Autor alemão –, podem produzir-se conflitos com ele (o inimigo político) que não podem ser resolvidos nem a partir de uma normativa geral prévia nem em virtude do juízo ou sentença de um terceiro 'não afetado' ou 'imparcial'".[22] São casos em que apenas o enfrentamento político se mostra capaz de pacificar o convívio em sociedade.

Conforme vimos, Carl Schmitt encontra no antagonismo amigo/ inimigo o critério para a identificação da Política. Porém, o enfrentamento entre grupos políticos rivais faz parte de uma lógica sequencial, através da qual a incidência da Política na vida em comunidade vai completar seu ciclo organizatório e alcançar a harmonização da convivência. A dualidade política de Carl Schmitt é suficiente para explicar a sua teoria acerca do elemento diferenciador do fenômeno político. Entretanto, não se pode compreender a Política sem analisar o papel que ela desempenha como mecanismo de estruturação da convivência. Nesse sentido, pode-se dizer que o antagonismo político é tão importante quanto a sua resolução; ao antagonismo sucede a formação de uma unidade política cuja razão de ser consiste na imposição (uniformização política) de uma decisão ao redor da qual vão posicionar-se o grupo político vencedor e aqueles que a estes se submeteram após o enfrentamento. O antagonismo amigo/inimigo, assim, é apenas a primeira fase de um processo mais amplo de pacificação política e organização da realidade social.

3.2 Unidade política e formação do Estado

A construção do pensamento político schmittiano assume uma nítida lógica sequencial. Até a formação do Estado, compreendido por Sch-

21. Idem, ibidem, p. 67.
22. Idem, ibidem, p. 57.

mitt como "um determinado modo de ser de um povo"[23] ou a "unidade essencialmente política",[24] o processo político passa por algumas etapas que dão sentido ao antagonismo amigo/inimigo. São fases – antagonismo político, unidade política, decisão política, criação da Constituição e do Estado – que se sucedem com o fim de institucionalizar o domínio político. Esse dar sentido ao enfrentamento político se justifica pela própria necessidade de tratar o antagonismo amigo/inimigo como um mecanismo de diferenciação social que conduz ao domínio político e ao exercício do poder. O conflito entre amigos e inimigos não constitui um fim em si mesmo. Sua realização enquanto critério de identificação do político depende dos já referidos momentos que lhe são posteriores: a unidade política, a decisão política e a própria formação do Estado. Mas qual o conteúdo exato desses momentos da dinâmica política?

O antagonismo amigo/inimigo parte do pressuposto lógico de que as diferenças são parte integrante de todas as comunidades humanas. Onde quer que esteja o homem, lá estarão as diferenças que tornam cada indivíduo um ser humano único e irrepetível. Mas essas diferenças assumem diversos graus conforme sejam analisadas como algo inerente ao homem ou ao grupo de que ele faz parte. Nesta segunda acepção, que de momento nos interessa, as diferenças deixam certas sutilezas individuais de lado com o fim de assumir uma dimensão coletiva. Por exemplo, pode ser que alguém não deseje conviver com pessoas que possuam determinados hábitos alimentares – comer carne vermelha na Semana Santa, ingerir alimentos produzidos sem observância de normas de proteção ambiental etc. Mesmo assim, e apesar da falta de compatibilidade no âmbito pessoal, nada determina que tais diferenças alimentares venham a impossibilitar a convivência política. Ao contrário do que ocorre no plano pessoal, o número de diferenças políticas existente na sociedade é menos expressivo, pois elas se manifestam apenas naquilo que diz respeito aos aspectos fundamentais da existência coletiva.

As diferenças políticas, portanto, estão acima das diferenças que normalmente existem entre os integrantes da comunidade. E o antagonismo amigo/inimigo, para Carl Schmitt, nada mais é do que um mecanismo para a redução dessas diferenças, para a criação de uma unidade política – "a unidade suprema (...), a que marca a pauta no caso decisivo"[25] – que se baseia na força do grupo vitorioso. O enfrentamento político tem como finalidade determinar qual dentre os vários grupos

23. Idem, ibidem, p. 49.
24. Idem, ibidem, p. 74.
25. Idem, ibidem, p. 73.

que integram a comunidade deve impor a sua forma de compreender o mundo – ou o critério que desencadeou o antagonismo amigo/inimigo. É uma inevitável competição em busca da vitória política. A unidade a que fizemos referência como um dos elementos do antagonismo amigo/inimigo consiste na imposição de uma unidade – depois convertida em uniformidade – política específica: o grupo político vencedor impõe aos demais a sua forma concreta de existir e compreender a existência coletiva.

A unidade política atua num plano não institucionalizado. Quer dizer, ela representa a hegemonia concreta de um grupo político que vence o conflito com o fim de impor o seu ponto de vista político, ou seja, aquilo que o diferencia dos demais agrupamentos políticos. Por isso, pode-se dizer que a unidade política é puramente fática; é tão existencial quanto a inimizade política e a decisão de deflagrar a guerra.[26] Alcançado o poder através do triunfo político, alcançada a formação de uma unidade política baseada na imposição do grupo vencedor, surge a fase em que o exercício concreto do poder vai ao encontro da estabilidade. A ordem se torna verdadeira condição de existência da convivência social.[27] Por isso, Carl Schmitt acrescenta a decisão política às anteriores fases de antagonismo e formação da unidade política. Conquistada a hegemonia pelo grupo vencedor, é preciso transformá-la num mecanismo institucional de conservação do mando político. A estabilidade política reclamada pelas fases de exercício do poder reclama que a opção política vitoriosa assuma natureza institucional. É a partir desta decisão – de criar uma ordem jurídico-política fundamental capaz de institucionalizar as opções do poder – que vão nascer a Constituição e o Estado.

3.3 Democracia da identidade

Como se sabe, não há uma teoria da democracia devidamente sistematizada na obra de Carl Schmitt. Mas isso não quer dizer que não se possa entender a posição do Autor alemão acerca do regime democrático. Na verdade, Schmitt desenvolve algumas das bases teóricas do que ele chama de *democracia da identidade*. A "democracia é uma forma política que corresponde ao princípio da identidade (quer dizer, identi-

---

26. Cf. Germán Gómez Orfanel, *Excepción y Normalidad en el Pensamiento de Carl Schmitt*, p. 74.
27. Herrero López, "La Categoría del Orden en la Filosofía Política de Carl Schmitt", in *Estudios sobre Carl Schmitt*, p. 283.

dade do povo em sua existência concreta consigo mesmo como unidade política)".[28] Na prática, "é a identidade de dominadores e dominados, de governantes e governados, dos que mandam e dos que obedecem".[29] Para Carl Schmitt, a democracia da identidade é o regime democrático verdadeiro, depurado das distorções liberais,[30] das crises da representação política, da irresolução das discussões parlamentares, enfim, um regime afastado de soluções teóricas e práticas incompatíveis com a lógica decisionista do antagonismo amigo/inimigo. Sua principal característica é a total prevalência da homogeneidade sociopolítica, ou seja, da unidade produzida após a extinção do antagonismo amigo/inimigo. Nesse sentido, pode-se dizer que a democracia da identidade é uma peça estratégica do quebra-cabeça teórico criado pelo princípio político do antagonismo amigo/inimigo.

Mas por que o funcionamento da democracia schmittiana depende da identidade política entre quem governa e quem é governado? Antes de tudo, cabe ressaltar que o regime democrático, em todas as suas manifestações, depende da normalidade política – consenso em torno da existência da democracia – para funcionar. Ao contrário do que pode parecer à primeira vista, o pensamento político de Carl Schmitt se estrutura sobre a ideia de ordem, de estabilidade, de preservação e continuidade do domínio. Dentro desse contexto, o conflito político se impõe como ponto de partida para a construção da normalidade (harmonia) social. É gerado pela ausência de organização política no cenário comunitário. Mas o antagonismo, como vimos no item 3.1, também pode ser compreendido como um princípio de organização, como a busca de uma diretriz política (a decisão) a ser construída pelo grupo vencedor da situação de conflito.

O antagonismo amigo/inimigo é o critério distintivo do político por causa da sua posição comunitária extrema: grau mais elevado de enfrentamento no plano da existência coletiva. Mas ele retrata uma situação política que não pode perdurar no meio social, sob pena de transformar o convívio numa espécie de estado de natureza permanente, onde a guerra de todos contra todos nunca se resolveria em prol da criação do Estado e da concórdia social. Na verdade, o antagonismo schmittiano é um mecanismo de definição do domínio e exclusão daquelas diferenças que não são passíveis de harmonização. Por isso, o

---

28. Carl Schmitt, *Sobre el Parlamentarismo*, p. 18.
29. Idem, *Teoría de la Constitución*, p. 230.
30. Germán Gomez Orfanel, "Homogeneidad, Identidad y Totalidad: la Visión de la Democracia en Carl Schmitt", in *Teorías de la Democracia*, p. 183.

conflito entre os grupos rivais é algo provisório, que se impõe até a formação da unidade política e a tomada da decisão fundamental. Sendo assim, pode-se concluir que o antagonismo amigo/inimigo é um redutor da conflituosidade política ou um fator de geração de unidade no corpo sociopolítico.

A democracia da identidade, por sua vez, nada mais é do que a aplicação da lógica decisionista ao fenômeno democrático. O regime democrático, vale a pena repetir, depende da normalidade política. Ele pressupõe o fim da instabilidade política estrutural – cuja gravidade foi capaz de gerar o antagonismo entre amigos e inimigos – e a formação de uma unidade (consenso) acerca da questão política fundamental. Não pode haver democracia no período anterior à formação da unidade política por causa da ausência de consenso em torno do modelo de domínio público. É importante lembrar que o antagonismo se baseia na impossibilidade de conviver, na total incompatibilidade entre formas diferentes de entender o universo político. No fundo, é importante repetir, o antagonismo amigo/inimigo se baseia na impossibilidade de conciliação gerada pelas diferenças políticas fundamentais. Como organizar a convivência, por exemplo, entre grupos terroristas e adeptos do regime democrático, entre o radicalismo religioso por trás do Estado teocrático exclusivista (só para aqueles que seguem as pautas religiosas existentes) e a democracia de corte ocidental? Por isso, a democracia da identidade deve ser vista como um regime político baseado na homogeneidade política.

De acordo com Carl Schmitt, com a superação do antagonismo amigo/inimigo, com a formação de um consenso em torno das bases políticas da convivência, surge a possibilidade de criar um regime político em que os atores concordem em aderir a certas regras do jogo. Neste caso, é importante ressaltar que, teoricamente, mesmo no modelo de unidade pensado por Carl Schmitt, existem diferenças políticas entre a maioria e as minorias políticas. Em grande parte dos casos, todavia, essas diferenças não têm caráter estrutural; não afetam o modelo de organização da vida social estabelecido pela decisão política fundamental. São questões menores, que podem dividir o grupo sem quebrar a sua unidade política estrutural. Em certas circunstâncias, no entanto, é possível que essas diferenças se tornem inconciliáveis e que venham a dar origem a um novo antagonismo político. Afinal, conforme ressaltamos, o critério de diferenciação política por trás do antagonismo entre amigos e inimigos não tem conteúdo predeterminado. Basta que seja suficiente para produzir uma situação política de intolerância e ausência de normalidade. Neste caso, tais diferenças deixam de ser secundárias e assumem o caráter estrutural antes mencionado.

Aparentemente, o antagonismo amigo/inimigo constitui etapa fundamental na construção da democracia. Se seguirmos essa linha, de acordo com a qual só pode haver democracia num quadro político de total normalidade, de certo modo todos os regimes democráticos se encaixariam no modelo schmittiano de democracia da identidade. Afinal, não pode haver democracia em situações em que as diferenças entre os grupos em disputa sejam capazes de colocar em xeque a tolerância política e o respeito pelas regras do jogo. Entretanto, de acordo com a lógica do Estado de Direito, o pensamento democrático de Carl Schmitt apresenta três problemas fundamentais. Em primeiro lugar, o grau de tolerância com as diferenças entre os grupos políticos é muito baixo. Além disso, se tais diferenças realmente vierem a se impor, a solução pensada pela teoria democrática de Carl Schmitt para superá-las consiste na exclusão daquilo que difere dos padrões políticos estabelecidos. A democracia da identidade, nesses termos, caracterizar-se-ia por uma homogeneidade fundada na intolerância, na falta de diálogo político e na exclusão do diferente. Na prática, e apesar do que dissemos no parágrafo anterior, em uma democracia criada segundo os moldes schmittianos haveria sérias dificuldades para a existência concreta das minorias políticas.

Em terceiro lugar, está a própria impossibilidade de criar o ambiente coletivo reclamado para o funcionamento da democracia da identidade. Será que o antagonismo entre amigos e inimigos pode mesmo vir a ocorrer? Seria possível dividir o corpo social em grupos políticos perfeitamente diferenciados e enfrentados entre si? Se pensarmos com calma, vamos nos deparar com a seguinte dificuldade: as pessoas só podem optar por fazer parte deste ou daquele grupo político se tiverem oportunidade de conhecer as ideias do grupo – para saber se querem fazer parte dele – e de expressar o seu ponto de vista político – para serem aceitas por seus *amigos*. Afinal, como alguém pode aderir ou deixar de aderir a um dado grupo político sem que haja um diálogo por meio do qual podem tornar-se claras as ideias do grupo ou de quem deseja vir a integrá-lo? Isso quer dizer que o antagonismo amigo/inimigo só teria sentido em um ambiente político democrático. Por causa disso, desde um ponto de vista lógico o enfrentamento político não seria pressuposto da democracia. A democracia seria anterior à própria ideia de Política ou ao critério capaz de identificar o fenômeno político, o que terminaria por inviabilizar a democracia da identidade e, de certa forma, o próprio antagonismo amigo/inimigo.

3.4 Estado de Direito e Política[31]

A construção de um Estado de Direito pós-liberal em Carl Schmitt não passa pelo advento do Estado Social. Para Schmitt, o Estado Social de Direito nunca foi instituído como alternativa ao modelo de Estado construído pelo liberalismo, pois a implantação de uma alternativa válida não pode basear-se na ampliação do rol de direitos fundamentais, no consequente incremento das esferas de atuação do Estado ou no fim da diferenciação/separação entre Estado e sociedade. Seguindo a lógica do pensamento schmittiano, o Estado Social também pode gerar os mesmos tipos de estrangulamentos que levaram o Estado Liberal à extinção. E o melhor exemplo disso é a crítica que ele desenvolve acerca da Constituição de Weimar (1919), identificada por um amplo conjunto de inovações normativas que esbarravam na manutenção dos problemas jurídico-políticos mais complexos do mundo liberal.

A teoria do Estado elaborada por Carl Schmitt pretende superar a experiência liberal e criar um modelo estatal cuja legitimação se afasta do formalismo jurídico para encontrar-se com os critérios materiais/procedimentais inerentes à dinâmica política. A grande característica do Estado de Direito é justamente a submissão do estatal ao Direito como forma de legitimar o poder e racionalizar sua atuação, que em geral depende das pautas ideológico-valorativas que vigoram num dado momento histórico. Em virtude disso, pode-se concluir que o Estado de Direito depende diretamente da forma como o jurídico, em cada instante, vem a atuar enquanto mecanismo de racionalização do poder político. Ao formalismo presente na ideia de supremacia da lei típica da fase liberal, Schmitt opõe uma concepção de ordenamento jurídico que nasce a partir da dinâmica política. Daí ser possível afirmar que o pensamento schmittiano está propenso, em último termo, a substituir o Estado de Direito por um Estado de Política que pode redundar no irracionalismo típico das decisões políticas tomadas à margem de limitações jurídicas adequadas.

O "Estado de Política", no qual terminam incidindo as teses de Carl Schmitt, vincula-se ao antagonismo amigo/inimigo anterior à atuação do poder constituinte originário, baseado, segundo o próprio

---

31. Este item corresponde, com poucas alterações, a um trecho de um artigo escrito por mim e intitulado "Racionalidade Democrática e Decisionismo Político: o Papel de Carl Schmitt na Construção de um Estado de Direito Pós-Liberal", in *Estado de Direito e Direitos Fundamentais: Homenagem ao Jurista Mário Moacyr Porto*, 2005.

Schmitt, nos requisitos da força e da autoridade.[32] "Ao poder (sempre efetivo por necessidade), escreve Schmitt, corresponde conceitos como soberania e majestade; autoridade, pelo contrário, significa um prestígio essencialmente baseado no elemento da continuidade e contém uma referência à tradição e permanência".[33] Ambos os elementos decorrem da decisão política tomada pelo grupo social que vence o antagonismo e nela se escoram. O poder constituinte legitima-se por meio do influxo constante que a decisão política exerce sobre o meio sociopolítico, o que de imediato estabelece uma forte limitação ao exercício do poder constituinte, realidade em muito diferenciada dos modelos teóricos de cunho iluminista (Sieyès). A ordem jurídica erigida sobre o discurso constitucional é diretamente vinculada ao mundo comunitário, pois a Constituição e todas as instituições que dela dependem estão sujeitas ao fenômeno político decorrente da dinâmica convivencial e à sua natural conflituosidade.

4. Duas breves conclusões

No geral, será que o antagonismo amigo/inimigo e as ideias decisionistas de Carl Schmitt podem aplicar-se à realidade política do Estado Constitucional – modelo de Estado estruturado por uma Constituição democraticamente elaborada? A democracia da identidade, a exclusão das minorias – ou até da maioria submetida por qualquer meio – do processo de formação da decisão política fundamental, o conceito de Política definido por critérios meramente fáticos, esses elementos podem ser admitidos na dinâmica política do Estado Democrático de Direito ou só podem verificar-se em cenários autoritários mergulhados em crise? Antes de responder essas indagações, é importante entender a Política como construção teórica e como algo que é, ou seja, a Política como categoria abstrata e como prática presente em momentos específicos da vida em comunidade.

Em termos abstratos, atualmente a Política deve ser pensada como uma dimensão da organização social abarcada pela fórmula normativa do Estado Constitucional, que situa o fenômeno político no contexto da tradição greco-romana de submissão ao Direito – limitação da Política por parte do Direito. Aliás, uma das principais bandeiras do Estado

---

32. Para Carl Schmitt (*Teoría de la Constitución*, p. 94), "poder constituinte é a vontade política cuja força ou autoridade é capaz de adotar a concreta decisão de conjunto sobre modo e forma da própria existência política".

33. Idem, ibidem, p. 93.

Constitucional consiste na limitação/racionalização do poder político por meio de critérios jurídicos definidos pelos próprios membros da comunidade. Nesse sentido, a Política seria uma realidade fática pautada por caminhos normativos estabelecidos por um ordenamento jurídico inspirado na soberania da vontade popular. A Política condicionar-se-ia por valores e normas definidos em cada momento da história; seria uma espécie de Política racional baseada no diálogo concreto entre as pessoas.

Por outro lado, também se pode observar o fenômeno político a partir de uma ótica pragmática, de acordo com sua dinâmica real, com as tendências e distorções relacionadas com a organização efetiva da *polis* e com a luta pelo poder. Neste caso, é fundamental analisar a cultura política, o comportamento dos atores envolvidos no processo, os estrangulamentos socioeconômicos de cada país etc. Na verdade, o modelo político defendido pelo Estado Constitucional parte da ideia de que o poder político precisa submeter-se a limites de natureza jurídica. Isso não quer dizer, naturalmente, que essa submissão venha sempre a ocorrer. É no plano da realidade política quotidiana – internacional, comunitária e, principalmente, no âmbito dos Estados nacionais – que a força do antagonismo amigo/inimigo se faz notar. Neste início de século, por exemplo, a lógica dualista do antagonismo amigo/inimigo parece funcionar como excelente plataforma teórica para a compreensão da política exterior de vários países.

Com base nisso, pode-se observar que o pensamento político de Carl Schmitt tem força analítica em muitos momentos da práxis política, não importando que ele tenha um viés autoritário ou que venha a ferir as nossas suscetibilidades. Como se trata de um pensamento realista, parece que é a própria realidade que dele se aproxima, que às vezes foge às imposições racionais do Estado de Direito e da própria democracia. Por isso, e com base nos elementos tratados no texto, podemos chegar a duas conclusões principais acerca da utilização do antagonismo amigo/inimigo para a compreensão da Política:

a) a inexistência de bases democráticas e as consequências (exclusivistas e excludentes) do antagonismo amigo/inimigo o tornam incompatível com a ideia atual de Estado de Direito;

b) apesar de sua incompatibilidade com o Estado Constitucional dos dias de hoje, o antagonismo amigo/inimigo ainda figura como mecanismo capaz de explicar certas facetas do universo político. Afinal, como já foi dito, o destino dos homens ou de alguns homens às vezes se encontra com o autoritarismo, o preconceito, a intolerância ou o enfrentamento.

Nessa fuga do Estado de Direito, muitas vezes a Política racional se perde pelo caminho, e, no meio do desconcerto, longe de Aristóteles ou Hannah Arendt, alguém vai se lembrar de Carl Schmitt: o universo político se guia "pela possibilidade real de que exista um inimigo".[34]

Bibliografia

ALMEIDA FILHO, Agassiz. "Racionalidade Democrática e Decisionismo Político: o Papel de Carl Schmitt na Construção de um Estado de Direito Pós--Liberal", in *Estado de Direito e Direitos Fundamentais: Homenagem ao Jurista Mário Moacyr Porto*. Rio de Janeiro, Forense, 2005.

_____. *Fundamentos do Direito Constitucional*. Rio de Janeiro, Forense, 2007.

ARISTÓTELES. *Política*. 3ª ed., Brasília, Ed. UNB, 1997.

BENDERSKY, Joseph W. *Carl Schmitt: Teórico del Reich*. Bologna, Il Mulino, 1989.

BITTAR, Eduardo C. B. *Doutrinas e Filosofias Políticas: Contribuições para a História da Ciência Política*. São Paulo, Atlas, 2002.

ENRIQUE SAMPAY, Arturo. *Carl Schmitt y la Crisis de la Ciencia Jurídica*. Buenos Aires, Abeledo-Perrot, 1965.

FERNÁNDEZ ESCALANTE, Manuel. "Schmitt en Cuarentena (o el Odiado Semántico-Político)", in *Estudios sobre Carl Schmitt*. Madrid, Fundación Canovas del Castillo, 1996.

FRAGA IRIBARNE, Manuel. "Carl Schmitt: el Hombre y la Obra", *Revista de Estudios Políticos*, n. 122. Madrid, Instituto de Estudios Políticos, 1962.

GÓMEZ ORFANEL, Germán. *Excepción y Normalidad en el Pensamiento de Carl Schmitt*. Madrid, Centro de Estudios Constitucionales, 1986.

_____. "Homogeneidad, Identidad y Totalidad: la Visión de la Democracia en Carl Schmitt", in *Teorías de la Democracia*. Barcelona, Anthropos, 1992.

GONZÁLEZ CUEVAS, Pedro Carlos. "Carl Schmitt en España", in *Estudios sobre Carl Schmitt*. Madrid, Veintiuno, 1996.

_____. *La Tradición Bloqueada: Tres Ideas Políticas en España: el Primer Ramiro de Maeztu, Charles Mauras y Carl Schmitt*. Madrid, Biblioteca Nueva, 2002.

HABERMAS, Jürgen. *Más allá del Estado Nacional*. Madrid, Trotta, 1997.

HERRERO LÓPEZ, Montserrat. "La Categoría del Orden en la Filosofía Política de Carl Schmitt", in *Estudios sobre Carl Schmitt*. Madrid, Fundación Cánovas del Castillo, 1996.

_____. *El Nomos y lo Político: la Filosofía Política de Carl Schmitt*. Barañáin, 1997.

---

34. Carl Schmitt, *El Concepto de lo Político*, p. 93.

MACEDO JÚNIOR, Ronaldo Porto. *Carl Schmitt e a Fundamentação do Direito*. São Paulo, Max Limonad, 2001.

RUIZ MIGUEL, Carlos. "Carl Schmitt: Teoría Política y Catolicismo", in *Estudios sobre Carl Schmitt*. Madrid, Fundación Canovas del Castillo, 1996.

SARTORI, Giovanni. *Elementos de Teoría Política*. Madrid, Alianza, 1999.

SCHMITT, Carl. *Teoría de la Constitución*. Madrid, Alianza Universidad Textos, 1992.

_____. *Sobre el Parlamentarismo*. 2ª ed., Madrid, Tecnos, 1996.

_____. *Sobre los Tres Modos de Pensar la Ciencia Jurídica*. Madrid, Editorial Tecnos, 1996.

_____. *El Concepto de lo Político: Texto de 1932 con un Prólogo y Tres Corolarios*. Madrid, Alianza Universidad Ensayo, 1999.

Capítulo XIX
NIKLAS LUHMANN:
TEORIA DOS SISTEMAS SOCIAIS
– SOCIOLOGIA POLÍTICA
– A POLÍTICA COMO SUBSISTEMA SOCIAL
– FUNCIONALISMO, PENSAMENTO SISTÊMICO E INTERDISCIPLINARIDADE

Luciano Nascimento Silva

Aos nossos alunos do Curso de Direito do CH/UEPB, Campus III, Guarabira, Agreste do Estado da Paraíba, Brasil, pelo demonstrativo de emancipação de suas capacidades cognitivas.

"*A complexidade é o que melhor expressa a experiência de problemas da nova investigação sistêmica (...). As diferentes características como sentido, autorreferência, reprodução autopoiética, fechamento operacional, com a monopolização de um tipo de operação próprio, a comunicação, levam um sistema social (da sociedade) a construir sua própria complexidade estrutural e assim organizar sua própria autopoiesis, que é o que trata por complexidade organizada.*"
(Niklas Luhmann, *Soziale Systeme: Grundriß einer allgemeinen Theorie*, Suhrkamp-Taschenbuch-Wissenschaft, 1984)

1. Considerações iniciais. 2. Niklas Luhmann – Biografia, construção teórica, conceitos fundamentais e principais obras. 3. Teoria dos sistemas sociais. 4. Sociologia política – A política como subsistema social. 5. Funcionalismo, pensamento sistêmico e interdisciplinaridade. 6. Considerações finais.

1. Considerações iniciais

A proposta ora esboçada em forma de ensaio (traços sintéticos) acerca de algumas das diversas construções teóricas do sociólogo alemão Niklas Luhmann, que inicialmente envolve teoria dos sistemas sociais, formulações de subsistemas do sistema social (sociedade), sociologia geral e pensamentos políticos, avança para o funcionalismo, pensamento sistêmico e interdisciplinaridade. O discurso dissertativo surge na representação corroborativa de uma análise conteudista das ciências sociais nas perspectivas luhmannianas vislumbradas a partir da segunda metade do século XX. Os diversos campos do saber e do conhecimento nos quais Luhmann realizou incursão alicerçada, fundamentalmente, nas construções (primeiras aberturas) sociológicas de Talcott Parsons e nos pensamentos filosóficos de Hegel, o colocaram na posição de formulador de uma particular e singular linha do funcionalismo sistêmico-estruturalista radical, que tem a comunicação como fenomenologia construtora dos sistemas sociais e dos subsistemas.

As bases estruturantes das formulações luhmannianas podem ser identificadas em termos investigativos (segundas aberturas) nos aportes sistêmicos com o pensamento da *autopoiesis*[1] *representado nos estudos da química, física, biologia etc. As ideias de Luhmann passam a inaugurar estágios de sobreposições, de forma a negar a política de rompimentos. As construções teóricas de caráter sobrepostos de Luhmann conseguem imprimir novos momentos científicos para as teorias sociológicas, concepções acerca da sociedade, formulações sobre o direito, a política, a economia, a religião, a ciência, a arte e interpretações sobre o sentido e o significado da comunicação como fenômeno singular organizador (coesão minimizada) das relações sociais.*

A preocupação fundamental de Luhmann pode ser identificada na construção do conceito de sistema, este é o núcleo do pensamento luhmanniano, é o ponto central que informa a mudança da ideia da teoria da ação para uma teoria da comunicação – concepção teórica esta desplugada da ontologia, teleologia e do iluminismo –, o que significa dizer, por outras palavras, que a definição de *fenômenos sociais* (interação, organização, sociedade) como "sistemas" passa a ser construída com base na identificação das diferenças e não mais fundadas nos objetos. A descrição dos fenômenos sociais é submetida não mais aos pontos sujeito e objeto, mas sim no que se refere a sistema e ambiente. A primeira constatação é de que a teoria dos sistemas formulada por Luhmann revoga toda uma construção milenar de modelo (sociedade) político-sociológico-cognitivo clássico da tradição europeia e, fundamentalmente, de toda a sua cosmologia humanista pré-concebida a

1. A terminologia é do grego: *autós*/"por si próprio"; *poiesis*/"produção"/"criação"/"poesia".

partir do cristianismo e moldurada definitivamente com o iluminismo renascentista.

A sua formulação do conceito de *sociedade* é particular e singular, o desenho conceitual informa a criação de um núcleo construtivista que lhe possibilita o desenho mais aperfeiçoado da moderna teoria dos sistemas sociais. Mais ainda, a partir da referida formulação Luhmann imprime novas concepções de análise sociológica, oferta ao universo científico-social as concepções de sociedade sem pessoas, a sociedade como comunicação e a sociedade como sociedade mundial. Ora, Luhmann é explícito, suas formulações de caráter universalizante ambicionam a construção de uma teoria pós-ontológica da sociedade como sistema comunicativo, autorreprodutivo, autorreferencial e reflexivo.

E parte para a construção da ideia de introdução de uma sociologia política de questionamento dos elementos fundantes e estrurantes da sociedade moderna, o que ocasionou "litígio" com a *Escola de Frankfurt*, pois com suas formulações de sistemas e subsistemas, adentrou ao universo da *política* para afirmar que esta é apenas a representação de um *subsistema* do sistema social denominado *sociedade*. Mas Luhmann radicalizou nos seus pensamentos sociológicos e políticos, ao redesenhar os dilemas da ação política por meio do processo comunicativo, provocou uma releitura da ideia de ação política coletiva e da organização dos processos de repartição do poder político constituído no modelo das sociedades complexas. A lição provocativa de Luhmann pode ser identificada na afirmação de que os conceitos políticos de esquerda e direita são formulações ultrapassadas, o que foi interpretado como uma provocação à *Escola de Frankfurt*, pois ainda esboçou o pensamento de que esta já não conseguia distinguir a afirmação do Estado burguês e a crítica que sempre fizera a ele.

A afirmação provacativa de Luhmann consistiu em expressar que a continuação de uma produção do olhar sociológico e político de legitimidade da divisão "liberal-burguesa" entre esquerda e direita somente pode traduzir algum sentido na perspectiva do pensamento sociológico estrutural sistêmico radical de sustentação do nível individual que se faz visível por meio do coletivo. E mais, se for trabalhada como instrumento que assume a função de minimizar a complexidade do universo político, como criação de um código de comunicação.

Dentre as principais preocupações de Luhmann, surge a da exigência e necessidade da produção científica de um novo saber e conhecimento. Para tanto, reformulou a sociologia geral com um novo olhar sobre a teoria da sociedade. A teoria da sociedade de Luhmann – que envolve sociedade, mundo, homem e comunicação – imprime uma explicação científica que revoga o antigo e tradicional pensamento teórico europeu de uma sociedede onto-antropológica, que fora suplantada pelo processo de diferenciação funcional. As premissas formuladas por Luhmann[2] podem ser descritas da seguinte forma: *a) a sociedade não consiste de pessoas, as pessoas pertencem ao ambiente da sociedade*; *b) a sociedade é um sistema autopoiético que consiste de comunicação*; *c) a sociedade só pode ser adequadamente entendida como sociedade mundial.*

Para além, Luhmann teve a preocupação de introduzir nas suas construções teóricas a matriz do funcionalismo,[3] o pensamento sistêmico[4] e a perspectiva interdisciplinar, porém metodologicamente reformulados para adquirirem uma singularidade fundamentalmente no que se refere às estruturas do sistema e dos subsistemas, de maneira a realizarem a minimização das complexidades.

2. Niklas Luhmann – Biografia, construção teórica, conceitos fundamentais e principais obras

Biografia

Sem dúvida o sociólogo alemão Niklas Luhmann tem reservado nos registros das construções científicas o espaço de o mais importante teórico social do século XX. Embora os mesmos registros informem taxativamente quanto ao desconhecimento, por quase que total, das suas

2. *Die Gesellschaft der Gesellschaft*, 2. Bd., Frankfurt am Main, Suhrkamp--Taschenbuch-Wissenschaft, 1997.

3. A terminologia *Funcionalismo* é de origem do Latim *Fungere*/"desempenhar". A expressão sempre esteve ligada aos espaços da antropologia e das ciências sociais, com a objetivação de decifrar as características da sociedade em termos de funções desempenhadas pelas instituições no que se refere a produção de efeitos a atingirem a sociedade. Trata-se da tradução do pensamento de uma corrente sociológica. A teoria do funcionalismo é de que cada instituição individualmente possui uma função determinada no conjunto da sociedade. E quando essa função não é exercida eficazmente provoca um desequilíbrio na sociedade.

4. A teoria do *pensamento sistêmico* surge no século XX como representação de uma ideia que objetiva explicar a realidade social contrapondo-se ao pensamento de matriz calculadora, racionalista, reducionista e mecanicista, pensamento herdado do período filosófico denominado de *Revolução Científica* (séculos XVII e XVIII), que tem como protagonizadores, dentre outros, nomes como Descartes, Bacon e Newton. Não se trata de uma negação à racionalidade científica, mas sim a afirmação de que esta racionalidade individualmente não mais possui instrumentos para proporcionar o desenvolvimento humano, faz-se necessário a adoção de um procedimento que legitime a interdisciplinaridade.

teorias no mundo anglo-saxão, pelos cientistas sociais. Há um desconhecimento (ou desconsideração) da literatura sociológica inglesa do pensamento luhmanniano.

A origem de Luhmann é de uma família de classe média alemã, nascido no distrito de *Lüneburg, Deustchland* (Alemanha), em 8 de dezembro de 1927. Realiza velozmente os estudos do primeiro ciclo (*Notabitur*), quando no ano de 1944 é recrutado, posteriormente é feito prisioneiro de guerra das forças americanas. Entre os anos de 1946 e 1949, realiza seus estudos de Direito na *Albert-Ludwigs-Universität Freiburg*, em *Freiburg im Breisgau*, Estado Federal de *Baden-Wüttemberg*, para nos dez anos seguintes frequentar o serviço público na função de advogado administrativo, cidade de *Hannover*, capital e maior cidade do Estado da Baixa Saxônia.

No ano de 1962 é contemplado com uma bolsa de estudos para ir a *Harvard University* para estudar administração, e depara-se com as construções sociológicas de Talcott Parsons, à época o teórico mais famoso do mundo no campo da sociologia. A adoção ao sistema teórico de Parsons não perdurou; Luhmann passou a desenvolver a sua própria concepção de sociologia. No mesmo ano de 1962 deixou o serviço público para estudar na renomada *Hochdchule für Verwaltungswissenschaften* (Universidade para Ciências Administrativas), localizada em *Speyer*, na Renânia-Palatinado; os estudos foram até o ano de 1965, quando então lhe fora ofertada uma função no Departamento de Pesquisa Social da *Westfälische Wilhelms-Universität* – WWU (Universidade de *Münster*), uma universidade pública localizada em *Münster*, Renânia do Norte-Vestfália, Alemanha. A universidade é instalada no *Fürstbischöfliches Schloss Münster*, palácio barroco construído no século XVIII (entre os anos de 1767-1787). Luhmann, então, ficou sob a orientação de Helmut Schelsky. Ainda em *Münster* (entre os anos de 1965-1966) estudou um semestre de sociologia. Conseguiu com que duas obras publicadas anteriormente fossem retroativamente aceitas como trabalhos em nível de pós-doutorado, de forma que lhe fora conferido o título de professor.

Entre os anos de 1968-1969, Luhmann passa a ocupar importante função docente na cadeira originalmente de Theodor W. Adorno na *Johann Wolfgang Goethe-Universität Frankfurt am Main*, situada em Frankfurt, Hessen, Deustchland (Alemanha). No mesmo período fora indicado para a função de professor de sociologia na recém-fundada *Universität Bielefeld*, na cidade de *Bielefeld*, Estado da Renânia do Norte-Vestfália, Alemanha, universidade na qual trabalhou até sua aposentadoria no ano de 1993. Após a aposentadoria continuou seu incessante trabalho de pesquisa e investigação, ao ponto de finalmente completar sua maior obra, que é *Die Gesellschaft der Gesellschaft* (*A Sociedade da Sociedade*).

No âmbito acadêmico ventila-se uma passagem na qual antes de sua indicação ao cargo de professor na *Universität Bielefeld*, lhe teriam perguntado com qual objeto científico objetiva trabalhar na universidade, sua resposta teria sido *a teoria da sociedade moderna*, por um período de 30 (trinta) anos, ao final, todos os direitos concedidos à instituição.

Construção teórica

Para além da sua maior preocupação, que sempre fora a formulação do conceito de sistema, Luhmann elege como elemento nuclear de suas construções teóricas a *comunicação*. Os sistemas sociais são essencialmente sistemas de comunicação, sendo identificado na *sociedade* o sistema social mais expansivo dentre todos. A construção sistema-ambiente é uma definição científica que aponta sua fronteira para si própria, isto é, a ideia limítrofe de sistema é conceituada entre o próprio sistema e o ambiente. O conceito de sistema formulado por Luhmann, que é a matriz denominada *autopoiesis*, define a funcionalidade dos sistemas sociais e da *sociedade*. Mais ainda, Luhmann usa sua matriz da *autopoiesis* para a formulação do conceito de Sistema do Direito; por esta metodologia Luhmann objetiva minimizar a complexidade dos sistemas sociais e de maneira idêntica transporta sua aplicação para o universo do direito, passa a sustentar que o direito apresenta essencialmente uma característica da *autopoiesis*, o direito se recria ou ser reproduz reflexivamente com base nos seus próprios elementos e nas suas próprias estruturas. A tradução é, portanto, de que o direito transparece uma autorreprodução, uma autorreferência e uma reflexividade que implica numa mutabilidade da *sociedade* e, na mesma velocidade, proporciona a autotransformação ou autorreprodução sistêmica sempre elaborada pelo método do código binário (direito/não direito – lícito/ilícito). A conclusão anuncia um Sistema de Direito com uma característica extremamente dinâmica, que para Luhmann é a única adequada à hipercomplexidade apresentada pelo modelo de *sociedade* atual do mundo ocidental.

Conceitos fundamentais

A construção sociológica singular impressa por Luhmann fez emergir uma série de conceitos fundamentais que passaram a ser es-

tudados, analisados e criticados por diversos autores. Aqui elenca-se alguns dos conceitos que provocaram uma nova observação sobre o conceito de *sociedade* e do *direito*:
• Sistema – Sistema da *autopoiesis*;
• Ciência, sociedade, mundo, homem, comunicação;
• Comunicação – Unidade social – Sentido – Semântica social, generalização simbólica;
• Sociedade – Complexidade – Sentido – Autorreferência, reprodução autopoiética, fechamento operacional, monopolização de operação – Comunicação;
• Paradoxo da diferenciação, assimetria/identidade;
• Sociedade – Direito – Expectativas cognitivas – Expectativas normativas – Expectativas das expectativas;
• Sistemas de primeiro grau – Sistemas de segundo grau – Não vivos – Vivos – Psíquicos – Sociais;
• Observador – Observação – Ordem – Seletividade – Evolução – Construtivismo – Funcionalismo – Sistêmico;
• Sistema/ambiente – Elementos/estrutura/função – Acoplamento estrutural – Código binário – Autorreferência – Autorreprodução;
• *Autopoiesis* e complexidade organizada – Sistema e operação seletiva – Processos, elementos e estruturas.

Principais obras

A produção científica de Luhmann é vasta, para não dizer impressionante: cerca de trinta livros e aproximadamente trezentos artigos. Trata-se de um autor que revolucionou os estudos da Sociologia e do Direito. Suas construções teóricas de interpretação sobre a *sociedade* são de um conteúdo científico singular nas formulações surgidas nas últimas quatro décadas. Abaixo um elenco das suas principais obras:
• *Legitimation durch Verfahren*, Frankfurt am Main, Suhrkamp, 1969 (*Legitimação pelo Procedimento*).
• *Rechtssoziologie I*, Reinbeck bei Hamburg, 1972 (*Sociologia do Direito I*).
• *Rechtssoziologie II*, Publisher, Westdeutscher Verlag GmbH, 1972 (*Sociologia do Direito II*).
• *Ausdifferenzierung des Rechts: Beiträge zur Rechtssoziologie und Rechtstheorie*, Suhrkamp-Taschenbuch-Wissenschaft, 1981 (*A Diferenciação do Direito – Contribuições para a Sociologia e a Teoria do Direito*).

• *Liebe als Passion: Zur Codierung von Intimität*, Suhrkamp-Taschenbuch-Wissenschaft, 1982 (*O Amor como Paixão – Para a Codificação da Intimidade*).

• *Soziale Systeme: Grundriß einer allgemeinen Theorie*, Suhrkamp- Taschenbuch-Wissenschaft, 1984 (*Sistemas Sociais – Esboço de uma Teoria Geral*).

• *Die Wirtschaft der Gesellschaft*, Suhrkamp-Taschenbuch-Wissenschaft, 1988 (*A Economia da Sociedade*).

• *Die Wissenschaft der Gesellschaft*, Frankfurt am Main, Suhrkamp, 1990 (*A Ciência da Sociedade*).

• *Soziologie des Risikos*, Berlin/New York, Walter de Gruyter, 1991 (*Sociologia do Risco*).

• *Das Recht der Gesellschaft*, Suhrkamp-Taschenbuch-Wissenschaft, 1993 (*O Direito da Sociedade*).

• *"Was ist der Fall?" und "Was steckt dahinter?" Die zwei Soziologien und die Gesellschaftstheorie*, Gesamtherstellung, Bielefeld (Universität Bielefeld), StadtBlatt Verlags GmbH, 1993 (*"O Que É o Caso?" e "O Que Está Por Trás Disso?" As Duas Sociologias e Teoria da Sociedade*).

• *Social Systems*, trad. John Bednarz Jr. e Dirk Baecker, Stanford/ California, Stanford University Press, 1995 (*Sistemas Sociais*).

• *Die Kunst der Gesellschaft*, Frankfurt am Main, Suhrkamp, 1995 (*A Arte da Sociedade*).

• *Die Gesellschaft der Gesellschaft*, 2. Bd., Frankfurt am Main, Suhrkamp-Taschenbuch-Wissenschaft, 1997 (*A Sociedade da Sociedade*).

• *Die Religion der Gesellschaft*, Frankfurt am Main, Suhrkamp, 2000 (*A Religião da Sociedade*).

• *Das Erziehungssystem der Gesellschaft*. Cover: *Das Erziehungssystem der Gesellschaft*, Frankfurt am Main, Suhrkamp Verlag, 2002 (*O Sistema Educacional da Sociedade*).

3. Teoria dos sistemas sociais

Com a construção da teoria dos sistemas sociais – de influência da obra de Talcott Parsons[5] –, que representa a iniciativa de elaboração de

5. Talcott Edgar Frederick Parsons, *The Social System* (Routledge Sociology Classics), com um novo Prefácio de Bryan S. Turner, London, Bryan S. Turner (ed.)/Routledge – Taylor & Francis Group, 1952/2005.

uma *Teoria Geral da Sociedade*, Luhmann objetiva atingir um aporte universal que possa conceber à teoria uma avançada conexão entre a ideia do micro e do macro no campo sociológico de maneira a alcançar uma definição conceitual singular e de expressão da certeza e precisão. A premissa busca uma análise que traduza cada unidade de contato social como a representação de um sistema. E, fundamentalmente, a construção luhmanniana imprime uma interpretação da Sociologia como sendo a Ciência com legitimidade para realização da descrição dos Sistemas Sociais.

Sua construção teórica coloca a teoria dos sistemas como aquela que aportará a Sociologia na qualidade de instrumento de base da formulação de uma *Teoria Geral da Sociedade*. A construção luhmanniana faz uma incursão extremamente crítica nos clássicos da Sociologia, reformula profundamente as bases da *Teoria dos Sistemas Complexos*, principalmente aqueles não lineares, com a perspectiva de interação de diversas áreas científicas (física, termodinâmica, biologia molecular, cibernética, informação e comunicação). O conteúdo destas referências teóricas tem no movimento constante o núcleo científico, a construção luhmanniana (na vertente sociológica) vislumbra um mundo social no qual as alterações, as mutações sucedem numa velocidade inimaginável, a ponto de não serem explicadas pelas construções teóricas tradicionais que interpretam no paradigma da ordem o núcleo científico.

A iniciativa de Luhmann comporta duas fases fundamentais: *a*) fase primeira – construção da teoria dos sistemas: indicação temporal dos anos 60 à década de 80 do século passado, com o apontamento da elaboração de uma teoria do sistema funcional-estrutural. Sua principal inovação aparece na substituição de sujeito/objeto por sistema/ambiente; *b*) fase segunda – construção da teoria da *autopoiesis*:[6] surge um esboço de uma construção teórica geral com a introdução de uma nova concepção de sistema social, a partir dos estudos, pesquisas e investigações desenvolvidas no campo da biologia.[7] O pensamento de Luhmann

---

6. *Soziale Systeme: Grundriß einer allgemeinen Theorie*, Suhrkamp-Taschenbuch-Wissenschaft, 1984.

7. A construção teórica de Luhmann encontra nos estudos da neurobiologia um núcleo científico a ser explorado, principalmente nos campos da sociologia e do direito. A matriz é a da *autopoiesis*, desenvolvida na ciência biológica a partir dos anos 70 do século XX, por Humberto Maturana e Francisco Varela (*Autopoiesis and Cognition: the Realization of the Living Boston Studies in the Philosophy of Science*, Paperback, 1991. Também na tradução italiana *Autopoiesi e Cognizione – La Realizzazione del Vivente*, trad. Alessandra Stragapede, Prefácio de Giorgio De Michelis, Venezia, Marsilio Editori, 1985). Ambos os pesquisadores chilenos,

foi elaborar uma teoria geral a partir das seguintes constatações fáticas: *b1*) a existência de um déficit na análise da teoria sociológica moderna/ contemporânea; *b2*) a hipercomplexidade da sociedade moderna/contemporânea; *b3*) a ausência de uma teoria social com instrumentos científicos capazes de observação e descrição dos fenômenos sociológicos, a constatação da ineficiência da teoria do saber/conhecimento.

As conclusões, as quais chegou Luhmann, apresentam um ponto essencial, qual seja, a crítica contundente feita ao pensamento clássico (greco-romano-germânico e iluminista europeu central) e às construções teóricas acerca do conceito de ação.[8] O pensamento de Luhmann é de que o *conceito de ação* não apresenta a importância que os pensamentos clássico e moderno lhe reconheceram (Aristóteles, Leibniz, Hobbes e Kant), mas sim o *conceito de comunicação*, pois a *ação* é apenas uma tradução do processo comunicativo iniciado e desenvolvido nas relações sociais. Mas Luhmann vai além, afirma que existe uma incapacidade das concepções sociológicas modernas em realizar a descrição e a ininterrupta mutação da sociedade moderna/contemporânea; tal afirmação encontra três bases legitimadoras: *a*) um inequívoco preconceito humanista; *b*) a existência de um preconceito das unidades ou fronteiras territoriais (estados nacionais); *c*) o histórico preconceito da objetividade do social. Para Luhmann estas bases legitimadoras representam a moldura arcaica de formulações conceituais da tradição do pensamento clássico europeu central, que podem ser identificadas da antropologia à filosofia política.[9]

A argumentação é de que estas bases arcaicas tradicionais de concepção da *sociedade* foram construídas em pressupostos errôneos, o

radicados na *Harvard University*, mas principalmente Humberto Maturana, objetivaram elucidar como ocorre o fechamento dos sistemas vivos, isto na perspectiva de redes circulares de produções moleculares. A constatação é a de que as moléculas se produzem com o processo de interação e este processo em rede traduz uma autorreprodução e especifica os limites da mesma. A afirmação é de que os seres vivos conseguem a manutenção de uma abertura para o fluxo de energia e matéria, isto na perspectiva dos sistemas moleculares. A conclusão, portanto, é de que os seres vivos são espécies de máquinas, com a característica singular de se distinguirem de outras máquinas unicamente pela capacidade de autorreprodução.
8. Veja-se o item "4. Sociologia política – A política como subsistema social", para maiores esclarecimentos sobre a *ação*, principalmente a "ação política" como tradução do processo de comunicação na formação das sociedades.
9. Para um aprofundamento das questões intituladas por Luhmann como *preconceitos* construídos pela sociologia clássica europeia para explicar a teoria da sociedade, veja-se Raffaele De Giorgi, Luhmann, Niklas. *Teoria della Società*, Milano, Franco Angeli, 1999.

que ocasiona a entrada no campo científico de impedimentos epistemológicos, ou seja, imprimem vedações a um olhar realisticamente científico da Sociologia para com o social, impedem uma análise desenvolvimentista e construtivista radical desta relação. Na moldura analítico-sociológica da teoria moderna da sociedade, Luhmann disseca criticamente os equívocos da Sociologia: *a*) o fator *humanista* – a construção sociológica pressupõe que a sociedade é uma reunião de pessoas ou uma constituição traduzida nas relações entre as pessoas. A formulação da teoria da sociedade teria, portanto, que conjugar a pessoa humana (individual) e a humanidade (coletivo) no campo das relações interativas para poder formular uma definição da *sociedade*. Por esta concepção, as pessoas (individual) somente poderiam ser consideradas partes dos sistemas sociais, com a implicação do processo multiplicador da humanidade (coletivo) que formataria definitivamente a teoria da sociedade nas suas particularidades; *b*) o fator das *unidades territoriais* – a construção da teoria da sociedade parte da premissa da existência de uma multiplicidade de fronteiras territoriais (unidades regionais), portanto, a sociedade teria como fronteiras as estipulações políticas e territoriais. No entanto, segundo Luhmann, a sociologia não tem como construir ciência sociológica por via da geografia, o que implicaria num reconhecimento do paradigma territorial fundado pela diferença (questões internas) na sociedade, porém não entre elas; *c*) o fator da *objetividade social* – é responsável pelo emergir da diferenciação clássico--sociológica entre sujeito/objeto, representação conteudista da teoria do conhecimento construída pelo pensamento greco-romano-germânico e moderno-iluminista, o que ocasionou a maior de todas as implicações (comprometimento sociológico) para a teoria da sociedade, que é reconhecer a sociedade como um objeto que recebe a descrição (olhar do observador) objetiva por via do fenômeno do sujeito.

Opondo-se a toda esta construção sociológica clássica, histórica e cultural do mundo ocidental, Luhmann elabora sua arquitetura no plano de uma perspectiva geral, a sua teoria sistêmica objetiva imprimir uma nova e singular visão sobre a *Teoria da Sociedade*. A sua construção de *Teoria dos Sistemas Sociais* surge para explicar a *Teoria da Sociedade Moderna*. A formulação da Teoria dos Sistemas Sociais de Luhmann se apropria da construção lógica operativa de George Spencer Brown,[10] do pensamento do construtivismo radical e da cibernética. A metodologia utilizada por Luhmann foi tratar os temas de maneira sumária para al-

---

10. *Laws of Form*, New York, Dutton, 1979. Na trad. alemã, *Gesetze der form*, Lübeck, Bohmeier Verlag, 1997.

cançar um delineamento do esboço e da estrutura conceitual da *Teoria dos Sistemas*, que se encarregará de explicar a *Teoria da Sociedade Moderna*. A metodologia que levou Luhmann a aperfeiçoar a conceituação da *Teoria dos Sistemas*, mais a frente o levará a novas conceituações, p. ex., os trabalhos científicos intitulados *A Economia da Sociedade*,[11] *A Ciência da Sociedade*,[12] *Sociologia do Risco*,[13] *O Direito da Sociedade*[14] e *A Arte da Sociedade*.[15]

Na formulação da *Teoria dos Sistemas Sociais*, de plano, Luhmann já informa que as principais características da *sociedade moderna* são: a complexidade, a diferenciação social e a formação de sistema. O que, de idêntica forma, já anuncia que a *Teoria dos Sistemas* e a *Teoria da Sociedade* luhmannianas são mutuamente dependentes. A sociedade, portanto, não é a representação do processo de união e das interações sociais, mas sim um sistema de tradução de uma ordem bem mais complexa determinada pela diferenciação funcional entre sistema e ambiente, e não sujeito e objeto. O pensamento de Luhmann é de que a Sociologia, no que se refere a concepção científica, só esboça legitimidade como *Teoria da Sociedade*. A crítica de Luhmann à Sociologia é contundente, ao afirmar que tanto a ciência quanto a sociedade representam unicamente uma expressão da realidade social, premissa não reconhecida pela Sociologia. A sociedade não é um objeto de investigação da Sociologia, a sociedade e todo seu sentido operacional são a condição essencial de uma possibilidade própria da cognição social. O que significa, por outras palavras, que a Sociologia se traduz por um sujeito que exerce a função de pensar a sociedade reflexivamente, o que vem espelhar uma transferência da concepção de estrutura do modo de operação autorreferencial do sujeito para a Teoria dos Sistemas Sociais.

A *Teoria dos Sistemas Sociais*, que objetiva explicar a *Teoria da Sociedade Moderna*, que em função das reformulações impressas por Luhmann como, p. ex., a substituição do conceito de sujeito, a transferência da diferenciação sujeito/objeto para a distinção entre sistema/ambiente, caracteriza-se como matriz de uma teoria pós-ontológica da sociedade, que renuncia há pelo menos dois milênios de processo civilizacional europeu, com a ambição de se revelar uma teoria universal

11. *Die Wirtschaft der Gesellschaft*, Suhrkamp-Taschenbuch-Wissenschaft, 1988.
12. *Die Wissenschaft der Gesellschaft*, Frankfurt am Main, Suhrkamp, 1990.
13. Soziologie des Risikos, Berlin/New York, Walter de Gruyter, 1991.
14. *Das Recht der Gesellschaft*, Suhrkamp-Taschenbuch-Wissenschaft, 1993.
15. *Die Kunst der Gesellschaft*, Frankfurt am Main, Suhrkamp, 1995.

da sociedade. Mais ainda, sua singularidade pode ser identificada na sua raiz naturalística, empírica e de modelo da observação. Então, para explicar – por intermédio da *Teoria dos Sistemas Sociais* – a *Teoria da Sociedade Moderna*, Luhmann vai sustentar que esta apresenta: *a*) o fenômeno da *complexidade* – que na sua descrição significa o conjunto das múltiplas possibilidades de ações e vivências que o processo de comunicação faz surgir no mundo. Esta complexidade deve ser simplificada e a função de fazê-lo fica sob a égide da sociologia moderna, pois esta deve assumir o papel de proporcionar ao homem uma forma de vida equilibrada. O que significa dizer que esta problemática deve ser interpretada como a referência dos sistemas sociais; *b*) o apontamento da *diferenciação funcional* – emerge para afirmar a existência dos subsistemas da sociedade (direito, economia, política, religião, ciência, arte), estes se diferenciam internamente, na sua própria estrutura, pelos seus próprios elementos (direito civil, penal, constitucional, tributário). A lição é de que aqui se identifica a principal diferença das sociedades modernas em relação às antigas e arcaicas, que sempre se construíram pelo processo metodológico da hierarquização. A característica da sociedade é a negação do processo hierárquico e a afirmação do processo das funções diferenciadas, que são em última análise a tradução do fenômeno da complexidade; *c*) a característica inerente da *formação de sistema* – para além da complexidade e diferenciação social ou funcional, a construção teórica luhmanniana informa sobre a característica de formação de sistema da sociedade moderna. E um elemento fundamental para a formação de sistema é a contingência, mais além, a dupla contingência. O elemento contingência pode inclusive se revelar como fenômeno indecifrável, o processo de comunicação nas relações sociais que faz surgir a contingência (*expectativas cognitivas* e *expectativas normativas*) nem sempre pode revelar suas razões. E, finalmente, também o elemento sentido é condição da possibilidade da formação de sistema.

As investigações de Luhmann, portanto, lhe proporcionaram elaborar um desenho aperfeiçoado da *Teoria dos Sistemas Sociais*. O desenho não é senão estabelecer o processo de diferenciação funcional, que se constrói entre sistema e ambiente. A tradução do termo sistema é processo em série que revela eventos interrelacionados de natureza operacional (seres vivos/processos fisiológicos – sistemas psíquicos/processos de ideias – relações sociais/comunicações). A construção conceitual de sistema elaborada por Luhmann é fundamentalmente relacional. O que significa dizer que a identificação da fronteira constitutiva do sistema é que permite informar sobre a distinção interna e externa.

A operação de um sistema reproduz essa fronteira funcionalmente, pois faz aparecer uma rede complexa de operações que se funcionalizam simultaneamente de forma a proporcionar ao sistema unidade e identidade, portanto, a conceituação de fronteira do sistema não é espacial e sim operacional. O magistério final informativo requer a compreensão de que os sistemas não são capazes de transcenderem, ultrapassarem, irem além de suas próprias fronteiras.

O *designer* de proposição teórica dos sistemas sociais de Luhmann propõe uma inovada teoria *funcional-estrutural*, a matriz coloca o conceito de *função* à frente da definição de *estrutura*, pois vai ser a função a desvendar toda a justificativa da(s) estrutura(s) do(s) sistema(s), incluindo a própria formação do(s) sistema(s). No entanto, há um elemento central que é identificado na *complexidade*, pois esta é a principal e inegável característica da sociedade moderna. A complexidade, portanto, será o alvo sob o olhar da Sociologia que tem a função de minimizá-la para que o homem não viva sob o espectro de uma vida rodeada de riscos.[16] Todo o processo informa que a minimização da complexidade é a unidade referencial do(s) sistema(s). No caso dos sistemas sociais – assim como em todos os outros sistemas e subsistemas –, pela sua própria formação, o que ocorre é um processo seletivo das possibilidades de operação no método da inclusão/exclusão, sendo que a(s) possibilidade(s) excluída(s) continua como oportunidade de processamento do sistema. O teorema sociológico seria o seguinte: diferenciação + ambiente externo = todas as possibilidades/diferenciação + ambiente interno = seleção das possibilidades.

E assim se tem o que Luhmann chamou de *sistema complexo*, já que o mesmo informa sua composição por partes e subsistemas que estão continuamente (por via de elementos e estrutura) em operação, porém sendo impossível a conjugação por completa de uns com os outros. O resultado, portanto, do processo de operação (necessidade de seleção) é a produção de uma seletividade de tudo que fora processado. E o elemento complexidade, que é o elemento central, é o responsável pela medição da capacidade do sistema de aceitar/recusar possibilidades operativas no seu interior. O sistema caracteriza-se assim como o mediador da hipercomplexidade do ambiente (mundo social) e capacidade humana (individual/coletiva) de compreender as possibilidades (múltiplas formas) de

---

16. Para uma pesquisa detalhada acerca da teoria do risco, à luz do pensamento do autor, veja-se Niklas Luhmann, *Sociologie des Risikos*, cit. (também na trad. italiana: *Sociologie del Rischio*, trad. Giancarlo Corsi, Milano, Edizioni Scolastiche Bruno Mondori, 1996).

produção de modelos de relações sociais. O ponto capital é o de que o processo de seleção das possibilidades não se dá de forma arbitrária, o processamento obedece a um *sentido* (*Sinnsysteme*)[17] que cumpre a função de distinguir entre as diversas possibilidades seletivas possíveis. A partir da ideia de *sentido* surge uma questão crucial para o sistema que se refere as suas viabilidades, que é a questão das *fronteiras*. A formulação de Luhmann foi de que a possibilidade de minimização da complexidade só é possível mediante a política (procedimento) de "transposição de problemas" e a "dupla seletividade". A primeira assume a função de transformar a complexidade do ambiente (mundo social) em problemas específicos do sistema; enquanto a segunda, cumpre a função de ordenação de todo esse espaço de complexidade pelo método de códigos, fundamentalmente códigos comunicativos.

A *Teoria dos Sistemas Sociais*, que explica a *Teoria da Sociedade Moderna*, interpreta esta como um sistema de comunicação. Mais ainda, como o mais expansivo dentre todos os sistemas comunicativos. A sociedade é o mais abrangente ambiente de ações comunicativas. Um ambiente fechado de reprodução (*autopoiesis*) da comunicação, pois a produção comunicativa não se dirige ao ambiente, o que faz Luhmann negar as formulações sociológicas sobre o protagonismo exercido pelo conceito de *ação*, já que a *ação* em todas as suas formulações (clássica e moderna) é coloca como a tradução do processo participativo do homem no sistema social. O processo de comunicação – que exerce o protagonismo nas relações sociais – se autorreproduz e produz novas comunicações. A inovação fundamental é que o *homem* não faz parte da sociedade, ele não está inserido (dentro) na sociedade, o *homem* faz parte do *ambiente*. E outro ponto, a *sociedade* não se constitui pela totalidade das relações mantidas pelos homens, mas sim essencialmente pelo processo de comunicação, o que resulta numa separação de implicações ontológicas entre *homem* e *sociedade*.

17. A ideia formulada por Luhmann é de que os sistemas sociais são essencialmente "sistemas de sentido". A etimologia da expressão alemã (*deustche*) "Sinn – algo que faz sentido/produz sentido". O *sentido*, portanto, assume a função de realizar o processamento da seleção das possibilidades de experiências comunicativas (relações sociais) e no cumprimento da minimização da complexidade do ambiente. O magistério sociológico de Luhmann informa que a relação *ambiente/sistema* é indecifrável, a produção de comunicação que gera as relações sociais (experiência e complexidade) se apresenta como um teorema não resolvido, é imprevisível, tendo apenas como instrumento de registro o fator *memória*, que se caracteriza como estrutura técnica do "sentido". O que, por outras palavras, significa a transformação do "caos" em "ordem".

A concepção formulada por Luhmann fez eclodir um processo crítico em série, sua análise da sociedade se tornou incompreensível aos olhos da crítica, o que fez surgirem argumentos de que sua teorização ("sociedade sem pessoas") seria a tradução de um pensamento anti-humanista.[18] A sua concepção trifásica informa que: *primeiro*, a sociedade não se constitui de pessoas, o que é possível sociologicamente é demonstrar que as pessoas pertencem ao ambiente da sociedade; *segundo*, a sociedade é sim um sistema fechado de comunicação de matriz da *autopoiesis*, produz e reproduz comunicação em nível incalculável; *terceiro*, a sociedade não pode ser compreendida pelo paradigma territorial, a sua adequada compreensão somente pode se dar como sociedade mundial. A formulação descentralizadora do *homem* para o ambiente da sociedade representa a ruptura com o pensamento clássico europeu-humanista, iluminista e da renascença. A formulação sociológica de Luhmann cria o *homo socialis*, que não vai corroborar elementos sociológicos clássicos do modelo europeu-renascentista como, p. ex., razão, consciência, sentimento. Para Luhmann a *sociedade* é uma ordem de comunicação *sui generis*, não pode ser interpretada e compreendida pela sociologia em termos onto-antropológicos. A sociedade é, portanto, uma ordem que pelos seus elementos e estrutura realiza o processo redutivo e minimizador das relações comunicativas, transforma o incalculável em calculável como tradução do processamento da complexidade comunicativa, que inicialmente se apresentava como improcessável.

18. O pensamento crítico que acusa Luhmann de ser o autor de uma teoria sociológica da sociedade moderna caracterizada pela negação ontológica, antropológica e humanoiluminista, a ponto de afirmar que Luhmann construiu uma teoria *anti-humanista* da sociedade, somente pode ser interpretado como a crítica da "cegueira". Por um lado, essa crítica não consegue vislumbrar a possibilidade do esgotamento de um paradigma pseudocientífico-cultural (saber e conhecimento), que é o do pensamento clássico europeu central, o pensamento da antiga Europa; por outro, a crítica não tem a capacidade de compreender que a construção sociológica funcional-estruturalista radical de Luhmann que posiciona o *homem/indivíduo* no ambiente da *Sociedade*, que tem na *Comunicação* a tradução da principal característica dos sistemas sociais e, portanto, da *Sociedade*, não pode ser compreendida como uma teoria sociológica *anti-humanista* por um fator fundamental, qual seja, somente o *homem/indivíduo* tem capacidade de produzir *Comunicação*, nenhum outro ser vivo (do ponto de vista dos processos civilizacionais) é possuidor da capacidade comunicativa-cultural, portanto, não é possível traduzir a teoria como concepção sociológica *anti-humanista*. A questão central é que Luhmann reformulou – de forma a afirmar que se trata de um erro histórico das construções sociológicas clássicas – o papel do *homem/indivíduo* para a sua concepção sociológica da *Teoria dos Sistemas Sociais* que objetiva explicar a *Teoria da Sociedade Moderna*.

Sua formulação sociológica, em outro nível, quer provocar novas iniciativas de investigação sobre a humanidade, sobre o paradigma iluminista da razão e consciência, sobre o processo funcional da capacidade cognitiva humana, tendo como base o empirismo natural. Sua tese separatista ("sistemas sociais/sistemas da sociedade"/"sistemas físicos/homem-humanidade") traduz a funcionalidade operativa de ambos como sistemas da *autopoiesis*, sendo que um tem sua operação com base na *consciência* e o outro na *comunicação*. A *sociedade*, portanto, é a representação da totalidade do sistema social, por outras palavras, a *sociedade* é tudo que é social, ou seja, não existe nada social fora da *sociedade*. Trata-se de um sistema que se "auto-observa" e se "autodescreve"; para sua observação e descrição não se faz necessário um "observador externo", a *sociedade* é o observador de si própria. A *sociedade* seria, portanto, o *sistema* dos sistemas sociais. E se autofuncionaliza pela *diferenciação*, sempre traduzida por dois lados: *a*) o próprio sistema – que é o lado interno da diferenciação; *b*) o ambiente – que é o lado interno da diferenciação. A união de ambos os lados representa a diferenciação em sua totalidade. E o ambiente, assim como o sistema, apresenta-se como indispensável para a dualidade da diferenciação. E o conceito de diferenciação é baseado no processo de distinção entre sistema e ambiente.

A formulação sociológica da *sociedade* como sistema dos sistemas sociais, fez Luhmann afirmar que o sistema não vive em função da ebolição da vida do ambiente, isto ocorre com todos os sistemas, portanto, a *sociedade* como sistema de comunicação está englobada. Esta conclusão leva a uma outra, qual seja, a conclusão de que em face do ambiente não influir no sistema faz surgir como consequência lógica o fechamento do sistema. *Explicação*: a constatação de que o ambiente não fornece contribuição ao sistema, implica afirmar que o ambiente não influencia o processo de operação seletiva e de reprodução do sistema, assim como o próprio sistema – pela caracterização de reprodução, autorreprodução, autorreferência e reflexividade – não tem ferramentas para operar no ambiente. Por esta explicação, temos assim um desenho melhormente esboçado da teoria sociológica luhmanniana dos sistemas sociais como matriz da *autopoiesis*.

Para se chegar a uma conclusão do item em comento, não se pode deixar de analisar dois elementos últimos, fundamentais nas construções sociológicas de Luhmann, que são a *comunicação* e a *linguagem*. A interpretação luhmanniana expressa que a sociedade é um sistema de comunicação. As construções sociológicas clássicas em nenhum momento vislumbraram tal possibilidade, assim Luhmann realiza uma ruptura epistemológica. A *sociedade* é, portanto, constituída por operações comunicativas sociais constitutivas de realidades e sentidos que levam a outras comunicações num processo ininterrupto. A interação de comunicações, ordenada pelo processo funcional-estrutural de diferenciação e seletividade, dá origem aos sistemas, ocasionando a produção de uma diferenciação com o ambiente. O elemento *comunicação* é, portanto, responsável pela construção do pensamento do sistema social como sistema da *autopoiesis*. Nos sistemas sociais, produção e reprodução ocorrem por meio da comunicação. E não há de se confundir *comunicação* com *consciência*. A primeira é o elemento pelo qual se dá a produção de mensagens, códigos etc.; enquanto a segunda é a matriz da produção de ideias, pensamentos etc. E a união de *comunicação* e *consciência* resulta num processo linguístico, na produção da *linguagem* materializada nas relações sociais. Mas se deve atentar que para Luhmann o processo de união entre *comunicação* e *consciência* é praticamente impossível, assim como entre *sociedade* e *homem*. Na verdade, pela sua construção sociológica luhmanniana, o processo de interação (união/acoplamento) produz um código dual de exclusão/inclusão no ambiente dos sistemas sociais. A comunicação enerva a formação da consciência, esta, por sua vez, enerva a estabilidade da sociedade.

Para Luhmann os sistemas sociais são constituídos de comunicação, ele passa a elaborar um conceito sociológico de comunicação, este responsável por quaisquer tipos de interação no ambiente dos sistemas sociais. Os sistemas sociais como realidade sociológica só são possíveis por que existe o processo de comunicação.[19] A ideia de Luhmann é de que a comunicação constitui a *sociedade*, está dentro dela; enquanto o *homem*, não forma a sociedade, é incompatível com ela, está fora dela. Apresenta-se aqui uma ruptura epistemológica jamais imaginada pelas construções sociológicas clássicas europeias centrais. Sua preocupação, portanto, passa a ser o fornecimento de uma explicação acerca das origens da *ação social* e da *sociabilidade humana*. Trata-se da crítica ao conceito clássico de sociabilidade (*Sozialität*),[20] em que ele vai negar a sociabilidade como categoria de ação. E sim afirmar que a *ação* é constituída, no ambiente dos sistemas sociais, por meio da *comunicação*. O processo comunicativo é, portanto, traduzido em ação, recebe a qualificador de elemento minimizador e reducionista da complexidade do sistema.

19. *Soziale Systeme: Grundriß einer allgemeinen Theorie*, ob. cit., p. 193.
20. *Soziale Systeme: Grundriß einer allgemeinen Theorie*, ob. cit., p. 191.

A comunicação é um processo singular (*sui generis*) que faz da sociedade um sistema da *autopoiesis*, a relação comunicação e sociedade é a expressão de um processo circular. A comunicação não explica o mundo, este apenas é classificado pela comunicação. A comunicação tem a função de materializar o processo de diferenciação, a produção das diferenças que iriam alimentar novas produções comunicativas, contribuindo, assim, para a fixação (processo de estabilização) dos limites fronteiriços do sistema. A comunicação somente pode ser compreendida como *informação, mensagem* e *compreensão*. Elementos da comunicação que traduzirão a *sociedade* como sistema autopoiético, referencial e fechado. A sociedade é simplesmente comunicação em curso.

No entanto, todo este processo faz com que a *sociedade* possa emergir, processo protagonizado pelos elementos dos sistemas sociais e não pela estrutura dos sistemas. O contributo da estrutura dos sistemas é reduzido ao campo da negociação dos acordos comunicativos e sua ininterrupta revisão. A estrutura vai proporcionar a organização das ações no plano das possibilidades. Daí surge a *informação* que vai intermediar o processo reflexivo. Para Luhmann, o processo de comunicação não se traduz por uma composição, pelo contrário, a comunicação é decomposta em ações, é processo comunicativo de decomposição. Os sistemas sociais e a sociedade, portanto, não se constituem por ações; as ações são a representação do processo de decomposição dos sistemas (social e sociedade), elas funcionam como aberturas para um processo incalculável de produção de comunicação. Os esforços de Luhmann foram no sentido de deslegitimar a metáfora do processo de transmissão de informação, pois por este processo metafórico o transmissor faz a entrega de algo ao endereçado. Segundo Luhmann o transmissor (remetente) não pode entregar algo por que irá perder o que entrega ao endereçado (destinatário), existe a partir daqui uma reformulação do conceito de comunicação. Na ideia de Luhmann a *mensagem* somente pode ser interpretada como *sugestão* ou *incitação*, de forma que a comunicação somente passa a existir quando a *sugestão/incitação* for acolhida, quando transformada numa *excitação*. A comunicação é, portanto, um processo seletivo, o que significa dizer que em todo o processo existem: *transmissão, recepção e seletividade da informação*. Portanto, pode-se afirmar que a *informação* corresponde ao conteúdo e a novidade na comunicação; enquanto a *mensagem* corresponde a forma e expansão de códigos comunicativos. Conclusivamente se chega à ideia de que as mensagens que não correspondem a novidades não são submetidas ao processo de seleção. Por último, a *compreensão*, que recebe da construção luhmanniana da comunicação o qualificador de elemento realizador do processo de comunicação.[21]

4. Sociologia política – A política como subsistema social

A impressão do processo de uma sociologia política que posiciona a política como subsistema do sistema social (sociedade), nega a ideia de formação da consciência pelo mecanismo da linguagem na sua ininterrupta construção cotidiana e delineamento das relações intersubjetivas. Exatamente esta premissa sociológico-política colocou Luhmann em conflito com a *Escola de Frankfurt*, pois Luhmann passou a lecionar que a política como subsistema social imprime um processo de autoconstrução. A lição luhmanniana de sociologia política veio trazer enormes complicações para as ideias político-culturais sobre o que seja opinião pessoal e opinião pública. Para Luhmann, a ideia de opinião pública nada mais é do que uma construção do processo comunicacional efetivada pelos meios de comunicação social. A opinião pública não se comunica com a opinião pessoal (individual), mas sim a opinião pessoal é que se une à opinião pública. E a linguagem como elemento do processo de comunicação somente pode ser interpretada como elemento pré-social, ou seja, a linguagem se encontra para além dos sujeitos (indivíduos), não há possibilidade de democratização social por via da linguagem.

O que ocorre é que Luhmann formula um magistério sociológico-político que desconsidera qualquer possibilidade da intersubjetividade como elemento que proporciona uma efetividade da democracia política. Para Luhmann não se caracteriza como plausível a possibilidade do homem intervir ativamente no processo social. A ideia (modelo europeu moderno) de participação democrática em que os homens, com a produção da comunicação (diálogos diretos), realizam a política material não é reconhecida nas suas lições, pelo contrário, o homem está ex-

21. O processo teórico da comunicação elaborado por Luhmann ainda vislumbra a possibilidade de uma "metacomunicação", pois como Luhmann parte da matriz da *autopoiesis* de forma a conceber a comunicação como autorreprodutora, autorreferente e reflexiva, surge a possibilidade de comunicação da comunicação. O que a construção luhmanniana quer enfatizar é a lição sociológico-comunicativa de que no processo de comunicação nem sempre tudo é comunicado, pois ao nível metacomunicativo busca-se identificar tanto o sucesso quanto o fracasso da comunicação, isto pelo último de seus elementos, a compreensão (*Soziale Systeme: Grundriß einer allgemeinen Theorie*, ob. cit., pp. 211-212).

cluído de todo o processo central, o subsistema é que determina toda a funcionalidade pelos seus elementos e estrutura, a atuação do homem é considerada puramente periférica.

A política, como subsistema do sistema social (sociedade), imprime uma produção mecânica da comunicação – negação total da consciência individual ou pública – por via dos meios de comunicação social que se tornam legitimados para dar forma a esta produção comunicativa, porém, não há conteúdo comunicacional algum. Daí surge a denominada *opinião pública*. Mas opinião pública sobre o quê? Sobre o que não existe? A opinião pública passa a ser traduzida como a agregação de "partículas comunicacionais vazias" que recebe a representação de reuniões efêmeras de opiniões que não possuem mecanismo ou poder algum para interferir em todo o processo político.

Por esta narrativa pode-se notar a importância do elemento sistêmico, ele tem um maior poder de intervenção do que o homem. Para Luhmann o elemento sistêmico exerce a função de organizar o mundo (o mundo do subsistema e do sistema), pois ele transforma o incomunicável em comunicável complexamente organizado. *Explicação*: com a eleição do elemento sistêmico tem-se uma substituição importantíssima, que é a mudança da *fenomenologia do ser* por uma *fenomenologia da comunicação*, o mundo é o que a comunicação diz ser. Por outras palavras, o conhecimento que possuimos sobre mundo, sociedade, história, religião, política, economia, arte etc., somente é possível por via dos meios de comunicação.

Para Luhmann a ideia do modelo europeu moderno – pensamento legitimado pela *Escola de Frankfurt* –, acerca do conceito de comunicação, que é desenhado pela ação participativa no processo comunicacional construído, não se constitui apenas nas bases da função, mas sim por uma moldura normativa que viabiliza o melhoramento da integração política (eleito/eleitores) dos envolvidos no desenvolvimento do processo de argumentação (discursos, diálogos etc.), como metodologia da formação de consciência, não passa de uma forma *matafísica* de compreender o mundo, pois é fundada sempre numa dualidade (oposição/situação; esquerda/direita; socialista/capitalista), que seu conteúdo é uma concepção de *verdade* (esta como elemento de convencimento e até de imposição) que um dos lados procura comunicar ser o legítimo possuidor.

Há que se compreender, nas lições luhmannianas, as fases do processo comunicacional sociológico-político: na comunicação individual (pessoa a pessoa) a qualquer momento pode ocorrer a rejeição (por uma das partes) da seleção comunicativa realizada pelo *alter* (o outro) por diversos motivos; já no que denomina de comunicação indireta (TV, jornal, rádio) também pode ocorrer a recusa da informação emita, no entanto, os meios de comunicação social possuem um mecanismo corregedor da recusa, que é o elemento *atualidade*, o reenvio da informação, que pode ser efetivado simultâneamente ou por edição, reiniciando o processo de aceitação.[22] Para Luhmann, os meios de comunicação exercem uma função, qual seja, imprimir initerruptamente o processo de aceitação das informações comunicativas como construção de verdades sociais.

Daí Luhmann ter introduzido na sociologia política a ideia de opinião pública como memória pública – a ideia luhmanniana de memória é traduzida no processo integrativo de comunicação passada e presente numa ocorrência sucessiva –, pois os meios de comunicação social realizam a função integrativa entre memória individual e social. Os sujeitos, os agentes (o homem) participam desta memória pública mediante o seguimento das informações emitidas pelos meios de comunicação. E, pode-se dizer, não há garantia de que os meios de comunicação influenciam a opinião pública, no entanto, é inquestionável que os meios de comunicação unem a memória individual à social.

Surge daí uma premissa fundamental: a decisão operacional do susbsistema (decisão política) trabalha com base na metodologia integrativa (memória individual e social) funcionalizada pelos meios de comunicação, e não mediante a importância da comunicação puramente individual. O subsistema política opera com base no que Luhmann denominou de *esquemas* ou *"scripts"*.[23] Estes significam a capacidade de referência que o homem (sujeitos, agentes etc.) faz a acontecimentos do passado (inicialização da memória), os quais podem ser unidos a acontecimentos do presente (novos), de maneira a dar início ao processo de seleção do que deve ser registrado pela memória (salvo) e o que deve ser excluído (deletado), para que haja espaço para o registro de novos acontecimentos.

A conclusão a qual chega Luhmann é de que o homem (pessoas ou grupos) conduz suas ações (mobilização) por estes *esquemas* ou *"scripts"*. Mais ainda, estes são apenas construções comunicativas que não podem ser confundidas como *verdades*. A verdade, se realmente existe, é que o mundo real, o mundo como é, até então é desconhecido por todos.

22. *Soziologische Aufklärung 1-5*, Opladen, V. S. Verlag, 1981.
23. *Introducción a la Teoría de Sistemas*, trad. Javier Torres Nafarrate, México, Universidad Iberoamericana-Iteso-Anthropos, 1996.

E, finalmente, no debate da sociologia política, Luhmann imprimiu um modelo de matriz circular cibernética para delinear a função da política como subsistema social. Sua ideia de opinião pública é conceituada num espaço amplo e abstrato de caráter transitório que é alimentada pela grade de notícias dos meios de comunicação. A força da opinião individual não consegue suplantar a força da opinião pública, uma força que a opinião individual não tem como controlar. A opinião individual une-se à opinião pública no "jogo comunicativo de forças", pois a opinião individual se vê forçosamente refletida na opinião pública, a opinião individual é mostrada através da opinião pública, a opinião individual (sem espaço) somente ganha visibilidade quando mostrada como opinião pública. Portanto, a opinião pública não traduz conteúdo de razão ou consciência. A opinião pública pode ser traduzida como o elemento (força) que irá proporcionar a minimização das complexidades comunicativas de maneira a equilibrar o susbsistema político e o sistema social.

5. Funcionalismo, pensamento sistêmico e interdisciplinaridade

As construções sociológicas de Luhmann foram desenvolvidas no espaço científico do funcionalismo, que é um domínio científico bastante controverso no âmbito da antropologia e das ciências sociais. O pensamento funcionalista busca fornecer uma elucidação da constituição da sociedade pelo prisma da realização de funções desempenhadas pelos elementos científicos constitutivos do sistema.[24] A partir de uma das grandes teses desenvolvidas sobre a sociedade (Parsons), de que esta é a representação de uma cultura que se constitui por um sistema integrado de funções, é que se desenvolve efetivamente o pensamento funcionalista, traduzido na ideia de *função, elemento, estrutura* e *sistema*. Inicialmente, a construção se deu nos espaços da antropologia e da sociologia.

Especificamente no campo das ciências sociais (antropologia e sociologia), o funcionalismo surge como uma filosofia sociológica que tem o propósito de explicar a constituição da sociedade. Uma constituição que estaria ligada aos instrumentos coletivos de satisfação das necessidades do *homem*, depois evoluiu para uma ideia de instituições sociais voltadas para a satisfação das necessidades sociais como, p. ex., a solidariedade social. Inicia-se com nomes como, p. ex., Durkheim,[25]

---

24. Para uma explicação inicial acerca do *Funcionalismo*, veja-se a nota de rodapé 3.

25. *De la Division de Travail Social*, Paris, PUF, 1960.

Parsons,[26] Merton.[27] A nuclear preocupação do funcionalismo sempre esteve voltada para a ideia de que as instituições sociais têm a característica da funcionalidade integrada que possibilita a formação de um sistema estável. Depois de formado, este sistema não admite mudanças, pois isto acarreta numa implicação de desestabilização sistêmica. O pensamento funcionalista é uma corrente científica evolutiva, que ao longo do seu desenvolvimento apresenta uma superação de etapas científicas, porém não sobreposições científicas.

A ideia de *função* corresponde ao fator de contribuição que um *elemento* constitutivo pode ofertar ao *sistema* do qual ele é parte integrante, que pode implicar na mudança da *estrutura*. As funções, portanto, contribuem tanto para a estabilização quanto para desestabilização do sistema em sua totalidade. O pensamento funcionalista assumiu a liderança nas construções sociológicas a partir da segunda metade do século XX, com o apontamento da teoria do conflito. Nas construções teóricas do funcionalismo se pode identificar uma série de correntes doutrinárias, aquelas que interpretam o funcionalismo como escola de pensamento e não apenas um método científico de construção de teoria de sistema (Jeffrey Alexander[28]); outra que concede importância "puramente" como método ou teoria de sistema social, com a preocupação em identificar as possibilidades de construção da estabilidade social sem dar importância à diferenciação estrutural (Talcott Parsons[29]); ou ainda, o argumento de que para além de necessidades a sociedade ou sistema social apresenta características singulares no ambiente social que determinam a presença de instituições e os efeitos/consequências de suas ações, mas não oferece bases para um apontamento da causalidade (Cohen[30]).

A concepção linguística informa, portanto, que a terminologia *funcionalismo* deve ser compreendida na perspectiva de análise sociológica do sistema social ou sociedade, no que se refere a sua composição

26. *The Social System*, ob. cit.
27. *Social Theory and Social Structure*, Chicago, Free Press, 1957.
28. *Cultural Trauma and Collective Identity*, Berkeley, University of California Press, 2004; *The Meanings of Social Life: a Cultural Sociology*, Oxford, Oxford University Press, 2003.
29. *The Structure of Social Action*, com nova introdução, vol. 1 – *Marshall, Pareto, Durkheim*, New York, A Free Press Paperback, 1937; *Toward a General Theory of Action*, Cambridge/Mass., Harvard University Press, 1951.
30. Com uma construção sociológica das subculturas e da associação diferencial, a análise é no campo da delinquência juvenil nas grandes cidades americanas (*Delinquent Boys*, New York, A Free Press Paperback, 1955).

(função, elemento, estrutura, sistema) total, com a metodologia de integração e interconexão entre as partes que compõem o todo. O funcionalismo tem como preocupação a análise dos acontecimentos que geram um processo social institucional implicador da efetividade da manutenção da estabilidade do sistema, portanto, em regra, as concepções funcionalistas se opõem à ideia de mudança ou transformação da sociedade. O mérito sociológico e científico das formulações de Luhmann foi imprimir uma renovação da política de análise, pois suas reformas no funcionalismo radicalizaram, Luhmann introduziu novos elementos conceptivos que vieram dar uma nova roupagem ao funcionalismo. Suas formulações introduziram a perspectiva do *pensamento sistêmico* e a metodologia da *interdisciplinaridade*, o que ocasionou o surgimento de um funcionalismo estrutural sistêmico radical. As construções de Luhmann fizeram nascer uma Teoria Sociológica da Comunicação que origina uma Teoria Universal dos Sistemas Sociais na explicação da Teoria da Sociedade Moderna, tendo institucionalizado como núcleo científico a matriz da *autopoiesis*.

O surgimento do paradigma do *pensamento sistêmico* representa um novo momento das concepções científicas, surge para revolucionar as construções científicas clássicas. E encontra espaço profícuo nas ciências sociais, de forma a acarretar mudanças extremamente significativas no que se refere ao olhar sobre a vida e o mundo. Especificamente no campo da Sociologia o pensamento sistêmico provocou o processo de reflexão das construções sociológicas clássicas, passou a representar um novo paradigma nas formulações de análise acerca da sociedade, pois trouxe para a sociologia formulações linguísticas e concepções científicas da biologia,[31] química,[32] cibernética,[33] filosofia[34]

31. Para uma indicação de alguns dos trabalhos científicos de Humberto Maturana e Francisco Varela, veja-se a nota de rodapé 24.
32. Ilya Prigogine, *The Molecular Theory of Solutions*, Amsterdam, North Holland Publishing Company, 1957; *Introduction to Thermodynamics of Irreversible Processes*, 2ª ed., New York, Interscience, 1961; *The End of Certainty – Time, Chaos and the New Laws of Nature*, New York, Hardcover, 1997.
33. Heinz von Foerster, *Cybernetics: Transactions of the Sixth Conference*, New York, Josiah Macy Jr. Foundation (Ed.), 1949; "Basic concepts of homeostasis", in *Homeostatic Mechanisms*, New York, Upton, 1958; "A predictive model for self-organizing systems", Part I – *Cybernetica* 3, Part II – Cybernetica 4, New York, Edition with Gordon Pask, 1961.
34. Edgard Morin, *Science avec Conscience*, Paris, Fayard, 1982; *Introduction à la Pensée Complexe*, Paris, ESF, 1990; *La Complexité Humaine*, Paris, Flammarion, 1994.

etc. A introdução do pensamento sistêmico nas construções sociológicas provocou o reconhecimento da *complexidade* como fenômeno que pode contribuir enormemente no decifrar do teorema das ações, comportamentos e acontecimentos que estabilizam ou desestabilizam o sistema social. Nenhum outro autor como Luhmann conseguiu explorar (na Sociologia) a complexidade para decifrar as relações sociais, fundamentalmente por uma iniciativa de construção de uma teoria geral da comunicação.

O pensamento sistêmico surge para ratificar uma formulação científica (Sociologia) que informa, em função do advento da complexidade da sociedade moderna, que as relações sociais não mais podem sofrer delineamentos nas suas previsões e nem serem controladas, contando apenas com os recursos de auto-organização dos sistemas. Tal constatação fora primeiro identificada nos experimentos científicos da biologia, física, química, cibernética etc., no que se refere à construção de uma verdade objetiva sobre as *ações* (fatos/acontecimentos). As realidades, nos diversos campos científicos, somente podem ser compreendidas mediante o reconhecimento das interações vividas no processo das relações (homem e mundo). No campo da sociologia, as implicações se revelam fundamentais – implicação ética irrenunciável –, pois as realidades e verdades sociológicas passam a ser construídas na base das relações entre o *Eu* e o *Outro*, o que faz alargar o espaço de responsabilidades.

Portanto, o pensamento sistêmico veio imprimir uma série de mudanças paradigmáticas no universo das ciências. A revolução impressa vai implicar no paradigma da ciência uma reviravolta epistemológica, com a introdução (dentre outros) de três elementos fundamentais: a complexidade, a instabilidade e a intersubjetividade. O primeiro surge para determinar o fim do pensamento clássico técnico-racionalista, calculador e matemático; enquanto o segundo imprime uma ruptura com os pressupostos científicos da certeza e segurança; e o terceiro veio para negar as concepções científicas asseguradoras da objetivdade no levantamento das premissas do saber e conhecimento. Mais ainda, toda esta revolução impressa pelo pensamento sistêmico implica numa renovação linguística da ciência.

E, finalmente, a *interdisciplinaridade*, que aparece como interrogação filosófica dirigida a todas as ciências como método de processo reflexivo acerca de suas categorias, composição de elementos científicos constitutivos e os resultados científicos (saber e conhecimento) alcançados. A interdisciplinaridade aparece para questionar a separação especializada entre as ciências que, segundo o pensamento interdisciplinar, provoca um impedimento acerca do levantamento e compreensão das problemáticas conteudistas dos espaços científicos unitários. Mais ainda, a vedação da interdisciplinaridade implica numa negação da função social do saber científico. E aqui a identificação de uma representação (histórica e cultural) do modelo da racionalidade técnica. A metodologia utilizada por Luhmann foi exatamente construir a sociologia científica através do ensinamento da interdisciplinaridade (biologia, física, química, cibernética, neuropsicologia, filosofia etc.).

A interdisciplinaridade surge para realizar o intercâmbio científico que vai proporcionar a reunião de saberes e conhecimentos unitários num modelo interrelacional, assim alcança-se uma melhor elucidação dos fenômenos que constroem a ciência. Mais exatamente, no campo das ciências sociais, a interdisciplinaridade contribui para uma melhor definição conceitual dos elementos constitutivos, através de uma consideração que analisa sua multiplicidade de composição. Tem-se assim, portanto, a oportunidade de uma construção científica em várias perspectivas. O que significa dizer, por outras palavras, que a análise do fenômeno (elemento científico) não será restrita a sua instância unitária, mas sim ultrapassará as fronteiras da técnica de racionalidade histórico e culturalmente desenhadas para fazer emergir implicações nos campos os mais diversos.

A metodologia da interdisciplinaridade procura investigar as diversas faces dos fenômenos que compõem os espaços científicos, de forma a permitir e proporcionar o intercâmbio das ciências e das respectivas disciplinas que formam o domínio científico, assim constrói-se um espaço de múltiplas relações de interdependência. A tradução é, portanto, o advento de uma técnica de complementaridade de perspectivas. *Explicação*: assim consegue-se uma melhor compreensão (sem garantias) do fenômeno estudado, para uma explicação mais detalhada das suas complexidades internas. Uma política científica de negação da interdisciplinaridade implica num posicionamento científico que impede o método de visão interacional acerca do conteúdo existente nas distintas áreas do saber e conhecimento, sem mencionar ainda a implicação do esgotamento do modelo explicativo acerca do fenômeno investigado.

Especificamente no campo das ciências sociais, há histórica e culturalmente uma política científica da separação, já que o fenômeno unitário, sob investigação, provoca uma dissecação científica; há um tratamento de "sistemas mecânicos clássicos" pelo procedimento da linearidade reducionista e determinista como forma de negação da multiplicidade de alternativas e possibilidades de se auferir novos saberes e conhecimentos. O pensamento da interdisciplinaridade propõe uma revolução epistemológica, proposta esta que Luhmann vislumbrou na complexidade dos sistemas sociais e da sociedade moderna. Alerta-se para um ponto que é capital, qual seja, na metodologia da interdisciplinaridade não se realiza uma unificação das disciplinas ou espaços científicos, mas sim uma política científica de transportação de elementos que vai determinar a superação do processo separatista extremo entre os campos científicos, de forma a realizar um outro processo que é o de conexões recíprocas mediante a manutenção das suas conformações ambientais ou internas.

6. Considerações finais

A principal construção de Luhmann fora a formulação de uma *Teoria dos Sistemas Sociais*, esta como iniciativa de uma elaboração de uma *Teoria Geral de Sistemas*, construção com ambiciosos anúncios de universalidade. A proposta de Luhmann de uma *Teoria dos Sistemas Sociais*, que busca elucidar a *Teoria da Sociedade Moderna*, imprime uma abordagem da interdisciplinaridade como metodologia de viabilidade da proposta. A sua base interdisciplinar engloba a física, biologia, biogenética, cibernética, neurobiologia, neuropsicologia, comunicação, sociologia, direito e filosofia. A proposta de Luhmann procura formular uma *Teoria Sociológica da Comunicação* que represente o processo fundamental, o *genoma* da *sociedade*. Na construção singular de uma *Teoria da Sociedade* que se apresenta como sistema complexo de comunicação, o elemento complexidade é o núcleo da ideia de sociedade.

A sociedade, o sistema social, o sistema complexo, o sistema de comunicação, que Luhmann constrói na base de uma não determinação, de negação da objetividade, vulnerável aos comandos da causalidade, vislumbra no elemento *sentido* o ponto de legitimidade para cumprir a função de transformar as diferenças emergentes no ambiente do sistema em informação. A construção do que é informação somente pode receber a interpretação de elemento de novidade, que causa impacto, incitação. Daí Luhmann introduzir na construção teórica a matriz da *autopoiesis*. Os assim denominados sistemas autopoiéticos assumem a legitimidade do processamento daquilo que é interpretado como informação, a função a ser desempenhada pelos sistemas autopoiéticos é realizada na base de um pensamento evolucionista de negação da linearidade que vai conduzir a *Teoria dos Sistemas Sociais* e a *Teoria da*

Sociedade Moderna a uma *Teoria da Sociedade Mundial*. Esta teoria social mundial é a expressão do pensamento funcionalista estrutural radical de base diferenciada.

A teoria sociológica dos sistemas sociais e da sociedade moderna e mundial é a representação de um processo descondicionado, construído a partir de um olhar sociológico de mudança paradigmática nas formulações teóricas de sistemas sociais. A partir desta mudança de paradigma Luhmann introduz novos elementos e apresenta noções fundamentais do que passa a ser "a nova teoria de sistemas sociais".

Primeiro e fundamental elemento teórico, a *comunicação* (informação, mensagem, compreensão), característico de qualquer sistema vivo, provoca a apresentação da *sociedade* como um sistema social comunicativo, constitutivo de produção e processo de comunicações.

O elemento seguinte é identificado na *diferenciação funcional*, compreendida como processo ininterrupto de produção de novas estruturas. O processo diferencial-funcional coordena o processo seletivo das ações de admissibilidade e não admissibilidade (inclusão/exclusão). A ideia de Luhmann é de que o processo de produção da comunicação – essencialmente vislumbrado no núcleo do elemento informação – declara sua orientação pelo elemento da diferenciação, isto é, a sociedade e o sistema social se orientam pelas diferenças de forma a negarem o princípio de identidade construído pelas formulações sociológicas clássicas. A diferenciação funcional assume, portanto, o guia de apresentar a explicação daquilo que acontece (ocorre/presente) e as possibilidades do que a partir daquela ocorrência pode acontecer (ocorrerá/futuro). O ensinamento é de que a diferenciação legitima a experiência pelo prisma individual (unidade de experiência), que é a admissibilidade da informação merecida de processamento para se transformar em comunicação, o que prova uma possibilidade de seleção de processos causais para a construção de uma ordem. O desfecho é de que os sistemas minimizam as complexidades da sociedade moderna sempre pelo procedimento do processo seletivo das ocorrências comunicativas relevantes.

As construções sociológicas clássicas e as formulações científicas sempre identificaram na terminologia *elemento* o núcleo de estabilidade (unidades de objetos) científica. Daí Luhmann renovar a construção científica com base em *sistema e elementos*, na afirmação de uma exigência e necessidade de se abandonar a referida terminologia no significado de núcleo científico imutável, e fez isto recorrendo à matriz da *autopoiesis* que passa a explicar o processo dinâmico e evolutivo não linear da estrutura dos sistemas sociais. O pensamento é de que os elementos de composição do sistema não possuem duração imutável, pelo contrário, apresentam característica de decomposição associada ao processo ininterrupto de reprodução. O posicionamento científico é de que se ocorresse o contrário o sistema atingiria sua morte, portanto, o sistema necessita capacitar os elementos com qualidade de conexão com os demais (elementos internos da estrutura) num processo de mutação constante de forma a criar sentido e efetivar sua reprodução ininterrupta.

Em seguida Luhmann realiza a mudança científica, substituindo a base de elaboração científica *sujeito e objeto* pela base *sistema e ambiente*; esta base passa a ser a própria constituição para se auferir a realidade. Os sistemas sociais são de característica da autorreprodução, autorreferência e reflexividade e o ambiente, portanto, viabiliza o espaço de "matéria-prima" para o processo sistêmico alicerçado na diferenciação. Não há sobreposição na relação sistema e ambiente, o que ocorre é um processo de integração (paradoxalmente) autônoma e independente. A mudança impressa por Luhmann chega, portanto, ao ponto de reformular a ideia de sujeito com a revisão da subjetividade da consciência. *Explicação*: os sistemas sociais têm como base (estrutura) o ambiente, não o sujeito. O que se tem é que ambos representam uma unidade integrada de representação da cooperação sistêmica. O processo de composição informa, portanto, que a intermediação entre *diferença*, *sistema* e ambiente se dá pelos limites fronteiriços do sentido (cognição e imaginação). A construção ou reconstrução impressa por Luhmann realiza uma mudança radical, pois faz desaparecer da composição científica o *elemento objeto* e introduz os *elementos diferença e distinção*. O processo de criação ou recriação de Luhmann se dá por via da construção comunicativa, que é constituída por técnicas de cruzamentos, políticas mescladas e reunião de sentidos.

A formulação sociológica luhmanniana atinge o ponto de desenhar a noção de limites ou fronteiras. Especificamente, os *limites ou fronteiras de sistemas*, que, na verdade, se apresenta como uma construção de último momento na teoria de sistemas. A ideia de limites ou fronteiras surge a partir da identificação de sistemas abertos e fechados, ou melhor, a partir da distinção entre eles. E Luhmann vai ser enfático ao dizer que ambos os sistemas não são contrários, opostos, mas sim complementares. O pensamento de limites e fronteiras surge na verdade para realizar a interação (ligação) entre sistema e ambiente. A partir da ideia de fronteiras se pode dizer, portanto, que os sistemas sociais – isto vale também para os subsistemas ou sistemas de segundo grau, como é o caso da política – são operacionalmente fechados e cognitivamente abertos. O mecanismo de operação fechada e cognição aberta permite ao sistema uma manutenção e uma evolução. Pode-se dizer que esta "genética" não pode ser reconhecida no ambiente, pois este é a tradução da desordem e do caos. O que Luhmann vai enfatizar é o processo de integração (ligação) do sistema social com o ambiente, que se dá por meio do que ele chamou de *acoplamento estrutural*. Esta ligação é construída pela comunicação a partir do momento da construção da linguagem.

A afirmação é, portanto, que a construção daquilo que Luhmann chamou de *acoplamento estrutural* faz emergir consigo uma grande implicação, qual seja, posiciona o *homem* (indivíduo) no ambiente do sistema. *Explicação*: a formulação teórica que posiciona o *homem* no ambiente do sistema direciona definitivamente a construção sociológica para um afastamento das construções sociológicas e filosóficas clássicas europeias centrais, isto é, declara a ruptura com o pensamento antropocêntrico e humanoiluminista, rompe com a filosofia clássica aristotélica do *homem* como um animal social. A partir do momento que se interpreta o *homem* posicionado no ambiente da *sociedade* passa-se a ideia de que todas as construções dos últimos dois mil anos se tornaram ultrapassadas, definitivamente esgotadas.

E a construção luhmanniana chega à ideia de *sentido*, na afirmação de que todos os sistemas sociais são sistemas de sentido. Este assume a função de implementar o processo de seleção das possibilidades de experiência e efetivar a minimização das complexidades. O paradigma do pensamento racionalista, cartesiano, mecânico, calculador, matemático, construiu uma ideia acerca do mundo que deveria levar a civilização à certeza e segurança. Para o pensamento que sustenta a ideia de sistema de sentido, o olhar acerca do mundo somente pode ser levado para o campo das incertezas, o mundo seria um campo de possibilidades virtuais (incalculáveis), que os sistemas devem transformar em possibilidades reais (calculáveis), ou seja, os sistemas concedem sentido àquelas possibilidades que são selecionadas. E, a partir daí, estas possibilidades passam a compor um espaço de realidade. O pensamento de Luhmann foi construir a ideia de sistemas de sentido em três categorias: sistemas psíquicos, vivos e sociais. Fundamentalmente, interessam (por ora) os sistemas: psíquico e social. Para Luhmann ocorre que, individualmente, cada sistema de sentido forma o ambiente do outro.

Para além, uma outra construção central do pensamento de Luhmann foi a matriz da *autopoiesis* aplicada na sociologia, na política, na economia etc. A *autopoiesis* significa uma característica fundamental dos sistemas sociais, totalmente blindada, sem possibilidade de que algo de fora do sistema possa atingi-la. A terminologia *autopoiesis* surge para informar o aspecto unitário de elemento, processo e sistema, como imagem para si próprio (auto/*autos*). O que significa dizer que observações e interpretações alheias não causam impacto no sistema ou no ambiente. A *autopoiesis* proporciona ao sistema a capacidade de constituir seus elementos em células funcionais, isto é, o processo de integração entre elementos é a representação de uma autoconstituição, com a qualidade de uma reprodução ininterrupta. No entanto, há um implicador fundamental no teorema – que pode/deve ser interpretado no campo da positividade –, que é identificado na negação de um controle unilateral, isto é, não há a possibilidade de controle de uma parte em relação a outra sem haver um controle entre todos, sem haver um controle que seja circular. A *autopoiesis* é terminologia expansiva, significa autorreprodução, autorreferência e reflexividade. No que se refere a sistema e ambiente, significa relação consigo próprio e poder de adaptação estrutural.

Pode-se dizer que três outras importantes formulações sociológicas de Luhmann são identificadas na *comunicação e ação social, processo de evolução* e *teoria sistêmica*. Nos referidos itens se encontra a afirmação de que os sistemas sociais são constituídos de comunicação, esta, por sua vez, estabelece uma conexão com a ação. Mais ainda, a comunicação que tem na ação sua tradução somente pode ser compreendida num processo evolutivo conjunto e inseparável. A formulação de Luhmann fez gerar uma "teoria sociológica da comunicação", pois trabalhou para a elaboração de um conceito científico de comunicação. A ideia do que é *social* nos sistemas sociais e, portanto, na *sociedade*, somente pode ser legitimada através da formulação de um conceito de comunicação. O que vale para os subsistemas sociais como, p. ex., direito, política, economia, religião, ciência e arte.

E o campo do processo de evolução na construção teórico-sistêmica somente pode ser identificado na formulação de *sistema* e *ambiente*, pois a formulação sociológica luhmanniana leciona que não há possibilidade de evolução (sistema) a partir do interno de si próprio, faz-se necessária a variação do ambiente. E para finalizar, especificamente no que se refere aos sistemas sociais e, portanto, à sociedade, o processo de evolução sistêmica somente ocorre em função da comunicação (selecionada) produzida pelo *homem*, pois este se encontra inserido no ambiente. As comunicações diferenciadas produzidas pelo *homem* enervam o ambiente de forma a provocar a instabilidade social. Toda esta teorização de Luhmann somente foi possível pelos empréstimos linguísticos fornecidos fundamentalmente pelas formulações científicas desenvolvidas no campo da biologia, pois da biologia Luhamnn se apropriou das concepções construtoras do desenho das estruturas, que naquele espaço são chamadas de mutações. Para além, Luhmann aplicou na Sociologia os conceitos biológicos de variação e seleção natural, para explicar toda a complexidade dos sistemas sociais e da sociedade moderna.

Conclusivamente, a objetivação do presente ensaio sempre fora tecer uma série de comentários analíticos acerca de algumas das construções sociológicas de Luhmann, especificamente em três formulações científicas fundamentais elaboradas pelo sociólogo alemão, quais sejam, a teoria dos sistemas sociais; a introdução da sociologia política na formulação teórica da política como susbsistema do sistema social (sociedade), pela via metodológica da ruptura do pensamento político burguês, liberal e iluminista da divisão entre esquerda e direita, este como pensamento ultrapassado à luz da produção de comunicação nas sociedades complexas; e a renovação ou reformulação da sociologia funcionalista com a introdução do pensamento sistêmico e da interdisciplinaridade, o que fez surgir a matriz da sociologia funcionalista-estrutural-radical-sistêmica. A teoria social mais importante do século XX, construída a partir da sua segunda metade.

Referências bibliográficas

ALEXANDER, Jeffrey. *Cultural Trauma and Collective Identity*. Berkeley: University of California Press, 2004.

_____. *The Meanings of Social Life: a Cultural Sociology*. Oxford: Oxford University Press, 2003.

BROWN, George Spencer. *Laws of Form*. New York: Dutton, 1979.

_____. *Gesetze der form* (trad. alemã). Lübeck: Bohmeier Verlag, 1997.

COHEN, Albert K. *Delinquent Boys*. New York: A Free Press Paperback, 1955.

DE GIORGI, Raffaele. *Luhmann, Niklas. Teoria della Società*. Milano: Franco Angeli, 1999.

DURKHEIM, Émile. *De la Division de Travail Social*. Paris: PUF, 1960.

FOERSTER, Heinz von. *Cybernetics: Transactions of the Sixth Conference*. New York: Josiah Macy Jr. Foundation (Ed.), 1949.

_____. "Basic concepts of homeostasis". In: *Homeostatic Mechanisms*. New York: Upton, 1958.

_____. "A predictive model for self-organizing systems". Part I – *Cybernetica* 3; Part II – Cybernetica 4. New York: Edition with Gordon Pask, 1961.

KELSEN, Hans. *Hauptprobleme der Staatsrechtslehre, entwickelt aus der Lehre vom Rechtssatz.* 1911.

──────────. *Reine Rechtslehre: Einleitung in die rechtswissenschaftliche Problematik.* 1. Auflage. German Edition, 1934.

──────────. *Reine Rechtslehre.* Mit Einem Anhang: Das Problem Der Gerechtigkeit. Wien: F. Deuticke, 1960.

LUHMANN, Niklas. *Soziologische Aufklärung 1-5.* Opladen: V. S. Verlag, 1981.

──────────. *Soziale Systeme: Grundriß einer allgemeinen Theorie.* Suhrkamp- -Taschenbuch-Wissenschaft, 1984.

──────────. *Die Wirtschaft der Gesellschaft.* Suhrkamp-Taschenbuch-Wissenschaft, 1988.

──────────. *Die Wissenschaft der Gesellschaft.* Frankfurt am Main: Suhrkamp, 1990.

──────────. Soziologie des Risikos. Berlin/New York: Walter de Gruyter, 1991.

──────────. *Das Recht der Gesellschaft.* Suhrkamp-Taschenbuch-Wissenschaft, 1993.

──────────. *Die Kunst der Gesellschaft.* Frankfurt am Main: Suhrkamp, 1995.

──────────. *Sociologia del Rischio.* Trad. italiana Giancarlo Corsi. Milano: Edizioni Scolastiche Bruno Mondori, 1996.

──────────. *Introducción a la Teoría de Sistemas.* Trad. Javier Torres Nafarrate. México: Universidad Iberoamericana-Iteso-Anthropos, 1996.

──────────. *Die Gesellschaft der Gesellschaft.* 2. Bd. Frankfurt am Main: Suhrkamp-Taschenbuch-Wissenschaft, 1997.

MATURANA, Humberto, e VARELA, Francisco. *De Máquinas y Seres Vivos – Autopoiesis: la Organización de lo Vivo.* 6ª ed. Santiago: Editorial Universitaria Lumen, 1973.

──────────. *El Árbol del Conocimento – Las Bases Biológicas Entendimento Humano.* "Al Pie del Árbol", Prefácio de Rolf Benhcke. Santiago: Editorial Universitaria Lumen, 1979.

──────────. *Autopoiesis and Cognition: the Realization of the Living Boston Studies in the Philosophy of Science.* Paperback, 1991.

──────────. *Autopoiesi e Cognizione – La Realizzazione del Vivente.* Trad. italiana Alessandra Stragapede. Prefácio de Giorgio De Michelis. Venezia: Marsilio Editori, 1985.

MERTON, Robert K. *Social Theory and Social Structure.* Chicago: Free Press, 1957.

MORIN, Edgard. *Science avec Conscience.* Paris: Fayard, 1982.

──────────. *Introduction à la Pensée Complexe.* Paris: ESF, 1990.

──────────. *La Complexité Humaine.* Paris: Flammarion, 1994.

PARSONS, Talcott Edgar Frederick. *The Structure of Social Action*, com nova introdução. vol. 1 – *Marshall, Pareto, Durkheim.* New York: A Free Press Paperback, 1937.

_____. *Toward a General Theory of Action.* Cambridge/Mass.: Harvard University Press, 1951.

_____. *The Social System* (Routledge Sociology Classics), com um novo Prefácio de Bryan S. Turner. London: Bryan S. Turner (Ed.)/Routledge – Taylor & Francis Group, 1952/2005.

PRIGOGINE, Ilya. *The Molecular Theory of Solutions.* Amsterdam: North Holland Publishing Company, 1957.

_____. *Introduction to Thermodynamics of Irreversible Processes.* 2ª ed. New York: Interscience, 1961.

_____. *The End of Certainty – Time, Chaos and the New Laws of Nature.* New York: Hardcover, 1997.

TEUBNER, Gunter. *Autopoietic Law: a New Approach to Law and Society.* Berlin/New York: Walter de Gruyter, 1988.

_____. *O Direito como Sistema Auto Poiético.* Trad. portuguesa José Engrácia Antunes. Lisboa: Fundação Calouste Gulbenkian, 1989.

Capítulo XX
A TEORIA DA JUSTIÇA DE JOHN RAWLS
– UM ESBOÇO

JOSÉ NEDEL

"John Rawls is the most significant and influential political and moral philosopher of the twentieth-century. His work has profoundly shaped contemporary discussions of social, political, and economic justice in philosophy, law, political science, economics and other social disciplines."

(Samuel Freedman)

1. Introdução: 1.1 Crise da modernidade; 1.2 Afirmação de Isaiah Berlin. 2. Vida, obra e contexto: 2.1 Vida e obra; 2.2 Contexto. 3 Teoria rawlsiana da justiça: 3.1 Doutrina contratualista; 3.2 Posição original; 3.3 Véu de ignorância; 3.4 Acordo original: 3.4.1 Participantes; 3.4.2 Estratégia "maximin"; 3.4.3 Acordo equitativo; 3.5 Princípios de justiça: 3.5.1 Mínimo essencial; 3.5.2 Primeiro princípio; 3.5.3 Segundo princípio; 3.5.4 Hierarquia irrevogável; 3.6 Juízos ponderados; 3.7 Equilíbrio reflexivo; 3.8 Base da organização social; 3.9 Liberalismo político: 3.9.1 Concepção política da justiça; 3.9.2 Concepção independente; 3.9.3 Concepção liberal; 3.9.4 Concepção moral; 3.9.5 Recepção do princípio da tolerância; 3.9.6 Coluna vertebral do liberalismo político; 3.10 Consenso sobreposto; 3.11 Razão pública; 3.12 Concepções do bem; 3.13 O justo e o bom: 3.13.1 Prioridade do justo; 3.13.2 Elemento do liberalismo; 3.14 Construtivismo político: 3.14.1 Construtivismo de Kant; 3.14.2 Construtivismo de Rawls; 3.14.3 Razoabilidade como critério; 3.15 Racional e razoável; 3.16 Concepção de pessoa; 3.17 Extensão da teoria; 3.18 Propósito limitado: 3.18.1 Doutrina razoável; 3.18.2 Sociedade consensual; 3.19 Rawls e Habermas; 3.20 Rawls e o comunitarismo. 4. Comentários e apreciações sumárias: 4.1 Pilares da teoria rawlsiana da justiça: 4.1.1 Prioridade da liberdade; 4.1.2 Maximização da expectativa dos menos favorecidos; 4.2 Ênfase social; 4.3 Liberdade e igualdade; 4.4 Redirecionamento da reflexão moral; 4.5 Liberalismo procedimental substantivo; 4.6 Apreciações divergentes; 4.7 Um consenso; 4.8 Importância inquestionável; 4.9 Mestre respeitável; 4.10 Conclusão.

1. Introdução

1.1 Crise da modernidade

A crise da modernidade, como observa Oscar Mejía Quintana, professor da Universidade Nacional da Colômbia (1997, pp. 1-2, 6, 61), teve seus antecedentes na crítica dirigida à racionalidade pela Escola de Frankfurt e posteriormente na do estruturalismo à categoria da subjetividade. Chegou à moral e, por seu intermédio, à política e ao direito, a partir de três vertentes principais: 1. a ética do discurso, de Apel e Habermas; 2. o neocontratualismo, de Rawls, que é um dos seus autores mais representativos, Nozick e Buchanan; 3. o neoaristotelismo, de Mac-Intyre, seu maior expoente, Sandel, Walzer e Taylor, além de outros.

As três vertentes, que marcam o conflito de interpretações morais, dão respostas diferentes à crise do paradigma político-moral contemporâneo. A ética do discurso, posição comunicativa-universalista propõe a reformulação dos imperativos categóricos kantianos, como princípios de argumentação moral. O neoaristotelismo, posição contextual-comunitarista, promove uma crítica frontal ao projeto moral da modernidade e propõe uma ética contextualista. A perspectiva neocontratualista se consolida, nos anos 1970, através de três modelos: o universalista, representada por Rawls na linha de Rousseau e Kant; o libertário, de Nozick, na linha de Locke; e o individualista, de James Buchanan, na linha do esquema de Hobbes. Todos promovem modelos novos de contrato social buscando resolver a crise de legitimidade do Estado contemporâneo. A concepção neocontratualista de Rawls, objeto deste escrito, inclui procedimento de argumentação racional acerca dos princípios da justiça, objetivando uma sociedade bem ordenada. Seu propósito foi o de fundamentar contratualmente uma teoria da justiça, superando as inconsistências dos modelos clássicos de contrato social.

1.2 Afirmação de Isaiah Berlin

A afirmação peremptória de Isaiah Berlin, feita em 1962, segundo a qual "nenhuma obra de liderança em teoria política apareceu no século XX", já não seria verdadeira desde 1971, ano da publicação do tratado de John Rawls, *A Theory of Justice*, de acordo com a interpretação de Chandran Kukathas e Philip Pettit (1990, p. 1). Os mesmos autores dão conta de que a obra do pensador norte-americano teve uma espécie de efeito "revolucionário" sobre o pensamento social e político (ibidem, p. 8). Em verdade, "o grande livro de Rawls" (Ricoeur, 1990,

p. 383) provocou uma vastíssima literatura relativa às questões abordadas pelo Autor norte-americano – literatura praticamente "instantânea" (Magee, 1993, p. 259). Sem demora, o livro passou a ser visto como um clássico de filosofia social e política, *status* de que desfruta hoje de forma inconteste, a ponto de já ser considerado, ao menos por alguns entusiastas, "o filósofo político e moral de maior significado e influência do século XX" (Freedman, 2003, p. I). A propósito, como afirmou Oscar Mejía Quintana, a colocação de Rawls, com sua "monumental obra", tem gerado "um debate sem precedentes no campo da filosofia moral e política", iniciado nos EUA e rapidamente estendido à Europa e outras latitudes do Terceiro Mundo, por suas implicações para a estruturação ou reestruturação institucional dos Estados e sociedades, no marco de uma tendência globalizadora que exige radicais reformas internas dos Estados e sociedades (1997, pp. 7 e 173).

De fato, como afirmou Robert Nozik, com toda a propriedade, "os filósofos políticos têm agora ou de trabalhar com a teoria de Rawls, ou explicar por que não o fazem" (1991, p. 202). A força dessa afirmação, partida de um interlocutor e crítico penetrante, evidencia a importância do pensador. A mesma razão é que justifica a presença do estudo sobre Rawls, mesmo que não exaustivo, na presente obra.

2. Vida, obra e contexto

2.1 Vida e obra

John Rawls (1921-2002) é de Baltimore, EUA. Foi professor na Universidade de Princeton (1950), em Cornell (1953), e no Massachusetts Institute of Technology (1960), antes de lecionar na Universidade de Harvard, o que fez a partir de 1962. Como bolsista da Fullbright Foundation, esteve em Oxford, em 1952, ano a partir do qual publicou artigos em revistas especializadas. Assim, em 1958 apareceu o escrito *Justice as Fairness*, seguido por outros trabalhos durante os anos sessenta, até vir a lume, em 1971, seu importante livro *A Theory of Justice – Uma Teoria da Justiça*, traduzido e publicado no Brasil em 1981 (referenciado neste artigo pela sigla *TJ*). Trata-se de um "gigantesco tratado" (Merquior, 1991, p. 205), não perfeitamente linear quanto à ordem das ideias. O Autor nele procede por esclarecimentos sucessivos, ajustamento das ideias e até reformulações. Exemplo disto é a dupla enunciação dos princípios de justiça: uma informal ou provisória (*TJ*, p. 67), outra definitiva, ao menos na intenção (*TJ*, pp. 232-233).

Sob o peso das apreciações e críticas, especialmente de comunitaristas, liderados por Alasdair MacIntyre, Rawls passou a emendar a teoria, introduzindo nela aperfeiçoamentos, correções e acréscimos, o que fez de forma contínua, até a publicação de sua segunda obra mais importante, *Political Liberalism*, 1993 – *Liberalismo Político* (o texto usado para as referências neste trabalho é o da tradução espanhola, indicado pela sigla *LP*). Há tradução em português: 2ª ed., São Paulo, Ática, 2000. A obra resultou de várias conferências e ensaios produzidos desde 1978. Só o texto intitulado *Public Reason* – *Razão Pública* apareceu pela primeira vez no mencionado livro.

Nessa obra, Rawls promoveu mudanças em relação ao pensamento original. A mais importante delas foi a da distância que tomou em face do kantismo e a definição de um construtivismo não compreensivo como coluna metodológica da sua teoria. A segunda mudança mais importante foi a da conversão da *justice as fairness* – justiça como equidade em concepção política de justiça, que constitui a essência do liberalismo político. É de ver que a concepção política da justiça representa um giro substancial determinado, em boa parte, pelas críticas do comunitarismo à sua teoria da justiça (Mejía Quintana, 1997, pp. 149-150). Em realidade, levando em conta o verdadeiro sentido da crítica comunitarista à moral de estirpe kantiana, Rawls reorienta sua argumentação para oferecer uma resposta liberal reformada aos detratores da modernidade. O fato de apresentar a concepção de justiça como equidade, que não é negada, em posição não metafísica, mas política, permite defender a justiça de qualquer suspeita de fundamentalismo e propô-la como projeto político possível, mais realista para as sociedades contemporâneas do que outras concepções (Humos Vásquez, 1997, pp. XVI-XVII).

Mais recentemente, intentou estender sua teoria ao âmbito internacional, através do ensaio *The Law of Peoples*, 1993, posteriormente revisto e publicado como livro (Cambridge, Harvard University Press, 1999) – *O Direito dos Povos* (São Paulo, Martins Fontes, 2001). Além disso, manteve acirrado debate com Jürgen Habermas, a cujas arguições respondeu em *Reply to Habermas*, 1995 – *Resposta a Habermas*, texto inserido em *Political Liberalism*, edição de 1996, como "Lecture IX". Posteriormente, ainda, publicou *Lectures on the History of Moral Philosophy* (Cambridge, Mass./London, Harvard University Press, 2000 – *Lecciones sobre la Historia de la Filosofía Moral*, em tradução espanhola (Barcelona, Paidós, 2001).

2.2 Contexto

Observa Oscar Mejía Quintana que o contexto social e político dos EUA, nas últimas décadas, tem sido bastante conflitivo; e que "o neoconservadorismo, que aqui [*vale dizer, na Colômbia*] se denomina neoliberalismo, deixou a sociedade norte-americana marcada por desigualdades econômicas e sociais que não se viam desde a Grande Depressão". A proposta de Rawls seria, em primeiro lugar, de acordo com Mejía Quintana, uma resposta a essa desigualdade estrutural em que caiu seu país (1997, p. 175).

A par disso, é de notar que, em 1968, aconteceu a rebelião dos estudantes em Paris. A contestação estudantil do final daquela década, fenômeno que, todavia, não ficou restrito à França, fez aflorar problemas de fundo da convivência humana. Esse fato também pode explicar, ao menos em parte, a origem psicológica do interesse de não poucos filósofos pelos problemas da justiça, como é o caso de Rawls. Além disso, o voluntarismo romântico das revoltas estudantis, que ainda impregnava a atmosfera cultural por volta de 1970, abria espaço para um novo tipo de discurso liberal: o da linguagem do direito e do contrato social. Por isso, a gênese do movimento de renovação do pensamento moral e político das últimas décadas não pode ser desvinculado do contexto daqueles anos turbulentos.

De outra parte, a doutrina moral utilitarista, de vasta influência na Inglaterra e nos EUA, não satisfazia o fino senso de justiça do Autor norte-americano. Com efeito, a referida teoria moral propõe, para o aperfeiçoamento de uma sociedade, a maximização da média de bem-estar dos cidadãos ou as condições de conjunto dos indivíduos, segundo a diretriz de que "uma sociedade é organizada corretamente, quando suas instituições maximizam o saldo de satisfações" (*TJ*, p. 41).

Ao princípio de utilidade assim formulado subordinam-se, nessa doutrina, ideais, expectativas e mesmo a justiça para com indivíduos ou grupos que não atingem a média. Esses resultam sacrificados em sua liberdade e outros direitos humanos, em nome da otimização do saldo de bens materiais e segurança social. Eventuais instituições injustas (por exemplo, a escravidão), o descumprimento de compromissos, a punição de inocentes e outras coisas similares são toleradas, desde que para o maior bem-estar do maior número de pessoas. As diferenças de rendimentos ou posições de autoridade e responsabilidade de uns são havidas como compensadas pelas vantagens maiores deferidas a outros, em nome da organização social de conjunto. Tudo isso afrontava o senso de justiça de John Rawls.

Pelo visto, a percepção clara das ambiguidades e dos limites do utilitarismo dominante na sociedade capitalista e o profundo sentido humano conferido à justiça foram decisivos para levar o Autor a abandonar as discussões técnicas sobre a função emotiva da linguagem moral e o significado dos termos políticos e morais, questões clássicas da tradição analítica então em grande voga. Em consequência disso, voltou-se à reflexão sobre os problemas de fundo da convivência humana, que envolvem a questão das virtudes morais e sociais, mormente a da justiça. Não se furta à crítica constante e vigorosa dirigida contra a doutrina utilitarista. Recusa o princípio da utilidade, nestes termos: "A justiça como imparcialidade rechaça a ideia de comparar e elevar ao máximo o bem-estar geral em matéria de justiça política" (*LP*, p. 183). Aos olhos dele, a proposta utilitarista é insatisfatória. De fato, "poderia ser prático, porém não é justo que uns tenham menos para que outros prosperem" (*TJ*, p. 35). De mais a mais, os participantes do acordo original não escolheriam o princípio de utilidade, pois não concordariam em "reduzir suas próprias expectativas e projetos de vida, simplesmente com a finalidade de um maior conjunto de vantagens para todos" (*TJ*, p. 35). Para as relações entre Rawls e o utilitarismo, ver Samuel Scheffer (2003, pp. 426-459).

Em vista disso, John Rawls elabora uma alternativa para a doutrina utilitarista, e também para outros modelos, como os do intuicionismo e do perfeccionismo (*TJ*, p. 36). É enfático em dizer que seu contramodelo se baseia em princípios de justiça: "Meu objetivo é o de produzir uma teoria da justiça que represente uma alternativa ao pensamento utilitarista geral" (*TJ*, p. 40) ou à "tradição utilitarista" (*TJ*, pp. 128 e 425). Aliás, de acordo com o pensador, uma sociedade regida pelo princípio de utilidade sequer alcança estabilidade igual à de outra que seja regulada pelo princípio da justiça (*TJ*, p. 366).

Pelo visto, à perspectiva utilitarista, Rawls opõe a exigência de princípios e valores fundamentais, que a nada podem ser sacrificados. Com efeito, cada pessoa tem uma inviolabilidade baseada na justiça que nem mesmo o bem-estar da sociedade pode sobrepujar. Por essa razão, "a justiça nega que a perda de liberdade de uns dê direito a um maior benefício dividido pelos outros" (*TJ*, p. 27). Afinal, "a perda da liberdade, para uns, não pode ser compensada e justificada pelo maior bem-estar dos outros" (*TJ*, p. 424).

Em suma, John Rawls, abandonando as "tímidas minúcias da abordagem linguística da filosofia moral" (Merquior, 1991, p. 206), deu o impulso inicial a uma nova orientação à filosofia moral e política nos EUA e países de língua inglesa, onde suscitou verdadeiro florescimento da reflexão filosófica, nessa área, a partir dos anos de 1970, a julgar pela quantidade de trabalhos, comentários, apreciações, que foram produzidos em torno de sua obra, florescimento que não tardou a se estender à maioria dos outros países do Ocidente. Sua obra representa verdadeira mudança de rumo, um *turning point*, no dizer de Habermas (1995, p. 109), inaugurador de novo período da reflexão filosófica prática da história mais recente da filosofia ocidental.

3. Teoria rawlsiana da justiça

3.1 Doutrina contratualista

A alternativa que Rawls oferece é uma teoria da justiça embasada na doutrina contratualista, como se encontra formulada por Locke, Rousseau e Kant, porém levada a um nível mais alto de abstração (*TJ*, pp. 33 e 61). A rigor, pretende elaborar uma "forma kantiana da doutrina do contrato" (*LP*, p. 269), sem contudo deixar de ultrapassar Kant em determinados pontos. Em realidade, observa com propriedade Otfried Höffe, o pensador norte-americano representa "a figura mais importante no atual renascimento da teoria do contrato" (1991, p. 259).

O contratualismo de Rawls, entretanto, difere do clássico (*LP*, p. 267), motivo por que é geralmente interpretado como neocontratualismo. Ele concebe o contrato social, não como histórico, senão que a modo de "um arranjo inicial hipotético no qual todos os bens primários sociais são distribuídos igualmente" (*TJ*, pp. 69 e 425). Os participantes do acordo não se encontram em estado de natureza, como nas teorias contratuais clássicas, embora a concepção da posição inicial lembre um pouco tal estado. É que eles já são portadores da qualidade de membros de uma sociedade (*LP*, pp. 257 e 267). No mais, são dotados de certa "virtude política natural" (*LP*, p. 338), traço teórico que remete ao passado clássico, no mínimo até Aristóteles.

O contrato social rawlsiano também difere da figura clássica congênere pelo conteúdo. Seu objeto não é a fundação concreta de uma sociedade com a escolha de uma forma de governo e de um governante, mas a seleção de certos princípios morais – os princípios de justiça que deverão regular a estrutura social básica (*TJ*, p. 36; *LP*, pp. 244 e 256).

3.2 Posição original

A posição original, para John Rawls, "é um *status quo* inicial apropriado, que garanta que o acordo, nele encontrado, seja equitativo" (*TJ*, 4, p. 37). Trata-se de "uma situação na qual as partes são igualmente representadas como pessoas morais e o resultado não é condicionado por contingências arbitrárias ou pelo relativo equilíbrio das forças sociais" (*TJ*, p. 108). Vem a ser uma postura abstrata, neutra, hipotética, descomprometida com as condições individuais dos participantes do acordo (*TJ*, p. 40).

É bem de ver que as pessoas, para que tivessem os mesmos direitos no processo de escolha dos princípios de justiça, deveriam ser iguais (*TJ*, p. 38). Porém, na prática, isso não ocorre: elas de fato são desiguais. Por isso, entende Rawls, é preciso construir a hipótese de sua igualdade, através de uma "ficção" (*LP*, p. 49), de um "recurso de representação" (*LP*, p. 46), de um "artifício da razão" (*LP*, p. 89).

3.3 Véu de ignorância

A pretensa igualdade das partes é conseguida por meio de um "véu de ignorância", que põe entre parênteses o conhecimento das circunstâncias particulares dos participantes do acordo, dos traços de sua personalidade, das "contingências arbitrárias" (*TJ*, p. 108) que "estabelecem desigualdades entre os homens" (*TJ*, pp. 38 e 119). Entende o pensador que deve ser "excluído qualquer conhecimento que tenda a dar origem ao preconceito, à distorção e à confrontação dos homens entre si" (*TJ*, p. 162; *LP*, p. 47).

O véu de ignorância, todavia, deixa transparecer as informações necessárias para o acordo ser racional. Filtra luzes, informações e conhecimentos gerais da vida humana, da psicologia, da sociologia, da economia, da política (*TJ*, p. 119). Os contratantes sabem, por exemplo, que as pessoas são interessadas mais por si mesmas do que pelos outros (*TJ*, p. 114). Não desconhecem que elas tendem sempre a procurar a maior quantidade de bens sociais primários, que são de várias ordens: liberdades básicas; liberdade de movimento e ocupação; oportunidades para ocupar cargos de responsabilidade; possibilidade de renda e riqueza; bases sociais de respeito a si mesmo, ou seja, de autorrespeito (*TJ*, p. 321). Contudo, na posição original, as partes, embora autointeressadas e não altruístas, têm um senso de justiça e uma racionalidade que as capacita para uma escolha pragmática (Mejía Quintana, 1997, p. 97).

O véu de ignorância faz com que as partes contratantes, na posição original, estejam "situadas simetricamente umas em relação às outras, sentido em que são iguais" (*LP*, pp. 244, 283 e 299). Dessarte, resulta possível a "escolha unânime de uma particular concepção de justiça" (*TJ*, p. 121), o que sem este estratagema seria inviável, em face dos interesses discrepantes.

Note-se, ao longo das etapas ulteriores da constituição da sociedade (convenção constitucional, legislatura e fase judicial), o véu de ignorância será gradualmente levantado. Na última fase, a da aplicação das regras aos casos particulares por juízes e administradores, a suspensão dele será completa (*TJ*, p. 162).

Segundo Oscar Mejía Quintana, a posição original (*constructo*) e o véu de ignorância (*subconstructo*) são o mecanismo a permitir que os princípios de justiça satisfaçam duas condições, não realizadas nos modelos contratualistas anteriores: 1) garantir o procedimento e a base consensual do contrato social; 2) imprimir à seleção dos princípios da maioria a legitimidade moral que evite qualquer assomo de arbitrariedade (1997, pp. 44-46).

3.4 Acordo original

3.4.1 Participantes – Os participantes do acordo são homens e mulheres de gostos, talentos, ambições e convicções comuns, porém colocados numa situação construída, hipotética. Por isso, Rawls os chama de pessoas, personagens ou criaturas "artificiais" (*LP*, pp. 50, 89 e 113). Sua função é a de serem "representantes dos cidadãos" (*LP*, pp. 84 e 88), com autonomia para "acordar sobre quaisquer princípios de justiça que considerem mais benéficos para os representados" (*LP*, pp. 89 e 115).

Quanto à opção a fazer, nenhum princípio antecedente guiará ou restringirá o raciocínio desses representantes (*LP*, p. 292), que se não vinculam a qualquer medida prévia ou critério independente (*LP*, p. 87). Devem raciocinar tão só a partir das crenças gerais compartilhadas pelos cidadãos, como parte do conhecimento público (*LP*, p. 85).

3.4.2 Estratégia "maximin" – Os princípios a serem escolhidos "são aqueles que pessoas racionais interessadas em estabelecer seus interesses, aceitariam nessa posição de igualdade para firmar os termos básicos da sua associação" (*TJ*, p. 107). Trata-se, pois, de "princípios, com cujas consequências estejam preparadas para conviver, qualquer que seja a geração a que resultem pertencer" (*TJ*, p. 119), e qualquer que seja o lugar que lhes fosse assinado, mesmo o pior. Em outras palavras, os participantes do acordo escolherão os princípios que uma pessoa elegeria para o esboço de uma sociedade na qual seu próprio inimigo lhe fosse determinar o lugar.

Nessas condições, é natural que os participantes do acordo lancem mão da estratégia *maximin*, ou seja, do *maximum minimorum* (Clotet, 1988, p. 102), ou ainda estratégia "maximínima" (Garcia, 1992, p. 29), que manda alinhar as alternativas pelos piores resultados possíveis (*TJ*, pp. 129 e 130). Vale dizer: a regra maximizadora do rendimento mínimo. Importa, pois, escolher princípios que, efetivamente aplicados a uma sociedade, permitam o rendimento máximo ainda aos que detenham as condições mínimas.

É óbvio que, nessas circunstâncias, os negociadores agirão com prudência. Não procurarão favorecer este ou aquele grupo, mas se aterão exclusivamente ao que lhes parecer justo no sentido de equitativo. Trabalharão até com a hipótese do risco máximo: o de eles mesmos caírem no infortúnio e de lhes acontecer o pior. Para a hipótese, procurarão maximizar os ganhos e minimizar os riscos. No intuito de assegurar seu próprio futuro, desejarão que as eventuais desigualdades na distribuição dos bens e das funções de mando revertam em benefício dos menos favorecidos – o que será bom para cada um que venha a estar na situação pior e para outros que estiverem de permeio, devido à "conexão em cadeia" existente entre todos (*TJ*, p. 82). A melhoria na posição de uns se reflete na dos outros.

3.4.3 *Acordo equitativo* – Nas circunstâncias descritas, acontece o suposto acordo, envolvendo os princípios de justiça unanimemente aceitos, com o objetivo de "consignar básicos direitos e deveres e determinar a divisão das vantagens" (*TJ*, p. 116; *LP*, p. 46) da cooperação social, na sociedade a constituir. O acordo terá de ser equitativo – *fair agreement*, a exigir jogo limpo – *fair play* (*TJ*, p. 36). Ele representa o primeiro estágio na estruturação de uma sociedade bem ordenada – *well ordered society*, após o qual as partes voltarão ao seu lugar (*TJ*, p. 160), seguindo-se as demais fases ou estágios da formação social. O acordo se impõe, porque a alternativa à escolha de qualquer das concepções de justiça disponíveis é o "egoísmo generalizado" (*LP*, p. 261) – uma espécie de estado de natureza, que por todos os meios é necessário evitar.

3.5 *Princípios de justiça*

Os princípios de justiça devem ser escolhidos contratualmente (posição original), evitando cair no utilitarismo, de um lado, e no intuicionismo, de outro. Eles resultam de construção hipotético-consensual e têm força de imperativos categóricos. São vistos como macrovalores éticos e políticos suficientemente amplos, podendo ser apoiados pelas concepções compreensivas razoáveis, enquanto garantem para todos uma estrutura básica justa e imparcial que permita a estabilidade do sistema democrático e a pluralidade de posições em seu interior (Mejía Quintana, 1997, pp. 43, 162, 172).

3.5.1 Mínimo essencial – Os princípios de justiça escolhidos no acordo original, que Rawls concebe como "substantivos" (*LP*, pp. 187, 213 e 215), a rigor, são dois: primeiro, o da igual liberdade para todos; segundo, o da repartição equitativa das vantagens da cooperação social. Todavia, na obra *Liberalismo Político*, Rawls antepôs ao primeiro princípio antes enunciado um princípio anterior: o de que "as necessidades básicas dos cidadãos sejam satisfeitas" (*LP*, p. 32). Esse "mínimo essencial" (*LP*, p. 180), ou "mínimo social" (*LP*, pp. 218 e 219), ou ainda "índice justo de bens de primeira necessidade" (*LP*, p. 55), é visto como condição indispensável para a compreensão e o exercício proveitoso dos direitos iguais para todos. A razão é que, segundo o filósofo, "abaixo de certo nível de bem-estar material e social, de adestramento e educação, as pessoas simplesmente não podem participar da sociedade como cidadãos" (*LP*, p. 165). Trata-se, pois, de um primeiríssimo princípio, a proclamar que o direito à vida é prioritário em relação ao direito à liberdade, de que trata o clássico princípio da igualdade de tratamento.

3.5.2 Primeiro princípio – O primeiro princípio de justiça reza, assim, em sua última formulação: "Cada pessoa tem igual direito a um esquema plenamente adequado de liberdades básicas iguais que seja compatível com um esquema semelhante de liberdades para todos" (*LP*, p. 271). A nova fórmula consagra pequena mudança em relação ao texto anterior (*TJ*, pp. 67 e 232), sem, contudo, afetar-lhe a essência (*LP*, p. 32).

O mencionado princípio é o da liberdade igual para todos ou da igualdade de tratamento. A liberdade nele é tomada em seu conceito mais amplo: liberdade de palavra, de consciência, de religião, de possuir (direito de propriedade), de *habeas corpus*, de reunião, de participação política, mesmo que na forma de desobediência civil (*TJ*, p. 273) e de recusa por motivos de consciência (*TJ*, p. 276). Todavia, a "igual liberdade máxima" de cada um – expressão de Samuel Gorowitz (1979, p. 327) – deve ser contida pela necessidade de proteger a dos demais. A compatibilização da liberdade de uns com a dos outros há de encontrar sua regra numa Constituição destinada a detalhar as disposições do primeiro princípio da justiça (*TJ*, p. 160), o princípio dos direitos de base, dos direitos humanos fundamentais, das "liberdades liberais convencionais", como explica Ronald Dworkin (*apud* Magee, 1993, p. 260).

3.5.3 Segundo princípio – Esse princípio reza: "As desigualdades sociais e econômicas têm de satisfazer duas condições: primeira, relacionar-se com postos e posições abertos para todos em condições de plena equidade e de igualdade de oportunidades; e, segunda, redundar no maior benefício dos membros menos privilegiados da sociedade" (*LP*, p. 271). O segundo princípio de justiça, cujo modo de cumprimento há de ser detalhado na fase da legislatura, submete as desigualdades a duas condições: a) que os cargos e posições sociais estejam abertos para todos (princípio da igualdade de oportunidades); b) que se maximize a expectativa dos menos favorecidos (princípio da diferença). Na primeira formulação (*TJ*, pp. 67 e 232), a ordem de prioridade dessas condições estava invertida.

Pelo visto, é o princípio das desigualdades sociais e econômicas, que preside a distribuição dos bens primários socioeconômicos, tais como poder, *status*, riqueza, vantagens sociais, deveres, encargos, de molde a induzir a cooperação voluntária de todos, inclusive a dos menos favorecidos. Para o princípio da diferença, ver Philippe van Parijs (2003, pp. 200-240) e Nedel (2003, pp. 359-372).

3.5.4 Hierarquia irrevogável – Os princípios de justiça obedecem a uma rigorosa ordem ou hierarquia. O primeiro tem prioridade sobre o segundo, assim como a ordem das letras do dicionário, onde todas as palavras começadas com "a" têm prioridade sobre as iniciadas com "b". Cuida-se, pois, de uma ordem serial, léxica ou lexicográfica (*TJ*, pp. 84 e 88). Obedecida essa ordem, que também é um subconstructo da teoria rawlsiana, segundo Oscar Mejía Quintana (1997, p. 48), o princípio da igualdade de oportunidades (primeira parte do segundo princípio) tem prioridade sobre o da diferença (segunda parte do mesmo princípio).

Em suma, a ordenação hierárquica impõe a distribuição igual das liberdades fundamentais (primeiro princípio) e das oportunidades de ascender a cargos e funções públicas (primeira parte do segundo princípio). Os critérios de acesso aos cargos públicos e posições sociais não são, pois, os de raça, sexo, idade, convicção política, condição econômica, mas de aptidão, formação, competência, sem qualquer discriminação. A distribuição dos demais bens socioeconômicos pode ser desigual, desde que a desigualdade favoreça todos ou, *rectius*, os menos aquinhoados (segunda parte do segundo princípio).

É de notar que a hierarquia estabelecida é irrevogável; o que evita a negociação da liberdade, sua permuta por benefícios econômicos, prática tornada comum nas sociedades modernas. As partes "não trocarão um mínimo de liberdade por uma melhora em bem-estar econômico" (*TJ*, p. 129). Em realidade, "a negação da igual liberdade só pode ser defendida se for necessária para erguer o nível da civilização a tal ponto que, no devido momento, estas liberdades possam ser desfrutadas" (*TJ*, p. 129). A propósito, escreve Samuel Gorowitz: "Assim, mesmo a melhoria do bem-estar de todos não basta para justificar uma redução inequitativa da liberdade. Antes, a liberdade de uma pessoa só pode ser diminuída na medida em que este cerceamento constitui parte essencial de um sistema de liberdades que maximize a liberdade de todos" (1979, p. 328).

3.6 Juízos ponderados

Aparentemente, a posição original e o véu de ignorância ou do não saber induzem ao rompimento com toda a experiência de uma comunidade. De fato, porém, os princípios de justiça não foram estabelecidos por uma razão pura que dá o passo por cima da experiência. Eles não são atemporais, a-históricos, sem vinculação com o mundo da vida. Em verdade, os princípios rawlsianos de justiça são escolhidos de forma contingente dentre outros também possíveis, de uma lista de concepções (*LP*, pp. 87 e 260). A escolha deles é feita à luz da tradição da comunidade, do conceito ordinário de justiça, ou do senso de justiça que se traduz em sentenças sapienciais ou juízos ponderados (*TJ*, p. 39). Assim, "a fonte das opções é a tradição da filosofia moral e política" (*LP*, pp. 273 e 283).

Por isso, o sentido de justiça, implícito nos juízos ponderados do senso comum, é a alma do processo social. Os cidadãos, portadores desse sentido, cumprem os acordos justos a que se ligam e acatam as instituições básicas justas (*LP*, p. 143). Por outro lado, resistem às "tendências normais da injustiça" (*LP*, p. 145), o que favorece a estabilidade. O filósofo o afirma enfaticamente: "uma sociedade, guiada por um senso público de justiça, é inerentemente estável" (*TJ*, p. 365). A toda evidência, o recurso ao senso de justiça da comunidade evidencia significativa concessão ao comunitarismo, que assestara vigorosas críticas contra o universalismo liberal, nomeadamente o rawlsiano, sob a alegação de ser abstrato e descontextualizado.

3.7 Equilíbrio reflexivo

Segundo Rawls, o conceito ordinário de justiça merece, pois, respeito. Ao mesmo tempo, é preciso manter certa distância em relação a ele. Não pode sem mais ser legitimado nem rejeitado. Deve merecer trato e aperfeiçoamento pelo método do equilíbrio reflexivo, outro subconstructo da teoria (Mejía Quintana, 1997, p. 49). Trata-se de ajustamento recíproco entre os princípios de justiça e os juízos ponderados. Em verdade, este processo vem a ser "um equilíbrio porque, no final, nossos princípios e julgamentos coincidem; e é reflexivo, desde que sabemos a quais princípios nossos julgamentos se conformam e quais as premissas de que derivam" (*TJ*, pp. 39-40).

O equilíbrio reflexivo, segundo a exegese de Olinto A. Pegoraro, "corresponde ao conceito de circularidade que visa o esclarecimento e a mútua elucidação das proposições da experiência histórica e dos princípios" (1995, p. 76). A razão é que as convicções ponderadas, que exprimem o consenso público sobre a noção de justiça, podem conter incoerências, lacunas, contradições. Por isso, devem ser confrontadas com os princípios universais da justiça, com o que logram coerência, exatidão, consistência. Os princípios, por sua vez, mirando-se na experiência histórica, adquirem plasticidade, podendo adaptar-se às condições concretas de uma sociedade democrática.

Com esse processo, cria-se um vaivém entre os dois polos – o da experiência ordinária, das intuições ou das convicções ponderadas, de um lado; e o dos princípios, de outro, com esclarecimento mútuo e correção recíproca. É um "processo dual: fazemos um movimento de avanço e retrocesso entre adaptações à teoria e adaptações à convicção, até alcançar a melhor adequação possível" (Dworkin, 1993, p. 251).

Obviamente, o equilíbrio reflexivo é sujeito a transformações, por exames ulteriores, que podem fazer variar a situação contratual inicial. É um processo de ajuste e reajuste contínuo, até alcançar perfeita concordância, uma espécie de auditagem subjetiva, a partir do qual o indivíduo assume e interioriza os princípios como próprios, mas com a possibilidade permanente de questioná-los e recolocá-los, de acordo com novas circunstâncias. A vontade geral não pode ser imposta com o argumento de ser legítima por ser majoritária: tem de ser subsumida livremente pelo indivíduo. O contrato social deve poder ser legitimado permanentemente, não só a partir do consenso majoritário, mas sobretudo a partir da consciência individual do cidadão, que pode dissentir da ordem jurídica existente. Assim, Rawls pretende resolver a contradição que ficara pendente do contratualismo clássico, entre vontade geral e autonomia individual (Mejía Quintana, 1997, pp. 50-51).

3.8 Base da organização social

Na teoria de Rawls, os princípios de justiça representam as colunas mestras de toda a organização social. Sociedade cuja estrutura básica os incorpora alcança, pouco a pouco, o assentimento de todos. Fortalece a confiança dos cidadãos entre si e em relação a seu sistema jurídico e econômico. Promove a tolerância, deixando subsistir a diferença numa sociedade como a moderna, marcada pelo pluralismo de doutrinas compreensivas (*LP*, p. 10). Assim, conquista força, dinamismo e estabilidade como nenhuma outra sociedade.

3.9 Liberalismo político

3.9.1 Concepção política da justiça – A concepção de justiça apresentada no *Liberalismo Político* como "política, não metafísica" (*LP*, p. 35), sem deixar de ser fundamentalmente equidade. É elaborada para a estrutura básica da sociedade (*LP*, pp. 37, 172), a partir de um conjunto compartilhado de ideias fundamentais, convicções meditadas e princípios (*LP*, pp. 33, 38, 60). É necessário que todos a possam aceitar como verdadeira ou razoável sob o ponto de vista de sua própria convicção (*LP*, p. 151). Assim, a concepção política representa, para o Autor norte-americano, a verdadeira base de justificação pública em que todos possam entrar em acordo sobre assuntos de justiça.

3.9.2 Concepção independente – Uma concepção política da justiça é, quanto possível, independente das doutrinas compreensivas (*LP*, pp. 23, 34). Evita oposição a qualquer dessas doutrinas, das quais não afirma nem rejeita nenhuma (*LP*, pp. 60, 105, 154). A tarefa de resolver seus problemas de filosofia, moral e religião fica atribuída aos próprios cidadãos (*LP*, p. 154). Contudo, o liberalismo político pode afirmar a superioridade de certas formas de caráter e urgir a prática de virtudes morais ou políticas determinadas, como a cooperação social, a civilidade, a tolerância, a razoabilidade, a imparcialidade, suscetíveis de serem integradas nas diferentes doutrinas compreensivas (*LP*, p. 189).

A concepção política da justiça não é elaborada em atendimento a qualquer autoridade externa, por exemplo, uma lei divina ou moral independente (*LP*, p. 107). Os representantes dos cidadãos não são urgidos por "nenhum princípio de direito e de justiça anterior" (*LP*, p. 90).

Por isso, ao celebrar o acordo, têm autonomia racional para agir, não egoisticamente, mas no interesse exclusivo dos representados.

3.9.3 Concepção liberal – Para John Rawls, "a mais razoável concepção política da justiça para um regime democrático será, em termos gerais, liberal" (*LP*, p. 157). Vale dizer que há de especificar e proteger certos direitos, liberdades e oportunidades básicas, assinando-lhes especial prioridade; e incluir medidas para assegurar que todos os cidadãos disponham de suficientes meios materiais para tornar efetivos esses direitos básicos (*LP*, pp. 157 e 213).

3.9.4 Concepção moral – Enfim, a concepção política da justiça não deixa de ser uma concepção moral (*LP*, pp. 143, 167). É que inclui concepções da sociedade e do cidadão como pessoa, além de princípios de razão pública (Mejía Quintana, 1997, p. 160). No mais, as convicções políticas também são convicções morais (*LP*, p. 126). Aliás, os valores políticos, que especificam os termos fundamentais da cooperação política e social, são "muito altos" (*LP*, p. 141) e prevalecem geralmente sobre os demais, não sendo "facilmente superáveis" (*LP*, pp. 157, 167, 201, 208).

Todavia, uma concepção política não abarca tudo. Não é um "ideal para a vida pessoal nem para os integrantes de uma associação, nem um ideal moral, como o ideal estoico de um homem sábio" (*LP*, p. 279). Pode e deve, pois, ser completada com outras virtudes (*LP*, p. 44), com ideias do bem, desde que estas igualmente sejam políticas: ideias independentes de doutrinas compreensivas, pertencentes a uma concepção política razoável da justiça e compartilhadas pelos cidadãos.

3.9.5 Recepção do princípio da tolerância – Segundo Rawls, um princípio de tolerância faz parte da concepção política da justiça (*LP*, p. 81), que é precisamente o foco ou o objeto do consenso sobreposto (*LP*, pp. 66, 108, 145, 149, 200). A concepção desse consenso completa e estende o movimento intelectual iniciado há três séculos, com a aceitação gradual do princípio da tolerância, que desembocou no Estado não confessional e na liberdade de consciência (*LP*, p. 154).

3.9.6 Coluna vertebral do liberalismo político – A rigor, a concepção política da justiça é a essência ou a coluna vertebral do *liberalismo político*. Deve ser entendida como procedimento de construção que garanta a realização de uma sociedade justa e bem ordenada. O domínio político se converte no espaço para onde todas as perspectivas sociais con-

fluem, sem necessidade de abandonar suas próprias concepções compreensivas. Os procedimentos políticos podem ser apoiados por todas as doutrinas, o que assegura o pluralismo razoável de uma sociedade democrática. A ideia básica do liberalismo político é lograr um consenso entrecruzado de doutrinas compreensivas razoáveis, cujo marco é definido por uma concepção política da justiça (Mejía Quintana, 1997, pp. 51, 152 e 154, 160).
Trata-se de mais um ponto de aproximação ao comunitarismo. A implicação é que o caráter universal pode projetar o contexto. A concepção de justiça que inspira os regimes constitucionais democráticos tem validez universal quanto ao procedimento de seleção e legitimação dos princípios que regem a estrutura básica, mas os procedimentos estão mediados pelas condições particulares de cada situação (Mejía Quintana, 1997, p. 150).

Rawls introduz as noções que complementam a concepção política da justiça como liberalismo político: o do consenso entrecruzado, que representa o objetivo final do liberalismo; e o da razão pública, que mostra os mecanismos garantidores dos princípios da justiça num regime constitucional (Mejía Quintana, 1997, pp. 150-151).

3.10 Consenso sobreposto

Note-se que uma concepção política de justiça pode ser considerada parte ou módulo de uma ou várias doutrinas compreensivas. Embora não seja consequência direta dos valores políticos dessas doutrinas, estabelece equilíbrio entre elas (*LP*, pp. 37, 59, 146, 155). Dessa forma, não conflitando com as diversas doutrinas, muitas vezes opostas ou conflitantes, ainda que razoáveis, torna-se foco de um *overlapping consensus* (*LP*, pp. 35, 58) – consenso sobreposto, ou entrecruzado, que acontece precisamente, quando doutrinas razoáveis subscrevem a concepção política da justiça, por ela não contrariar, ao menos não demasiado, os interesses essenciais dos cidadãos (*LP*, pp. 137, 157). Em verdade, semelhante consenso, ao reduzir o conflito entre os valores políticos e os de outra índole (*LP*, p. 143), possibilita a unidade e a estabilidade social e política (*LP*, pp. 63, 147, 195). Representa inclusive uma forma de enfraquecer as condições que tornam razoável a desobediência civil numa sociedade democrática quase justa (*LP*, p. 39, nota 17). Semelhante consenso funciona domo "instrumento político de consensualização com as doutrinas omnicompreensivas" (Mejía Quintana, 1997, p. 159), em nova concessão ao comunitarismo.

O consenso, fiel a seu caráter construtivista, deve seguir um processo determinado: a etapa constitucional, depois a da legislação etc. (Mejía Quintana, 1997, pp. 161-162).

3.11 Razão pública

A justificação há de ser pela razão pública, a razão do público, ou dos cidadãos enquanto tais, como corpo coletivo que exerce o poder político e coercitivo, promulgando leis e emendando sua Constituição quando necessário. Trata-se da "razão dos cidadãos nos foros públicos em torno dos princípios constitucionais essenciais e das questões básicas da justiça" (*LP*, I, 1, p. 35). Por ela "todos os cidadãos podem entender seu papel e compartilhar de igual maneira seus valores políticos" (*LP*, I, 7, p. 62).

Não cobre toda a política, só as questões constitucionais essenciais e a justiça básica de suas estruturas. Seus assuntos ou conteúdos são os da justiça fundamental, que visa ao bem público, ou seja, os princípios e ideais expressos na concepção da sociedade acerca da justiça política (*LP*, IV, 1, p. 140). Ela rege o discurso público. Usam-no os cidadãos, quando fazem a defesa política de algo no foro público.

Não se aplica, pois, às deliberações pessoais sobre questões políticas ou às reflexões de grupos sobre a sociedade. O conteúdo da razão pública é o conteúdo da concepção política da justiça como imparcialidade (Mejía Quintana, 1997, p. 165).

A razão pública difere da razão ilustrada, por não ser abstrata. Com efeito, possui foros concretos de expressão. A Corte Suprema de Justiça é a principal expressão da razão pública em todo regime democrático. Ela é a entidade exemplar da razão pública. Os magistrados que a integram, para julgar, só devem recorrer aos valores políticos que pertencem à compreensão mais razoável da concepção pública da justiça (*LP*, VI, 6, p. 224).

As diretrizes e os critérios que a presidem, vale dizer, que especificam as maneiras de raciocinar e aplicar as normas estabelecidas, por pertencerem à concepção política da justiça, "se consideram selecionados na posição original" (*LP*, II, 3, p. 78).

Para o tema da razão pública, ver Charles Larmore (2003, pp. 368-393).

3.12 Concepções do bem

A sociedade moderna se caracteriza pela pluralidade de concepções do bem, em decorrência da pluralidade de doutrinas compreensivas. O liberalismo político acolhe tais concepções, mesmo porque a diversidade humana traz muitos benefícios. Assim, uma concepção política liberal da justiça pode integrar em si diferentes ideias do bem (*LP*, p. 173). Aliás, deve prover suficiente espaço para vários modos de vida dignos (*LP*, pp. 171, 183, 202).

Contudo, não é possível nem justo permitir a realização de todas as concepções do bem, porque "nenhuma sociedade pode incluir em si mesma todas as formas, todos os modos de vida" (*LP*, pp. 183, 191). É preciso, pois, estabelecer restrições. As concepções do bem integráveis na concepção política de justiça hão de ser instrumentais ou políticas; vale dizer, não lhes deve ser imprescindível apoiar-se em doutrinas compreensivas. Importa que elas se ajustem de molde a satisfazer as restrições que a concepção política da justiça impõe, encaixando-se no espaço aberto por esta concepção (*LP*, pp. 171, 197, 282).

3.13 O justo e o bom

3.13.1 Prioridade do justo – A prioridade do justo sobre o bom, da justiça sobre a eficácia, é essencial para o liberalismo político. "Tal prioridade significa que os princípios de justiça impõem limites aos modelos de vidas permissíveis, e os planos de vida dos cidadãos que os transgridem não são legítimos nem moralmente justificáveis" (Mejía Quintana, 1997, p. 163).

Assim sendo, pode-se dizer que as ideias do bem e da justiça são complementares; porém a justiça detém o primado. "Tenho tentado apresentar uma teoria que nos permita compreender e avaliar esses sentimentos sobre a primazia da justiça" (*TJ*, p. 424). O filósofo de Harvard repete à sociedade que os princípios da justiça têm precedência nos planos individuais de vida (*TJ*, pp. 408, 414); que a concepção pública da justiça deve ser a reguladora de nosso plano de vida (*TJ*, p. 418); que o bem de uma pessoa é determinado a partir de seu "plano de vida racional" (*TJ*, p. 324; *LP*, p. 174), executado com êxito (*TJ*, p. 321).

Como é óbvio, tal plano tem de enquadrar-se nos limites definidos pelos princípios de justiça vigentes na comunidade: urge, pois, que seja "compatível com os princípios públicos da justiça" (*LP*, p. 185). A rigor, tais princípios e sua realização em formas sociais "definem os limites dentro dos quais nossas deliberações ocorrem" (*TJ*, p. 408). Por isso, "a concepção individual do bem, dada por seu plano racional, é um subplano do plano maior e mais abrangente, que regula a comunidade como união social de uniões sociais" (*TJ*, p. 408).

3.13.2 Elemento do liberalismo – A prioridade do justo ou correto sobre o bom representa um elemento essencial do liberalismo político (*LP*, p. 171). O sentido é que os princípios de justiça impõem limites às doutrinas compreensivas ou modos de vida permissíveis (*LP*, pp. 171, 201), dos quais exigem que sejam razoáveis (*LP*, p. 202). Em outras palavras, as ideias de bem que podem ser admitidas devem respeitar os limites da concepção política da justiça (*LP*, p. 173). A instância final para ordenar as conflitantes reivindicações das pessoas não são as concepções individuais do bem, mas a concepção pública da justiça (*TJ*, p. 118).

3.14 Construtivismo político

3.14.1 Construtivismo de Kant – A inspiração central de Rawls é o kantismo. Guillermo Hoyos Vásquez afirma que "a obra de Rawls não é uma reedição para nossos dias do contratualismo; é essencialmente um renovado esforço para pensar as relações entre moralidade e liberdade, propostas por Kant como ideias fundamentais da modernidade" (1997, p. XVI). Contudo, o Autor norte-americano dá passos para além de Kant, cujo construtivismo rechaça, por não ser político, porém moral, compreensivo, indo até a constituição da ordem dos valores. Nele o ideal de autonomia tem papel regulador para todas as instâncias da vida (Mejía Quintana, 1997, p. 156). O construtivismo de Kant é, segundo Rawls, puro idealismo transcendental (*LP*, pp. 15, 109).

3.14.2 Construtivismo de Rawls – Para o professor de Harvard, a teoria política da justiça não tem por incumbência dar conta dos problemas gerais da filosofia moral; ela não estrutura nem articula todos os valores – só os políticos (*LP*, p. 131). O construtivismo político, limitado ao domínio político, não é proposto como parâmetro de valores morais.

O que, em realidade, se constrói é "o conteúdo de uma concepção política da justiça" (*LP*, p. 112), expresso nos dois princípios da justiça como imparcialidade. O que se constrói são "os princípios substantivos que especificam o conteúdo do direito e da justiça políticos" (*LP*, pp. 113, 123), ou, em outras palavras, "os princípios razoáveis que especificam os termos justos da cooperação" (*LP*, p. 122). Os princípios imparcialmente construídos hão de ser razoáveis para uma democracia constitucional (Mejía Quintana, 1997, p. 157).

Note-se que o construtivismo político é uma reformulação do construtivismo kantiano original e define o novo fundamento metodológico da teoria rawlsiana. É uma proposta sobre a estrutura e o conteúdo de uma concepção na qual os princípios de justiça política são representados como o resultado de um procedimento construtivo por argumentação. As partes não reconhecem princípios de justiça previamente dados. Só buscam selecionar a concepção mais razoável deles. Nessa concepção, considera-se que um juízo é correto quando se atém a um procedimento razoável e racional de construção, que jamais termina, mas se mantém indefinidamente através do equilíbrio reflexivo. Supõe autonomia doutrinal, já que os valores políticos são apresentados como concebidos e ordenados sem estar submetidos a postulações morais externas (Mejía Quintana, 1997, pp. 59 e 155). Para o construtivismo em Kant e Rawls, ver Onora O'Neill (2003, pp. 347-367).

3.14.3 Razoabilidade como critério – O critério de construção dos princípios não é a verdade, mas a razoabilidade (*LP*, p. 130). Sustenta o filósofo que "a ideia do razoável é mais apropriada como parte da justificação pública de um regime constitucional do que a ideia da verdade moral" (*LP*, p. 134). Aliás, a concepção política "prescinde do conceito de verdade" (*LP*, pp. 105, 121). Com efeito, a política numa sociedade democrática deve guiar-se, não pelo que chamamos toda a verdade, senão pelo princípio da legitimidade: "viver politicamente com outros à luz de razões que todos possam razoavelmente subscrever" (*LP*, p. 230). A questão da verdade moral, Rawls a remete às doutrinas compreensivas (*LP*, p. 123).

3.15 Racional e razoável

O racional aplica-se ao agente, individual ou coletivo, que persegue fins e interesses apenas em seu próprio benefício. É consentâneo com a escolha dos meios mais adequados para alcançar fins propostos ou para a solução mais provável, sendo iguais os outros elementos. A racionalidade concerne ao proveito pessoal que cada um perseguirá em sua vida. O racional está incorporado na vida social do indivíduo e determina a autonomia plena do cidadão (Mejía Quintana, 1997, p. 53).

A disposição de ser razoável, de outra parte, opõe-se ao egoísmo, relaciona-se à vontade de atuar moralmente, de cooperar com os demais em termos que todos possam aceitar (*LP*, II, 1, pp. 67-68). O razoável diz respeito a razões que podem ser compartilhadas por pessoas que professam distintas concepções de bem. Associa-se à disposição de propor e acatar os termos justos da cooperação, e a reconhecer e aceitar as consequências de seus atos e juízos de valor na aplicação da razão pública, em relação ao bem-estar dos outros (*LP*, II, 2, p. 72).

Pelo visto, o razoável está incorporado no procedimento de argumentação dos princípios de justiça e garante a autonomia racional das partes. Os termos de cooperação equitativa a que concerne a razoabilidade são garantidos pela posição original (Mejía Quintana, 1997, p. 53).

Segundo comentário de Guillermo Hoyos Vasquez, o razoável corresponde mais à competência moral das pessoas como membros de uma sociedade, capazes de comprometer-se com autonomia plena em processos de cooperação. Assim é possível construir um liberalismo político sobre a base de um pluralismo razoável, a partir de um consenso sobre os mínimos no espaço do público atravessado por uma razão pública (1997, p. XX).

Como assinala Oscar Mejía Quintana, as partes na posição original são principalmente razoáveis; os cidadãos na vida social são razoáveis e racionais simultaneamente (1997, p. 158).

3.16 Concepção de pessoa

Segundo Oscar Mejía Quintana, a coluna vertebral da teoria de Rawls é o conceito de cidadão como pessoa moral, oriundo da moral kantiana, que se mantém em toda a sua obra, sendo por isso o conceito básico para a sua interpretação. Pode ser concebida como sujeito individual ou coletivo (1997, pp. 62, 170, 174).

Observe-se que a concepção de pessoa delineada por Rawls também é liberal e política (*LP*, I, 5, p. 51), noção que se encontra implicitamente reconhecida nas instituições e práticas de uma democracia constitucional. Ele concebe as pessoas como "livres e iguais" (*LP*, I, 3, p. 42), detentores, em grau necessário, além dos poderes da razão, dos poderes da personalidade moral, que são dois: o de ter um sentido de justiça e o de professar uma concepção de bem ou um sistema de finalidades últimas (*LP*, I, 3, p. 42; I, 5, p. 55 e *passim*). O poder moral de ter um sentido de justiça é para escolher, aplicar e atuar a partir dos princípios de justiça autonomamente concertados; e o poder de ter uma concepção de bem, em termos de fins e objetivos, é para realizar seu plano racional de vida (Mejía Quintana, 1997, pp. 158 e 53). A pessoa livre é capaz de "assumir a responsabilidade de seus fins" (*LP*, I, 5, p. 55).

Em virtude desses poderes, os cidadãos são pessoas morais, com autonomia racional, capazes de cooperação social (*LP*, II, 5, p. 87). Sem possuí-los, ao menos em grau mínimo, não poderiam ser, como é de sua obrigação, "membros plenamente cooperadores na sociedade" (*LP*, VIII, 6, p. 295), que é "um sistema justo de cooperação social entre pessoas livres e iguais" (*LP*, I, 1, p. 34), e isso "através do tempo e entre gerações sucessivas" (*LP*, I, 3, p. 42; I, 8, p. 65). Aliás, a posse desses poderes morais é a "base da igualdade" das pessoas (*LP*, III, 4, p. 117). No mais, inspirando-se em Locke (*LP*, L, VIII, 10, p. 319), Rawls atribui a cada pessoa humana "certa virtude política natural, sem a qual poderiam ser pouco realistas as esperanças de instituir um regime de liberdade" (*LP*, VIII, 14, p. 338).

3.17 Extensão da teoria

A concepção da justiça política não atende a todas as questões a enfrentar numa sociedade. Aliás, não pretende ser uma doutrina compreensiva, ou uma "teoria geral" (*LP*, VII, 2, p. 246). Por isso, Rawls não enfrenta os problemas da sua extensão às futuras gerações, embora proclame ser urgente a solidariedade entre gerações, nem aos animais e ao resto da natureza (*LP*, I, 3, p. 44; VI, 7, p. 232; VII, 6, p. 256), embora dê algumas indicações esparsas sobre essas questões.

Em *The Law of Peoples*, de 1993, ensaiou estender a teoria ao plano internacional, à sociedade dos povos, apontando inclusive modos de regramento das relações entre Estados ou povos de regimes liberais e não liberais, à luz do critério do respeito aos direitos humanos básicos. Esse ensaio foi posteriormente revisto e aumentado, vindo à luz como livro, em 1999. Nele estende a ideia contratual da justiça como equidade à sociedade dos povos, no intuito de regulamentar a conduta recíproca das gentes, com o objetivo de assegurar-lhes a coexistência pacífica. Nessa obra – *O Direito dos Povos* (São Paulo, Martins Fontes, 2001), o Autor distingue cinco tipos de sociedades nacionais: 1) a dos povos liberais razoáveis, que aderem ao modelo da justiça como equidade (democracias constitucionais ocidentais); 2) a dos povos não liberais, mas com estrutura básica denominável "hierarquia de consulta decente", que reconhecem e protegem os direitos humanos, sendo por isso reconhecidos como povos decentes; 3) a dos Estados fora da lei, que se recusam a aquiescer a um direito dos povos razoável, recorrem à guerra e ao terrorismo para promover interesses não razoáveis; 4) a de povos sob condições desfavoráveis, incapazes de alcançar um regime bem ordenado, devido a difíceis circunstâncias históricas, sociais e econômicas; 5) a de Estados absolutos benevolentes, que respeitam os direitos humanos, porém negam aos seus membros um papel significativo nas decisões políticas (Rawls, 2001, pp. 82-83; Oliveira, 2003, p. 40).

Segundo o Autor, os dois primeiros tipos de povos são havidos como "bem ordenados", "podem pressionar os regimes fora da lei para que mudem sua conduta" (Rawls, 2001, p. 122). O Autor prevê organizações, como as Nações Unidas, idealmente concebidas, com autoridade para condenar instituições nacionais injustas em outros países e esclarecer casos de violação de direitos humanos. "Em casos graves, podem tentar corrigi-los por meio de sanções econômicas ou mesmo intervenção militar" (Rawls, 2001, p. 47). Em verdade, segundo o Autor, "o direito de um povo à independência e à autodeterminação não é escudo contra a condenação ou mesmo contra a intervenção coercitiva de outros povos em casos graves" (Rawls, 2001, p. 49). Obviamente, "a intervenção em casos graves [é] para proteger os direitos humanos" (Rawls, 2001, p. 63; ver também pp. 105 e 106). Aos em condições desfavoráveis, os "bem ordenados" devem assistência econômica e técnica, até alcançarem autossuficiência. "Na Sociedade do Direito dos Povos, o dever de assistência é válido até que todas as sociedades tenham alcançado instituições básicas liberais ou decentes justas" (Rawls, 2001, p. 155). Há, portanto, um limite para o dever de assistência, que é transitório. Pelo visto, o Autor cuida de afastar o risco do paternalismo cerceador da autonomia a ser conquistada.

John Rawls propõe oito princípios de direito internacional aplicáveis aos povos, que: 1) são livres e independentes, devendo respeitar sua liberdade e independência mutuamente; 2) devem observar tratados e compromissos; 3) são iguais e são partes em acordos que obrigam; 4) sujeitam-se ao dever de não intervenção; 5) têm direito de autodefesa, único motivo legítimo para guerra justa; 6) devem respeitar os direitos humanos; 7) devem observar restrições especificadas na conduta da guerra; 8) têm o dever de assistir a outros povos que vivem sob condições desfavoráveis (Rawls, 2001, pp. 47-48; Oliveira, 2003, p. 41). Sobre o tema, ver Samuel Freedman (2003, pp. 1-61).

3.18 Propósito limitado

3.18.1 Doutrina razoável – Rawls não é dogmático, não pretende prolatar a última palavra sobre a justiça. Tampouco reclama originalidade.

"Não espero dar uma resposta definitiva" (*TJ*, p. 36). O essencial, para ele, é traçar claramente as linhas-mestras de uma concepção de justiça "razoável" (*TJ*, pp. 70 e 108), "plausível" (*TJ*, p. 129), "praticável" (*TJ*, p. 422); vale dizer, "uma viável teoria da justiça social" (*TJ*, p. 131). O próprio título do seu tratado insinua essa pretensão: não "a" mas "uma" teoria da justiça. Ele próprio se dá conta de que a sua não é "uma teoria completamente satisfatória" (*TJ*, p. 425), ainda que mais razoável do que outras. "O que tenho procurado mostrar é que a doutrina contratualista é superior às concorrentes" (*TJ*, pp. 418, 420), superior especialmente à do utilitarismo (*TJ*, p. 10).

3.18.2 Sociedade consensual – Rawls também não pretende que sua teoria seja válida para todas as sociedades; só para as que já superaram os condicionamentos do desenvolvimento e adotam uma concepção ética da pessoa (*TJ*, p. 28). Ela é proposta para sociedades em que os homens são concebidos como seres racionais, livres, iguais entre si, colaboradores na realização do escopo comum. Tais sociedades são as do tipo consensual, democrático, pluralista, praticamente unânimes na adesão a princípios fundamentais de justiça, destinados a constituir um "ponto arquimediano para analisar as instituições existentes" (*TJ*, p. 380).

3.19 Rawls e Habermas

Há pontos em comum entre Habermas e Rawls, como as intenções, a busca do consenso, os resultados essenciais, a perspectiva universalista e outros. Intermedeiam também entre ambos diferenças marcantes. O círculo no seio do qual o consenso é buscado se diversifica: em Rawls é um grupo de representantes dos cidadãos, personagens artificiais, na posição original, ou delegados, na convenção constitucional. Em Habermas, é a comunidade linguística real, de participantes de carne e osso, embora também remetam a um discurso ideal, ou a uma comunidade ideal de falantes, na proposta de Karl-Otto Apel. Na posição original de Rawls se opera um consenso hipotético, ao passo que na ética dialógica o discurso é real, pois os indivíduos que operam esse discurso não estão desenraizados do seu contexto linguístico real. A doutrina de Rawls é meramente política; a de Habermas, compreensiva, abarcando muitas coisas além da filosofia política, diferença das mais importantes (*LP*, IX, p. 373).

Segundo a interpretação de Habermas, a teoria de Rawls é monológica. Em contrapartida, para John Rawls, a situação ideal do discurso, mais que um diálogo, é um omnílogo, uma espécie de espírito objetivo hegeliano em que se desenrola com todo vigor a eticidade... (Habermas, 1995, p. 140). A rigor, a discussão sobre o caráter monológico ou dialógico da teoria é alheia a Rawls. Em realidade, o esquema monológico se quebra no procedimento de argumentação, que obviamente é dialógico, e se recupera, a final, nos diferentes âmbitos nos quais discorre a razão pública, que é, antes de tudo, uma razão cidadã, como observa Oscar Mejía Quintana (1997, pp. 152 e 176). Para Thomas McCarty, Rawls se conserva na atitude de observador, enquanto Habermas assume a de participante (1994, pp. 44-63).

Segundo Oscar Mejía Quintana, Rawls concebe um procedimento consensual que permite dar uma fundamentação moral ao contrato social, sem cair na ditadura das maiorias do contratualismo locke-rousseauniano, nem ficar aprisionado no calvário monológico do pensamento kantiano (1997, p. 170).

Quanto aos direitos, para Rawls são prioritários os individuais; para Habermas, os de participação e comunicação. O norte-americano vê na participação democrática mais uma expressão dos direitos liberais. O europeu detecta na política deliberativa e no discurso democrático o princípio fundamental de legitimidade e da justiça. Na participação democrática, para ele, se articulam não só os direitos fundamentais como também os demais direitos.

Com certeza, vigora aí uma tensão, ou uma complementaridade entre uma tradição que lê Kant a partir de Locke e outra que o interpreta a partir de Rousseau; em outras palavras, entre a teoria liberal e a tradição democrática.

Para o debate Rawls-Habermas, ver Catherine Audard (2005).

3.20   *Rawls e o comunitarismo*

Rawls foi sensível às críticas de MacIntyre, Sandel, Taylor, Walzer e outros e promoveu várias concessões ao comunitarismo. As noções de construtivismo, consenso entrecruzado, razão pública o aproximam do comunitarismo (Mejía Quintana, 1997, p. 174). Veja-se, o consenso entrecruzado é o instrumento político de consensualização com as doutrinas omnicompreensivas, como as comunitaristas (Mejía Quintana, 1997, p. 159). A conversão da *justice as fairness* – justiça como equidade em concepção política de justiça, que constitui a essência do liberalismo político, também representa concessão ao comunitarismo (Mejía Quintana, 1997, p. 150).

Na comparação com Robert Nozik, ultraliberal, e Michael Walzer, comunitarista, que foram os seus mais ilustres interlocutores, Rawls se situa numa posição intermediária, contudo mais aproximado do último, pelas mudanças que introduziu em sua teoria, por força de aceradas críticas ao universalismo ético triunfante presente em sua versão inicial. Para esse tema, ver Stepen Mulhall e Adam Swift (2003, pp. 460-487) e Cecília Caballero Lois (2005).

4. Comentários e apreciações sumárias

A exposição de traços relevantes da teoria da justiça de John Rawls até aqui levada a efeito não é de forma alguma exaustiva. Contudo, parece adequada para alguns comentários e apreciações sumárias, em torno da importância do Autor, de seu pensamento e do que ele representa para a filosofia prática atual.

4.1 Pilares da teoria rawlsiana da justiça

Dois parecem ser os pilares principais da concepção de justiça de Rawls: a prioridade absoluta da liberdade (a teor do primeiro princípio da justiça) e a maximização da expectativa dos menos favorecidos (como reza o princípio da diferença).

4.1.1 Prioridade da liberdade – A defesa das liberdades básicas é, segundo Rawls, o cerne de toda justiça. Sem elas garantidas para todos, perde sentido a procura de maior igualdade. "Só quando se protegeu plenamente a liberdade, se tem direito de considerar as questões econômicas que surgem do segundo princípio", afirma Ronald Dworkin, interpretando o pensamento de Rawls (*apud* Magee, 1993, p. 261).

Rawls parte da liberdade como fato da razão, isto é, como autônoma e independente de condicionantes empíricos. Identifica-se com Kant em tomar a liberdade como princípio supremo da moralidade. A partir desse princípio guiamos nossa ação moral e por meio dele podemos romper a ordem causal do mundo natural, sem ficar submetidos inexoravelmente a suas leis (Mejía Quintana, 1997, pp. 95 e 172).

De acordo com Otfried Höffe, com a prevalência ética do primeiro princípio, Rawls reconhece "a (absoluta) prioridade dos objetos não econômicos frente aos econômicos". Este princípio representa, ao sentir do mesmo pensador, o verdadeiro imperativo categórico da filosofia política de Rawls, fundamento do Estado de direito e da democracia constitucional. Com ele, Rawls se opõe claramente à tradição utilitarista (1991, p. 264).

4.1.2 Maximização da expectativa dos menos favorecidos – De acordo com a teoria de Rawls, o grau de justiça social não se mede pelos mais aquinhoados. É que, numa sociedade bem ordenada, todos os que dela participam, especialmente os menos privilegiados, devem participar das vantagens da cooperação social. A diferença de expectativas só é justificável, "se agir em benefício do tipo representativo mais mal colocado" (*TJ*, p. 80), isto é, se tender para a maximização "das expectativas dos menos favorecidos" (*TJ*, p. 82; *LP*, pp. 32, 246, 264, 301).

O segundo princípio de justiça não postula, como o primeiro, igualdade estrita, homogênea, simples; antes igualdade na diferença, ou *fairness* (*TJ*, p. 9) – equidade, que é, para o filósofo norte-americano, o "conceito básico de justiça" (*TJ*, p. 324 e *passim*), não abandonado inclusive na versão do conceito de justiça política trazido à luz na obra *Liberalismo Político*. Com ele, Rawls se contrapõe às teses igualitaristas estritas.

É bem de ver que equidade não exclui desigualdades, desde que elas militem em benefício de todos (formulação provisória do princípio), ou, mais corretamente, dos menos favorecidos (formulação definitiva), salva aos concorrentes rigorosa igualdade de oportunidades (primeira parte do segundo princípio em sua redação definitiva).

4.2 Ênfase social

Desse último ponto se infere imediatamente a ênfase social que Rawls imprimiu a seu pensamento. Aliás, as noções de *overlapping consensus* – consenso sobreposto ou entrecruzado e de razão pública também acentuam essa ênfase e confirmam não ser ele, Autor de teoria abstrata da filosofia moral e política. Com a concepção dos bens sociais primários, o Autor evita a objeção de abstracionismo, pois esses bens impõem limites de realidade, tanto na concepção quanto na realização dos princípios de justiça escolhidos sob o véu de ignorância. Os indivíduos na posição original têm conhecimento desses bens, e devem considerá-los, pois são necessários para realizar os planos racionais de vida dos cidadãos (Mejía Quintana, 1997, pp. 45-47 e 98).

De outra parte, a razão pública tem precisamente na cidadania sua instância original. No papel que Rawls sempre conferiu às minorias pode-se até detectar como implícita a noção de sujeito coletivo (Mejía Quintana, 1997, pp. 150-152 e 174).

Observa com perspicácia Oscar Mejía Quintana que o caráter público da justiça, traço substancial da proposta rawlsiana, transforma essa teoria da justiça em instrumento de *paideia* social, entendida como "capacidade cívica e moral da cidadania de fiscalizar o Estado" (1997, p. 63). Com efeito, ela deixa de ser patrimônio de uma cultura de especialistas, advogados, filósofos, políticos, e se converte em instrumento de cidadania. Acaba sendo uma dimensão que afeta a sociedade inteira, à qual compete assumi-la. Isso representa a garantia de que a sociedade conheça e, portanto, exija a aplicação dos princípios de justiça e, através disso, o respeito de cada um a si mesmo, como cidadão ativo ou sujeito coletivo (Mejía Quintana, 1997, pp. 152 e 170).

A ênfase dada à justiça social, com a maximização da expectativa dos menos favorecidos, aproxima o pensamento de Rawls da Doutrina Social da Igreja, por um de seus traços marcantes, que é a "opção preferencial pelos pobres" (João Paulo II, *Sollicitudo rei socialis*, n. 42 e 47; *Centesimus annus*, n. 11 e 57). Esse traço também é compartilhado pela filosofia da libertação, nada obstante a diversidade de pressupostos e métodos dessa vertente de filosofia prática.

4.3 Liberdade e igualdade

O conflito que dividiu a democracia é o que se apresentou entre duas tradições: a da liberdade, a partir de Locke, que polariza as liberdades cívicas (pensamento, consciência, propriedade); e a da igualdade, a partir de Rousseau, que acentua as liberdades políticas, às quais subordina as cívicas. A modernidade jamais conseguiu dar às sociedades de maneira equilibrada liberdade e igualdade. É precisamente isso que Rawls pretende, com a concepção dos fundamentos de um novo sistema político (Mejía Quintana, 1997, pp. 52 e 168).

A tentativa de compor, com justiça social, os ideais de liberdade e igualdade, nas sociedades democráticas desenvolvidas, ao menos em grau relativo, talvez represente o aspecto característico mais relevante da obra de Rawls, como sugere Joaquim Clotet: "O intento de conciliação dos problemas da liberdade e da igualdade social nas sociedades industriais avançadas constitui sua melhor contribuição ao esforço atual, levado a cabo pela filosofia política" (1988, p. 98).

4.4 Redirecionamento da reflexão moral

Em realidade, John Rawls chegou a reativar a reflexão moral, social e política, nas últimas décadas, reorientando-a das discussões técnicas sobre a função emotiva da linguagem moral, do gosto da tradição analítica, em que o próprio Rawls se iniciou na filosofia, para os problemas de fundo da convivência humana, que envolvem as virtudes morais, mormente a justiça. Nessa perspectiva, sua teoria representa verdadeiro ponto crítico, de mudança de rumo – um *turning point* – da história mais recente da filosofia prática, como proclamou Jürgen Habermas (1995, p. 109).

4.5 Liberalismo procedimental substantivo

O liberalismo político de Rawls, que não se confunde com o liberalismo econômico, se revela como "liberalismo procedimental substantivo, isto é, consensualmente justificado em seus procedimentos e conteúdos mínimos, sem impor uma visão omnicompreensiva substancial sobre os princípios políticos que devem reger a sociedade, o que busca garantir a transparência e a imparcialidade dos sistemas democráticos" (Mejía Quintana, 1997, p. 163).

A rigor, procedimentalismo e substantividade moral e jurídica não se harmonizam perfeitamente. Contudo, Rawls fala em "deveres naturais" (*TJ*, p. 101), em "direitos básicos (ou naturais)" (VIII, 9, p. 312), em "direito natural" (*TJ*, p. 47, como expressão alternativa da justiça. Jürgen Habermas refere-se a ele como "teórico da lei natural" (*PL*, IX, 3, p. 406, nota 43). Ronald Dworkin, por sua vez, considera que o direito igual às liberdades básicas em Rawls funciona como meio para a realização de outro direito, o verdadeiramente fundamental: o direito natural de todos à igual consideração e respeito (1993, p. 273). Otfried Höffe afirma que Rawls, sob a denominação de "teoria da justiça", opera a reabilitação do direito natural moderno (1991, p. 78). É intuitivo que esses traços compelem a teoria rawlsiana para bem perto do jusnaturalismo, obviamente não em sua versão clássica definida no *De lege* de Tomás de Aquino.

O professor de Harvard, porém, assevera que sua concepção de justiça como equidade é política, isto é, desvinculada de doutrinas compreensivas; que ela não representa instância de doutrina de lei natural, perspectiva que, todavia, "não nega nem afirma" (*PL*, IX, 5, p. 432). Vale dizer que a remete às doutrinas compreensivas. Deve notar-se que os juízos ponderados ou convicções espontâneas da comunidade, um dos polos entre os quais se exercita o equilíbrio reflexivo, contudo, contam com "pontos fixos substantivos que servem de linhas diretrizes" (*PL*, IX, 5, p. 431), Ora, esses pontos, como o conceito de pessoa moral, livre, social, dotada de senso de justiça e capacidade de conceber e perseguir seu próprio bem, são partes integrantes da doutrina jusnaturalista. Por isso, acolhendo tais pontos fixos substantivos, o Autor se compromete, ao menos de alguma forma, com o jusnaturalismo, embora haja outros elementos que dele o afastam, tais como a ambiguidade quanto a primeiros princípios (*TJ*, p. 419), o voluntarismo na concepção da lei e do direito (*LP*, VI, 6, p. 220), o construtivismo procedimentalista, e outros. Teve certamente razão Carlos I. Massini Correas em classificar o professor de Harvard como "transpositivista construtivista", com lugar reservado entre o positivismo em sentido estrito e o jusnaturalismo em sentido estrito (1999, pp. 23 e 40). Transpositivistas construtivistas, na concepção desse Autor, são as teorias que propõem algum tipo de construção racional dos princípios éticos (1999, pp. 22-23), posição compartilhada também por Ronald Dworkin (1999, p. 20). Certo é que o pensamento de Rawls se movimenta entre positivismo ético e jurídico e jusnaturalismo, evidenciando alternadamente traços de ambas as correntes ético-jurídicas.

4.6 Apreciações divergentes

Como era de esperar, os pontos de vista dos críticos de Rawls são divergentes. Censuram-no os comunitaristas em geral, liderados por Alasdair MacIntyre, por seu universalismo; e os liberais ou ultraliberais, por suas concessões reais ou supostas ao particularismo, nomeadamente às teses comunitaristas. Ataca-se-lhe o método, o raciocínio, o conteúdo dos princípios e a regra da prioridade. Detectam-se nele ambiguidades, contradições e circularidades. Tudo indica, porém, que boa parte dessas apreciações negativas resulta, não de verdadeiras falhas na teoria do renomado Autor, mas de má compreensão do seu pensamento, como já notou Thomas W. Pogge (1991, p. 2). Isso, aliás, não é difícil de compreender nem de aceitar, por causa de posturas intelectuais diversas adotadas por muitos críticos. Rawls, entretanto, não fez ouvidos moucos a todas as censuras, tanto é que reformulou questões importantes de sua teoria, que foi tornando mais clara e precisa ao longo do tempo.

4.7 Um consenso

Em meio às controvérsias, contudo, se produziu um consenso: o da inquestionável importância do Autor, em matéria de filosofia social e política. Uma primeira avaliação da sua teoria da justiça pode até ser feita com base no grande número de estudos, resenhas, trabalhos, comentários, interpretações e críticas que suscitou. Bryan Magee afirmou ser algo de "assombroso..., extraordinário", que de um só livro [*Uma Teoria da Justiça*] tenha surgido tão rapidamente toda uma literatura – "uma literatura instantânea" (1993, p. 265). De fato, o pensador norte-americano é o filósofo social e político contemporâneo que, se não é o mais comentado, está entre os que mais o são. Provocou um debate amplo e intenso, com uma consequente literatura em torno da justiça distributiva, já praticamente inabarcável, ao menos por um estudioso isolado.

4.8 Importância inquestionável

É claro: não se afirma que a teoria de Rawls não tenha fraquezas, ambiguidades, lacunas e eventualmente até incorreções. Os herdeiros da tradição clássica verberam nele, entre outras coisas, a rígida separação entre o metafísico e o político, com o que este último resulta sem fundamento ontológico; a prioridade da justiça sobre o bem; a substituição da perspectiva teleológica pela deontológica resultante de construção dos valores políticos; "falácia procedimentalista", isto é, "a pretensão de obter princípios ético-jurídicos de conteúdo do mero procedimento argumentativo da razão construtiva" (Massini Correas, 1999, p. 42). No aspecto prático, todavia, o Autor nos brinda com intuições que até se aproximam da doutrina comum. A título de exemplo, vale mencionar a concepção da justiça como virtude social básica, a recusa do princípio sacrifical do utilitarismo, a maximização da expectativa dos desfavorecidos. Com toda certeza, ponderados os prós e os contras, as falhas parecem amplamente superadas pelas virtudes. A imensa amplitude do debate estimulado pelo filósofo, muito além da expectativa mais otimista de qualquer observador, por si já evidencia o raro e extraordinário vigor de seu pensamento.

A assertiva peremptória de Isaiah Berlin, feita em 1962, segundo a qual "nenhuma obra de liderança em teoria política apareceu no século XX", sem qualquer dúvida, deixou de ser verdadeira em 1971, ano da publicação do tratado de John Rawls, *A Theory of Justice*, como afirmaram Chandran Kukathas e Philip Pettit (1990, p. 1). A teoria ético-política do pensador de Harvard até já foi guindada a um patamar de importância igual ao de outros luminares do pensamento humano, como Aristóteles, T. de Aquino, Rousseau e Kant (Pegoraro, 1995, p. 87). Recentemente, até foi considerado "o filósofo político e moral de maior significado e influência do século XX" (Freedman, 2003, p. I).

Contudo, parece prudente avaliar essas apreciações extraordinariamente encomiásticas *cum grano salis*, relativizando-as um pouco, se não por outras razões, pela falta de perspectiva histórica que ainda nos afeta, por estarmos demasiado próximos do tempo de vida do Autor, o que nos impede quiçá de realizar uma avaliação definitiva. O que não é feito com tempo, o tempo o não respeitará.

4.9 Mestre respeitável

Indubitavelmente, Rawls é um dos mestres da filosofia moral e política mais respeitáveis do passado recente. Sua teoria da justiça se afigura como incontornável pelos que se prezam como estudiosos aplicados e sérios da ética social e da filosofia política, na atualidade. Situando-se como liberal moderado entre os extremos do liberalismo econômico e do socialismo, aponta para as vias possíveis de realização de uma sociedade bem ordenada, que preserve, na justiça, as dimensões da liberdade e da igualdade das pessoas humanas.

Embora alguns traços de sua teoria possam parecer utópicos, esse ideal com certeza é realizável, já que os homens são dotados de uma virtude política natural, como já pensava Aristóteles. A considerá-lo utópico, tratar-se-ia de uma "utopia realista" (Rawls, 2001, pp. 15 e ss.), pensável como suscetível de realização inclusive em âmbito internacional. A tarefa de sua realização é longa e árdua, inalcançável por esforços individuais isolados, só possível por esforço coletivo, em âmbito global, como também vêm insistindo outras teorias sociais e políticas, como a ética do discurso, e a Doutrina Social da Igreja.

Com certeza, continua válido que nenhum estudioso, aficionado ou professor de filosofia prática pode hoje ignorar impunemente a teoria da justiça de John Rawls, como afirmou com ênfase um de seus interlocutores e críticos mais contundentes, Robert Nozick: "Os filósofos políticos têm agora ou de trabalhar com a teoria de Rawls, ou explicar por que não o fazem" (1991, p. 202). A verdade dessa afirmação nos dominará com certeza ainda por um bom tempo. Até quando? Quem viver verá.

4.10 Conclusão

Dentro do espaço disponível neste livro, delineei os aspectos que julguei mais importantes na teoria da justiça de John Rawls, sem pretensão de exaustividade, quer na exposição, quer nos comentários e apreciações intencionalmente sumárias. Procurei expor a matéria de forma didática, para o fácil entendimento, mesmo por não iniciados na filosofia do Autor norte-americano, de cuja importância a Academia no Brasil se dá conta gradativamente. Com certeza, a de Rawls é uma das teorias da justiça mais vastas, robustas e socialmente fecundas de que temos notícia, ao menos na contemporaneidade. Com a oportunidade de colaborar em sua divulgação, sinto-me lisonjeado, além de compelido ao aprofundamento de sua compreensão.

Bibliografia

AUDARD, Catherine (2005). "O Princípio da Legitimidade Democrática e o Debate Rawls-Habermas". In ROCHLITZ, Rainer (Org.). *Habermas. O Uso Público da Razão*. Rio de Janeiro, Tempo Brasileiro.

CLOTET, Joaquim (1988). "A Justiça segundo John Rawls", in CLOTET, Joaquim; ZILLES, Urbano; ULLMANN, Reinholdo A. *et alli. A Justiça: Abordagens Filosóficas*. Porto Alegre, PUCRS/Acadêmica.

DWORKIN, Ronald (1993). *Los Derechos en Serio*. Barcelona, Planeta-Agostini.

FREEDMAN, Samuel (2003). "John Rawls – An Overview", in FREEDMAN, Samuel (Ed.). *The Cambridge Companion to Rawls*. Cambridge/New York, Cambridge University Press.

GARCIA, Cláudio Boeira (1992). "John Rawls: os Princípios de Justiça em uma Sociedade Bem Ordenada – Suas Implicações", *Direito em Debate*, n. 2. Ijuí, UNIJUÍ, ano 2, out./1992.

GOROWITZ, Samuel (1979). "John Rawls. Uma Teoria da Justiça", in CRESPIGNY, Anthony de; MINOGUE, Kenneth R. *Filosofia Política Contemporânea*. Brasília, Ed. UnB.

HABERMAS, Jürgen (1979). "Reconciliation through the Public Use of Reason: Remarks on John Rawls's Political Liberalism", *The Journal of Philosophy*, vol. XCII, n. 3. New York, mar./1995.

HÖFFE, Otfried (1991). *Justiça Política*. Petrópolis, Vozes.

KUKATHAS, Chandran; PETTIT, Philip (1990). *Rawls. A Theory of Justice and its Critics*. Cambridge, Basil Blackwell.

LARMORE, Charles (2003). "Public Reason", in FREEDMAN, Samuel (Ed.). *The Cambridge Companion to Rawls*. Cambridge/New York, Cambridge University Press.

LOIS, Cecília Caballero (Org.) (1995). *Justiça e Democracia. Entre o Universalismo e o Comunitarismo. A Contribuição de Rawls, Dworkin, Ackerman, Raz, Walzer e Habermas*. São Paulo, Landy.

MCCARTY, Thomas (1994). "Kantian Constructivism and Reconstructivism: Rawls and Habermas", in *Dialogue. Ethics*, n. 105.

MAGEE, Bryan (1993). *Los Hombres detrás de las Ideas. Algunos Creadores de la Filosofía Contemporánea*. 2ª reimp., México, Fondo de Cultura Económica.

MASSINI CORREAS, Carlos I. (1999). *El Derecho Natural y sus Dimensiones Actuales*. Buenos Aires, Depalma.

MEJÍA QUINTANA, Oscar (1997). *Justicia y Democracia Consensual. La Teoría Neocontratualista de John Rawls*. Bogotá, Ediciones Uniandes/Siglo del Hombre Editores.

MERQUIOR, José Guilherme (1991). *O Liberalismo Antigo e Moderno*. 2ª ed., Rio de Janeiro, Nova Fronteira.

MULHALL, Stephen e SWIFT, Adam (2003). "Rawls and Communitarianism", in FREEDMAN, Samuel (Ed.). *The Cambridge Companion to Rawls*. Cambridge/New Cork, Cambridge University Press.

NEDEL, José (2000). *A Teoria Ético-Política de John Rawls*. Porto Alegre, EDIPUCRS.

_____ (2003). "O Princípio da Diferença na Teoria da Justiça de John Rawls", in OLIVEIRA, Nythamar Fernandes de e SOUZA, Draiton Gonzaga de. *Justiça e Política. Homenagem a Otfried Höffe*. Porto Alegre, EDIPUCRS.

NOZICK, Robert (1991). *Anarquia, Estado e Utopia*. Rio de Janeiro, Zahar.

OLIVEIRA, Nythamar Fernandes de (1999). *Tractatus Ethico-Politicus*. Porto Alegre, EDIPUCRS.

_____. *Rawls* (2003). Rio de Janeiro, Zahar.

O'NEILL, Onora (2003). "Constructivism in Rawls and Kant", in FREEDMAN, Samuel (Ed.). *The Cambridge Companion to Rawls*. Cambridge/New York, Cambridge University Press.

PEGORARO, Olinto A. (1995). *Ética É Justiça*. Petrópolis, Vozes.

POGGE, Thomas W. (1991). *Realizing Rawls*. Ithaca, Cornell University Press.

RAWLS, John (1981). *Uma Teoria da Justiça*. Brasília, Ed. UnB.

_____ (1996). *Liberalismo Político*. México, Fondo de Cultura Económica.

_____ (1996). "Reply to Habermas", in *Political Liberalism*. New York, Columbia University Press.

_____ (2001). *O Direito dos Povos*. São Paulo, Martins Fontes.

_____ (2005). *História da Filosofia Moral*. São Paulo, Martins Fontes.

RICOEUR, Paul (1990). "John Rawls: de l'Autonomie Morale à la Fiction du Contrat Social", *Revue de Métaphysique et de Morale*. Paris, n. 3. Ano 95, jun./set. 1990.

SCHEFFLER, Samuel (2003). "Rawls and Utilitarianism", in FREEDMAN, Samuel (Ed.). *The Cambridge Companion to Rawls*. Cambridge/New York, Cambridge University Press.

VAN PARIJS, Philippe (2003). "Difference Principles", in FREEDMAN, Samuel (Ed.). *The Cambridge Companion to Rawls*. Cambridge/New York, Cambridge University Press.

Capítulo XXI
CLAUDE LEFORT
– O PARADOXO DA DEMOCRACIA COMO OPOSIÇÃO À BOA SOCIEDADE

LUCIANO OLIVEIRA

Para Monsieur Lefort, com gratidão e afeto, vinte anos depois.

1. Para que serve um autor? 2. Uma obra em revista. 3. "Visar à sociedade tal qual ela é". 3.1 E Maquiavel com isso? 4. Um teórico sem "teoria". 5. Pensador da indeterminação. 6. Entre o corpo do Rei e o "corpo" do Povo. 7. A impossível inscrição do simbólico na realidade. 8. O "abismo de morte" da miséria. 9. De volta ao começo.

1. Para que serve um autor?

Dito de outra forma – e nesse caso usando uma expressão que se tornou um jargão na academia brasileira –, para que serve um marco teórico? Serve, em primeiro lugar, para nos ajudar a pensar um objeto de pesquisa, fornecendo-nos hipóteses de trabalho, elementos de análise do material empírico coletado etc. Numa maneira mais elegante de dizer, serve para iluminar um determinado aspecto da realidade que, na ausência de uma teoria, permaneceria imerso na mera factualidade. Mas, para além dessa função mais canônica, um autor também pode tornar-se uma referência que transborda os limites de um trabalho acadêmico e seu pensamento, sua obra – sua maneira de olhar o mundo, em suma – passar a integrar a própria maneira de olhar o mundo daquele que o leu. Permitindo-me adotar neste texto uma pessoalidade normalmente ausente nesse tipo de trabalho, eu diria que tal é o caso, para mim, da obra de Claude Lefort.

Permanecendo sempre no registro da primeira pessoa, gostaria de iniciar este percurso pela obra lefortiana partilhando com o leitor, quase à maneira de um depoimento, meu próprio percurso em sua direção. Tal movimento se deu há mais de vinte anos, num momento em que, tentando dar forma a um projeto de pesquisa para um doutorado, caiu-me às mãos, um pouco ao acaso, um de seus trabalhos. O fato de que tal descoberta se deu num tal contexto, sugere-me que eu o registre, pois talvez mais de um leitor encontre-se na mesma situação em que me encontrava há mais de duas décadas. Neste caso, mostrar como finalmente encontrei o meu marco teórico pode ser de alguma valia.

Era o início dos anos de 1980 do século que passou e, no contexto da redemocratização em curso, eu – que cursara a universidade nos "anos de chumbo" da ditadura militar e tivera mesmo alguns colegas presos e torturados – acalentava um tanto vagamente a ideia de escrever uma tese sobre a questão dos direitos humanos no Brasil. Ter vivido sob um regime que fazia da violação de tais direitos um de seus pilares, tinha-nos ensinado, a mim e à minha geração, a valorizar, *na prática*, o que significava a sua vigência. Havia, entretanto, um problema *teórico* a resolver: havíamos aprendido, com o marxismo, que os "direitos naturais e imprescritíveis" das gloriosas Declarações da Revolução Francesa – que, obviamente, todos identificávamos com muita arrogância e escasso preparo como uma "revolução burguesa" – não eram senão os direitos do "homem egoísta (...), um indivíduo fechado sobre si mesmo, sobre seu interesse privado e seu capricho privado".[1] A minha ideia era fazer uma análise crítica da leitura que Marx fizera da problemática dos direitos humanos, considerando-a, à luz da experiência da minha geração, empobrecedora. Sentia-me, entretanto, um tanto tolhido na minha pretensão: quem era eu para criticar Marx? Numa palavra, meus botões eram meus privilegiados interlocutores...

Um dia, por causa do seu título, tive minha atenção atraída para um artigo de Claude Lefort: "Direitos do Homem e Política".[2] Nele, Lefort aponta algumas omissões importantes na leitura de Marx, o qual, "estranhamente, ignora a supressão das múltiplas interdições que pesavam sobre a ação humana" no Antigo Regime.[3] Mas o que mais me chamou

---

1. Karl Marx, "A Propos de la Question Juive", em *Oeuvres*, vol. III, Paris, Gallimard, 1982, p. 368. Observo que a leitura de Marx tem por base o texto de uma segunda Declaração proclamada em 1791, e não o da Declaração de 1789, a qual, talvez por ter sido a primeira, tornou-se a mais conhecida.
2. O artigo está publicado em *A Invenção Democrática* (São Paulo, Brasiliense, 1983). Neste texto usarei, sempre que possível, as traduções brasileiras dos livros de Lefort. O uso eventual de textos não traduzidos no Brasil será oportunamente assinalado. Nesses casos, a tradução para o português terá sido minha.
3. Claude Lefort, ob. cit., p. 47.

a atenção naquele momento, considerando os meus propósitos, foi a crítica ao silêncio de Marx sobre os artigos 7º, 8º e 9º da Declaração, os quais, respectivamente, interditam a prisão arbitrária, instituem o princípio da legalidade – segundo o qual ninguém pode ser condenado sem que uma lei prévia tenha definido o seu comportamento como crime – e o princípio da presunção de inocência de todo acusado, em relação ao qual, aliás, "caso se julgue indispensável prendê-lo, todo rigor desnecessário à vigilância de sua pessoa deve ser severamente reprimido pela lei" (art. 9º). O regime militar tinha de tal forma espezinhado esses princípios, que o seu simples enunciado – uma banalidade em tempos normais – tinha naqueles anos adquirido um valor incalculável para nós. Lefort criticava a miopia de Marx em não ver nesses dispositivos "uma aquisição irreversível do pensamento político".[4]

A leitura desse texto foi para mim um acontecimento no sentido forte do termo. No contexto de elaboração de um projeto de tese, tinha descoberto meu marco teórico! Mas, emendo logo em seguida, não foi apenas esse apontamento das omissões de Marx que me mostrou a potencialidade analítica da reflexão lefortiana para o meu próprio projeto. Seu texto, afinal, de forma alguma se resumia a isso. A crítica dos vieses na leitura marxista apenas servia de mote para Lefort retomar um dos tópicos mais recorrentes na sua obra: o "desintrincamento" – para usar um termo bem seu – que se opera no fenômeno democrático entre a lei e o poder. Como diz ele, "o poder se encontra confinado a limites e o direito plenamente reconhecido em *exterioridade ao poder*".[5] Essa visão pareceu-me bem adequada para "enquadrar" o objeto empírico que queria circunscrever, a saber: o aparecimento, no Brasil, de um movimento de defesa dos direitos humanos opondo-se à ditadura militar e à sua ordem legal em nome de um direito a ela não submisso. Mas o que haveria de novo sob o sol no que dizia Lefort? Nada, afinal, que não pudesse ser subscrito por um jurista convencionalmente liberal. Qual, então, a novidade? Ocorre que o texto que tinha em mãos, ainda uma vez, não se esgotava aí. Nas reflexões que em seguida fazia sobre o significado político de uma sociedade que acolhe os direitos do homem como seu fundamento, Lefort revelava-se um autor nada convencional.

A propósito das Declarações e da base em que se assentam, diz ele: "Um novo ancoradouro é fixado: o homem. E fixado, além disso, em virtude de uma Constituição escrita: o direito encontra-se categoricamente estabelecido na natureza do homem, uma natureza presente

---

4. Idem, ibidem, p. 51.
5. Idem, ibidem, p. 52; itálicos meus.

em cada indivíduo. Mas que ancoradouro é esse?"[6] É aqui onde começam os problemas: tão logo fazemos um esforço no sentido de pensar empiricamente o que é esse homem, verificamos que essa imagem se esvanece. O próprio Lefort, logo no início do seu texto, se põe a questão: "Se julgamos que há direitos inerentes à natureza humana podemos economizar uma definição daquilo que é próprio do homem?" E prudentemente esquiva-se de propor tal definição, observando que, "sem dúvida, a resposta se esconderia".[7] "Ora – continua Lefort –, a ideia de homem sem determinação não se dissocia da do *indeterminável*. Os direitos do homem reenviam o direito a um fundamento que, a despeito de sua denominação, não tem figura".[8] Essa indeterminação, além disso, percorre também outras tantas figuras míticas como Sociedade, Povo, Nação – que são, nas democracias, "entidades indefiníveis".[9] Ou, dizendo de uma maneira mais exata, a sua "definição" está sempre sujeita ao questionamento, num debate público que é sem fim. Usando uma forma de expressão que surge diversas vezes nos seus textos, a democracia moderna aparece como um "regime fundado *na legitimidade de um debate sobre o legítimo e o ilegítimo* – debate necessariamente sem fiador e sem termo".[10]

Ao ir coerentemente até o fim nessa vertente de pensamento, Lefort valer-se-á de uma fórmula que também aparecerá diversas vezes nos seus escritos – a qual, na ocasião de minhas primeiras leituras, achei um tanto desconcertante e recepcionei com estranhamento. A fórmula é a que figura no título deste texto como estando – o que à primeira vista parece um paradoxo – em oposição à democracia: a "boa sociedade". Com isso Lefort quer se referir a uma sociedade que, nos seus termos, "estaria espontaneamente de acordo consigo mesma, uma multiplicidade de empreendimentos que seriam transparentes uns aos outros, se dissolveriam num tempo e num espaço homogêneos; uma maneira de produzir, de morar, de comunicar, de se associar, de pensar, de sentir, de ensinar que traduziria como que uma só maneira de ser". Seria, numa palavra, uma sociedade que pretendesse ter abolido a "divisão social".[11] O alvo, já se percebe, é o projeto comunista de construção de uma so-

6. Idem, ibidem, p. 54.
7. Idem, ibidem, p. 37.
8. Idem, ibidem, p. 55; em itálico no original.
9. Idem, ob. cit., p. 68.
10. *Pensando o Político*, Rio de Janeiro, Paz e Terra, 1991, p. 57; itálicos no original.
11. *A Invenção...*, cit., pp. 67 e 68.

ciedade sem classes, empreendimento que, por onde passou, degenerou em totalitarismo.

Na época em que ainda estou situado, a das primeiras leituras lefortianas, a fórmula e o que a ela se segue me pareceram excessivos. Vindo, como vinha, de uma formação basicamente marxista, a crítica que pretendia fazer às insuficiências na leitura de Marx dos direitos humanos não implicava a descrença, justamente, na "boa sociedade"... Entenda-se: uma sociedade socialista; no limite do processo, a sociedade comunista futura. A postura de Lefort pareceu-me, para usar uma velha imagem, equivaler a jogar fora o bebê junto com a água do banho. Seriam necessários tempo e bem mais leitura de sua obra para que eu, finalmente, incorporasse – não sem algumas reservas, devo dizer – algo da sua maneira de olhar o mundo à minha própria mundividência.

2. Uma obra em revista

E em revistas, poderia imediatamente acrescentar, quase toda ela composta em forma de artigos por meio dos quais Lefort mergulha diretamente, como se diz, *in media res*.[12] De quando em quando, um punhado desses textos aparece em forma de livro. Quase todos eles, aliás, disponíveis no Brasil, pois dos cinco volumes com essas características publicados pelo Autor, nada menos do que quatro foram traduzidos entre nós. Em 1979, a Brasiliense publicou *As Formas da História*. Em 1993, apareceu, pela mesma editora, *A Invenção Democrática*, livro que, na época, no contexto do processo de redemocratização em curso, teve um enorme sucesso, tornando o nome do Autor familiar no Brasil. (Lembro, num parêntese, que foi através desse livro que tomei conhecimento de sua obra.) Em 1991, a Paz e Terra publicou *Pensando o Político*. E em 1999, apareceu *Desafios da Escrita Política*, pela Discurso Editorial. Apenas um livro seu com essas características – *Éléments d'une Critique de la Bureaucratie* (*Elementos de uma Crítica da Burocracia*) –, justamente o primeiro, publicado inicialmente em 1971, não foi vertido para nossa língua.[13]

12. Hugues Poltier, *Claude Lefort – La Découverte du Politique* (Paris, Éditions Michalon, 1997), p. 49.

13. Haveria ainda um outro livro reunindo artigos publicados em 1978 – *Sur une Colonne Absente* –, igualmente não traduzido entre nós. Por tratar-se, entretanto, de escritos especificamente dedicados ao filósofo Merleau-Ponty, de quem Lefort foi aluno e testamenteiro intelectual, deixei de arrolá-lo na relação acima, na qual figuram as obras que compõem o cerne do seu pensamento político que me interessa destacar. Malgrado isso, a fenomenologia existencial de Merleau-Ponty foi

Livros, no sentido próprio da palavra, Lefort escreveu apenas três, nenhum traduzido entre nós. O monumental *Le Travail de l'Oeuvre Machiavel* (*O Trabalho da Obra Maquiavel*) – quase oitocentas páginas apertadas que ele levará cerca de quinze anos (sic!) para concluir –, no qual faz uma leitura original do pensador florentino, publicado em 1972; *Un Homme en Trop* (*Um Homem a Mais*) uma análise do *Arquipélago Gulag* de Alexandre Soljenitsyn, publicado em 1976; e, por último, *La Complication* (*A Complicação*), no qual sustenta a tese de que se o comunismo pertence ao passado, as questões que ele levanta sobrevivem ao seu naufrágio, publicado em 1999. Inspirando-me no título do seu livro fundamental sobre Maquiavel, essa é, no essencial, a *obra* lefortiana. Apliquemo-nos agora a *trabalhá-la*.

Nascido em 1924, em Paris, Claude Lefort viveu a ocupação do seu país pelas tropas nazistas e formou-se intelectualmente sob a dupla influência do pensamento de Merleau-Ponty – de quem foi aluno, amigo e colaborador – e de Marx. Para usar uma expressão francesa, era "o ar do tempo": fenomenologia existencialista de um lado, marxismo do outro. Às vezes, fundidos. Assim é que em 1943 vamos encontrar um Lefort, a quem o stalinismo "inspirava uma instintiva aversão",[14] aderindo ao trotskismo. Em 1948, juntamente com Castoriadis, funda uma revista que irá se tornar um marco e referência obrigatória no pensamento socialista libertário, *Socialismo ou Barbárie*, dedicada a fazer a crítica ao socialismo burocrático existente na URSS. A crítica ao país dos sovietes, entretanto, não significa a recusa à ideia de revolução, muito pelo contrário. O próprio subtítulo da revista, aliás, é bastante significativo a esse respeito: "Órgão de crítica e de orientação revolucionária". A revista, sob a batuta principalmente de Castoriadis, circulara até 1965. Claude Lefort, entretanto, já há muito dela não fazia parte, tendo abandonado o grupo em 1958.

Como ele próprio relata ao fazer um resumo do seu percurso intelectual num texto de 1979, "durante um tempo acreditei ver desenhar-se uma revolução que seria obra dos próprios oprimidos e que ela saberia se defender contra os que pretendessem dirigi-la. (...) Atualmente, sei que estava enganado. Essas ilusões começaram a se dissipar em 1958, assim que se deu minha ruptura com *Socialismo ou Barbárie*, e desde

de crucial importância para a formação intelectual e a maneira de encarar o mundo de Claude Lefort, como tratarei de destacar.
14. "Prefácio" ao livro *Éléments d'une Critique de la Bureaucratie*, Paris, Éditions Gallimard, 1979, p. 13.

então me empenhei em destruí-las".[15] Malgrado isso, Lefort recusa a postura simplificadora de atribuir a Marx a paternidade do totalitarismo stalinista, como tornou-se moda em certos círculos intelectuais franceses por volta dos anos de 1970, com o aparecimento dos chamados "novos filósofos". Como ressalta no mesmo texto em forma de pergunta, defendendo-se da acusação que um jornalista lhe fizera de ser um "marxista retardado" – "Vou eu explicar que se pode recusar o marxismo e guardar uma paixão pela obra de Marx?"[16] Num outro texto de meados dos anos de 1980, Lefort volta a reafirmar essa "paixão", ao confessar que nenhum outro autor – excetuando-se Merleau-Ponty e Maquiavel – foi tão importante quanto Marx para abrir o caminho de suas próprias questões.[17] Mas como e por que se dá essa ruptura com o marxismo? Noutros termos, essa ruptura com a perspectiva de fundação do que ele chama de "boa sociedade"?

Creio que a resposta – se é que se pode responder tal questão – está, pelo menos do ponto de vista dos seus fundamentos intelectuais, nos dois outros autores (e chega a ser curiosa essa coincidência de três nomes que começam com a mesma letra...) que serão uma presença constante na sua obra: Merleau-Ponty e Maquiavel. Como observa um de seus intérpretes, "no trabalho (...) em elaboração do seu próprio pensamento, essas duas obras não cessam de entrar em contato, de enriquecer-se uma e outra, a familiaridade com Merleau-Ponty permitindo-lhe interrogar os escritos de Maquiavel com o olhar do fenomenólogo, enquanto que a frequentação assídua deste último sensibiliza seu olhar de fenomenólogo à dimensão política da realidade social".[18] Assim, antes de seguir com o próprio Lefort, parece-me necessário dizer alguma coisa sobre essas duas influências.

3. *"Visar à sociedade tal qual ela é"*

A fórmula acima, inclusive a ênfase dada pelas aspas, é de um texto de Lefort de 1963 sobre "a degradação ideológica do marxismo". Nesse texto, já pertencente à fase em que o revolucionarismo era coisa do passado, o Autor convida o leitor a "aceitar ver no presente outra coisa que não apenas o mal, decidir-se a decifrá-lo para nele aprender o sentido dos nossos projetos, nele buscar as condições do nosso pensamento e

15. Idem, ibidem, p. 9.
16. Idem, ibidem, p. 15.
17. *Écrire – À l'Épreuve du Politique*, Paris, Calman-Lévy, 1992, p. 347.
18. Hugues Poltier, ob. cit., p. 33.

da nossa ação, e à medida que nos tornamos sensíveis à exploração e à exigência de denunciá-la, permanecer conscientes de que falamos ainda no interior da sociedade presente e que é dela, nas condições que nos são dadas, que temos de extrair a verdade, em lugar de nos evadirmos no mito do bom passado ou no do socialismo futuro".[19] Postura lefortiana por excelência, à qual retornarei adiante com maior insistência.

Se a destaco no momento é porque ela, com sua exigência de aderência à experiência "vivida" me parece – mesmo correndo o risco de estar forçando a nota – ecoar o princípio tantas vezes enunciado do "retorno às próprias coisas", marca registrada de uma das correntes filosóficas mais prestigiosas do século XX: a fenomenologia.

Não é a ocasião aqui (até pela simples razão de que faltaria ao autor destas linhas conhecimento filosófico suficiente para tanto) de estender-me sobre esse amplo movimento filosófico que engloba, além do seu fundador, Husserl, alguns dos pensadores mais expressivos do século que passou, de Heidegger a Sartre – com fortes ressonâncias em figuras como Hannah Arendt, por exemplo –, e incluindo, naturalmente, Merleau-Ponty. Mas creio ser interessante, pelo menos, dizer algo sobre aquilo que Jean-François Lyotard, às voltas com as diversas e diferentes vertentes do movimento, chamou de um "estilo" fenomenológico comum,[20] destacando, para os propósitos deste texto, alguns traços na maneira de pensar e de olhar o mundo presentes em Merleau-Ponty que vejo igualmente recorrentes no trabalho de Claude Lefort. O leitor erudito, naturalmente, saberá perdoar a simplificação a que me vejo obrigado.

A fenomenologia surge na passagem do século XIX para o século XX tendo como principal objetivo uma interlocução crítica com a psicologia de base objetivista então em evidência. Para esta, os fenômenos psíquicos nada mais seriam do que o efeito de estímulos exercidos pelos objetos físicos exteriores sobre os mecanismos nervosos localizados no cérebro. Com isso, fenômenos como a consciência, por exemplo, não seriam mais do que uma expressão vaga com que se designavam eventos, em última instância, puramente fisiológicos. Ou seja: a consciência, enquanto *minha consciência*, se esvanecia. Por isso é que o "estilo" fenomenológico de mirar as coisas propõe uma retomada – para usar a clássica fórmula husserliana – dos "dados imediatos da consciência". Afinal de contas, como lembra Lyotard, "resta claro que a explicação,

---

19. *Eléments...*, cit., pp. 320-321.
20. *La Phénoménologie*, Paris, PUF, 1986, p. 7.

mesmo sofisticada, dos fenômenos físico-químicos que 'acompanham' a visão não é capaz de dar conta do fato mesmo de ver".[21]

A explicação de tipo objetivista é imputada à cisão radical operada pela ciência moderna entre sujeito e objeto. O primeiro, erigido na tradição cartesiana à condição de "sujeito transcendental", atribui a si o poder de ver o mundo como um objeto externo e heterogêneo, que ele é capaz de conhecer e de manipular corretamente pela aplicação dos seus próprios atributos cognitivos – como se, ele também, não fizesse parte e não estivesse inserido nesse mesmo mundo. A referência à tradição cartesiana não é gratuita. É comum na crítica fenomenológica ao *modus operandi* da ciência moderna a menção a Descartes e à famosa passagem na *Segunda Meditação* em que o fundador do racionalismo moderno se põe a refletir sobre um pedaço de cera e sobre o verdadeiro caminho para conhecê-lo. Descartes se espanta com o fato de que, ao aproximá-lo do fogo, o pedaço de cera muda de odor, de cor, de aspecto etc. Como dizer então que se trata do mesmo pedaço de cera? Uma resposta afirmativa não pode ser dar por intermédio dos sentidos, pois "todas as coisas que se apresentavam ao paladar, ao olfato, ou à visão, ou ao tato, ou à audição, encontram-se mudadas". Assim, conclui Descartes, a percepção verdadeira da cera só pode ser obtida pelo que ele chama de "uma inspeção do espírito".[22]

Ora, o olhar fenomenológico desconfia desse tipo de "inspeção" que disseca o objeto ao mesmo tempo que dele se afasta e, assim, de certa forma dissipa-o. Como diz Lyotard, numa referência clara à reflexão cartesiana que acabei de evocar, "é preciso permanecer no próprio pedaço de cera". E, ilustrando o argumento, refere-se ao que ocorre quando a física se apodera da luz de um abajur: "Explicar o vermelho desse abajur é precisamente deixá-lo de lado enquanto *esse* vermelho espalhado sobre o abajur, sob o halo do qual eu reflito sobre o vermelho; é considerá-lo como vibração de frequência de dada intensidade, é colocar em seu lugar 'alguma coisa', o objeto para o físico que de forma alguma é a 'coisa mesma' que era para mim".[23] De seu lado, Merleau-Ponty, dentro desse mesmo espírito, não dirá coisa diversa quando, numa linguagem sedutoramente poética, observa que "a ciência manipula as coisas e renuncia a habitá-las". E, na sequência, denuncia o pensamento científico moderno, qualificando-o – numa expressão que

---

21. Idem, idem, p. 63.
22. *Meditações*, São Paulo, Abril Cultural (Coleção "Os Pensadores", vol. XV), 1973, pp. 104-105.
23. Jean-François Lyotard, ob. cit., p. 5; itálico no original.

se tornou famosa e que Lefort, noutro contexto, fará sua – de "pensamento de sobrevoo".[24]

A referência à sedução poética da linguagem de um Merleau-Ponty quer chamar a atenção para um dos possíveis perigos que rondam esse tipo de reflexão quando aplicado à ciência. Certo, não há dúvida de que o labor do sujeito transcendental cartesiano não pode ser inocentemente aceito como estando em "sobrevoo" ao mundo. E a cisão sujeito/objeto mascara esse fato primordial, que a tradição fenomenológica vem lembrar. É ainda Lyotard quem observa que "é preciso sair da ciência ela mesma e mergulhar no que ela mergulha 'inocentemente'". Mas, como ele mesmo adverte logo em seguida, "uma inflexão insensível pode fazer desse *anterracional* um *antirracional*, e da fenomenologia o bastião do irracionalismo".[25]

Na verdade, a reflexão fenomenológica em relação à ciência tal qual se faz é menos uma epistemologia – no sentido de que o físico, por exemplo, dela prescinde para fundamentar experimentalmente os seus achados – do que uma filosofia no sentido valorativo do termo – ou seja, uma interrogação, próxima do questionamento, sobre o significado da ciência, a aplicação dos seus resultados, o impacto desses sobre nossa própria concepção do homem etc. Quando Merleau-Ponty, por exemplo, acusa a empresa científica de manipular as coisas em vez de habitá-las, sua intenção não é exatamente a de denunciar a "cientificidade" dos achados científicos, mas a de chamar a atenção para o fato de que ela, ao manipulá-las, "fabrica para si modelos internos delas e, operando sobre esses índices ou variáveis as transformações permitidas por sua definição, só de longe em longe se defronta com o mundo atual." E, valorativo, continua com sua linguagem sempre sedutora: "Mister se faz que o pensamento da ciência – pensamento de sobrevoo, pensamento do objeto em geral – torne a colocar-se num 'há' prévio, no lugar, no solo do mundo sensível e do mundo lavrado tais como são em nossa vida, para nosso corpo, (...) esse corpo atual que digo meu, a sentinela que se posta silenciosamente sob minhas palavras e sob meus atos".[26]

A reflexão fenomenológica – que, é bom lembrar, nasceu dialogando criticamente com a psicologia "fisiologista" – situa-se com mais propriedade, a meu ver, frente às ciências sociais e humanas, em que, até pelo fato de o homem ser direta e imediatamente o seu objeto de

24. *O Olho e o Espírito*, São Paulo, Abril Cultural (Coleção "Os Pensadores", vol. XLI), 1975, pp. 275-276.
25. Lyotard, ob. cit., pp. 5-6; itálicos meus.
26. Merleau-Ponty, ob. cit., pp. 275-276.

pesquisa, o mascaramento da inserção do "sujeito transcendental" no mundo aparece com maior gravidade. Aqui, a manipulação temida pela vigilância filosófica de Merleau-Ponty encontra um terreno propício para ser exercida. Afinal de contas, moldar comportamentos, por exemplo, é uma das funções reconhecidas dessas ciências. É por isso que Hannah Arendt, fenomenóloga à sua maneira, comentando o sucesso – sobretudo nos Estados Unidos – das chamadas ciências sociais aplicadas, diz com finíssima ironia: "O problema das modernas teorias do behaviorismo não é que estejam erradas, mas sim que podem vir a tornar-se verdadeiras".[27] Ou seja: analisar a luz em termos de ondas e frequências é uma coisa; dissecar o homem em termos de estímulos e reações, outra bem diferente. Ora, como adiante veremos, Lefort, também fenomenólogo à sua maneira, irá refletir sobre a democracia preocupando-se sempre em preservar a "luz do abajur"...

3.1 E Maquiavel com isso?

A resposta parece estar contida no itinerário intelectual do próprio Lefort, o qual, como vimos, ao mesmo tempo em que abandona o marxismo enquanto teoria revolucionária e afina sua forma de pensar sob a influência direta e até mesmo pessoal de Merleau-Ponty, empreende a longa leitura de Maquiavel que culminou no extenso trabalho já referido (*Le Travail de l'Oeuvre Machiavel*) – do qual, diz ele com humor, "nem ouso dizer o tempo que me ocupou".[28] Sem pretender chegar ao exagero de dizer que Maquiavel – igual ao célebre personagem de Molière que fazia prosa sem o saber – foi um fenomenólogo *avant la lettre*, é interessante ressaltar que uma das características do pensamento maquiaveliano, sobre a qual Lefort mais insiste, é o apego deste último à *verità effettuale* – verdade efetiva –, o que parece ecoar – com todas as reservas que a boa prudência recomenda – a famosa recomendação do "retorno às próprias coisas" tão típica da maneira de pensar fenomenológica.

A verdade é que, seja como for, a longa convivência com o Autor d'*O Príncipe* marcou definitivamente a concepção lefortiana sobre o fenômeno político, provocando uma reviravolta no significado que ele passou a atribuir à democracia – daí em diante uma ideia fixa nos seus trabalhos. Para ser mais exato, significou uma mudança de objeto na sua reflexão: do afrontamento entre capitalismo e socialismo, preocupação

---

27. *A Condição Humana*, Rio de Janeiro/São Paulo, Forense Universitária/Salamandra/EDUSP, 1981, p. 335.
28. *Écrire – Á l'Épreuve du Politique*, Paris, Calman-Lévy, 1992, p. 347.

da época de *Socialismo ou Barbárie*, Lefort passou a exercitar uma reflexão ininterrupta sobre a oposição entre totalitarismo e democracia. Se de Merleau-Ponty nosso Autor reteve, por assim dizer, o modo de olhar, junto com o florentino Lefort desenvolveu a visão – para meu estranhamento inicial, como já enfatizei – da "irredutibilidade da divisão social", abandonando, de modo definitivo, "a ideia de uma sociedade harmoniosa". O estranhamento é mais do que compreensível: o abandono da ideia de "boa sociedade", afinal, não seria exatamente o oposto do que se entende por democracia? A resposta lefortiana, surpreendente e original, é não!

Indo ao essencial da sua leitura de Maquiavel, diz Lefort: "Maquiavel observa que a grandeza de Roma não foi o produto de uma sábia legislação, mas que ela se edificou ao sabor dos acontecimentos. (...) Os felizes acontecimentos dos quais Roma se beneficiou, ele os relaciona aos conflitos que opuseram o Senado e a plebe, chegando a descobrir nesses últimos o fundamento da grandeza da República, e a celebrar a virtude da discórdia, da *desunione*. Ele se levanta contra a opinião mais espalhada, a *opinione de molti*, para afirmar em seu próprio nome (*io dico*) que 'aqueles que condenam os tumultos da nobreza e da plebe maldizem aquilo que foi a causa primeira da existência da liberdade romana e prestam mais atenção ao barulho e gritos que eles ocasionaram do que aos bons efeitos que produziram'".[29]

Deixando de lado a clássica questão acerca das verdadeiras intenções de Maquiavel – finalmente, teria ele sido "maquiavélico", ou não? –, Lefort retém insistentemente uma observação do florentino acerca de "duas tendências diversas" que se encontram em todas as cidades no sentido de *polis*: "o povo não deseja ser governado nem oprimido pelos grandes, e estes desejam governar e oprimir o povo".[30] Ora, foi lançando um olhar positivo sobre os "bons efeitos que produziram" os tumultos opondo o Senado e a plebe romana que, segundo Lefort, Maquiavel fez uma "leitura singular" do regime que eles instituíram: "uma *polis* que, ao invés de se fechar sobre si mesma, acolhe o conflito e inventa, submetendo-se à prova dos acontecimentos e dos tumultos, 'respostas' que impedem ao mesmo tempo a ameaça constante da tirania e a ameaça constante da licenciosidade".[31] Daí a hipótese – embrião sem dúvida da crítica lefortiana à "boa sociedade" – de que "o elogio

29. "Machiavel et la *verità effettuale*", em *Écrire...*, cit., p. 144; itálicos no original.
30. Maquiavel, *O Príncipe*, São Paulo, Abril Cultural (Coleção "Os Pensadores", vol. IX), 1973, p. 45.
31. *Écrire...*, cit., p. 145.

da República romana recobre uma crítica corrosiva do *bom regime*, tal qual o concebiam os autores clássicos".[32] Numa palavra, Lefort retém de Maquiavel a visão de que a divisão social, longe de significar a sua negação – ainda que, como veremos adiante, possa levar ao seu fim –, é "constitutiva da *polis*, de toda sociedade política"[33] – sociedade política democrática, acrescentaria eu para tornar mais claro o seu pensamento.

4. Um teórico sem "teoria"

Ao enfatizar, em Maquiavel, a sensibilidade para os acontecimentos – a *veritá effetuale* –, em vez de exercitar-se na "idealização da Antiguidade",[34] como era corrente na Florença de então, Lefort está pondo em destaque um método de trabalho que é também seu, pois essa maior valorização da experiência *vivida* em relação à "teoria" será também um traço persistente na sua reflexão. Já num texto do começo dos anos de 1950, significativamente chamado "a experiência proletária", e isso quando Lefort ainda militava na *Socialismo ou Barbárie*, ele se insurgia contra que se visse no proletariado e na burguesia, como Marx os caracterizara n'*O Capital*, nada além de "personificações de categorias econômicas", e convidava à "análise concreta das relações sociais constitutivas da classe trabalhadora", deixada de lado, a seu ver, "em proveito de uma concepção mais abstrata cujo objeto é, por exemplo, a Sociedade Capitalista".[35] No Prefácio que escreveu para *As Formas da História*, Lefort insiste nessa postura, por assim dizer, "antiteórica", ao relembrar seu engajamento passado e as leituras que ele lhe inspirou: "A obra de Marx, nós a abordávamos convencidos de que era necessário preservá-la do mito da 'teoria marxista'".[36]

Como lembra um de seus intérpretes, "Lefort não faz questão de edificar uma teoria, mas sim de restituir o sentido vivido dos comportamentos sociais, suas significações imanentes". Lembrando que essa é uma *démarche* na qual permanece fiel ao seu mestre Merleau-Ponty, acrescenta: "Enquanto a ciência se distancia do vivido para dele fazer o modelo abstrato, a fenomenologia faz o inverso: ela quer reencontrar o vivido na significação imediata que o põe à prova".[37] Daí talvez a sua

32. Idem, ibidem, p. 143; itálico meu.
33. Idem, ibidem, p. 166.
34. Idem, ibidem, p. 149.
35. *Éléments...*, cit., p. 79.
36. *As Formas da História*, São Paulo, Editora Brasiliense, 1979, p. 14.
37. Hugues Poltier, ibidem, pp. 10-11.

preferência, enquanto Autor, pelos artigos com que entra de chofre nos acontecimentos, em vez de escrever livros – escassos na sua obra –, que são trabalhos mais sistemáticos e que se coadunam menos com um pensamento mais afeito a interrogar do que a responder, como é o seu caso. Ao mesmo tempo, essa maneira de escrever e publicar dificulta um conhecimento mais sistemático de sua obra, e até um acesso menos trabalhoso ao que ele quer dizer. É ainda o Autor acima citado que lembra que Lefort, com frequência, recorre a "noções mais ou menos obscuras como 'simbólico', 'lugar do poder' (...) etc., das quais parece supor que o contexto seja suficiente para esclarecer o seu sentido, o que não é obrigatoriamente o caso".[38]

Outro analista do seu trabalho, bastante próximo dele – pois foi seu assistente de ensino –, vai no mesmo sentido, observando que ele "parece se recusar ao trabalho da determinação conceitual".[39] Talvez porque, "pensador da indeterminação, Claude Lefort tem horror ao espírito de sistema, aquele que acredita poder encontrar, nomear, dizer e esgotar a realidade mesma". E se toda forma traduz sempre um conteúdo, a interrogação permanente que constitui sua maneira de pensar talvez explique a "extensão que ele dá às suas frases", sempre longas, e "a natureza geralmente espiralada ou sinusoidal de sua argumentação", o que "exige do seu leitor uma atenção redobrada".[40] Veja-se, a título de exemplo dessas considerações sobre o seu estilo, as palavras com que abre uma de suas coletâneas mais conhecidas, *Pensando o Político*: "Pensar, repensar o político, com o cuidado de levar em conta as questões que emergem da experiência de nosso tempo, é um projeto ao qual não podemos, com segurança, comprometermo-nos sem indagar: o que é o político? Significa isto dizer que uma resposta em forma de definição seja de início necessária, ou mesmo que se deva ir em busca desse tipo de resposta? Não seria antes forçoso admitir que toda definição, toda tentativa de fixar a essência do político entrava o livre movimento do pensar e que este, muito ao contrário, só se sustenta com a condição de não prejulgar os limites do político, de consentir numa exploração cujos caminhos não são de antemão conhecidos?"[41]

38. Idem, ibidem, p. 49.
39. Alain Caillé, "Claude Lefort, les sciences sociales et la philosophie politique", em Claude Habib e Claude Mouchard (Orgs.), *La Démocratie à l'Oeuvre*, Paris, Éditions Esprit, 1993, p. 65.
40. Idem, ibidem, pp. 52 e 59.
41. *Pensando...*, cit., p. 9.

Em resumo, Lefort nem sempre é um Autor fácil de ler, a quem a alcunha de "pensador da indeterminação" parece-me bem a propósito. Afinal, o leitor desavisado que queira dele uma resposta sobre o que é o político – para ficar com nosso exemplo –, se sentirá um pouco desnorteado ao verificar que ele se recusa a dar uma resposta, porque esta entravaria o livre movimento do pensar... Pensar, interrogar, explorar – são termos que aparecem com frequência nos seus textos. Prestam-se bem mais à atitude natural do filósofo – o *espanto* dos gregos diante do ser –, do que àquelas que se exige dos que se dedicam à ciência: distância, objetividade, cálculo. Não é de admirar, desta forma, que este pensador do fenômeno político sempre tenha se recusado a ocupar o posto de sociólogo ou politólogo no sentido canônico dos termos. Por quê? Porque, segundo o próprio Lefort, "ciência e sociologia políticas vinculam-se a um domínio que se organizou em função dos imperativos do conhecimento positivo (...) e, enquanto tal, circunscrito à distância de outros domínios definidos, por exemplo, como econômico, social, jurídico, ético, religioso, estético (...)". Ora, essa circunscrição de domínios diferenciados é, lembra Lefort, "artificial", bastando para constatá-lo observar que ela perde toda pertinência quando se considera a maioria das sociedades do passado que antropólogos e historiadores nos descortinaram. Tal divisão de domínios testemunha o aparecimento de "uma *forma de sociedade* surgida no Ocidente numa data relativamente recente, tendo em vista a extensão da história da humanidade". Ou seja, "pensar o político – no sentido lefortiano do termo – exige uma ruptura com o ponto de vista da ciência política porque essa nasce suprimindo tal questão".[42] E que significado maior vê Lefort nisso?

Justamente um significado *político*, no sentido forte da expressão, a seu ver negligenciado pela ciência e sociologia políticas, as quais trabalham "sem interrogar a forma de sociedade na qual se apresenta e se vê legitimada a clivagem entre diversos setores da realidade". É essa interrogação que Lefort intenta fazer. Adotando uma postura fenomenológica típica, é como se ele tomasse distância dos domínios da ciência e da sociologia políticas exatamente para mergulhar no que elas mergulham "inocentemente" – como diria Lyotard. "Que algo como *a* política – diz Lefort – tenha vindo a circunscrever-se em uma época, na vida social, tem precisamente um significado político, um significado que não é particular, mas sim geral. (...) O político revela-se assim não no que se nomeia atividade política, mas nesse duplo movimento de

---

42. Idem, ibidem, pp. 10 e 26; itálico no original.

aparição e de ocultação do modo de instituição da sociedade".[43] Cedendo à tentação de um aparente – apenas aparente – paradoxo, eu diria que Lefort vê como essencialmente *político* o fato de que a maior parte das ações e empreendimentos dos homens na sociedade democrática moderna não releva da *política*.

Essa é a razão pela qual Lefort insiste em fazer uma diferenciação entre *a política* – entendida como atividade política *stricto sensu*, área de trabalho de politólogos e sociólogos – e *o político* –, domínio dentro qual ele exerce sua reflexão e, propriamente falando, empiricamente ilocalizável, pois não se trata de uma instituição ou mesmo de uma prática, mas de um princípio gerador de sentido que, onipresente, não se encontra em parte alguma! Enquanto *modo de instituição*, ele é uma espécie de Autor escondido na obra – parafraseando uma fórmula clássica de Flaubert a respeito da relação entre o artista e sua obra. Uma pergunta que naturalmente ocorre ao leitor é: por que isso ocorre? Mas essa é uma resposta que Lefort não fornece. Mais do que isso, eu até diria que ele se recusa a formulá-la. Por quê?

De um lado porque, pura e simplesmente, "explicar" a democracia, no sentido correntemente sociológico de verificar as causas do seu surgimento, não é a sua intenção. De outro porque, sem dúvida, Lefort desconfiaria de qualquer investigação que tivesse por objetivo inventariar as razões pelas quais uma formação social cede o lugar a outra. Ele, aliás, o diz explicitamente – no seu estilo bem típico e nem sempre transparente: "Em lugar de detectar as causas da passagem de uma formação a outra (...) é preciso sustentar a exigência de pensar a história submetendo-a à prova do enigma da instituição".[44] Isso não deve ser entendido como um descrédito lançado sobre as ciências, numa postura de arrogância. A fala é dele: "A empresa da ciência – nos limites da sociologia, da etnologia, da economia política ou da história – não se acha, em função de tudo isso, desacreditada, sendo apenas mantida nas condições que lhe asseguram sua validade". Mas a exigência permanece: "Não há sociologia digna deste nome – continuamos a pensar – que não carregue em germe uma interrogação sobre o ser social, que não requeira o deciframento, seja qual for o objeto de análise, do fenômeno de sua instituição".[45]

De um escrito a outro, Lefort permanece ancorado numa postura interrogativa que mina as respostas produzidas pelos grandes sistemas

---

43. Idem, ibidem, pp. 25-26; itálicos no original.
44. Citado por Alain Caillé, ob. cit., p. 73.
45. *As Formas*..., cit., p. 15.

de pensamento. Como diz seu ex-assistente, o *leit-motif* de sua obra, "aquele do qual num certo sentido derivam todos os outros, Lefort herda de Merleau-Ponty, para nos dizer que não existe lugar privilegiado de observação [*lieu de surplomb*] a partir de onde o pensamento poderia apreender e se apropriar da verdade da história e da relação social e decidir com certeza o que é verdadeiro ou falso, real ou ilusório, legítimo ou ilegítimo". E prossegue: "O erro comum a todos os realismos é o de pensar 'que existe um lugar', até mesmo que a sociedade inteira seria um tal lugar, [onde] as regras se encadeiam nas regras para formar um sistema fechado, os indivíduos se agregam aos indivíduos para formar uma população, as funções às funções para formar um sistema estruturo-funcional (...). Ora, há sempre um resto, uma parte da 'carne' [Merleau-Ponty] da sociedade que é não susceptível de ser inscrita em qualquer registro pré-assinalado, nem que seja porque há sempre uma distância entre a realidade e sua representação".[46] Ou, como diria Lefort numa de suas fórmulas percucientes, "seria um (...) erro supor que haja um lugar em que as partes se ajustam para constituir *o real sem resto*".[47] Até porque, parodiando Shakespeare, o resto não é silêncio...

5. *Pensador da indeterminação*

E não é silêncio porque, entre outras razões, há sempre uma fala *en trop* – para usar a expressão que Lefort colou ao nome de Alexandre Soljenitsyn no livro que lhe dedicou tratando do universo concentracionário soviético. Literalmente traduzível por "a mais", *en trop* tem o sentido, não evidente no seu correspondente em português, daquele que sobra, que incomoda por estar ali. Isso para dizer que não há sistema estruturo-funcional que funcione independentemente do sentido que os atores sociais lhe atribuem. Retomamos aqui a problemática da fenomenologia existencialista, aquela que "concebe o homem como fonte do seu próprio mundo e autor de sua própria vida".[48] Retornemos a Lyotard: "Existe (...) um sentido da história, que é o sentido que os homens *vivendo* dão à sua história. Assim se explica que possam enxertar-se sobre uma base objetiva idêntica tomadas de consciência diferentes (...). O *economicismo* não pode explicar a história, não pode explicar como

46. Alain Caillé, ob. cit., pp. 53, 55 e 56.
47. *As Formas...*, cit., p. 122; itálicos meus.
48. Hugues Poltier, ob. cit., p. 20.

uma situação econômica 'se traduz' em racismo, ou em ceticismo, ou em social-democracia".[49]

Lefort, tendo feito da democracia, desde sua ruptura com o marxismo, o seu tema de eleição, nunca procurou "explicá-la" em termos com que estamos habituados – em primeiro lugar o próprio marxismo: "É uma aberração – escreve ele – fazer da democracia uma criação da burguesia. Seus representantes mais ativos, na França, tentaram de mil maneiras atravancar sua dinâmica no curso do século XIX. Viram no sufrágio universal, no que era, para eles, a loucura do número, um perigo não menor do que o socialismo".[50] Da mesma maneira, recusa idêntico modo de pensar no que diz respeito à explicação para o surgimento do seu reverso, o totalitarismo: "Contrariamente à opinião difundida, o totalitarismo não resulta de uma transformação do modo de produção. Inútil demonstrá-lo a partir do caso do fascismo alemão ou italiano, que se adaptou à manutenção de uma estrutura capitalista, seja qual for a mudança ocorrida com o recrudescimento da intervenção do Estado na economia. Mas, pelo menos, importa lembrar que o regime soviético adquiriu seus traços distintivos antes da época da socialização dos meios de produção e da coletivização". E aduz o seguinte comentário: "O totalitarismo moderno surgiu de uma mutação política – *mutação de ordem simbólica* – que atesta, da melhor maneira possível, a mudança de estatuto do poder".[51] O que é dito a respeito do totalitarismo é também dito, e com mais ênfase ainda, a respeito do seu anverso, a democracia. No seu livro mais recente – pelo menos até o momento em que escrevo (2006) –, refletindo sobre "o princípio democrático" de instituição do social, Lefort diz, com todas as letras, que tal princípio "testemunha uma *mutação de ordem simbólica da qual procurar-se-ia em vão determinar a causa*".[52] Impossível ser mais explícito.

Por isso enfatizei mais acima a particularidade de estarmos lidando com um teórico da política junto a quem as *teorias* produzem sempre desconfiança. Mesmo correndo o risco de estar monotonamente me repetindo, lembro que o projeto que anima Lefort é o de "pensar, repensar o político, com o cuidado de levar em conta as questões que emergem da experiência do nosso tempo".[53] Nesse sentido, um dos objetivos da

49. Jean-François Lyotard, ob. cit., p. 117; itálicos no original.
50. *A Invenção...*, ob. cit., p. 26.
51. *Pensando...*, cit., p. 27; itálicos meus.
52. *La Complication – Retour sur le Communisme*, Paris, Éditions Fayard, 1999, p. 145; itálicos meus.
53. *Pensando...*, cit., p. 9.

reflexão lefortiana sobre a democracia – incessante e ininterrupta desde os anos de 1950 do século que passou – é o de estar o tempo todo lembrando aos seus leitores o que ela representa, o seu significado e a sua importância. Mas, seja dito mais uma vez, a democracia tal qual Lefort a concebe não se resume nem se esgota numa série de instituições positivas das quais podemos inventariar os elementos: liberdade de ir e vir, de palavra e de ação; princípio da reserva legal e da presunção de inocência – etc. Ela é isso, certo, mas o seu significado vai muito mais além. O que a Lefort interessa é pôr em destaque por que isso é possível; é, destacando-se do terreno da pura empiria, realçar o *modo de instituição* da sociedade democrática em virtude do qual aquelas instituições – e outras, muitas delas sequer enunciadas – podem ser concebidas.

6. Entre o corpo do Rei e o "corpo" do Povo

Adotando uma estratégia comparativa inspirada na antropologia, a maneira que Lefort adota para destacar os traços característicos da "matriz simbólica" da democracia é contrastá-los com aqueles característicos do regime que a antecedeu – a monarquia absoluta – e aquele outro que, no século XX, pretendeu substituí-la e constitui permanentemente uma ameaça potencial para ela: o totalitarismo, qualificado pelo próprio Lefort como o "fato maior do nosso tempo".[54] Num como noutro caso – a monarquia absoluta a montante, o totalitarismo a jusante –, o que ele próprio chamará de "imagem do corpo" pode ser considerado uma espécie de "matriz simbólica" de uma e outra formações sociais. Já o "modo de instituição" da sociedade democrática, por oposição, caracterizar-se-ia, precisamente, pelo esfacelamento dessa imagem. A metáfora remonta ao clássico de Ernest Kantorowicz, *O Corpo Duplo do Rei* (*The King's Two Bodies*), livro ao qual Lefort refere-se recorrentemente. A obra de Kantorowicz tematiza a dupla natureza – de um lado, física, mortal; de outro, incorruptível, eterna – do corpo do rei. A leitura que dele fez Lefort foi fundamental para o afinamento de sua própria imagística: "Kantorowicz me proporcionava luzes inesperadas sobre a gênese da imagem do corpo político no curso da Idade Média e da Renascença – e, mais particularmente, sobre aquela do corpo do rei, corpo duplo, natural e sobrenatural, funcional e místico –, baseada ela própria sobre a representação da natureza do Cristo".[55] Creio, porém, que lhe interessa menos essa dupla natureza do que sua representação.

---

54. *A Invenção...*, cit., p. 108.
55. *Écrire...*, cit., p. 341.

Vejamos, em primeiro lugar, o que diz Lefort a respeito dessa representação na monarquia absoluta: "A sociedade do Antigo Regime representava para si sua unidade, sua identidade como a de um corpo – corpo que encontrava sua figuração no corpo do rei, ou melhor, se identificava com este (...). O Antigo Regime é composto de um número infinito de pequenos corpos que dão aos indivíduos suas referências identificadoras. E esses pequenos corpos se organizam no seio de um grande corpo imaginário do qual o corpo do rei fornece a réplica e garante a integridade".[56] Trata-se, aqui, de uma sociedade que apresenta uma "unidade substancial, de tal maneira que a hierarquia de seus membros, a distinção entre as posições e as ordens, parecia residir em um fundamento incondicionado".[57] A essa formação social sucedeu a sociedade democrática, fundada numa "matriz simbólica" completamente outra. Não sendo propriamente historiador, inútil procurar em Lefort maiores precisões históricas acerca dessa sucessão. Como ele mesmo disse noutro lugar, pouco lhe importa o "desenrolar dos acontecimentos", interessando-lhe, isto sim, destacar "os traços mais característicos da nova forma de sociedade".[58] Em todo caso, pode-se aventar que se trata de um longo processo cujas raízes remontam à época do Renascimento e cujo ponto de inflexão tem, esse sim, um acontecimento preciso e brutal que lhe serve de marco: a decapitação de Louis XVI. O próprio Lefort destaca o fato: "A revolução democrática, por muito tempo subterrânea, explode, quando o corpo do rei se encontra destruído, quando cai a cabeça do corpo político, quando, simultaneamente, *a corporeidade do social se dissolve*. Então se produz o que eu ousaria chamar uma *desincorporação* dos indivíduos".[59]

É assim que surge o indivíduo cindido da comunidade, como dirá Marx, qualificando-o de "egoísta" e de "fechado sobre si mesmo" na crítica que fez à celebração do Homem contida nas grandes Declarações da Revolução que cortou – literalmente e simbolicamente – a cabeça do rei. Lefort, ao nos convidar a "aceitar ver no presente outra coisa que não apenas o mal", a "visar a sociedade tal qual ela é", incita-nos a ver o que a crítica marxista negligencia, a saber: um princípio de *desincorporação* geral atuando e infiltrando-se no conjunto da sociedade. Assim é que, para além de uma desincorporação do indivíduo, "é preciso, não menos, reparar na separação da sociedade civil fora de um Estado, ele

---

56. *A Invenção*..., cit., p. 117.
57. *Pensando*..., cit., p. 32.
58. *Pensando*..., cit., p. 27.
59. *A Invenção*..., cit., p. 117; itálicos meus.

mesmo, até então, consubstancial ao corpo do rei. Ou, se se quiser, reparar na emergência de relações sociais, não apenas econômicas mas jurídicas, pedagógicas, científicas que têm seu próprio fim". Noutros termos, reparar "no *desintrincamento* que se opera entre *a instância do poder, a instância da lei, a instância do saber*, a partir do momento em que se apaga a identidade do corpo político". Na verdade – e aqui tocamos numa das fórmulas lefortianas mais famosas – "o poder aparece como um *lugar vazio*", e aqueles que o exercem, "como simples mortais que só o ocupam temporariamente". De outro lado, "não há lei que possa se fixar cujos enunciados não sejam contestáveis, cujos fundamentos não sejam suscetíveis de serem repostos em questão". Já não é possível "apagar a *divisão social*". Em resumo, "a democracia inaugura a experiência de uma *sociedade inapreensível, indomesticável*, na qual o povo será dito soberano, certamente, mas onde não cessará de questionar sua identidade".[60]

Ora, contrastando com tudo isso, o totalitarismo aparece como uma tentativa de *reincorporação* do poder. Não, evidentemente, no sentido de uma simples reposição de um rei num trono. Historicamente, aliás, houve casos em que a monarquia sobreviveu à revolução democrática e com ela convive até hoje – como na Inglaterra. Noutros, como na Espanha, a volta do monarca à frente do Estado simbolizou justamente a retomada de um processo democrático jugulado durante décadas pelo franquismo. A reincorporação de que aqui se trata tem toda uma outra dimensão. Trata-se, justamente, de uma reversão, traço por traço, no processo de desincorporação geral mencionado acima, seja no nazismo – cujo reinado anunciado de mil anos durou cerca de doze –, seja no comunismo, que quase atravessou o século XX inteiro. Num e noutro caso, a sociedade civil perde seu dinamismo próprio, passando suas instituições a funcionarem como correias de transmissão do Estado; o desintrincamento das várias esferas de atividade – econômicas, jurídicas, pedagógicas – é revertido, chegando-se a submeter as atividades científicas e artísticas aos imperativos do poder; a lei, fruto de uma discussão interminável e sempre sujeita à contestação nos regimes democráticos, volta a ter um fundamento transcendente e indiscutível: a "vontade do Führer" na Alemanha nazista, o "interesse da classe trabalhadora" na União Soviética; o poder volta a ter um dono incontestável: a "raça ariana", num caso, o "proletariado", no outro; em resumo, a divisão social é negada e a sociedade é submetida a um processo de domesticação.

60. Idem, ibidem, p. 118; itálicos meus.

Essa *reincorporação* tem um agente: o Estado totalitário. "Estado onipotente e onisciente", pretendendo conhecer e dominar o conjunto da realidade e suas leis, podendo, assim, conduzir, estribado numa certeza, o processo histórico – seja construindo, mesmo que sobre escombros, o "Reich dos mil anos"; seja edificando, mesmo que à base de trabalhos forçados, a "sociedade comunista futura". Instaura-se, como diz sinteticamente Lefort numa outra de suas felizes expressões, um "ponto de *sobrevoo* do saber e do poder".[61] É interessante notar a recuperação do mesmo termo que Merleau-Ponty utiliza para fazer a crítica à ciência moderna, acusando-a de ser um "pensamento de *sobrevoo*" em relação ao mundo, com isso pretendendo dominá-lo, ao invés de habitá-lo. O termo é um desses bastante caros a Lefort, que aqui e ali dele lança mão. Ainda no seu livro mais recente, por mais de uma vez, refere-se à sociedade democrática como "um mundo subtraído a um ponto de vista de *sobrevoo*".[62] Creio que essa recorrência não é um mero gosto estilístico: ela dá conta, a meu ver, da antiga e nunca desmentida ancoragem lefortiana na fenomenologia existencial, de onde se precavê contra a tentação que ronda todo teórico de olhar o mundo como um objeto que ele pode conhecer inteiramente e manipular a seu bel-prazer. Se na física isso é possível – mesmo com o risco de se produzir a bomba atômica! –, na política isso leva diretamente – não como um risco, mas como uma fatalidade – à dominação totalitária.

Eis por que Lefort insiste repetidamente na visão da democracia como um regime "desincorporado" colocado entre dois outros cuja "matriz simbólica" seria uma incorporação: no caso da monarquia absoluta, "o corpo do rei"; no caso do totalitarismo, "o *corpo* do povo". Se, no caso deste último, a palavra "corpo" vem grafada em caracteres diferentes, é por uma razão que também não releva de um cacoete estilístico, mas por um motivo que aqui se esclarece: enquanto que no caso da monarquia absoluta o titular da soberania, o rei, tem efetivamente um corpo no sentido físico, empírico do termo, no caso do totalitarismo o titular da soberania, o povo, é uma abstração. E isso não é um detalhe sem importância, como veremos a seguir.

7. *A impossível inscrição do simbólico na realidade*

Claude Lefort é sem dúvida um Autor dotado do senso da fórmula e do paradoxo. Dizer por exemplo que nas sociedades democráticas o

---

61. *Éléments...*, cit., p. 24; itálico meu.
62. *La Complication*, cit., p. 192; itálico meu.

poder – uma instância sempre ocupada e para a qual não faltam pretendentes – é "um lugar vazio", é um achado. A fórmula primeiramente nos surpreende pelo aparente paradoxo, mas depois que entendemos o que ela quer dizer, nos captura pela fina exatidão. Igual estranhamento inicial – apenas inicial – acontece quando Lefort diz que o totalitarismo "se institui mediante uma reversão do modelo democrático", certo, mas que, assim fazendo, ele simplesmente "prolonga fantasticamente alguns dos seus traços".[63] Se destaco este outro aparente paradoxo é porque ele serve de mote para explorar uma das vertentes a meu ver mais originais do seu pensamento.

Como vimos, uma das consequências da revolução democrática é fazer emergir na história uma figura até então mantida na penumbra: o povo. "Todo o poder emana do povo" é uma divisa que expressa um truísmo dos regimes democráticos. Mas o que é o povo? Ele não tem corpo. Tem representações, alegorias e imagens, certo, mas a princípio não se encarna em nenhuma pessoa, grupo ou mesmo assembleia. Governantes e parlamentos existem, é verdade, mas eles são temporários e, a bem dizer, são representantes, não são o *povo*. Este, entretanto, supõe-se existir. Para Lefort, existe como "figura indecisa, mas pronta a se atualizar, avalista sempre latente da soberania, mas portando a ameaça de uma louca afirmação de sua identidade". O que quer ele dizer com essa frase um tanto sombria, em que a afirmação da identidade do povo é qualificada de louca e vista como uma ameaça? Para apreender o sentido dessa afirmação, voltemos ao próprio Lefort, quando ele diz que na sociedade democrática "os fundamentos do poder, da lei, do conhecimento escapam a toda definição, uma vez que se esvanece a imagem de um avalista da identidade da sociedade e que esta última deixa de aparecer como uma totalidade orgânica".[64] A ameaça consiste exatamente na expectativa de que essa totalidade orgânica – representada afinal na figura do povo – se realize nos fatos, ocupando o poder. A colocação beira, mais do que o paradoxo, o escândalo, pois a perspectiva do povo no poder não constituiria a essência mesma da democracia? É preciso, assim, qualificar o argumento.

Lembremo-nos de que o conceito de povo remete a algo como uma unidade dotada de identidade, vontade – numa palavra, e mesmo correndo o risco da repetição, a uma "totalidade orgânica". Ora, tal entidade não existe empiricamente, existe apenas simbolicamente.

63. *Éléments...*, cit., p. 23.
64. Idem, idem, pp. 24-25.

O que existe empiricamente – e olhe lá! – são pessoas, grupos, classes, interesses, diferenças, modos de vida singulares etc. Nesse caso, a "loucura" do totalitarismo consistiria precisamente numa confusão entre o *simbólico* e o *real*, e numa "irresistível tentação" de precipitar aquele neste.[65] Evidentemente, à vista até de suas dificuldades empíricas, essa "precipitação" dar-se-ia por intermédio de uma "figura" que *corporificaria* o indefinível povo: a raça ariana, o proletariado etc. "Loucura" – eis como Lefort define esse projeto. E essa é uma postura que vem de longe, provavelmente da descoberta, com Maquiavel, da irredutibilidade da divisão social. Num texto já referido em que ele dá as razões por que abandonou o marxismo e a perspectiva revolucionária, essa preocupação em preservar o *simbólico* de uma realização que o aniquilaria já está presente. Aí, Lefort refere-se ao "mito" cultivado pelos comunistas de "uma indivisão, de uma homogeneidade, de uma transparência da sociedade para si própria", a realizar-se na sociedade comunista futura, mito do qual "o totalitarismo mostrava os estragos pretendendo inscrevê-lo na realidade".[66]

É no bojo dessa reflexão que se esclarecem "paradoxos" como o do poder como um "lugar vazio" e o da "boa sociedade" como um fantasma perigoso. Ou seja: voltando à *démarche* comparativa dos antropólogos, é à vista do que foi a experiência totalitária que adquire todo o seu sentido o que Lefort chama de *invenção democrática*: "A partir do conteúdo do totalitarismo é que a democracia ganha um novo relevo (...); e a tarefa que se impõe é compreender no que consiste sua singularidade, e o que contém que permite o seu contrário, isto é, o advento da sociedade totalitária. (...) A democracia revela-se assim a sociedade histórica por excelência, sociedade que, por sua forma, acolhe e preserva a indeterminação, em contraste notável com o totalitarismo que, edificando-se sob o signo da criação do homem novo, na realidade agencia-se contra essa indeterminação".[67] Há nesse trecho duas remissões que gostaria de destacar para introduzir uma discussão a que a reflexão de Lefort nos incita. De um lado, a referência ao que a democracia contém que permite o advento do seu contrário: o regime totalitário; de outro, a menção à indeterminação como um dos traços essenciais da primeira. Segundo creio, as duas coisas estão interligadas. Para ver isso, proponho aqui introduzir e rapidamente dizer alguma coisa sobre uma questão apenas episódica e perifericamente tratada na obra lefortiana – e que, a meu

65. *A Invenção...*, cit., pp. 68 e 67; itálicos meus.
66. *Éléments...*, ob. cit., p. 11.
67. *Pensando...*, cit., pp. 29 e 31.

ver, pode ser tomada como um termo médio entre a indeterminação e a ameaça totalitária: a questão social.

8. *O "abismo de morte" da miséria*

Por mais de uma vez, como vimos, Lefort recusa explicar o surgimento do totalitarismo – numa relação de causa e efeito – como consequência de transformações no modo de produção ou, de um modo mais geral, de processos econômicos nas sociedades que o viram surgir. Seu desiderato sempre foi o de "pôr em evidência uma mutação da ordem simbólica".[68] Ele não se furta, entretanto, vez por outra, a apontar alguns elementos de ordem econômica como possíveis de gerar uma mutação dessa ordem. Em seus termos sempre bem precavidos quando se trata de sugerir algum tipo de determinação, não se trata de "encontrar uma explicação", mas "demarcar as condições de formação do totalitarismo". E passa a inventariar algumas: "Quando a insegurança dos indivíduos recrudesce, em consequência de uma crise econômica, ou de devastações de uma guerra, quando o conflito entre as classes e os grupos exaspera-se e deixa de encontrar uma resolução simbólica na esfera política, quando o poder parece degradar-se ao nível do real, vindo a aparecer como algo de particular servindo a interesses e apetites de torpe ambição (...), então se desenvolve o fantasma do povo-um, a busca de uma identidade substancial, de um corpo social solidamente preso ao topo, de um poder encarnador, de um Estado liberado da divisão".[69] Por isso que, no seu último livro, tendo por pano de fundo histórico o desaparecimento do chamado "socialismo real", escreve com vigor: "O comunismo pertence ao passado; em compensação, a questão do comunismo permanece no âmago do nosso tempo".[70] Por quê?

Entre outras razões, porque no mundo do começo do século XXI, precisamente, a "insegurança dos indivíduos", sob o influxo desagregador da chamada globalização, recrudesce. Nessas condições, é sempre possível a gestação de um novo "ovo da serpente". Mas, Lefort insiste, "uma mudança na *economia do poder*" – nunca uma mudança apenas na "economia" – é necessária para que surja a "forma de sociedade totalitária".[71] É quando surge a tentação de uma identidade substancial, de um Estado liberado da divisão – para voltar aos seus termos.

68. *Écrire...*, cit., p. 348.
69. *Pensando...*, cit., p. 35.
70. *La Complication...*, cit., p. 5.
71. *Pensando...*, cit., p. 35; itálicos meus.

A democracia, nesse sentido, porta consigo algo como uma fragilidade substancial, porque nela a sociedade tem de suportar o fardo da indeterminação. Tal indeterminação aparece sob diversas formas e em diversos lugares, e um dos exemplos a meu ver mais adequados e ao mesmo tempo mais controvertidos desse traço essencial da democracia é o fato de que se trata, como já sublinhei no início, de "um regime fundado *na legitimidade de um debate sobre o legítimo e o ilegítimo* – debate necessariamente sem fiador e sem termo".[72] Só que essa ausência de fiador e de termo é angustiante. No limite, insuportável, pois ela cauciona de certa forma a injustiça social.

Lefort tem plena consciência dos riscos e das cobranças a que sua concepção de democracia está exposta. Como – se pergunta ele numa de suas frases longas a exigir do leitor uma atenção redobrada – "mensurar o que significa no totalitarismo a denegação da divisão social (...) sem parecer, sem ter medo de me ver eu mesmo legitimar as divisões de fato que caracterizam os regimes democráticos estabelecidos nos quais vivemos? Como fazer entrever a finalidade mortífera do totalitarismo sem justificar as condições de opressão, de desigualdade próprias dos nossos regimes? Como ainda conduzir uma crítica do marxismo que revele tudo o que alimentou o fantasma totalitário sem apagar o que constituía a verdade da crítica da sociedade do seu tempo por Marx?"[73]

Pensador da indeterminação por excelência, Lefort, dir-se-ia, prefere continuar suspenso nas próprias dúvidas a ceder à facilidade de dar uma resposta que satisfaça o leitor inseguro e ávido de certezas – que ele próprio não tem. Por vezes, entretanto, ele arrisca-se a ir mais além. É o que acontece, por exemplo, quando argumenta, apoiando-se em dados factuais fornecidos pela história da Europa Ocidental, que a democracia vale a pena, que ela é capaz de mudar a sorte dos mais desfavorecidos. Voltemos ao contexto do aparecimento do seu livro mais lido aqui no Brasil, *A Invenção Democrática*, no início dos anos 80. Na época, ainda pairava na Europa a ameaça soviética sobre os insurgentes poloneses; e na América Latina a repressão das ditaduras militares ainda se abatia sobre os esquerdistas que haviam sonhado com a revolução, a qual, por onde passou, destruiu a chamada "democracia burguesa". Ainda aí – ainda que esta constatação simplifique, embora não chegue a falsificar, seu pensamento –, trata-se de uma reflexão a favor da chamada democracia formal. Tanto que ele nos convida a voltar "os olhos para

---

72. Idem, idem, p. 57; itálicos no original.
73. *Écrire...*, cit., p. 349.

os soviéticos, para os poloneses, os húngaros, os tchecos ou os chineses em revolta contra o totalitarismo: são eles que nos ensinam a decifrar o sentido da prática política".[74] Em relação à América Latina, ele lembra que "a revolução democrática não penetrou ali, ou então, cada vez que começou a se desenvolver, seu curso foi brutalmente invertido". Com veemência, escreve: "Somos tomados de vertigem quando entrevemos o abismo de morte que a miséria cava na Ásia, na África, na América Latina". Mas, apesar disso, ele não esconde o seu repúdio ao instrumentalismo típico da cultura de esquerda da época que não hesitava em condenar a democracia formal em nome da revolução, pois, uma vez esta vitoriosa e aniquiladas as liberdades públicas, "haverá apenas a troca de um sistema de dominação por outro".[75]

Lefort tem assim um apego inafastável às chamadas "liberdades formais", mesmo que sob sua égide viceje a "divisão social". Mas é importante ressaltar duas coisas. Em primeiro lugar, Lefort tem um olhar bastante acurado sobre a realidade para perceber que a divisão social – a *desunione*, como diria o florentino – é um fenômeno bem mais vasto do que o conflito entre capital e trabalho, e que não se refere apenas à divisão entre classes, para usar um termo marxista. Por divisão social, diz ele explicitamente no seu último livro, "eu entendo a divisão dos grupos, mas também das esferas de atividade"[76] – sobre que já falei longamente. O totalitarismo, como a experiência histórica demonstrou, ao definir-se como *uno stato totalitario* – a expressão remonta ao fascismo italiano –, a pretexto de acabar com o conflito entre classes, redunda em aniquilar toda a diversidade de que a sociedade é feita.

Em segundo lugar, o apego lefortiano às liberdades formais parece não ser gratuito, pois está ligado à perspectiva – que no caso da Europa Ocidental foi uma experiência concreta – de que tais liberdades não são puramente formais, porque, por onde passaram, provocaram conteúdos concretos: foram elas, afinal, que tornaram possíveis "as reivindicações que conseguiram fazer evoluir a condição dos homens". É por isso que, se posso assim dizer, Lefort parece demonstrar uma espécie de "preferência" pelos direitos civis e políticos clássicos em relação aos direitos socioeconômicos, pois, mesmo que esses deixem de ser garantidos, ou mesmo reconhecidos, "a lesão não será mortal, o processo continua reversível, o tecido democrático é suscetível de ser refeito, não somente graças a circunstâncias favoráveis à melhora da sorte do maior número,

---

74. *A Invenção*..., cit., p. 69.
75. Idem, idem, pp. 27-28.
76. *La Complication*, cit., p. 147.

mas pelo próprio fato de serem preservadas as condições de protesto".[77] Estamos aqui no terreno da célebre dicotomia entre direitos civis e políticos de um lado, frutos do liberalismo, e direitos socioeconômicos de outro, herdeiros das lutas sociais e do próprio pensamento socialista. Ainda que mais atento aos primeiros, é verdade, Lefort como que vê uma relação de complementaridade entre uns e outros, na medida em que sublinha o fato de que foi a existência dos primeiros que tornou possível, pela preservação das condições de protesto, a emergência dos segundos. Nos seus próprios termos, "Tudo se passa como se os novos direitos viessem retrospectivamente incorporar-se ao que foi considerado constitutivo das liberdades públicas".[78] O problema é quando, apesar de existirem as condições de protesto, a sorte dos miseráveis parece imutável como se ainda vivêssemos numa espécie de *Ancien Régime*...

9. De volta ao começo

Como anunciei no início, resolvi introduzir neste texto, à guisa de uma ilustração didática, a maneira como me apropriei do pensamento de Claude Lefort e o incorporei à minha própria reflexão sobre a emergência, no Brasil dos anos de 1980, de uma nova cultura política no seio da esquerda, marcada por uma nova sensibilidade em relação a dois objetos antes negligenciados, para dizer o mínimo: o direito e a democracia. O tema dos direitos humanos funcionou como um bom exemplo dessa nova cultura, pois com a redemocratização do país então em curso, os militantes da esquerda revolucionária dos anos de 1960 e 1970, que sobreviveram à repressão da ditadura militar, bem como os parentes e amigos dos que foram mortos ou "desapareceram", passaram a um ativismo militante valendo-se de uma linguagem em que a ética e o direito, sobrepondo-se ao "instrumentalismo" típico da cultura revolucionária anterior, já não eram vistos como simples engodos superestruturais, mas como valores irredutíveis aos interesses da estratégia política ou às exigências das "leis da dialética".

Para ver isso, basta comparar o que diz um Trotsky num texto virulento como *A Moral deles e a nossa*, no qual o revolucionário russo rejeita com ironia as "verdades eternas da moral",[79] com a pergunta lancinante que a mãe de um desaparecido político lança aos generais bra-

---

77. *Pensando*..., cit., p. 58.
78. Idem, ibidem, p. 55.
79. Leon Trotsky, *Leur Morale et la Nôtre*, Paris, Jean-Jacques Pauvert, 1966, p. 24.

sileiros uma vez terminada a ditadura: "Onde está meu filho?"[80] Parece que estamos escutando um grito antigo de dois mil anos: o de Antígona reivindicando o direito de dar uma sepultura ao seu irmão. Essa espécie de retorno ao que poderíamos chamar de um direito natural mínimo – *Não torturarás*; *Não farás desaparecer o corpo do teu inimigo!* –, contra o qual não podem prevalecer nem as sacrossantas leis da História, repercute, a meu ver, o que diz Lefort a respeito da "exterioridade" do direito face ao poder,[81] mesmo ao poder revolucionário – ainda que seja o poder revolucionário dos dominados. Como ele chega a observar a respeito dessa "exterioridade" do direito em relação ao poder no "modo de instituição" da sociedade democrática, ela exige que "ninguém ocupe o lugar do grande juiz (...), ainda que fosse a maioria".[82]

Ao lado dos movimentos de defesa dos direitos humanos *stricto sensu*, um outro fenômeno importante desses anos foi o surgimento de movimentos reivindicatórios que lhe são correlatos – como o das mulheres, dos negros, dos índios, das minorias sexuais etc. –, atestando a existência de uma sociedade civil dinâmica e "indomável". Ainda uma vez, o pensamento que tinha escolhido como marco teórico revelava-se profícuo. Como vimos, Lefort convida-nos insistentemente a ver no fenômeno democrático "muito mais do que um sistema de instituições", pois, para ele, "enquanto se circunscreve uma esfera de atividades propriamente políticas, acham-se liberadas atividades cujas normas escapam ao poder. Uma sociedade civil se desprende plenamente do Estado; ela não se agencia somente em função das necessidades da divisão do trabalho, ela é por princípio discordante, teatro de um processo de diferenciação indomável, destinada à coexistência de meios, de tradições, de comportamentos, de crenças que *reivindicam sua singularidade*".[83] Achei que essa visão da democracia adequava-se bem ao surgimento desses "novos movimentos sociais", na medida em que eles adentravam a cena política e social reivindicando uma especificidade própria e recusando-se a ser remetidos ao nível das famosas "contradições secundárias" em relação à contradição principal – a do capital contra o trabalho –, como era usual na cultura revolucionária antes vigente.

Até aí, o meu trabalho seguiu o esquema mais comum nas dissertações e teses, qual seja, o de "enquadrar" o material empírico pesquisado

---

80. Chico de Assis *et alii*, *Onde Está meu Filho?*, Rio de Janeiro, Paz e Terra, 1985.
81. *A Invenção...*, ibidem, p. 52.
82. *Pensando...*, ibidem, p. 59.
83. *Éléments...*, cit., pp. 25-26.

num marco teórico que dele dê conta. À medida, porém, que ia me familiarizando com a obra lefortiana e mergulhando nos dados relativos à repressão do regime militar, começou a tomar forma a ideia de apropriar-me também do seu método, lançando, à minha maneira, um *olhar fenomenológico* sobre um evento que fora de considerável importância na mudança de sensibilidade que ocorreu na cultura política da esquerda brasileira naqueles anos: a tortura. Não deixa também de ser uma *démarche* acadêmica típica: apossar-se do esquema interpretativo utilizado por um Autor na análise de um determinado objeto e estendê-lo a um outro. Ainda dentro da intenção antes anunciada, relato a maneira como procedi.

Recordo que o meu ponto de partida foi a intenção de criticar a leitura empobrecedora que Marx havia feito da problemática dos direitos humanos, a partir da experiência de ter vivido sob uma ditadura que se comprazera em violá-los. À medida que fui avançando em meu trabalho, vislumbrei a existência, na literatura histórica e sociológica, do que considero uma leitura igualmente empobrecedora, desta vez relacionada à questão da tortura. Mais especificamente, ao seu banimento – pelo menos oficialmente – da *polis* democrática moderna. É fato histórico que a tortura e os suplícios, com os quais a humanidade convivera oficialmente e sem dores de consciência desde tempos imemoriais, foram banidos do direito penal moderno no bojo da cultura iluminista gestada no século XVIII, da qual a Revolução Francesa constituiu o momento culminante. Tradicionalmente, os historiadores do direito atribuem esse fato à ação dos chamados reformadores penais, que denunciaram a sua inerente crueldade e propuseram em seu lugar o "humanismo penal" – sendo o mais conhecido deles, o Marquês de Beccaria, Autor do famoso e ainda hoje celebrado *Dos Delitos e das Penas*. Em resumo, essa abolição seria explicada por um progresso do espírito humano expressando-se por meio da palavra dos reformadores. No século XX, vários trabalhos sociológicos e históricos, inclusive – *et pour cause* – aqueles que se alinham com o esquema analítico marxista, puseram-se na contramão desse paradigma "progressista-humanitário", atribuindo à ação dos reformadores e seus argumentos morais uma importância apenas marginal em relação a outros fatores – que não é a ocasião aqui de detalhar.

Ora, no meu trabalho, procurei levar a sério as explicações "ingênuas" dos historiadores que enaltecem o trabalho dos reformadores penais! Como disse, as modernas explicações sobre o desaparecimento da tortura no século XVIII tendem a minimizar esse trabalho, de maneira que a crueldade do fenômeno – que constitui entretanto um de seus elementos mais essenciais – escapa como uma fumaça através do arcabouço dos fatores sociológicos que pretendem explicar esse desaparecimento. Dito de outra forma: para a razão sociológica com que estamos habituados, não podemos nos entregar ingenuamente à ficção de uma sensibilidade que não suporta o espetáculo da tortura porque seria preciso explicar essa sensibilidade, por sua vez. Mas será que, enquanto sociólogos no sentido tradicional do termo, podemos efetivamente fazê-lo? Ou seja: será que lançando sobre um fenômeno desse tipo a rede de categorias sociais, históricas, econômicas etc., com a qual estamos acostumados, não nos arriscamos a deixar escapar o essencial? Pois, finalmente, o horror que inspira a tortura não conteria um núcleo duro que não se deixa dissolver no conjunto de fatores que o "explicam"?... Resolvi, se o uso da fórmula husserliana não é pretensioso, empreender um "retorno às próprias coisas".

Analogamente a Lefort, que tinha feito uma leitura crítica do que Marx dissera sobre os direitos humanos n'*A Questão Judaica*, encontrei também um texto sobre o qual pude concentrar o essencial da minha crítica: *Vigiar e Punir*, de Michel Foucault – publicado na França em meados dos anos de 1970 e tornado célebre no mundo inteiro. A preocupação central de Foucault é encontrar uma resposta à questão de como e por que a punição pelo suplício foi substituída, no decorrer do século XIX, pelo encarceramento. É na resposta a essa questão que o Autor se aproxima bastante do esquema marxista. Para Foucault, o fim dos suplícios e a generalização da prisão não foram nada mais do que uma nova "estratégia para o remanejamento do poder de punir, de acordo com modalidades que o tornam mais regular, mais eficaz, mais constante e mais bem detalhado em seus efeitos". Esse "remanejamento" constitui um dos aspectos da emergência de um novo tipo de sociedade, que ele chama de "disciplinar", a qual, por seu turno, é correlata do modo de produção capitalista. Foucault não fala em termos de determinação econômica, é verdade, mas está muito próximo disso, ao sustentar a tese segundo a qual "as mutações tecnológicas do aparelho de produção, a divisão do trabalho, e a elaboração das maneiras de proceder disciplinares mantiveram um conjunto de relações muito próximas. (...) Digamos que a disciplina é o processo técnico unitário pelo qual a força do corpo é com o mínimo ônus reduzida como força 'política' e maximalizada como força útil".[84]

---

84. Michel Foucault, *Vigiar e Punir*, Petrópolis, Vozes, 1977, pp. 75 e 194.

Só que subsiste, renitente, um problema: após termos lido tal história, depois que essa leitura nos tenha esclarecido sobre as "verdadeiras" razões que comandam a sensibilidade moderna contra a crueldade dos suplícios e da tortura, subsiste em nós a indelével impressão de que essa história não captou todo o fenômeno, que ela não dissipou toda a bruma metafísica que o recobre, pois continuamos apesar de tudo a experimentar – como um "dado imediato da consciência" – um sentimento de horror diante da imagem de um corpo que sofre!

* * *

Por fim, uma última palavra sobre o meu encontro com Lefort. Disse no início que ele era um desses autores que terminavam por passar algo da sua mundividência para a própria maneira de olhar o mundo do seu leitor. É o caso. Para exprimir o que quero dizer, vou recorrer de novo a uma citação um tanto longa de um de seus intérpretes. Diz ele: "Todo o pensamento político ocidental é dominado pelo pressuposto, frequentemente implícito, [de que] existe uma solução racional para o problema da convivência humana. (...) Segundo esse *approach*, a concepção de uma solução harmoniosa, justa, portadora de paz civil e de amizade entre os membros da coletividade é, em princípio, possível". Numa palavra, estamos falando da "boa sociedade". Ora, sem que isso signifique uma celebração da "má sociedade", o pensamento de Lefort, ainda segundo o seu intérprete, erige-se contra esse projeto: "O sonho racionalista de uma sociedade reconciliada consigo própria e liberta do conflito é, no melhor dos casos, uma utopia inconsistente alimentada por alguns pensadores sem o pé na realidade efetiva; no pior dos casos, um projeto mortífero cuja realização leva necessariamente ao esmagamento da sociedade em seu conjunto".[85]

Concordando com essa leitura, acho que a visão lefortiana que dela se extrai infiltrou-se na minha própria maneira de encarar a realidade e contribuiu, em alguma medida, para minha própria concepção de que, no fundo, e globalmente considerado, o mundo é um problema sem solução! Atenção: dizer isso não significa afirmar que não haja solução para os problemas do mundo... Cáspite! – como se dizia antigamente. Terei eu também sido contaminado pela inclinação lefortiana pelos paradoxos? Explico-me. A questão reside na teleologia inserta na visão racionalista da pacificação definitiva do mundo e sua pretensão à genera-

85. Hugues Poltier, ob. cit., pp. 35 e 39.

lização. Por isso a cautela: ao referir-me ao mundo como problema sem solução, adverti que se tratava do mundo "globalmente considerado".

Fascina-me, ao mesmo tempo que me assusta, a complicada dinâmica dos conflitos. Quase sempre, senão sempre, a solução para um problema termina gerando um novo problema. Aumenta a longevidade dos seres humanos, e surge o problema de gestão da "terceira idade" – tanto mais que, com a libertação das mulheres do jugo da família patriarcal – algo positivo –, já não há aquelas que aceitam o *status* de solteironas e são condenadas a cuidar dos pais idosos, os quais, aliás, a depender da condição social, são despachados para os asilos ou as "casas de repouso" – o lado negativo do processo; as populações rurais, atraídas pelas luzes fascinantes das cidades, abandonam de bom grado a vida embrutecedora do campo, e as metrópoles viram megalópoles inadministráveis; aumenta a riqueza da sociedade e a classe trabalhadora passa a ter acesso ao automóvel – resultado: surgem os estressantes engarrafamentos. E assim por diante, e assim sem fim.

Não se fixe o já enfastiado leitor, entretanto, numa leitura de primeiro grau do parágrafo acima, pois ela induziria uma conclusão pessimista. Não creio ser este o objetivo de Lefort, como seguramente não é o meu. Trata-se, apenas, de "visar a sociedade tal qual ela é", para retomar uma de suas expressões. De uma verdade, porém, que não assegura necessariamente o otimismo, não há como escapar: o indivíduo moderno "está destinado a continuar sendo em surdina trabalhado pela incerteza".[86] Mas disso não há como fugir. Senão apelando, ilusoriamente, para as soluções simplórias e violentas da tentação totalitária, no fundo uma tentativa inútil de exorcizar do mundo – para me remeter ao título do último livro de Lefort – a sua *complicação*.

86. *Pensando...*, cit., p. 213.

Capítulo XXII

HABERMAS: DO PARADIGMA DO TRABALHO AO PARADIGMA DA LINGUAGEM

DELAMAR JOSÉ VOLPATO DUTRA[1]

1. Trabalho e comunicação. 2. Marx e o paradigma do trabalho. 3. Hegel: a dialética do senhor e do escravo ou o que é esquecido. 4. A Escola de Frankfurt. 5. Habermas e o paradigma da comunicação. 6. Excurso: a crítica de Marx aos direitos humanos e a sua reabilitação por Habermas.

1. Trabalho e comunicação

O marxismo, na perspectiva da Escola de Frankfurt, se constitui em uma teoria da emancipação humana. Tal teoria encontra seu fundamento na filosofia da história,[2] cuja base, para Marx, reside na categoria do trabalho. O presente estudo trata do esgotamento do paradigma do trabalho como motor da explicação ou fundamento da emancipação por duas razões. A primeira razão leva em consideração a filosofia da história. De fato, a filosofia da história, tendo em vista a pós-modernidade, se alicerça em elementos metafísicos difíceis de serem sustentados, de tal forma que se constitui em um mecanismo insuficiente de compreensão do desenvolvimento da história. A segunda razão se alicerça na forma de vida emancipada proposta pelo marxismo, a qual implica numa tese comunitarista não neutra de que a autorrealização ou a felicidade possa

1. O presente trabalho foi realizado com o apoio do CNPq, por meio de uma bolsa de pós-doutorado na Columbia University, para o projeto *A Racionalidade da Jurisdição na Teoria do Direito de Dworkin e sua Recepção Crítica na Filosofia do Direito de Habermas*, no período de 9/2003 a 8/2004
2. Cf. Delamar José Volpato Dutra, "The Frankfurt School and the Philosophy of History", in William Sweet (Ed.), *The Philosophy of History: a Re-Examination*.

residir numa forma de vida definida pelo trabalho não alienado. Como resposta e alternativa ao paradigma do trabalho, Habermas, como continuador da *Teoria Crítica*, apresenta o paradigma da comunicação. Tal paradigma pode ser apresentado a partir das categorias *sistema e mundo vivido*, com uma prioridade do mundo vivido. Tal paradigma não é determinista como aquele da filosofia da história, pois se baseia na liberdade e tem a vantagem de ser neutro, justamente por se basear na liberdade.

2. Marx e o paradigma do trabalho

A busca de uma explicação científica da história, por Marx, enraíza-se numa tese da filosofia da história. Tal concepção referente à história implica, quase sempre, na existência de um mecanismo cujo funcionamento determina a realização de um fim que pode ser perscrutado de forma racional na história. Assim, já Kant concebera um mecanismo natural,[3] a sociabilidade insociável,[4] capaz de civilizar o gênero humano. A ideia de um ardil da razão[5] em Hegel pode ser considerada, também, o meio de que a razão se serve para se concretizar, apesar dos homens e suas paixões, mas, também, através destas e daqueles.[6]

De fato, Marx afirma: "na produção social da própria vida, os homens contraem relações determinadas, necessárias e independentes de sua vontade, relações de produção estas que correspondem a uma etapa determinada de desenvolvimento das suas forças produtivas materiais. A totalidade destas relações de produção forma a estrutura econômica da sociedade, a base real sobre a qual se levanta uma superestrutura jurídica e política, e à qual correspondem formas sociais determinadas de consciência. O modo de produção da vida material condiciona o processo em geral de vida social, político e espiritual. Não é a consciência dos homens que determina o seu ser, mas, ao contrário, é o seu ser social que determina sua consciência. Em uma certa etapa de seu

---

3. Cf. Javier Herrero, "Teoria da História em Kant", *Síntese*, vol. 8, n. 22. Pode-se dizer que, com isso, Kant faz migrar um conceito do entendimento para aquele de uma mera ideia da razão. Ou então, como ele pode transformar um juízo teleológico num juízo do entendimento sobre a natureza.

4. Cf. I. Kant, "Ideia de uma História Universal com um Propósito Cosmopolita", in *A Paz Perpétua e Outros Opúsculos*, Quarta proposição, pp. 25, A 392.

5. Cf. G. W. F. Hegel, *Lecciones sobre la Filosofía de la Historia Universal*, p. 97.

6. Cf. Delamar José Volpato Dutra, "História e Liberdade em Hegel e Marx", *Chronos*, vol. 24, n. 1, pp. 30-44.

desenvolvimento, as forças produtivas materiais da sociedade entram em contradição com as relações de produção existentes ou, o que nada mais é do que a sua expressão jurídica, com as relações de propriedade dentro das quais aquelas até então se tinham movido. De formas de desenvolvimento das forças produtivas estas relações se transformam em seus grilhões. Sobrevém então uma época de revolução social. Com a transformação da base econômica, toda a enorme superestrutura se transforma com maior ou menor rapidez".[7]

Pois bem, o axioma básico da teoria marxista da história reside, logo ao início, na proposição que estabelece a correspondência entre as forças produtivas e as relações de produção. A esse axioma se deve acrescentar o teorema da contradição entre as forças produtivas e as relações de produção, determinando, dessa forma, uma mudança nas relações de produção a cada mudança nas forças produtivas e, consequentemente, uma mudança em toda a superestrutura da sociedade. Cabe destacar que as transformações materiais das condições econômicas de produção "pode[m] ser objeto de rigorosa verificação da ciência natural".[8] Isso implica na controvertida questão do estabelecimento de uma concepção científica da história. Tal concepção assume, como consequência, no próprio texto marxista, a determinação do ser do homem não por sua consciência, mas por seu ser social, implicando, ao fim, na discussão, comum, ademais, a todas as filosofias da história, concernente ao problema da liberdade.

Habermas considera que os herdeiros do marxismo pertencentes à Escola de Frankfurt também participam das esperanças da filosofia da história. Isso é bem verdade pela constatação, desesperada, de que tal mecanismo não funciona mais. Ao menos segundo Habermas, essa posição é marcadamente correta até a década de 1940, quando Horkheimer e Adorno publicam a *Dialética do Esclarecimento*.[9] Tomando as análises de Marcuse,[10] que chamam a atenção para a peculiar fusão entre técnica e dominação,[11] Habermas conclui: "a racionalidade da dominação mede-se pela manutenção de um sistema que pode se permitir converter em fundamento da sua legitimidade o incremento das forças produtivas as-

---

7. Karl Marx, Prefácio "Para a crítica da economia política", in *Manuscritos Econômico-Filosóficos e Outros Textos Escolhidos*, pp. 129-130.
8. Idem, ibidem, p. 130.
9. Cf. J. Habermas, *Teoría de la Acción Comunicativa: Complementos y Estudios Previos*, pp. 414-415.
10. Cf. Herbert Marcuse, *The One-Dimensional Man*.
11. Cf. Habermas, *Técnica e Ciência como "Ideologia"*, p. 50.

sociado ao progresso técnico-científico".¹² Dessa forma, "o pensamento de que as relações de produção pudessem medir-se pelo potencial das forças produtivas fica cerceado pelo fato de que as relações de produção existentes *se apresentam* como a forma de organização *tecnicamente necessária* de uma sociedade racionalizada".¹³ Ou seja, as forças produtivas deixam de representar um potencial de emancipação sobre as relações de produção¹⁴ e passam, ao contrário, a justificá-las. Deixa, portanto, de funcionar aquele mecanismo básico da filosofia da história marxista que lhe permitia atribuir um potencial de emancipação, determinado pelo inexorável aumento das forças produtivas.

Ora, é também na década de 1940 que Benjamin publica *Über den Begriff der Geschichte*,¹⁵ apresentando uma crítica radical à filosofia da história. Tanto a crítica de Benjamin, quanto a de Habermas buscam explicitar o que se poderia chamar de problema epistemológico e mesmo ontológico da filosofia da história. Ou seja, sua abordagem consiste em afirmar que as coisas não se passam dessa forma, ou, então, que não podemos fazer um juízo de conhecimento sobre determinações teleológicas.

A tese de Benjamin, por outro lado, nos permite compreender como é possível construir um juízo teleológico sobre a história. Uma tal possibilidade somente é viável pelo empréstimo do olhar de Deus sobre a história, um olhar *sub specie aeternitatis*. De fato, que a filosofia da história tome emprestado seu pensamento à teologia é reconhecido pelo próprio Hegel: "os cristãos estão, pois, iniciados nos mistérios de Deus e desse modo nos foi dada, também, a chave da história universal. No cristianismo há um conhecimento determinado da Providência e de seu plano. No cristianismo, é doutrina capital que a Providência regeu e

12. Idem, ibidem, p. 47. Isso implicará, para Habermas, por outro lado, uma nova forma de conceber a ideologia, determinada pelo fato de que "o estado das forças produtivas represente, precisamente, também o potencial, pelo qual, medidas 'as renúncias e as incomodidades impostas aos indivíduos estas surgem cada vez mais como desnecessárias e irracionais'" (Habermas, *Técnica e ciência...*, cit.. p. 47). Essa nova forma de conceber a ideologia, como tecnocracia, toma, verdadeiramente o sentido próprio da ideologia, ou seja, aquela que pode conceber-se ao modo da ciência, permitindo-se, ainda, evitar um discurso de ocultamento, lacunar [cf. M. Chauí, *Cultura e Democracia*, p. 7], mas abandonando, agora, qualquer tentativa de encobrir, ideologicamente, as disfunções do sistema, as quais aparecem como tecnicamente necessárias. Para uma possível crítica a essa nova figura da ideologia ver: Delamar José Volpato Dutra, "A estrutura do pensamento da *Teodiceia* de Leibniz e a vingança da ideologia contra o discurso crítico", *Dissertatio*, vol. 2, n. 4, 1996, pp. 97-109.
13. Habermas, *Técnica e Ciência...*, cit., p. 48.
14. Cf. Habermas, *El Discurso Filosófico de la Modernidad*, p. 161.
15. Ver Walter Benjamin, *Teses sobre a Filosofia da História*.

rege o mundo; que tudo quanto ocorre no mundo está determinado pelo governo divino e é conforme a este. Esta doutrina vai contra a ideia do acaso e contra a dos fins limitados: por exemplo, o da conservação do povo judeu. Há um fim último, universal, que existe em si e por si. A religião não rebaixa essa representação geral. A religião atém-se a essa generalidade. Mas, essa fé universal, a crença de que a história universal é um produto da razão eterna e que a razão determinou as grandes revoluções da história, é o ponto de partida necessário da filosofia em geral e da filosofia da história universal".[16]

3. Hegel: a dialética do senhor e do escravo ou o que é esquecido

A dialética do senhor e do escravo apresentada por Hegel pode ser tomada como paradigmática da explicação dos fundamentos que operam numa tese de filosofia da história. Ela permite analisar também o que é obliterado numa tal explicação dos eventos da história.

Segundo Hegel, o senhor relaciona-se, mediatamente, com o escravo pela vida, posto que o medo da morte é o início da sabedoria. Por outro lado, o apego à vida torna-se a cadeia do escravo. O senhor relaciona-se, ainda, também mediatamente, com a coisa por meio do escravo.[17] Ora, a consciência escrava pode ser caracterizada, então, pelo medo da morte, que, como afirma Hegel, é, tão somente, o início da sabedoria, já que, aí, não se encontra a si mesma, o que acontecerá, finalmente, pelo segundo elemento que caracteriza a consciência escrava, a saber, o trabalho.[18]

O trabalho é desejo refreado, posto que não pode consumir a coisa para realizar o gozo na negação completa da coisa. Ou seja, o trabalho *forma*, para Hegel. No trabalho, a consciência depara-se com o independente que funcionará como contemplação de si mesma, ou seja, o puro ser da consciência, no trabalho, transfere-se para fora de si no elemento do permanecer: "a consciência trabalhadora, portanto, chega assim à intuição do ser independente, como [intuição] de si mesma".[19] O medo e o trabalho são necessários para que haja tal reflexão. Mas, "é

16. Hegel, *Lecciones...*, cit., p. 55.
17. Cf. Hegel, *Fenomenologia do Espírito*, § 190. Cf., em acréscimo, o comentário de Jean Hyppolite, *Génesis y Estructura de la "Fenomenologia del Espíritu" de Hegel*, p. 157.
18. Cf. Hegel, *Fenomenologia do Espírito*, § 195.
19. Idem, ibidem. "A verdade dessa intuição de si no ser em si é, justamente, o pensamento estoico quem a manifestará" (Hyppolite, *Génesis...*, cit., p. 160).

o trabalho que transforma a escravidão em senhorio (...) formando as coisas, o escravo não só se forma a si mesmo, mas também imprime ao ser esta forma que é a da autoconsciência e, com isso, encontra-se a si mesmo em sua obra".[20] O trabalho tem, ademais, um significado negativo, libertando do medo, na medida em que "no formar, o ser-para-si se torna para ele como o seu próprio, e assim chega à consciência de ser ele mesmo em si e para si",[21] ou seja, nesse reencontrar-se de si por si mesma, a consciência vem a ser em sentido próprio.[22]

A natureza constitui-se como natureza objetiva para nós mediante o processo de trabalho. Por isso, em Marx, o trabalho é uma categoria que passa a fazer parte da teoria do conhecimento. A esse respeito lemos em Habermas: "o sistema da atividade objetivada forja as condições fáticas de uma possível reprodução da vida social e, ao mesmo tempo, as condições transcendentais da objetividade possível de um objeto da experiência".[23] É necessário acrescentar que o próprio homem se autoproduz na interação com a natureza. E o trabalho é a interação do homem com a natureza.[24] Eis a razão pela qual o trabalho parece ser uma categoria fundamental de mediação da explicação social, em detrimento da comunicação.[25] Até porque, sob o ponto de vista da emancipação, pelo trabalho o homem já é independente, pois ele o liberta das contingências da natureza, criando um mundo de conforto. Esse dado objetivo emancipa o homem, sendo um fator de humanização.

4. A Escola de Frankfurt

Em suas análises da sociedade, os frankfurtianos constatarão a imobilização da figura do senhor e do servo. Ou seja, o sistema desenvolveu, em sua perspectiva, mecanismos que impedem a reflexão ou a intuição da consciência escrava, ou da consciência que no trabalho forma mundo. Tal perspectiva pode ser tornada plausível a partir de uma radicalização da figura da ideologia, cuja relevância e poder não podem ser subestimados. O papel da ideologia é dado pelo tratamento do tema

20. Hyppolite, *Génesis...*, cit., pp. 159-60.
21. Hegel, *Fenomenologia do Espírito*, § 196.
22. Idem, ibidem.
23. Idem, ibidem, p. 46.
24. Idem, ibidem, p. 48.
25. Cf. José Arthur Giannotti, *Trabalho e Reflexão. Ensaios para uma Dialética da Sociabilidade*, p. 11. Ver, também, a esse respeito, a análise de Giannotti sobre "o papel constituinte d'*O Ardil do Trabalho*" no segundo capítulo de seu livro.

da indústria cultural, por parte de Adorno e Horkheimer, para além de suas implicações estéticas, considerando, portanto, as implicações de caráter político, antropológico e, no caso, propriamente filosófico, isso na medida em que averigua as ressonâncias desse conceito sobre a dialética da consciência.

A *Dialética do Esclarecimento* é uma manifestação clara dessa visão da figura do senhor e do servo, ou seja, a descrição da imobilização de tal dialética. Vejamos como Adorno e Horkheimer tratam aí a questão. Essa apresentação é feita com uma alusão ao canto das sereias da *Odisseia* de Homero. A obra começa pela definição do *Esclarecimento*: "no sentido mais amplo do progresso do pensamento, o esclarecimento tem perseguido sempre o objetivo de livrar os homens do medo e de investi-los na posição de senhores".[26] Ora, o desejo de Ulisses de conhecer o canto das sereias e de não submergir aos seus encantos é tomado como ilustrativo do processo do esclarecimento. Na narrativa estão presentes o que interessa a Adorno e Horkheimer analisar, ou seja, o conhecimento, o medo da morte, a identidade do eu e, principalmente, o trabalho. "O medo de perder o eu e o de suprimir com o eu o limite entre si mesmo e a outra vida, o temor da morte e da destruição, está irmanado a uma promessa de felicidade, que ameaçava a cada instante a civilização. O caminho da civilização era o da obediência e do trabalho, sobre o qual a satisfação não brilha senão como mera aparência".[27] O preço que Ulisses paga para poder conhecer e dominar o canto das sereias, sem sucumbir a ele, é demasiadamente pesado, pois, nesse processo, o trabalho necessário para que tal aconteça é de tal forma inibidor das capacidades reflexivas dos seus servos que acaba por atingir a sua própria emancipação, posto que dependente da consciência destes. De fato, aos seus companheiros "ele tapa seus ouvidos com cera e obriga-os a remar com todas as forças de seus músculos (...) ele escuta, mas amarrado impotente ao mastro".[28]

É, bem entendido, nesse contexto, que eles citam a Hegel: "mas o senhor introduziu o escravo entre ele e a coisa, e assim se conclui somente com a dependência da coisa, e puramente goza; enquanto o lado da independência deixa-o ao escravo, que a trabalha".[29] De fato, Ulisses é substituído no trabalho e os servos "não podem desfrutar do trabalho porque este se efetua sob coação, desesperadamente, com os

---

26. Th. W. Adorno e Max Horkheimer, *Dialética do Esclarecimento: Fragmentos Filosóficos*, p. 19.
27. Idem, ibidem, pp. 44-45.
28. Idem, ibidem.
29. Hegel, *Fenomenologia do Espírito*, § 190.

sentidos fechados à força. O servo permanece subjugado no corpo e na alma, o senhor regride (...) a fantasia atrofia-se".[30] Pode-se perceber, claramente, a intenção dos autores na citação de uma passagem da clássica figura do senhor e do escravo da *Fenomenologia*. A sua intenção é clara ao assinalar a dominação do corpo e da alma, implicando a atrofia da fantasia. Além disso, a regressão "afeta ao mesmo tempo o intelecto autocrático".[31] Finalmente, concluindo a sua análise, os autores negam a afirmativa hegeliana de que a verdade da consciência independente seja a consciência escrava: "os ouvidos moucos, que é o que sobrou aos dóceis proletários desde os tempos míticos, não superam em nada a imobilidade do senhor".[32] Afirmativa derradeira para a figura do escravo, equiparada, agora, à não verdade da consciência do senhor. Assim, o conformismo é a consequência lógica da sociedade industrial, na qual, finalmente, "o pensamento perdeu o elemento da reflexão sobre si mesmo, e hoje a maquinaria mutila os homens mesmo quando os alimenta".[33] A *Dialética do Esclarecimento* lê a história de uma forma contrária ao implícito na parábola hegeliana, ou seja, "a história da civilização é a história da introversão do sacrifício. Ou por outra, a história da renúncia".[34] Trata-se, no dizer da obra, da "transformação do sacrifício em subjetividade".[35] A indústria cultural tem, nessa análise, como consequência, a atrofia da imaginação e da espontaneidade.[36] Ela reprime, não sublima,[37] no jargão psicanalítico. O capitalismo, segundo os frankfurtianos, engendrou "mecanismos" que paralisam a dialética do senhor e do escravo, tais como, a indústria cultural e os meios de comunicação, o conforto e o bem-estar[38] e, finalmente, a ideologia do melhor dos mundos.[39]

30. Adorno e Horkheimer, *Dialética do Esclarecimento*, p. 46.
31. Idem, ibidem, pp. 46-47.
32. Idem, ibidem, p. 47.
33. Idem, ibidem, p. 48.
34. Idem, ibidem, p. 61. "Graças à resignação com que se confessa como dominação e se retrata na natureza, o espírito perde a pretensão senhorial que justamente o escraviza à natureza" (p. 50).
35. Idem, ibidem, p. 61. Eles falam, a partir de Tocqueville, de um apodrecer espiritual: "segundo Tocqueville, as repúblicas burguesas, ao contrário das monarquias, não violentam o corpo, mas vão direto à alma" (p. 212).
36. Idem, ibidem, p. 119.
37. Idem, ibidem, p. 131.
38. Para um tratamento do papel do conforto e do bem-estar no sistema social atual, enquanto ideologia, ver: J. Habermas, *Técnica e Ciência...*, cit.
39. Cf. Delamar José Volpato Dutra, "A Estrutura do Pensamento da *Teodiceia* de Leibniz e a Vingança da Ideologia contra o Discurso Crítico", *Dissertatio*, vol. 2, n. 4, pp. 97-109.

Adorno e Horkheimer exemplificam isso a partir de Ulisses e da alegoria das sereias. Essa alegoria já contém, in nuce, o dilema do Iluminismo. O canto das sereias, ainda não reduzido à impotência da arte, promete prazer irresistível. Sabe-se que as sereias encantavam os viajantes com seu canto e os devoravam. A mensagem é clara, o prazer desmesurado ameaça uma certa identidade. Ulisses, o ardiloso, mentor do cavalo de Troia, não pode sucumbir na tentativa de conhecer o belo canto das sereias. Seu ardil será: perder-se para se conservar. Por isso, aos seus companheiros "ele tapa seus ouvidos com cera e obriga-os a remar com todas as forças de seus músculos (...) ele escuta, mas amarrado impotente ao mastro".[40] O preço pago para conhecer e dominar o canto das sereias é duplo. Primeiro, ele implica na deformação dos sentidos dos remadores, os quais, assim, não podem usufruir, de forma alguma, da promessa de felicidade daquele conhecimento. O servo é subjugado no corpo e na alma pela disciplina do trabalho necessário para que este conhecimento e dominação sejam possíveis.[41] Segundo, o próprio Ulisses, amarrado pelas relações sociais engendradas, também não pode usufruir da promessa de felicidade inserida nesse conhecimento.

5. Habermas e o paradigma da comunicação

O que se pode chamar de imobilização da tese básica da filosofia da história marxista é um dos elementos-base que determina boa parte dos estudos de Habermas, especialmente em *Técnica e Ciência*. Por outro lado, Habermas, fugindo a um certo pessimismo da Escola de Frankfurt, presente nos escritos tórridos de Adorno,[42] buscará, explicitamente, calcar a sua posição exatamente naquele elemento obliterado na filosofia da história. Ora, é pela recuperação do domínio da intersubjetividade e, portanto, da liberdade, que determina a posição habermasiana como sendo, fundamentalmente, ética. Isso implica em ter que abandonar as teses da filosofia da história, remetendo o desafio da emancipação para o domínio da ação humana, seja ele político, jurídico ou, mesmo, propriamente moral, mas, sempre, em todo caso, marcado por um elemento de contingência.

40. Adorno e Horkheimer, *Dialética do Esclarecimento*, p. 45.
41. Sobre a relação dessa alegoria com a parábola hegeliana do senhor e do escravo ver: Delamar José Volpato Dutra, "O Fim das Filosofias da História: Liberdade e Dialética", *Veritas*, vol. 44, n. 4, pp. 956-976.
42. Por exemplo, Adorno, *Minima moralia*; Adorno e Horkheimer, *Dialética do Esclarecimento*.

A teoria crítica de Adorno e Horkheimer ainda via o mecanismo causador da coisificação do sujeito no trabalho como forma necessária de reprodução da espécie, segundo o modelo de uma racionalidade instrumental, calculativa de meios em relação a fins, baseada nas categorias de sujeito-objeto.[43] Ou seja, o conceito de dominação da natureza não é entendido por Adorno e Horkheimer como metafórico. A crítica da razão instrumental quer ser a crítica do percurso de uma natureza reprimida, tanto da externa, quanto da interna.

Habermas pretende dar continuidade à teoria crítica sem cair nesse caráter aporético de uma crítica que, se por um lado, pode apontar para o que foi perdido, destruído, por outro lado, não tem condições de dizê-lo, não tem condições de prognosticar o que seria a integridade destruída pela razão instrumental. Como alternativa ao caminho mimético seguido por Adorno e Horkheimer, Habermas propõe a racionalidade comunicativa.[44] A racionalidade comunicativa permitirá apresentar o que propriamente se perde com a racionalidade instrumental que atinge todos os aspectos da vida no seu processo de racionalização. O perdido é a dimensão da intersubjetidade, condição mesma da própria racionalidade discursiva, já que o sujeito, assim mutilado, perde um dos pressupostos da racionalidade comunicativa, a saber, a possibilidade de pronunciar-se, de forma veraz, com um sim ou não frente a um ato de fala. Avaliada em termos de determinação sistêmica, a racionalidade instrumental deforma uma forma de vida baseada no discurso e no consenso, em que, nessa dimensão, a humanidade poderia construir um projeto de sociedade emancipada.

Fundamental para a proposta comunicativa de Habermas é o conceito de sociedade civil. Embora a sociedade civil, em Hegel e Marx, seja definida a partir do mercado, tendo a sua grande finalidade material ao satisfazer as necessidades, criando riquezas, nem Hegel e nem Marx pensarão que os desdobramentos da sociedade civil ficarão restritas à produção de riquezas. Cônscios da importância da categoria do trabalho como categoria privilegiada de explicação social – fiéis, nesse sentido, aos ditames da economia política – irão perscrutar o que, além de riqueza, o trabalho pode produzir. Não seria incorreto dizer que, no nível político, o trabalho produz, para Hegel, a humanização do ser humano, na medida em que força o indivíduo a ter que se determinar por parâme-

---

43. Ver a esse respeito: Delamar José Volpato Dutra, "Aspectos da Teoria da Racionalidade em Habermas (Das Categorias da Filosofia da Consciência ao Paradigma da Ação Comunicativa)", *Chronos*, 1989.

44. Habermas, *Teoría de la acción comunicativa* (I), pp. 486-487 e 497 e ss.

tros comuns, adaptando o seu querer a normas comuns, seja nas atividades de polícia do Estado, seja nos imperativos da corporação, mesmo sendo ainda uma relação externa com essas regras, cuja proximidade e afetuosidade adequadas com as mesmas só acontecerá no Estado. Ora, assim, Hegel retira da sociedade civil o que ela parece não ter, ou seja, harmonia e ética, metamorfoseando o indivíduo, transformando a semente na árvore, a criança no homem, a lagarta na borboleta, de forma imperceptível e necessária.

Podemos dizer que, a partir da ideia de domesticação democrática do mercado e da burocracia, Habermas não mistura mais essas esferas, seja, como Hegel, para extrair do próprio mercado formulações éticas, seja, como Marx, para suprimir o mercado por decisões políticas de controle e planejamento, supressão esta levada a cabo por determinações da própria sociedade civil que cria seus próprios coveiros. Com isso, Habermas se livra não só da dificuldade teórica de vislumbrar tais pontes de ligação e entrecruzamento, como também, de pressupostos deterministas presentes nessas duas formulações. Por isso, ele separa a sociedade civil tanto do Estado quanto da economia. Só assim, ela pode ser o coração da democracia, como um espaço de liberdade privada, protegido por um conjunto de direitos, na qual os atos de fala podem ser exercidos sem a coação do dinheiro e do poder. Essa proteção da sociedade civil por um conjunto de direitos, em Habermas, não é um sucedâneo dos determinismos de Marx e Hegel com relação a essa temática, pois não implica em qualquer conteúdo preestabelecido, nem muito menos na tese de uma aprendizagem moral necessária.

Certamente, o tratamento do tema específico da sociedade civil defende que ela não pode mais ser definida ao modo de Hegel, como sendo propriamente colada ao mercado e, portanto, ao sistema das necessidades. É como se Habermas oferecesse um outro caminho de acesso aos indivíduos às determinações do Estado, as quais não ocorrem mais ao modo adaptativo a um conteúdo já dado pela eticidade, mas ao modo construtivo da democracia, cuja raiz vai residir, de maneira mais palpável, para além das profundezas do coração humano, na sociedade civil, como arena ou fórum de debates, entendida a partir do conceito de racionalidade comunicativa.

A sociedade civil, em Hegel, começa pelo sistema de necessidades, ou seja, pelo mercado ou pelo trabalho, fatores esses tão bem trabalhados pela economia política, com a qual Hegel tanto ficou fascinado. Parece plausível pensar que as demais figuras que se seguem, como a administração da justiça, a administração pública e a corporação, não tenham determinações próprias, mas sejam simples reflexos de aspectos do mercado ou exigências de um comportamento racional nos termos do próprio mercado. Assim, a administração da justiça visaria a resolver conflitos que o mercado não resolveria por si e a administração pública visaria a resolver as disfunções do mercado, como é o caso da própria atividade do que veio a ser apelidado, posteriormente, como seguridade social, com atividades previdenciárias, de atendimento à saúde e de assistência social. Se considerarmos as críticas de Hegel ao contratualismo e se admitirmos que a estrutura jurídica básica presente na sociedade civil seja contratual, então, faz sentido pensar que as determinações estatais presentes na sociedade civil sejam regidas pelos caracteres da primeira figura posta na sociedade civil, qual seja, o mercado ou o sistema das necessidades. No entanto, Hegel pretende ver, através do olhar perscrutador e profundo de dialético, um outro processo que se desenvolve, de forma oblíqua, ou seja, não visível diretamente. Hegel escrutina esse processo, ardiloso e sinuoso, mediante o qual se realizam, para além das determinações privadas e das determinações instrumentais da estrutura contratual, conteúdos éticos ou conteúdos legítimos, ou seja, como, por intermédio desse processo instrumental de assunção de relações, acaba acontecendo a formação de um homem moral ou a criação de uma cultura ética. Não se trata, bem entendido, só de uma questão de motivação, ou seja, da passagem de uma ação conforme ao dever para uma ação por dever, mas da ocorrência de conteúdos legítimos corporificados no *ethos* presente no Estado.

Na verdade, e nesse sentido fiel a Marx, Habermas desconfia que a sociedade civil, entendida a partir do mercado, não seja capaz nem de formar o homem moral, nem de averiguar ou desenvolver, através de suas características, conteúdos legítimos. Ou seja, o contratualismo traz um momento de verdade a propósito de sua relação com a sociedade civil, qual seja, a particularidade dos interesses, e nem a visão aguçada de Hegel, nem o seu mecanismo do ardil da razão são capazes, para o crítico Habermas, de arrancar determinações morais do mercado, o que é profundamente marxista. Se a economia política, ao buscar como a economia se determina em política, ou como influencia a política, serviu a Hegel para ver como determinações propriamente políticas podem se desenvolver a partir da economia, Habermas tem em mente os esclarecimentos da sociologia sistêmica de Luhmann que levantam o caráter sistêmico do mercado, recursivamente fechado – aspectos sistêmicos do mercado que já Marx trabalhara com maestria e que o impedira de olhar a sociedade civil com base no mercado com o mesmo olhar de Hegel.

Por isso, Habermas desloca a fonte de conteúdos legítimos ou de determinações morais do âmbito do mercado para aquilo que Hegel chamaria de opinião pública, fugindo, com isso, dessa difícil visão da formação do *ethos* que deveria perpassar a sociedade civil. De fato, não há como não ver nessas formulações de Habermas semelhanças com a opinião pública em Hegel. Isso é bem plausível, se considerarmos que a opinião pública, em Hegel, seja o espaço de reconhecimento das decisões como sendo legítimas, concretizando o princípio da liberdade subjetiva como questionamento, implicando, por isso, provas e razões.[45] Além disso, o topos da opinião pública, se situa no capítulo que trata do poder legislativo, o que seria indicativo, para o democrata Habermas, da sua função justificadora, sob o ponto de vista normativo. As semelhanças, no entanto, param aí, pois a opinião pública parece, para Hegel, mais um meio educativo,[46] cuja finalidade é que o particular chegue à convicção de uma universalidade ou conteúdo já dado, ou seja, ela "encontra a sua substância em uma outra coisa que não ela: ela é o conhecimento apenas como aparição".[47] Nesse sentido, a publicidade serve aí apenas para a "integração da opinião subjetiva na objetividade que o espírito se deu na figura do Estado".[48]

Mesmo Hegel desconfia da sociedade civil devido à sua falta de organicidade, pois, apesar de a economia política ter apontado leis da sociedade civil – o que o impressionou –, ele continua a acentuar o caráter anárquico e antagônico da sociedade civil.[49] Isso determina a necessidade do Estado, para o sistema de Hegel, como sendo anterior à sociedade civil, na medida em que é um meio que deixa tal antagonismo dentro de limites aceitáveis, bem como implica na crítica de que um Estado confundido com a sociedade civil seria só um Estado visando à segurança e proteção da propriedade.

Em Habermas, diferentemente, não está disponível, já de início, esse elemento substantivo, que teria, apenas, como que se verificar no espaço público. A posição de Habermas é construtivista sob o ponto de vista do conteúdo, sendo o espaço público, portanto, criativo, despido de conteúdo e remetido radicalmente a esse espaço de liberdade

45. Cf. Hegel, *Grundlinien der Philosophie des Rechts*, § 316. Ver Denis Rosenfield, *Política e Liberdade em Hegel*, p. 259.
46. Idem, ibidem, § 315.
47. Habermas, *Mudança Estrutural da Esfera Pública*, p. 143.
48. Idem, ibidem, p. 147.
49. Idem, ibidem, p. 143.

interssubjetiva indeterminada, base da legitimidade democrática e, portanto, criadora de conteúdos legítimos.

Dentro dessa perspectiva, a formulação do comunismo em Marx implica no fechamento dos possíveis conteúdos de uma forma de vida emancipada. De fato, Kymlicka tenta caracterizar a proposta do comunismo como um comunitarismo. Tal pode ser percebido na crítica que Marx faz da propriedade privada. Segundo Kymlicka, ela é feita no sentido que ele chama de crítica perfeccionista da alienação. Teorias como essa são perfeccionistas "porque pretendem que certos modos de vida constituem a 'perfeição' humana (ou 'excelência')".[50] No caso da formulação marxista, a teoria é perfeccionista porque enfatiza o modo como a propriedade privada inibe o desenvolvimento de nossas capacidades mais importantes. Ou seja, o problema com a propriedade não é só a exploração, mas a alienação dos poderes humanos essenciais. Em consequência, os recursos devem ser distribuídos de tal modo a encorajar a realização das potencialidades e excelências humanas e a desencorajar modos de vida nas quais faltem estas excelências.[51] Para os perfeccionistas, as necessidades segundo as quais se fará a distribuição da riqueza, devem ser selecionadas, quais sejam, as que melhor expressem o ideal de prazeres e atividades cooperativas, criativas e produtivas. Da mesma forma, o trabalho assalariado aliena o homem de suas mais importantes capacidades, na medida em que o põe sob controle de um outro, não implicando qualquer satisfação.[52] Kymlicka aponta para o problema de um tal perfeccionismo a partir do que Rawls chamaria de fato do pluralismo. De fato, mesmo que o trabalho não alienado fosse melhor do que o alienado, há outras possibilidades valorativas, como o ócio ou o consumo – ou seja, neste último caso, a preferência pelo prazer passivo do consumo ao ativo da produção.[53]

Por isso, Habermas acredita que o procedimento democrático traduza melhor a ideia de uma forma de vida emancipada do que o comunismo proposto por Marx. Na verdade, Habermas quer estatuir os fundamentos normativos para o projeto socialista. Se compreendermos o socialismo como o estabelecimento de condições necessárias de vida emancipada, então, tais condições são traduzidas pela auto-organização democrática de uma comunidade jurídica, não se devendo confundir

50. Will Kymlicka, *Contemporary Political Philosophy: an Introduction*, p. 187.
51. Idem, ibidem, p. 186.
52. Idem, ibidem, p. 187.
53. Idem, ibidem, p. 188.

tais condições com uma forma de vida concreta, como aquela descrita por Marx no comunismo ou pelo socialismo real. Ou seja, a democracia passa a ser o núcleo normativo desse projeto, na medida em que estatui as condições para que uma dada sociedade possa estabelecer o seu próprio projeto concreto de uma forma de vida emancipada.[54] O núcleo normativo desse projeto democrático é o respeito e a defesa das liberdades comunicativas, as quais têm como condição de possibilidade a liberdade privada que, enquanto poder comunicativo, determina a formação da liberdade pública ou da vontade coletiva.

6. Excurso: a crítica de Marx aos direitos humanos e a sua reabilitação por Habermas

Em sua crítica aos direitos humanos Marx, em *A Questão Judaica*,[55] parte da distinção entre *direitos do homem* e *direitos do cidadão*. Estes implicam em verdadeira emancipação, já aqueles implicam em falta de emancipação. A pessoa de direito público, ou seja, o Estado, decreta a sua libertação de privilégios de nascimento e de propriedade, visto que no âmbito da cidadania o homem vale como ser genérico e livre. Por outro lado, os direitos do homem são a descrição por antonomásia do homem, em que um aspecto é tomado pelo todo. Ou seja, o homem passa a se definir pelo seu ser egoísta, enquanto partícipe do mercado. Portanto, o homem engendra um processo de emancipação incompleta, pois dita emancipação, embora seja exemplar no âmbito político, é inexistente no âmbito privado. Ademais, Marx não pode aceitar que os direitos do homem se sobreponham aos direitos políticos. De fato, os direitos políticos são concebidos pelo Estado de direito burguês como *meios* para a realização dos direitos do homem. Ou melhor, os direitos do homem passam a disputar um âmbito de competência próprio da legislação política ao se instituírem como cláusula excluída da decisão política. Marx não pode aceitar que o fim seja convertido em meio, ou seja, que a emancipação política acabe por se transformar em meio que sustente a escravidão da vida privada, em que vigem relações baseadas nas diferenças de propriedade e nas crenças religiosas.

Cabe observar que Marx faz essa leitura dos direitos humanos a partir de uma interpretação por demais concretista dos mesmos, numa de suas formulações possíveis, de tal forma que ele não consegue vis-

---

54. Cf. Habermas, *Faktizität und Geltung: Beiträge zur Diskurstheorie des Rechts und des demokratischen Rechtsstaats*, p. 12.
55. Marx, "On the Jewish Question", *Selected Writings*, pp. 39-62.

lumbrar uma dimensão propriamente normativa no conjunto dos direitos humanos. Tal ocorre porque, para ele, o direito à *liberdade*, configura-se, basicamente, como liberdade religiosa – contra a qual Marx tinha reservas[56] – e, principalmente, como liberdade de propriedade. Ora, visto que a liberdade se determina como posse e propriedade,[57] naturalmente a liberdade de um só pode encontrar na liberdade de outro um limite, visto este aspecto constituir o próprio cerne do direito de propriedade [*excludendi alios*], razão pela qual o direito é visto como limitação das liberdades para regular *o meu e o teu*. Assim, a lei funciona como um limite dentro do qual a liberdade se define por oposição aos demais. Marx não consegue compreender uma humanidade que se defina pela individualidade e não pelo seu caráter político, comunitário.

Por outro lado, a *igualdade* vai ser definida como igualdade perante a lei nos termos acima propostos, ou seja, uma igualdade definida apenas nos termos legais que limitem as liberdades, implicando numa assimetria entre esta igualdade perante a lei e a igualdade de fato, concernente ao exercício das liberdades no espaço deixado aberto pela lei. Como se sabe, Marx tece severas críticas a esse conceito de igualdade e, quiçá, ao conceito de igualdade mesmo, ao propor que este seja substituído pelo conceito de necessidade.[58]

Por fim, a *segurança* é o objetivo maior da comunidade política, visto ter que assegurar os direitos do homem como acima descritos. Nesse particular, são por demais conhecidas as reservas de Marx contra o Estado, enquanto aparato de segurança. Enfim, para Marx, os direitos do homem não traduzem nada mais do que a posição do homem egoísta do mercado.

Em oposição a esse tratamento dos direitos do homem, Habermas os interpreta como condições de possibilidade da democracia, atri-

56. Dada a sua concepção materialista, Marx tem uma filosofia despida de divindade. Sua crítica à religião não concerne só à crítica ao modo como de fato a religião foi usada; ela atinge a religião enquanto tal. Qualquer dimensão transcendente ao ser humano implica numa alienação de seu ser.
57. "Deve a pessoa dar-se um domínio exterior para a sua liberdade a fim de existir como ideia" (Hegel, *Princípios da Filosofia do Direito* § 41). "É minha vontade pessoal, e portanto como individual, que se torna objetiva para mim na propriedade" (idem, ibidem, § 46).
58. "These equal right is an unequal right for unequal labour. (...) It is, therefore, a right of inequality, in its content, like every right (...) To avoid all these defects, right instead of being equal would have to be unequal (...) From each according to his ability, to each according to his needs" (Marx, "Critique of the Gotha Program", *Selected Writings*, pp. 568-569).

buindo normatividade aos mesmos, visto que, para ele, a democracia, como base do socialismo por ele proposto, estatui as condições de possibilidade para formas de vida emancipadas.[59] Habermas consegue tal reabilitação ao dar uma formulação menos concretista aos direitos do homem, possibilitando que os mesmos sejam interpretados num sentido prioritariamente processual e não substantivo. Tal perspectiva permite uma leitura da liberdade como sendo passível de outras figurações para além da propriedade, de tal forma que a propriedade seja apenas uma das muitas aplicações do direito à liberdade, como liberdade de imprensa, de consciência, de ir e vir, de pensamento, de reunião, de associação, de votar etc.

Bibliografia

ADORNO, Th. *Minima Moralia*. Trad. L. E. Bicca. São Paulo, Ática, 1992.

ADORNO, Th. W., e HORKHEIMER, Max. *Dialética do Esclarecimento: Fragmentos Filosóficos*. Trad. G. A. de Almeida [*Dialektiik der Aufklärung: Philosophische Fragmente*]. Rio de Janeiro, Zahar, 1985.

BENJAMIN, W. *Teses sobre a Filosofia da História*. São Paulo, Ática, 1985.

CHAUÍ, M. *Cultura e Democracia*. 3ª ed., São Paulo, Moderna, 1982.

DUTRA, Delamar José Volpato. "Aspectos da Teoria da Racionalidade em Habermas (das Categorias da Filosofia da Consciência ao Paradigma da Ação Comunicativa)", *Chronos*. EDUCS, jul.-dez./1989.

_____. "História e Liberdade em Hegel e Marx", *Chronos*, vol. 24, n. 1. Caxias do Sul, jan.-jul./1991.

_____. "A Estrutura do Pensamento da *Teodiceia* de Leibniz e a Vingança da Ideologia contra o Discurso Crítico", *Dissertatio*, vol. 2, n. 4, 1996.

_____. "O Fim das Filosofias da História: Liberdade e Dialética", *Veritas*, vol. 44, n. 4. Porto Alegre, 1999.

_____. "The Frankfurt School and the Philosophy of History", in SWEET, William (Ed.). *The Philosophy of History: a Re-Examination*. Aldershot, Ashgate Publishers, 2003.

ELSTER, Jon. *Ulysses and the Sirens: Studies in Rationality and Irrationality*. Cambridge, Cambridge University Press, 1984.

GIANNOTTI, José Arthur. *Trabalho e Reflexão. Ensaios para uma Dialética da Sociabilidade*. São Paulo, Brasiliense, 1983.

HABERMAS, J. *Teoría de la Acción Comunicativa* (I) [*Theorie des kommunikativen Handelns*] Trad. M. J. Redondo. Madrid, Taurus, 1987.

_____. *Técnica e Ciência como "Ideologia"*. Lisboa, Ed. 70, 1987.

_____. *El Discurso Filosófico de la Modernidad*. Madrid, Taurus, 1989.

59. Cf. Habermas, *Direito e Democracia: entre Faticidade e Validade*, vol. I, p. 12.

_____. *Teoría de la Acción Comunicativa: Complementos y Estudios Previos*. Madrid, Cátedra, 1989.

_____. *Faktizität und Geltung: Beiträge zur Diskurstheorie des Rechts und des demokratischen Rechtsstaats*. Frankfurt am Main, Suhrkamp, 1992.

_____. *Direito e Democracia: entre Faticidade e Validade*. [v. I]. [Trad. F. B. Siebeneichler: *Faktizität und Geltung: Beiträge zur Diskurstheorie des Rechts und des demokratischen Rechtsstaats*]. Rio de Janeiro, Tempo Brasileiro, 1997.

_____. *Mudança Estrutural da Esfera Pública*. [F. R. Kothe: *Strukturwandel der Öffentlichkeit*]. Rio de Janeiro, Tempo Brasileiro, 1984.

HEGEL, G. W. F. *Lecciones sobre la Filosofía de la Historia Universal*. Madrid, Alianza, 1986.

_____. *Grundlinien der Philosophie des Rechts*. Redação de E. Moldenhauer e K. M. Michel. Frankfurt, Suhrkamp, 1970.

_____. *Fenomenologia do Espírito* (2 vols.). Petrópolis, Vozes, 1992.

HERRERO, Javier. "Teoria da História em Kant", *Síntese*, vol. 8, n. 22, Belo Horizonte, mai.-ago./1981.

HYPPOLITE, Jean. *Génesis y Estructura de la "Fenomenologia del Espíritu" de Hegel*. 2ª ed., Barcelona, Península, 1991.

KANT, I. "Ideia de uma História Universal com um Propósito Cosmopolita", in *A Paz Perpétua e outros Opúsculos*. Lisboa, Ed. 70, 1988.

KYMLICKA, Will. *Contemporary Political Philosophy: an Introduction*. Oxford, Claredon, 1999.

MARCUSE, H. *The One-Dimensional Man*. Boston, 1964.

MARX, Karl. "Critique of the Gotha Programme", in *Selected Writings* [Ed. D. McLellan]. Oxford, Oxford University Press, 1977.

_____. "On the Jewish Question", in *Selected Writings* [Ed. D. McLellan]. Oxford, Oxford University Press, 1977.

_____. Prefácio "Para a Crítica da Economia Política", in *Manuscritos Econômico-Filosóficos e outros Textos Escolhidos*. 2ª ed., São Paulo, Abril Cultural, 1978.

ROSENFIELD, Denis. *Política e Liberdade em Hegel*. São Paulo, Brasiliense, 1983.

* * *